Vincent Pap

Vecteurs, matrices et nombres complexes

MODULO

Données de catalogage avant publication (Canada)

Papillon, Vincent

Vecteurs, matrices et nombres complexes

Comprend des réf. bibliogr. et un index.

ISBN 2-89113-278-5

1. Algèbre linéaire. 2. Matrices. 3. Vecteurs.
4. Nombres complexes. 5. Groupes, Théorie des.
6. Algèbre linéaire – Problèmes et exercices. I.
Titre.

QA184.P36 1993 512'.5 C93-096566-3

Équipe de production

Chargée de projet : Renée Théorêt
Révision linguistique : Renée Théorêt
Correction d'épreuves : Viviane Houle
Typographie : Carole Deslandes
Illustrations : Chantal Rousseau
Montage : Lise Marceau
Maquette intérieure : Oléna Lytvyn
Illustration de la couverture : Diane Mongeau - Couleur : Robert Séguin

Vecteurs, matrices et nombres complexes

233, av. Dunbar, bureau 300
Mont-Royal (Québec)
Canada H3P 2H4
Téléphone (514) 738-9818
Télécopieur (514) 738-5838

Dépôt légal - Bibliothèque nationale du Québec, 1993
Bibliothèque nationale du Canada, 1993
ISBN 2-89113-**278**-5

Imprimé au Canada
1 2 3 4 5 IG 97 96 95 94 93

TABLE DES MATIÈRES

AVANT-PROPOS

> Quant à moi, je n'ai pas oublié la leçon de Gauss : « Découvrir, c'est voir les mêmes éléments dans une autre configuration. »
>
> PAUL INCHAUSPÉ, *Discutons de l'essentiel.*

Cet ouvrage est le fruit de dix années d'enseignement de la géométrie vectorielle et de l'algèbre linéaire aux étudiants du double programme du DEC québécois et du baccalauréat international. Il couvre le programme et contient de surcroît un chapitre sur les nombres complexes, un autre sur les transformations linéaires et une introduction à la théorie des groupes. Dans la mesure du possible, les notions nouvelles y sont d'abord traitées d'un point de vue géométrique.

Les chapitres 1 et 2 présentent les vecteurs comme des translations agissant dynamiquement sur les points de l'espace. Cette dynamique des points et des vecteurs, formalisée dans le cadre de la géométrie affine, favorise la recherche de solutions *constructives* aux problèmes élémentaires de géométrie vectorielle. De même, au chapitre 3, les déterminants sont d'abord présentés comme des outils de *mesure* et les propriétés axiomatiques des déterminants deviennent le reflet de principes géométriques simples tel le *principe de Cavalieri* pour le calcul des aires et des volumes appliqué aux parallélogrammes et aux parallélipipèdes. Les problèmes reliés à l'intersection de droites ou de plans (chapitre 4) débouchent sur la résolution de systèmes d'équations linéaires (chapitre 5); la méthode de résolution de Gauss-Jordan, purement algébrique, s'appuie sur le concept de matrice qui sera développé pour lui-même à l'aide de nombreux exemples pratiques, dont certains en économie, au chapitre 6. Les chapitres 7 et 8, des ajouts optionnels, réunissent algèbre et géométrie en un heureux mariage duquel naissent les transformations linéaires et les nombres complexes.

Les exemples et les exercices de cet ouvrage ont été rigoureusement choisis dans le but de créer une progression à la fois cohérente et diversifiée. Les réponses aux exercices se trouvent à la fin de l'ouvrage de même que les solutions détaillées de certains exercices plus difficiles.

Les sections *Pour aller plus loin*, en fin de chapitre sont optionnelles. Elles visent à stimuler la curiosité et la créativité en proposant lectures, activités ou recherches complémentaires, ou en donnant simplement des indications permettant d'achever certaines démonstrations théoriques délicates.

Vecteurs, matrices et nombres complexes est un ouvrage dense qui contient plus de matière qu'il n'en faut pour un cours de 75 heures. À l'instar de l'astro-physicien Hubert Reeves, nous dirons donc qu'il vaut peut-être mieux ne pas *couvrir* toute la matière... et nous nous contenterons de faire, à titre indicatif, les trois suggestions de plans de cours suivants :

- **Pour les étudiants du programme régulier des Sciences de la nature** Les 6 premiers chapitres (section 6.4 exceptée) et le chapitre 8.
- **Pour les étudiants du programme des Sciences humaines avec mathématiques ou du programme du BI avec option moyenne en mathématiques** Les 6 premiers chapitres et le chapitre 7 sur les transformations linéaires.
- **Pour les étudiants du double programme DEC-BI en Sciences de la nature avec option forte en mathématiques** Les 6 premiers chapitres (sections sur la règle de Cramer au chapitre 3 et section 6.4 exceptées), les sections 7.1 et 7.2 du chapitre 7 et le chapitre 8.

Le chapitre 9 sur l'arithmétique modulo-*n* et les éléments de la théorie des groupes est un complément utile pour le programme du BI avec option forte en mathématiques; il pourrait s'intégrer à un cours subséquent ou faire l'objet d'une lecture libre.

REMERCIEMENTS

Je tiens à exprimer ma sincère reconnaissance aux nombreuses personnes qui ont collaboré à l'élaboration de cet ouvrage. Je remercie Hélène Décoste qui a guidé mes premiers pas en édition électronique et m'a aidé à mener à bien ce projet d'écriture. Je remercie également Janos Baracs, François Trottier, Gilbert Labelle, Anne-Marie Lorrain, Monique Vincent-Baril, Bernard Fraser, Denis Paradis, François Laviolette, Colette Staub, Gilles Desroches, Margot De Serres, Claude St Hilaire, François Bédard, Paul Boucher qui m'ont généreusement fait profiter de leur expertise.

Merci à tous les pionniers de l'Équipe Mathécrit qui m'ont permis d'utiliser et d'adapter à ma guise plusieurs exercices originaux des *Ateliers 105*. Merci aussi à la formidable équipe de la maison Modulo, en particulier à Roger Turcotte et à Jean-Claude Morin, à Renée Théorêt, Carole Deslandes, Lise Marceau, Chantal Rousseau, Sylvie Richard, Oléna Lytvyn, Michèle Morin et Viviane Houle qui ont travaillé à la production de cet ouvrage.

Merci aux étudiantes et étudiants qui, par leurs remarques et commentaires judicieux, m'ont aidé à améliorer les premières versions de *Vecteurs, matrices et nombres complexes*. Merci enfin à la direction du collège Jean-de-Brébeuf qui m'a accordé un congé d'un semestre à l'hiver 1992 pour que je puisse rédiger la version finale de cet ouvrage.

Vincent Papillon, avril 1993.

1

CHAPITRE

POINTS ET VECTEURS

En mathématiques, on considère les droites, les plans et l'espace tridimensionnel de la physique élémentaire comme des ensembles de points. Pour décrire les relations entre les points, les droites et les plans, ou des mouvements dans l'ensemble des points, on utilise le concept de *vecteur*. Ce concept et les idées qui seront exposées dans ce chapitre sont le résultat de nombreux travaux dont certains remontent loin dans l'histoire. Nés avec la géométrie euclidienne il y a 23 siècles, ils ont évolué avec l'apparition de la théorie des ensembles à la fin du siècle dernier et avec la consécration récente de la méthode axiomatique comme méthode de définition de toute théorie mathématique.

Les droites, les plans et l'espace tridimensionnel auxquels notre héritage cartésien nous a habitués sont des exemples d'espaces euclidiens de dimension 1, 2 et 3 respectivement. Ainsi, il n'y a pas *un* espace, mais bien *des* espaces. Bien que la géométrie vectorielle[1] dont il sera question ici s'applique aussi à d'autres espaces plus abstraits, nous limiterons la plupart de nos exemples aux espaces euclidiens habituels $\mathbb{R}$, $\mathbb{R}^2$, $\mathbb{R}^3$, ..., $\mathbb{R}^n$, ... L'ensemble $\mathbb{R}$ est considéré comme une droite (la droite réelle), l'ensemble $\mathbb{R}^2$ comme un plan (le plan cartésien) et l'ensemble $\mathbb{R}^3$ comme l'espace tridimensionnel de la physique élémentaire; quant à l'espace $\mathbb{R}^n$, où $n > 3$, il est considéré comme une généralisation de l'espace $\mathbb{R}^3$ dans laquelle les points sont repérés par des n-uplets de nombres réels, plutôt que par des triplets. En géométrie vectorielle, on utilise les nombres réels comme scalaires; les scalaires servent à mesurer les positions, les angles, les longueurs, les aires, les volumes, etc. (le mot « scalaire » vient de *scale* qui signifie « mesure »).

1. On dit aussi géométrie affine.

Dans ce premier chapitre, nous établirons le vocabulaire, les définitions et les propriétés qui régissent les points, les vecteurs et les scalaires dans les espaces euclidiens. Ensuite, nous généraliserons ces notions dans une définition axiomatique des espaces vectoriels et des espaces affines plus abstraits (sous-section 1.4.2).

1.1 POINTS, VECTEURS ET SCALAIRES DANS LES ESPACES EUCLIDIENS

Dans cette section, nous établirons d'abord quelques conventions de dessin. Nous définirons ensuite les concepts élémentaires de la géométrie vectorielle et nous décrirons les opérations sur les vecteurs et les propriétés de ces opérations.

1.1.1 QUELQUES CONVENTIONS DE DESSIN

Une image vaut mille mots... à condition d'être bien interprétée. Comme nous aurons très souvent à réaliser et à interpréter des dessins d'objets parfois bidimensionnels et parfois tridimensionnels, il est essentiel de convenir de certains codes et de certaines règles pour réduire au minimum les ambiguïtés.

À moins d'avis contraire, les dessins seront en perspective axonométrique (cylindrique), ce type de représentation étant mieux adapté à la géométrie vectorielle, aux exemples et aux exercices que contient cet ouvrage (figure 1.1).

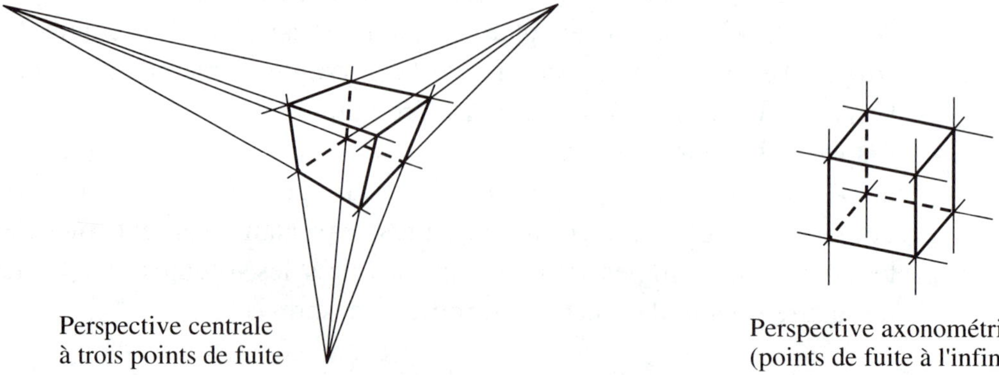

Figure 1.1

Pour obtenir des dessins en perspective axonométrique, on projette les objets de l'espace tridimensionnel sur un plan (la feuille à dessin) à l'aide de rayons parallèles. Comme on le voit à la figure 1.1, ces dessins sont un peu moins réalistes que ceux en perspective centrale avec points de fuite[2]. En effet, les droites parallèles de l'espace y sont représentées par des droites parallèles (parfois confondues) dans le plan de projection. De plus, parce que des droites gauches[3] dans l'espace peuvent être prises pour des sécantes sur un dessin, on utilisera les codes illustrés à la figure 1.2 :

- en *a*), une vraie intersection est marquée par un point *P*;
- en *b*) et en *c*), les droites *L* et *D* sont gauches dans l'espace; leur représentation sur un dessin donne lieu à une fausse intersection, et un jeu de caches permet de voir quelle droite se trouve devant l'autre;
- en *d*), les sécantes à angle droit en perspective sont représentées par un angle au point de rencontre des deux droites;
- en *e*), une figure tridimensionnelle est montrée en transparence.

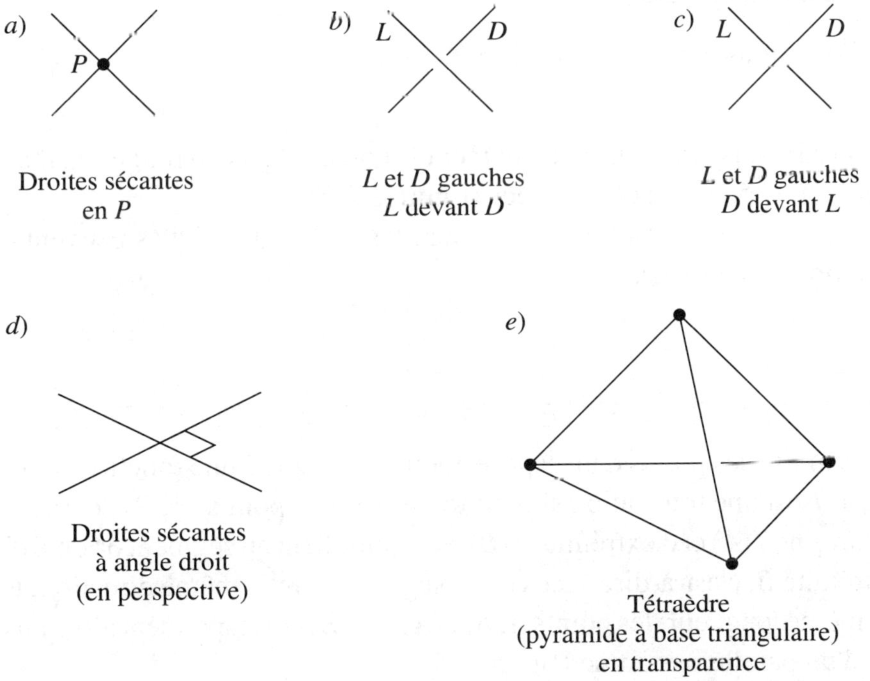

Figure 1.2

2. Pour une présentation simple et détaillée des différentes techniques de dessin, on consultera la *Petite Encyclopédie des mathématiques*, éditions K. Pagoulatos, 1980.
3. Deux droites de l'espace qui ne sont ni parallèles ni sécantes sont dites *gauches*.

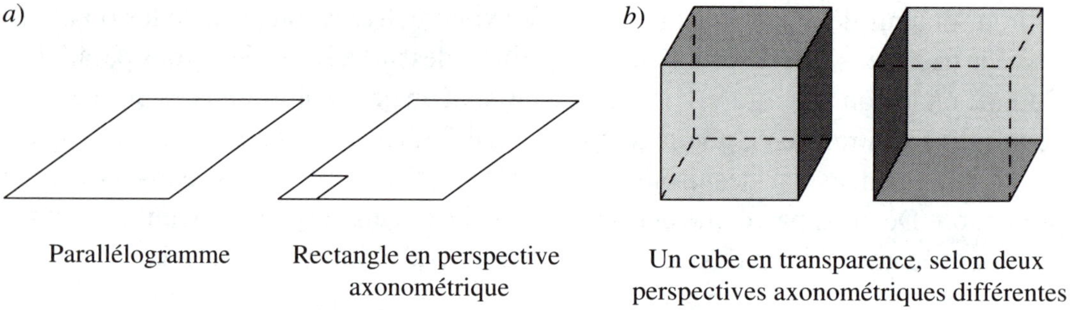

Figure 1.3

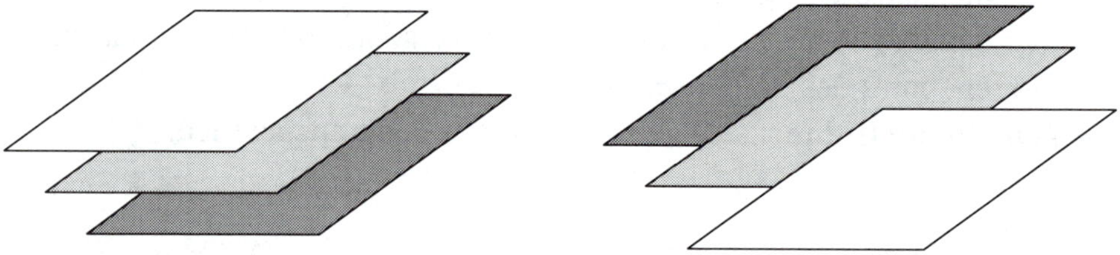

Figure 1.4 Trois plans parallèles, deux vues différentes.

Dans certains cas, on utilisera également la couleur (gris ou rouge), la face la plus pâle étant la plus près de l'observateur (figure 1.3 *b*).

Les figures 1.3 et 1.4 montrent comment les codes graphiques peuvent changer l'interprétation des dessins.

1.1.2 POINTS, VECTEURS ET TRANSLATIONS

Soit $\mathcal{E}$ l'ensemble des points d'un espace euclidien et soit T une fonction de $\mathcal{E}$ dans $\mathcal{E}$. La fonction T est une translation si pour toute paire de points (A, B) de $\mathcal{E}$ le segment orienté d'origine $T(A)$ et d'extrémité $T(B)$ est équipollent au segment orienté d'origine A et d'extrémité B, c'est-à-dire si ces deux segments ont la même direction, le même sens et la même longueur; les points A, B, $T(A)$ et $T(B)$ correspondent alors aux quatre sommets d'un parallélogramme (figure 1.5).

Comme on le voit à la figure 1.5, on peut représenter une translation T par une flèche dont la longueur, le sens et la direction sont caractéristiques de T; toutes les flèches qui ont la même direction, le même sens et la même longueur représentent la même translation T. On considère aussi comme une translation la fonction T qui ne déplace aucun point dans $\mathcal{E}$ [$T(A) = A$ quel que soit A]; on l'appelle la translation nulle

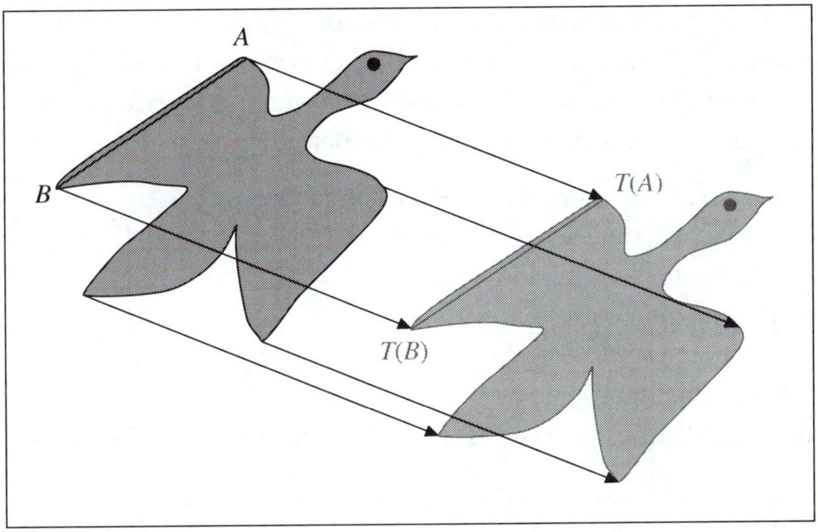

Figure 1.5 Translation T dans un espace $\mathcal{E}$.

et on la représente par une flèche de longueur nulle, c'est-à-dire par l'unique « flèche » qui n'a ni sens ni direction et dont la longueur est nulle[4]. Dans un espace euclidien, un *vecteur*[5] est une translation.

Définitions ***Vecteur et vecteur nul***

Dans un espace euclidien, un vecteur est la donnée simultanée d'une longueur, d'une direction et d'un sens; on peut imaginer un vecteur comme une translation.

Le vecteur nul, noté $\vec{0}$, est la translation nulle; c'est le seul vecteur dont la longueur est nulle et dont le sens et la direction ne sont pas définis.

Symboliquement, les points d'un espace euclidien sont désignés par des lettres majuscules : P, A, B, etc.; les vecteurs sont désignés par des lettres minuscules surmontées d'une flèche : $\vec{u}$, $\vec{v}$, $\vec{w}$, etc.; dans un dessin, un vecteur $\vec{v}$ est représenté par une flèche dont le sens, la direction et la longueur correspondent à ceux de $\vec{v}$; on peut représenter un vecteur par plusieurs flèches, pourvu que toutes ces flèches soient de la même longueur, de la même direction et du même sens.

4. Bien qu'une telle flèche ne puisse être tracée, elle constitue une abstraction essentielle qui nous sera très utile.
5. Dans une approche axiomatique, le terme *vecteur* serait *primitif*, c'est-à-dire non défini (voir la sous-section 1.4.2).

Lorsqu'une figure plane (dessin) représente des points et des vecteurs de l'espace tridimensionnel, il faut faire attention aux effets de perspective et juger des directions, des angles, des longueurs et des distances selon le contexte spécifié. Ainsi, comme la figure 1.6 représente un cube, on peut affirmer que :

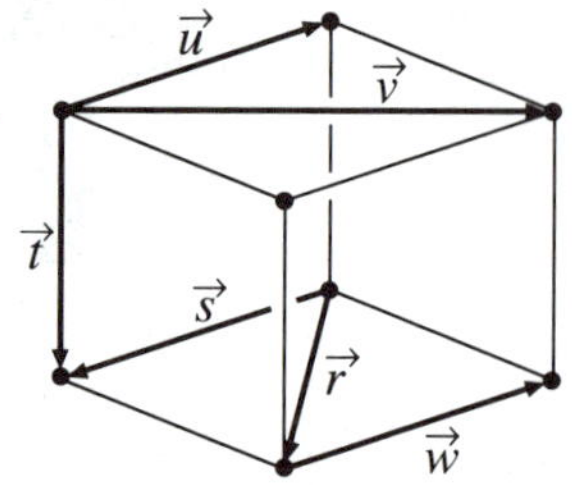

Figure 1.6 Cube.

- les vecteurs $\vec{u}$, $\vec{w}$, $\vec{s}$ et $\vec{t}$ sont de la même longueur;
- la longueur de $\vec{v}$ est supérieure à celle de $\vec{u}$;
- $\vec{v}$ et $\vec{r}$ sont de la même longueur;
- $\vec{u}$, $\vec{w}$ et $\vec{s}$ ont une même direction;
- $\vec{u}$ et $\vec{w}$ ont le même sens;
- $\vec{s}$ et $\vec{w}$ sont de sens opposés;
- $\vec{u} = \vec{w}$ (ces deux flèches représentent le *même* vecteur).

Définition ***Égalité de deux vecteurs***

Deux vecteurs $\vec{u}$ et $\vec{w}$ sont égaux si et seulement si ils ont

i) une même longueur,
ii) une même direction,
iii) un même sens.

Les physiciens utilisent parfois l'expression grandeur vectorielle comme synonyme de vecteur lorsqu'ils parlent des forces, des vitesses et d'autres quantités de la physique déterminées par une direction, un sens et une longueur (intensité).

Notation

La longueur d'un vecteur $\vec{v}$ est notée $\|\vec{v}\|$; c'est un scalaire[6] positif, sauf dans le cas du vecteur nul pour lequel $\|\vec{0}\| = 0$.

1.1.3 OPÉRATIONS SUR LES VECTEURS

Il y a deux opérations élémentaires qu'on peut faire sur les vecteurs : on peut multiplier un vecteur par un scalaire et on peut additionner deux vecteurs. Ces opérations sont essentielles aux constructions de la géométrie vectorielle.

6. Voir aussi la sous-section 2.1.1.

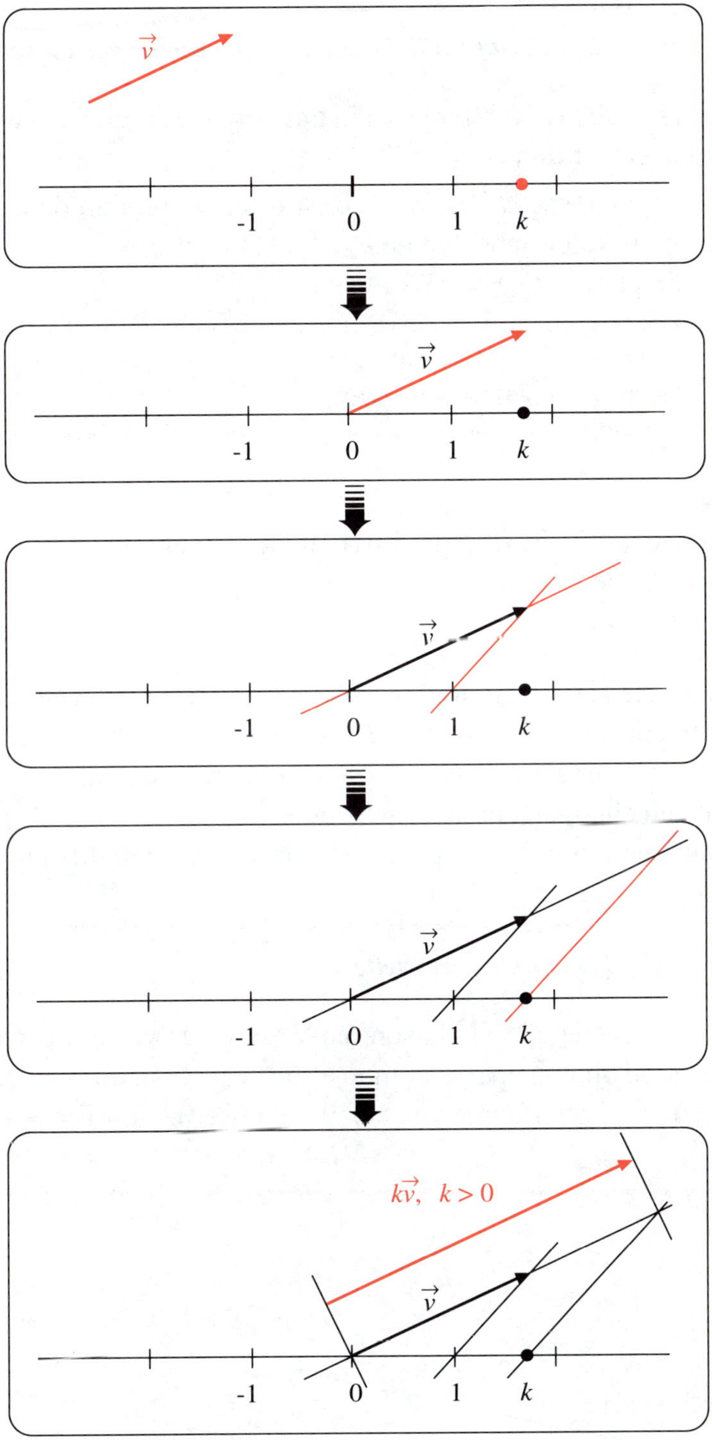

Figure 1.7 Le produit d'un vecteur par un scalaire, à la manière de Thalès de Milet (~625-545 av. J.-C.).

Définition ***Le produit (multiplication) d'un vecteur par un scalaire***

Soit k un scalaire (nombre réel) non nul ($k \neq 0$) et $\vec{v}$ un vecteur. Le produit $k\vec{v}$ est le vecteur dont

i) la longueur est $\|k\vec{v}\| = |k|\,\|\vec{v}\|$, c'est-à-dire le produit de la longueur de $\vec{v}$ par la valeur absolue de k,

ii) la direction est celle de $\vec{v}$,

iii) le sens est celui de $\vec{v}$ si $k > 0$, ou opposé à celui de $\vec{v}$ si $k < 0$ (figure 1.7).

Si $k = 0$ ou si $\vec{v} = \vec{0}$, alors $k\vec{v} = \vec{0}$.

Remarques

1. Le vecteur $(-1)\vec{v}$ s'écrit plus simplement $-\vec{v}$; son sens est opposé à celui de $\vec{v}$; on l'appelle le vecteur opposé à $\vec{v}$.
2. On pose $\vec{v}k = k\vec{v}$.

Comme on peut le voir à la figure 1.7, lorsqu'on multiplie un vecteur par un scalaire k positif, on obtient un étirement de ce vecteur si $k > 1$; si $k < 1$, on obtient une compression du vecteur; si k est négatif, on obtient un étirement ou une compression du vecteur avec un changement de sens (figure 1.8).

Deux vecteurs non nuls $\vec{u}$ et $\vec{v}$ pour lesquels $\vec{u} = k\vec{v}$ sont dits parallèles.

Définition ***La somme vectorielle $\vec{u} + \vec{v}$***

Dans un espace euclidien, la somme $\vec{u} + \vec{v}$ est le vecteur correspondant à la translation obtenue par la composition des translations représentées par $\vec{u}$ et $\vec{v}$ (figure 1.9). Pour le vecteur $\vec{0}$, on pose $\vec{0} + \vec{u} = \vec{u} = \vec{u} + \vec{0}$, quel que soit $\vec{u}$.

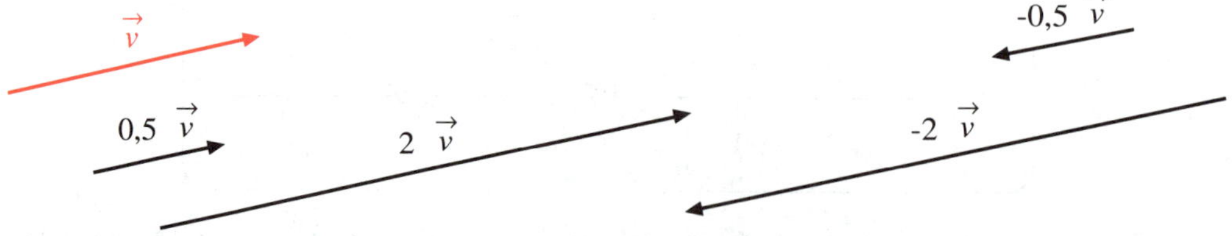

Figure 1.8 Étirements, compressions et changements de sens.

La figure 1.9 montre deux façons différentes d'obtenir la représentation graphique de $\vec{u}+\vec{v}$ à partir des flèches représentant $\vec{u}$ et $\vec{v}$.

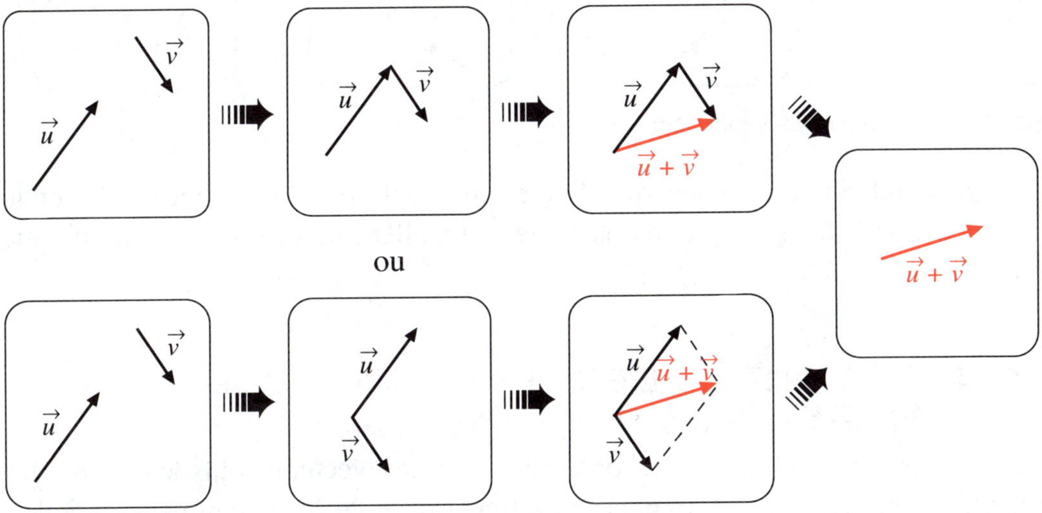

Figure 1.9 Deux constructions équivalentes de la somme $\vec{u}+\vec{v}$.

Définition ***La différence entre deux vecteurs***

La différence $\vec{u}-\vec{v}$ est définie par $\vec{u}-\vec{v}=\vec{u}+(-\vec{v})$ (figure 1.10).

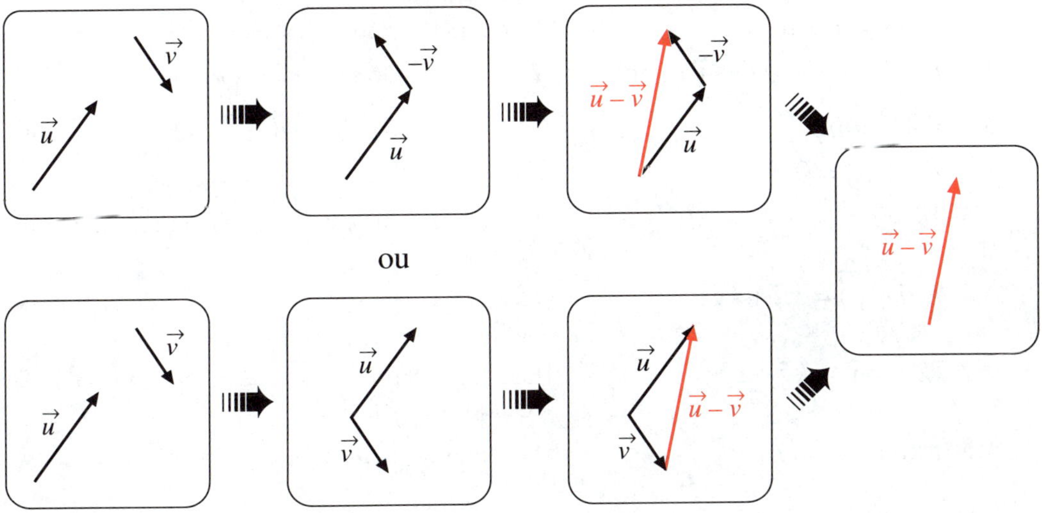

Figure 1.10 Deux constructions équivalentes de la différence $\vec{u}-\vec{v}$.

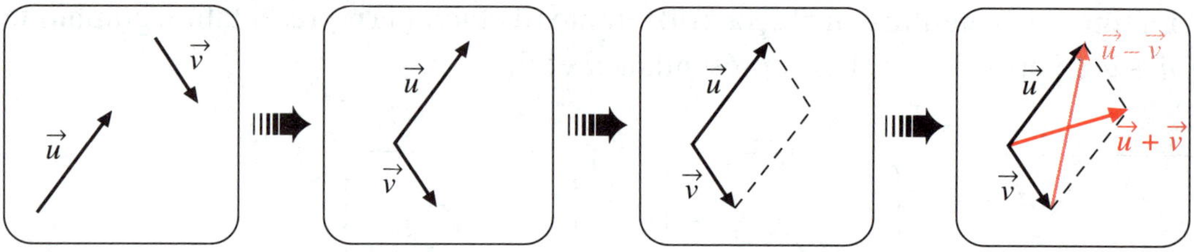

Figure 1.11 La loi du parallélogramme.

On peut retenir une image qui donne simultanément la somme $\vec{u}+\vec{v}$ et la différence $\vec{u}-\vec{v}$; c'est ce que les physiciens appellent la loi du parallélogramme (figure 1.11).

1.1.4 PROPRIÉTÉS DES OPÉRATIONS SUR LES VECTEURS

Dans les espaces euclidiens, les opérations sur les vecteurs ont des propriétés particulières qui seront très utiles pour simplifier ou résoudre les équations vectorielles. On considère ces propriétés comme des *axiomes* lorsqu'on traite des vecteurs d'une façon plus abstraite[7]. Nous nous contenterons ici d'énumérer ces propriétés et de donner une vérification visuelle de la deuxième propriété, soit l'associativité de l'addition vectorielle (figure 1.12).

Propriétés des opérations sur les vecteurs

Soit $\vec{u}$, $\vec{v}$ et $\vec{w}$ des vecteurs d'un espace euclidien et soit k, r et s des scalaires. Alors,

V1 $\vec{u}+\vec{v}=\vec{v}+\vec{u}$; [L'addition vectorielle est *commutative*.]

V2 $\vec{u}+(\vec{v}+\vec{w})=(\vec{u}+\vec{v})+w$; [L'addition vectorielle est *associative*.]

V3 $\vec{u}+\vec{0}=\vec{u}$; [Le vecteur $\vec{0}$ est *neutre* dans l'addition vectorielle.]

V4 $\vec{u}+(-\vec{u})=\vec{0}$; [Le vecteur $-\vec{u}$ est *opposé* au vecteur $\vec{u}$.]

V5 $1\vec{u}=\vec{u}$; [Le nombre 1 est neutre dans la multiplication par un scalaire.]

V6 $k(\vec{u}+\vec{v})=k\vec{u}+k\vec{v}$; [La multiplication par un scalaire est distributive sur l'addition vectorielle.]

V7 $(k+r)\vec{v}=k\vec{v}+r\vec{v}$; [La multiplication par un scalaire est distributive sur l'addition des scalaires.]

V8 $rs(\vec{u})=r(s\vec{u})$. [La multiplication par un scalaire est associative.]

7. Ces axiomes définissent sur l'ensemble des vecteurs ce qu'on appelle une structure d'*espace vectoriel*.

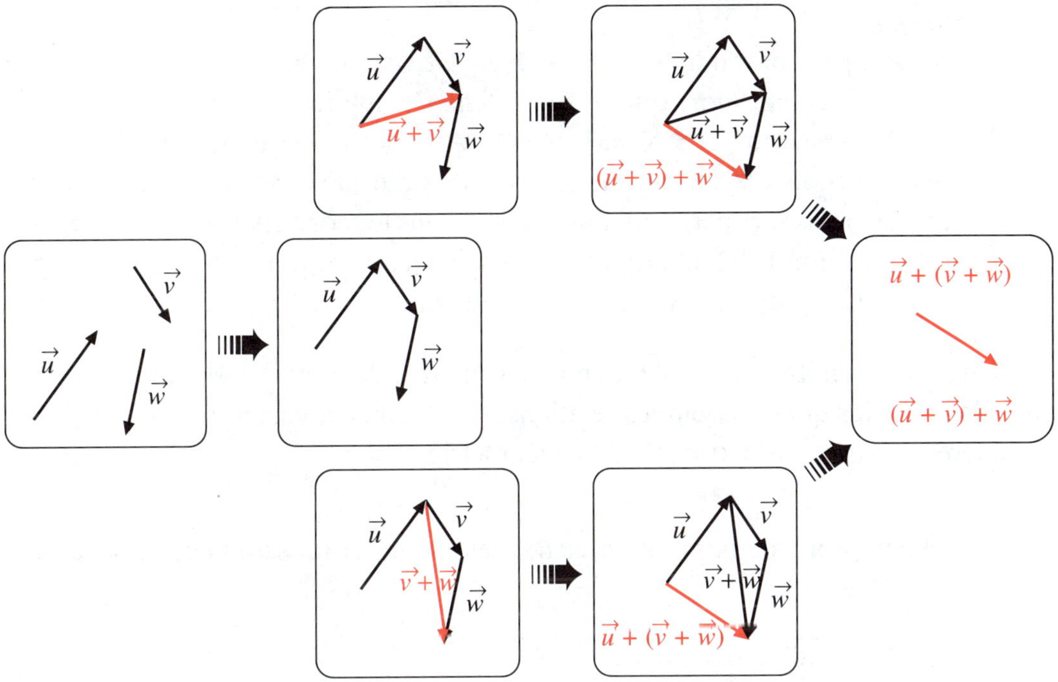

Figure 1.12 Vérification visuelle de l'associativité de l'addition vectorielle.

1.1.5 OPÉRATION DES VECTEURS SUR LES POINTS

Dans un espace euclidien, les vecteurs, considérés comme translations, agissent (ou opèrent) sur les points. Si la translation T correspondant à un vecteur donné $\vec{v}$ déplace le point A sur le point B, on peut considérer qu'il y a une opération de nature géométrique entre le point A et le vecteur $\vec{v}$ dont le résultat est le point B. Cette opération est appelée *addition affine* par opposition à l'addition vectorielle qui ne se fait qu'entre vecteurs.

> **Définition** ***L'addition affine*** $A \oplus \vec{v}$
>
> Pour tout point A et tout vecteur $\vec{v}$ d'un espace euclidien, l'addition affine $A \oplus \vec{v}$ donne le point B obtenu en appliquant au point A la translation représentée par $\vec{v}$ (figure 1.13). Le vecteur $\vec{v}$ peut alors s'écrire $\vec{v} = \overrightarrow{AB}$.

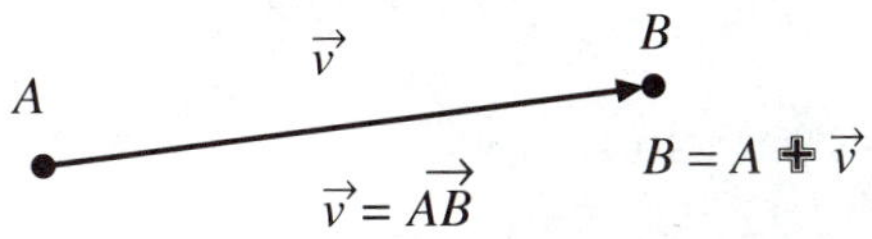

Figure 1.13

Remarque

On ne doit pas confondre les signes $\pmb{+}$ et +. Le signe $\pmb{+}$ ne s'utilise qu'entre un point et un vecteur alors que le signe + ne s'emploie qu'entre deux vecteurs. Ainsi, il faut écrire $A \mathbin{\pmb{+}} \vec{v} = B$ et non $A + \vec{v} = B$. De même, il faut écrire $\vec{u} + \vec{v} = \vec{w}$ et non $\vec{u} \mathbin{\pmb{+}} \vec{v} = \vec{w}$. Sachons tout de suite que l'opération $\pmb{+}$ entre points et vecteurs nous sera particulièrement utile dans les constructions géométriques à la sous-section 1.3.2. On trouvera alors une justification à l'emploi d'un signe en forme de « plus » pour symboliser cette opération.

En utilisant la notation $\vec{v} = \overrightarrow{AB}$ comme synonyme de $A \mathbin{\pmb{+}} \vec{v} = B$, voici comment on écrit les règles qui régissent les relations entre points et vecteurs; ces règles sont considérées comme des axiomes[8] de la géométrie affine :

A1 Étant donné deux points A et B, il existe un et un seul vecteur $\vec{v}$ tel que $\vec{v} = \overrightarrow{AB}$.

A2 Si $\overrightarrow{AB} = \overrightarrow{AC}$, alors $B = C$.

A3 Si $\overrightarrow{AB} = \overrightarrow{CB}$, alors $A = C$.

A4 $\overrightarrow{AB} + \overrightarrow{BC} = \overrightarrow{AC}$.

On peut remarquer que l'axiome A4 est équivalent à la relation de Chasles[9] :

$$(A \mathbin{\pmb{+}} \vec{u}) \mathbin{\pmb{+}} \vec{v} = A \mathbin{\pmb{+}} (\vec{u} + \vec{v}).$$

De ces quatre règles et des propriétés des opérations sur les vecteurs, on peut déduire[10] les trois règles supplémentaires suivantes :

A5 $\overrightarrow{AA} = \vec{0}$ (ou encore $A \mathbin{\pmb{+}} \vec{0} = A$).

A6 $\overrightarrow{BA} = -\overrightarrow{AB}$.

A7 Si $\overrightarrow{AB} = \overrightarrow{CD}$, alors $\overrightarrow{AC} = \overrightarrow{BD}$ (figure 1.14).

---

8. Voir la sous-section 1.4.2 pour plus de détails.
9. Michel Chasles (1793-1880).
10. Les démonstrations des règles A5, A6 et A7 à partir des autres règles et des propriétés des opérations vectorielles font l'objet de l'exercice 7 de la sous-section *Exercices 1.1*.

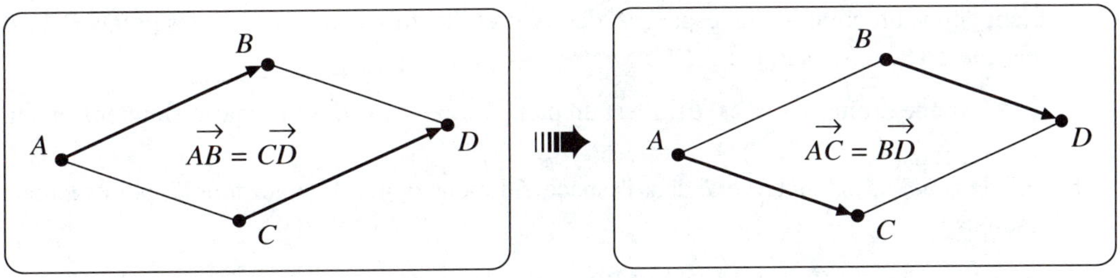

Figure 1.14 Si $\overrightarrow{AB} = \overrightarrow{CD}$, alors $\overrightarrow{AC} = \overrightarrow{BD}$.

EXERCICES 1.1

1. Dans le *cube* de la figure 1.15, on donne $\|\vec{u}\| = 1$. À l'aide de projections dans des plans appropriés, et en invoquant le théorème de Pythagore, calculez les longueurs des vecteurs $\vec{v}$ et $\vec{w}$.

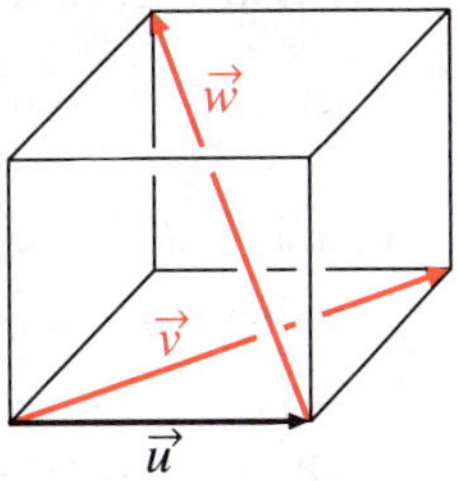

Figure 1.15

2. La pyramide de la figure 1.16 est constituée d'une base carrée et de quatre triangles équilatéraux qui se rencontrent au sommet S; toutes les arêtes de la pyramide mesurent une unité de longueur. Calculez les longueurs des vecteurs $\vec{u}$ et $\vec{v}$ qui joignent le sommet S respectivement au milieu de la base carrée et au milieu d'un côté de la base.

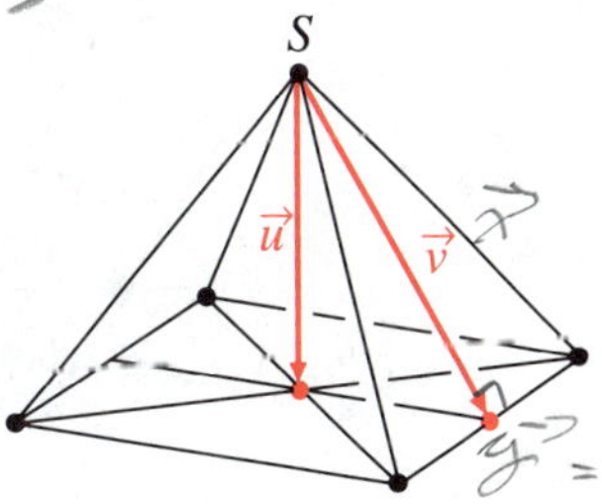

Figure 1.16

3. Reproduisez le plan de la figure 1.17 et situez :

a) un point P_1 tel que $\overrightarrow{PP_1} = \vec{u}$;

b) un point P_2 tel que $\overrightarrow{P_2P} = \vec{u}$;

c) un point P_3 tel que $\|\overrightarrow{PP_3}\| = \|\vec{u}\|$ mais $\overrightarrow{PP_3} \neq \vec{u}$ et $\overrightarrow{P_3P} \neq \vec{u}$;

d) un point P_4 tel que $\overrightarrow{PP_4} = \overrightarrow{P_4P}$.

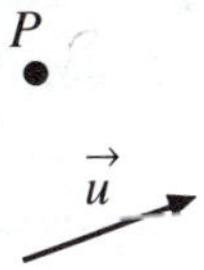

Figure 1.17

4. Dans le plan de la figure 1.17, on suppose que $\|\vec{u}\| = 1$; décrivez le lieu (l'ensemble) des points Q pour lesquels :

a) $\|\overrightarrow{PQ}\| = 2$;

b) $2 \leq \|\overrightarrow{PQ}\| \leq 4$;

c) $\overrightarrow{PQ}$ a la même direction que $\vec{u}$;

d) $\overrightarrow{PQ}$ a la même direction et le même sens que $\vec{u}$;

e) $\overrightarrow{PQ}$ a la même direction et la même longueur que $\vec{u}$;

f) $\|\overrightarrow{PQ}\| \leq \|\vec{u}\|$.

5. Étant donné un point A d'un espace $\mathcal{E}$, décrivez et illustrez le lieu de tous les points P de $\mathcal{E}$ tels que $\|\overrightarrow{AP}\| = 3$, lorsque :

a) $\mathcal{E}$ est une droite; *b*) $\mathcal{E}$ est un plan; *c*) $\mathcal{E}$ est l'espace tridimensionnel.

6. Soit deux points distincts A et B dans l'espace tridimensionnel. Trouvez tous les points P pour lesquels :

a) $\overrightarrow{AP} = \overrightarrow{PB}$; *b*) $\|\overrightarrow{AP}\| = \|\overrightarrow{PB}\|$.

7. Démontrez les trois égalités suivantes à partir de la définition de l'addition affine et des règles axiomatiques A1 à A4 données à la sous-section 1.1.5 :

a) $\overrightarrow{AA} = \vec{0}$ (ou encore, $A \boldsymbol{+} \vec{0} = A$); *b*) $\overrightarrow{BA} = -\overrightarrow{AB}$; *c*) si $\overrightarrow{AB} = \overrightarrow{CD}$, alors $\overrightarrow{AC} = \overrightarrow{BD}$.

8. Soit $\vec{v}$ un vecteur non nul. Quelle est la valeur du scalaire k pour laquelle $\dfrac{\vec{v}}{k}$ est un vecteur unitaire (de longueur 1) ? (*Note* : $\dfrac{\vec{v}}{k} = \dfrac{1}{k}\vec{v}$.)

9. Dans la figure 1.18, les droites L, M et N sont parallèles et $\vec{u} = t\,\vec{v}$. Quelle est la valeur du nombre t ?

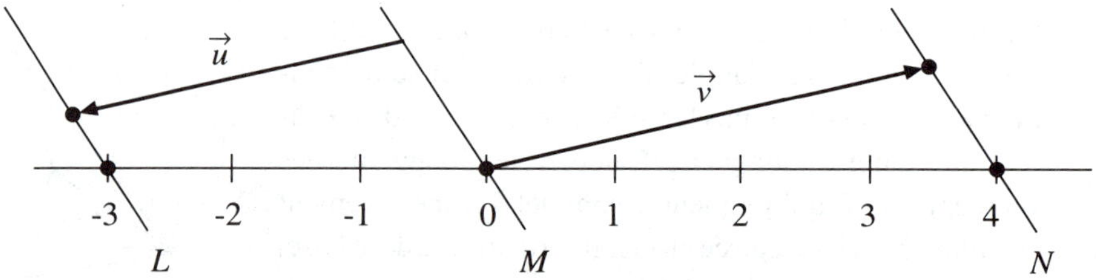

Figure 1.18

10. L'égalité $\|\vec{u}\| = \|\vec{v}\|$ est-elle équivalente à l'égalité $\vec{u} = \pm\vec{v}$ si l'espace considéré est :

a) une droite ? *b*) un plan ? *c*) l'espace tridimensionnel ?

11. En vous reportant au parallélogramme de la figure 1.19, dites si les énoncés suivants sont vrais ou faux.

a) $\overrightarrow{AB} - \overrightarrow{DC} = \vec{0}$

b) $\overrightarrow{AC} + \overrightarrow{DA} = \overrightarrow{AB}$

c) $\overrightarrow{AB} - \overrightarrow{BC} = \overrightarrow{DB}$

d) $\overrightarrow{AC} + \overrightarrow{DB} = 2\,\overrightarrow{AB}$

e) $\overrightarrow{AC} - \overrightarrow{DB} = 2\,\overrightarrow{AD}$

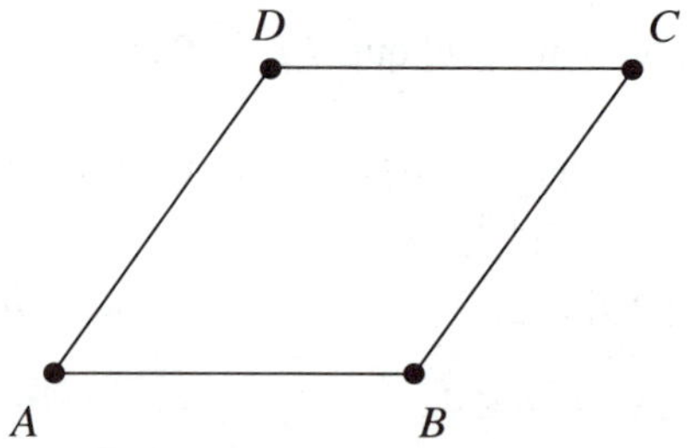

Figure 1.19

12. Reproduisez chacun des parallélipipèdes illustrés à la figure 1.20 et tracez une flèche représentant exactement le résultat de l'opération demandée. (*Note* : On dit aussi *parallélépipède*. Dans un parallélipipède, les faces opposées sont des parallélogrammes identiques (2 à 2).)

a) $\vec{u}+\vec{v}$ *b*) $\vec{v}-\vec{u}$

c) $\vec{u}-\vec{v}-\vec{w}$ *d*) $-\vec{u}+\vec{v}+\vec{w}$

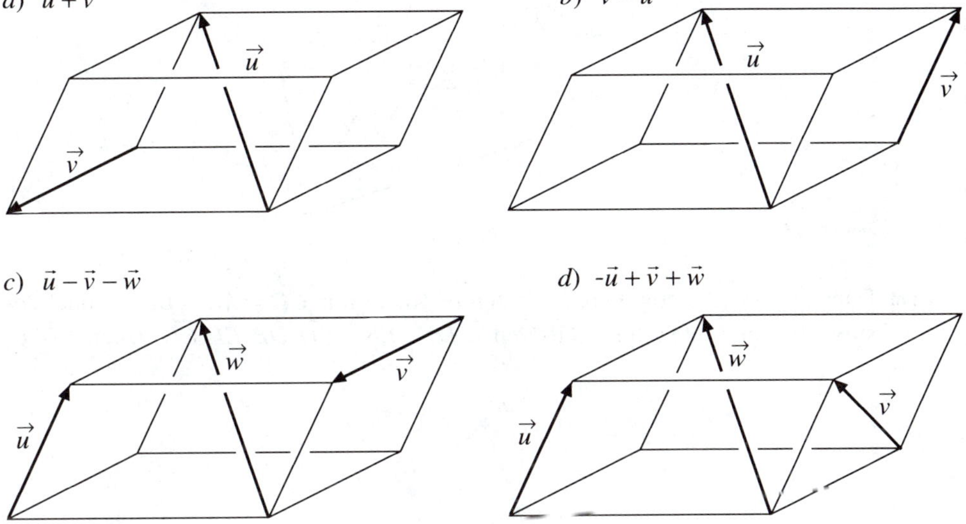

Figure 1.20

13. En vous reportant au parallélipipède de la figure 1.21, dites si les énoncés suivants sont vrais ou faux.

a) $\vec{AQ}=\vec{DR}$

b) $\vec{AR}+\vec{SB}=\vec{0}$

c) $\vec{AB}+\vec{AD}=\vec{PR}$

d) $\vec{BC}-\vec{DS}=\vec{CP}$

e) $\vec{AC}-\vec{DS}=\vec{PC}$

f) $\vec{PD}+\vec{DR}=\vec{AC}$

g) $\vec{AR}-\vec{BQ}=\vec{PS}+\vec{DC}$

h) $\vec{SP}+\vec{PQ}-\vec{BQ}+\vec{BD}-\vec{SD}=\vec{0}$

i) $0,5(\vec{AR}+\vec{SB})=\vec{AB}$

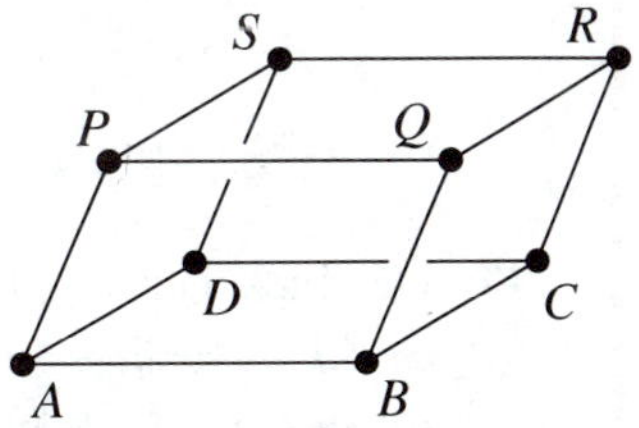

Figure 1.21

14. Déterminez la somme

$$\vec{s}=\vec{a}+\vec{b}+\vec{c}+\vec{d}$$

dans le tétraèdre de la figure 1.22.

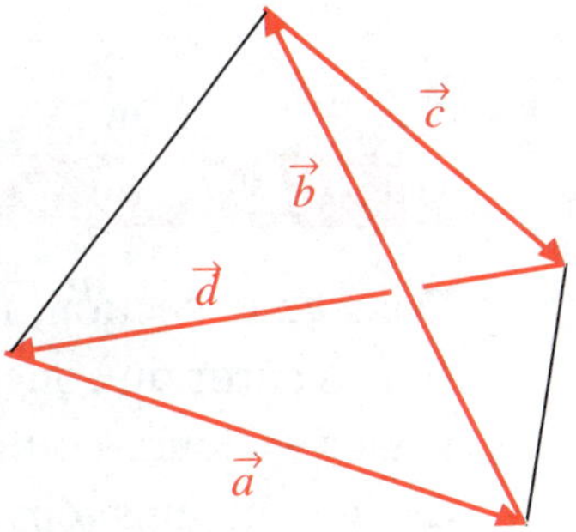

Figure 1.22

15. Vrai ou faux ? Quel que soit le tétraèdre de la figure 1.23, l'égalité $\vec{u}+\vec{v}=\vec{a}+\vec{b}$ est toujours vraie.

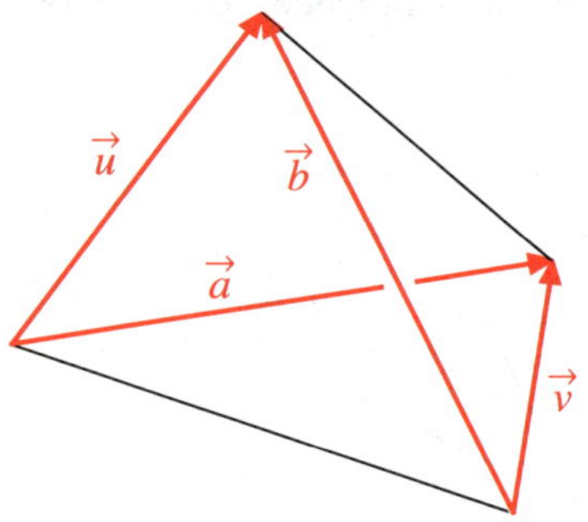

Figure 1.23

16. Dans le prisme triangulaire de la figure 1.24, on a $\vec{CD}=\vec{AE}=\vec{BF}$. Lequel des vecteurs suivants représente alors la différence $\vec{DF}-\vec{EB}$: $\vec{BD}, \vec{DB}, \vec{EF}, \vec{CE}, \vec{FB}, \vec{AB}, \vec{EB}$ ou $\vec{FA}$?

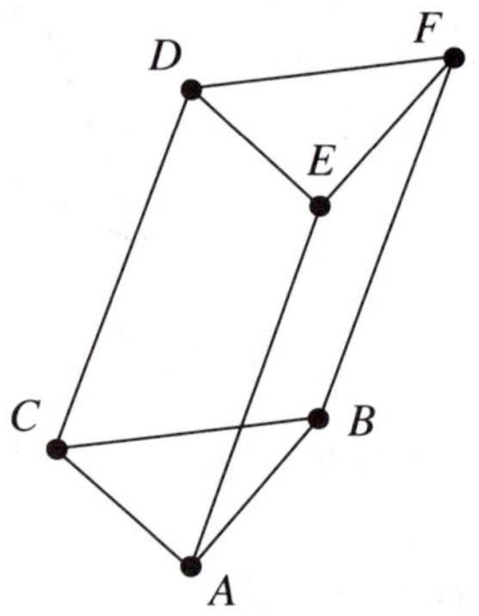

Figure 1.24

17. Dessinez dans un plan des flèches représentant des vecteurs $\vec{u}$ et $\vec{v}$ tels que :

a) $\|\vec{u}+\vec{v}\| \neq \|\vec{u}\|+\|\vec{v}\|$;

b) $\|\vec{u}+\vec{v}\| = \|\vec{u}\|+\|\vec{v}\| \neq 0$;

c) $\|\vec{u}\| = \|\vec{v}\| = \|\vec{u}+\vec{v}\|, \vec{u} \neq \vec{0}$.

1.2 COMPOSANTES DES VECTEURS

Dans cette section, nous définissons les *composantes* d'un vecteur selon une *base* à partir du concept de combinaison linéaire. Les opérations géométriques sur les vecteurs, comme la multiplication par un scalaire et la somme vectorielle, deviennent ainsi des opérations arithmétiques (ou algébriques) sur les composantes des vecteurs.

1.2.1 COMBINAISON LINÉAIRE DE VECTEURS

La première utilité des vecteurs, considérés comme translations, c'est de faciliter la description des déplacements d'un point à un autre dans l'espace. Par exemple, imaginons que la figure 1.25 est un quadrillage de rues et d'avenues, et que les vecteurs $\vec{u}$ et $\vec{v}$, parallèles respectivement aux rues et aux avenues, servent de direction de référence pour décrire tout déplacement. Ainsi, pour se rendre du point A au point B, il faut faire une translation qui est une combinaison des vecteurs $\vec{u}$ et $\vec{v}$ symbolisée par $2\vec{u} + \vec{v}$. Cela signifie que $\overrightarrow{AB} = 2\vec{u} + \vec{v}$, ou encore, que « l'adresse » du point B, en partant du point A, est donnée par $B = A \boldsymbol{+} (2\vec{u} + \vec{v})$. Vérifiez les égalités suivantes dans la figure 1.25 :

$\overrightarrow{BC} = -\vec{u} + \vec{v}$;

$\overrightarrow{BD} = 0\vec{u} + 2\vec{v}$;

$A = D \boldsymbol{+} (-2\vec{u} - 3\vec{v})$;

$\overrightarrow{AE} = -2\vec{u} + 4\vec{v}$.

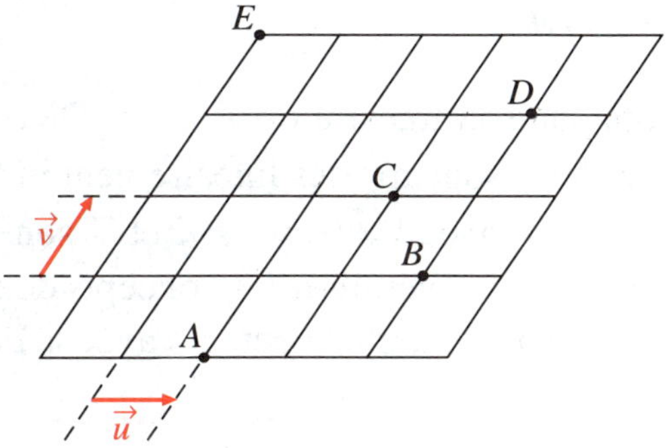

Figure 1.25

Lorsqu'on écrit $\overrightarrow{AE} = -2\vec{u} + 4\vec{v}$, on dit que le vecteur $\overrightarrow{AE}$ est exprimé comme combinaison linéaire des vecteurs $\vec{u}$ et $\vec{v}$ et que -2 et 4 sont les coefficients de cette combinaison. Voici une définition qui généralise cette situation.

Définition ***Combinaison linéaire***

Si $a_1, a_2, a_3, ..., a_n$ sont des nombres réels et si $\vec{v}_1, \vec{v}_2, \vec{v}_3, \ldots, \vec{v}_n$ sont des vecteurs d'un même espace, alors le vecteur

$$a_1\vec{v}_1 + a_2\vec{v}_2 + a_3\vec{v}_3 + \cdots + a_n\vec{v}_n$$

est appelé combinaison linéaire des vecteurs $\vec{v}_1, \vec{v}_2, \vec{v}_3, \ldots, \vec{v}_n$; les nombres $a_1, a_2, a_3, ..., a_n$ sont les coefficients de cette combinaison.

1.2.2 DÉPENDANCE ET INDÉPENDANCE LINÉAIRES

Dans l'exemple de la sous-section précédente (figure 1.25), il était essentiel que les vecteurs $\vec{u}$ et $\vec{v}$ donnant l'orientation des rues et des avenues ne soient *pas parallèles*. Autrement, il aurait été impossible d'exprimer tous les vecteurs de cette grille comme

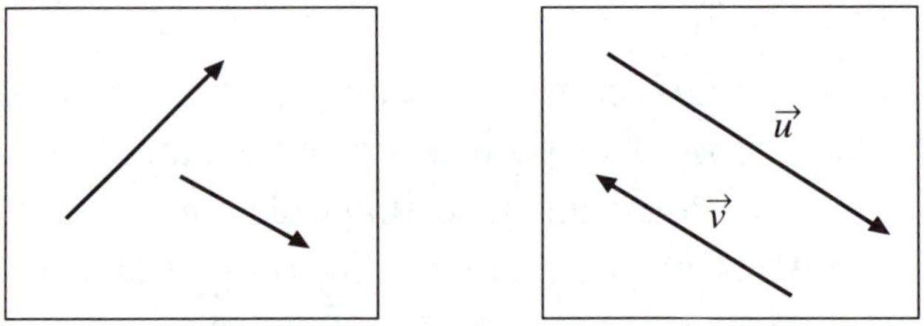

Deux vecteurs linéairement indépendants

Deux vecteurs linéairement dépendants (dans un plan) : $\vec{u} = -1{,}5\,\vec{v}$

Figure 1.26

combinaison linéaire de $\vec{u}$ et $\vec{v}$. Deux vecteurs $\vec{u}$ et $\vec{v}$ non nuls qui ne sont pas parallèles sont appelés linéairement indépendants : dans ce cas, $\vec{u} \neq k\vec{v}$. Par contre, si $\vec{u} = k\vec{v}$, avec $k \neq 0$, alors $\vec{u}$ et $\vec{v}$ sont dits linéairement dépendants (figure 1.26).

On peut généraliser les concepts de dépendance et d'indépendance linéaires à un nombre arbitraire de vecteurs avec la définition suivante.

Définition ***Dépendance et indépendance linéaires***

Des vecteurs non nuls $\vec{v}_1, \vec{v}_2, \ldots, \vec{v}_n$ sont dits linéairement indépendants si aucun d'entre eux n'est combinaison linéaire des autres; si l'un d'entre eux est combinaison linéaire des autres, alors $\vec{v}_1, \vec{v}_2, \ldots, \vec{v}_n$ sont dits linéairement dépendants.

Le vecteur nul $\vec{0}$ est considéré comme linéairement dépendant de tout autre vecteur, car $\vec{0}$ peut toujours s'écrire $0\vec{v}$, quel que soit $\vec{v}$.

Le parallélipipède de la figure 1.27 nous fait voir un cas d'indépendance et un cas de dépendance pour *trois* vecteurs de l'espace tridimensionnel.

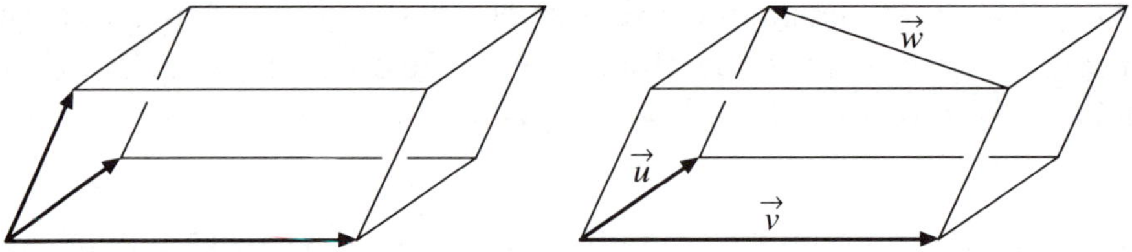

Trois vecteurs linéairement indépendants

Trois vecteurs linéairement dépendants: $\vec{w} = \vec{u} - \vec{v}$

Figure 1.27

Proposition

Soit $\vec{u}, \vec{v}$ et $\vec{w}$ trois vecteurs non nuls d'un espace euclidien $\mathcal{E}$. Les énoncés suivants sont alors équivalents :

i) les vecteurs $\vec{u}, \vec{v}$ et $\vec{w}$ sont linéairement dépendants;
ii) les flèches représentant $\vec{u}, \vec{v}$ et $\vec{w}$ sont coplanaires (situées dans un même plan) lorsqu'elles sont tracées à partir d'une origine commune;
iii) le vecteur nul peut s'écrire comme combinaison linéaire des vecteurs $\vec{u}, \vec{v}$ et $\vec{w}$ avec des coefficients non tous nuls, c'est-à-dire

$$\vec{0} = a\vec{u} + b\vec{v} + c\vec{w}, \text{ avec } |a| + |b| + |c| \neq 0.$$

Il est facile de montrer que l'énoncé *iii*) implique la dépendance linéaire de $\vec{u}, \vec{v}$ et $\vec{w}$ [énoncé *i*)]; pour montrer l'implication inverse, c'est-à-dire que l'énoncé *i*) implique l'énoncé *iii*), il suffit de remarquer que si $\vec{u} = r\vec{v} + s\vec{w}$, alors, en retranchant $\vec{u}$ à chaque membre de cette égalité, on obtient $\vec{0} = -\vec{u} + r\vec{v} + s\vec{w}$, et qu'il en va de même si $\vec{v} = r\vec{u} + s\vec{w}$ ou si $\vec{w} = r\vec{u} + s\vec{v}$.

1.2.3 BASE D'UN ESPACE

Pour pouvoir exprimer tous les vecteurs d'un espace comme combinaison linéaire de quelques vecteurs de référence, il faut d'abord choisir ces derniers de manière qu'ils forment une base de cet espace.

Définition ***Base d'un espace $\mathcal{E}$***

Une base d'un espace $\mathcal{E}$ est un ensemble de vecteurs de $\mathcal{E}$ linéairement indépendants tel que tout vecteur de $\mathcal{E}$ s'écrit comme combinaison linéaire de ces vecteurs.

Exemple 1 (dans un plan)
Dans un espace plan, deux vecteurs $\vec{u}$ et $\vec{v}$ non parallèles constituent une base. D'une part ces vecteurs sont linéairement indépendants, et d'autre part tout vecteur $\vec{w}$ de ce plan peut s'écrire comme combinaison linéaire de ces deux vecteurs (figure 1.28).

■

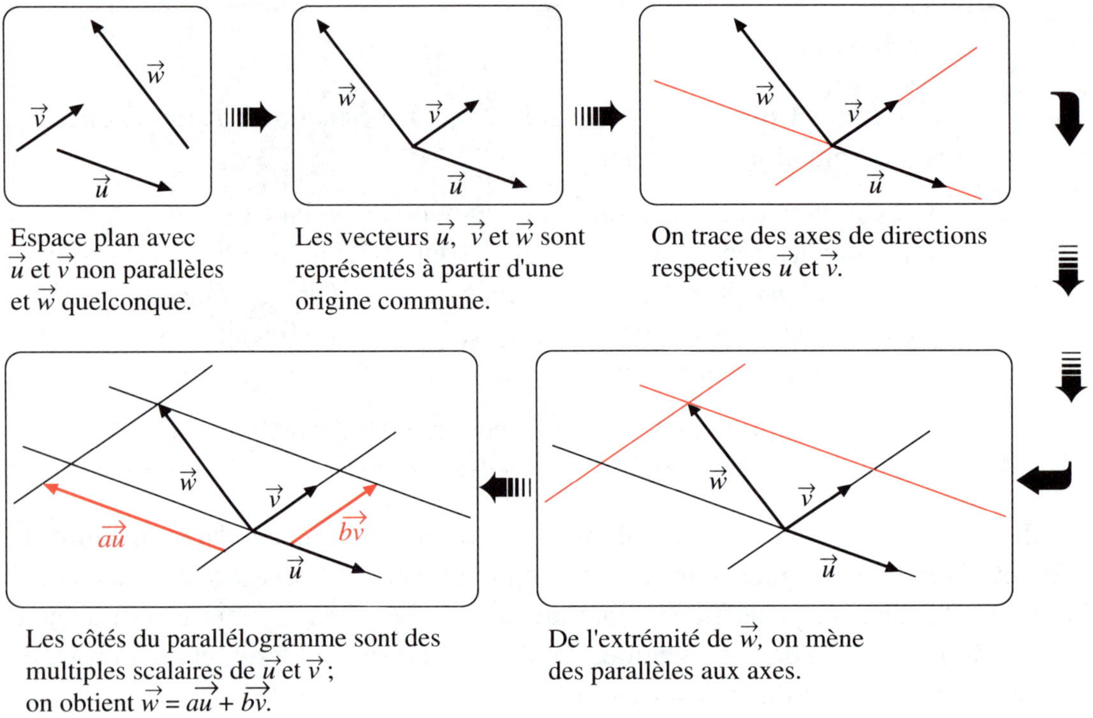

Figure 1.28 Dans un plan, deux vecteurs non parallèles forment une base.

Exemple 2 (dans l'espace tridimensionnel)

Dans la figure 1.29, les vecteurs $\vec{u}$ et $\vec{v}$ ne forment pas une base de l'espace tridimensionnel, car ce ne sont pas tous les vecteurs de l'espace qui s'expriment

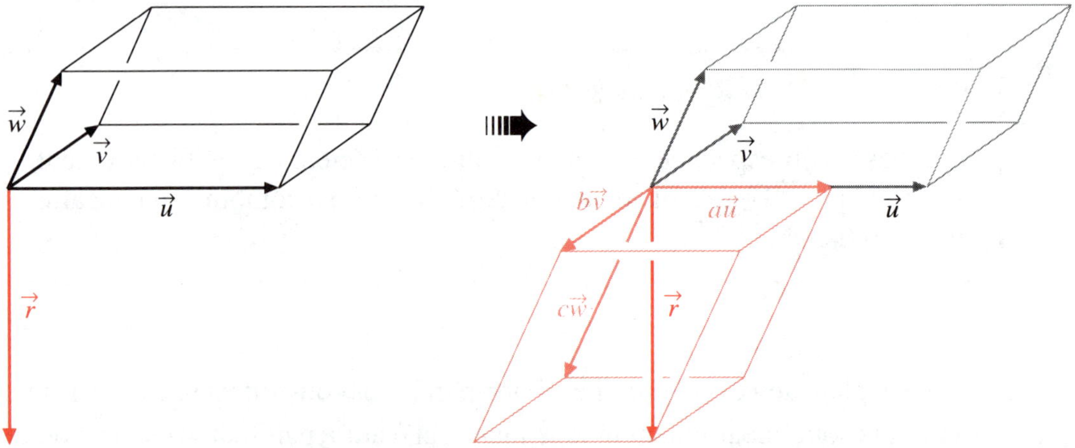

Figure 1.29 Les vecteurs $\vec{u}, \vec{v}$ et $\vec{w}$ forment une base de l'espace tridimensionnel; $\vec{r} = a\vec{u} + b\vec{v} + c\vec{w}$.

comme combinaison linéaire de $\vec{u}$ et $\vec{v}$; par ailleurs, $\vec{u}$, $\vec{v}$ et $\vec{w}$ forment une base de l'espace car ils sont linéairement indépendants, et tout vecteur de l'espace peut s'écrire comme combinaison linéaire de $\vec{u}$, $\vec{v}$ et $\vec{w}$. En effet, on peut tracer tout vecteur $\vec{r}$ de l'espace à partir d'une origine commune à $\vec{u}$, $\vec{v}$ et $\vec{w}$ et, en imitant le procédé décrit à la figure 1.28 avec des plans plutôt qu'avec des droites, on construit un parallélipipède dans lequel $\vec{r} = a\vec{u} + b\vec{v} + c\vec{w}$. ■

Un espace euclidien de *dimension n* est un espace dans lequel une base contient exactement n vecteurs linéairement indépendants.

Définition ***Base ordonnée***

Une base ordonnée d'un espace est une suite ordonnée $\langle \vec{v}_1, \vec{v}_2, ..., \vec{v}_n \rangle$ de vecteurs qui forment une base de cet espace.

Par exemple, dans un espace bidimensionnel (plan), toute base non ordonnée $\{\vec{u}, \vec{v}\}$ donne lieu à deux bases ordonnées : $\langle \vec{u}, \vec{v} \rangle$ et $\langle \vec{v}, \vec{u} \rangle$; dans l'espace tridimensionnel, toute base $\{\vec{u}, \vec{v}, \vec{w}\}$ donne lieu à six bases ordonnées différentes. Voici maintenant une définition d'une très grande importance qui permettra ensuite de simplifier considérablement la géométrie vectorielle.

Définition ***Composantes d'un vecteur selon une base ordonnée***

Soit $\mathcal{B} = \langle \vec{v}_1, \vec{v}_2, ..., \vec{v}_n \rangle$ une base ordonnée d'un espace $\mathcal{E}$ et soit $\vec{v}$ un vecteur de cet espace. Les *composantes* de $\vec{v}$ selon $\mathcal{B}$ sont les coefficients (a_1, a_2, ..., a_n), pris dans l'ordre, de la combinaison linéaire

$$\vec{v} = a_1\vec{v}_1 + a_2\vec{v}_2 + \cdots + a_n\vec{v}_n.$$

On écrit alors

$$\vec{v} = (a_1, a_2, \ldots, a_n)_{\mathcal{B}}$$

ou, si le contexte permet d'éviter toute confusion sur le choix de la base,

$$\vec{v} = (a_1, a_2, \ldots, a_n);$$

de plus, a_i est appelé composante de $\vec{v}$ dans la direction $\vec{v}_i$ (pour $i = 1, 2, ..., n$).

Exemple 1 (dans un plan)

Dans la figure 1.30, on obtient différentes écritures du vecteur $\vec{r}$ selon la base $\mathcal{B}$ choisie :

$$\vec{r} = \left(2, \tfrac{3}{2}\right) \text{ si } \mathcal{B} = \langle \vec{u}, \vec{v} \rangle;$$

$$\vec{r} = \left(\tfrac{3}{2}, 2\right) \text{ si } \mathcal{B} = \langle \vec{v}, \vec{u} \rangle;$$

$$\vec{r} = (5, \text{-}3) \text{ si } \mathcal{B} = \langle \vec{u}, \vec{w} \rangle;$$

$$\vec{r} = \left(\tfrac{5}{2}, 2\right) \text{ si } \mathcal{B} = \langle \vec{v}, \vec{w} \rangle.$$

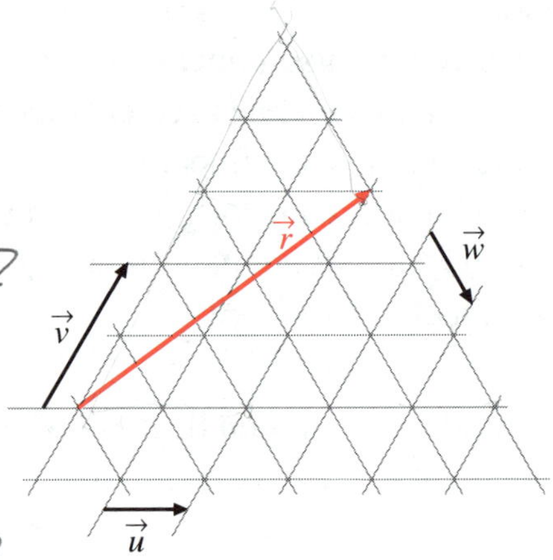

Figure 1.30 ■

Exemple 2 (dans l'espace tridimensionnel)

Dans la figure 1.31, on donne les composantes de différents vecteurs dans la base $\langle \vec{u}, \vec{v}, \vec{w} \rangle$: $\vec{r} = (\text{-}1, 1, 1)$; $\vec{s} = (0, 1, \text{-}1)$; $\vec{w} = (0, 0, 1)$.

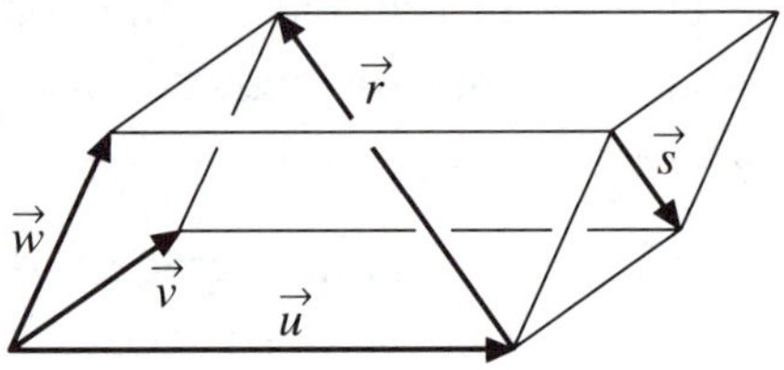

Figure 1.31 ■

On voit facilement qu'un même vecteur peut s'écrire de façons différentes dans des bases ordonnées différentes (figure 1.30); cependant, se peut-il qu'un même vecteur s'écrive de deux façons différentes dans une *même* base ordonnée ? Heureusement, c'est impossible, comme l'affirme la proposition suivante.

Proposition

Les composantes d'un vecteur dans une base ordonnée sont uniques.

Preuve

Supposons que $(a_1, a_2, ..., a_n)$ et $(b_1, b_2, ..., b_n)$ sont deux écritures d'un même vecteur $\vec{v}$ dans une même base $\langle \vec{v}_1, \vec{v}_2, ..., \vec{v}_n \rangle$ d'un espace de dimension n; on aura alors

$$\vec{v} = a_1\vec{v}_1 + a_2\vec{v}_2 + \cdots + a_n\vec{v}_n \quad \text{et} \quad \vec{v} = b_1\vec{v}_1 + b_2\vec{v}_2 + \cdots + b_n\vec{v}_n,$$

ce qui donnera

$$a_1\vec{v}_1 + a_2\vec{v}_2 + \cdots + a_n\vec{v}_n = b_1\vec{v}_1 + b_2\vec{v}_2 + \cdots + b_n\vec{v}_n,$$

et par suite

$$\vec{0} = (b_1 - a_1)\vec{v}_1 + (b_2 - a_2)\vec{v}_2 + \cdots + (b_n - a_n)\vec{v}_n.$$

Cette dernière égalité donne le vecteur nul comme combinaison linéaire des vecteurs $\vec{v}_1, \vec{v}_2, ..., \vec{v}_n$; cela n'est possible que si tous les coefficients de cette combinaison sont nuls, car les vecteurs $\vec{v}_1, \vec{v}_2, ..., \vec{v}_n$ sont linéairement indépendants. On obtient donc

$$a_1 = b_1,\ a_2 = b_2,\ ...,\ a_n = b_n,$$

ce qui montre que $\vec{v}$ n'a qu'une seule écriture. ■

Comme conséquence immédiate de cette proposition, on obtient l'énoncé suivant.

Proposition

Soit $\vec{u} = (a_1, a_2, \ldots, a_n)$ et $\vec{v} = (b_1, b_2, \ldots, b_n)$, deux vecteurs écrits dans la même base.

Alors, $\vec{u} = \vec{v} \Leftrightarrow a_1 = b_1, a_2 = b_2, ...$ et $a_n = b_n$.

Il reste une autre question à laquelle nous pouvons répondre maintenant : les opérations sur les vecteurs (multiplication par un scalaire et somme vectorielle) peuvent-elles se faire directement (arithmétiquement) sur les composantes des vecteurs ? La réponse est oui. On peut la formuler ainsi :

Opérations sur les composantes

Si les vecteurs $\vec{u}$ et $\vec{v}$ s'écrivent

$$\vec{u} = (a_1, a_2, \ldots, a_n) \quad \text{et} \quad \vec{v} = (b_1, b_2, \ldots, b_n)$$

dans une même base $\mathcal{B}$, alors $k\vec{u}$ (pour tout scalaire k) et $\vec{u} \pm \vec{v}$ s'écrivent dans cette base $\mathcal{B}$ comme ceci :

$$\begin{aligned} k\vec{u} &= k(a_1, a_2, \ldots, a_n) = (ka_1, ka_2, \ldots, ka_n) \\ \vec{u} \pm \vec{v} &= (a_1, a_2, \ldots, a_n) \pm (b_1, b_2, \ldots, b_n) \\ &= (a_1 \pm b_1, a_2 \pm b_2, \ldots, a_n \pm b_n) \end{aligned}$$

Nous ne démontrons ici que la première de ces deux égalités à titre d'exemple.

Démonstration

$k\vec{u} = k(a_1, a_2, \ldots, a_n)$

$= k(a_1\vec{v}_1 + a_2\vec{v}_2 + \cdots + a_n\vec{v}_n)$ [En supposant que $\mathcal{B} = \langle \vec{v}_1, \vec{v}_2, \ldots, \vec{v}_n \rangle$]

$= ka_1\vec{v}_1 + ka_2\vec{v}_2 + \cdots + ka_n\vec{v}_n$ [Distributivité et associativité de la multiplication par un scalaire] ■

$= (ka_1, ka_2, \ldots, ka_n)$

Cette compatibilité entre les opérations géométriques sur les vecteurs et les opérations arithmétiques sur les composantes a une grande importance pratique, car elle nous permet de traduire de nombreux problèmes de nature géométrique en problèmes de nature algébrique et vice versa. Cette équivalence entre la géométrie vectorielle et l'arithmétique des n-uplets (qui avait été notée par Descartes) s'est popularisée sous le nom de géométrie analytique.

Exemple 1 (dans un espace bidimensionnel)

Dans une base $\mathcal{B}$ (qu'il n'est pas nécessaire de préciser), les vecteurs $\vec{u}, \vec{v}$ et $\vec{w}$ s'écrivent $\vec{u} = (1, 3)$, $\vec{v} = (-2, 2)$ et $\vec{w} = (8, 0)$.

On veut trouver l'écriture du vecteur $\vec{w}$ dans la base $\langle \vec{u}, \vec{v} \rangle$. On cherche donc des nombres a et b tels que $\vec{w} = a\vec{u} + b\vec{v}$.

$(8, 0) = a(1, 3) + b(-2, 2)$ [Écrit en base $\mathcal{B}$]

$(8, 0) = (a, 3a) + (-2b, 2b)$

$(8, 0) = (a - 2b, 3a + 2b)$

$8 = a - 2b$ et $0 = 3a + 2b$

$a = 2$ $\quad b = -3$ [En résolvant le système d'équations[11]]

Donc, $\vec{w}$ s'écrit (2, -3) en base $\langle \vec{u}, \vec{v} \rangle$. ■

Exemple 2 (dans un espace bidimensionnel)

Dans une base $\mathcal{B}$ (qu'il n'est pas nécessaire de préciser), les vecteurs $\vec{u}$ et $\vec{v}$ s'écrivent $\vec{u} = (1, 3)$ et $\vec{v} = (-2, 2)$ tandis que le vecteur $\vec{w}$ s'écrit $\vec{w} = (-5, 7)$ dans la base $\langle \vec{u}, \vec{v} \rangle$.

On cherche l'écriture du vecteur $\vec{w}$ dans la base $\mathcal{B}$.

$\vec{w} = -5\vec{u} + 7\vec{v}$

$= -5(1, 3) + 7(-2, 2)$ [Écrit en base $\mathcal{B}$]

$= (-5, -15) + (-14, 14)$

$= (-19, -1)$

Donc, $\vec{w} = (-19, -1)$ en base $\mathcal{B}$. ■

11. Au chapitre 5, nous présenterons une méthode générale de résolution des systèmes d'équations linéaires.

Exemple 3 (dans l'espace tridimensionnel)

Les vecteurs $\vec{u}$ et $\vec{v}$ s'écrivent $\vec{u} = (1, 2, 3)$ et $\vec{v} = (-2, 3, 5)$ dans une base donnée. On veut savoir si ces vecteurs sont parallèles.

$$\begin{aligned}&\vec{u} \mathbin{/\!/} \vec{v} \text{ si et seulement si } \vec{u} = k\vec{v} \text{ pour un scalaire } k \neq 0;\\ &\text{donc, } \vec{u} \mathbin{/\!/} \vec{v} \Leftrightarrow (1, 2, 3) = k(-2, 3, 5) \text{ avec } k \neq 0;\\ &\Leftrightarrow 1 = -2k, \quad 2 = 3k, \quad 3 = 5k \quad \text{et} \quad k \neq 0.\end{aligned}$$

Comme aucune valeur de k ne satisfait simultanément à toutes ces équations, on conclut que $\vec{u}$ et $\vec{v}$ sont *non parallèles*. ■

Exemple 4 (dans l'espace tridimensionnel)

Les vecteurs $\vec{u}, \vec{v}$ et $\vec{w}$ s'écrivent respectivement $\vec{u} = (1, 2, 3)$, $\vec{v} = (-2, 3, 1)$ et $\vec{w} = (5, -4, 1)$ dans une base donnée. On veut savoir si ces trois vecteurs sont linéairement dépendants (coplanaires lorsque représentés par des flèches issues d'une origine commune).

Si deux de ces vecteurs étaient parallèles, la réponse à la question serait « oui ». Cependant, il est facile de voir ici qu'il n'y a aucune paire de vecteurs parallèles parmi ces trois vecteurs. Il reste donc à voir si l'un d'eux (peu importe lequel) est combinaison linéaire des deux autres : par exemple, voyons si $\vec{w} = a\vec{u} + b\vec{v}$.

Il faut alors voir s'il existe des nombres a et b tels que :

$$(5, -4, 1) = a(1, 2, 3) + b(-2, 3, 1).$$

Cela donne à résoudre un système de trois équations à deux inconnues :

$$a - 2b = 5,\ 2a + 3b = -4 \text{ et } 3a + b = 1.$$

Dans ce cas-ci, $a = 1$ et $b = -2$ est une solution. Donc, les vecteurs $\vec{u}, \vec{v}$ et $\vec{w}$ sont linéairement dépendants. ■

Remarque

Les composantes du vecteur nul sont toutes nulles dans toute base, car $\vec{0} = 0\vec{v}_1 + 0\vec{v}_2 + \cdots + 0\vec{v}_n$ quels que soient les vecteurs $\vec{v}_1, \vec{v}_2, \ldots, \vec{v}_n$.

EXERCICES 1.2

1. Dans le parallélogramme de la figure 1.32, exprimez :

a) $\overrightarrow{PC}$ comme combinaison linéaire des vecteurs $\overrightarrow{AB}$ et $\overrightarrow{AD}$;

b) $\overrightarrow{AB}$ comme combinaison linéaire des vecteurs $\overrightarrow{AC}$ et $\overrightarrow{BD}$;

c) $\overrightarrow{AD}$ comme combinaison linéaire des vecteurs $\overrightarrow{PC}$ et $\overrightarrow{PD}$.

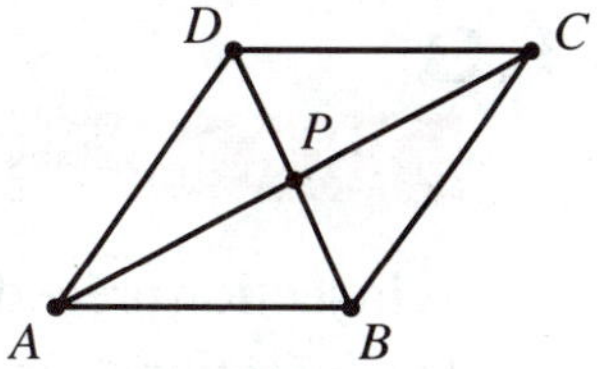

Figure 1.32

2. Dans chacun des cas suivants, en vous reportant au parallélipipède de la figure 1.33, déterminez si les vecteurs donnés sont linéairement dépendants ou indépendants.

a) $\overrightarrow{AB}$ et $\overrightarrow{RQ}$

b) $\overrightarrow{AB}, \overrightarrow{RQ}$ et $\overrightarrow{DB}$

c) $\overrightarrow{AB}, \overrightarrow{RQ}$ et $\overrightarrow{DQ}$

d) $\overrightarrow{AB}$ et $\overrightarrow{RS}$

e) $\overrightarrow{AB}, \overrightarrow{RQ}$ et $\overrightarrow{BS}$

f) $\overrightarrow{AQ}, \overrightarrow{AS}$ et $\overrightarrow{AR}$

g) $\overrightarrow{SQ}, \overrightarrow{AP}$ et $\overrightarrow{BS}$

h) $\overrightarrow{AB}, \overrightarrow{AD}$ et $\overrightarrow{DP}$

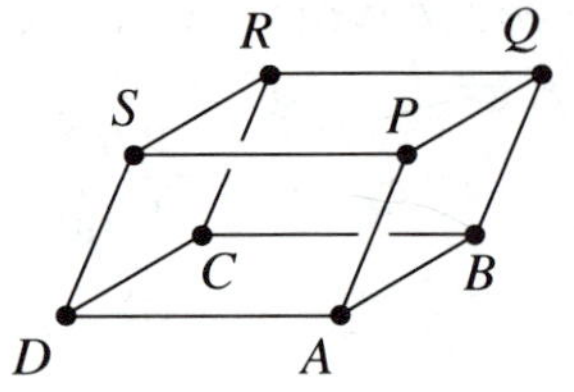

Figure 1.33

3. Dans le parallélipipède de la figure 1.33, déterminez relativement à la base $\langle \overrightarrow{AB}, \overrightarrow{AD}, \overrightarrow{AP} \rangle$ les composantes des vecteurs $\overrightarrow{PQ}, \overrightarrow{AQ}$ et $\overrightarrow{SB}$.

4. Soit $\vec{u} = (3, 1)$, $\vec{v} = (-2, 5)$ et $\vec{w} = (12, -13)$ les expressions, dans une *base* donnée, de trois vecteurs d'un même plan.

a) Exprimez $\vec{w}$ comme combinaison linéaire de $\vec{u}$ et $\vec{v}$.
b) Quelles seraient les composantes de $\vec{w}$ dans la *base* $\langle \vec{u}, \vec{v} \rangle$? Dans la *base* $\langle \vec{v}, \vec{u} \rangle$?
c) Quelles seraient les composantes de $\vec{v}$ dans la *base* $\langle \vec{u}, \vec{v} \rangle$?

5. Les vecteurs $\vec{u}$ et $\vec{v}$ s'écrivent $\vec{u} = (-1, 2)$ et $\vec{v} = (3, -4)$ dans la base $\langle \vec{i}, \vec{j} \rangle$, tandis que le vecteur $\vec{w}$ s'écrit $\vec{w} = (5, 2)$ dans la base $\langle \vec{u}, \vec{v} \rangle$. Quelle est l'écriture du vecteur $\vec{w}$ dans la base $\langle \vec{i}, \vec{j} \rangle$?

6. Dans chacun des cas suivants, déterminez si les vecteurs $\vec{u}$ et $\vec{v}$, dont les composantes sont exprimées relativement à une certaine base, sont parallèles.

a) $\vec{u} = (1, 2)$, $\vec{v} = (5, 6)$

b) $\vec{u} = (-3, 5)$, $\vec{v} = (6, -10)$

c) $\vec{u} = (-3, 2, 1)$, $\vec{v} = (15\pi, -10\pi, -5\pi)$

d) $\vec{u} = (7, 8, 9)$, $\vec{v} = (9, 8, 7)$

7. À l'aide d'une figure appropriée dans un plan, montrez qu'il est possible qu'un vecteur $\vec{v}$ ait la *même écriture* dans deux *bases différentes*.

8. Déterminez si les vecteurs suivants (exprimés dans une même base) sont linéairement dépendants ou indépendants :

$$\vec{u} = (-3, 2, 5), \vec{v} = (2, 3, -3) \text{ et } \vec{w} = (0, 1, -1).$$

1.3 COORDONNÉES DES POINTS

À la section précédente, les bases et les composantes nous ont permis d'algébriser les opérations sur les vecteurs. De la même façon, nous verrons que les repères et les coordonnées permettent d'algébriser les opérations affines sur les points.

1.3.1 REPÈRE DANS UN ESPACE

Les bases permettent de représenter les vecteurs comme des n-uplets de nombres (composantes); les repères vont permettre de représenter aussi les points comme des n-uplets de nombres (coordonnées)[12].

Définitions ***Repère, coordonnées relatives à un repère***

Un repère d'un espace $\mathcal{E}$ est un couple $\langle O; \mathcal{B}\rangle$ où O est un point de $\mathcal{E}$, appelé point origine, et $\mathcal{B}$ est une base ordonnée pour les vecteurs de $\mathcal{E}$.

Si P est un point de $\mathcal{E}$, alors les coordonnées de P relatives au repère $\langle O; \mathcal{B}\rangle$ sont les composantes du vecteur $\overrightarrow{OP}$ selon la base $\mathcal{B}$; $\overrightarrow{OP}$ est appelé vecteur-position du point P.

Exemple 1 (dans un plan)

Prenons le plan de la figure 1.34. Voici comment on détermine les coordonnées de différents points relativement au repère $\langle O; \langle \vec{u}, \vec{v}\rangle\rangle$ en partant du point origine O.

Les coordonnées du point A sont (3, 1), car le vecteur position $\overrightarrow{OA}$ s'écrit $3\vec{u} + \vec{v}$; les coordonnées du point B sont (-1, -2); les coordonnées du point C sont (-1, 2); les coordonnées du point origine O sont (0, 0).

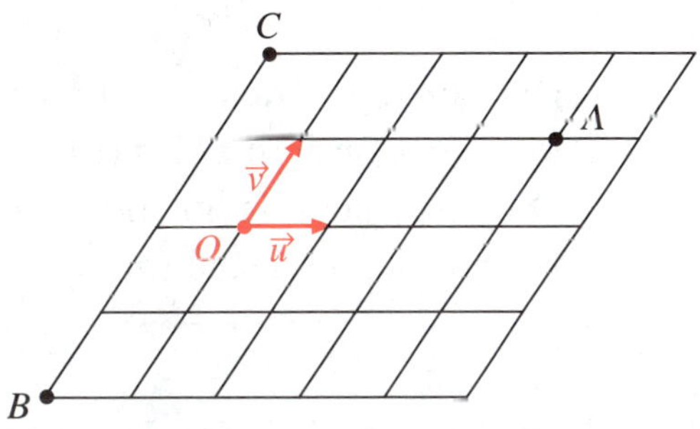

Figure 1.34

Exemple 2 (dans l'espace tridimensionnel)

Dans la figure 1.35, les coordonnées du point A relativement au repère $\langle O; \langle \vec{u}, \vec{v}, \vec{w}\rangle\rangle$ sont (1, 0, 1), car $\overrightarrow{OA} = \mathbf{1}\vec{u} + \mathbf{0}\vec{v} + \mathbf{1}\vec{w}$; les coordonnées du point B sont (1, 1, 1), car $\overrightarrow{OB} = \mathbf{1}\vec{u} + \mathbf{1}\vec{v} + \mathbf{1}\vec{w}$. Cependant, il faut un peu plus d'imagination spatiale pour voir que les coordonnées des mêmes points A et B du repère de la figure 1.36 sont respectivement (-1, -1, 1) et (0, -1, 1). En effet, pour aller du point origine O au point A en suivant les directions $\vec{u}, \vec{v}$ et $\vec{w}$ indiquées, il faut faire la translation

$$\overrightarrow{OA} = \vec{w} - \vec{v} - \vec{u} = (\mathbf{-1})\vec{u} + (\mathbf{-1})\vec{v} + \mathbf{1}\vec{w}.$$

Pour aller du point origine O au point B en suivant les directions $\vec{u}, \vec{v}$ et $\vec{w}$ indiquées, il faut faire la translation

$$\overrightarrow{OB} = \vec{w} - \vec{v} = \mathbf{0}\vec{u} + (\mathbf{-1})\vec{v} + \mathbf{1}\vec{w}.$$

---

12. On attribue l'idée des coordonnées et des n-uplets à René Descartes (1596-1650).

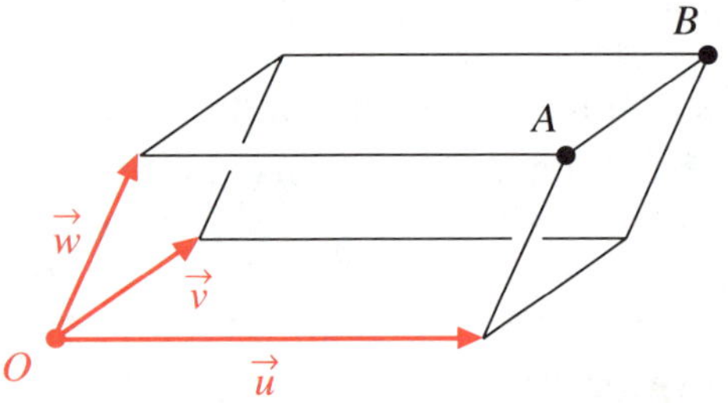

Figure 1.35

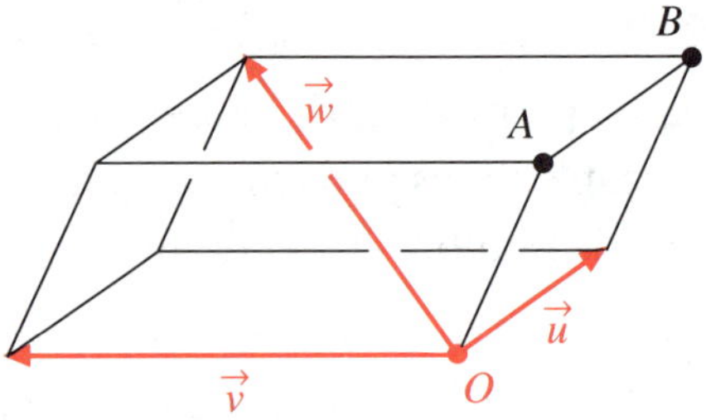

Figure 1.36

Pour décrire la position des points dans l'espace, on choisit habituellement un repère adapté à la forme des objets traités pour simplifier le calcul des coordonnées. En ce sens, le repère de la figure 1.35 est meilleur que celui de la figure 1.36 pour décrire les sommets du parallélipipède. ■

Notation

Dans un repère donné, pour dire que les coordonnées d'un point A sont $(a_1, a_2, ..., a_n)$, on écrit $\overrightarrow{OA} = (a_1, a_2, \ldots, a_n)$, O étant le point origine du repère. On utilise aussi la notation $A(a_1, a_2, ..., a_n)$ pour désigner un point A dont les coordonnées sont $(a_1, a_2, ..., a_n)$.

Exemple

Dans le repère $\langle O; \langle \vec{u}, \vec{v}, \vec{w} \rangle \rangle$ de la figure 1.35, $A(1, 0, 1)$ désigne le point A dont le vecteur position est $\overrightarrow{OA} = (1, 0, 1)$. ■

1.3.2 OPÉRATIONS SUR LES COORDONNÉES ET COMPOSANTES

Lorsque l'on considère les vecteurs comme des translations qui agissent sur les points, on peut interpréter l'équation $B = A \,+\, \vec{v}$ comme une construction du point B à partir du point A et du vecteur $\vec{v}$; cette construction permet d'obtenir directement les coordonnées du point B à partir des coordonnées du point A et des composantes du vecteur $\vec{v}$, car elle est équivalente à l'égalité $\overrightarrow{OB} = \overrightarrow{OA} + \vec{v}$ comme le montre la figure 1.37.

L'équivalence

$$B = A \,+\, \vec{v} \;\Leftrightarrow\; \overrightarrow{OB} = \overrightarrow{OA} + \vec{v}$$

justifie l'emploi d'un signe « plus » et l'appellation *addition affine* pour symboliser l'opération des vecteurs sur les points (voir sous-section 1.1.5). Sur la base de cette

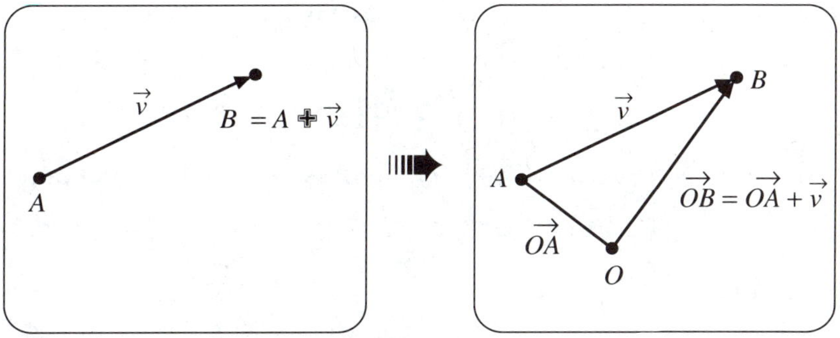

Figure 1.37

équivalence, on peut résumer les relations entre coordonnées et composantes comme suit :

> **Relations entre coordonnées et composantes**
>
> Dans un espace muni d'un repère d'origine O, si $B = A \oplus \vec{v}$, alors :
>
> 1) $\overrightarrow{OB} = \overrightarrow{OA} + \vec{v}$: les coordonnées du point B s'obtiennent en ajoutant aux coordonnées du point A les *composantes* du vecteur $\vec{v}$;
> 2) $\overrightarrow{OA} = \overrightarrow{OB} - \vec{v}$: les coordonnées du point A s'obtiennent en retranchant aux coordonnées du point B les composantes du vecteur $\vec{v}$;
> 3) $\vec{v} = \overrightarrow{OB} - \overrightarrow{OA}$: les composantes du vecteur $\vec{v} = \overrightarrow{AB}$ s'obtiennent en retranchant aux coordonnées de son extrémité B les coordonnées de son origine A.

Exemple 1

La figure 1.38 représente un parallélogramme dans l'espace tridimensionnel. On donne les composantes du vecteur $\vec{v}$ et les coordonnées des points C et B relativement à un même repère :

$$\vec{v} = (2, -3, 5), \overrightarrow{OC} = (1, 0, 2) \text{ et } \overrightarrow{OB} = (3, 4, 5)$$

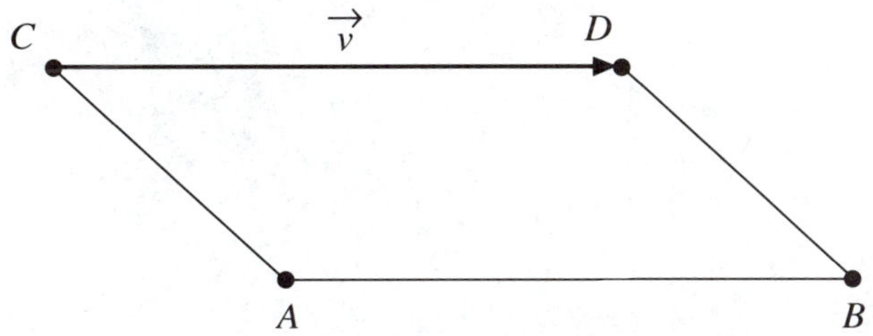

Figure 1.38

On cherche les coordonnées des points A et D relativement à ce repère.

Considérant les vecteurs comme des translations, on obtient $D = C + \vec{v}$ et donc

$$\vec{OD} = (1, 0, 2) + (2, -3, 5) = (3, -3, 7).$$

Le point D est donc donné par $D(3, -3, 7)$; de plus, $A = B + (-\vec{v})$ et donc

$$\vec{OA} = \vec{OB} - \vec{v} = (3, 4, 5) - (2, -3, 5) = (1, 7, 0).$$

Le point A est donc donné par $A(1, 7, 0)$. ■

Exemple 2 Test de colinéarité de trois points

Dans l'espace tridimensionnel, on donne les coordonnées des points A, B et C relativement à un repère fixe :

$$A(2, 3, 6),\ B(-3, 2, 1) \text{ et } C(7, -1, 4).$$

On veut savoir si ces points sont colinéaires dans l'espace.

Les points A, B et C sont colinéaires si et seulement si les vecteurs $\vec{AB}$ et $\vec{AC}$ sont parallèles; les composantes de ces vecteurs sont données par

$$\vec{AB} = \vec{OB} - \vec{OA} = (-3, 2, 1) - (2, 3, 6) = (-5, -1, -5)$$

$$\vec{AC} = \vec{OC} - \vec{OA} = (7, -1, 4) - (2, 3, 6) = (5, -4, -2).$$

Comme (-5, -1, -5) n'est pas un multiple de (5, -4, -2), les vecteurs $\vec{AB}$ et $\vec{AC}$ ne sont *pas* parallèles et donc les points A, B et C ne sont *pas* colinéaires. ■

Exemple 3 Subdivision d'un segment

Dans la figure 1.39, on cherche les coordonnées du point C qui subdivise le segment AB selon la proportion 2:1 (le point C est aux deux tiers du chemin entre A et B en partant de A). Considérant $\vec{AB}$ comme une translation, on trouve

$$C = A + \frac{2}{3}\vec{AB}$$

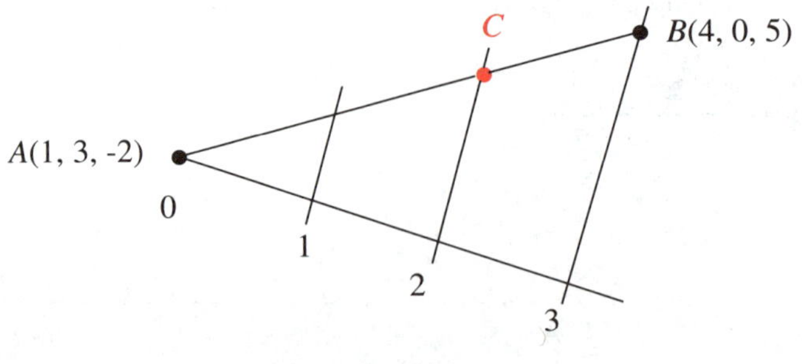

Figure 1.39

ce qui donne

$$\begin{aligned}\overrightarrow{OC} &= \overrightarrow{OA}+\frac{2}{3}(\overrightarrow{OB}-\overrightarrow{OA}) = \frac{1}{3}\overrightarrow{OA}+\frac{2}{3}\overrightarrow{OB} = \frac{1}{3}(\overrightarrow{OA}+2\,\overrightarrow{OB})\\ &= \frac{1}{3}[(1, 3, \text{-}2)+2(4, 0, 5)]\\ &= \left(3, 1, \frac{8}{3}\right).\end{aligned}$$

■

Exemple 4 Point d'équilibre statique

Dans la figure 1.40, on cherche le centre d'équilibre statique entre les points A, B et C, c'est-à-dire le point P de l'espace pour lequel les vecteurs $\overrightarrow{PA}, \overrightarrow{PB}$ et $\overrightarrow{PC}$, considérés comme des forces appliquées en P, s'annuleraient et maintiendraient P en équilibre statique.

L'équilibre se traduit par

$$\overrightarrow{PA}+\overrightarrow{PB}+\overrightarrow{PC}=\vec{0}$$

$$(\overrightarrow{OA}-\overrightarrow{OP})+(\overrightarrow{OB}-\overrightarrow{OP})+(\overrightarrow{OC}-\overrightarrow{OP})=\vec{0}$$

$$\overrightarrow{OA}+\overrightarrow{OB}+\overrightarrow{OC}-3\overrightarrow{OP}=\vec{0}$$

$$\overrightarrow{OP}=\frac{1}{3}(\overrightarrow{OA}+\overrightarrow{OB}+\overrightarrow{OC}).$$

Les coordonnées de P sont la moyenne arithmétique des coordonnées de A, B et C !

Ainsi, on obtient

$$\overrightarrow{OP}=\frac{1}{3}[(4, 1, 5)+(3, 7, 4)+(\text{-}4, \text{-}2, 0)].$$

Le point cherché est donc $P(1, 2, 3)$.

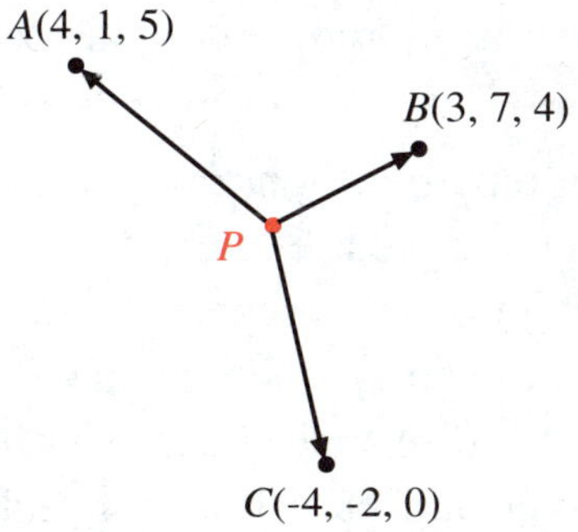

Figure 1.40

■

L'exemple 4 se généralise facilement. On en tire la définition suivante.

Définition ***Barycentre d'un ensemble de points***

Le *barycentre* d'un ensemble de points $\{P_1, P_2, ..., P_n\}$ dans un espace muni d'un repère fixe est le point P pour lequel

$$\overrightarrow{PP_1} + \overrightarrow{PP_2} + \cdots + \overrightarrow{PP_n} = \vec{0}.$$

Les coordonnées du barycentre P sont données par

$$\overrightarrow{OP} = \frac{1}{n}(\overrightarrow{OP_1} + \overrightarrow{OP_2} + \cdots + \overrightarrow{OP_n}).$$

1.3.3 REPÈRES ORTHONORMÉS DANS $\mathbb{R}^2$, $\mathbb{R}^3$ ET $\mathbb{R}^n$

Lorsque l'on définit un repère dans un plan, on met les points de ce plan en correspondance biunivoque avec les éléments de $\mathbb{R}^2$: chaque point, par ses coordonnées, correspond à un seul couple de nombres réels (x, y). Pour cette raison, le symbole $\mathbb{R}^2$ désigne l'espace euclidien de dimension 2; de même, $\mathbb{R}^3$ désigne l'espace euclidien de dimension 3 et, plus généralement, $\mathbb{R}^n$ désigne l'espace euclidien de dimension n. Les *points* de l'espace euclidien $\mathbb{R}^n$ sont représentés par les n-uplets de nombres réels : $(x_1, x_2, ..., x_n)$.

Définitions ***Base et repère orthonormés dans un espace euclidien***

Une base orthonormée est une base dont tous les vecteurs

1) sont de longueur 1;
2) sont deux à deux orthogonaux (à angle droit).

Un repère orthonormé est un repère dont la base est orthonormée.

La figure 1.41 montre un repère orthonormé dans $\mathbb{R}^2$: $\langle O; \langle \vec{i}, \vec{j} \rangle\rangle$; les vecteurs $\vec{i}$ et $\vec{j}$ sont orthogonaux et de longueur 1.

Si un point A s'écrit $A(x, y)$ dans ce repère, alors x est l'abscisse de A et y est l'ordonnée de A. De plus, si le vecteur $\vec{j}$ s'obtient du vecteur $\vec{i}$ par une rotation de 90° dans le sens anti-horaire, c'est-à-dire contraire au sens de rotation des aiguilles d'une montre comme c'est le cas dans la figure 1.41, on déclare que le repère est orienté positivement ; autrement, l'orientation est dite négative (figure 1.42).

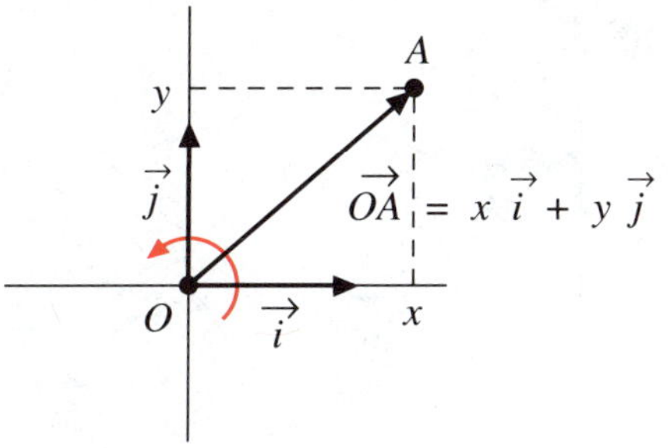

Figure 1.41 Repère orthonormé orienté positivement.

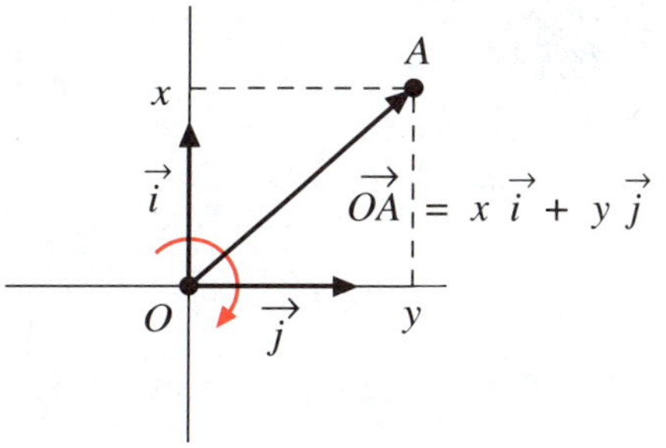

Figure 1.42 Repère orthonormé orienté négativement.

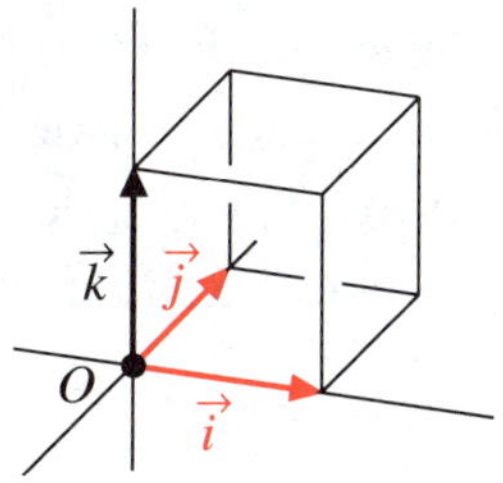

Figure 1.43 Repère orthonormé $\langle O; \langle \vec{i}, \vec{j}, \vec{k} \rangle\rangle$ orienté positivement.

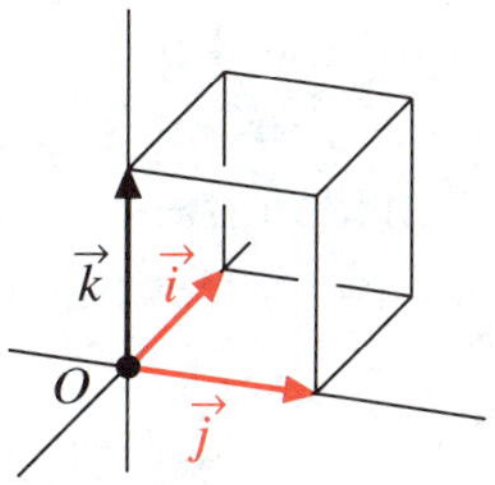

Figure 1.44 Repère orthonormé $\langle O; \langle \vec{i}, \vec{j}, \vec{k} \rangle\rangle$ orienté négativement.

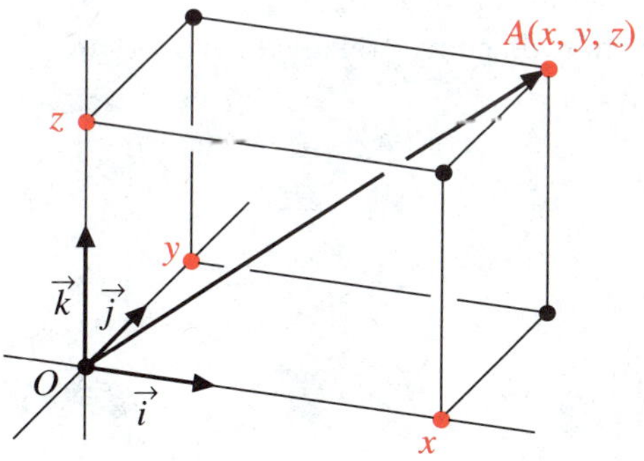

Figure 1.45 Abscisse, ordonnée et cote.

Dans $\mathbb{R}^3$, il y a aussi deux *orientations* possibles pour un repère orthonormé[13] $\langle O; \langle \vec{i}, \vec{j}, \vec{k} \rangle\rangle$; convenons que l'orientation décrite à la figure 1.43 est positive (contrairement à l'orientation décrite à la figure 1.44, qui est négative); si A est un point de coordonnées (x, y, z) dans un tel repère, alors x est l'abscisse, y est l'ordonnée et z est la cote du point A (figure 1.45).

13. Tout espace euclidien de dimension n peut être orienté de deux façons.

Figure 1.46 Repères cartésiens dans $\mathbb{R}^2$ et $\mathbb{R}^3$.

Convenons qu'à l'avenir $\langle O; \langle \vec{i}, \vec{j} \rangle\rangle$ désignera toujours un repère orthonormé de $\mathbb{R}^2$ orienté positivement et que $\langle O; \langle \vec{i}, \vec{j}, \vec{k} \rangle\rangle$ désignera toujours un repère orthonormé de $\mathbb{R}^3$ orienté positivement.

L'usage veut que l'on représente les repères orthonormés de $\mathbb{R}^2$ et de $\mathbb{R}^3$ par des axes de coordonnées orientés selon le sens et la direction des vecteurs de base $\vec{i}$, $\vec{j}$ et $\vec{k}$ et que l'on identifie ces axes respectivement par les lettres x, y et z; de telles représentations sont appelées des repères cartésiens ou des systèmes d'axes cartésiens (figure 1.46).

EXERCICES 1.3

1. Dans le parallélogramme illustré à la figure 1.47, déterminez les coordonnées du point P relativement aux *repères* suivants :

a) $\langle A; \langle \overrightarrow{AB}, \overrightarrow{AD} \rangle\rangle$;

b) $\langle A; \langle \overrightarrow{AB}, \overrightarrow{AC} \rangle\rangle$;

c) $\langle D; \langle \overrightarrow{AB}, \overrightarrow{AC} \rangle\rangle$;

d) $\langle C; \langle \overrightarrow{AD}, \overrightarrow{AB} \rangle\rangle$.

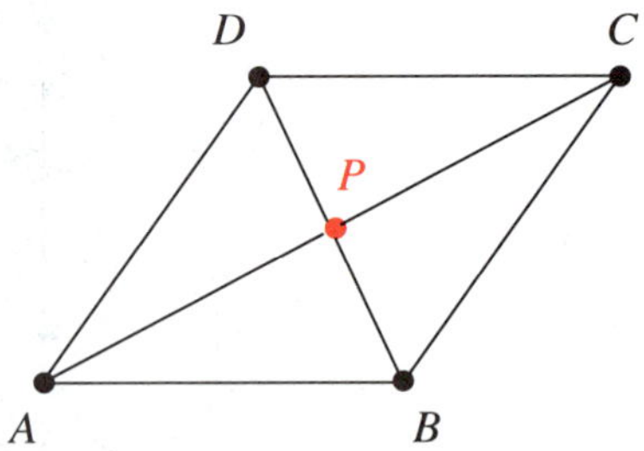

Figure 1.47

2. Déterminez les coordonnées du point P dans le parallélogramme de la figure 1.48, à partir des coordonnées des trois sommets donnés. Le repère du plan qui contient le parallélogramme n'a pas à être précisé.

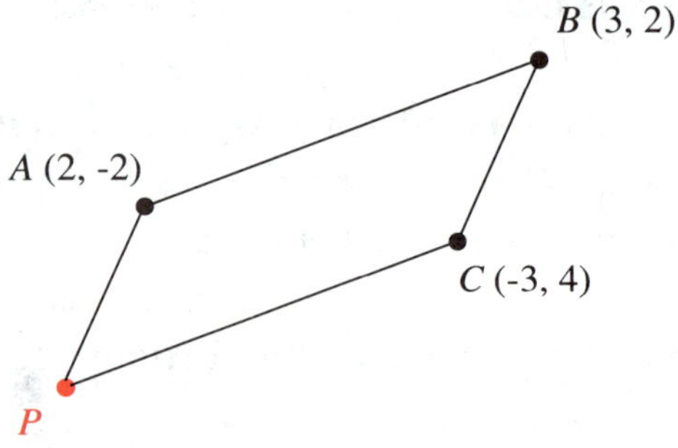

Figure 1.48

3. Déterminez les coordonnées des points A et B à partir des coordonnées et composantes déjà données dans le parallélogramme de la figure 1.49; le repère du plan n'a pas à être précisé. (*Coup de pouce* : Les diagonales d'un parallélogramme se coupent en leur milieu.)

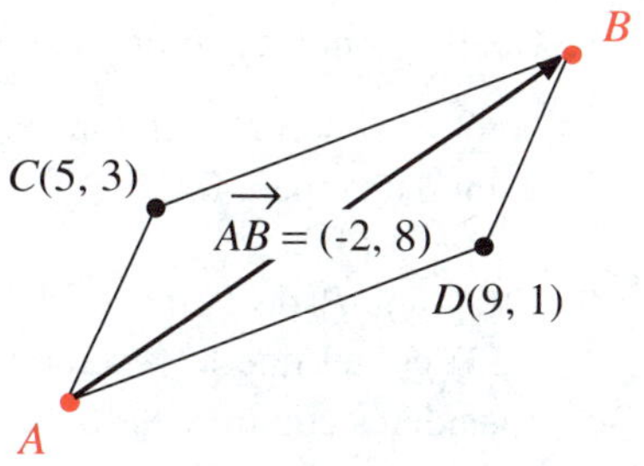

Figure 1.49

4. Dans l'hexagone (plan) de la figure 1.50 les côtés opposés sont deux à deux parallèles et de même longueur. Sachant que les coordonnées du point P sont données par $\overrightarrow{OP} = (2, 4)$ dans le repère $\langle O; \langle \vec{u}, \vec{v} \rangle \rangle$, déterminez les *composantes* du vecteur $\vec{w}$ dans ce repère.

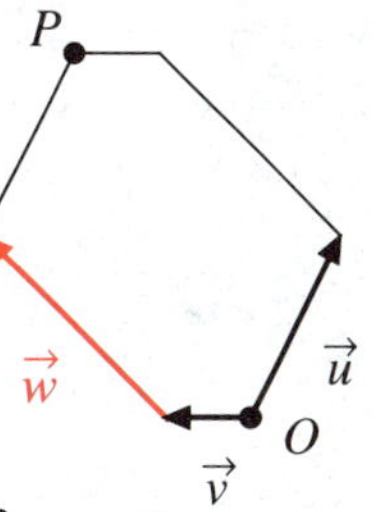

Figure 1.50

5. Les sommets du triangle $A'B'C'$ de la figure 1.51 sont situés au milieu des côtés du triangle quelconque ABC. Déterminez les coordonnées des sommets A, B et C à partir des coordonnées des sommets A', B' et C' données dans un repère qu'il n'est pas nécessaire de préciser :

$$A'(3, 2), B'(-2, 5) \text{ et } C'(2, -4).$$

(*Coup de pouce* : D'après le théorème de Thalès, les côtés du triangle $A'B'C'$ seront parallèles aux côtés correspondants du triangle ABC.)

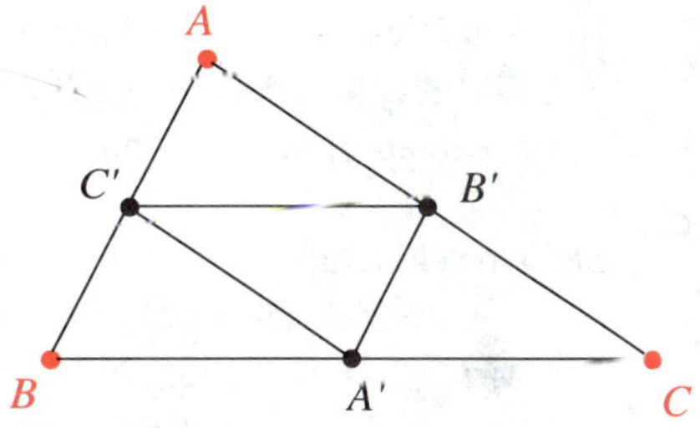

Figure 1.51

6. Dans le parallélipipède de la figure 1.52, on donne les coordonnées des points B, D, Q et S relativement à un certain repère :

$B(3, 5, 6)$, $D(3, 2, 1)$, $Q(1, 6, -1)$, $S(3, 7, 0)$.

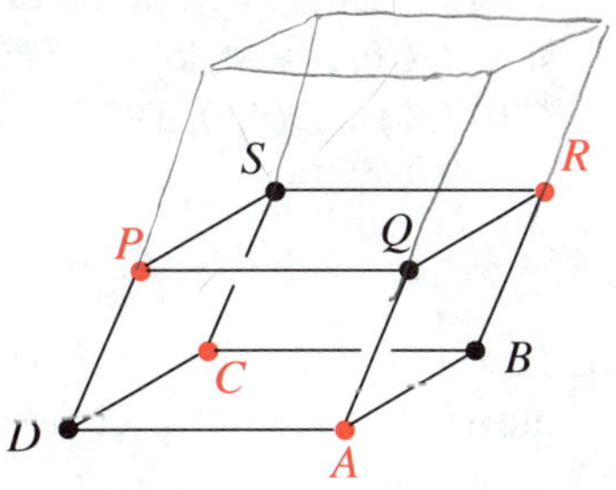

Figure 1.52

Les coordonnées des points A, C, P et R relativement à ce même repère sont alors entièrement déterminées. Quelles sont-elles ?

7. Dans chacun des cas suivants, déterminez si les points A, B et C, dont les coordonnées sont exprimées relativement à un certain repère de l'espace bidimensionnel ou tridimensionnel (selon le cas) sont colinéaires (parfaitement alignés).

a) $A(2, 7)$, $B(1, 10)$ et $C(3, 4)$

b) $A(5, -2)$, $B(-5, 2)$ et $C(7, -3)$

c) $A(1, 2, 3)$, $B(-2, 5, 4)$ et $C(8, -2, 1)$

d) $A(0, 7, 2)$, $B(-2, 3, -4)$ et $C(-3, 2, -7)$

8. Quelles sont les coordonnées du point P qui est situé aux $\frac{4}{5}$ du segment AB, en partant du point A, si A et B sont donnés par $A(1, 2, 3)$ et $B(11, -3, 28)$? (On suppose que l'espace est muni d'un repère fixe.)

9. Un point P de l'espace tridimensionnel (figure 1.53) est tel que les vecteurs $\vec{PA}, \vec{PB}, \vec{PC}$ et $\vec{PD}$, considérés comme des forces appliquées simultanément au point P, maintiennent le point P en équilibre statique. Si A, B, C et D sont donnés par $A(2, -3, 4)$, $B(5, 7, 9)$, $C(-1, 0, 8)$ et $D(-2, 4, -9)$, quelles sont les coordonnées de P ? (On suppose donné un repère fixe.)

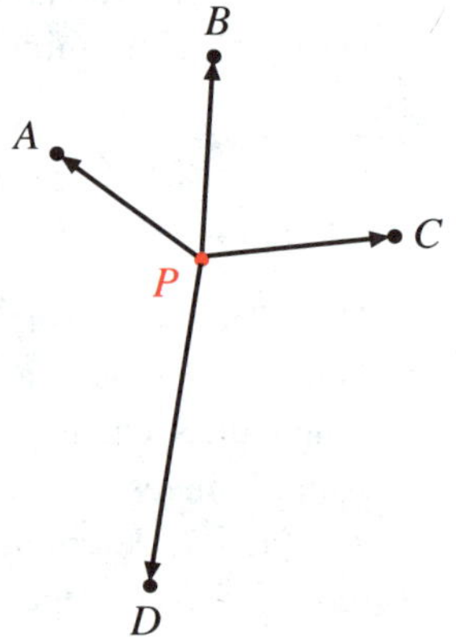

Figure 1.53

10. Soit P le barycentre des points P_1, P_2 et P_3 et soit Q le barycentre des points Q_1, Q_2, Q_3 et Q_4. Si P et Q sont donnés par $P(1, 2, 3)$ et $Q(1, 0, 5)$, quelles sont les coordonnées du barycentre C de l'ensemble des points P_1, P_2, P_3, Q_1, Q_2, Q_3 et Q_4 ? Justifiez bien votre réponse.

11. Une caméra, située au point $P(8, -2, 8)$ de l'espace tridimensionnel, vise le barycentre G des sommets A, B, C et D du tétraèdre de la figure 1.54. Le vecteur $\vec{v} = \vec{PG}$ définit l'orientation de la caméra. Quelles sont les composantes du vecteur $\vec{v} = \vec{PG}$ si A, B, C et D sont donnés par $A(0, 0, 0)$, $B(1, 0, 0)$, $C(0, 1, 0)$ et $D(0, 0, 3)$?

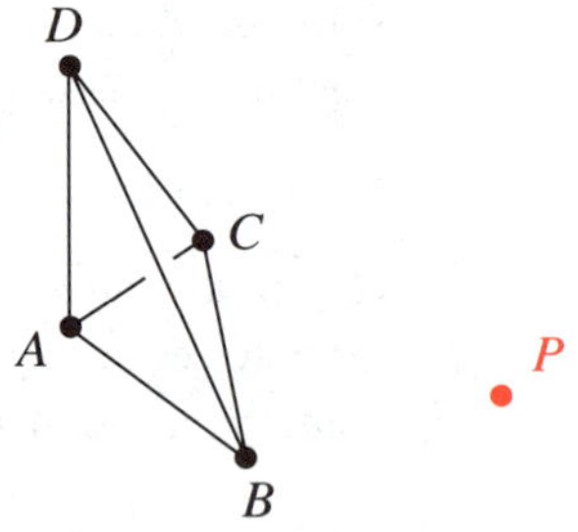

Figure 1.54

12. Dans le repère cartésien de la figure 1.55, le triangle ABC est équilatéral et mesure une unité de côté.

a) Déterminez les coordonnées des sommets A, B et C.

b) Déterminez les coordonnées du barycentre G des sommets A, B et C.

c) Selon quel rapport le barycentre G divise-t-il la « hauteur » d'un triangle équilatéral ?

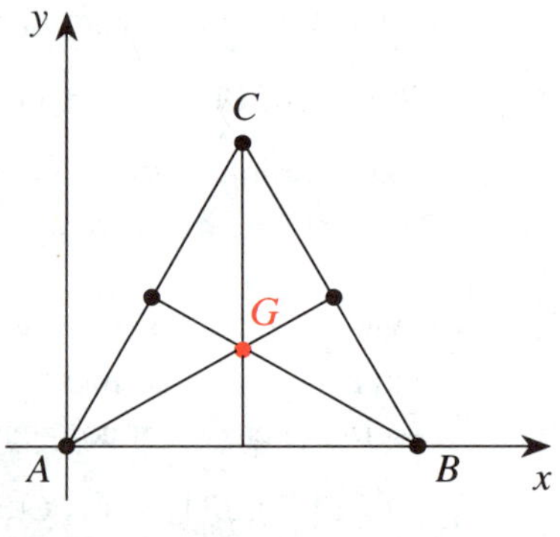

Figure 1.55

13. Dans le prisme triangulaire de la figure 1.56, on a $\overrightarrow{AD} = \overrightarrow{BE} = \overrightarrow{CF}$ et on donne $A(1, 2, 3)$, $B(-5, 1, -2)$ et $C(1, 0, 5)$. Le barycentre des six sommets du prisme est situé en $G(0, -2, 7)$. Quelles sont les coordonnées des sommets D, E et F ?

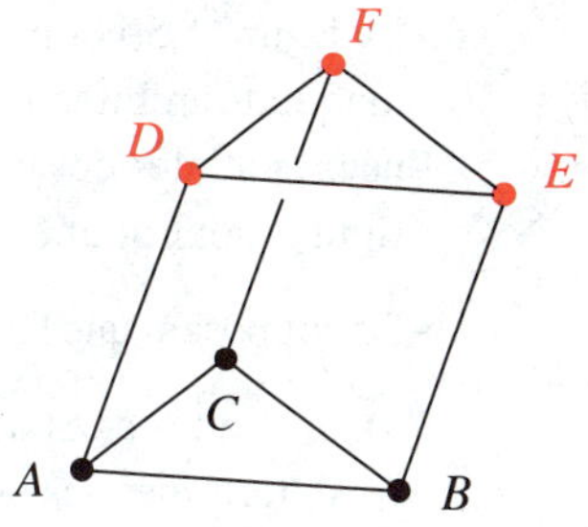

Figure 1.56

14. Dans le repère cartésien de la figure 1.57, la pyramide est formée d'une base carrée et de quatre faces triangulaires qui sont des triangles équilatéraux. Toutes les arêtes de cette pyramide mesurent une unité de longueur. Quelles sont les coordonnées du sommet E ?

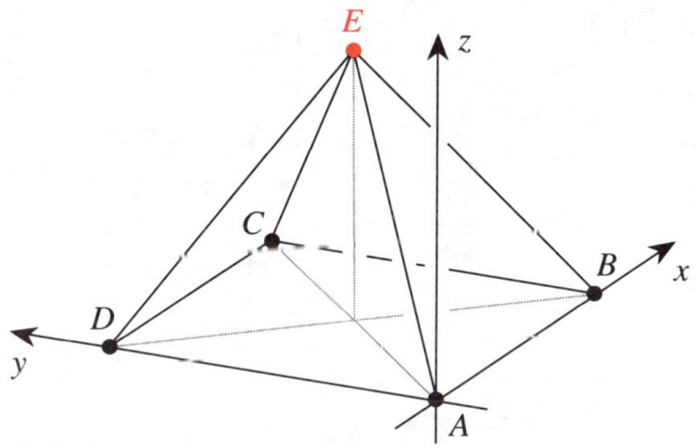

Figure 1.57

15. Dans le repère cartésien de la figure 1.58, la pyramide triangulaire $OABC$ est un tétraèdre régulier, c'est-à-dire que sa base ainsi que ses faces latérales sont des triangles équilatéraux. Les cotes des points O, A et B sont nulles, et les arêtes mesurent une unité de longueur. Déterminez les coordonnées du sommet C. (*Coup de pouce* : Utilisez les résultats obtenus à la question 12.)

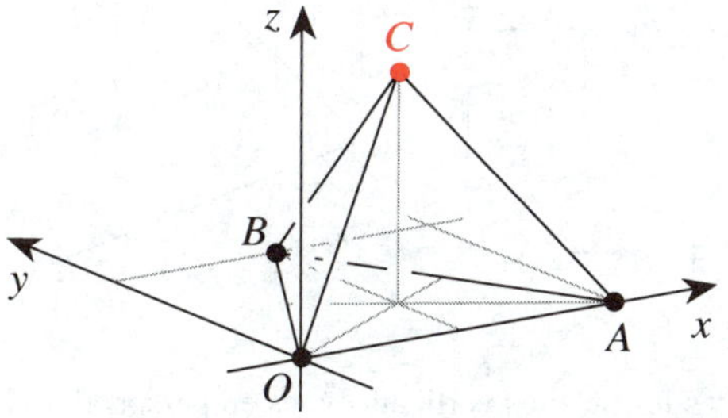

Figure 1.58

16. La figure 1.59 donne des vues de face, de côté et de dessus et une vue en perspective d'une maquette architecturale comprenant 20 sommets reliés par des tiges rectilignes. Les coordonnées spatiales des points A, B et C relativement à un repère orthonormé (non illustré dans la figure) sont données par $A(6, -5, 0)$, $B(6, 0, 0)$ et $C(4, 4, 0)$.

En supposant que l'unité de mesure est la même dans la figure 1.59 et dans le repère de l'espace,

a) situez les axes de coordonnées dans les vues de face, de côté et de dessus;

b) déterminez les coordonnées spatiales des points D, E et F.

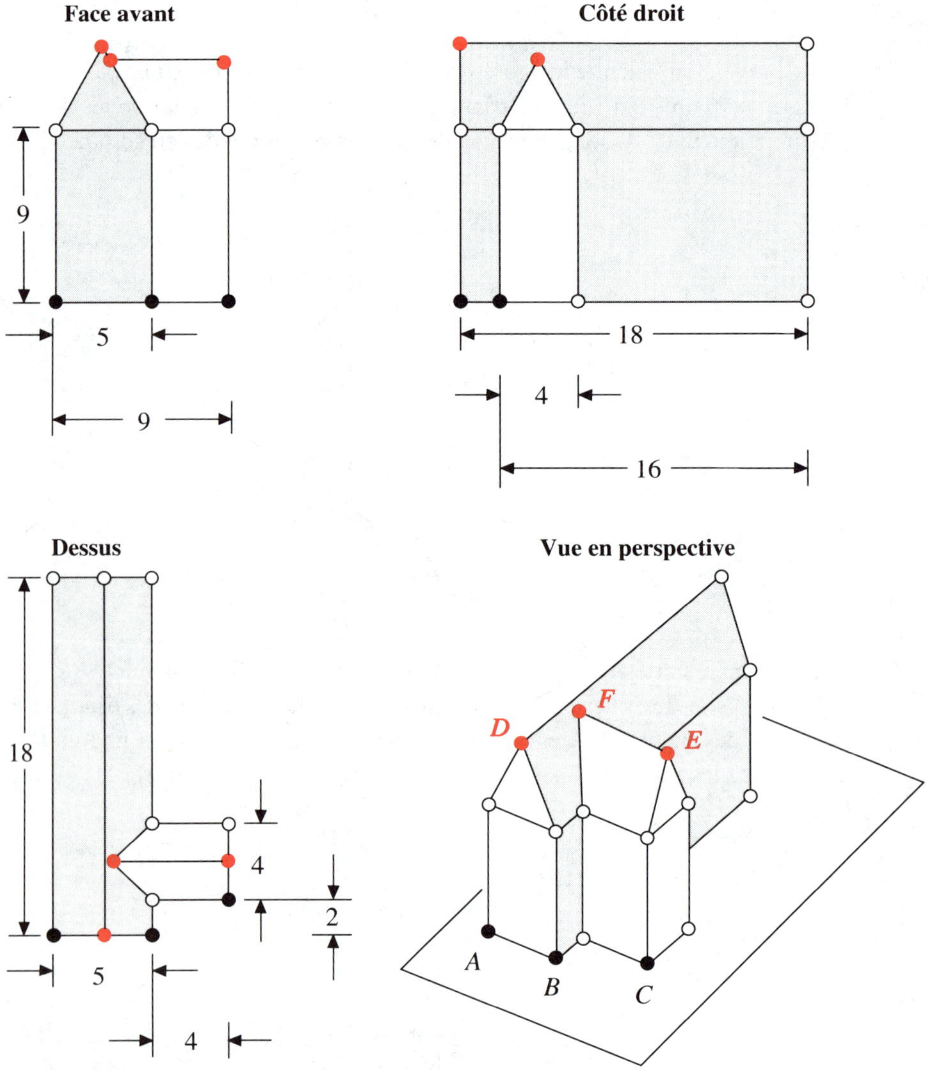

Attention : dans toutes les façades verticales vues en perspective, les triangles sont équilatéraux.

Figure 1.59

1.4 POUR ALLER PLUS LOIN

Qu'arrive-t-il lorsque les mots « vecteur » et « point » deviennent des termes primitifs ? Les vecteurs ne sont plus nécessairement des translations qui agissent sur les points, ni même des flèches que l'on peut tracer. À ce niveau d'abstraction, les points, les vecteurs et les opérations sur les points et vecteurs sont définis uniquement par leurs propriétés; on considère ces dernières comme des axiomes. Ainsi, les termes « translation », « vitesse », « accélération », etc. ne sont que des *interprétations* du concept abstrait de vecteur. Les interprétations sont cependant la base intuitive sur laquelle se fonde la méthode axiomatique.

Dans cette section, nous faisons un bref survol de l'histoire de la géométrie depuis les postulats d'Euclide jusqu'à l'axiomatisation moderne, et nous donnons les définitions axiomatiques des concepts abstraits d'espace vectoriel et d'espace affine.

1.4.1 L'AXIOMATISATION DE LA GÉOMÉTRIE

Lorsque Euclide a écrit ses *Éléments* il y a près de 2300 ans, il ne se doutait probablement pas de l'importance qu'aurait sa méthode axiomatique dans le développement futur des mathématiques. Jusqu'au XIXe siècle, ses dix postulats[14] furent considérés comme des énoncés évidents et vrais à propos d'objets ayant une existence propre en dehors des mathématiques et des hommes. Les géomètres découvraient le monde, ils ne le créaient pas. Plusieurs mathématiciens ont tenté par la suite de réduire le nombre de postulats. Par exemple, ils ont essayé de démontrer l'axiome des parallèles (cinquième postulat) à partir des autres axiomes; cet axiome, selon une version popularisée par J. Playfair (1748-1819), affirme que par un point P pris hors d'une droite L on peut mener, dans le plan contenant P et L, une et une seule droite parallèle à L. En enlevant cet axiome, on pensait arriver à des absurdités[15], mais Carl Friedrich Gauss a montré en 1820 qu'on obtenait plutôt une autre géométrie tout aussi cohérente que celle d'Euclide à la condition de considérer certains mots (comme points, droites, plans, etc.) comme des termes primitifs (non définis). C'est ainsi qu'en modifiant certains axiomes et en choisissant différentes interprétations des termes primitifs Bolyai et Lobatchevski ont fait naître la géométrie hyperbolique et Schläfli et Riemann la géométrie elliptique au siècle dernier. Depuis ce temps, et notamment

14. Selon H.S.M. Coxeter dans *Introduction to Geometry*, Wiley, 1969.
15. Coxeter relate que c'est ainsi que le jésuite Gerolamo Saccheri (1667-1773) a inventé malgré lui la géométrie hyperbolique.

avec les travaux de Félix Klein (1849-1925) et de David Hilbert (1862-1943), on considère les axiomes comme des énoncés qui doivent être cohérents (plutôt que vrais ou évidents); les mots « points », « droites », « plans », etc. deviennent des termes primitifs ou des termes qui ont des interprétations différentes d'une géométrie à l'autre.

La géométrie vectorielle et la géométrie affine que nous présentons dans cet ouvrage sont apparentées à la géométrie euclidienne. Dans une approche axiomatique de ces géométries, le terme *vecteur* est primitif, c'est-à-dire qu'il n'a pas de définition, il n'a que des interprétations. En interprétant les vecteurs comme des translations ou des flèches, nous sortons volontairement du cadre axiomatique dans le but de faciliter l'élaboration d'un modèle intuitif. Ce modèle est cependant tout à fait cohérent avec les axiomes d'espace vectoriel et les axiomes d'espace affine qui se trouvent à la sous-section suivante.

1.4.2 ESPACE VECTORIEL ET ESPACE AFFINE

Si vous cherchez dans un dictionnaire de mathématiques le mot *vecteur,* vous devriez trouver « élément d'un espace vectoriel... ». Alors qu'est-ce qu'un espace vectoriel ? En voici une définition axiomatique classique indépendante de toute interprétation (même géométrique !).

Définition ***Espace vectoriel sur les nombres réels***

Un espace vectoriel sur l'ensemble $\mathbb{R}$ des nombres réels est la donnée

i) d'un ensemble $\mathcal{V}$ dont les éléments sont appelés vecteurs, et notés $\vec{u}, \vec{v}, \vec{w}$, etc.;

ii) d'une opération appelée addition vectorielle qui associe à chaque paire de vecteurs $\vec{u}, \vec{v}$ la somme $\vec{u}+\vec{v}$ de telle façon que :

1. l'addition est commutative et associative :

$$\vec{u}+\vec{v}=\vec{v}+\vec{u} \quad \text{et} \quad \vec{u}+(\vec{v}+\vec{w})=(\vec{u}+\vec{v})+\vec{w},$$

2. il existe dans $\mathcal{V}$ un unique élément, noté $\vec{0}$, et appelé vecteur nul, pour lequel $\vec{u}+\vec{0}=\vec{u}$ quel que soit $\vec{u}$ dans $\mathcal{V}$,

3. pour chaque vecteur $\vec{u}$ dans $\mathcal{V}$ il existe un unique vecteur $-\vec{u}$ tel que $\vec{u}+(-\vec{u})=\vec{0}$;

iii) d'une opération appelée multiplication par un scalaire, qui associe à chaque nombre réel r et à chaque vecteur $\vec{u}$ un vecteur $r\vec{u}$ dans $\mathcal{V}$ appelé produit de r et $\vec{u}$, de telle façon que :

1. la multiplication par un scalaire est associative et distributive relativement à l'addition des nombres réels :
$$r(s\vec{u}) = (rs)\vec{u} \quad \text{et} \quad (r+s)\vec{u} = r\vec{u} + s\vec{u},$$
2. la multiplication par un scalaire est distributive :
$$r(\vec{u}+\vec{v}) = r\vec{u} + r\vec{v},$$
3. le nombre 1 est neutre pour la multiplication par un scalaire :
$$1\vec{u} = \vec{u} \text{ quel que soit } \vec{u} \text{ dans } \mathcal{V}.$$

Quelle différence y a-t-il entre un espace vectoriel et un espace affine ? Dans un espace affine, en plus des vecteurs, on a des points; les vecteurs agissent (opèrent) sur les points à la manière de translations. Voici une définition axiomatique d'un espace affine $\mathcal{E}$ sur un espace vectoriel $\mathcal{V}$.

Définition ***Espace affine sur un espace vectoriel***

Un espace affine sur un espace vectoriel $\mathcal{V}$ est la donnée

i) d'un ensemble $\mathcal{E}$ dont les éléments sont appelés points, et notés A, B, C, etc.;

ii) d'une opération appelée addition affine et notée $\boldsymbol{+}$ qui associe à chaque point A dans $\mathcal{E}$ et à chaque vecteur $\vec{v}$ dans $\mathcal{V}$ un point $A \boldsymbol{+} \vec{v}$ dans $\mathcal{E}$ de telle façon que :

1. pour chaque paire de points A et B de $\mathcal{E}$, il existe un et un seul vecteur $\vec{v}$ de $\mathcal{V}$ tel que $A \boldsymbol{+} \vec{v} = B$,
2. pour chaque point A de $\mathcal{E}$ et chaque vecteur $\vec{v}$ de $\mathcal{V}$, il existe un et un seul point B de $\mathcal{E}$ tel que $A \boldsymbol{+} \vec{v} = B$,
3. l'addition vectorielle est transitive sur l'addition affine :
$$A \boldsymbol{+} (\vec{u}+\vec{v}) = (A \boldsymbol{+} \vec{u}) \boldsymbol{+} \vec{v}$$
quel que soit le point A dans $\mathcal{E}$ et les vecteurs $\vec{u}$ et $\vec{v}$ dans $\mathcal{V}$.

Remarques

1. À partir des trois propriétés de l'addition affine, on peut démontrer facilement la propriété supplémentaire suivante :
$$\text{Pour tout point } A \text{ de } \mathcal{E},\ A \boldsymbol{+} \vec{0} = A.$$

2. Si on désigne un point arbitraire O de $\mathcal{E}$ comme *point origine*, alors il y a correspondance biunivoque (un pour un) entre les points et les vecteurs : à chaque point P de $\mathcal{E}$ est associé l'unique vecteur $\vec{v}$ (appelé vecteur-position de P) pour lequel $O \mathbin{+} \vec{v} = P$.

SUGGESTIONS DE LECTURE

1. *Le Géométricon* et *Le Trou noir* de Jean-Pierre Petit, Éditions Belin, coll. Les Aventures d'Anselme Lanturlu. Sur un ton léger mais très à propos, l'auteur de ces deux bandes dessinées nous amène dans l'univers non euclidien. Plein d'humour et d'imagination. Pour tous.

2. *Introduction to Geometry* de H.S.M. Coxeter, Wiley, 1969. Une référence indispensable pour comprendre l'évolution de la géométrie depuis Euclide jusqu'à Coxeter. On y trouve une analyse critique des axiomes d'Euclide et la construction axiomatique moderne de la géométrie. Un des chapitres traite de la représentation des figures de l'espace 4-dimensionnel. Un classique, *pas pour les enfants*, écrit dans la langue de Shakespeare par un très grand géomètre canadien.

3. *L'Algèbre linéaire par ses applications* de T.J. Fletcher, CEDIC, 1972. On trouve dans cet ouvrage des exemples nombreux et variés d'espaces vectoriels dans le cadre de la physique classique.

4. *La Quatrième Dimension* de Rudy Rucker, Seuil, collection Science ouverte, 1985. Les espaces euclidiens de dimension 1, 2 ou 3 nous sont accessibles par nos sens. Quelle connaissance et quelle intuition peut-on avoir de l'espace de dimension 4 ? Un livre de vulgarisation scientifique bien fait. Pour tous.

5. *Histoire des mathématiques* de J. Bouveresse, J. Itard et E. Sallé, Encyclopoche Larousse, 1977. En plus d'une vue très condensée de l'histoire des mathématiques et des notes biographiques sur la plupart des grands mathématiciens et mathématiciennes, on trouve au chapitre 4 la liste des 24 axiomes que David Hilbert a proposés en 1898 pour fonder *la géométrie du monde qui nous entoure*.

2

CHAPITRE

LONGUEURS, DISTANCES ET ANGLES

Dans ce chapitre, nous allons voir les concepts de longueur, de distance et d'angle. Pour ce faire, nous supposons que les coordonnées des points et les composantes des vecteurs sont relatives à un repère orthonormé fixe $\langle O; \langle \vec{i}, \vec{j} \rangle\rangle$ pour $\mathbb{R}^2$ et $\langle O; \langle \vec{i}, \vec{j}, \vec{k} \rangle\rangle$ pour $\mathbb{R}^3$. Ainsi, dans $\mathbb{R}^2$ on aura

$$\vec{i} = (1, 0) \text{ et } \vec{j} = (0, 1)$$

tandis que dans $\mathbb{R}^3$ on aura

$$\vec{i} = (1, 0, 0), \ \vec{j} = (0, 1, 0) \text{ et } \vec{k} = (0, 0, 1).$$

Bien que les concepts de longueur, de distance ou d'angle se généralisent sans difficulté à l'espace euclidien $\mathbb{R}^n$ de dimension n arbitraire, la plupart des exemples et des exercices de ce chapitre seront cependant tirés de contextes bidimensionnels ou tridimensionnels.

2.1 LONGUEURS ET DISTANCES

Voyons tout d'abord une formule de calcul explicite de la longueur d'un vecteur à partir de ses composantes dans un repère orthonormé. Cela nous permettra de calculer la distance entre deux points dont on connaît les coordonnées dans un tel repère. Nous verrons ensuite comment on peut associer à tout vecteur non nul $\vec{v}$ un vecteur unitaire (de longueur 1) qui a la même direction et le même sens que $\vec{v}$. Enfin, nous appliquerons ces notions à la description de quelques lieux géométriques familiers.

2.1.1 LONGUEUR (NORME) D'UN VECTEUR

Tel que défini au tout début du chapitre 1, un vecteur est la donnée simultanée d'une longueur, d'une direction et d'un sens. Dans cette définition, les mots « longueur », « direction » et « sens » sont des termes primitifs. Cependant, la longueur d'un vecteur $\vec{v}$ correspond, dans un espace euclidien muni d'un repère orthonormé, à sa *norme*.

Définition ***Norme d'un vecteur***

La norme d'un vecteur $\vec{v} = (a_1, a_2, \ldots, a_n)$, notée $\|\vec{v}\|$, est définie par

$$\|\vec{v}\| = \sqrt{a_1^2 + a_2^2 + \cdots + a_n^2}\,.$$

Remarques

1. Dans cette définition, la racine carrée est non négative : $\|\vec{v}\| \geq 0$.
2. Les deux propriétés suivantes sont des conséquences immédiates de la définition de $\|\vec{v}\|$:

$\|\vec{v}\| = 0$ si et seulement si $\vec{v} = \vec{0}$;
$\|k\vec{v}\| = |k|\,\|\vec{v}\|$.

Le théorème de Pythagore permet de voir facilement que la norme d'un vecteur dans $\mathbb{R}^2$ correspond à sa longueur (figure 2.1).

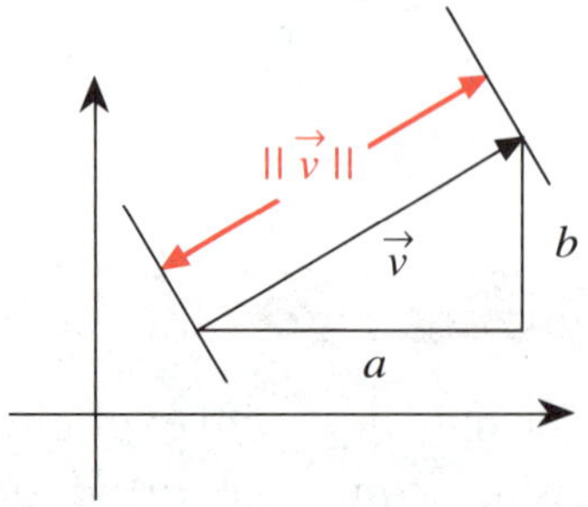

Figure 2.1 Norme d'un vecteur $\vec{v}$ dans $\mathbb{R}^2$: $\|\vec{v}\| = \sqrt{a^2 + b^2}$.

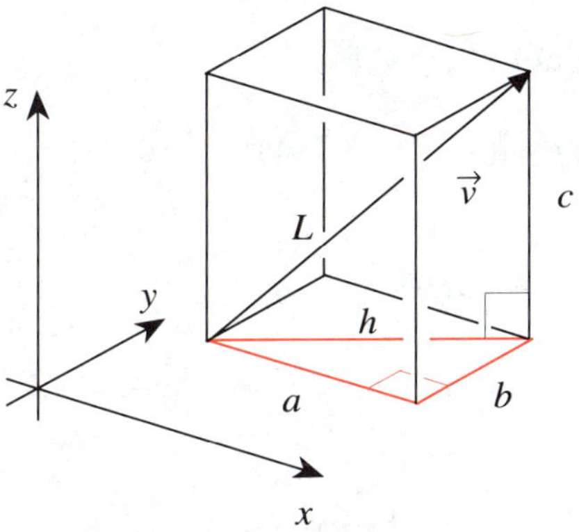

Figure 2.2 Norme d'un vecteur $\vec{v}$ dans $\mathbb{R}^3$: $\|\vec{v}\| = L = \sqrt{a^2 + b^2 + c^2}$.

De même, dans $\mathbb{R}^3$, deux applications successives du théorème de Pythagore permettent de voir que la norme $\|\vec{v}\|$, c'est-à-dire $\sqrt{a^2 + b^2 + c^2}$, correspond bien à la longueur du vecteur $\vec{v}$ (figure 2.2).

D'abord, $h^2 = a^2 + b^2$

puis, $L^2 = h^2 + c^2 = a^2 + b^2 + c^2$

et donc $L = \sqrt{a^2 + b^2 + c^2}$.

Exemple 1

$\|(-2, 3, 1)\| = \sqrt{4 + 9 + 1} = \sqrt{14}$ ■

Exemple 2

$\|3\vec{i} - 4\vec{k}\| = \|(3, 0, -4)\| = \sqrt{9 + 0 + 16} = 5$ ■

Exemple 3

$\|(5, 10, 15)\| = \|5(1, 2, 3)\| = |5|\,\|(1, 2, 3)\| = 5\sqrt{14}$ ■

2.1.2 DISTANCE ENTRE DEUX POINTS

Définition ***Distance entre deux points***

Dans un espace euclidien, la distance entre deux points A et B, notée $d(A, B)$, est la longueur du vecteur $\vec{AB}$:

$$d(A, B) = \|\vec{AB}\|.$$

Exemple 1
Pour $A(3, 4)$ et $B(-1, 5)$, on aura

$$d(A, B) = \|(-1, 5) - (3, 4)\| = \|(-4, 1)\| = \sqrt{17}\,.$$ ■

Exemple 2
Pour $A(1, 2, 3)$ et $B(-3, 2, 1)$, on aura

$$d(A, B) = \|(-3, 2, 1) - (1, 2, 3)\| = \|(-4, 0, -2)\| = 2\sqrt{5}\,.$$ ■

2.1.3 VECTEURS UNITAIRES

Définition ***Vecteur unitaire***

Un vecteur $\vec{u}$ est appelé *unitaire* si $\|\vec{u}\| = 1$.

Les vecteurs $\vec{i}, \vec{j}$ et $\vec{k}$ sont unitaires par définition.

Dans $\mathbb{R}^2$, tout vecteur de la forme $(\cos\theta, \sin\theta)$ est unitaire, car

$$\|(\cos\theta, \sin\theta)\| = \sqrt{\cos^2\theta + \sin^2\theta} = 1 \quad \text{(figure 2.3)}.$$

Voici comment on peut créer un vecteur unitaire à partir d'un vecteur $\vec{v}$ non nul arbitraire.

Si $\vec{v} \neq \vec{0}$, alors le vecteur $\frac{1}{\|\vec{v}\|}\vec{v}$, que l'on écrit parfois $\frac{\vec{v}}{\|\vec{v}\|}$, est un vecteur unitaire de même direction et même sens que $\vec{v}$.

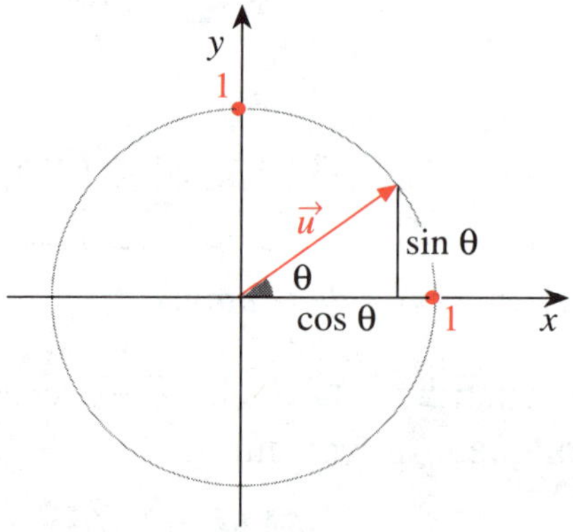

Figure 2.3 Vecteur unitaire dans $\mathbb{R}^2$.

L'énoncé précédent se démontre comme suit :

$$\left\|\frac{1}{\|\vec{v}\|}\vec{v}\right\| = \left|\frac{1}{\|\vec{v}\|}\right|\|\vec{v}\| = \frac{1}{\|\vec{v}\|}\|\vec{v}\| = \frac{\|\vec{v}\|}{\|\vec{v}\|} = 1. \quad ■$$

Exemple 1

Dans $\mathbb{R}^2$, le vecteur $\left(\frac{1}{2}, \frac{\sqrt{3}}{2}\right)$ qui est obtenu à partir de $(\cos\theta, \sin\theta)$ pour $\theta = \frac{\pi}{3}$ est un vecteur unitaire. ■

Exemple 2

Dans $\mathbb{R}^2$, tout vecteur non nul $\vec{v}$ peut s'écrire $\vec{v} = r(\cos\theta, \sin\theta)$. Par exemple, si $\vec{v} = (3, 5)$, alors $\|\vec{v}\| = \sqrt{34}$. On écrit

$$(3, 5) = \sqrt{34}\left(\frac{3}{\sqrt{34}}, \frac{5}{\sqrt{34}}\right),$$

ce qui donne

$$\cos\theta = \frac{3}{\sqrt{34}} \text{ et } \sin\theta = \frac{5}{\sqrt{34}},$$

et donc, $\theta = 1{,}03$ rad et $r = \sqrt{34}$. ■

Dans $\mathbb{R}^3$, tout vecteur unitaire $\vec{u}$ peut s'écrire

$$\vec{u} = (\cos\alpha, \cos\beta, \cos\gamma)$$

où α, β, γ sont les angles que fait le vecteur $\vec{u}$ avec les axes de coordonnées x, y et z respectivement (figure 2.4).

Les composantes $\cos\alpha$, $\cos\beta$ et $\cos\gamma$ d'un vecteur unitaire $\vec{u}$ de $\mathbb{R}^3$ sont appelées cosinus directeurs de $\vec{u}$ et de tout multiple $k\vec{u}$, pour $k > 0$.

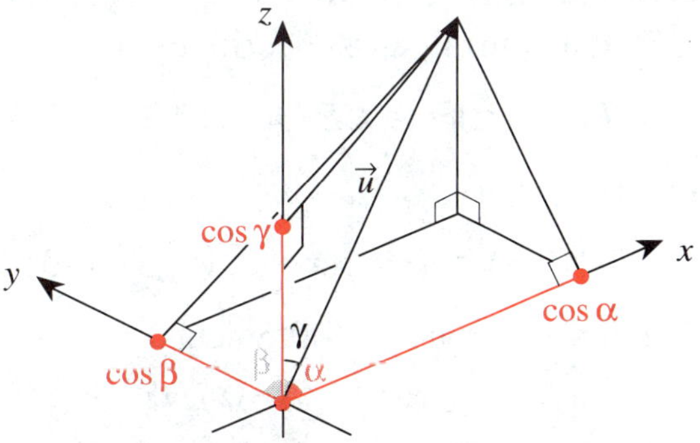

Figure 2.4 Les cosinus directeurs d'un vecteur unitaire dans $\mathbb{R}^3$.

Exemple

Si $\vec{v} = (1, 2, 3)$, alors $\frac{(1, 2, 3)}{\sqrt{14}} = \left(\frac{1}{\sqrt{14}}, \frac{2}{\sqrt{14}}, \frac{3}{\sqrt{14}}\right)$ est un vecteur unitaire et les nombres $\frac{1}{\sqrt{14}}$, $\frac{2}{\sqrt{14}}$ et $\frac{3}{\sqrt{14}}$ sont les cosinus directeurs de (1, 2, 3). ■

2.1.4 LIEUX GÉOMÉTRIQUES

Il est possible de caractériser plusieurs courbes et surfaces dans $\mathbb{R}^2$ et dans $\mathbb{R}^3$ par des équations ou des énoncés sur les coordonnées x, y et z d'un point $P(x, y, z)$ considéré comme variable. Ainsi, une courbe ou une surface devient l'ensemble des points de $\mathbb{R}^2$ ou de $\mathbb{R}^3$ (selon le contexte) qui rendent telle équation ou tel énoncé vrai.

Exemple

L'équation $\{P(x, y, z) \in \mathbb{R}^3 : x^2 + y^2 + z^2 = 9\}$ représente exactement l'ensemble des points situés sur la surface de la sphère de rayon 3 centrée à l'origine $O(0, 0, 0)$ dans $\mathbb{R}^3$. ■

La définition qui suit permet de dire que la sphère dont il est question dans l'exemple précédent est le lieu des points P de $\mathbb{R}^3$ pour lesquels $\|\overrightarrow{OP}\| = 3$.

> **Définition** ***Lieu dans $\mathbb{R}^2$ ou dans $\mathbb{R}^3$***
>
> Dans $\mathbb{R}^2$ (ou dans $\mathbb{R}^3$), l'ensemble des points P décrits dans un énoncé donné est appelé le lieu correspondant à cet énoncé.

Exemple 1 (lieu dans $\mathbb{R}^2$)

Dans $\mathbb{R}^2$, le lieu des points situés à exactement trois unités de distance du point $C(2, 3)$ est un cercle de rayon 3 centré au point $C(2, 3)$ (figure 2.5). On pourrait aussi décrire ce lieu par

$$\{P(x, y) \in \mathbb{R}^2 : \|\overrightarrow{CP}\| = 3 \text{ et } \overrightarrow{OC} = (2, 3)\},$$

ou encore par

$$\{(x, y) \in \mathbb{R}^2 : \|(x - 2, y - 3)\| = 3\},$$

ce qui s'écrit plus abstraitement

$$\{(x, y) \in \mathbb{R}^2 : (x - 2)^2 + (y - 3)^2 = 9\}.$$

■

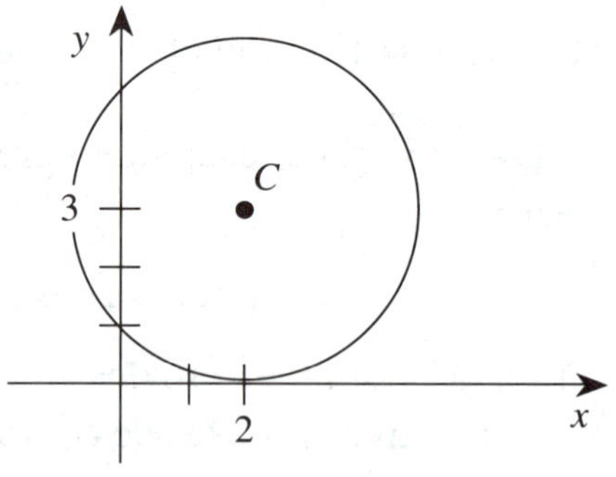

Figure 2.5

Exemple 2 (lieu dans $\mathbb{R}^3$)

Dans $\mathbb{R}^3$, le lieu des points situés à exactement trois unités de distance du point $C(2, 3, -1)$ est une sphère de rayon 3 centrée au point $C(2, 3, -1)$ (figure 2.6). On peut aussi décrire ce lieu par

$$\{P(x, y, z) \in \mathbb{R}^3 : \|\overrightarrow{CP}\| = 3 \text{ et } \overrightarrow{OC} = (2, 3, -1)\},$$

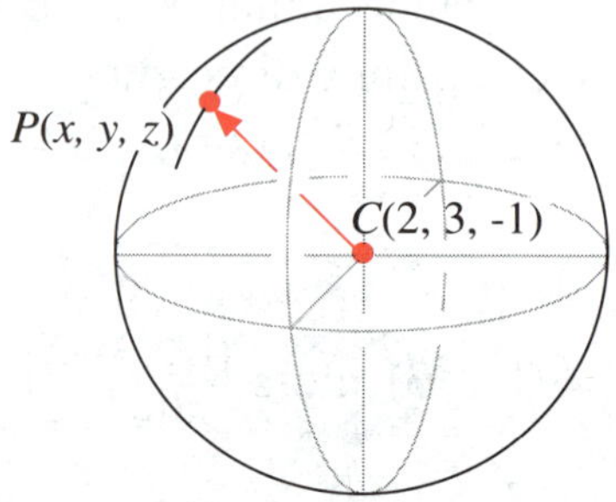

Figure 2.6

ou encore par

$$\{(x, y, z) \in \mathbb{R}^3 : \|(x-2, y-3, z+1)\| = 3\},$$

ou, plus abstraitement,

$$\{(x, y, z) \in \mathbb{R}^3 : (x-2)^2 + (y-3)^2 + (z+1)^2 = 9\}.$$ ■

EXERCICES 2.1

1. Calculez la norme de chacun des vecteurs suivants.

a) (2, -2, 1) *b*) (200, -200, 100) *c*) $2\vec{i} - 3\vec{j} + 6\vec{k}$

2. Calculez la distance entre les points suivants.

a) $P(1, 0, 1)$ et $Q(-1, 1, -1)$ *b*) $A(2, 7)$ et $B(7, 2)$

3. Déterminez les composantes du vecteur unitaire $\vec{u}$ ayant la même direction et le même sens que $\vec{v} = (6, -3, 6)$; déterminez aussi les composantes du vecteur $\vec{w}$ de longueur 5 ayant la même direction et le même sens que $\vec{v}$.

4. Déterminez les coordonnées du point B situé exactement à deux unités de distance du point A sur le segment AC de la figure 2.7, si A et C sont donnés par $A(1, 2, 3)$ et $C(-4, 5, 8)$.

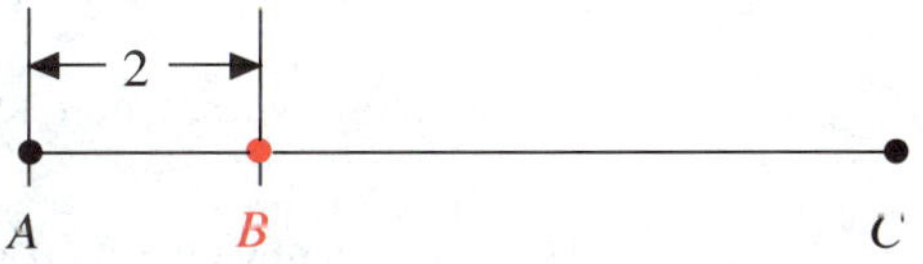

Figure 2.7

5. À partir de la figure 2.8, déterminez les composantes des vecteurs unitaires $\vec{s}$ et $\vec{t}$ qui donnent les directions des droites bissectrices des angles aigus et obtus formés par $\vec{u} = (-3, -6, 6)$ et $\vec{v} = (2, -1, 2)$. (*Coup de pouce* : Dans un losange, les diagonales coïncident avec les bissectrices.)

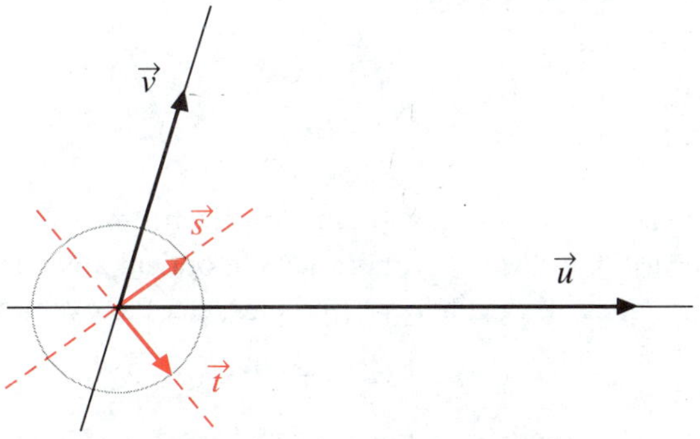

Figure 2.8

6. Pour $-\pi \leq \theta \leq \pi$, on peut obtenir « vectoriellement » $\cos\dfrac{\theta}{2}$ à partir de $\cos\theta$ de la façon suivante : dans la figure 2.9, les vecteurs $(\cos\theta, \sin\theta)$ et $(1, 0)$ sont les côtés d'un losange dont la diagonale $\vec{v}$ fait un angle $\dfrac{\theta}{2}$ avec l'axe des abcisses. La première composante du vecteur unitaire $\dfrac{\vec{v}}{\|\vec{v}\|}$ est donc $\cos\dfrac{\theta}{2}$ (figure 2.10). Utilisez ce raisonnement pour obtenir $\cos\dfrac{\theta}{2}$ en fonction de $\cos\theta$.

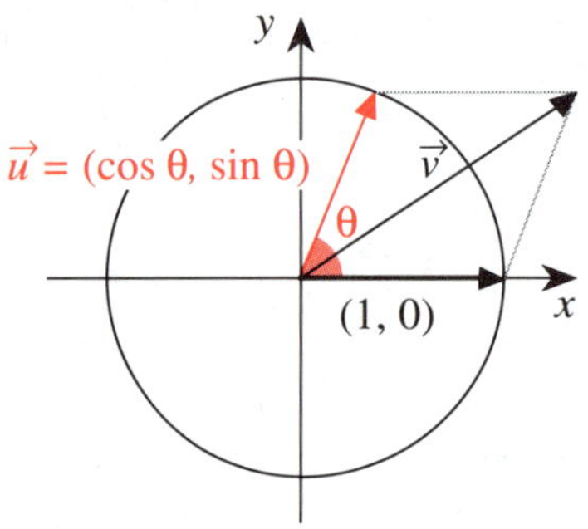

Figure 2.9

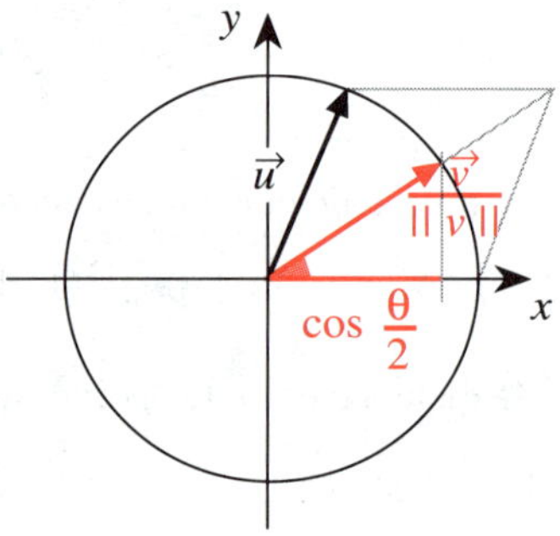

Figure 2.10

7. Avec la formule que vous avez obtenue à la question précédente, calculez la valeur de $\cos\dfrac{\pi}{16}$ à partir de $\cos\dfrac{\pi}{2} = 0$ et de trois subdivisions successives de l'angle $\dfrac{\pi}{2}$; comparez votre réponse avec celle que donne votre calculatrice.

8. Décrivez chacun des lieux géométriques suivants en donnant leurs caractéristiques particulières (les exemples sont limités à des droites, à des plans, à des cercles et à des sphères).

a) $\{(x, y) \in \mathbb{R}^2 : (x + 3)^2 + (y - 2)^2 = 16\}$
b) $\{(x, y, z) \in \mathbb{R}^3 : (x + 3)^2 + (y - 2)^2 + z^2 = 16\}$
c) $\{(x, y) \in \mathbb{R}^2 : x = 16\}$
d) $\{(x, y) \in \mathbb{R}^2 : x^2 = 16\}$
e) $\{(x, y, z) \in \mathbb{R}^3 : x = 16\}$
f) $\{(x, y, z) \in \mathbb{R}^3 : x = 16 \text{ et } z = 5\}$
g) $\{(x, y, z) \in \mathbb{R}^3 : x = y\}$
h) $\{(x, y, z) \in \mathbb{R}^3 : x + y = 0 \text{ et } z = 1\}$
i) $\{(x, y) \in \mathbb{R}^2 : x^2 + y^2 + 6x - 2y + 6 = 0\}$

9. Lorsque l'on déplace une courbe plane dans l'espace tridimensionnel en suivant une direction constante, on décrit une surface cylindrique. On obtient ainsi des cylindres circulaires, des cylindres paraboliques, des cylindres elliptiques, etc. Par exemple,

$$\{(x, y, z) \in \mathbb{R}^3 : (x + 3)^2 + (y - 2)^2 = 16\}$$

représente un cylindre circulaire de rayon 4 dont l'axe de symétrie est parallèle à l'axe des cotes (axe z) et passe par le point $C(-3, 2, 0)$ dans $\mathbb{R}^3$ (figure 2.11).

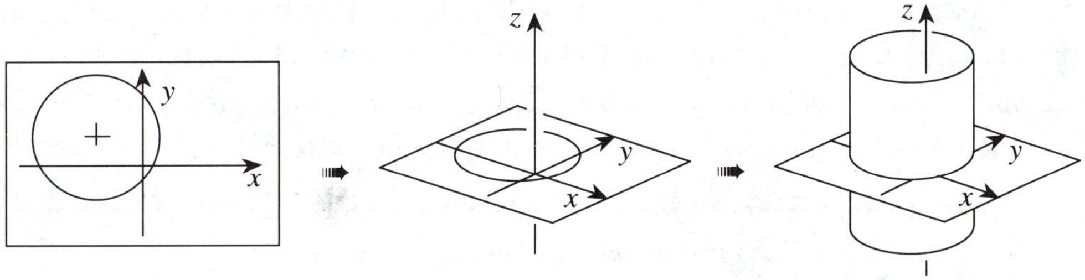

$(x + 3)^2 + (y - 2)^2 = 16$ dans $\mathbb{R}^2$ — $(x + 3)^2 + (y - 2)^2 = 16$ dans $\mathbb{R}^3$, avec $z = 0$ — $(x + 3)^2 + (y - 2)^2 = 16$ dans $\mathbb{R}^3$, avec z arbitraire

Figure 2.11

Décrivez aussi précisément que possible les surfaces cylindriques représentées par les expressions symboliques suivantes (illustrez votre description, si possible).

a) $\{(x, y, z) \in \mathbb{R}^3 : (y + 3)^2 + (z - 2)^2 = 16\}$
b) $\{(x, y, z) \in \mathbb{R}^3 : z = \sin x\}$
c) $\{(x, y, z) \in \mathbb{R}^3 : z = y^2\}$
d) $\{(x, y, z) \in \mathbb{R}^3 : x^2 + z^2 - 2x + 2z + 1 = 0\}$

10. Décrivez par des expressions symboliques les lieux géométriques suivants.

a) Le plan passant par le point $P(3, -2, 5)$ qui est parallèle au plan d'équation $y = 0$.
b) Le cylindre circulaire de rayon 5 dont l'axe de symétrie est parallèle à l'axe des abscisses et passe par le point $P(1, 2, 3)$.
c) La sphère de rayon 10 centrée au point $P(-1, 0, 1)$.

11. La sphère d'équation $(x - 3)^2 + (y - 5)^2 + (z + 4)^2 = 25$ coupe le plan d'équation $z = 0$ selon un cercle. Quelle équation représente ce cercle dans $\mathbb{R}^2$? Le cercle dans IR² sera le lieu où tous les z sont nuls =>

2.2 PRODUIT SCALAIRE ET CALCUL D'ANGLES

Nous définirons ici le produit scalaire de deux vecteurs et nous verrons sa relation avec la loi des cosinus. Grâce au produit scalaire, nous pourrons calculer l'angle entre deux vecteurs. Nous utiliserons enfin ce produit après en avoir décrit les propriétés pour définir et calculer les projections orthogonales.

2.2.1 PRODUIT SCALAIRE DE DEUX VECTEURS

En physique, on représente les forces et les translations par des vecteurs. Pour calculer le travail d'une force constante qui déplace un objet d'un point à un autre en ligne droite, il faut multiplier la composante de la force dans la direction de la translation par la longueur de la translation. Cette multiplication est à l'origine de la définition suivante dans laquelle on considère le vecteur $\vec{u}$ comme une force, le vecteur $\vec{v}$ comme une translation et l'angle θ comme l'angle entre la force et la translation.

Définition ***Le produit scalaire de deux vecteurs***

Étant donné deux vecteurs $\vec{u}$ et $\vec{v}$ d'un même espace, le produit scalaire de $\vec{u}$ et $\vec{v}$, noté $\vec{u} \bullet \vec{v}$, est le nombre réel (scalaire) défini par

$$\vec{u} \bullet \vec{v} = \|\vec{u}\|\|\vec{v}\|\cos\theta$$

où θ est l'angle que forment les vecteurs $\vec{u}$ et $\vec{v}$ lorsqu'on les rapporte à une même origine $(0 \leq \theta \leq \pi \text{ rad})$ (figure 2.12).

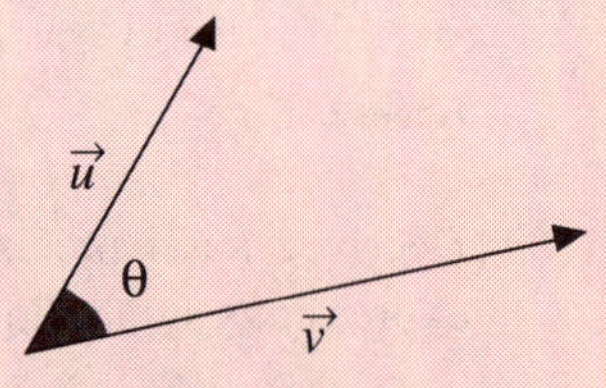

Figure 2.12

Exemple

Dans $\mathbb{R}^2$, une force constante $\vec{F} = 5\vec{j}$ est appliquée à un point mobile P contraint à se déplacer en ligne droite du point (-2, 0) au point (1, 3). On cherche le travail T fait par la force constante $\vec{F}$ lors de cette translation (figure 2.13).

Si on désigne par $\vec{d}$ la translation, on aura $\vec{d} = (1, 3) - (-2, 0) = (3, 3)$. Dans ce cas, l'angle entre $\vec{F}$ et $\vec{d}$ est $\theta = \frac{\pi}{4}$; T est un produit scalaire :

$$\begin{aligned} T &= \vec{F} \bullet \vec{d} \\ &= \|\vec{F}\|\|\vec{d}\|\cos\theta \\ &= \|5\vec{j}\|\|(3,3)\|\cos\frac{\pi}{4} \\ &= (5)(3\sqrt{2})\left(\frac{\sqrt{2}}{2}\right) \\ &= 15 \text{ (unités d'énergie).} \end{aligned}$$

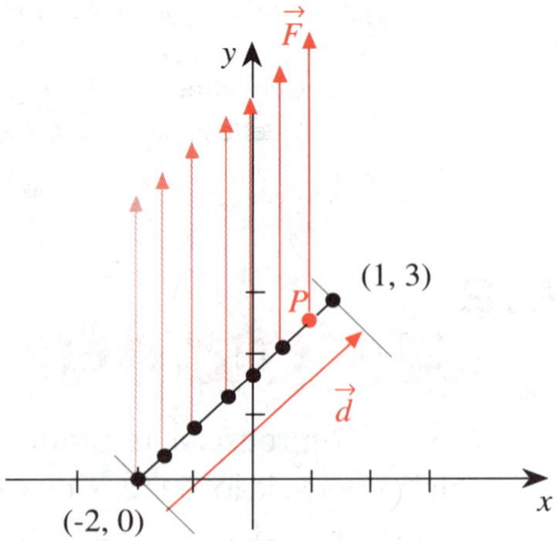

Figure 2.13

Dans l'exemple précédent, il était facile de deviner la valeur exacte de l'angle θ entre les vecteurs $\vec{F}$ et $\vec{d}$ pour calculer le produit scalaire $\vec{F} \bullet \vec{d}$. En effet, le vecteur (3, 3), qui représente $\vec{d}$ dans ce cas-ci, fait un angle de $\frac{\pi}{4}$ rad avec l'axe y, et le vecteur $\vec{F}$ est parallèle à l'axe y. Mais comment calcule-t-on le produit scalaire lorsque θ est inconnu ? La loi des cosinus, une extension du théorème de Pythagore aux triangles quelconques, nous permet de trouver une réponse fort pratique à cette question.

2.2.2 LA LOI DES COSINUS ET LE PRODUIT SCALAIRE

Le théorème de Pythagore nous donne la relation $c^2 = a^2 + b^2$ dans un triangle rectangle où c est l'hypothénuse, et a et b sont les côtés de l'angle droit (figure 2.14). La loi des cosinus[1] donne $c^2 = a^2 + b^2 - 2ab\cos\theta$ où θ est l'angle opposé au côté c (figure 2.15) dans un triangle quelconque.

On peut écrire la loi des cosinus dans le langage vectoriel en considérant les côtés du triangle de la figure 2.15 comme des vecteurs $\vec{a}$, $\vec{b}$ et $\vec{c}$ (figure 2.16).

On obtient ainsi

$$\|\vec{c}\|^2 = \|\vec{a}\|^2 + \|\vec{b}\|^2 - 2\|\vec{a}\|\|\vec{b}\|\cos\theta,$$

d'où

$$\|\vec{a}\|\|\vec{b}\|\cos\theta = \frac{1}{2}(\|\vec{a}\|^2 + \|\vec{b}\|^2 - \|\vec{c}\|^2),$$

c'est-à-dire

$$\vec{a} \bullet \vec{b} = \frac{1}{2}(\|\vec{a}\|^2 + \|\vec{b}\|^2 - \|\vec{c}\|^2).$$

Comme $\vec{c} = \vec{b} - \vec{a}$, l'égalité précédente devient

$$\vec{a} \bullet \vec{b} = \frac{1}{2}(\|\vec{a}\|^2 + \|\vec{b}\|^2 - \|\vec{b} - \vec{a}\|^2),$$

ce qui permet de calculer le produit scalaire $\vec{a} \bullet \vec{b}$ à partir des seules composantes de $\vec{a}$ et de $\vec{b}$, sans avoir à connaître l'angle θ entre $\vec{a}$ et $\vec{b}$; en effet, si $\vec{a} = (a_1, a_2, a_3)$ et $\vec{b} = (b_1, b_2, b_3)$, la dernière égalité se traduit, après simplifications algébriques[2], par

$$\vec{a} \bullet \vec{b} = a_1b_1 + a_2b_2 + a_3b_3.$$

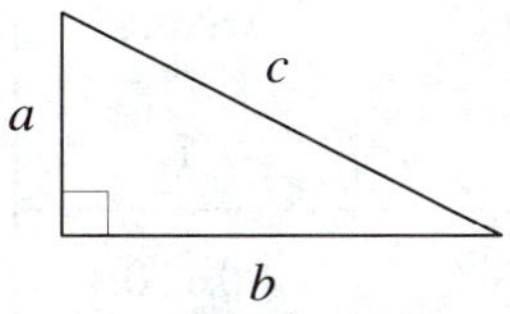

$c^2 = a^2 + b^2$

Figure 2.14

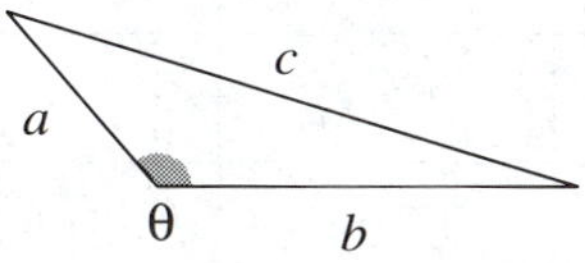

$c^2 = a^2 + b^2 - 2ab\cos\theta$

Figure 2.15

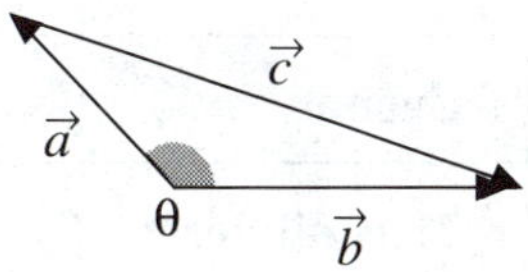

Figure 2.16

1. Les démonstrations du théorème de Pythagore et de la loi des cosinus font l'objet d'un exercice à la fin de cette section.
2. Pour alléger le texte, certaines manipulations algébriques (simples) sont laissées en exercice.

Plus généralement, la loi des cosinus conduit à cette formule de calcul du produit scalaire dans $\mathbb{R}^n$.

Calcul du produit scalaire dans $\mathbb{R}^n$

Si $\vec{u} = (u_1, u_2, \ldots, u_n)$ et $\vec{v} = (v_1, v_2, \ldots, v_n)$, alors

$$\vec{u} \bullet \vec{v} = u_1v_1 + u_2v_2 + \cdots + u_nv_n.$$

Exemple 1

Une force constante $\vec{F} = -2\vec{i} - 3\vec{j} + 5\vec{k}$ est appliquée à un point mobile P lors d'une translation de ce dernier en ligne droite du point $A(-2, 4, 3)$ au point $B(5, 2, 8)$. On cherche la valeur du travail T fait par la force $\vec{F}$ lors de cette translation.

La translation est représentée par $\vec{d} = (5, 2, 8) - (-2, 4, 3) = (7, -2, 5)$. Le travail est donc

$$\begin{aligned} T &= \vec{F} \bullet \vec{d} \\ &= (-2, -3, 5) \bullet (7, -2, 5) \\ &= (-2)(7) + (-3)(-2) + (5)(5) \\ &= 17 \text{ (unités de travail).} \end{aligned}$$

■

Exemple 2

Le tableau suivant représente l'état des placements de M. Lefric au début de l'année (les taux d'intérêt sont annuels et le capital en milliers de dollars).

	Placements de M. Lefric (milliers de $)				
	Obligations	**Actions A**	**Actions B**	**Fonds X**	**Divers**
Capital	5	3	2	4	1
Taux d'intérêt	0,100	0,120	0,090	0,085	0,110

M. Lefric veut savoir quel montant d'intérêts rapporteront ses placements au bout d'une année.

On peut considérer les capitaux investis et les taux d'intérêt correspondants comme les composantes de deux vecteurs de $\mathbb{R}^5$:

– vecteur « capital » $\vec{C} = (5, 3, 2, 4, 1)$;
– vecteur[3] « taux » $\vec{t} = (0{,}100; 0{,}120; 0{,}090; 0{,}085; 0{,}110)$.

Dans ce contexte, l'intérêt sur le capital de M. Lefric au bout d'une année est représenté par le produit scalaire $\vec{C} \bullet \vec{t}$:

$$\begin{aligned}\vec{C} \bullet \vec{t} &= (5, 3, 2, 4, 1) \bullet (0{,}100; 0{,}120; 0{,}090; 0{,}085; 0{,}110)\\ &= (5)(0{,}100) + (3)(0{,}120) + (2)(0{,}090) + (4)(0{,}085) + (1)(0{,}110)\\ &= 1{,}490 \text{ (c'est-à-dire 1490 \$).}\end{aligned}$$

Les placements de M. Lefric ont donc rapporté 1490 \$ d'intérêts. ■

2.2.3 L'ANGLE ENTRE DEUX VECTEURS

On peut exprimer le produit scalaire de deux vecteurs $\vec{u}$ et $\vec{v}$ de $\mathbb{R}^n$ de deux manières :

$$\vec{u} \bullet \vec{v} = \|\vec{u}\|\|\vec{v}\|\cos\theta \text{ (selon la définition)}$$

ou

$$\vec{u} \bullet \vec{v} = u_1v_1 + u_2v_2 + \cdots + u_nv_n \text{ (vu à la section précédente)}$$

On en déduit :

Cosinus de l'angle entre deux vecteurs $\vec{u}$ et $\vec{v}$ non nuls

$$\cos\theta = \frac{\vec{u} \bullet \vec{v}}{\|\vec{u}\|\|\vec{v}\|} = \frac{u_1v_1 + u_2v_2 + \cdots + u_nv_n}{\sqrt{u_1^2 + u_2^2 + \cdots + u_n^2}\,\sqrt{v_1^2 + v_2^2 + \cdots + v_n^2}}$$

Il est donc possible de calculer l'angle θ entre deux vecteurs non nuls de $\mathbb{R}^n$ directement à partir des composantes de ces deux vecteurs; l'angle θ défini par

$$\theta = \arccos\left(\frac{\vec{u} \bullet \vec{v}}{\|\vec{u}\|\|\vec{v}\|}\right)$$

sera toujours compris entre 0 et π radians (entre 0 et 180 degrés).

---

3. Lorsque les composantes d'un vecteur comprennent des nombres décimaux, on les sépare par des points-virgules (;) pour éviter toute confusion avec la virgule décimale.

Exemple 1

Soit la pyramide $OABC$ illustrée à la figure 2.17. On veut calculer la valeur de l'angle $\widehat{ACB}$.

Cet angle est entre les vecteurs $\vec{CA}$ et $\vec{CB}$:

$$\vec{CA} = (1, 0, 0) - (0, 0, 3) = (1, 0, -3)$$

$$\vec{CB} = (0, 2, 0) - (0, 0, 3) = (0, 2, -3)$$

$$\begin{aligned}\cos \widehat{ACB} &= \frac{\vec{CA} \bullet \vec{CB}}{\|\vec{CA}\|\|\vec{CB}\|} \\ &= \frac{(1, 0, -3) \bullet (0, 2, -3)}{\|(1, 0, -3)\|\|(0, 2, -3)\|} \\ &= \frac{0+0+9}{\sqrt{1+0+9}\ \sqrt{0+4+9}} \\ &= \frac{9}{\sqrt{10}\ \sqrt{13}} \\ &= 0{,}789.\end{aligned}$$

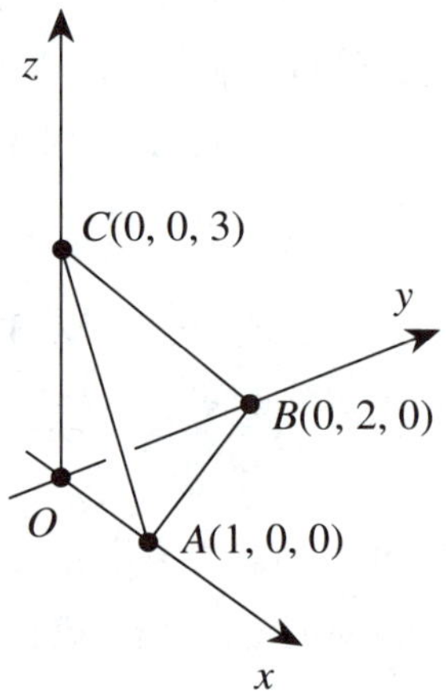

Figure 2.17

Donc, $\cos \widehat{ACB} = 0{,}789$ et par conséquent, $\widehat{ACB} = 37{,}87°$. ■

Exemple 2

La figure 2.18 représente un cône (dans $\mathbb{R}^3$) dont le sommet est à l'origine O, dont l'axe de symétrie est l'axe z et dont l'angle d'ouverture θ, mesuré à partir de l'axe z, est $\frac{\pi}{4}$ rad. On veut trouver une équation en x, y et z qui caractérise tous les points $P(x, y, z)$ situés sur ce cône.

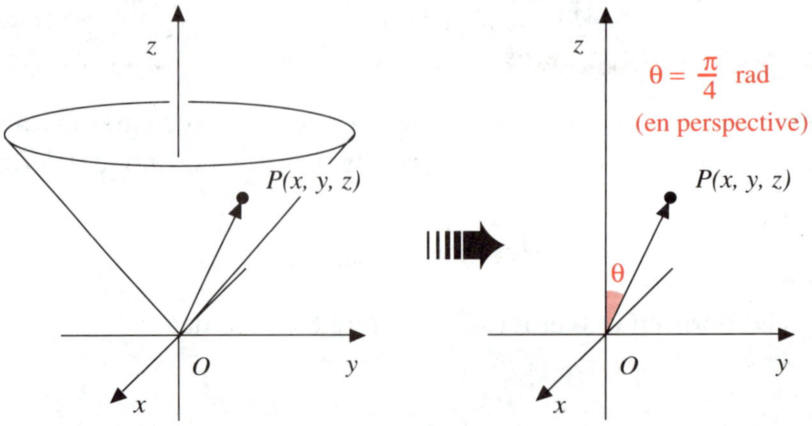

Figure 2.18

Ce qui caractérise les points $P(x, y, z)$ situés sur ce cône, c'est précisément le fait que l'angle entre le vecteur-position $\overrightarrow{OP}$ et le vecteur $\vec{k}$ dans la direction et le sens de l'axe z mesure $\frac{\pi}{4}$ rad :

$$\frac{\overrightarrow{OP} \cdot \vec{k}}{\|\overrightarrow{OP}\| \|\vec{k}\|} = \cos\frac{\pi}{4} = \frac{\sqrt{2}}{2}.$$

Puisque $\overrightarrow{OP} = (x, y, z)$ et $\vec{k} = (0, 0, 1)$, on obtient

$$\frac{z}{\sqrt{x^2 + y^2 + z^2}} = \frac{\sqrt{2}}{2},$$

ce qui donne

$$2z = \sqrt{2}\,\sqrt{x^2 + y^2 + z^2}\,,$$

ou encore

$$4z^2 = 2(x^2 + y^2 + z^2),$$

puis finalement (après simplification)

$$z = \sqrt{x^2 + y^2}\,.$$

Conformément à la figure 2.18, on ne prend que la racine positive; on peut donc décrire symboliquement ce cône par

$$\{(x, y, z) \in \mathbb{R}^3 : z = \sqrt{x^2 + y^2}\}.$$ ■

De la définition du produit scalaire $\vec{u} \cdot \vec{v} = \|\vec{u}\|\|\vec{v}\|\cos\theta$, il ressort que le signe du produit scalaire dépend uniquement de l'angle θ entre les deux vecteurs :

- si $\vec{u} \cdot \vec{v} < 0$, alors $\cos\theta < 0$, et donc θ est obtus (figure 2.19);
- si $\vec{u} \cdot \vec{v} > 0$, alors $\cos\theta > 0$, et donc θ est aigu (figure 2.20);
- si $\vec{u} \cdot \vec{v} = 0$, $\vec{u} \neq \vec{0}$ et $\vec{v} \neq \vec{0}$, alors $\cos\theta = 0$, et donc $\theta = \frac{\pi}{2}$ rad (figure 2.21).

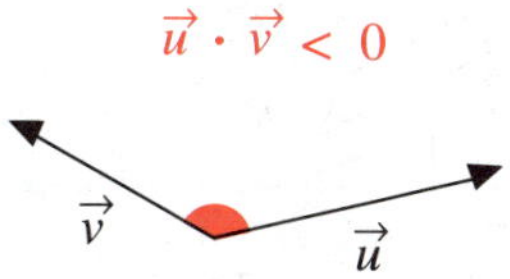

Figure 2.19

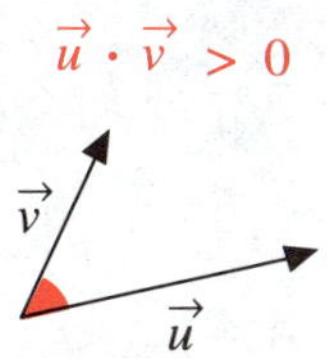

Figure 2.20

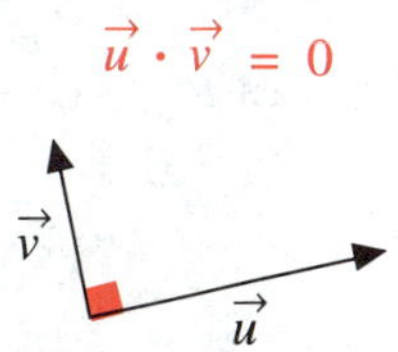

Figure 2.21

Définition ***Vecteurs orthogonaux***

Si $\vec{u}$ et $\vec{v}$ sont deux vecteurs non nuls de $\mathbb{R}^n$, alors $\vec{u}$ et $\vec{v}$ sont orthogonaux $\Leftrightarrow$ $\vec{u} \bullet \vec{v} = 0$.

Lorsque $\vec{u}$ et $\vec{v}$ sont orthogonaux, on écrit $\vec{u} \perp \vec{v}$.

Définition ***Vecteur $\vec{u}_{\perp}$ dans $\mathbb{R}^2$***

Si $\vec{u} = (a, b)$, le vecteur $\vec{u}_{\perp}$ est défini par $\vec{u}_{\perp} = (-b, a)$

Propriétés du vecteur $\vec{u}_{\perp}$ relativement à $\vec{u}$

1. $\vec{u} \bullet \vec{u}_{\perp} = 0$ (ou $\vec{u} \perp \vec{u}_{\perp}$) car $(a, b) \bullet (-b, a) = -ab + ba = 0$,
2. $\|\vec{u}\| = \|\vec{u}_{\perp}\|$ car $\sqrt{a^2 + b^2} = \sqrt{(-b)^2 + a^2}$.
3. Si $\vec{u} \neq \vec{0}$, $\vec{u}_{\perp}$ s'obtient en faisant tourner le vecteur $\vec{u}$ de 90° dans le sens anti-horaire (figure 2.22).
4. $\vec{0}_{\perp} = \vec{0}$.

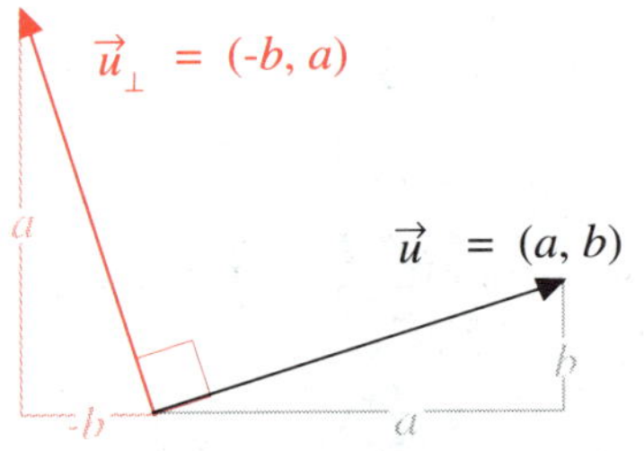

Figure 2.22 Les vecteurs $\vec{u}$ et $\vec{u}_{\perp}$.

Exemple (construction d'un carré)

Le quadrilatère $ABCD$ de la figure 2.23 représente un carré dans $\mathbb{R}^2$. On donne les points $A(1, 5)$ et $B(5, 2)$. On cherche les coordonnées des points C et D.

Pour ce faire, on pose

$$\begin{aligned} \vec{u} &= \overrightarrow{AB} \\ &= (5, 2) - (1, 5) \\ &= (4, -3). \end{aligned}$$

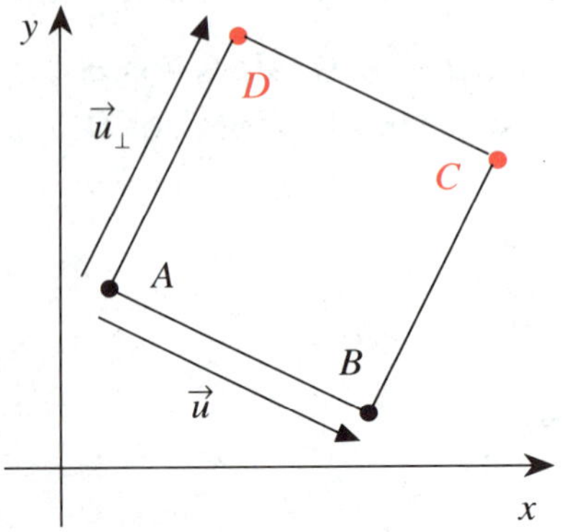

Figure 2.23

Alors $\vec{u}_{\perp} = (3, 4)$.

$C = B + \vec{u}_{\perp}$, ce qui donne

$$\begin{aligned} \overrightarrow{OC} &= (5, 2) + (3, 4) \\ &= (8, 6). \end{aligned}$$

$D = A + \vec{u}_\perp$, ce qui donne

$$\begin{aligned}\overrightarrow{OD} &= (1, 5) + (3, 4)\\ &= (4, 9).\end{aligned}$$

Les points demandés sont donc $C(8, 6)$ et $D(4, 9)$. ■

Dans $\mathbb{R}^2$, si $\vec{u} = (a, b)$, il n'existe qu'une seule direction perpendiculaire (orthogonale) à $\vec{u}$ et c'est celle de $\pm(-b, a)$; cependant, dans $\mathbb{R}^3$, si $\vec{u} = (a, b, c)$, il existe alors une infinité de directions perpendiculaires à $\vec{u}$: par exemple, $(-b, a, 0)$, $(0, -c, b)$, $(-c, 0, a)$, $(bc, ac, -2ab)$, etc. Par ailleurs, dans $\mathbb{R}^3$, étant donné deux vecteurs non nuls et non parallèles $\vec{u}$ et $\vec{v}$, il n'existe alors qu'une seule direction perpendiculaire à la fois à $\vec{u}$ et à $\vec{v}$. Nous verrons comment trouver cette direction au chapitre 3 avec le produit vectoriel de $\vec{u}$ et $\vec{v}$.

2.2.4 PROPRIÉTÉS DU PRODUIT SCALAIRE

Soit $\vec{u}, \vec{v}, \vec{w}$ des vecteurs de $\mathbb{R}^n$ et k un scalaire. Alors

PS1 $\vec{u} \bullet \vec{v} = \vec{v} \bullet \vec{u}$ [Le produit scalaire est commutatif.]

PS2 $(k\vec{u}) \bullet \vec{v} = \vec{u} \bullet (k\vec{v}) = k(\vec{u} \bullet \vec{v})$ [Le produit scalaire est associatif.]

PS3 $\vec{u} \bullet (\vec{v} + \vec{w}) = \vec{u} \bullet \vec{v} + \vec{u} \bullet \vec{w}$ [Le produit scalaire est distributif sur la somme vectorielle.]

PS4 $\vec{u} \bullet \vec{u} = \|\vec{u}\|^2$ [Le produit scalaire d'un vecteur avec lui-même donne le carré de sa norme.]

On peut facilement démontrer ces quatre propriétés à partir de l'égalité

$$\vec{u} \bullet \vec{v} = u_1 v_1 + u_2 v_2 + \cdots + u_n v_n.$$

Remarque

On peut toujours justifier les propriétés du produit scalaire par le biais de l'interprétation physique. Par exemple, la troisième propriété a une interprétation simple : le travail effectué par une force constante $\vec{u}$ lors de deux translations successives $\vec{v}$ et $\vec{w}$ est égal à la somme des travaux effectués par cette force lors des translations $\vec{v}$ et $\vec{w}$ prises séparément.

Exemple

Voici un énoncé bien connu : *Les diagonales d'un losange se coupent à angle droit.*

On peut faire une démonstration « vectorielle » de cet énoncé, basée sur les propriétés du produit scalaire. En fonction des côtés $\vec{u}$ et $\vec{v}$, les diagonales du losange (figure 2.24) s'écrivent $\vec{u}+\vec{v}$ et $\vec{u}-\vec{v}$; pour montrer que les diagonales se coupent à angle droit, il faut montrer que $(\vec{u}+\vec{v})\bullet(\vec{u}-\vec{v})=0$:

$$\begin{aligned}(\vec{u}+\vec{v})\bullet(\vec{u}-\vec{v}) &= \vec{u}\bullet\vec{u}-\vec{u}\bullet\vec{v}+\vec{v}\bullet\vec{u}-\vec{v}\bullet\vec{v}\\ &= \vec{u}\bullet\vec{u}-\vec{v}\bullet\vec{v}\\ &= \|\vec{u}\|^2-\|\vec{v}\|^2=0,\end{aligned}$$

car dans un losange les côtés ont la même longueur.

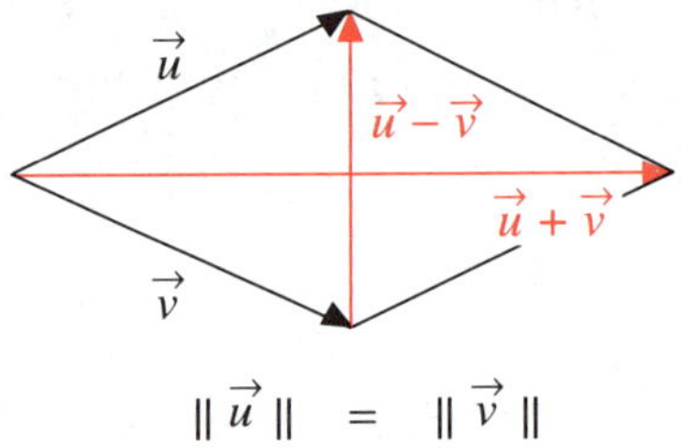

Figure 2.24 Losange.

2.2.5 PROJECTIONS ORTHOGONALES

Un des problèmes les plus fréquents en mécanique élémentaire consiste à décomposer une force donnée $\vec{F}$ en une somme $\vec{F}_1+\vec{F}_2$ de telle manière que $\vec{F}_1$ soit parallèle à une direction donnée $\vec{u}$ et que $\vec{F}_2$ soit orthogonal à $\vec{u}$ (figure 2.25).

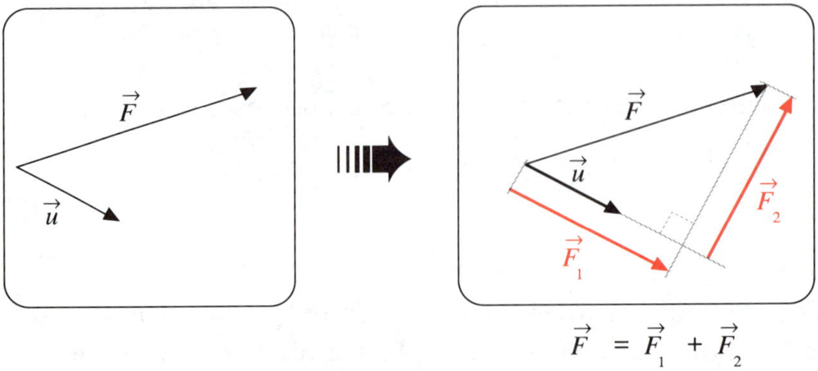

Figure 2.25

Dans la figure 2.25, le vecteur $\vec{F}_1$ est la projection orthogonale du vecteur $\vec{F}$ sur le vecteur $\vec{u}$. Cela nous conduit à la définition suivante.

Définition ***Projection orthogonale de $\vec{v}$ sur $\vec{u}$***

Étant donné deux vecteurs non nuls et non orthogonaux $\vec{v}$ et $\vec{u}$ dans $\mathbb{R}^n$, la projection orthogonale de $\vec{v}$ sur $\vec{u}$ est l'unique vecteur (noté $\vec{v}_{\vec{u}}$) pour lequel :

1) $\vec{v}_{\vec{u}}$ est parallèle à $\vec{u}$: $\vec{v}_{\vec{u}} \,//\, \vec{u}$;
2) $\vec{v} - \vec{v}_{\vec{u}}$ est orthogonal à $\vec{u}$: $(\vec{v} - \vec{v}_{\vec{u}}) \perp \vec{u}$ (figure 2.26).

Par ailleurs, si $\vec{v} \perp \vec{u}$, ou si $\vec{v} = \vec{0}$, ou si $\vec{u} = \vec{0}$, alors $\vec{v}_{\vec{u}} = \vec{0}$.

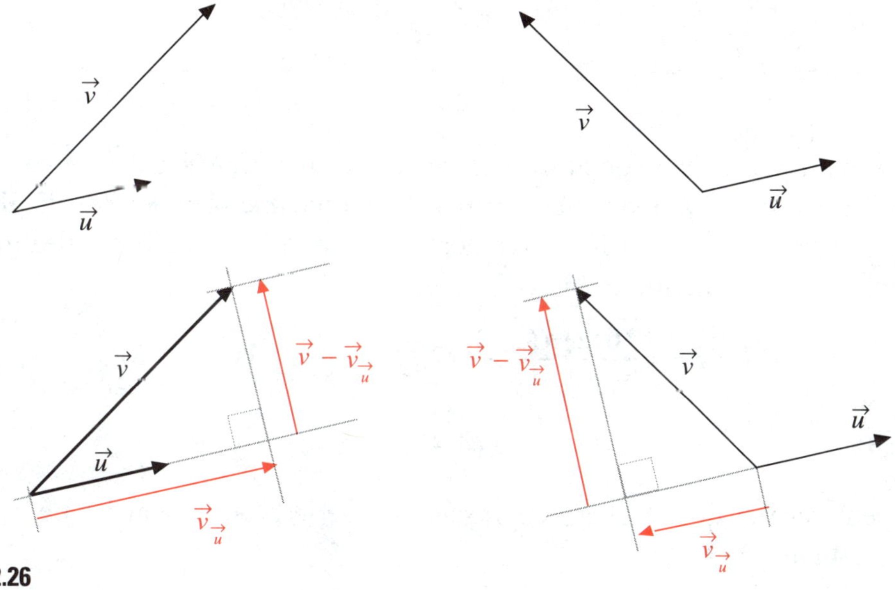

Figure 2.26

Voici comment on exprime $\vec{v}_{\vec{u}}$ en fonction de $\vec{v}$ et $\vec{u}$:

puisque $\vec{v}_{\vec{u}} \,//\, \vec{u}$, on a

$$\vec{v}_{\vec{u}} = k\vec{u};$$

d'autre part, puisque $(\vec{v} - \vec{v}_{\vec{u}}) \perp \vec{u}$, on a

$$(\vec{v} - \vec{v}_{\vec{u}}) \bullet \vec{u} = 0,$$

c'est-à-dire, en combinant les deux égalités,

$$(\vec{v} - k\vec{u}) \bullet \vec{u} = 0$$
$$\vec{v} \bullet \vec{u} - k\vec{u} \bullet \vec{u} = 0,$$

et donc,

$$k = \frac{\vec{v} \bullet \vec{u}}{\vec{u} \bullet \vec{u}} = \frac{\vec{v} \bullet \vec{u}}{\|\vec{u}\|^2}.$$

Puis, en substituant cette valeur de k dans $\vec{v}_{\vec{u}} = k\vec{u}$, on obtient, pour $\vec{u} \neq \vec{0}$:

Formule de calcul de la projection orthogonale de $\vec{v}$ sur $\vec{u}$

$$\vec{v}_{\vec{u}} = \left(\frac{\vec{v} \bullet \vec{u}}{\|\vec{u}\|^2}\right)\vec{u}$$

$$\|\vec{v}_{\vec{u}}\| = \frac{|\vec{v} \bullet \vec{u}|}{\|\vec{u}\|}$$

Exemple 1 (mécanique élémentaire)

Dans $\mathbb{R}^2$, on suppose qu'un objet se déplace dans la direction $\vec{u} = 2\vec{i} - \vec{j}$ sous l'effet d'une force $\vec{F} = 6\vec{i} + 2\vec{j}$. On veut exprimer $\vec{F}$ comme une somme $\vec{F}_1 + \vec{F}_2$ de deux forces, l'une dans la direction du mouvement, l'autre perpendiculaire à cette direction. Voici comment on détermine $\vec{F}_1$ et $\vec{F}_2$.

$$\vec{F}_1 = \vec{F}_{\vec{u}} = \frac{(6, 2) \bullet (2, \text{-}1)}{\|(2, \text{-}1)\|^2}(2, \text{-}1) = \frac{10}{5}(2, \text{-}1) = (4, \text{-}2)$$

$$\vec{F}_2 = \vec{F} - \vec{F}_1 = (6, 2) - (4, \text{-}2) = (2, 4)$$

On peut vérifier que $\vec{F}_1 \perp \vec{F}_2$ en s'assurant que le produit scalaire de ces deux vecteurs est nul.

$$\vec{F}_1 \bullet \vec{F}_2 = (4, \text{-}2) \bullet (2, 4) = 0$$

■

Exemple 2 (géométrie)

Dans la figure 2.27, on cherche les coordonnées spatiales du point D, pied de la perpendiculaire abaissée du point C sur le segment AB. On donne $A(1, 2, 3)$, $B(4, 8, \text{-}3)$ et $C(6, 3, 2)$.

Le vecteur $\vec{AD}$ est la projection orthogonale du vecteur $\vec{AC}$ sur le vecteur $\vec{AB}$. De plus, $D = A + \vec{AD}$.

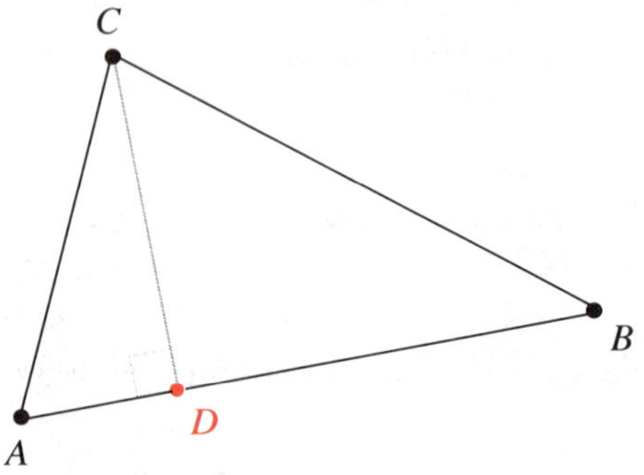

Figure 2.27

On trouve donc le point D en écrivant

$$\begin{aligned}\overrightarrow{OD} &= \overrightarrow{OA} + \overrightarrow{AD}\\ &= \overrightarrow{OA} + \overrightarrow{AC}_{\overrightarrow{AB}}\\ &= \overrightarrow{OA} + \frac{\overrightarrow{AC}\bullet\overrightarrow{AB}}{\|\overrightarrow{AB}\|^2}\overrightarrow{AB}\\ &= (1, 2, 3) + \frac{(5, 1, -1)\bullet(3, 6, -6)}{\|(3, 6, -6)\|^2}(3, 6, -6)\\ &= (2, 4, 1).\end{aligned}$$

EXERCICES 2.2

1. À partir de la définition $\vec{u}\bullet\vec{v} = \|\vec{u}\|\|\vec{v}\|\cos\theta$, complétez le tableau suivant. Il s'agit de donner les produits scalaires des vecteurs de la première colonne avec ceux de la première ligne. (*Coup de pouce* : Les vecteurs $\vec{i}$, $\vec{j}$ et $\vec{k}$ sont les vecteurs habituels d'un repère orthonormé de $\mathbb{R}^3$; vous pouvez visualiser les angles en dessinant un cube dans lequel vous situez convenablement ces vecteurs.)

$\vec{u}\bullet\vec{v}$	$\vec{k}$	$\vec{i}+\vec{j}$	$\vec{i}-\vec{j}$	$\vec{i}+\vec{j}+\vec{k}$
$\vec{i}$	0	1	1	
$\vec{i}+\vec{j}$	0	2	0	
$\vec{k}$	1	0		

2. Selon le *Dictionnaire des mathématiques* (P.U.F., 1979), on aurait recensé à ce jour plus de 367 démonstrations différentes du théorème de Pythagore ! Sauriez-vous en faire une seule, à brûle-pourpoint ?

Démontrez ensuite la loi des cosinus ($c^2 = a^2 + b^2 - 2ab\cos\theta$) en vous inspirant de la figure 2.28 et en appliquant le théorème de Pythagore au triangle rectangle construit à partir du triangle quelconque abc.

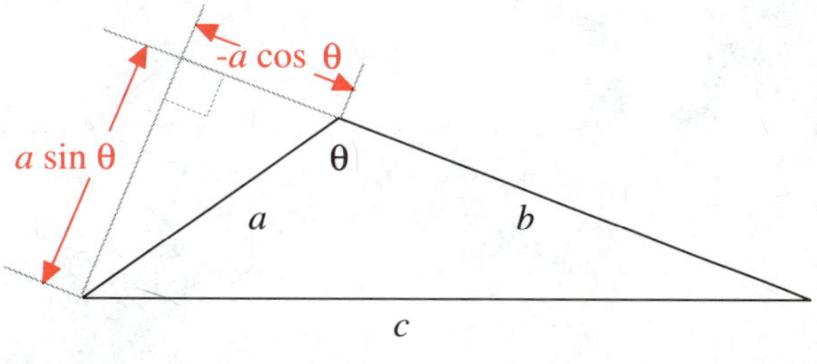

Figure 2.28

3. En utilisant la formule $\vec{u} \bullet \vec{v} = u_1v_1 + u_2v_2 + \cdots + u_nv_n$ pour le calcul du produit scalaire, calculez le travail effectué par la force constante

$$\vec{F} = 10(\vec{i} + \vec{j} + \vec{k})$$

dans la translation d'un point mobile P de la position (-1, 2, 5) à la position (1, 8, 15).

4. L'équation $ab = ac$, où a, b, c sont des scalaires peut toujours se simplifier et donner $b = c$, si $a \neq 0$. Peut-on faire la même simplification pour obtenir $\vec{b} = \vec{c}$ de l'équation $\vec{a} \bullet \vec{b} = \vec{a} \bullet \vec{c}$ si $\vec{a} \neq \vec{0}$? Justifiez votre réponse.

5. Le tableau suivant donne les résultats d'un étudiant (sur 100) à chacun des cinq tests du cours de mathématiques, de même que la pondération accordée à chacun de ces tests.

Test	1	2	3	4	5
Note	62	73	80	58	90
Pondération	0,10	0,15	0,20	0,10	0,45

Exprimez la moyenne pondérée de cet étudiant comme un produit scalaire de deux vecteurs de $\mathbb{R}^5$ et évaluez ce produit.

6. *a*) Calculez la valeur de r pour que les vecteurs (3, 3, -2) et (5, -1, r) soient orthogonaux.
b) Calculez les valeurs de r et s pour que le vecteur (10, r, s) soit orthogonal simultanément aux vecteurs (1, 3, 2) et (-2, 1, 4).

7. Dans $\mathbb{R}^3$, les sommets d'un triangle sont donnés par $A(0, 0, 0)$, $B(3, -2, 4)$ et $C(-3, 2, -1)$. Utilisez le produit scalaire pour calculer les angles en chacun des sommets de ce triangle.

8. Quelle est la valeur de la cote c du point C dans la figure 2.29 pour laquelle l'angle en C du triangle ABC mesure 60° ?

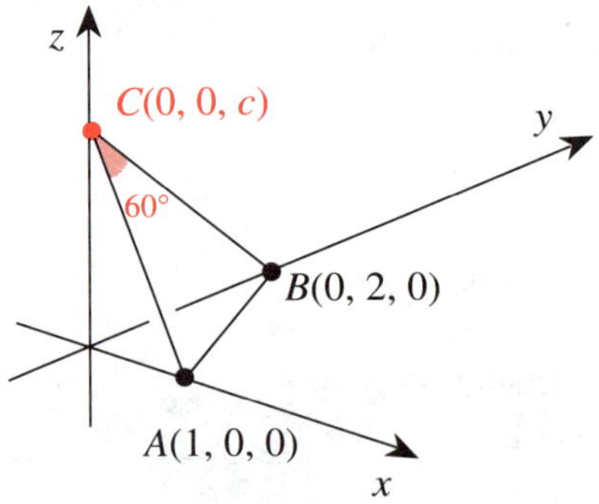

Figure 2.29

9. Soit le cube de la figure 2.30. Calculez vectoriellement (avec le produit scalaire) les angles entre les vecteurs suivants :

a) $\overrightarrow{OB}$ et $\overrightarrow{OD}$ (il est facile de voir sans calcul que c'est 60°);
b) $\overrightarrow{AB}$ et $\overrightarrow{OC}$;
c) $\overrightarrow{MN}$ et $\overrightarrow{MP}$ (*M*, *N* et *P* sont les milieux des arêtes).

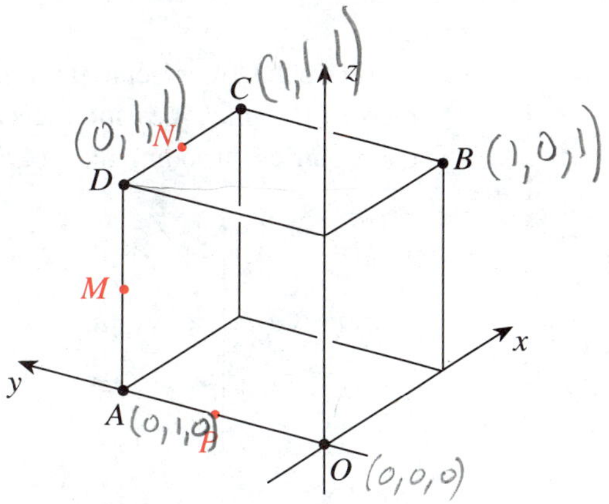

Figure 2.30

10. Dans $\mathbb{R}^2$, calculez la *longueur* de la projection orthogonale du segment *AB* sur le segment *CD* lorsque *A*, *B*, *C* et *D* sont donnés par *A*(2, 3), *B*(3, 6), *C*(1, 1) et *D*(10, 6).

11. Décomposez la force $\vec{F} = 2\vec{i} - \vec{j} + 3\vec{k}$ en une somme $\vec{F}_1 + \vec{F}_2$, où $\vec{F}_1$ est parallèle à $\vec{i} + \vec{j} - \vec{k}$ et $\vec{F}_2$ est orthogonal à $\vec{i} + \vec{j} - \vec{k}$.

12. Dans la figure 2.31, le point *C** est le symétrique du point *C* par rapport au segment *AB*. On donne *A*(1, 2, 3), *B*(-5, 5, 9) et *C*(2, 5, 7).

a) Déterminez les coordonnées du point *C**. (*Coup de pouce* : Projetez d'abord $\overrightarrow{AC}$ sur $\overrightarrow{AB}$ dans la figure 2.31.)
b) Du point *C*, un rayon de lumière est dirigé vers le point *D*(-3, 4, 7) du segment *AB*. Le segment *AB* agit comme un *miroir* et réfléchit le rayon dans la direction $\vec{v}$ (qu'on peut supposer unitaire). Déterminez les composantes de $\vec{v}$ (selon le principe des réflexions en optique, la direction de $\vec{v}$ est précisément celle de $\overrightarrow{C^*D}$).

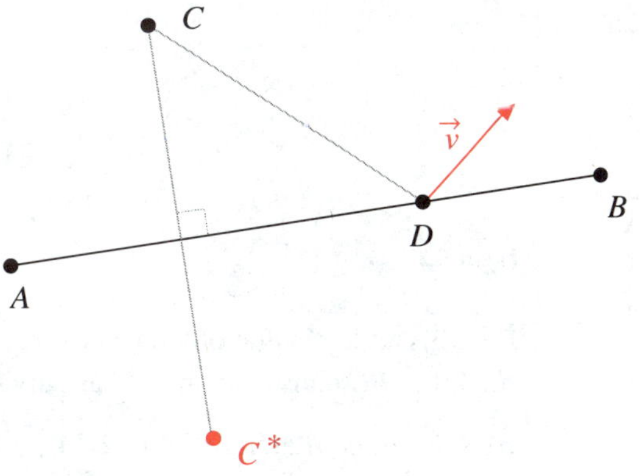

Figure 2.31

13. Dans $\mathbb{R}^3$, trouvez

a) deux vecteurs unitaires qui font un angle de 60° avec $\vec{i}$ et un angle de 60° avec $\vec{j}$;
b) deux vecteurs unitaires qui font un angle de 60° avec $\vec{i}$ et un angle de 45° avec $\vec{k}$.

14. Soit le vecteur $\vec{v} = (-2, 2, 1)$.

a) Quels sont les cosinus directeurs de ce vecteur ?
b) Quel angle fait ce vecteur avec $\vec{i}$?
c) Quel angle fait-il avec $\vec{k}$?

15. La figure 2.32 représente un triangle *isocèle* dans $\mathbb{R}^2$ dont la hauteur h issue du sommet C mesure 10 unités. Les sommets A et B sont donnés par $A(2, 5)$ et $B(4, 1)$. Quelles sont les coordonnées du sommet C ? (*Coup de pouce* : Déterminez d'abord $\vec{u}_\perp$ à partir de $\vec{u} = \overrightarrow{AB}$.)

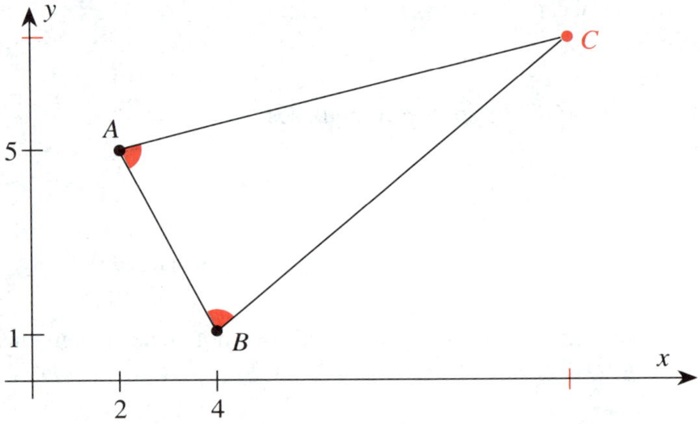

Figure 2.32

16. Exprimez le vecteur $\vec{v}$ de la figure 2.33 comme combinaison linéaire des vecteurs $\vec{u}$ et $\vec{u}_\perp$. Les coefficients de la combinaison seront fonction de l'angle θ. Le point O est au centre du cercle.

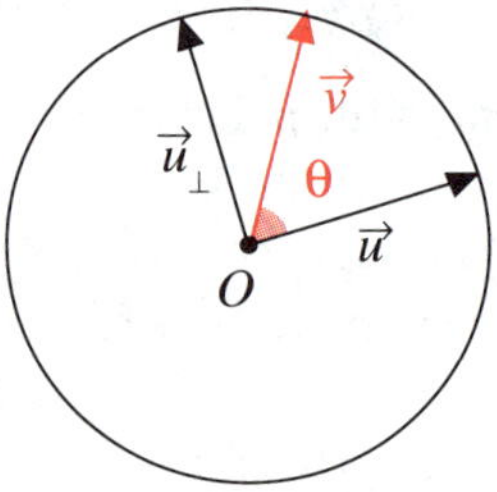

Figure 2.33

17. En utilisant le résultat obtenu à l'exercice 16, déterminez les coordonnées du sommet C du triangle ABC dans chacun des cas suivants.

a) ABC est équilatéral (figure 2.34); A et B sont donnés par $A(1, 3)$ et $B(5, 2)$.

b) ABC est isocèle et rectangle en C (figure 2.35); A et B sont donnés par $A(1, 3)$ et $B(5, 2)$.

c) A et B sont donnés par $A(1, 3)$, $B(5, 2)$ (figure 2.36), $\|\overrightarrow{AC}\| = 6$ et $\widehat{BAC} = 45°$.

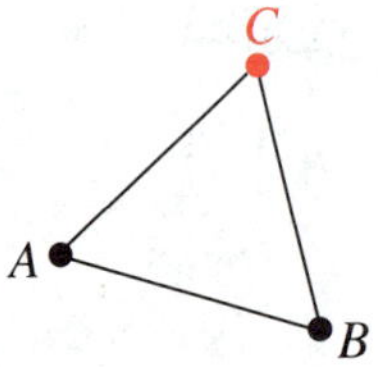

Figure 2.34

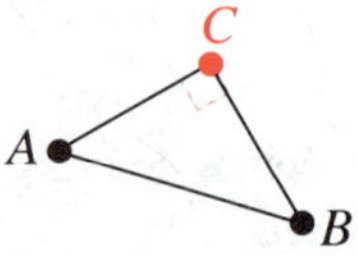

Figure 2.35

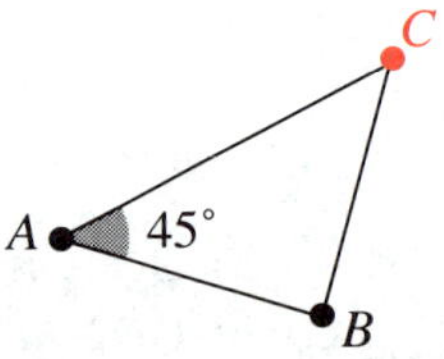

Figure 2.36

18. L'angle θ étant donné, décrivez et illustrez les lieux représentés symboliquement par les équations suivantes.

a) $\{(x, y) \in \mathbb{R}^2 : (x, y) \bullet (\cos\theta, \sin\theta) = 0\}$
b) $\{(x, y) \in \mathbb{R}^2 : (x, y) \bullet (\cos\theta, \sin\theta) = 1\}$

19. Montrez que l'équation en x, y et z qui caractérise tous les points $P(x, y, z)$ situés sur le cône de la figure 2.37 peut s'écrire

$$2(x + y + z) = 3\sqrt{x^2 + y^2 + z^2}$$

Le sommet de ce cône est à l'origine et l'angle d'ouverture est de 30° relativement à la direction $\vec{i} + \vec{j} + \vec{k}$ de l'axe de symétrie.

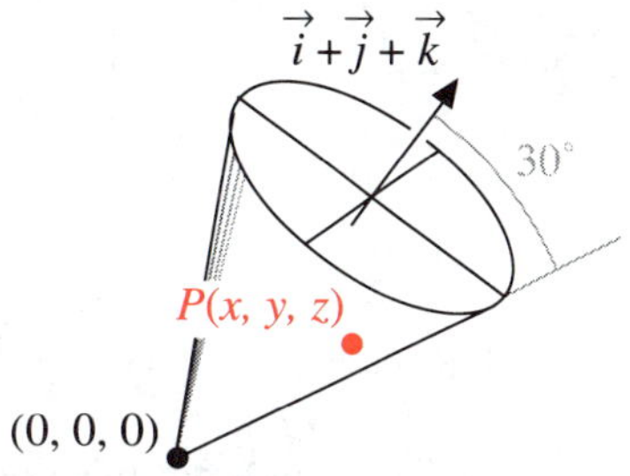

Figure 2.37

20. Il existe plusieurs démonstrations de l'énoncé suivant : si trois points distincts A, B et C sont inscrits sur un cercle de telle manière que A et B sont les extrémités d'un diamètre de ce cercle, alors le triangle ABC est rectangle en C (figure 2.38). (Cet énoncé donne une manière rapide de tracer un angle droit à l'aide de la règle non graduée et du compas.) Donnez une démonstration vectorielle de cet énoncé en exprimant d'abord $\vec{AC}$ et $\vec{CB}$ comme combinaisons linéaires de $\vec{u}$ et $\vec{v}$ et en exploitant le fait que $\|\vec{u}\| = \|\vec{v}\|$.

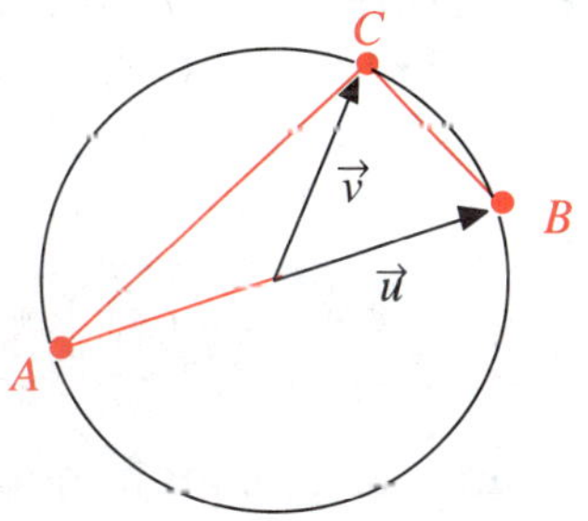

Figure 2.38

21. Trouvez toutes les valeurs de θ, $0 \le \theta \le 2\pi$ rad, pour lesquelles

$$-4\cos\theta + 3\sin\theta = 2.$$

Vous pouvez résoudre ce problème de manière purement algébrique en utilisant la relation $\cos^2\theta + \sin^2\theta = 1$. Vous pouvez aussi le résoudre de façon « vectorielle » dans $\mathbb{R}^2$ en traduisant l'équation $a\cos\theta + b\sin\theta = c$ par $(a, b) \bullet (\cos\theta, \sin\theta) = c$, puis par

$$\frac{(a,b)}{\sqrt{a^2+b^2}} \bullet (\cos\theta, \sin\theta) = \frac{c}{\sqrt{a^2+b^2}},$$

ce qui signifie que l'angle α entre (a, b) et $(\cos\theta, \sin\theta)$ a pour cosinus la valeur $\cos\alpha = \dfrac{c}{\sqrt{a^2+b^2}}$.

Par conséquent, on obtient

$$\theta = \beta \pm \alpha$$

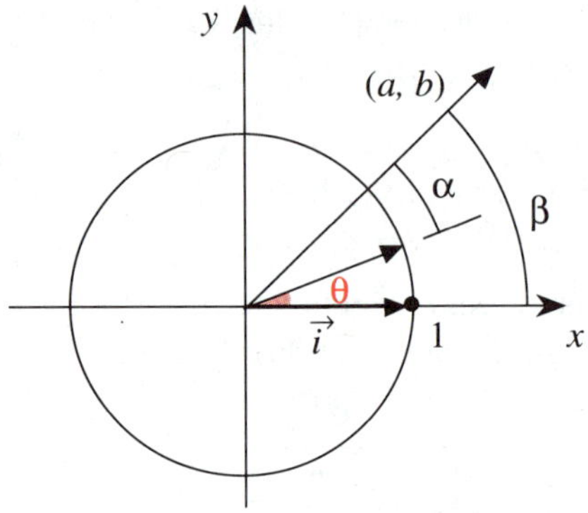

Figure 2.39

où β est l'angle que fait le vecteur (a, b) avec $\vec{i}$ et $\alpha = \arccos \dfrac{c}{\sqrt{a^2 + b^2}}$. La figure 2.39 illustre le cas $\theta = \beta - \alpha$.

22. Dans $\mathbb{R}^3$, les points distincts A et B étant donnés, décrivez le lieu des points P pour lesquels $\overrightarrow{AP} \bullet \overrightarrow{BP} = 0$. (*Coup de pouce* : Retournez voir l'exercice 20.)

2.3 POUR ALLER PLUS LOIN

Dans cette section, nous décrivons brièvement les cinq solides de Platon, les seuls polyèdres réguliers. Nous donnons ensuite des indications pour aider le lecteur curieux à numériser ces polyèdres, c'est-à-dire à trouver les coordonnées des sommets relativement à un repère orthonormé bien choisi.

2.3.1 LES CINQ SOLIDES DE PLATON

Déjà à l'époque de Platon (IIIe siècle av. J.-C.), on savait que les cinq « solides » décrits à la figure 2.40 sont les seuls polyèdres réguliers. Platon accordait une très grande importance à ces figures, et on croyait même que les mouvements des astres étaient réglés selon la géométrie de ces polyèdres[4]. Le cube, le tétraèdre, l'octaèdre et l'icosaèdre symbolisaient les quatre éléments : la terre, le feu, l'air et l'eau; le dodécaèdre représentait l'enveloppe du monde.

Les Grecs connaissaient beaucoup de choses à propos de ces polyèdres. Cependant, comme ils ne connaissaient pas la géométrie vectorielle, ils n'ont jamais tenté de déterminer les coordonnées des sommets de ces différents polyèdres relativement

4. Cette croyance a survécu jusqu'à l'avènement de la nouvelle cosmologie de Kepler (1596).

Forme	Nom	Faces	Sommets	Arêtes
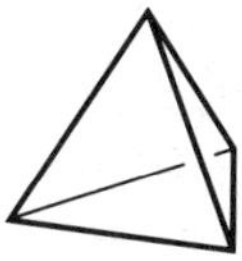	Tétraèdre régulier	4 triangles équilatéraux	4	6
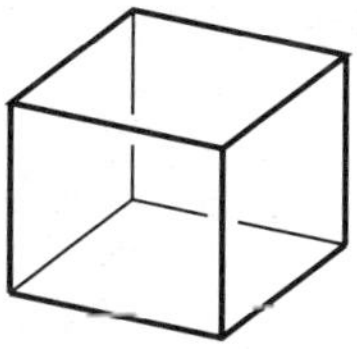	Cube	6 carrés	8	12
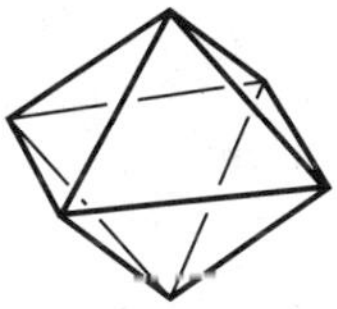	Octaèdre régulier	8 triangles équilatéraux	6	12
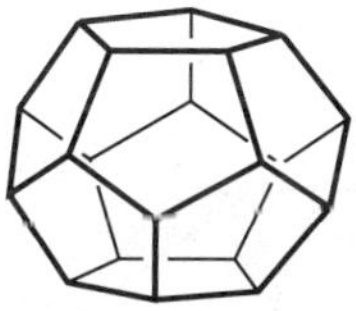	Dodécaèdre régulier	12 pentagones réguliers	20	30
	Icosaèdre régulier	20 triangles équilatéraux	12	30

Figure 2.40 Les cinq solides de Platon.

à un repère orthonormé. Compte tenu des développements récents de l'infographie, la numérisation des objets géométriques (recherche des coordonnées des sommets) a un grand intérêt pratique. Voici quelques indications pour les lecteurs qui voudraient numériser les cinq solides de Platon.

Pour déterminer les coordonnées des sommets d'un cube, on choisit un repère et on donne ensuite les coordonnées des sommets relativement à ce repère.

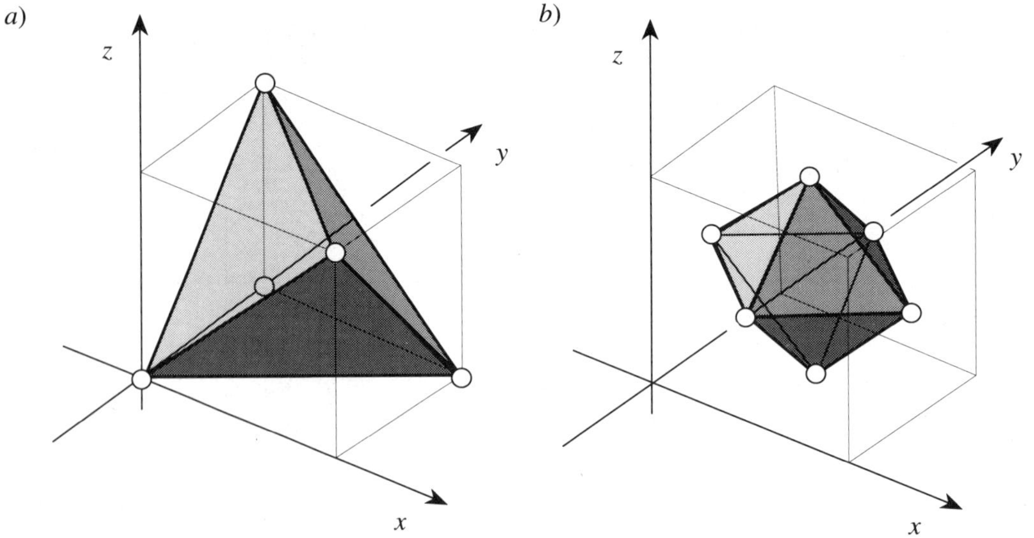

Figure 2.41

Pour déterminer les coordonnées des sommets d'un tétraèdre, on peut inscrire cette figure dans un cube ainsi que le montre la figure 2.41 *a*).

Pour déterminer les coordonnées des sommets d'un octaèdre, on peut aussi l'inscrire dans un cube (figure 2.41 *b*) : on voit que ses sommets coïncident avec les milieux des faces d'un cube.

Pour déterminer les coordonnées des sommets d'un dodécaèdre et d'un icosaèdre, c'est beaucoup moins facile. Commençons par l'icosaèdre. Les Grecs connaissaient la valeur du rapport Φ entre la longueur d'une diagonale et la longueur d'un côté dans un pentagone régulier. Ce rapport est le fameux nombre d'or : $\Phi = \frac{1+\sqrt{5}}{2} = 1{,}618\,03...$ Vous pouvez calculer Φ en supposant que le côté du pentagone de la figure 2.42 mesure 1 ($\|\overrightarrow{AB}\| = 1$) et en observant que $\overrightarrow{FC} = \overrightarrow{AB}$ et $\Phi = \|\overrightarrow{EC}\|$.

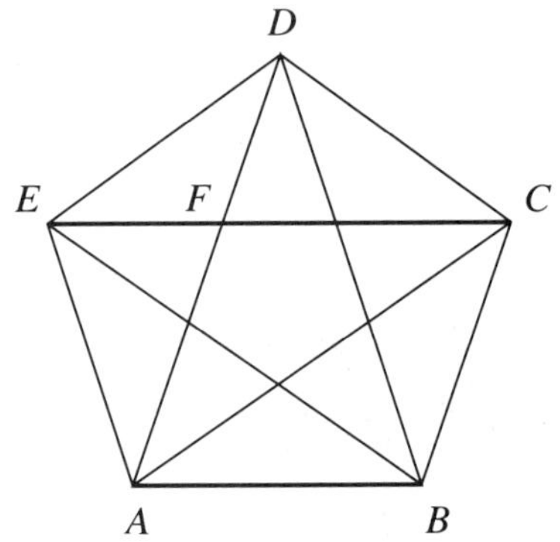

Figure 2.42

L'icosaèdre est relié au nombre d'or de la façon suivante : en joignant les extrémités de deux arêtes opposées de l'icosaèdre, on obtient un rectangle d'or[5], c'est-à-dire un rectangle dont le rapport du plus grand au plus petit côté est précisément le nombre d'or Φ. La figure 2.43 montre trois de ces rectangles qui sont deux à deux perpendiculaires.

5. On retrouve le rectangle d'or dans plusieurs monuments de la Grèce. Par exemple, la façade du Parthénon s'inscrit parfaitement dans un rectangle d'or.

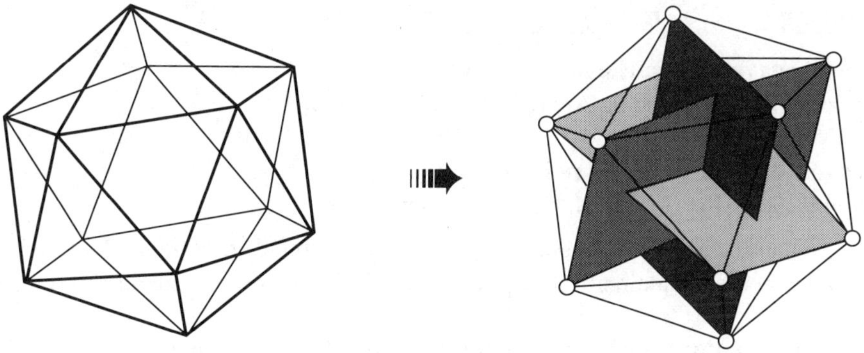

Figure 2.43 Trois rectangles d'or deux à deux perpendiculaires (d'après un dessin de Coxeter).

À partir de ces trois rectangles et d'un repère bien choisi, on peut exprimer les coordonnées des 12 sommets de l'icosaèdre en fonction du nombre d'or.

Pour déterminer les coordonnées des sommets d'un dodécaèdre, on peut inscrire cette figure dans l'icosaèdre. On voit alors que les 20 sommets du dodécaèdre coïncident avec les milieux des 20 faces de l'icosaèdre. On peut donc exprimer les coordonnées des sommets du dodécaèdre en fonction du nombre d'or Φ. La figure 2.44 suggère une autre façon de voir le dodécaèdre : on ajoute simplement des calottes spéciales identiques (mais orientées différemment) à chacune des faces d'un cube. Si on colle une calotte sur une face du cube, on peut calculer les coordonnées des sommets de cette calotte relativement à un repère orienté selon les arêtes du cube. Le rapport entre l'arête du cube et l'arête du dodécaèdre est le nombre d'or Φ (cela détermine les sommets de la calotte spéciale).

Connaissant les coordonnées des sommets des polyèdres réguliers dans des repères orthonormés, on peut ensuite calculer (vectoriellement) toutes les caractéristiques métriques de ces polyèdres : angles dièdres (angles entre les faces), longueurs, volumes, etc.

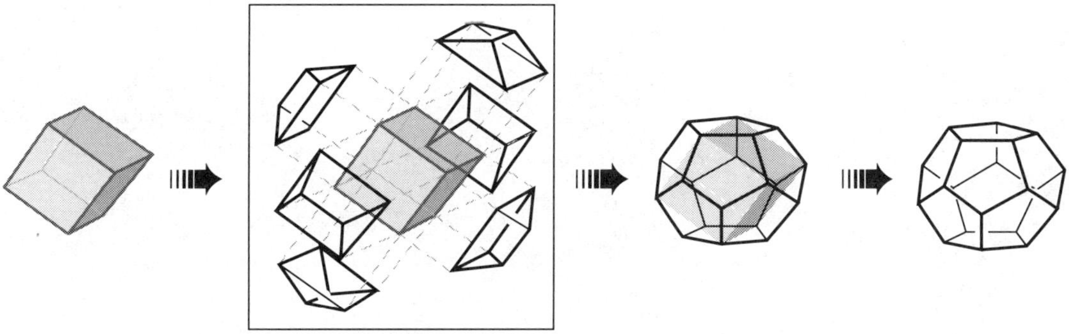

Figure 2.44

SUGGESTIONS DE LECTURE

Pour en savoir davantage sur le nombre d'or

Les Nombres et leurs mystères de André Warusfel, Seuil, 1961.

Pour en savoir davantage sur les polyèdres

Introduction to Geometry de H.S.M. Coxeter, Wiley, 1969.

Il y a aussi dans ce livre un excellent chapitre sur le nombre d'or; la figure 2.43 (trois rectangles d'or deux à deux perpendiculaires) est inspirée d'une illustration de ce livre de Coxeter.

Pour en savoir davantage sur les mathématiques de la Grèce antique

La Naissance de la science, tome 2, d'André Pichot, Folio Essais, Gallimard, 1991.

Ce livre captivant montre comment les mathématiques se sont construites entre la science et la mythologie dans la Grèce présocratique. Pour les passionnés de l'histoire et de l'épistémologie des sciences.

3

CHAPITRE

AIRES ET VOLUMES

En supposant que les bases $\langle \vec{i}, \vec{j} \rangle$ de $\mathbb{R}^2$ et $\langle \vec{i}, \vec{j}, \vec{k} \rangle$ de $\mathbb{R}^3$ sont orientées positivement[1], on peut déterminer l'orientation, positive ou négative, de toute autre base de ces espaces. Cela nous conduit aux concepts d'aire orientée et de volume orienté. Ces concepts peuvent sembler bien abstraits à première vue, mais ils se concrétiseront grâce aux formules de calcul des déterminants. Ces derniers nous permettront de simplifier considérablement les calculs d'aires et de volumes et ils nous faciliteront aussi l'étude des droites, des plans et des systèmes d'équations linéaires dans les chapitres suivants.

3.1 DÉTERMINANTS 2×2 ET 3×3

Dans cette section, il est question des deux orientations de l'espace $\mathbb{R}^2$, puis de la définition et des propriétés des déterminants 2×2. Ensuite, nous voyons les deux orientations de l'espace $\mathbb{R}^3$, la définition et les propriétés des déterminants 3×3 et quelques applications des déterminants.

1. Voir la sous-section 1.2.3 du chapitre 1.

3.1.1 ORIENTATION DANS $\mathbb{R}^2$

Dans $\mathbb{R}^2$, deux vecteurs non nuls et non parallèles $\vec{u}$ et $\vec{v}$ engendrent un parallélogramme qui peut être orienté de deux façons différentes par $\vec{u}$ et $\vec{v}$: selon le sens positif, soit le sens contraire du mouvement des aiguilles d'une montre, ou selon le sens négatif, soit le sens du mouvement des aiguilles d'une montre. Pour déterminer l'orientation correspondant à une suite ordonnée $\langle \vec{u}, \vec{v} \rangle$, on trace d'abord $\vec{u}$, puis, de la pointe de $\vec{u}$, on trace $\vec{v}$ (figure 3.1). Si cette séquence indique le sens de parcours contraire aux aiguilles d'une montre, son orientation est positive (celle donnée par la séquence $\langle \vec{i}, \vec{j} \rangle$; si elle indique le sens des aiguilles d'une montre, son orientation est alors négative. Dans la figure 3.1, la suite $\langle \vec{u}, \vec{v} \rangle$ a l'orientation positive, tandis que la suite $\langle \vec{v}, \vec{u} \rangle$ a l'orientation négative.

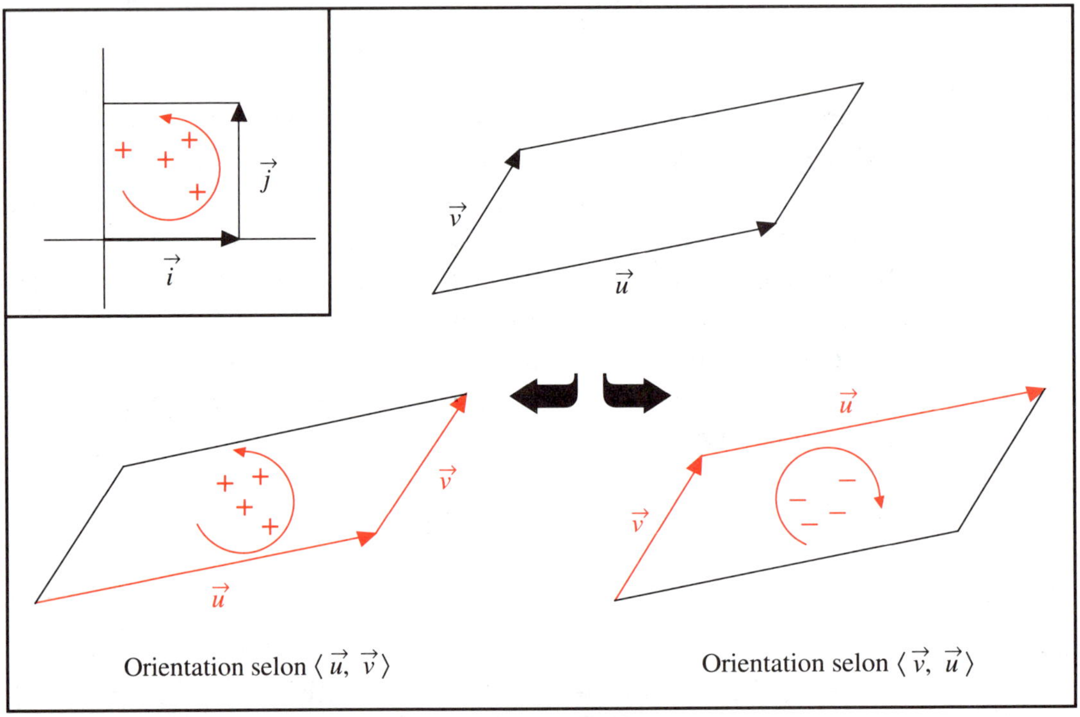

Figure 3.1 Orientations dans $\mathbb{R}^2$.

Exemple 1

La suite $\langle \vec{i} + \vec{j}, \vec{j} \rangle$ est orientée positivement. ■

Exemple 2

La suite $\langle \vec{i}, \vec{i} - \vec{j} \rangle$ est orientée négativement. ■

Exemple 3

Si $\vec{u} \neq \vec{0}$, alors la suite $\langle \vec{u}, \vec{u}_\perp \rangle$ est orientée positivement. ■

3.1.2 DÉTERMINANTS 2 × 2

Définition ***Déterminant 2 × 2***

Soit $\vec{u}$ et $\vec{v}$ deux vecteurs de $\mathbb{R}^2$ donnés par $\vec{u} = (a, b)$ et $\vec{v} = (c, d)$. Le déterminant de la suite ordonnée $\langle \vec{u}, \vec{v} \rangle$, noté[2] $\Delta\langle \vec{u}, \vec{v} \rangle$ ou plus simplement $\begin{vmatrix} a & b \\ c & d \end{vmatrix}$, est la valeur numérique de l'aire du parallélogramme engendré par $\vec{u}$ et $\vec{v}$, accompagnée du signe plus (+) si la suite $\langle \vec{u}, \vec{v} \rangle$ est d'orientation positive, ou du signe moins (-) si la suite $\langle \vec{u}, \vec{v} \rangle$ est d'orientation négative. Bref, nous dirons que $\Delta\langle \vec{u}, \vec{v} \rangle$ est l'aire orientée du parallélogramme engendré par les vecteurs $\vec{u}$ et $\vec{v}$.

Si $\vec{u} = \vec{0}$ ou $\vec{v} = \vec{0}$, ou si $\vec{u} /\!/ \vec{v}$, alors $\Delta\langle \vec{u}, \vec{v} \rangle = 0$.

Exemple 1

$\Delta\langle \vec{i}, 2\vec{i} \rangle = \begin{vmatrix} 1 & 0 \\ 2 & 0 \end{vmatrix} = 0$, car $\vec{i} /\!/ 2\vec{i}$; le parallélogramme engendré par la suite $\langle \vec{i}, 2\vec{i} \rangle$ est dégénéré. ■

Exemple 2

$\Delta\langle \vec{j}, 3\vec{i} \rangle = \begin{vmatrix} 0 & 1 \\ 3 & 0 \end{vmatrix} = -3$, car la suite $\langle \vec{j}, 3\vec{i} \rangle$ engendre un parallélogramme rectangle orienté négativement dont l'aire est 3 (figure 3.2).

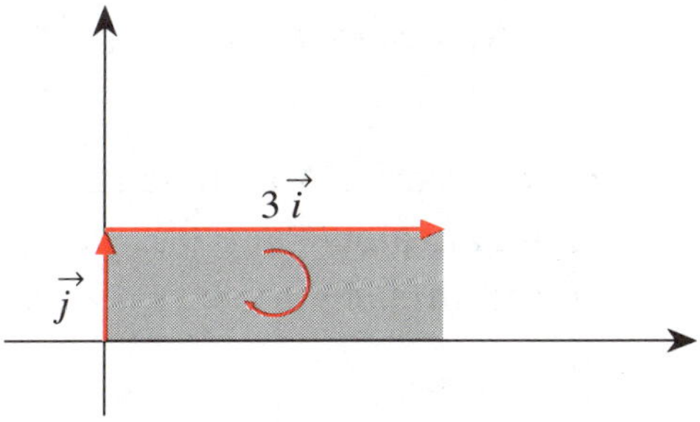

Figure 3.2 ■

Les quatre propriétés suivantes des déterminants 2×2 sont des propriétés axiomatiques, c'est-à-dire qu'on les considère comme des axiomes lorsque l'on veut généraliser[3] le

2. Le symbole se lit *delta* : c'est le *D* grec, que nous prenons comme abréviation de *déterminant*.
3. On attribue le point de vue axiomatique sur les déterminants à Leopold Kronecker et à Karl Weierstrass (seconde moitié du XIXe siècle); le concept lui-même date du XVIIIe siècle.

concept de déterminant à une suite de n vecteurs de $\mathbb{R}^n$. À partir de notre définition des déterminants, nous pouvons justifier et illustrer ces propriétés dans $\mathbb{R}^2$.

D1 *Le déterminant de la suite $\langle \vec{i}, \vec{j} \rangle$ est 1.*

$$\Delta\langle \vec{i}, \vec{j} \rangle = 1 : \begin{vmatrix} 1 & 0 \\ 0 & 1 \end{vmatrix} = 1.$$

La suite $\langle \vec{i}, \vec{j} \rangle$ engendre un carré orienté positivement dont l'aire est 1.

D2 *Un déterminant qui a deux lignes identiques est nul.*

$$\Delta\langle \vec{u}, \vec{u} \rangle = 0 : \begin{vmatrix} a & b \\ a & b \end{vmatrix} = 0.$$

Cette propriété est une conséquence immédiate de la définition. Elle traduit le fait que le parallélogramme engendré par $\vec{u}$ et $\vec{u}$ est dégénéré (aire nulle).

Exemple

$$\begin{vmatrix} 2 & -3 \\ 2 & -3 \end{vmatrix} = 0$$

■

D3 *On peut factoriser hors du déterminant un facteur k qui est commun à tous les éléments d'une même ligne.*

$$\Delta\langle k\vec{u}, \vec{v} \rangle = k\Delta\langle \vec{u}, \vec{v} \rangle : \begin{vmatrix} ka & kb \\ c & d \end{vmatrix} = k\begin{vmatrix} a & b \\ c & d \end{vmatrix}.$$

Cette propriété traduit le fait que si on étire (ou comprime) le vecteur $\vec{u}$ par un facteur k, alors l'aire orientée du parallélogramme engendré par la suite $\langle \vec{u}, \vec{v} \rangle$ sera multipliée par le facteur k (figure 3.3).

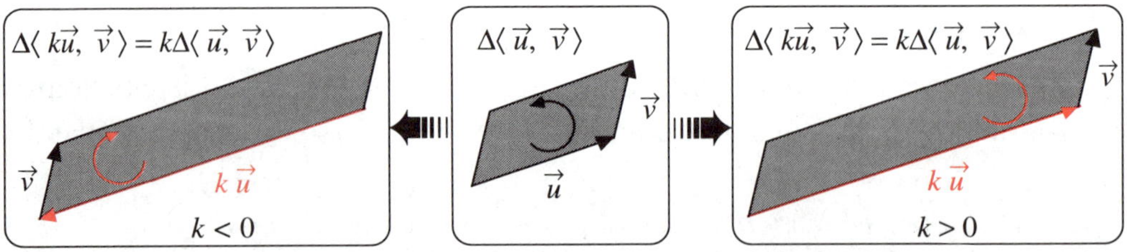

Figure 3.3 Troisième propriété des déterminants 2×2 : $\Delta\langle k\vec{u}, \vec{v} \rangle = k\Delta\langle \vec{u}, \vec{v} \rangle$.

Bien sûr, on a aussi $\begin{vmatrix} a & b \\ kc & kd \end{vmatrix} = k\begin{vmatrix} a & b \\ c & d \end{vmatrix}$.

Exemple

$$\begin{vmatrix} 5 & 25 \\ 4 & -8 \end{vmatrix} = 5\begin{vmatrix} 1 & 5 \\ 4 & -8 \end{vmatrix} = 20\begin{vmatrix} 1 & 5 \\ 1 & -2 \end{vmatrix}$$

■

D4 *Sur chaque ligne, le déterminant est « compatible » avec la somme vectorielle : en termes plus techniques, le déterminant est une fonction multilinéaire des vecteurs-lignes.*

$\Delta\langle \vec{r} + \vec{s}, \vec{v} \rangle = \Delta\langle \vec{r}, \vec{v} \rangle + \Delta\langle \vec{s}, \vec{v} \rangle$: en posant $\vec{r} = (r_1, r_2)$, $\vec{s} = (s_1, s_2)$ et $\vec{v} = (c, d)$, cela donne

$$\begin{vmatrix} r_1 + s_1 & r_2 + s_2 \\ c & d \end{vmatrix} = \begin{vmatrix} r_1 & r_2 \\ c & d \end{vmatrix} + \begin{vmatrix} s_1 & s_2 \\ c & d \end{vmatrix}.$$

Cette propriété trouve sa justification dans la figure 3.4 qui illustre le cas où les orientations correspondant à $\langle \vec{r}, \vec{v} \rangle$, $\langle \vec{s}, \vec{v} \rangle$ et $\langle \vec{r} + \vec{s}, \vec{v} \rangle$ sont identiques.

Bien sûr, on a aussi $\Delta\langle \vec{u}, \vec{r} + \vec{s} \rangle = \Delta\langle \vec{u}, \vec{r} \rangle + \Delta\langle \vec{u}, \vec{s} \rangle$.

Exemple

$\begin{vmatrix} a & b \\ c & d \end{vmatrix} = \begin{vmatrix} a & 0 \\ c & d \end{vmatrix} + \begin{vmatrix} 0 & b \\ c & d \end{vmatrix}$ car $(a, b) = (a, 0) + (0, b)$. ■

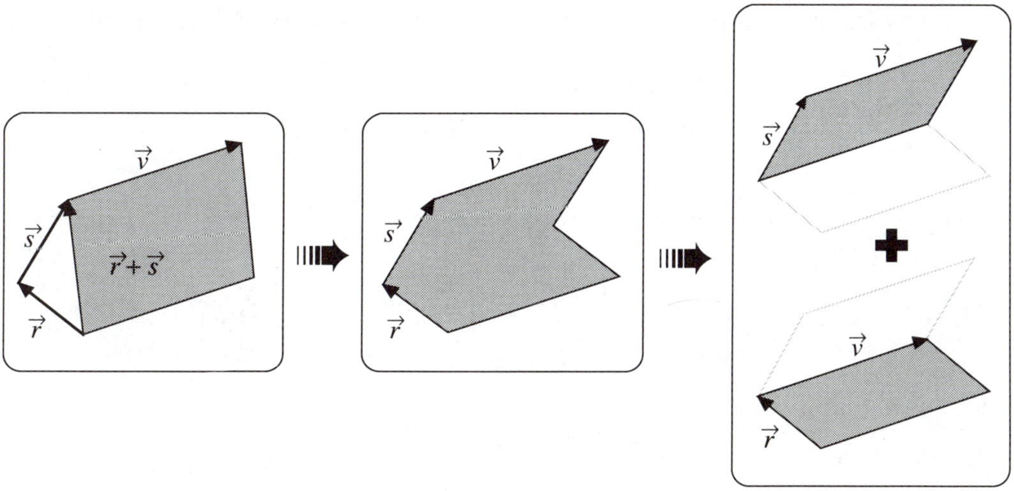

Figure 3.4 Quatrième propriété des déterminants : $\Delta\langle \vec{r} + \vec{s}, \vec{v} \rangle = \Delta\langle \vec{r}, \vec{v} \rangle + \Delta\langle \vec{s}, \vec{v} \rangle$. (*Attention* : Cette figure n'est *pas* une perspective d'objets tridimensionnels.)

Les déterminants 2×2 ont bien d'autres propriétés[4] qu'on peut démontrer à partir des quatre propriétés précédentes ou directement à partir de la définition. En voici quelques-unes qui nous seront utiles.

D5 *Permuter deux lignes d'un déterminant a pour effet de changer le signe du déterminant seulement.*

$$\Delta\langle \vec{u}, \vec{v}\rangle = -\Delta\langle \vec{v}, \vec{u}\rangle : \begin{vmatrix} a & b \\ c & d \end{vmatrix} = -\begin{vmatrix} c & d \\ a & b \end{vmatrix}$$

Cette propriété est une conséquence immédiate de la définition : les suites $\langle (a,b),(c,d)\rangle$ et $\langle (c,d),(a,b)\rangle$ engendrent en effet le même parallélogramme avec un changement d'orientation.

Exemple

$$\begin{vmatrix} -3 & 2 \\ 1 & 6 \end{vmatrix} = -\begin{vmatrix} 1 & 6 \\ -3 & 2 \end{vmatrix}$$

■

D6 *On peut ajouter à une ligne d'un déterminant, un multiple d'une autre ligne sans changer la valeur du déterminant.*

$$\Delta\langle \vec{u}, \vec{v}\rangle = \Delta\langle \vec{u} + k\vec{v}, \vec{v}\rangle = \Delta\langle \vec{u}, \vec{v} + k\vec{u}\rangle :$$

$$\begin{vmatrix} a & b \\ c & d \end{vmatrix} = \begin{vmatrix} a + kc & b + kd \\ c & d \end{vmatrix} = \begin{vmatrix} a & b \\ c + ka & d + kb \end{vmatrix}$$

Exemple

Dans le déterminant $\begin{vmatrix} 3 & 10 \\ -1 & 5 \end{vmatrix}$, on peut ajouter (-2) fois la deuxième ligne à la première : $\begin{vmatrix} 3 & 10 \\ -1 & 5 \end{vmatrix} = \begin{vmatrix} 5 & 0 \\ -1 & 5 \end{vmatrix}$.

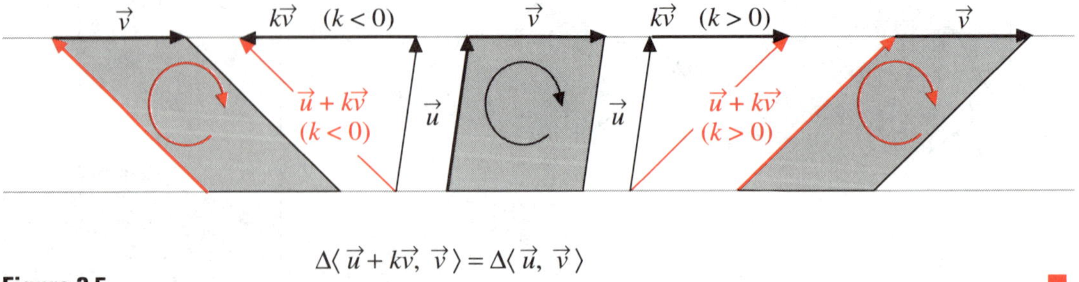

Figure 3.5

■

4. Voir aussi le chapitre 6 sur les matrices.

On peut démontrer la propriété D6 à partir des propriétés D4, D3 et D2, ou bien à partir de la figure 3.5. Dans celle-ci, les trois parallélogrammes ont la même base et la même hauteur, donc, la même aire; de plus ils ont la même orientation.

Voici maintenant comment on obtient une formule de calcul rapide à partir des propriétés des déterminants.

$$\begin{aligned}
\begin{vmatrix} a & b \\ c & d \end{vmatrix} &= \Delta\langle (a, b), (c, d)\rangle \\
&= \Delta\langle a\vec{i} + b\vec{j}, c\vec{i} + d\vec{j}\rangle \\
&= \Delta\langle a\vec{i}, c\vec{i} + d\vec{j}\rangle + \Delta\langle b\vec{j}, c\vec{i} + d\vec{j}\rangle && \text{(Propriété D4)} \\
&= \Delta\langle a\vec{i}, c\vec{i}\rangle + \Delta\langle a\vec{i}, d\vec{j}\rangle + \Delta\langle b\vec{j}, c\vec{i}\rangle + \Delta\langle b\vec{j}, d\vec{j}\rangle && \text{(Propriété D4)} \\
&= ac\,\Delta\langle \vec{i}, \vec{i}\rangle + ad\,\Delta\langle \vec{i}, \vec{j}\rangle + bc\,\Delta\langle \vec{j}, \vec{i}\rangle + bd\,\Delta\langle \vec{j}, \vec{j}\rangle && \text{(Propriété D3)} \\
&= 0 + ad\,\Delta\langle \vec{i}, \vec{j}\rangle + bc\,\Delta\langle \vec{j}, \vec{i}\rangle + 0 && \text{(Propriété D2)} \\
&= ad\,\Delta\langle \vec{i}, \vec{j}\rangle - bc\,\Delta\langle \vec{i}, \vec{j}\rangle && \text{(Propriété D5)} \\
&= ad - bc && \text{(Propriété D1)}
\end{aligned}$$

■

En résumé :

> Le déterminant $\begin{vmatrix} a & b \\ c & d \end{vmatrix}$ représente l'aire orientée du parallélogramme engendré par les vecteurs-lignes (a, b) et (c, d) pris dans l'ordre $\langle (a, b), (c, d)\rangle$, et sa valeur est donnée par
>
> $$\begin{vmatrix} a & b \\ c & d \end{vmatrix} = ad - bc\,.$$

Exemple 1

Dans $\mathbb{R}^2$, pour trouver l'aire du triangle ABC (figure 3.6) dont les sommets sont donnés par $A(-3, 1)$, $B(2, -3)$ et $C(4, 5)$, on pose $\vec{u} = \overrightarrow{AB} = (2, -3) - (-3, 1) = (5, -4)$ et $\vec{v} = \overrightarrow{AC} = (4, 5) - (-3, 1) = (7, 4)$.

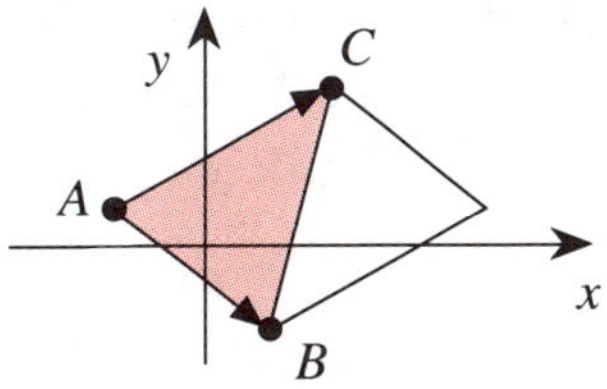

Figure 3.6

L'aire[5] S du triangle (orienté positivement par $\langle\vec{u},\vec{v}\rangle$) est la demie de l'aire du parallélogramme engendré par $\vec{u}$ et $\vec{v}$, et donc

$$S = 0,5\begin{vmatrix} 5 & -4 \\ 7 & 4 \end{vmatrix} = 0,5[(5)(4)-(-4)(7)] = 0,5[48] = 24\,.$$ ■

Exemple 2 (interprétation physique des déterminants 2 × 2)

Imaginons que le vecteur $\vec{v}$ de la figure 3.7 représente la vitesse d'écoulement d'un fluide incompressible (comme l'eau) en état stationnaire[6] dans $\mathbb{R}^2$ et que le segment PQ est une membrane parfaitement perméable à ce fluide. Dans *une* unité de temps, la quantité de fluide[7] qui aura traversé la membrane sera numériquement égale à l'aire du parallélogramme hachuré; si $\vec{v} = (a,b)$ et $\overrightarrow{PQ} = (c, d)$, cela revient à dire que le débit du fluide à travers cette membrane sera (dans des unités appropriées) égal au déterminant $\begin{vmatrix} a & b \\ c & d \end{vmatrix}$.

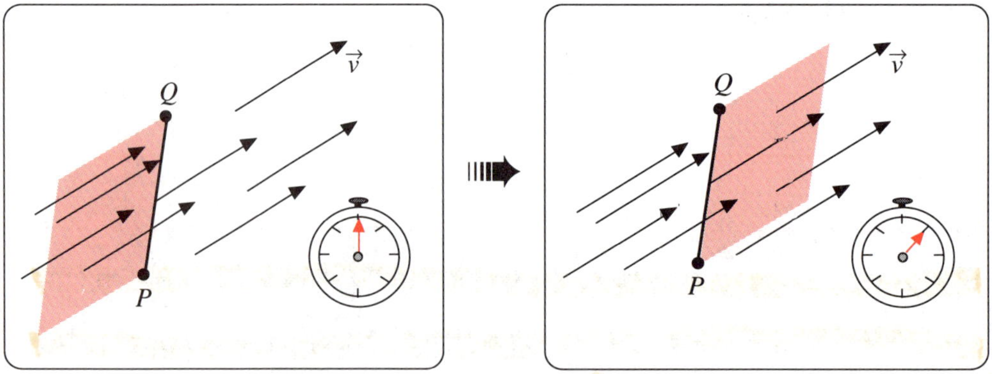

Figure 3.7 Débit d'un fluide à travers une membrane dans $\mathbb{R}^2$. ■

Exemple 3 (test de colinéarité de trois points ou de parallélisme de deux vecteurs dans $\mathbb{R}^2$)

On donne trois points A, B et C dans $\mathbb{R}^2$, par exemple $A(1, 1)$, $B(3, 2)$ et $C(6, 3)$.

Pour savoir si les trois points sont colinéaires, on doit vérifier si les deux vecteurs $\overrightarrow{AB}$ et $\overrightarrow{AC}$ sont parallèles. Cela revient à voir si $\Delta\langle\overrightarrow{AB}, \overrightarrow{AC}\rangle$ est nul, c'est-à-dire si l'aire du parallélogramme engendré par $\overrightarrow{AB}$ et $\overrightarrow{AC}$, et par conséquent celle du triangle ABC, est nulle (figure 3.8).

5. L'aire non orientée est la valeur absolue de l'aire orientée.
6. Cela signifie que la vitesse $\vec{v}$ est la même à chaque instant.
7. On suppose ici que le fluide est bidimensionnel.

Ici, on a $\overrightarrow{AB} = (2, 1)$ et $\overrightarrow{AC} = (5, 2)$ et alors

$$\Delta\langle \overrightarrow{AB}, \overrightarrow{AC}\rangle = \begin{vmatrix} 2 & 1 \\ 5 & 2 \end{vmatrix} = -1 \neq 0.$$

Les trois points A, B et C ne sont donc pas colinéaires et les vecteurs $\overrightarrow{AB}$ et $\overrightarrow{AC}$ ne sont pas parallèles.

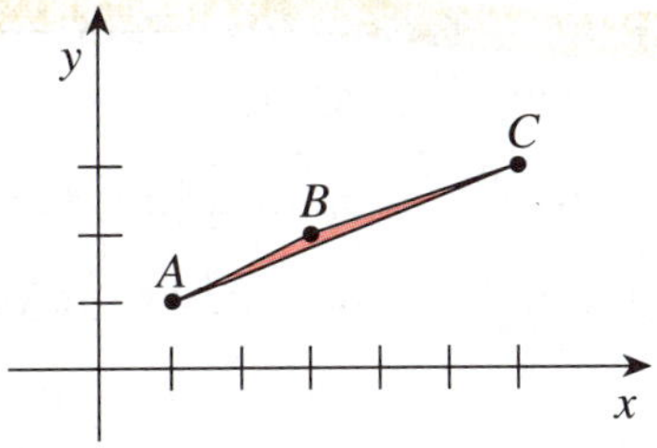

Figure 3.8 Test de colinéarité à l'aide d'un déterminant (calcul d'aire).

Exemple 4 (test d'orientation dans $\mathbb{R}^2$)

Selon la définition même de déterminant, le signe de $\begin{vmatrix} a & b \\ c & d \end{vmatrix}$ est positif (+) si la suite ordonnée $\langle(a, b), (c, d)\rangle$ est orientée positivement, et négatif (-) dans le cas contraire. Il est donc possible de connaître l'orientation d'une suite ordonnée sans la voir ou sans la dessiner (ou sans référence au sens de rotation des aiguilles d'une montre) : il suffit de calculer le déterminant correspondant et de n'en retenir que le signe. C'est grâce à de tels calculs qu'on a pu développer des programmes d'infographie. Ainsi, la suite $\langle(3, -5), (-4, 7)\rangle$ est orientée positivement car

$$\begin{vmatrix} 3 & -5 \\ -4 & 7 \end{vmatrix} = (3)(7) - (-5)(-4) = +1 > 0.$$

■

La règle de Cramer pour un système de deux équations à deux inconnues

Dans le système d'équations

$$\begin{aligned} ax + by &= m \\ cx + dy &= n \end{aligned}$$

on considère x et y comme des inconnues à déterminer en fonction des constantes (paramètres) a, b, c, d, m et n. La règle de Cramer[8] donne explicitement les solutions de ce système sous la forme de quotients de deux déterminants lorsque $\begin{vmatrix} a & b \\ c & d \end{vmatrix} \neq 0$:

$$x = \frac{\begin{vmatrix} m & b \\ n & d \end{vmatrix}}{\begin{vmatrix} a & b \\ c & d \end{vmatrix}} \text{ et } y = \frac{\begin{vmatrix} a & m \\ c & n \end{vmatrix}}{\begin{vmatrix} a & b \\ c & d \end{vmatrix}}.$$

8. Gabriel Cramer (1704-1752) fut l'élève de Jean Bernoulli.

Démonstration de la règle de Cramer[9]

On remplace d'abord m et n respectivement par $ax + by$ et par $cx + dy$ dans le déterminant $\begin{vmatrix} m & b \\ n & d \end{vmatrix}$ et on applique les propriétés D3 et D4 des déterminants 2×2 à la première colonne de ce déterminant :

$$\begin{aligned} \begin{vmatrix} m & b \\ n & d \end{vmatrix} &= \begin{vmatrix} ax+by & b \\ cx+dy & d \end{vmatrix} \\ &= \begin{vmatrix} ax & b \\ cx & d \end{vmatrix} + \begin{vmatrix} by & b \\ dy & d \end{vmatrix} \\ &= x\begin{vmatrix} a & b \\ c & d \end{vmatrix} + y\begin{vmatrix} b & b \\ d & d \end{vmatrix} \\ &= x\begin{vmatrix} a & b \\ c & d \end{vmatrix} + 0 \\ &= x\begin{vmatrix} a & b \\ c & d \end{vmatrix}. \end{aligned}$$

Ainsi, puisque $\begin{vmatrix} m & b \\ n & d \end{vmatrix} = x\begin{vmatrix} a & b \\ c & d \end{vmatrix}$, on obtient $x = \dfrac{\begin{vmatrix} m & b \\ n & d \end{vmatrix}}{\begin{vmatrix} a & b \\ c & d \end{vmatrix}}$. Ensuite, on obtient la valeur de l'inconnue y en remplaçant m et n respectivement par $ax + by$ et par $cx + dy$ dans le déterminant $\begin{vmatrix} a & m \\ c & n \end{vmatrix}$ et en appliquant les mêmes règles de calcul :

$$\begin{aligned} \begin{vmatrix} a & m \\ c & n \end{vmatrix} &= \begin{vmatrix} a & ax+by \\ c & cx+dy \end{vmatrix} \\ &= \begin{vmatrix} a & ax \\ c & cx \end{vmatrix} + \begin{vmatrix} a & by \\ c & dy \end{vmatrix} \\ &= x\begin{vmatrix} a & a \\ c & c \end{vmatrix} + y\begin{vmatrix} a & b \\ c & d \end{vmatrix} \\ &= y\begin{vmatrix} a & b \\ c & d \end{vmatrix} \end{aligned}$$

d'où $\begin{vmatrix} a & m \\ c & n \end{vmatrix} = y\begin{vmatrix} a & b \\ c & d \end{vmatrix}$ et finalement $y = \dfrac{\begin{vmatrix} a & m \\ c & n \end{vmatrix}}{\begin{vmatrix} a & b \\ c & d \end{vmatrix}}$. ■

9. La règle de Cramer se généralise à tout système de n équations à n inconnues qui a une solution unique.

Exemple
Selon la règle de Cramer, les solutions du système

$$\begin{aligned} 2x + 3y &= 1 \\ 3x - 2y &= 4 \end{aligned}$$

sont données par

$$x = \frac{\begin{vmatrix} 1 & 3 \\ 4 & -2 \end{vmatrix}}{\begin{vmatrix} 2 & 3 \\ 3 & -2 \end{vmatrix}} = \frac{14}{13} \text{ et } y = \frac{\begin{vmatrix} 2 & 1 \\ 3 & 4 \end{vmatrix}}{\begin{vmatrix} 2 & 3 \\ 3 & -2 \end{vmatrix}} = -\frac{5}{13}.$$

■

La transposée d'un déterminant 2 × 2

Pour terminer, voici une dernière propriété des déterminants[10] qui est plutôt *algébrique* (par opposition à *géométrique*).

D11 *Un déterminant ne change pas de valeur si on transpose ses lignes pour ses colonnes (la première ligne devient la première colonne et la deuxième ligne devient la deuxième colonne).*

$$\begin{vmatrix} a & b \\ c & d \end{vmatrix} = \begin{vmatrix} a & c \\ b & d \end{vmatrix}$$

La preuve de cette propriété consiste simplement à calculer les deux déterminants à l'aide de la formule de calcul que nous avons établie.

$$\begin{vmatrix} a & b \\ c & d \end{vmatrix} = ad - bc \text{ et } \begin{vmatrix} a & c \\ b & d \end{vmatrix} = ad - cb = ad - bc$$

La propriété D11 a pour conséquence spectaculaire que toutes les propriétés énoncées à propos des lignes d'un déterminant sont également vraies à propos des colonnes[11] de ce déterminant. Par exemple, la propriété D3 devient $\begin{vmatrix} ka & b \\ kc & d \end{vmatrix} = k\begin{vmatrix} a & b \\ c & d \end{vmatrix}$: *On peut factoriser hors d'un déterminant un facteur k qui est commun à chaque élément d'une même colonne*. La propriété D5 devient : *Permuter les deux colonnes d'un déterminant a pour effet de changer son signe seulement.*

---

10. Les propriétés D7 à D10 seront formulées au chapitre 6 sur les matrices (sous-section 6.3.2).
11. Il faut alors considérer les colonnes d'un déterminant comme des vecteurs-colonnes.

3.1.3 ORIENTATION DANS IR^3

Toute suite ordonnée $\langle \vec{u}, \vec{v}, \vec{w} \rangle$ de trois vecteurs non nuls et linéairement indépendants correspond à l'une des deux orientations possibles de l'espace IR^3. Pour déterminer cette orientation, on représente d'abord $\vec{u}$ et $\vec{v}$ par deux flèches mises bout à bout selon la séquence $\langle \vec{u}, \vec{v} \rangle$: on trace[12] d'abord $\vec{u}$, puis, de la pointe de $\vec{u}$, on trace $\vec{v}$ (figure 3.9); ensuite, à partir de l'origine de $\vec{u}$, on trace le vecteur $\vec{w}$ qui est linéairement indépendant de $\vec{u}$ et $\vec{v}$ et qui n'est donc pas contenu dans le plan déterminé par $\vec{u}$ et $\vec{v}$. On choisit de regarder ce plan du côté par lequel le vecteur $\vec{w}$ « sort »; si la séquence $\langle \vec{u}, \vec{v} \rangle$ indique le sens contraire de rotation des aiguilles d'une montre sur cette face du plan, alors l'orientation de la suite ordonnée $\langle \vec{u}, \vec{v}, \vec{w} \rangle$ est positive (celle de $\langle \vec{i}, \vec{j}, \vec{k} \rangle$); autrement l'orientation de la suite $\langle \vec{u}, \vec{v}, \vec{w} \rangle$ est négative.

On dit aussi que l'orientation est donnée par la *règle de la main droite*. Dans la figure 3.9, la suite ordonnée $\langle \vec{u}, \vec{v}, \vec{w} \rangle$ obéit à la règle suivante : si on place la main droite avec le pouce relevé de telle manière qu'il ait la direction et le sens de $\vec{w}$, alors la paume et les doigts de la main droite s'incurvent naturellement dans le sens que doit avoir la suite ordonnée $\langle \vec{u}, \vec{v} \rangle$ pour que l'orientation de $\langle \vec{u}, \vec{v}, \vec{w} \rangle$ soit positive. Essayez avec la suite $\langle \vec{r}, \vec{s}, \vec{w} \rangle$ de la même figure et vous constaterez que l'orientation de cette suite est négative.

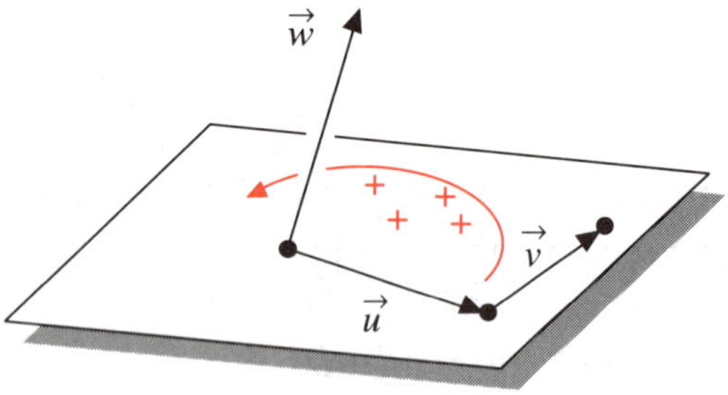

Suite $\langle \vec{u}, \vec{v}, \vec{w} \rangle$ orientée positivement

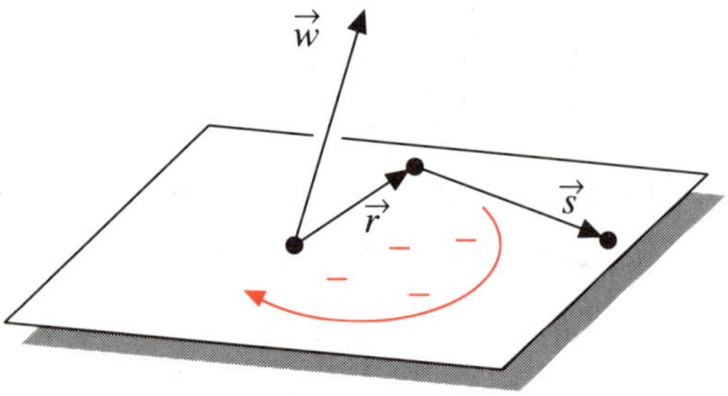

Suite $\langle \vec{r}, \vec{s}, \vec{w} \rangle$ orientée négativement

Figure 3.9 Les deux orientations dans IR^3.

3.1.4 DÉTERMINANTS 3 × 3

Le concept de déterminant 3×3 est un prolongement naturel à l'espace IR^3 du concept de déterminant 2×2; plutôt que de vouloir calculer l'aire d'un parallélogramme, on veut maintenant calculer le volume d'un parallélipipède engendré (et orienté) par une

12. Attention aux effets de perspectives !

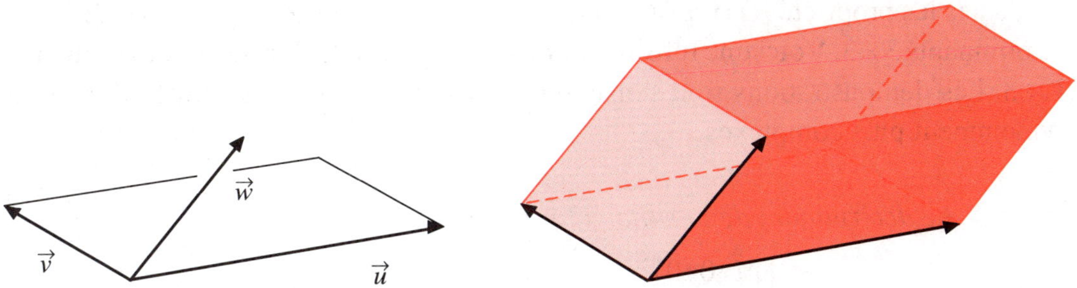

Figure 3.10 Parallélipipède engendré par la suite $\langle \vec{u}, \vec{v}, \vec{w} \rangle$.

suite ordonnée $\langle \vec{u}, \vec{v}, \vec{w} \rangle$ de trois vecteurs dans l'espace euclidien tridimensionnel (figure 3.10).

Définition ***Déterminant 3 × 3***

Soit $\vec{u}, \vec{v}$ et $\vec{w}$ trois vecteurs de $\mathbb{R}^3$ donnés par

$$\vec{u} = (u_1, u_2, u_3), \vec{v} = (v_1, v_2, v_3) \text{ et } \vec{w} = (w_1, w_2, w_3).$$

Le déterminant de la suite ordonnée $\langle \vec{u}, \vec{v}, \vec{w} \rangle$, noté $\Delta\langle \vec{u}, \vec{v}, \vec{w} \rangle$ ou

$$\begin{vmatrix} u_1 & u_2 & u_3 \\ v_1 & v_2 & v_3 \\ w_1 & w_2 & w_3 \end{vmatrix}$$

est la valeur numérique *du volume* du parallélipipède engendré par la suite ordonnée $\langle \vec{u}, \vec{v}, \vec{w} \rangle$, accompagnée du signe plus (+) si cette suite est orientée positivement, ou accompagnée du signe moins (-) si cette suite est orientée négativement. Bref, nous dirons que $\Delta\langle \vec{u}, \vec{v}, \vec{w} \rangle$ est le volume orienté du parallélipipède engendré par la suite $\langle \vec{u}, \vec{v}, \vec{w} \rangle$.

Si $\vec{u} = \vec{0}$ ou $\vec{v} = \vec{0}$ ou $\vec{w} = \vec{0}$ ou si $\vec{u}, \vec{v}$ et $\vec{w}$ sont linéairement dépendants, alors $\Delta\langle \vec{u}, \vec{v}, \vec{w} \rangle = 0$.

Exemple

$$\Delta\langle 2\vec{i}, 3\vec{j}, -5\vec{k} \rangle = \begin{vmatrix} 2 & 0 & 0 \\ 0 & 3 & 0 \\ 0 & 0 & -5 \end{vmatrix} = -30$$ car la suite $\langle 2\vec{i}, 3\vec{j}, -5\vec{k} \rangle$ engendre un parallélipipède rectangle orienté négativement dont les côtés mesurent respectivement 2, 3 et 5 unités de longueur. ■

Toutes les propriétés (D1 à D6 et D11) des déterminants 2×2 se prolongent aux déterminants 3×3. Voici une reformulation de ces propriétés[13] pour les déterminants 3×3. Les démonstrations sont sensiblement les mêmes mais les illustrations sont évidemment plus complexes.

D1 *Le déterminant de la suite $\langle \vec{i}, \vec{j}, \vec{k} \rangle$ est 1.*

$$\Delta\langle \vec{i}, \vec{j}, \vec{k} \rangle = 1 : \begin{vmatrix} 1 & 0 & 0 \\ 0 & 1 & 0 \\ 0 & 0 & 1 \end{vmatrix} = 1$$

La suite ordonnée $\langle \vec{i}, \vec{j}, \vec{k} \rangle$ engendre un cube orienté positivement dont le volume est unitaire.

D2 *Un déterminant dans lequel deux lignes sont identiques est nul.*
$\Delta\langle \vec{u}, \vec{u}, \vec{v} \rangle = \Delta\langle \vec{u}, \vec{v}, \vec{u} \rangle = \Delta\langle \vec{u}, \vec{v}, \vec{v} \rangle = 0$:

$$\begin{vmatrix} a & b & c \\ a & b & c \\ e & f & g \end{vmatrix} = \begin{vmatrix} a & b & c \\ e & f & g \\ a & b & c \end{vmatrix} = \begin{vmatrix} a & b & c \\ e & f & g \\ e & f & g \end{vmatrix} = 0$$

Quand deux lignes sont identiques, le parallélipipède engendré par les vecteurs-lignes est dégénéré (plat) et son volume est nul.

D3 *On peut factoriser hors d'un déterminant un facteur k qui est commun à tous les éléments d'une même ligne.*
$\Delta\langle k\vec{u}, \vec{v}, \vec{w} \rangle = \Delta\langle \vec{u}, k\vec{v}, \vec{w} \rangle = \Delta\langle \vec{u}, \vec{v}, k\vec{w} \rangle = k\Delta\langle \vec{u}, \vec{v}, \vec{w} \rangle$:

$$\begin{vmatrix} ku_1 & ku_2 & ku_3 \\ v_1 & v_2 & v_3 \\ w_1 & w_2 & w_3 \end{vmatrix} = \begin{vmatrix} u_1 & u_2 & u_3 \\ kv_1 & kv_2 & kv_3 \\ w_1 & w_2 & w_3 \end{vmatrix} = \begin{vmatrix} u_1 & u_2 & u_3 \\ v_1 & v_2 & v_3 \\ kw_1 & kw_2 & kw_3 \end{vmatrix} = k \begin{vmatrix} u_1 & u_2 & u_3 \\ v_1 & v_2 & v_3 \\ w_1 & w_2 & w_3 \end{vmatrix}$$

Cette propriété traduit simplement le fait que si l'un des vecteurs $\vec{u}$, $\vec{v}$ ou $\vec{w}$ est étiré (ou comprimé) par un facteur k, alors le volume orienté du parallélipipède engendré par la suite ordonnée $\langle \vec{u}, \vec{v}, \vec{w} \rangle$ sera multiplié par k (signe inclus, pour tenir compte de l'orientation).

13. *Rappel* : Les propriétés D1 à D4 sont des propriétés axiomatiques dont on peut déduire toutes les autres.

D4 *Sur chaque ligne, le déterminant, considéré comme opérateur, est compatible avec la somme vectorielle.*

$\Delta\langle \vec{r}+\vec{s}, \vec{v}, \vec{w}\rangle = \Delta\langle \vec{r}, \vec{v}, \vec{w}\rangle + \Delta\langle \vec{s}, \vec{v}, \vec{w}\rangle$:

$$\begin{vmatrix} r_1+s_1 & r_2+s_2 & r_3+s_3 \\ v_1 & v_2 & v_3 \\ w_1 & w_2 & w_3 \end{vmatrix} = \begin{vmatrix} r_1 & r_2 & r_3 \\ v_1 & v_2 & v_3 \\ w_1 & w_2 & w_3 \end{vmatrix} + \begin{vmatrix} s_1 & s_2 & s_3 \\ v_1 & v_2 & v_3 \\ w_1 & w_2 & w_3 \end{vmatrix}$$

La figure 3.11 illustre et justifie cette propriété dans le cas où les orientations des suites ordonnées $\langle \vec{r}+\vec{s}, \vec{v}, \vec{w}\rangle$, $\langle \vec{r}, \vec{v}, \vec{w}\rangle$ et $\langle \vec{s}, \vec{v}, \vec{w}\rangle$ sont les mêmes; pour alléger notre présentation, nous n'illustrerons que ce cas.

En remplaçant successivement $\vec{v}$ et $\vec{w}$ par $\vec{r}+\vec{s}$ (figure 3.11), on obtiendrait aussi

$$\Delta\langle \vec{u}, \vec{r}+\vec{s}, \vec{w}\rangle = \Delta\langle \vec{u}, \vec{r}, \vec{w}\rangle + \Delta\langle \vec{u}, \vec{s}, \vec{w}\rangle$$

et

$$\Delta\langle \vec{u}, \vec{v}, \vec{r}+\vec{s}\rangle = \Delta\langle \vec{u}, \vec{v}, \vec{r}\rangle + \Delta\langle \vec{u}, \vec{v}, \vec{s}\rangle$$

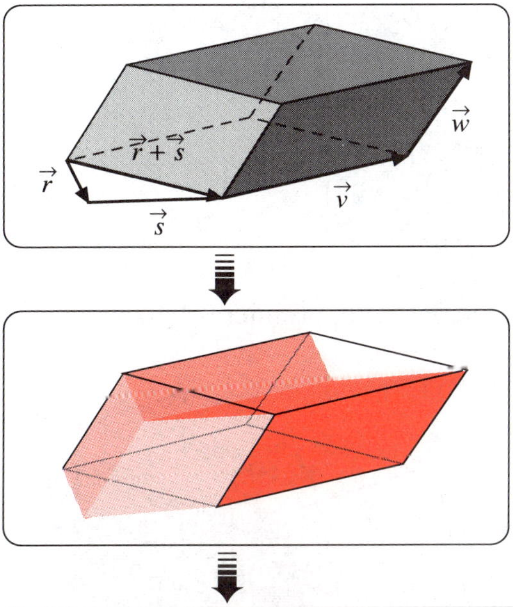

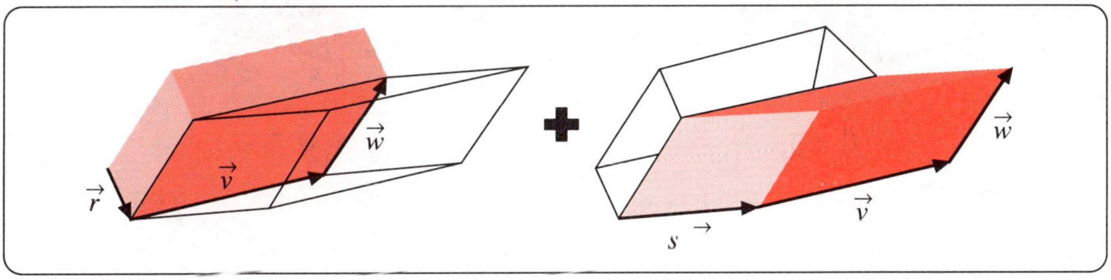

Figure 3.11 La quatrième propriété des déterminants 3×3 : $\Delta\langle \vec{r}+\vec{s}, \vec{v}, \vec{w}\rangle = \Delta\langle \vec{r}, \vec{v}, \vec{w}\rangle + \Delta\langle \vec{s}, \vec{v}, \vec{w}\rangle$.

Exemple

$$\begin{vmatrix} u_1 & u_2 & u_3 \\ v_1 & v_2 & v_3 \\ w_1 & w_2 & w_3 \end{vmatrix} = \begin{vmatrix} u_1 & 0 & 0 \\ v_1 & v_2 & v_3 \\ w_1 & w_2 & w_3 \end{vmatrix} + \begin{vmatrix} 0 & u_2 & 0 \\ v_1 & v_2 & v_3 \\ w_1 & w_2 & w_3 \end{vmatrix} + \begin{vmatrix} 0 & 0 & u_3 \\ v_1 & v_2 & v_3 \\ w_1 & w_2 & w_3 \end{vmatrix}$$

car $(u_1, u_2, u_3) = (u_1, 0, 0) + (0, u_2, 0) + (0, 0, u_3)$ sur la première ligne. ■

D5 *Une permutation de deux lignes quelconques d'un déterminant a pour effet de changer le signe (seulement) de ce déterminant.*
$\Delta\langle\vec{u},\vec{v},\vec{w}\rangle = -\Delta\langle\vec{v},\vec{u},\vec{w}\rangle$, $\Delta\langle\vec{u},\vec{v},\vec{w}\rangle = -\Delta\langle\vec{w},\vec{v},\vec{u}\rangle$, $\Delta\langle\vec{u},\vec{v},\vec{w}\rangle = -\Delta\langle\vec{u},\vec{w},\vec{v}\rangle$:

$$\begin{vmatrix} u_1 & u_2 & u_3 \\ v_1 & v_2 & v_3 \\ w_1 & w_2 & w_3 \end{vmatrix} = -\begin{vmatrix} v_1 & v_2 & v_3 \\ u_1 & u_2 & u_3 \\ w_1 & w_2 & w_3 \end{vmatrix}$$

$$\begin{vmatrix} u_1 & u_2 & u_3 \\ v_1 & v_2 & v_3 \\ w_1 & w_2 & w_3 \end{vmatrix} = -\begin{vmatrix} w_1 & w_2 & w_3 \\ v_1 & v_2 & v_3 \\ u_1 & u_2 & u_3 \end{vmatrix}$$

$$\begin{vmatrix} u_1 & u_2 & u_3 \\ v_1 & v_2 & v_3 \\ w_1 & w_2 & w_3 \end{vmatrix} = -\begin{vmatrix} u_1 & u_2 & u_3 \\ w_1 & w_2 & w_3 \\ v_1 & v_2 & v_3 \end{vmatrix}$$

La figure 3.12 illustre le cas où on permute les deux premières lignes.

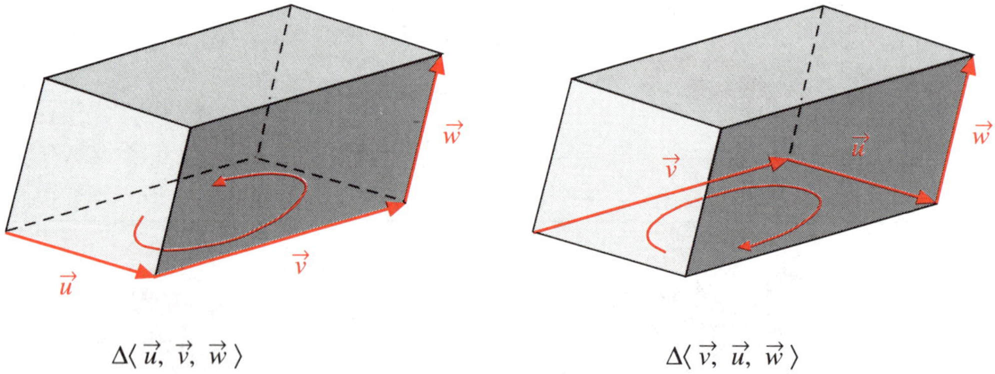

Figure 3.12

D6 *À une ligne donnée, on peut ajouter une combinaison linéaire des autres lignes sans changer la valeur du déterminant.*
$\Delta\langle\vec{u}, \vec{v}, \vec{w}\rangle = \Delta\langle\vec{u} + a\vec{v} + b\vec{w}, \vec{v}, \vec{w}\rangle$:

$$\begin{vmatrix} u_1 & u_2 & u_3 \\ v_1 & v_2 & v_3 \\ w_1 & w_2 & w_3 \end{vmatrix} = \begin{vmatrix} u_1 + av_1 + bw_1 & u_2 + av_2 + bw_2 & u_3 + av_3 + bw_3 \\ v_1 & v_2 & v_3 \\ w_1 & w_2 & w_3 \end{vmatrix}$$

Cette propriété est valide pour toutes les lignes.

Exemple

$$\begin{vmatrix} 1 & 2 & 3 \\ 4 & 5 & 6 \\ 7 & 8 & 9 \end{vmatrix} = \begin{vmatrix} 1 & 2 & 3 \\ 4 & 5 & 6 \\ 3 & 3 & 3 \end{vmatrix} \quad \text{[à la ligne 3 on a ajouté (-1) fois la ligne 2]}$$

$$= \begin{vmatrix} 1 & 2 & 3 \\ 3 & 3 & 3 \\ 3 & 3 & 3 \end{vmatrix} \quad \text{[à la ligne 2 on a ajouté (-1) fois la ligne 1]}$$

$$= 0 \quad \text{[Propriété D3]}$$

■

On peut facilement démontrer la propriété D6 à partir des propriétés D4, D3 et D2; cependant, comme le montre la figure 3.13, la propriété D6 n'est rien d'autre que le *principe de Cavalieri* appliqué aux parallélipipèdes. Selon ce principe, formulé par Bonaventura Cavalieri[14] en 1629, des prismes (ou des cylindres) ayant la même section et la même hauteur ont le même volume.

Avant de donner une formule explicite de calcul pour les déterminants 3 × 3, il nous faut faire quelques... réflexions.

D'abord, dans $\mathbb{R}^2$, on constate que permuter les colonnes du déterminant $\begin{vmatrix} a & b \\ c & d \end{vmatrix}$ pour obtenir $\begin{vmatrix} b & a \\ d & c \end{vmatrix}$ s'interprète géométriquement par la réflexion autour de la droite

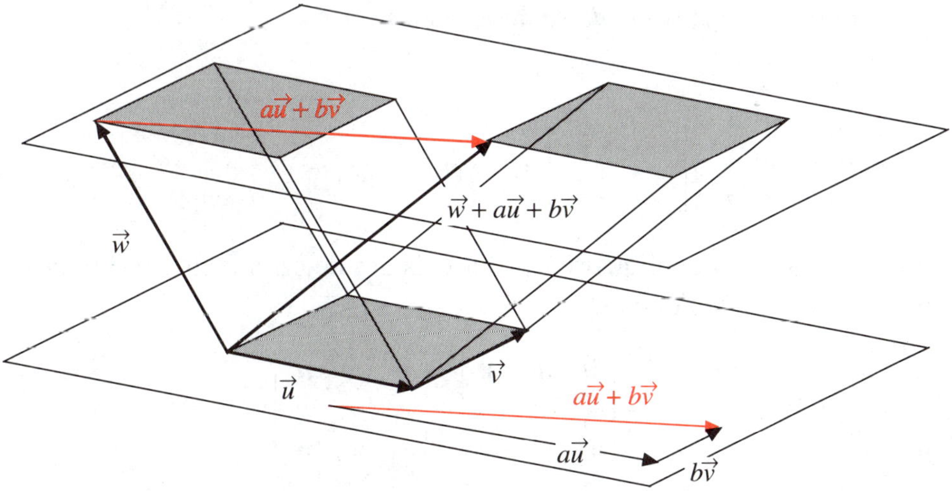

Figure 3.13 Le principe de Cavalieri ou la propriété D6 des déterminants; illustration du cas $\Delta\langle\vec{u}, \vec{v}, \vec{w}\rangle = \Delta\langle\vec{u}, \vec{v}, \vec{w} + a\vec{u} + b\vec{v}\rangle$.

14. Cavalieri était alors un élève du célèbre Galilée; son principe s'énonce dans une version plus générale que celle que nous utilisons ici.

d'équation $y = x$ du parallélogramme engendré par la suite $\langle(a, b), (c, d)\rangle$. Cette réflexion ne change pas l'aire du parallélogramme mais seulement son orientation, et c'est pourquoi on a $\begin{vmatrix} a & b \\ c & d \end{vmatrix} = -\begin{vmatrix} b & a \\ d & c \end{vmatrix}$ (figure 3.14).

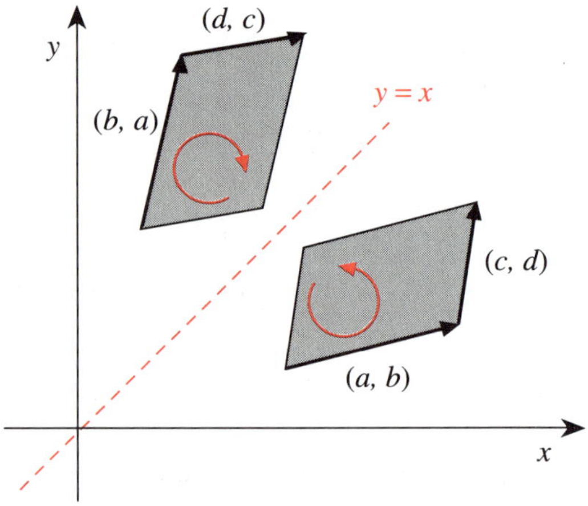

Figure 3.14 Effet d'une réflexion dans $\mathbb{R}^2$: $\begin{vmatrix} a & b \\ c & d \end{vmatrix} = -\begin{vmatrix} b & a \\ d & c \end{vmatrix}$.

Il en va de même dans $\mathbb{R}^3$: une réflexion autour d'un plan (miroir) ne change pas la grandeur d'un volume, mais change son orientation (signe). Or, dans un déterminant 3×3, la permutation de deux colonnes quelconques (distinctes) s'interprète géométriquement par une réflexion autour d'un plan dans $\mathbb{R}^3$; par exemple, si on permute les deux premières colonnes, cela revient à faire subir aux vecteurs-lignes du déterminant une réflexion autour du plan caractérisé par l'équation $y = x$. On en déduit la propriété suivante des déterminants 3×3, que nous désignerons par D5' car elle est l'équivalent de la propriété D5 appliquée aux colonnes plutôt qu'aux lignes[15] :

D5' *La permutation de deux colonnes d'un déterminant 3×3 a pour effet de ne changer que le signe de ce déterminant.*

Exemple

$$\begin{vmatrix} 3 & 2 & 1 \\ 5 & 4 & 0 \\ 8 & 7 & 6 \end{vmatrix} = -\begin{vmatrix} 1 & 2 & 3 \\ 0 & 4 & 5 \\ 6 & 7 & 8 \end{vmatrix}$$

[On a permuté la première et la troisième colonne.] ■

Maintenant on peut appliquer les propriétés des déterminants 3×3 pour trouver une formule de calcul explicite.

$$\begin{vmatrix} u_1 & u_2 & u_3 \\ v_1 & v_2 & v_3 \\ w_1 & w_2 & w_3 \end{vmatrix} = \begin{vmatrix} u_1 & 0 & 0 \\ v_1 & v_2 & v_3 \\ w_1 & w_2 & w_3 \end{vmatrix} + \begin{vmatrix} 0 & u_2 & 0 \\ v_1 & v_2 & v_3 \\ w_1 & w_2 & w_3 \end{vmatrix} + \begin{vmatrix} 0 & 0 & u_3 \\ v_1 & v_2 & v_3 \\ w_1 & w_2 & w_3 \end{vmatrix} \quad \text{(Propriété D4)}$$

$$= \begin{vmatrix} u_1 & 0 & 0 \\ v_1 & v_2 & v_3 \\ w_1 & w_2 & w_3 \end{vmatrix} - \begin{vmatrix} u_2 & 0 & 0 \\ v_2 & v_1 & v_3 \\ w_2 & w_1 & w_3 \end{vmatrix} + \begin{vmatrix} u_3 & 0 & 0 \\ v_3 & v_1 & v_2 \\ w_3 & w_1 & w_2 \end{vmatrix} \quad \text{(Propriété D5')}$$

15. Au chapitre 6, cette propriété sera une conséquence de la propriété D11 (sous-section 6.3.2).

$$= \begin{vmatrix} u_1 & 0 & 0 \\ 0 & v_2 & v_3 \\ 0 & w_2 & w_3 \end{vmatrix} - \begin{vmatrix} u_2 & 0 & 0 \\ 0 & v_1 & v_3 \\ 0 & w_1 & w_3 \end{vmatrix} + \begin{vmatrix} u_3 & 0 & 0 \\ 0 & v_1 & v_2 \\ 0 & w_1 & w_2 \end{vmatrix} \qquad \text{(Propriétés D4, D3, D2)}$$

[Il faut remplacer (v_1, v_2, v_3) par $(v_1, 0, 0) + (0, v_2, v_3)$, appliquer les propriétés, puis faire de même avec (w_1, w_2, w_3).]

$$= u_1 \begin{vmatrix} 1 & 0 & 0 \\ 0 & v_2 & v_3 \\ 0 & w_2 & w_3 \end{vmatrix} - u_2 \begin{vmatrix} 1 & 0 & 0 \\ 0 & v_1 & v_3 \\ 0 & w_1 & w_3 \end{vmatrix} + u_3 \begin{vmatrix} 1 & 0 & 0 \\ 0 & v_1 & v_2 \\ 0 & w_1 & w_2 \end{vmatrix} \qquad \text{(Propriété D3)}$$

$$= u_1 \begin{vmatrix} v_2 & v_3 \\ w_2 & w_3 \end{vmatrix} - u_2 \begin{vmatrix} v_1 & v_3 \\ w_1 & w_3 \end{vmatrix} + u_3 \begin{vmatrix} v_1 & v_2 \\ w_1 & w_2 \end{vmatrix} \text{ car } \begin{vmatrix} 1 & 0 & 0 \\ 0 & a & b \\ 0 & c & d \end{vmatrix} = \begin{vmatrix} a & b \\ c & d \end{vmatrix} \text{ (figure 3.15).}$$

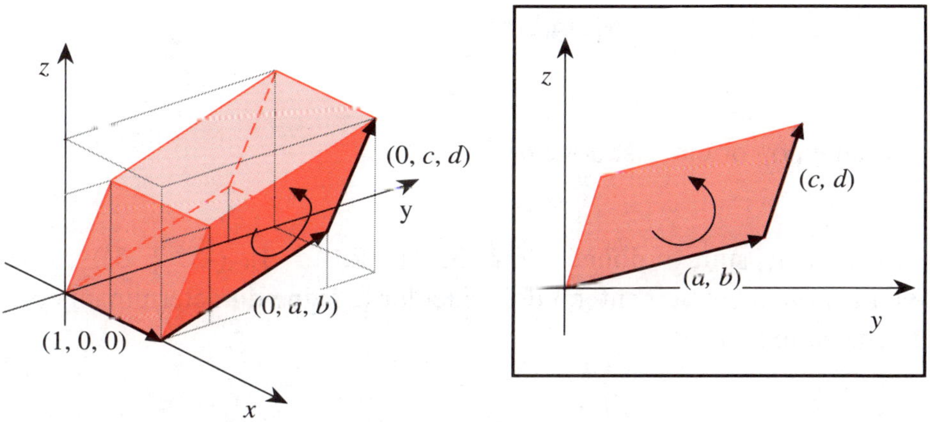

Figure 3.15 Le parallélipipède de gauche s'obtient en donnant au parallélogramme de droite une épaisseur de une unité; le volume du premier coïncide avec l'aire du second (numériquement).

En résumé : le déterminant $\begin{vmatrix} u_1 & u_2 & u_3 \\ v_1 & v_2 & v_3 \\ w_1 & w_2 & w_3 \end{vmatrix}$ représente le volume orienté du parallélipipède engendré par les vecteurs-lignes (u_1, u_2, u_3), (v_1, v_2, v_3) et (w_1, w_2, w_3) pris dans l'ordre $\langle(u_1, u_2, u_3), (v_1, v_2, v_3), (w_1, w_2, w_3)\rangle$, et sa valeur est donnée par

$$\begin{vmatrix} u_1 & u_2 & u_3 \\ v_1 & v_2 & v_3 \\ w_1 & w_2 & w_3 \end{vmatrix} = u_1 \begin{vmatrix} v_2 & v_3 \\ w_2 & w_3 \end{vmatrix} - u_2 \begin{vmatrix} v_1 & v_3 \\ w_1 & w_3 \end{vmatrix} + u_3 \begin{vmatrix} v_1 & v_2 \\ w_1 & w_2 \end{vmatrix}.$$

Cette formule est appelée *développement de Laplace*[16] *selon la première rangée*.

Exemple 1

On cherche le volume du parallélipipède engendré par les vecteurs $\vec{u} = (2, 1, 3)$, $\vec{v} = (-1, 2, 0)$ et $\vec{w} = (5, 3, 1)$.

Le volume orienté correspondant à la suite ordonnée $\langle \vec{u}, \vec{v}, \vec{w} \rangle$ est donné par le déterminant $\begin{vmatrix} 2 & 1 & 3 \\ -1 & 2 & 0 \\ 5 & 3 & 1 \end{vmatrix}$:

$$\begin{aligned} \begin{vmatrix} 2 & 1 & 3 \\ -1 & 2 & 0 \\ 5 & 3 & 1 \end{vmatrix} &= 2\begin{vmatrix} 2 & 0 \\ 3 & 1 \end{vmatrix} - (1)\begin{vmatrix} -1 & 0 \\ 5 & 1 \end{vmatrix} + (3)\begin{vmatrix} -1 & 2 \\ 5 & 3 \end{vmatrix} \\ &= 2[(2)(1) - (0)(3)] - (1)[(-1)(1) - (0)(5)] + (3)[(-1)(3) - (2)(5)] \\ &= 2[2] - 1[-1] + 3[-13] \\ &= -34\,. \end{aligned}$$

Le volume non orienté est donc de 34 unités. ■

Exemple 2

Pour savoir si la suite ordonnée $\langle(-2, 3, 4), (2, 1, -3), (-5, 2, 5)\rangle$ est orientée positivement ou négativement, on doit calculer le signe du déterminant correspondant à cette suite :

$$\begin{aligned} \begin{vmatrix} -2 & 3 & 4 \\ 2 & 1 & -3 \\ -5 & 2 & 5 \end{vmatrix} &= -2\begin{vmatrix} 1 & -3 \\ 2 & 5 \end{vmatrix} - 3\begin{vmatrix} 2 & -3 \\ -5 & 5 \end{vmatrix} + 4\begin{vmatrix} 2 & 1 \\ -5 & 2 \end{vmatrix} \\ &= -2[11] - 3[-5] + 4[9] \\ &= +29 > 0. \end{aligned}$$

Comme le déterminant est positif, l'orientation de la suite est donc positive. ■

Pour terminer, la propriété D11 des déterminants 2×2 se vérifie aussi pour les déterminants 3×3[17].

---

16. En l'honneur de Pierre Simon de Laplace, 1749-1827. On pourrait prendre cette formule comme *définition* des déterminants 3×3.
17. Les propriétés D7 à D10 seront formulées au chapitre 6 sur les matrices (sous-section 6.3.2).

D11 *On peut transposer les lignes pour les colonnes sans changer la valeur du déterminant :*
$$\begin{vmatrix} u_1 & u_2 & u_3 \\ v_1 & v_2 & v_3 \\ w_1 & w_2 & w_3 \end{vmatrix} = \begin{vmatrix} u_1 & v_1 & w_1 \\ u_2 & v_2 & w_2 \\ u_3 & v_3 & w_3 \end{vmatrix}.$$

Pour prouver la propriété D11, il suffit de calculer au long les développements de chacun de ces deux déterminants et de constater qu'on obtient bien le même résultat; il n'y a pas de justification géométrique élémentaire ou intuitive de cette propriété. Conséquence de la propriété D11 : toutes les propriétés vraies pour les lignes d'un déterminant sont automatiquement vraies pour les colonnes.

3.1.5 QUELQUES APPLICATIONS DES DÉTERMINANTS 3 × 3

Les déterminants 3 × 3 nous permettent de savoir si trois vecteurs dans $\mathbb{R}^3$ sont linéairement dépendants ou indépendants et si quatre points dans $\mathbb{R}^3$ sont coplanaires ou non. Ils nous permettent également de trouver le volume d'un tétraèdre, d'un prisme ou d'une pyramide à partir de la décomposition d'un parallélipipède.

Test de la dépendance linéaire de trois vecteurs dans $\mathbb{R}^3$

Si l'un des trois vecteurs $\vec{u}$, $\vec{v}$ et $\vec{w}$ est combinaison linéaire des deux autres, alors le parallélipipède engendré par $\vec{u}$, $\vec{v}$ et $\vec{w}$ est dégénéré (plat) et a un volume nul. On peut donc écrire :

> Trois vecteurs $\vec{u}, \vec{v}$ et $\vec{w}$ de $\mathbb{R}^3$ sont linéairement indépendants si et seulement si
> $$\Delta\langle \vec{u}, \vec{v}, \vec{w} \rangle \neq 0.$$

Exemple

On veut savoir si les vecteurs (1, 2, 3), (2, 3, 1) et (3, 1, 2) forment une base dans $\mathbb{R}^3$.

Pour que ces trois vecteurs forment une base, il faut qu'ils soient linéairement indépendants :

$$\begin{vmatrix} 1 & 2 & 3 \\ 2 & 3 & 1 \\ 3 & 1 & 2 \end{vmatrix} = (1)\begin{vmatrix} 3 & 1 \\ 1 & 2 \end{vmatrix} - (2)\begin{vmatrix} 2 & 1 \\ 3 & 2 \end{vmatrix} + (3)\begin{vmatrix} 2 & 3 \\ 3 & 1 \end{vmatrix}$$
$$= (1)(5) - (2)(1) + (3)(-7)$$
$$= -18.$$

Le déterminant étant non nul, on conclut que ces trois vecteurs sont linéairement indépendants; ils forment donc une base de l'espace $\mathbb{R}^3$. ■

Test de la coplanarité de quatre points dans $\mathbb{R}^3$

Quatre points[18] distincts A, B, C et D de $\mathbb{R}^3$ sont dits coplanaires s'il existe un plan qui les contient tous les quatre. Si les quatre points A, B, C et D sont coplanaires, alors les vecteurs $\overrightarrow{AB}$, $\overrightarrow{AC}$ et $\overrightarrow{AD}$ sont tous les trois parallèles au plan contenant les quatre points, et donc le parallélipipède engendré par ces trois vecteurs est dégénéré. Cela se traduit par le test suivant.

> Les quatre points A, B, C et D de $\mathbb{R}^3$ sont coplanaires si et seulement si
>
> $$\Delta\langle \overrightarrow{AB}, \overrightarrow{AC}, \overrightarrow{AD}\rangle = 0.$$

Exemple

On veut savoir si les points $A(3, 0, 0)$, $B(0, 3, 0)$, $C(0, 0, 3)$ et $D(1, 1, 1)$ sont coplanaires.

On a $\overrightarrow{AB} = (-3, 3, 0)$, $\overrightarrow{AC} = (-3, 0, 3)$ et $\overrightarrow{AD} = (-2, 1, 1)$.

$$\begin{vmatrix} -3 & 3 & 0 \\ -3 & 0 & 3 \\ -2 & 1 & 1 \end{vmatrix} = (-3)\begin{vmatrix} 0 & 3 \\ 1 & 1 \end{vmatrix} - (3)\begin{vmatrix} -3 & 3 \\ -2 & 1 \end{vmatrix} + (0)\begin{vmatrix} -3 & 0 \\ -2 & 1 \end{vmatrix}$$
$$= (-3)(-3) - (3)(3) + 0$$
$$= 0.$$

Donc, dans ce cas, les quatre points A, B, C et D sont effectivement coplanaires. ■

Volume d'un tétraèdre, d'un prisme ou d'une pyramide

La figure 3.16 nous montre une décomposition d'un parallélipipède ① en deux prismes triangulaires ② et ③ de volumes égaux; un de ces prismes ③ est ensuite décomposé en une pyramide à base parallélogramme ④ et un tétraèdre ⑤; la pyramide se décompose elle-même en deux tétraèdres de volumes égaux ⑥ et ⑦ (bases triangulaires égales et même hauteur). En fait, les tétraèdres ⑤, ⑥ et ⑦ ont tous les trois le même volume, car la juxtaposition des tétraèdres ⑤ et ⑦ montre (bas de la

18. Dans $\mathbb{R}^3$, *trois* points sont *toujours* coplanaires.

figure 3.16) que ces derniers sont chacun la demie d'une même pyramide à base parallélogramme (couchée sur une face triangulaire, avec un sommet au point A)[19].

La figure 3.16 permet de conclure que :

– le volume du prisme ③ est la moitié du volume du parallélipipède ①;
– le volume de la pyramide à base parallélogramme ④ mesure $\frac{2}{3}$ du volume du prisme ③, c'est-à-dire $\frac{1}{3}$ du volume du parallélipipède ①;
– le volume de chacun des tétraèdres ⑤ ou ⑥ ou ⑦ mesure $\frac{1}{3}$ du volume du prisme triangulaire ③, c'est-à-dire $\frac{1}{6}$ du volume du parallélipipède ①.

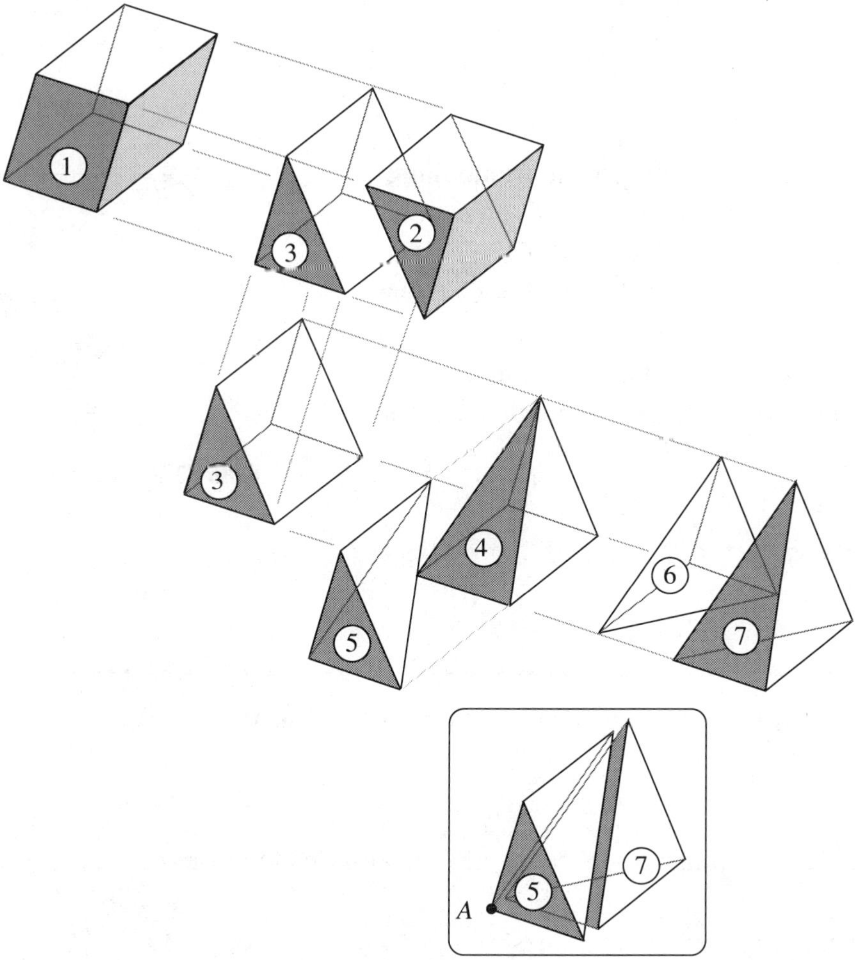

Figure 3.16 Décomposition d'un parallélipipède.

19. On pourrait aussi appliquer le principe de Cavalieri pour voir que les tétraèdres ⑤ et ⑦ ont même volume.

Exemple 1

On cherche le volume du tétraèdre $OABC$ de la figure 3.17 dont les sommets sont donnés par $O(0, 0, 0)$, $A(a, 0, 0)$, $B(0, b, 0)$ et $C(0, 0, c)$ avec $a, b, c > 0$.

Le volume V du tétraèdre est $\frac{1}{6}W$, où W est le volume du parallélipipède engendré par les vecteurs $\vec{OA}$, $\vec{OB}$ et $\vec{OC}$:

$$V = \frac{1}{6}\begin{vmatrix} a & 0 & 0 \\ 0 & b & 0 \\ 0 & 0 & c \end{vmatrix} = \frac{1}{6}abc.$$

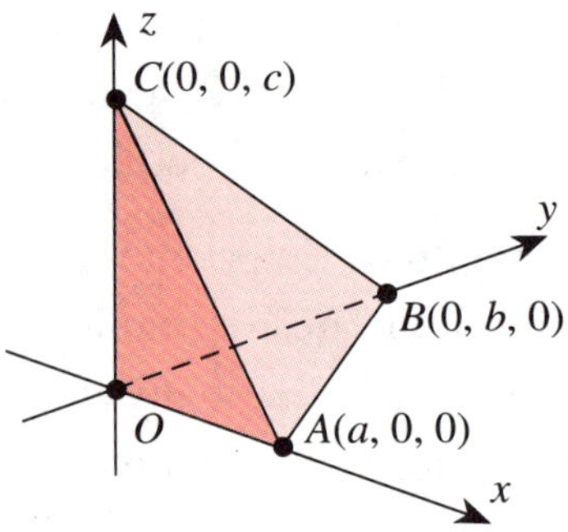

Figure 3.17

■

Exemple 2

La figure 3.18 montre un prisme triangulaire pour lequel les sommets A, B, C et D sont donnés par $A(-1, 1, 2)$, $B(0, 3, 5)$, $C(2, 2, 7)$ et $D(12, 7, 7)$ et dans lequel $\vec{AF} = \vec{BE} = \vec{CD}$. On cherche le volume V de ce prisme.

Le volume du prisme est la moitié du volume du parallélipipède engendré par les vecteurs $\vec{AB}$, $\vec{BC}$ et $\vec{CD}$:

$$V = \frac{1}{2}\Delta\langle\vec{AB}, \vec{BC}, \vec{CD}\rangle = \frac{1}{2}\begin{vmatrix} 1 & 2 & 3 \\ 2 & -1 & 2 \\ 10 & 5 & 0 \end{vmatrix} = 45.$$

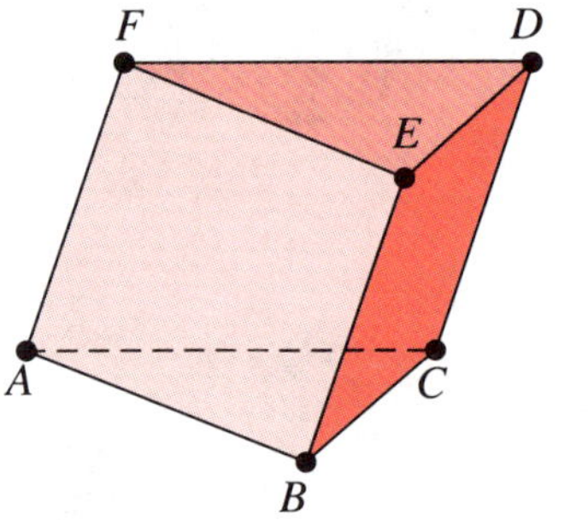

Figure 3.18

■

La règle de Cramer pour un système de trois équations à trois inconnues

Si le déterminant $\begin{vmatrix} a & b & c \\ d & e & f \\ g & h & i \end{vmatrix}$ est non nul, alors les solutions du système de trois équations à trois inconnues

$$\begin{aligned} ax + by + cz &= m \\ dx + ey + fz &= n \\ gx + hy + iz &= p \end{aligned}$$

sont données par

$$x = \frac{\begin{vmatrix} m & b & c \\ n & e & f \\ p & h & i \end{vmatrix}}{\begin{vmatrix} a & b & c \\ d & e & f \\ g & h & i \end{vmatrix}}, \; y = \frac{\begin{vmatrix} a & m & c \\ d & n & f \\ g & p & i \end{vmatrix}}{\begin{vmatrix} a & b & c \\ d & e & f \\ g & h & i \end{vmatrix}} \text{ et } z = \frac{\begin{vmatrix} a & b & m \\ d & e & n \\ g & h & p \end{vmatrix}}{\begin{vmatrix} a & b & c \\ d & e & f \\ g & h & i \end{vmatrix}}.$$

La démonstration de la règle de Cramer pour les systèmes de trois équations à trois inconnues est semblable à la démonstration pour les systèmes de deux équations à deux inconnues que nous avons déjà donnée (voir sous-section 3.1.2).

Exemple

Selon la règle de Cramer, les solutions du système

$$\begin{aligned} x + 2y + 3z &= 4 \\ 2x - y + z &= 0 \\ 3x + y - z &= 1 \end{aligned}$$

sont données par

$$x = \frac{\begin{vmatrix} 4 & 2 & 3 \\ 0 & -1 & 1 \\ 1 & 1 & -1 \end{vmatrix}}{\begin{vmatrix} 1 & 2 & 3 \\ 2 & -1 & 1 \\ 3 & 1 & -1 \end{vmatrix}} = \frac{5}{13}, \; y = \frac{\begin{vmatrix} 1 & 4 & 3 \\ 2 & 0 & 1 \\ 3 & 1 & -1 \end{vmatrix}}{\begin{vmatrix} 1 & 2 & 3 \\ 2 & -1 & 1 \\ 3 & 1 & -1 \end{vmatrix}} = \frac{25}{13} \text{ et } z = \frac{\begin{vmatrix} 1 & 2 & 4 \\ 2 & -1 & 0 \\ 3 & 1 & 1 \end{vmatrix}}{\begin{vmatrix} 1 & 2 & 3 \\ 2 & -1 & 1 \\ 3 & 1 & -1 \end{vmatrix}} = \frac{15}{13}.$$

■

EXERCICES 3.1

1. Déterminez l'orientation (positive ou négative) de chacune des suites ordonnées suivantes dans $\mathbb{R}^2$.

a) $\langle(-3, 5), (1, 1)\rangle$ *b*) $\langle(-1, 0), (0, -1)\rangle$ *c*) $\langle(3, -2), (-4, 2)\rangle$

2. Calculez l'*aire* de chacun des triangles *ABC* à l'aide d'un déterminant approprié lorsque les sommets de ce triangle sont donnés par

a) $A(2, 5)$, $B(-2, 4)$ et $C(3, 3)$; *b*) $A(5, 0)$, $B(0, 5)$ et $C(-5, 5)$.

3. Dans l'*hexagone* de la figure 3.19, les côtés opposés sont congrus et parallèles deux à deux. Les sommets A, B, C et D sont donnés par $A(3, 1)$, $B(8, 2)$, $C(13, 10)$ et $D(6, 18)$.

a) Calculez l'aire de cet hexagone en l'exprimant comme somme de trois déterminants 2×2 (figure 3.20).

b) Calculez l'aire de cet hexagone en l'exprimant comme somme de deux déterminants 2×2 (figure 3.21).

c) Calculez l'aire de cet hexagone à l'aide d'un seul déterminant 2×2 (figure 3.22).

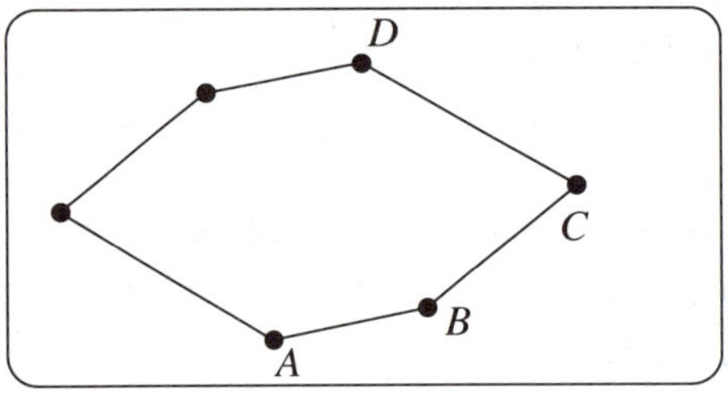

Figure 3.19 Figure plane.

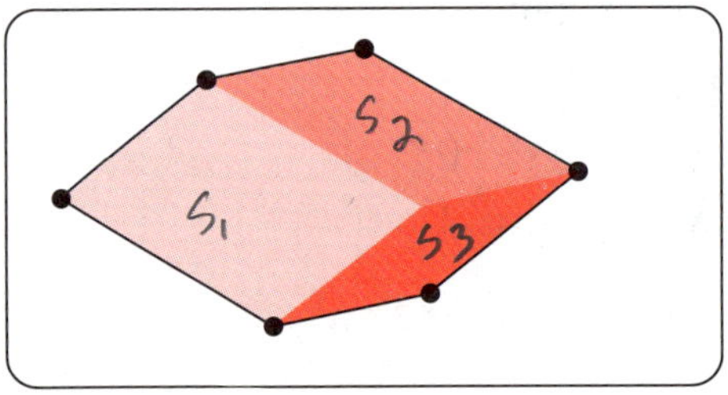

Figure 3.20 Figure plane.

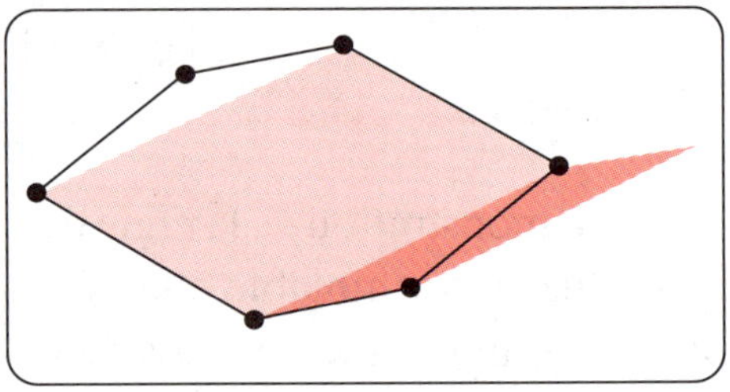

Figure 3.21 Figure plane.

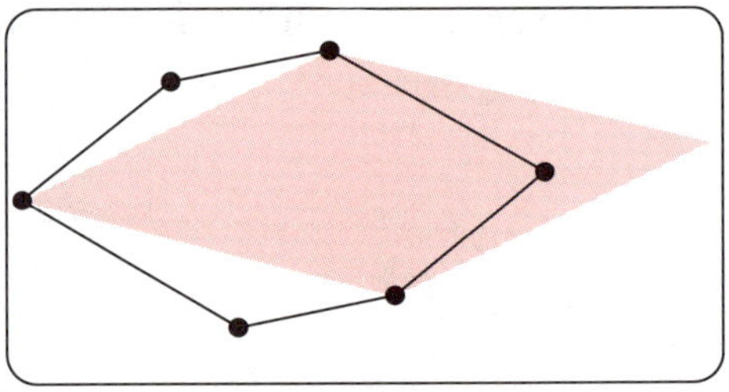

Figure 3.22 Figure plane.

4. À l'aide d'un test sur un déterminant 2×2, déterminez si les vecteurs $\vec{u}$ et $\vec{v}$ suivants sont parallèles.

a) $\vec{u} = (3, 8)$ et $\vec{v} = (12, 31)$ *b*) $\vec{u} = (-9, 21)$ et $\vec{v} = (3, -7)$

5. À l'aide d'un test sur un déterminant 2×2, déterminez si les points A, B et C suivants sont colinéaires dans $\mathbb{R}^2$.

a) $A(3, 1)$, $B(-2, 5)$ et $C(10, -8)$ *b*) $A(-1, 3)$, $B(-3, 7)$ et $C(2, -3)$

6. Dans le déterminant $\begin{vmatrix} x & y \\ a & b \end{vmatrix}$ on imagine le vecteur-ligne (x, y) comme le vecteur-position d'un point mobile (x, y) de $\mathbb{R}^2$. Dans ce contexte, décrivez et illustrez les lieux suivants de $\mathbb{R}^2$.

a) $\left\{(x, y) \in \mathbb{R}^2 : \begin{vmatrix} x & y \\ 2 & 3 \end{vmatrix} = 0\right\}$ *c*) $\left\{(x, y) \in \mathbb{R}^2 : \begin{vmatrix} x & y \\ 2 & 3 \end{vmatrix} = -12\right\}$

b) $\left\{(x, y) \in \mathbb{R}^2 : \begin{vmatrix} x & y \\ 2 & 3 \end{vmatrix} = 12\right\}$

7. Soit $\vec{u}$ et $\vec{v}$ deux vecteurs de $\mathbb{R}^2$. Montrez que

a) $\Delta\langle\vec{u}, \vec{v}\rangle = \vec{u}_\perp \bullet \vec{v} = -(\vec{u} \bullet \vec{v}_\perp)$;
b) $\Delta\langle\vec{u}, \vec{v}\rangle = \|\vec{u}\|\|\vec{v}\|\sin\theta$ où θ est l'angle entre $\vec{u}$ et $\vec{v}$ mesuré de $\vec{u}$ vers $\vec{v}$.

8. À partir de l'exercice précédent, interprétez le produit scalaire $\vec{s} \bullet \vec{t}$ des vecteurs $\vec{s}$ et $\vec{t}$ de $\mathbb{R}^2$ comme l'aire orientée d'un parallélogramme particulier; décrivez les côtés de ce parallélogramme en fonction des vecteurs $\vec{s}$ et $\vec{t}$.

9. Appliquez la règle de Cramer pour résoudre les systèmes d'équations suivants.

a) $\begin{aligned} x + y &= 1 \\ x - y &= -1 \end{aligned}$ *b)* $\begin{aligned} 5x - 7y &= 10 \\ -2x + y &= 6 \end{aligned}$ *c)* $\begin{aligned} 5x - y &= 1 \\ x + 2y &= 0 \end{aligned}$ *d)* $\begin{aligned} 2x + y &= 0 \\ 7x - 3y &= 0 \end{aligned}$

10. À l'aide d'un test sur un déterminant 3×3, voyez si les suites ordonnées suivantes sont orientées positivement ou négativement.

a) $\langle(1, 0, 1), (0, -1, 0), (1, 1, 0)\rangle$ *b)* $\langle(3, 1, -2), (0, 1, 5), (1, 1, 1)\rangle$

11. Calculez le volume du parallélipipède engendré par les vecteurs

$$\vec{u} = (2, 1, 1), \vec{v} = (-1, 1, 3) \text{ et } \vec{w} = (1, -2, 2).$$

12. À l'aide d'un déterminant 3×3, calculez le volume du prisme triangulaire (figure 3.23) dont les sommets sont donnés par

$A(3, 1, 2)$, $B(2, 2, 0)$, $C(4, 5, 3)$, $D(5, 0, 3)$, $E(4, 1, 1)$ et $F(6, 4, 4)$.

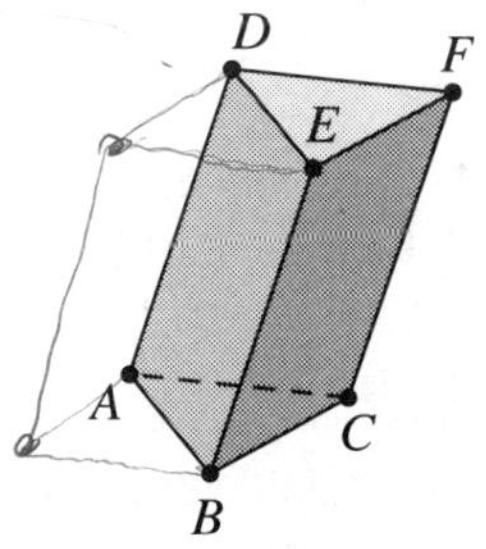

Figure 3.23

13. À l'aide d'un déterminant 3×3, calculez le volume de la pyramide triangulaire (tétraèdre) dont les sommets sont donnés par

$$A(1, 2, 3), B(4, 1, 4), C(7, 5, -1) \text{ et } D(10, 6, 8).$$

14. Les vecteurs $\vec{u}$, $\vec{v}$ et $\vec{w}$ suivants sont-ils linéairement indépendants dans $\mathbb{R}^3$? (Répondez à l'aide d'un test sur un déterminant 3×3.)

a) $\vec{u} = (1, -2, 3), \vec{v} = (3, 6, -7)$ et $\vec{w} = (5, 2, -1)$ *b)* $\vec{u} = (1, 2, 3), \vec{v} = (2, 3, 1)$ et $\vec{w} = (3, 1, 2)$

15. Dans chacun des cas suivants, voyez si les quatre points donnés sont coplanaires (utilisez un test sur un déterminant 3×3).

a) $A(2, 2, 1)$, $B(2, 3, 6)$, $C(5, 3, -1)$ et $D(3, 3, 2)$
b) $A(1, 1, 2)$, $B(1, 2, 1)$, $C(2, 1, 1)$ et $D(-3, 1, -1)$

16. Trouvez toutes les valeurs du paramètre k (s'il en existe) pour lesquelles les vecteurs $\vec{u}$, $\vec{v}$ et $\vec{w}$ sont linéairement dépendants.

a) $\vec{u} = (2, 1, 2), \vec{v} = (1, k, 1)$ et $\vec{w} = (3, 1, k)$

b) $\vec{u} = (1, k, -1), \vec{v} = (3, -1, 2)$ et $\vec{w} = (1 - 2k, 5, 1 + 3k)$

17. Calculez la valeur du déterminant $\begin{vmatrix} a & b & c \\ r & s & t \\ m & n & p \end{vmatrix}$ sachant que $\begin{vmatrix} 0 & b & 0 \\ r & 0 & t \\ m & 0 & p \end{vmatrix} = 5$, $\begin{vmatrix} a & 0 & c \\ 0 & s & 0 \\ m & 0 & p \end{vmatrix} = 2$

et $\begin{vmatrix} a & 0 & c \\ r & 0 & t \\ 0 & n & 0 \end{vmatrix} = 1$.

(*Coup de pouce* : Voyez la deuxième colonne comme une somme de trois vecteurs-colonnes et appliquez la propriété D4 des déterminants à cette colonne.)

18. Supposons qu'un fluide incompressible s'écoule à la vitesse constante $\vec{v} = (3, 2, 5)$ dans tout l'espace $\mathbb{R}^3$ (la vitesse d'écoulement est la même en tout point de $\mathbb{R}^3$; les composantes de $\vec{v}$ sont mesurées en m/sec). Supposons aussi que les sommets A, B et C d'une membrane plane triangulaire sont donnés par $A(1, 0, 0)$, $B(0, 2, 0)$ et $C(0, 0, 3)$ dans $\mathbb{R}^3$.

a) Quel est le débit du fluide (en m^3/sec) à travers cette membrane ?

b) Quelle quantité de fluide (en m^3) traverse cette membrane en l'espace de une minute ?

19. On peut calculer le volume V du tétraèdre $ABCD$ de la figure 3.24 de différentes manières. En voici trois :

$$V = \frac{1}{6}\Delta\langle \vec{AB}, \vec{AC}, \vec{AD}\rangle, \text{ ou } V = \frac{1}{6}\Delta\langle \vec{BC}, \vec{BA}, \vec{BD}\rangle, \text{ ou } V = \frac{1}{6}\Delta\langle \vec{DB}, \vec{DA}, \vec{DC}\rangle.$$

À l'aide des propriétés des déterminants, montrez que ces trois équations donnent la même réponse. (*Coup de pouce* : Exprimez tous les vecteurs comme combinaison linéaire des vecteurs $\vec{AB}$, $\vec{AC}$ et $\vec{AD}$).

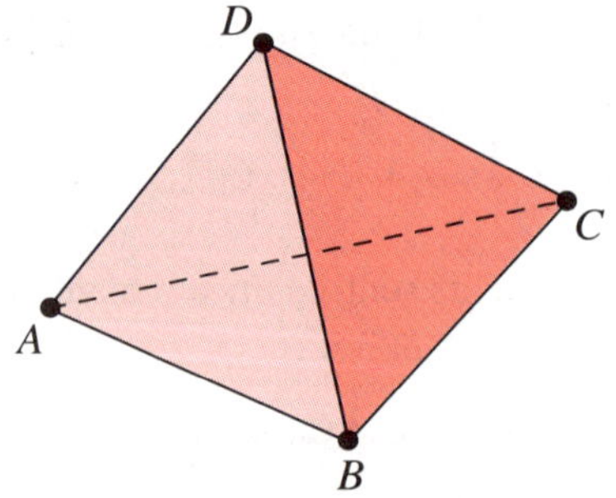

Figure 3.24

20. Comme le montre la figure 3.25, un tétraèdre régulier (toutes les faces sont des triangles équilatéraux) peut toujours s'inscrire dans un cube : les arêtes du tétraèdre coïncident alors avec les diagonales des faces du cube.

a) Déterminez le volume du tétraèdre régulier en fonction de la longueur c d'une arête du cube.

b) Exprimez la longueur c d'une arête du cube en fonction de la longueur a de la diagonale d'une face du cube, puis, avec le résultat obtenu en *a*), exprimez le volume du tétraèdre régulier en fonction de la longueur a d'une de ses arêtes.

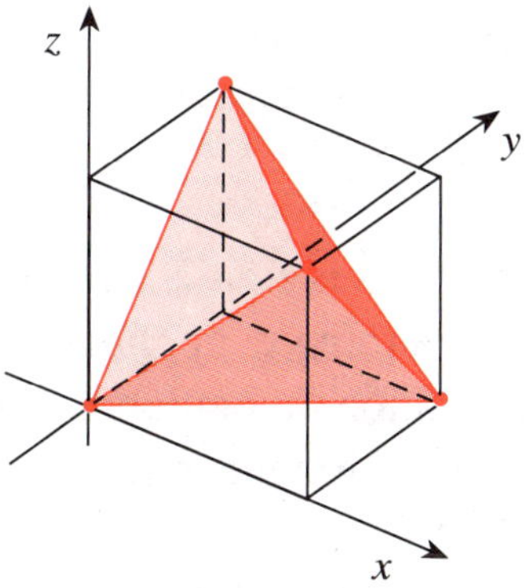

Figure 3.25

21. Appliquez la règle de Cramer pour résoudre les systèmes d'équations suivants.

a)
$$\begin{aligned} 2x + 3y + z &= -1 \\ 3x - 2y + 4z &= 0 \\ 3y - 2z &= 2 \end{aligned}$$

b)
$$\begin{aligned} x + y - z &= 0 \\ 2x - y + z &= 1 \\ x + 3y + 2z &= -1 \end{aligned}$$

3.2 PRODUIT VECTORIEL ET PRODUIT MIXTE DANS $\mathbb{R}^3$

Dans cette section, le concept physique de moment de force nous amène à définir le produit vectoriel de deux vecteurs dans $\mathbb{R}^3$ et à étudier des propriétés géométriques de ce produit. En composant le produit vectoriel avec le produit scalaire, nous obtenons le produit mixte de trois vecteurs dans $\mathbb{R}^3$ et nous constatons que ce dernier produit coïncide avec le volume orienté (déterminant) du parallélipipède engendré par ces trois vecteurs.

3.2.1 LE PRODUIT VECTORIEL : $\vec{u} \wedge \vec{v}$

Tout comme la définition du produit scalaire $\vec{u} \bullet \vec{v}$ était motivée par le concept de travail emprunté à la mécanique (sous-section 2.1.1), la définition du produit vectoriel, valide dans $\mathbb{R}^3$ seulement, est motivée par le concept de moment de force emprunté aussi à la mécanique.

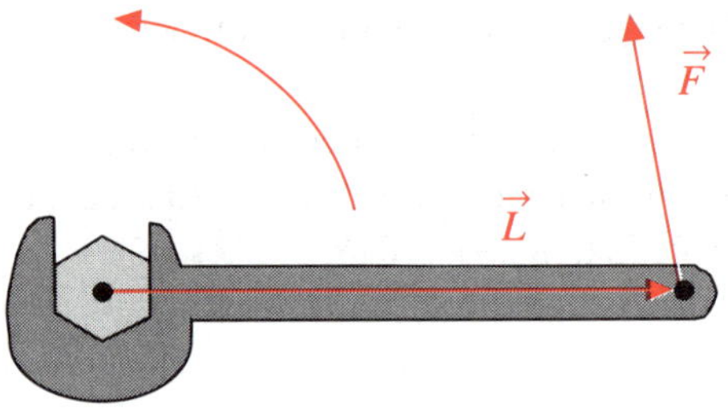

Figure 3.26

Supposons que la clé représentée à la figure 3.26 est placée de telle manière que son manche (représenté par $\vec{L}$) et la force $\vec{F}$ appliquée sur ce manche soient dans un plan perpendiculaire à l'axe de rotation du boulon. L'efficacité de la force $\vec{F}$ à faire tourner le boulon dépendra alors de la longueur $\|\vec{L}\|$ du manche, de l'intensité $\|\vec{F}\|$ de la force $\vec{F}$ et de l'angle entre $\vec{L}$ et $\vec{F}$.

En fait, l'efficacité de la force $\vec{F}$ à faire tourner le boulon est proportionnelle au produit $\|\vec{L}\|\|\vec{F}\|\sin\theta$, où θ est l'angle entre $\vec{L}$ et $\vec{F}$, car en décomposant $\vec{F}$ en une somme de deux vecteurs, l'un parallèle à $\vec{L}$ et l'autre perpendiculaire à $\vec{L}$ (figure 3.27), on voit que seul le terme perpendiculaire à $\vec{L}$ dont l'intensité (longueur) est $\|\vec{F}\|\sin\theta$, contribue à l'effort de rotation.

Le moment de force déterminé par $\vec{L}$ et $\vec{F}$ est codifié sous la forme d'un vecteur $\vec{M}$ défini comme suit :

1) la longueur de $\vec{M}$ est le produit $\|\vec{L}\|\|\vec{F}\|\sin\theta$ (c'est l'*intensité* du moment);
2) la direction de $\vec{M}$ est perpendiculaire à celle de $\vec{L}$ et à celle de $\vec{F}$ simultanément et correspond à l'axe de rotation (si $\sin\theta = 0$, alors $\vec{M} = \vec{0}$);
3) le sens de $\vec{M}$ est tel que la suite ordonnée $\langle\vec{L}, \vec{F}, \vec{M}\rangle$ est orientée positivement.
   Ce vecteur $\vec{M}$ est noté $\vec{L} \wedge \vec{F}$ (l'ordre compte) et est appelé produit vectoriel de $\vec{L}$ et $\vec{F}$.

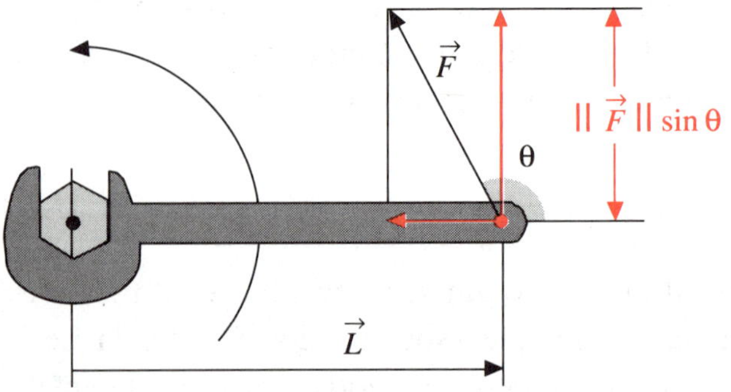

Figure 3.27

Voici maintenant une définition du produit vectoriel indépendante de la physique[20].

Définition ***Le produit vectoriel $\vec{u} \wedge \vec{v}$ dans*** $\mathbb{R}^3$

Soit $\vec{u}$ et $\vec{v}$, deux vecteurs de $\mathbb{R}^3$. Le produit vectoriel $\vec{u} \wedge \vec{v}$ est le vecteur de $\mathbb{R}^3$ dont

1) la longueur est donnée par

$$\|\vec{u} \wedge \vec{v}\| = \|\vec{u}\| \, \|\vec{v}\| \sin \theta$$

où θ est l'angle entre $\vec{u}$ et $\vec{v}$ ($0 \le \theta \leqslant \pi$ rad);

2) la *direction* est orthogonale à celle de $\vec{u}$ et à celle de $\vec{v}$;

3) le *sens* est celui pour lequel la suite ordonnée $\langle \vec{u}, \vec{v}, \vec{u} \wedge \vec{v} \rangle$ est orientée positivement (figure 3.28).

Si $\vec{u} = \vec{0}$, ou $\vec{v} = \vec{0}$, ou $\vec{v} \,//\, \vec{u}$, alors $\vec{u} \wedge \vec{v} = \vec{0}$.

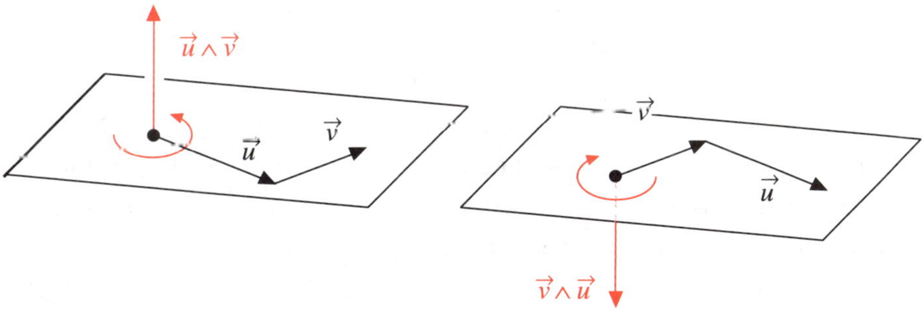

Figure 3.28 Produits vectoriels $\vec{u} \wedge \vec{v}$ et $\vec{v} \wedge \vec{u}$; on remarque que $\vec{v} \wedge \vec{u} = -\vec{u} \wedge \vec{v}$.

Exemples (figure 3.29)

1) $\vec{i} \wedge \vec{j} = \vec{k}$
2) $\vec{i} \wedge \vec{k} = -\vec{j}$
3) $(\vec{i} + \vec{j}) \wedge \vec{k} = \vec{i} - \vec{j}$

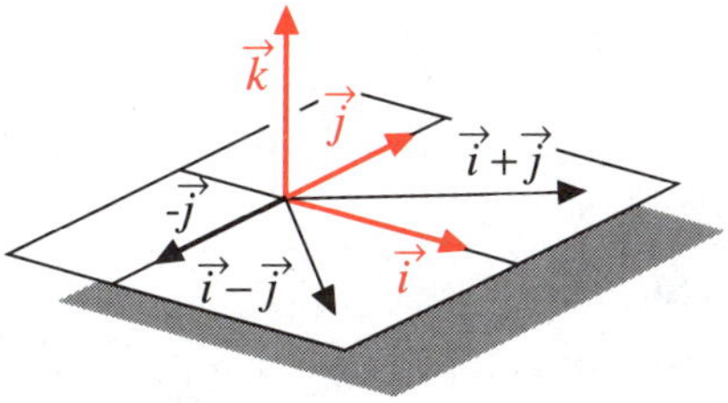

Figure 3.29 ■

20. On attribue cette définition, de même que la notation $\vec{u} \wedge \vec{v}$ à Hermann G. Grassmann (1809-1877).

3.2.2 PROPRIÉTÉS DU PRODUIT VECTORIEL

Pour calculer, par exemple, les composantes du produit vectoriel $(1, 2, 3) \wedge (-3, 1, 5)$, nous devons trouver une formule qui donne explicitement les composantes de $\vec{u} \wedge \vec{v}$ en fonction des composantes de $\vec{u}$ et de $\vec{v}$. Nous obtiendrons une telle formule après avoir identifié les principales propriétés algébriques du produit vectoriel.

PV1 $\vec{u} \wedge \vec{u} = \vec{0}$
Cette propriété est une conséquence immédiate de la définition, car l'angle θ entre $\vec{u}$ et lui-même est nul et alors $\sin \theta = 0$.

PV2 $\vec{u} \wedge \vec{v} = -(\vec{v} \wedge \vec{u})$
Dans la définition, un changement d'ordre entre $\vec{u}$ et $\vec{v}$ correspond à un changement d'orientation et donc à un changement de signe pour le produit vectoriel (figure 3.28).

PV3 $(k\vec{u}) \wedge \vec{v} = \vec{u} \wedge (k\vec{v}) = k(\vec{u} \wedge \vec{v})$
Dans la figure 3.26, si on étire par un facteur k le manche de la clé ou si on applique une force égale à k fois $\vec{F}$, le moment de force sera multiplié par k; il est facile aussi de justifier cette propriété directement à partir de la définition, sans référence à la physique.

PV4 $\vec{u} \wedge (\vec{v} + \vec{w}) = (\vec{u} \wedge \vec{v}) + (\vec{u} \wedge \vec{w})$
Le moment résultant de la somme de deux forces appliquées à un même levier (clé) est la somme des moments attribuables à chacune de ces forces; on peut aussi donner une preuve géométrique de cette propriété[21].

PV5 $(\vec{u} + \vec{v}) \wedge \vec{w} = (\vec{u} \wedge \vec{w}) + (\vec{v} \wedge \vec{w})$
Cette propriété est une conséquence des trois propriétés précédentes.

PV6 $\vec{i} \wedge \vec{j} = \vec{k}$, $\vec{i} \wedge \vec{k} = -\vec{j}$ et $\vec{j} \wedge \vec{k} = \vec{i}$
Cette propriété est une conséquence immédiate de la définition.

Remarque
Les propriétés PV1, PV2, PV3, PV4 et PV6 sont axiomatiques : on considère qu'elles définissent le produit vectoriel.

---

21. Voir, par exemple, *Géométrie analytique* de G. B. Thomas et A. Warusfel, ERPI et Addison-Wesley, 1970, p. 400.

Pour obtenir une formule explicite de calcul du produit vectoriel $(u_1, u_2, u_3) \wedge (v_1, v_2, v_3)$, il suffit maintenant d'appliquer ces propriétés du produit vectoriel.

$$\begin{aligned}(u_1, u_2, u_3) \wedge (v_1, v_2, v_3) &= [u_1\vec{i} + u_2\vec{j} + u_3\vec{k}] \wedge [v_1\vec{i} + v_2\vec{j} + v_3\vec{k}] \\ &= u_1v_1(\vec{i} \wedge \vec{i}) + u_1v_2(\vec{i} \wedge \vec{j}) + u_1v_3(\vec{i} \wedge \vec{k}) \\ &\quad + u_2v_1(\vec{j} \wedge \vec{i}) + u_2v_2(\vec{j} \wedge \vec{j}) + u_2v_3(\vec{j} \wedge \vec{k}) \\ &\quad + u_3v_1(\vec{k} \wedge \vec{i}) + u_3v_2(\vec{k} \wedge \vec{j}) + u_3v_3(\vec{k} \wedge \vec{k}) \\ &= u_1v_2\vec{k} + u_1v_3(-\vec{j}) + u_2v_1(-\vec{k}) + u_2v_3\vec{i} + u_3v_1\vec{j} + u_3v_2(-\vec{i}) \\ &= (u_2v_3 - u_3v_2)\vec{i} - (u_1v_3 - u_3v_1)\vec{j} + (u_1v_2 - u_2v_1)\vec{k} \\ &= \vec{i}\begin{vmatrix} u_2 & u_3 \\ v_2 & v_3 \end{vmatrix} - \vec{j}\begin{vmatrix} u_1 & u_3 \\ v_1 & v_3 \end{vmatrix} + \vec{k}\begin{vmatrix} u_1 & u_2 \\ v_1 & v_2 \end{vmatrix}\end{aligned}$$

On peut mémoriser facilement cette dernière expression en l'écrivant *comme* un déterminant 3×3.

Formule pour le calcul explicite des composantes de $\vec{u} \wedge \vec{v}$

$$\begin{aligned}(u_1, u_2, u_3) \wedge (v_1, v_2, v_3) &= \begin{vmatrix} \vec{i} & \vec{j} & \vec{k} \\ u_1 & u_2 & u_3 \\ v_1 & v_2 & v_3 \end{vmatrix} \\ &= \left(\begin{vmatrix} u_2 & u_3 \\ v_2 & v_3 \end{vmatrix}, -\begin{vmatrix} u_1 & u_3 \\ v_1 & v_3 \end{vmatrix}, \begin{vmatrix} u_1 & u_2 \\ v_1 & v_2 \end{vmatrix} \right)\end{aligned}$$

Exemple 1

$$\begin{aligned}(1, 2, 3) \wedge (-3, 1, 5) &= \begin{vmatrix} \vec{i} & \vec{j} & \vec{k} \\ 1 & 2 & 3 \\ -3 & 1 & 5 \end{vmatrix} \\ &= \vec{i}\begin{vmatrix} 2 & 3 \\ 1 & 5 \end{vmatrix} - \vec{j}\begin{vmatrix} 1 & 3 \\ -3 & 5 \end{vmatrix} + \vec{k}\begin{vmatrix} 1 & 2 \\ -3 & 1 \end{vmatrix} \\ &= \vec{i}(7) - \vec{j}(14) + \vec{k}(7) \\ &= (7, -14, 7)\end{aligned}$$

On peut vérifier que le vecteur (7, -14, 7) est bien orthogonal aux deux vecteurs (1, 2, 3) et (-3, 1, 5) :

$$(7, -14, 7) \bullet (1, 2, 3) = 7 - 28 + 21 = 0$$

et

$$(7, -14, 7) \bullet (-3, 1, 5) = -21 - 14 + 35 = 0.$$ ■

Exemple 2

$$(a, b, 0) \wedge (c, d, 0) = \begin{vmatrix} \vec{i} & \vec{j} & \vec{k} \\ a & b & 0 \\ c & d & 0 \end{vmatrix}$$
$$= (0, 0, ad - bc)$$ ■

Exemple 3

Une caméra située au point $P(10, -5, 20)$ est pointée vers le point $Q(50, 35, 0)$, comme dans la figure 3.30.

Les vecteurs $\vec{X}, \vec{Y}$ et $\vec{Z}$ sont trois vecteurs unitaires qui forment une base orthonormée orientée positivement lorsqu'ils sont pris dans l'ordre $\langle \vec{X}, \vec{Y}, \vec{Z} \rangle$; ces trois vecteurs indiquent respectivement la droite, l'avant et le haut relativement à la caméra. On veut savoir quelles sont les composantes de ces trois vecteurs si le vecteur $\vec{X}$ est parallèle au plan des abscisses et des ordonnées.

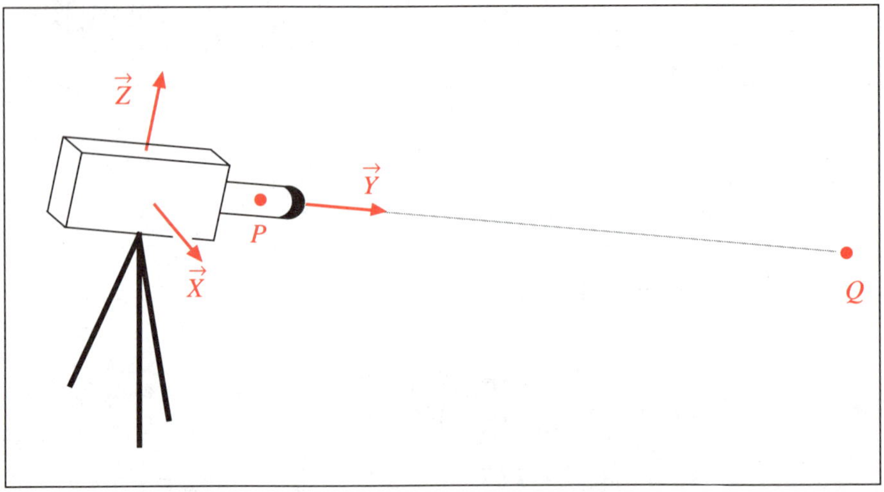

Figure 3.30

On aura d'abord

$$\begin{aligned}\vec{Y} &= \frac{\overrightarrow{PQ}}{\|\overrightarrow{PQ}\|}\\ &= \frac{(40, 40, -20)}{\|(40, 40, -20)\|}\\ &= \frac{1}{3}(2, 2, -1).\end{aligned}$$

Ensuite, puisque $\vec{X} \perp \vec{Y}$ et $\vec{X} \perp \vec{k}$, $\vec{X}$ doit être un multiple (positif) du vecteur $\vec{Y} \wedge \vec{k}$; et puisque $\vec{X}$ est unitaire, on aura :

$$\begin{aligned}\vec{X} &= \frac{\vec{Y} \wedge \vec{k}}{\|\vec{Y} \wedge \vec{k}\|}\\ &= \frac{\frac{1}{3}(2, 2, -1) \wedge (0, 0, 1)}{\left\|\frac{1}{3}(2, 2, -1) \wedge (0, 0, 1)\right\|}\\ &= \frac{\sqrt{2}}{2}(1, -1, 0) \qquad \text{(après calcul).}\end{aligned}$$

Finalement, $Z = \vec{X} \wedge \vec{Y} = \frac{\sqrt{2}}{6}(1, 1, 4)$ (après calcul). ■

Le produit vectoriel a aussi une propriété géométrique particulière qui facilite le calcul des aires dans IR³ : la figure 3.31 montre que l'aire A du parallélogramme engendré par les vecteurs $\vec{u}$ et $\vec{v}$ est $A = \|\vec{u}\|\|\vec{v}\| \sin \theta$, car la longueur de la base de ce parallélogramme est $\|\vec{u}\|$, et celle de la hauteur est $\|\vec{v}\| \sin \theta$. Puisque la définition du produit vectoriel donne $\|\vec{u} \wedge \vec{v}\| = \|\vec{u}\|\|\vec{v}\| \sin \theta$, on peut énoncer le résultat suivant.

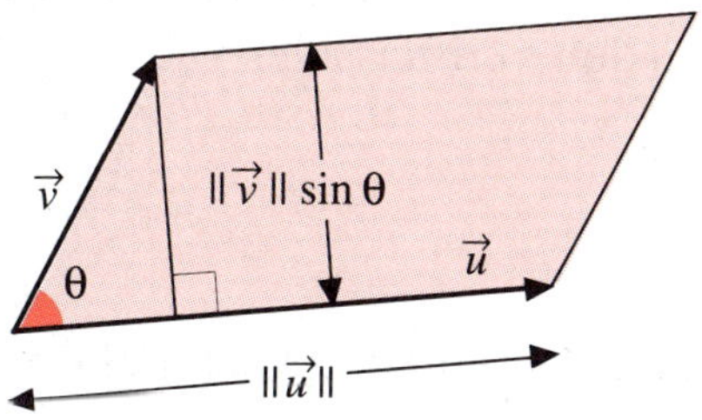

Figure 3.31 L'aire d'un parallélogramme dans IR³ : $\|\vec{u}\|\|\vec{v}\| \sin \theta = \|\vec{u} \wedge \vec{v}\|$.

> L'aire A (non orientée) du parallélogramme engendré par les vecteurs $\vec{u}$ et $\vec{v}$ dans IR³ est donnée par
>
> $$A = \|\vec{u} \wedge \vec{v}\|.$$

Exemple

On veut connaître l'aire du triangle ABC de la figure 3.32 dont les sommets sont donnés par $A = (1, 0, 0)$, $B = (0, 2, 0)$ et $C = (0, 0, 3)$.

L'aire du triangle est la moitié de l'aire du parallélogramme engendré par les vecteurs $\vec{AB}$ et $\vec{AC}$, donc $\frac{1}{2}\|\vec{AB} \wedge \vec{AC}\|$:

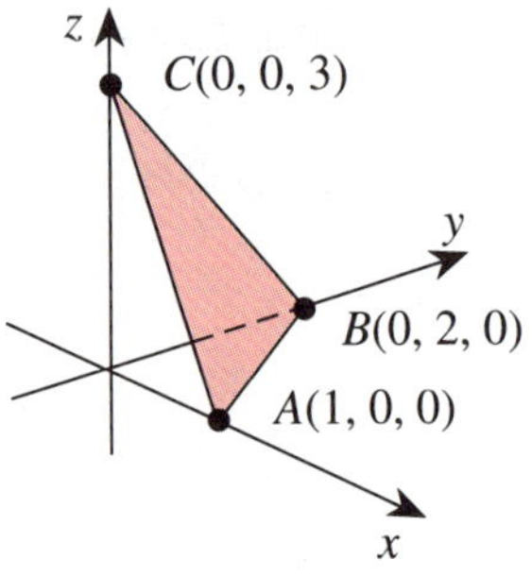

Figure 3.32

$$\begin{aligned}\frac{1}{2}\|\vec{AB} \wedge \vec{AC}\| &= \frac{1}{2}\|(-1, 2, 0) \wedge (-1, 0, 3)\| \\ &= \frac{1}{2}\|(6, 3, 2)\| \\ &= \frac{7}{2} \text{ unités d'aire.}\end{aligned}$$

■

La définition du produit vectoriel donne aussi un test pour le parallélisme de deux vecteurs non nuls dans $\mathbb{R}^3$: l'angle θ entre deux vecteurs parallèles étant nul, le produit vectoriel sera nul.

Test de parallélisme dans $\mathbb{R}^3$

Soit $\vec{u}$ et $\vec{v}$ deux vecteurs non nuls de $\mathbb{R}^3$. Alors, $\vec{u} \,//\, \vec{v} \Leftrightarrow \vec{u} \wedge \vec{v} = \vec{0}$.

Exemple

Pour savoir si les points $A(1, 2, 3)$, $B(-4, 5, 2)$ et $C(3, -2, 1)$ sont colinéaires dans $\mathbb{R}^3$, on doit vérifier si les vecteurs $\vec{AB}$ et $\vec{AC}$ sont parallèles :

$$\begin{aligned}\vec{AB} \wedge \vec{AC} &= (-5, 3, -1) \wedge (2, -4, -2) \\ &= (-10, -12, 14).\end{aligned}$$

Comme le produit vectoriel n'est pas le vecteur nul, on conclut dans ce cas-ci que les trois points A, B et C sont non colinéaires. ■

3.2.3 LE PRODUIT MIXTE DE TROIS VECTEURS DANS $\mathbb{R}^3$

Définition ***Le produit mixte de $\vec{u}$, $\vec{v}$ et $\vec{w}$***

Le double produit $(\vec{u} \wedge \vec{v}) \bullet \vec{w}$ des vecteurs $\vec{u}$, $\vec{v}$ et $\vec{w}$ est appelé le produit mixte de $\vec{u}$, $\vec{v}$ et $\vec{w}$.

Le produit mixte de $\vec{u}$, $\vec{v}$ et $\vec{w}$ est un scalaire. Que représente ce scalaire ? D'après la définition du produit scalaire, on a

$$(\vec{u} \wedge \vec{v}) \bullet \vec{w} = \|\vec{u} \wedge \vec{v}\| \|\vec{w}\| \cos \alpha$$

où α est l'angle entre $(\vec{u} \wedge \vec{v})$ et $\vec{w}$ (figure 3.33).

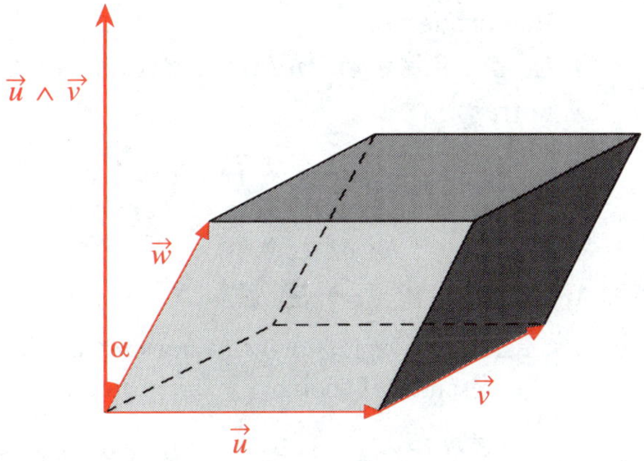

Figure 3.33

Dans cette expression, $\cos \alpha$ sera positif si la suite $\langle \vec{u}, \vec{v}, \vec{w} \rangle$ est orientée positivement, nul si $\vec{u}$, $\vec{v}$ et $\vec{w}$ sont linéairement dépendants, et négatif autrement; de plus, $\|\vec{w}\| \cos \alpha$ représente la hauteur (orientée) du parallélipipède orienté engendré par la suite $\langle \vec{u}, \vec{v}, \vec{w} \rangle$, et $\|\vec{u} \wedge \vec{v}\|$ représente l'aire (positive) de la base de ce parallélipipède; on en déduit que le produit mixte des vecteurs $\vec{u}$, $\vec{v}$ et $\vec{w}$, pris dans cet ordre, est le volume orienté du parallélipipède engendré par la suite $\langle \vec{u}, \vec{v}, \vec{w} \rangle$, c'est-à-dire le déterminant $\Delta\langle \vec{u}, \vec{v}, \vec{w} \rangle$:

$$(\vec{u} \wedge \vec{v}) \bullet \vec{w} = \Delta\langle \vec{u}, \vec{v}, \vec{w} \rangle = \begin{vmatrix} u_1 & u_2 & u_3 \\ v_1 & v_2 & v_3 \\ w_1 & w_2 & w_3 \end{vmatrix}.$$

À cause de cette coïncidence entre le produit mixte et le déterminant, les propriétés des déterminants se traduisent par des propriétés équivalentes du produit mixte. Par exemple :

$$\begin{aligned} (\vec{u} \wedge \vec{v}) \bullet \vec{w} &= \begin{vmatrix} u_1 & u_2 & u_3 \\ v_1 & v_2 & v_3 \\ w_1 & w_2 & w_3 \end{vmatrix} \\ &= -\begin{vmatrix} v_1 & v_2 & v_3 \\ u_1 & u_2 & u_3 \\ w_1 & w_2 & w_3 \end{vmatrix} \\ &= \begin{vmatrix} v_1 & v_2 & v_3 \\ w_1 & w_2 & w_3 \\ u_1 & u_2 & u_3 \end{vmatrix} \\ &= (\vec{v} \wedge \vec{w}) \bullet \vec{u} \\ &= \vec{u} \bullet (\vec{v} \wedge \vec{w}), \end{aligned}$$

ce qui fait : $(\vec{u} \wedge \vec{v}) \bullet \vec{w} = \vec{u} \bullet (\vec{v} \wedge \vec{w})$ (une étrange associativité mixte...).

Remarque

Le produit *vectoriel* n'est pas associatif comme le montre le cas suivant (entre autres) :

$$\vec{i} \wedge (\vec{i} \wedge \vec{j}) = \vec{i} \wedge \vec{k} = -\vec{j}, \text{ mais } (\vec{i} \wedge \vec{i}) \wedge \vec{j} = \vec{0} \wedge \vec{j} = \vec{0}.$$

EXERCICES 3.2

1. Parmi les expressions suivantes, déterminez celles qui sont bien définies et dites si elles représentent un nombre ou un vecteur.

a) $\vec{u} \bullet (\vec{v} \bullet \vec{w})$ *d)* $\vec{u} \bullet (\vec{v} + \vec{w})$ *g)* $\vec{u} \wedge (\vec{v} \bullet \vec{w})$

b) $\vec{u} \bullet \vec{v} + \vec{u} \bullet \vec{w}$ *e)* $\vec{u} \bullet (\vec{v} \wedge \vec{w})$ *h)* $\vec{u} \bullet (3\vec{v})$

c) $\vec{u} \wedge (\vec{v} \wedge \vec{w})$ *f)* $\vec{u}(\vec{v} \bullet \vec{w})$ *i)* $(\vec{u} \wedge \vec{v})\vec{w}$

2. Testez le parallélisme ou le non-parallélisme des vecteurs $\vec{u}$ et $\vec{v}$ dans chacun des cas suivants (utilisez le produit vectoriel).

a) $\vec{u} = (3, -4, 7), \vec{v} = (-18, 24, 32)$

b) $\vec{u} = 0{,}5\vec{i} - 1{,}5\vec{j} + 3{,}5\vec{k}, \vec{v} = -2\vec{i} + 6\vec{j} - 14\vec{k}$

3. Trouvez deux vecteurs *unitaires* orthogonaux aux vecteurs (-13, 16, 15) et (-13, 18, 12).

4. La figure 3.34 représente un prisme triangulaire *droit* ($\overrightarrow{AE} \perp \overrightarrow{AB}$ et $\overrightarrow{AE} \perp \overrightarrow{AC}$). On donne $A(1, 2, 3)$, $B(-2, 4, 5)$ et $C(-4, -6, 12)$. Quelles sont les coordonnées du sommet E si $\|\overrightarrow{AE}\| = 6$?

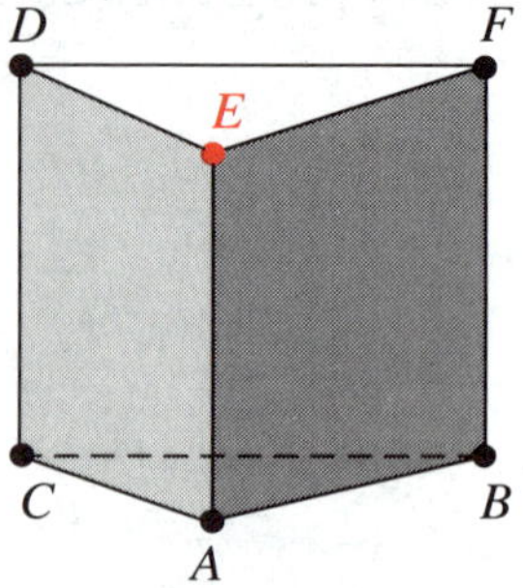

Figure 3.34

5. Calculez l'aire (non orientée) du parallélogramme $ABCD$ de $\mathbb{R}^3$ dont les sommets (consécutifs) sont $A(1, -1, 1)$, $B(3, 0, 2)$, $C(2, 3, 4)$ et $D(0, 2, 3)$.

6. Dans l'exercice précédent, quelle est la hauteur h du parallélogramme $ABCD$ mesurée du côté AB au côté CD ?

7. Quelle est l'aire du triangle dont les sommets sont donnés par $A(1, 1, 0)$, $B(-1, 1, 1)$ et $C(0, 1, 1)$?

8. Comme le montre la figure 3.35, on peut inscrire un hexagone régulier dans un cube : les sommets de l'hexagone sont alors au milieu des arêtes du cube. Si les arêtes du cube mesurent une unité de longueur, quelle sera l'aire de l'hexagone ? (Résolvez ce problème de manière « vectorielle » en utilisant un repère approprié, puis résolvez-le de manière non vectorielle et comparez vos réponses.)

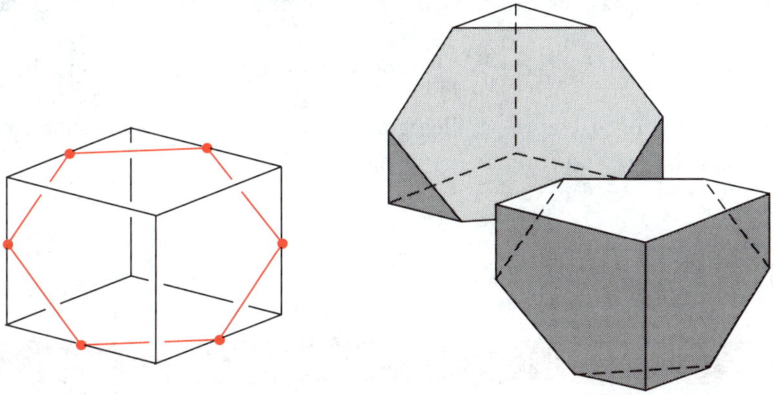

Figure 3.35

9. Les sommets de la pyramide triangulaire (tétraèdre) de la figure 3.36 sont donnés par $A(1, 2, 3)$, $B(4, 1, 4)$, $C(7, 5, -1)$ et $D(10, 6, 8)$. Calculez la hauteur du sommet D relativement à la base ABC.

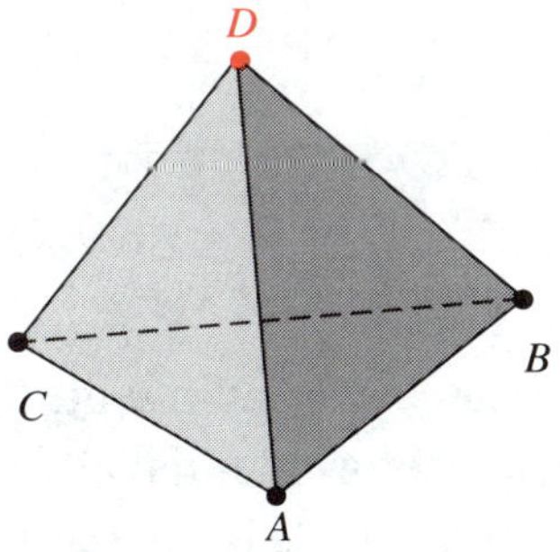

Figure 3.36

10. Trouvez deux vecteurs unitaires linéairement dépendants de $\vec{u}$ et $\vec{v}$, et orthogonaux à $\vec{w}$, avec $\vec{u} = (1, 2, -1)$, $\vec{v} = (1, 1, -2)$ et $\vec{w} = (2, -1, 1)$.

11. Quel est le lieu des points $P(x, y, z)$ dans $\mathbb{R}^3$ pour lesquels $(x, y, z) \wedge \vec{v}_0 = \vec{0}$?

12. Soit $A(x_0, y_0, z_0)$ un point de $\mathbb{R}^3$ et soit $\vec{v}_0$ un vecteur non nul de $\mathbb{R}^3$. Quel est le lieu des points $P(x, y, z)$ de $\mathbb{R}^3$ pour lesquels $(x - x_0, y - y_0, z - z_0) \wedge \vec{v}_0 = \vec{0}$?

13. Déterminez les vecteurs unitaires $\vec{X}$, $\vec{Y}$ et $\vec{Z}$ représentant respectivement la droite, le devant et le haut pour une caméra située au point $A(60, 20, 30)$, pointée vers l'origine $O(0, 0, 0)$ et orientée de manière à ce que le vecteur $\vec{X}$ soit parallèle au plan des abscisses et des ordonnées. (Voir l'exemple 3 de la sous-section 3.2.2.)

14. La formule obtenue à la sous-section 3.2.2 pour le calcul explicite de $\vec{u} \wedge \vec{v}$ lorsque $\vec{u} = (u_1, u_2, u_3)$ et $\vec{v} = (v_1, v_2, v_3)$ permet de conclure que

$$\|\vec{u} \wedge \vec{v}\|^2 = \begin{vmatrix} u_2 & u_3 \\ v_2 & v_3 \end{vmatrix}^2 + \begin{vmatrix} u_1 & u_3 \\ v_1 & v_3 \end{vmatrix}^2 + \begin{vmatrix} u_1 & u_2 \\ v_1 & v_2 \end{vmatrix}^2.$$

Or $\|\vec{u} \wedge \vec{v}\|$ représente l'aire du parallélogramme engendré par $\vec{u}$ et $\vec{v}$, tandis que les déterminants $\begin{vmatrix} u_2 & u_3 \\ v_2 & v_3 \end{vmatrix}$, $\begin{vmatrix} u_1 & u_3 \\ v_1 & v_3 \end{vmatrix}$ et $\begin{vmatrix} u_1 & u_2 \\ v_1 & v_2 \end{vmatrix}$ représentent respectivement l'aire de chacune des projections orthogonales de ce parallélogramme dans les plans de coordonnées. Déduisez-en une généralisation du théorème de Pythagore.

3.3 POUR ALLER PLUS LOIN

La géométrie vectorielle a plus d'une utilité. Elle nous permet, entre autres, de créer des images de synthèse. Nous vous proposons ici une méthode en six étapes qui vous permettra de réaliser le dessin en perspective centrale d'un avion en papier. À partir de cette méthode, nous verrons également comment créer des stéréogrammes.

3.3.1 MODÈLE VECTORIEL DU DESSIN EN PERSPECTIVE CENTRALE

Les dessinateurs de la Renaissance qui ont inventé l'art du dessin en perspective[22] ne connaissaient pas la géométrie vectorielle; ils ont inventé une technique qui est plus proche de la géométrie projective que de la géométrie vectorielle. Aujourd'hui, on se sert de la géométrie vectorielle pour modéliser cet art. L'approche vectorielle a même donné naissance à l'infographie et à la science des images de synthèse.

Essentiellement, lorsqu'on fait un dessin en perspective centrale, on projette des points de l'espace tridimensionnel (l'objet à dessiner) sur un plan (la feuille à dessin) à partir d'un centre de projection (l'œil du dessinateur). Pour que vous puissiez comprendre facilement le modèle vectoriel du dessin en perspective, nous vous proposons de créer une image de synthèse d'un avion de papier en suivant les six étapes suivantes.

22. Ici on parle de perspective centrale et non de perspective axonométrique (voir la sous-section 1.1.1).

Étape 1 Description de l'objet à dessiner

On trace une esquisse approximative de l'objet à dessiner, puis on inscrit les *mesures* pertinentes sur des vues de face, de dessus et de côté; on choisit ensuite un repère qui permet de décrire facilement les coordonnées des points caractéristiques de l'avion (les sommets de la ligne de contour) et on inscrit les coordonnées dans un tableau (figure 3.37).

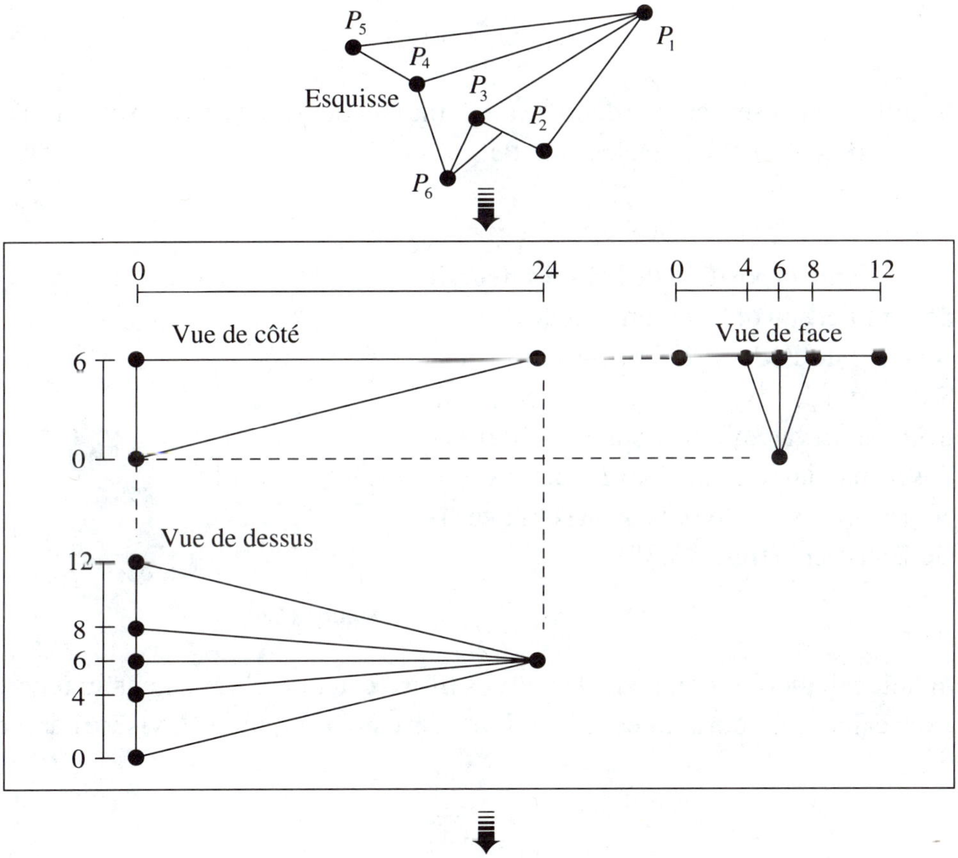

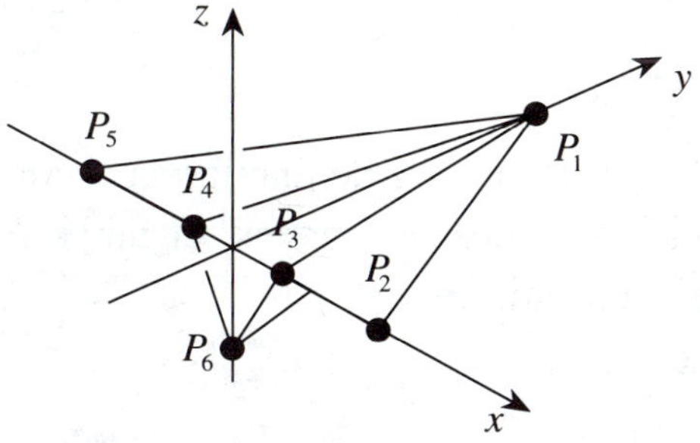

	P_1	P_2	P_3	P_4	P_5	P_6
x	0	6	2	-2	-6	0
y	24	0	0	0	0	0
z	0	0	0	0	0	-6

Figure 3.37

Étape 2 Choix de la position *C* de l'observateur (centre de projection)

On peut définir la position C de l'observateur à partir du barycentre G des points P_1 à P_6. Par exemple, pour avoir une vue de l'avion semblable à celle de la figure 3.37, on peut s'éloigner de G dans la direction et le sens du vecteur $\vec{v} = (2, -2, 1)$ sur une distance de 60 unités (on peut présumer que les unités sont des centimètres dans cet exemple); le point C sera alors donné par

$$C = G + 60\frac{\vec{v}}{\|\vec{v}\|}$$

c'est-à-dire que l'observateur, identifié au point C (appelé centre de projection), sera situé en $C(40, -36, 19)$ (faites les calculs).

Étape 3 Orientation de l'observateur

Une fois connue la position de l'observateur, il faut déterminer son orientation à l'aide de trois vecteurs unitaires deux à deux orthogonaux $\vec{D}$, $\vec{H}$ et $\vec{V}$ qui décrivent respectivement, si on identifie l'observateur à une caméra, la direction visée par la caméra, l'horizontale de la caméra (dans le sens du bras droit) et la verticale de la caméra (figure 3.38).

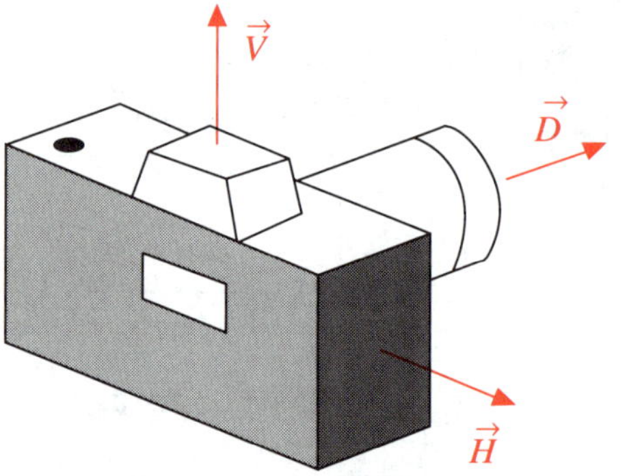

Figure 3.38

On doit calculer les composantes de ces trois vecteurs relativement au repère qui a servi au calcul des coordonnées de l'avion. Si la caméra située en C vise le barycentre G, on aura

$$\vec{D} = \frac{\vec{CG}}{\|\vec{CG}\|}$$

ce qui donne $\vec{D} = \frac{1}{3}(-2, 2, -1)$ (vérifiez les calculs).

Pour déterminer $\vec{H}$, on peut choisir d'orienter la caméra de manière à ce que son horizontale soit parallèle au plan des abscisses et des ordonnées, et ainsi $\vec{H}$ est orthogonal simultanément à $\vec{D}$ et $\vec{k}$ tout en étant unitaire :

$$\vec{H} = \frac{\vec{D} \wedge \vec{k}}{\|\vec{D} \wedge \vec{k}\|};$$

après calcul, $\vec{H} = \left(\frac{\sqrt{2}}{2}, \frac{\sqrt{2}}{2}, 0\right)$ (vérifiez les calculs).

Le vecteur $\vec{V}$ représentant la verticale se trouve alors entièrement déterminé :

$$\vec{V} = \vec{H} \wedge \vec{D} = \frac{\sqrt{2}}{2}(1, 1, 0) \wedge \frac{1}{3}(-2, 2, -1) = \frac{\sqrt{2}}{6}(-1, 1, 4) \text{ (vérifiez les calculs).}$$

Étape 4 Choix du plan de projection

La feuille à dessin, appelée plan de projection (noté $\mathcal{P}$), doit être perpendiculaire à l'axe de visée, c'est-à-dire au vecteur $\vec{D}$, et doit être placée à une distance d de l'observateur. Dans notre exemple, on peut placer le plan de projection à mi-chemin entre l'observateur (C) et l'avion (G); cela donne $d = 30$ (figure 3.39).

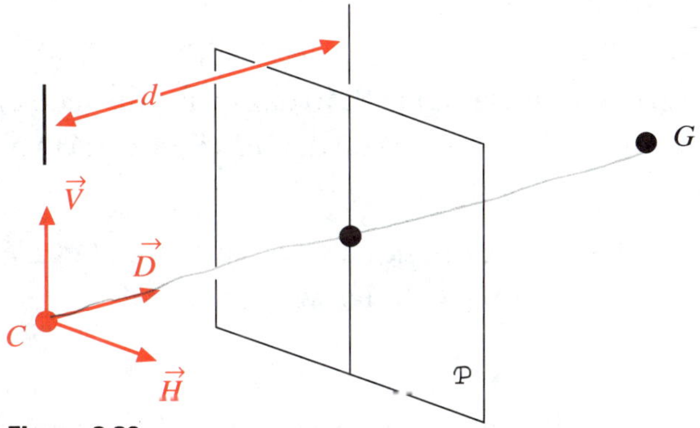

Figure 3.39

Étape 5 Calcul des projections

Pour chaque point P (de P_1 à P_6), il faut maintenant calculer les coordonnées a et b de sa projection P' dans le plan $\mathcal{P}$ relativement aux axes de coordonnées bidimensionnels de $\mathcal{P}$ (figure 3.40).

Les formules de calcul pour a et b (démontrées plus loin) sont :

$$a = d\frac{\vec{CP} \bullet \vec{H}}{\vec{CP} \bullet \vec{D}} \quad \text{et} \quad b = d\frac{\vec{CP} \bullet \vec{V}}{\vec{CP} \bullet \vec{D}}$$

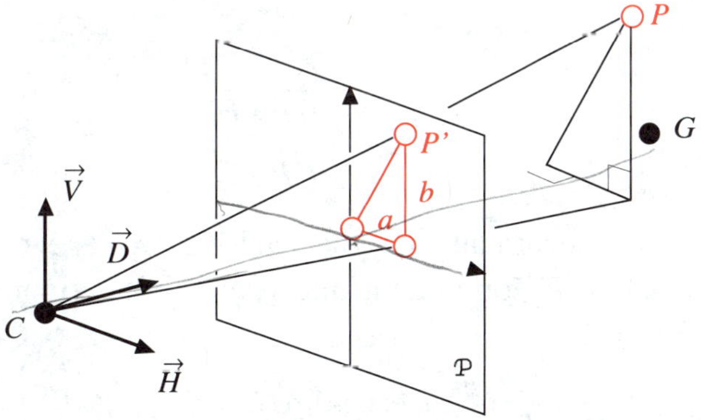

Figure 3.40

Pour compléter le tableau suivant, il faut une bonne calculatrice ou, mieux encore, un ordinateur (nous avons calculé les valeurs de a et b pour P_1' à titre d'exemple) :

	P_1'	P_2'	P_3'	P_4'	P_5'	P_6'
a	5,81					
b	2,32					

Étape 6 Dessin

Sur une feuille de papier millimétrique représentant le plan de projection $\mathcal{P}$, on reporte les points P' en considérant les valeurs de a et b respectivement comme les abscisses et les ordonnées de ces points (relativement à un repère cartésien centré au milieu de la feuille); il ne reste plus qu'à tracer les segments de droite représentant le contour de l'avion. Avec un papier-calque on peut obtenir une copie ne représentant que l'avion.

Démonstration des formules donnant *a* et *b* à l'étape 5

En regardant la figure 3.40 dans l'axe du vecteur $\vec{V}$, on obtient une vue de dessus (figure 3.41) où $\frac{a}{d} = \frac{r}{s}$, c'est-à-dire $a = d\frac{r}{s}$.

Si β désigne l'angle entre les vecteurs $\vec{H}$ et $\vec{CP}$ dans la figure 3.41, on voit que

$$r = \|\vec{CP}\| \cos \beta = \vec{CP} \bullet \vec{H} \qquad (\text{car } \|\vec{H}\| = 1)$$

Par ailleurs, si α désigne l'angle entre les vecteurs $\vec{D}$ et $\vec{CP}$, on voit que

$$s = \|\vec{CP}\| \cos \alpha = \vec{CP} \bullet \vec{D} \qquad (\text{car } \|\vec{D}\| = 1)$$

Ainsi, on obtient

$$a = d\frac{r}{s} = d\frac{\vec{CP} \bullet \vec{H}}{\vec{CP} \bullet \vec{D}}.$$

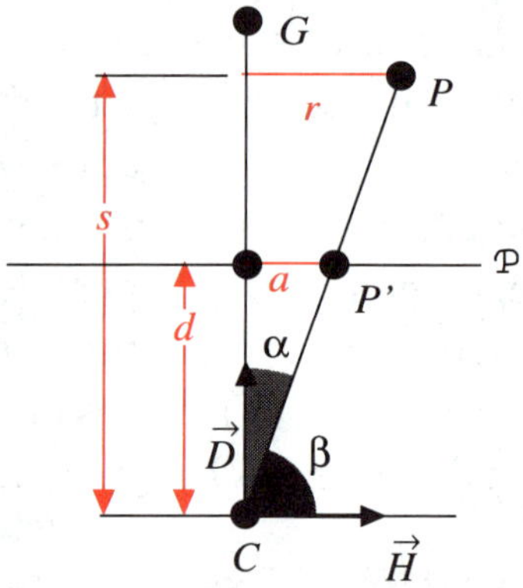

Figure 3.41 Vue de dessus de la figure 3.40.

En regardant la figure 3.40 dans l'axe du vecteur $\vec{H}$, on obtient une vue de côté (figure 3.42) où

$$\frac{b}{d} = \frac{m}{s}, \text{ c'est-à-dire } b = d\frac{m}{s}.$$

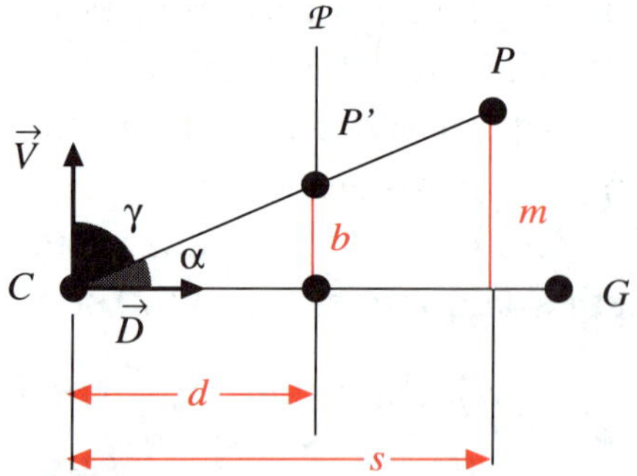

Figure 3.42 Vue de côté de la figure 3.40.

Si γ désigne l'angle entre les vecteurs $\vec{V}$ et $\vec{CP}$ dans la figure 3.42, on voit que

$$m = \|\vec{CP}\| \cos \gamma = \vec{CP} \bullet \vec{V} \qquad (\text{car } \|\vec{V}\| = 1)$$

Par ailleurs, $s = \vec{CP} \bullet \vec{D}$ (comme dans la figure 3.41), ce qui donne

$$b = d\frac{\vec{CP} \bullet \vec{V}}{\vec{CP} \bullet \vec{D}}.$$

■

3.3.2 LES STÉRÉOGRAMMES

Vous avez peut-être eu dans votre jeunesse une petite visionneuse 3-D pour regarder des diapositives de scènes ou de personnages célèbres avec un effet de profondeur. Ou peut-être avez-vous déjà visionné un film 3-D avec des lunettes polarisées. Pour obtenir un tel effet de profondeur, il faut considérer que vos deux yeux sont deux centres de projection qui envoient au cerveau deux images légèrement différentes; c'est précisément la différence entre ces deux images que le cerveau traduit en effet de profondeur (le phénomène est semblable pour le son stéréophonique et les deux oreilles). On peut simuler cet effet de profondeur en modifiant le modèle vectoriel de la sous-section 3.3.1 de manière à produire deux dessins (un pour chaque œil) sur le même plan de projection. C'est ce qu'on appelle un stéréogramme. Il faut ensuite trouver un artifice pour que chaque œil ne puisse percevoir que le dessin qui lui est destiné sur le stéréogramme. Cela peut se faire avec un jeu de filtres[23] et de couleurs : le dessin destiné à l'œil droit est rouge et celui destiné à l'œil gauche est vert, tandis que la personne qui regarde ces dessins doit porter une lunette verte pour l'œil droit et une lunette rouge pour l'œil gauche.

Voici comment vous pouvez transformer le dessin de l'avion de papier obtenu à la sous-section 3.3.1 en un stéréogramme. Vous suivez les étapes 1 à 4 exactement comme à la sous-section 3.3.1, en supposant que toutes les coordonnées et les mesures de longueur sont en centimètres. Le centre de projection C correspond alors au point situé exactement au milieu entre vos deux yeux. À l'étape 5, vous calculez *trois* projections pour chaque point P : P', P'' (pour l'œil droit) et $'P''$ (pour l'œil gauche). Relativement au repère du plan $\mathcal{P}$, les coordonnées du point P sont (a, b), calculées comme à la sous-section 3.3.1; les coordonnées de P'' sont $(a+\delta, b)$ et celles de $'P''$ sont $(a-\delta, b)$ (figure 3.43) où δ est une correction sur les abscisses qui tient compte des deux yeux.

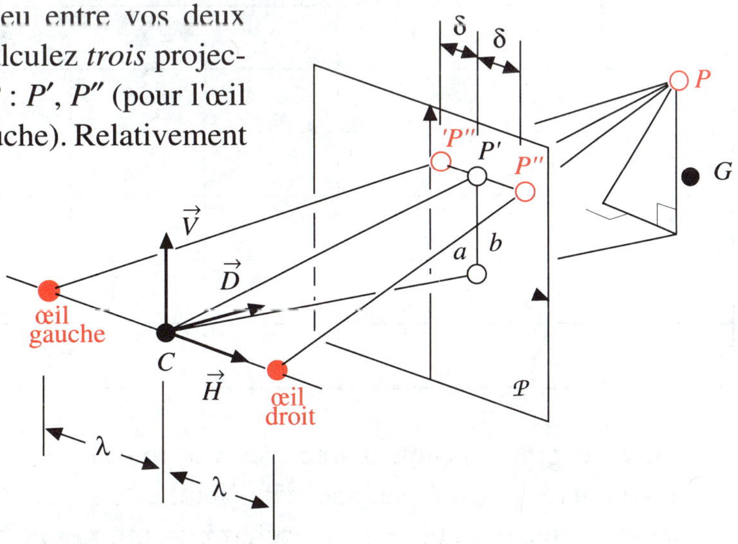

Figure 3.43 Les trois projections de P.

23. On peut aussi utiliser un jeu de miroirs ou, comme au cinéma 3-D, des filtres polarisants. Les filtres en couleurs sont moins efficaces, mais plus faciles à bricoler.

δ se calcule ainsi :

$$\delta = \lambda \frac{(\vec{CP} \bullet \vec{D}) - d}{\vec{CP} \bullet \vec{D}}$$

où λ est la demi-distance entre les deux yeux (figures 3.43 et 3.44). En effet, en appliquant le théorème de Thalès à la figure 3.44 (qui est une vue de dessus de la figure 3.43), on obtient

$$\frac{\delta}{\lambda} = \frac{(\vec{CP} \bullet \vec{D}) - d}{\vec{CP} \bullet \vec{D}}.$$

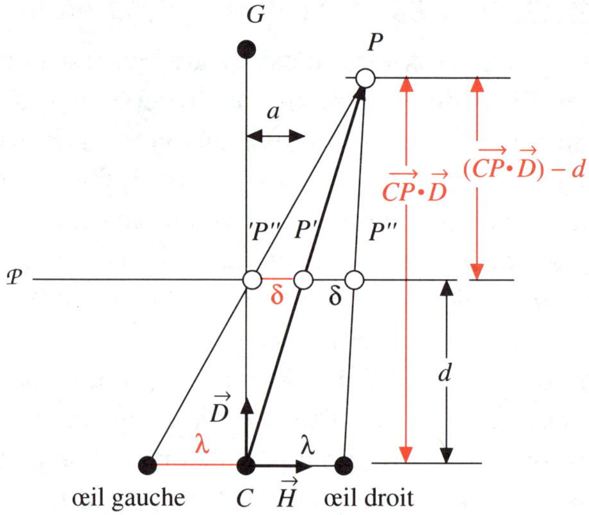

Figure 3.44 Vue de dessus de la figure 3.43.

Pour terminer l'étape 5, il vous reste à compléter le tableau suivant, en ayant pris soin de mesurer auparavant la demi-distance λ entre vos deux yeux. En supposant ici que $\lambda = 3{,}5$ cm et que $d = 30$ cm, nous avons rempli la première colonne de ce tableau à titre d'exemple.

	P_1	P_2	P_3	P_4	P_5	P_6	**Couleur**
a	5,81						
b	2,32						
δ	2,06						
$a - \delta$	3,75						Vert
$a + \delta$	7,87						Rouge

Finalement, pour l'étape 6, tracez en vert tous les points $'P''(a - \delta, b)$ et en rouge tous les points $P''(a + \delta, b)$ sur une même feuille de papier millimétrique (les axes sont centrés au milieu de la feuille). Transférez ensuite ces points sur un papier-calque et complétez les deux dessins de l'avion en respectant les couleurs. Avec les lunettes de couleurs appropriées, regardez le stéréogramme en le plaçant à 30 cm devant vous. Si les lunettes ne filtrent pas bien les images, retracez ces images avec d'autres crayons mieux adaptés à la couleur de vos lunettes.

Tableau comparatif de la géométrie vectorielle dans $\mathbb{R}^2$ et dans $\mathbb{R}^3$		
	Dans $\mathbb{R}^2$	**Dans $\mathbb{R}^3$**
Parallélisme	Si $\vec{u} \neq \vec{0}$ et $\vec{v} \neq \vec{0}$, alors $\vec{u} \,//\, \vec{v} \Leftrightarrow \Delta\langle \vec{u}, \vec{v} \rangle = 0$.	Si $\vec{u} \neq \vec{0}$ et $\vec{v} \neq \vec{0}$, alors $\vec{u} \,//\, \vec{v} \Leftrightarrow \vec{u} \wedge \vec{v} = \vec{0}$.
Orthogonalité	Si $\vec{u} \neq \vec{0}$ et $\vec{v} \neq \vec{0}$, alors $\vec{u} \perp \vec{v} \Leftrightarrow \vec{u} \bullet \vec{v} = 0$.	Si $\vec{u} \neq \vec{0}$ et $\vec{v} \neq \vec{0}$, alors $\vec{u} \perp \vec{v} \Leftrightarrow \vec{u} \bullet \vec{v} = 0$.
Indépendance linéaire	$\vec{u}$ et $\vec{v}$ sont linéairement indépendants $\Leftrightarrow \Delta\langle \vec{u}, \vec{v} \rangle \neq 0$.	$\vec{u}, \vec{v}$ et $\vec{w}$ sont linéairement indépendants $\Leftrightarrow \Delta\langle \vec{u}, \vec{v}, \vec{w} \rangle \neq 0$.
Orientation	La suite ordonnée $\langle \vec{u}, \vec{v} \rangle$ est orientée positivement $\Leftrightarrow (\Delta\langle \vec{u}, \vec{v} \rangle) > 0$.	La suite $\langle \vec{u}, \vec{v}, \vec{w} \rangle$ est orientée positivement $\Leftrightarrow (\Delta\langle \vec{u}, \vec{v}, \vec{w} \rangle) > 0$.
Aires et volumes	L'aire orientée du parallélogramme engendré par $\vec{u}$ et $\vec{v}$ (pris dans cet ordre) est $\Delta\langle \vec{u}, \vec{v} \rangle$.	*a*) Le volume orienté du parallélipipède engendré par $\vec{u}, \vec{v}$ et $\vec{w}$ (pris dans cet ordre) est $\Delta\langle \vec{u}, \vec{v}, \vec{w} \rangle$. *b*) L'aire non orientée du parallélogramme engendré par $\vec{u}$ et $\vec{v}$ est $\lVert \vec{u} \wedge \vec{v} \rVert$.
$\vec{u}_\perp$ et $\vec{u} \wedge \vec{v}$	$\vec{u}_\perp$ est un vecteur $\perp$ à $\vec{u}$, tel que : *i*) la suite $\langle \vec{u}, \vec{u}_\perp \rangle$ est orientée positivement; *ii*) $\lVert \vec{u}_\perp \rVert$ = longueur de $\vec{u}$.	$\vec{u} \wedge \vec{v}$ est un vecteur $\perp$ à $\vec{u}$ et $\perp$ à $\vec{v}$, tel que : *i*) la suite $\langle \vec{u}, \vec{v}, \vec{u} \wedge \vec{v} \rangle$ est orientée positivement; *ii*) $\lVert \vec{u} \wedge \vec{v} \rVert$ = aire du parallélogramme engendré par $\vec{u}$ et $\vec{v}$.
Colinéarité et coplanarité	Trois points A, B et C sont colinéaires $\Leftrightarrow \Delta\langle \overrightarrow{AB}, \overrightarrow{AC} \rangle = 0$.	*a*) Trois points A, B et C sont colinéaires $\Leftrightarrow \overrightarrow{AB} \wedge \overrightarrow{AC} = \vec{0}$. *b*) Quatre points A, B, C et D sont coplanaires $\Leftrightarrow \Delta\langle \overrightarrow{AB}, \overrightarrow{AC}, \overrightarrow{AD} \rangle = 0$.

4

CHAPITRE

DROITES ET PLANS

Les droites et les plans ont une grande importance en mathématiques. En effet, la plupart des courbes et des surfaces utilisées comme modèles dans les sciences quantitatives sont ou bien des droites et des plans, ou bien des courbes et des surfaces localement droites ou planes. Dans ce chapitre, on étudie les droites et les plans pour eux-mêmes; on les décrit avec des équations de différentes formes et on utilise ces équations pour résoudre certains problèmes de nature géométrique. Cela conduit souvent à résoudre des systèmes de plusieurs équations linéaires simultanées. Les techniques de résolution de ces systèmes d'équations ne seront cependant étudiées qu'au chapitre suivant.

4.1 LES DROITES

Dans cette section, nous verrons comment caractériser les droites à l'aide d'équations vectorielles, paramétriques et non paramétriques dans $\mathbb{R}^2$ et dans $\mathbb{R}^3$. Nous verrons également comment calculer la distance d'un point à une droite, comment évaluer la position relative de deux droites et comment calculer la distance entre deux droites.

4.1.1 ÉQUATIONS VECTORIELLES ET PARAMÉTRIQUES DES DROITES DANS $\mathbb{R}^2$ ET DANS $\mathbb{R}^3$

Dans un espace euclidien, étant donné un point A et un vecteur $\vec{v}$ non nul, il existe une seule droite passant par ce point et parallèle à $\vec{v}$. Tout point P sur cette droite peut alors s'écrire

$$P = A \oplus k\vec{v}$$

pour une valeur appropriée du scalaire k (figure 4.1).

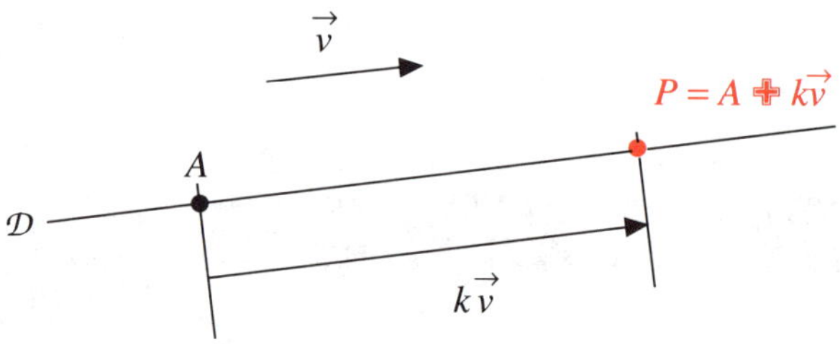

Figure 4.1

Définition ***Droite dans*** $\mathbb{R}^n$

Soit A un point et $\vec{v}$ un vecteur de $\mathbb{R}^n$. La droite $\mathcal{D}$ passant par le point A et de vecteur directeur $\vec{v}$ est le lieu des points P de $\mathbb{R}^n$ pour lesquels

$$P = A \oplus k\vec{v} \qquad \text{ou encore} \qquad \overrightarrow{OP} = \overrightarrow{OA} + k\vec{v} \qquad \text{avec } k \in \mathbb{R}.$$

L'équation $P = A \oplus k\vec{v}$ est appelée équation affine de la droite $\mathcal{D}$ et l'équation $\overrightarrow{OP} = \overrightarrow{OA} + k\vec{v}$ est appelée équation vectorielle de la droite $\mathcal{D}$; k est le paramètre de ces équations, $\vec{v}$ est un vecteur directeur de $\mathcal{D}$ et A est un point de référence sur $\mathcal{D}$.

Ainsi, dans $\mathbb{R}^2$, on obtient une équation vectorielle de la droite $\mathcal{D}$ passant par le point $A(x_0, y_0)$ et parallèle au vecteur $\vec{v} = (a, b)$ en traduisant $\overrightarrow{OP} = \overrightarrow{OA} + k\vec{v}$ par

$$(x, y) = (x_0, y_0) + k(a, b),\ k \in \mathbb{R}.$$

Dans $\mathbb{R}^3$, on obtient une équation vectorielle de la droite $\mathcal{D}$ passant par le point A et parallèle au vecteur $\vec{v} = (a, b, c)$ en traduisant $\overrightarrow{OP} = \overrightarrow{OA} + k\vec{v}$ par

$$(x, y, z) = (x_0, y_0, z_0) + k(a, b, c),\ k \in \mathbb{R}.$$

Exemple 1

Pour obtenir une équation affine ou une équation vectorielle représentant la droite $\mathcal{D}$ qui passe par les sommets $A(1, 0, 0)$ et $B(0, 1, 1)$ du cube de la figure 4.2, on peut choisir A comme point de référence, $\overrightarrow{AB}$ comme vecteur directeur, et t comme paramètre; on obtient ainsi l'équation affine

$$\mathcal{D}: \ P = A + t\overrightarrow{AB}, \ t \in \mathbb{R}$$

ou encore l'équation vectorielle

$$\mathcal{D}: (x, y, z) = (1, 0, 0) + t\,(-1, 1, 1), \ t \in \mathbb{R}.$$

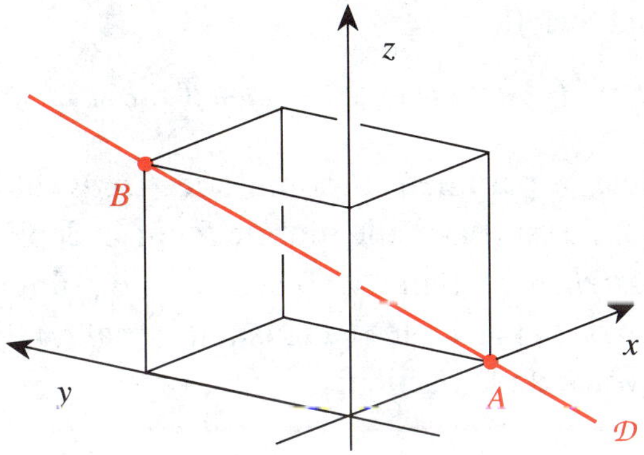

Figure 4.2

■

Exemple 2

Dans $\mathbb{R}^2$, on a l'habitude de décrire les droites par des équations cartésiennes :

$$\mathcal{D}: y = mx + b$$

où m est la *pente* de $\mathcal{D}$, et b, l'ordonnée du point d'intersection de $\mathcal{D}$ avec l'axe y (figure 4.3). On cherche une équation vectorielle de $\mathcal{D}$ correspondant à l'équation cartésienne $y = mx + b$.

La pente m nous fournit un vecteur directeur : $\vec{v} = (1, m)$. De plus, le point $A(0, b)$ est sur la droite $\mathcal{D}$.

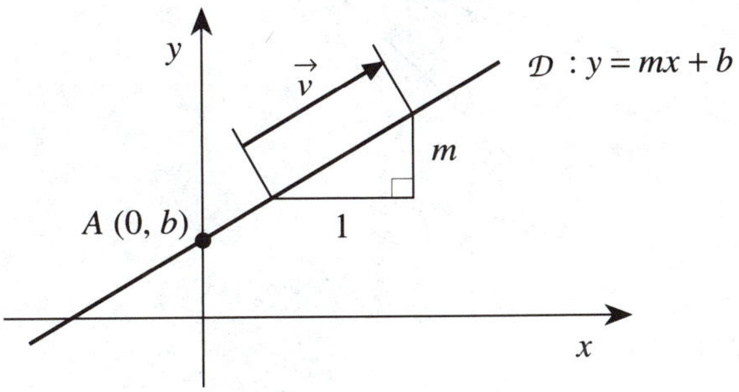

Figure 4.3

Voici donc une équation vectorielle de $\mathcal{D}$:

$$\mathcal{D} : (x, y) = (0, b) + t(1, m), \; t \in \mathbb{R}.$$ ■

Vitesse vectorielle et vitesse scalaire

La cinétique est l'étude des mouvements d'une particule immatérielle en physique. La cinétique des mouvements linéaires à vitesse constante peut se résumer ainsi :

Définitions ***Vitesse vectorielle et vitesse scalaire***

Soit l'équation vectorielle

$$(x, y, z) = (x_0, y_0, z_0) + t(a, b, c).$$

Si on interprète le paramètre t comme le *temps*, alors (x, y, z) est la position à l'instant t d'une particule mobile P qui se déplace en ligne droite à la *vitesse vectorielle* constante $\vec{v} = (a, b, c)$. Le point (x_0, y_0, z_0) correspond à la position de la particule P à l'instant initial $t = 0$, et le scalaire $\|\vec{v}\|$ est la *vitesse scalaire* de la particule.

Exemple

À l'instant $t = 0$, un avion[1] de papier (figure 4.4) se trouve à la position $A(-2, -4, 30)$ et se déplace en ligne droite vers le point $B(18, 16, 20)$ à la vitesse scalaire constante de 3 m/s (les unités spatiales sont mesurées en mètres et le temps est mesuré en secondes). On cherche une équation vectorielle qui décrit la position de l'avion à chaque instant t.

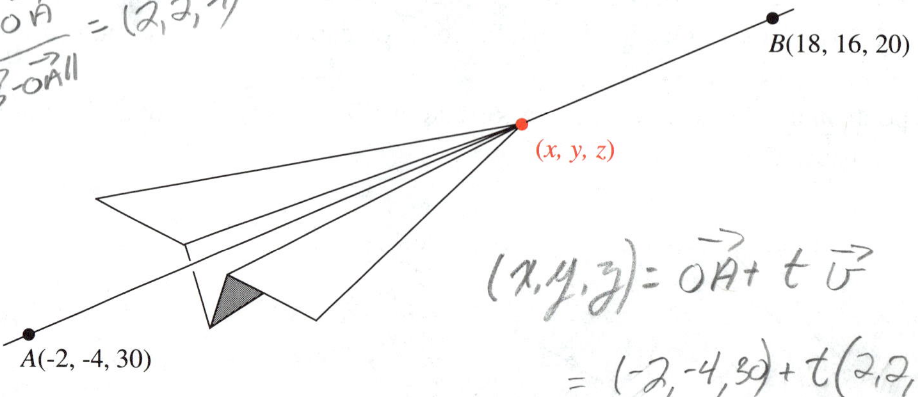

Figure 4.4

1. L'avion est identifié à un *point* mobile (ce peut être la pointe de l'avion).

On trouve une telle équation en écrivant

$$
\begin{aligned}
(x, y, z) &= \overrightarrow{OA} + t\left(3\frac{\overrightarrow{AB}}{\|\overrightarrow{AB}\|}\right) \\
&= (-2, -4, 30) + t\left(3\frac{(20, 20, -10)}{\|(20, 20, -10)\|}\right) \\
&= (-2, -4, 30) + t(2, 2, -1),\ t \in \mathbb{R}.
\end{aligned}
$$

■

Définition ***Équations paramétriques d'une droite dans*** $\mathbb{R}^3$

Soit $\mathcal{D}$, une droite dans $\mathbb{R}^3$ d'équation vectorielle

$$(x, y, z) = (x_0, y_0, z_0) + t(a, b, c),\ t \in \mathbb{R}.$$

Alors, le système d'équations

$$
\begin{aligned}
x &= x_0 + ta \\
y &= y_0 + tb \\
z &= z_0 + tc,\ t \in \mathbb{R}
\end{aligned}
$$

est appelé le système d'équations paramétriques de $\mathcal{D}$.

Remarque

On peut donner une définition semblable des équations paramétriques d'une droite dans $\mathbb{R}^2$.

Exemple

On veut savoir en quel point la droite $\mathcal{D}$ de $\mathbb{R}^3$ définie par le système d'équations paramétriques

$$
\begin{aligned}
x &= 2 + 3t \\
y &= 2 - t \\
z &= 8 + 4t
\end{aligned}
$$

coupe le plan des abcisses et des ordonnées.

La cote de ce point P sera 0, et donc on aura $0 = 8 + 4t$, c'est-à-dire $t = -2$. Le point cherché correspond donc à la valeur $t = -2$ du paramètre t :

$$x = 2 + 3(-2) = -4,\ y = 2 - (-2) = 4 \text{ et } z = 0,$$

ce qui donne le point $P(-4, 4, 0)$. ■

4.1.2 ÉQUATIONS NON PARAMÉTRIQUES DES DROITES DANS IR²

Dans $\mathbb{R}^2$, il y a deux façons de caractériser une droite $\mathcal{D}$ passant par un point donné A sans utiliser aucun paramètre : l'équation symétrique de $\mathcal{D}$ et l'équation normale de $\mathcal{D}$.

Équation *symétrique* de $\mathcal{D}$

Si $\vec{v}$ est un vecteur directeur de $\mathcal{D}$, alors $P \in \mathcal{D} \Leftrightarrow \overrightarrow{AP} // \vec{v}$ (figure 4.5).

Dans $\mathbb{R}^2$, cette relation se traduit par $P \in \mathcal{D} \Leftrightarrow \Delta\langle \overrightarrow{AP}, \vec{v} \rangle = 0$, ce qui donne pour le point de référence $A(x_0, y_0)$ et le vecteur directeur $\vec{v} = (a, b)$:

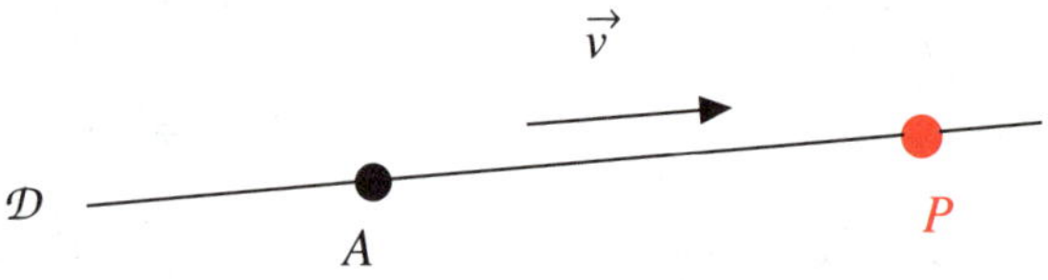

Figure 4.5

$$\begin{aligned} P(x, y) \in \mathcal{D} &\Leftrightarrow \begin{vmatrix} x - x_0 & y - y_0 \\ a & b \end{vmatrix} = 0 \\ &\Leftrightarrow b(x - x_0) - a(y - y_0) = 0 \\ &\Leftrightarrow b(x - x_0) = a(y - y_0) \\ &\Leftrightarrow \frac{x - x_0}{a} = \frac{y - y_0}{b} \qquad \text{(si } a \neq 0 \text{ et } b \neq 0\text{).} \end{aligned}$$

Définition ***Équation symétrique d'une droite dans*** $\mathbb{R}^2$

Soit $\mathcal{D}$ une droite dans $\mathbb{R}^2$ passant par le point $A(x_0, y_0)$ et de vecteur directeur $\vec{v} = (a, b)$. Alors l'équation

$$\frac{x - x_0}{a} = \frac{y - y_0}{b}$$

est appelée équation symétrique de $\mathcal{D}$. Cette équation n'est définie que si $a \neq 0$ et $b \neq 0$.

Exemple

On obtient une équation symétrique de la droite $\mathcal{D}$ de $\mathbb{R}^2$ passant par les points $A(3, -1)$ et $B(5, 4)$ à partir du vecteur directeur $\vec{v} = \overrightarrow{AB} = (2, 5)$ et du point de référence $A(3, -1)$ en écrivant :

$$\mathcal{D}: \frac{x - 3}{2} = \frac{y + 1}{5}.$$

■

Équation *normale* de $\mathcal{D}$

Si $\vec{n}$ est un *vecteur normal* à $\mathcal{D}$, c'est-à-dire *orthogonal* à $\mathcal{D}$ (figure 4.6), alors,

$$P \in \mathcal{D} \Leftrightarrow \overrightarrow{AP} \perp \vec{n}$$
$$\Leftrightarrow \overrightarrow{AP} \bullet \vec{n} = 0,$$

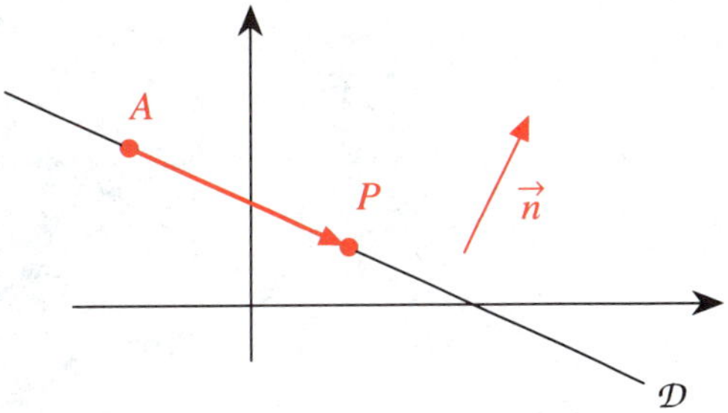

Figure 4.6 Équation normale de $\mathcal{D}$: $\overrightarrow{AP} \perp \vec{n}$.

ce qui donne pour le point de référence $A(x_0, y_0)$ et le vecteur normal $\vec{n} = (a, b)$:

$$\begin{aligned} P(x, y) \in \mathcal{D} &\Leftrightarrow (x - x_0, y - y_0) \bullet (a, b) = 0 \\ &\Leftrightarrow a(x - x_0) + b(y - y_0) = 0 \\ &\Leftrightarrow ax + by + c = 0 \qquad \text{où } c = -ax_0 - by_0. \end{aligned}$$

> Dans $\mathbb{R}^2$, l'équation algébrique $ax + by + c = 0$ représente une droite $\mathcal{D}$ de vecteur normal $\vec{n} = (a, b)$; si cette droite passe par le point $P(x_0, y_0)$, alors $c = -(ax_0 + by_0)$.
>
> L'équation $ax + by + c = 0$ est aussi appelée équation normale ou équation linéaire de $\mathcal{D}$.

Exemple

On veut trouver une équation normale de la droite $\mathcal{D}$ de $\mathbb{R}^2$ qui passe par le sommet C et qui est orthogonale au côté $\overline{AB}$ du triangle ABC de la figure 4.7.

Le vecteur normal de $\mathcal{D}$ est $\vec{n} = \overrightarrow{AB} = (3, 7)$. Puisque $\mathcal{D}$ passe par $C(-2, 4)$, on obtient une équation normale de $\mathcal{D}$ en écrivant : $3(x + 2) + 7(y - 4) = 0$

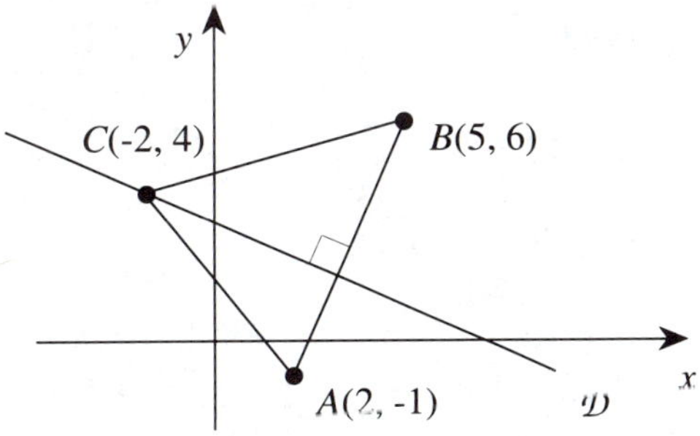

Figure 4.7

ou encore

$$3x + 7y - 22 = 0.$$

■

4.1.3 ÉQUATIONS NON PARAMÉTRIQUES DES DROITES DANS $\mathbb{R}^3$

Dans $\mathbb{R}^3$, on ne peut pas caractériser une droite donnée par une équation normale, car il existe une infinité de droites distinctes passant par un même point A et orthogonales à un

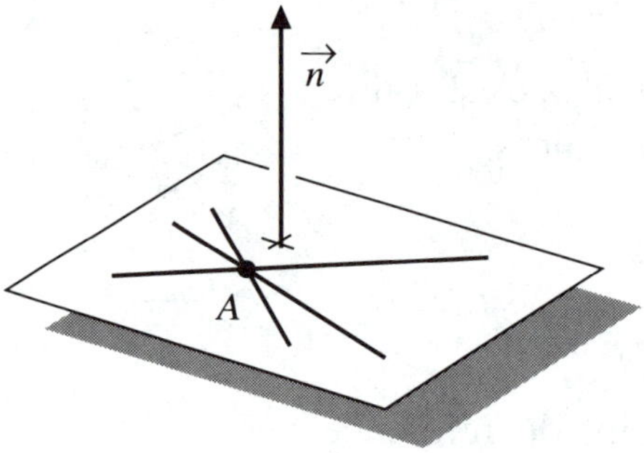

Figure 4.8

même vecteur $\vec{n}$. Ces droites sont cependant toutes dans un même plan (figure 4.8) et nous pourrons (plus loin) donner l'équation normale de ce plan (sous-section 4.2.3).

Par ailleurs, dans $\mathbb{R}^3$, on peut obtenir les équations symétriques de la droite $\mathcal{D}$ de direction $\vec{v}$ passant par le point $A(x_0, y_0, z_0)$ et de vecteur directeur $\vec{v} = (a, b, c)$ comme suit :

$$P \in \mathcal{D} \Leftrightarrow \overrightarrow{AP} // \vec{v},$$

ce qui se traduit par (figure 4.9)

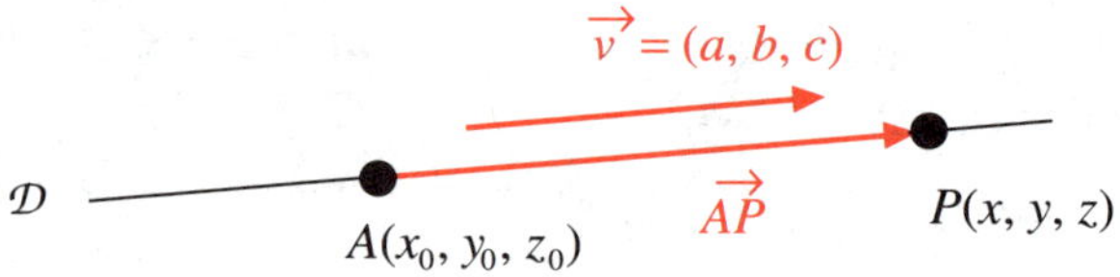

Figure 4.9

$$
\begin{aligned}
&P(x, y, z) \in \mathcal{D}\\
&\quad \Leftrightarrow \overrightarrow{AP} \wedge \vec{v} = \vec{0}\\
&\quad \Leftrightarrow \begin{vmatrix} \vec{i} & \vec{j} & \vec{k} \\ x - x_0 & y - y_0 & z - z_0 \\ a & b & c \end{vmatrix} = \vec{0}\\
&\quad \Leftrightarrow \begin{vmatrix} y - y_0 & z - z_0 \\ b & c \end{vmatrix} = 0 \text{ et } \begin{vmatrix} x - x_0 & z - z_0 \\ a & c \end{vmatrix} = 0 \text{ et } \begin{vmatrix} x - x_0 & y - y_0 \\ a & b \end{vmatrix} = 0\\
&\quad \Leftrightarrow c(y - y_0) = b(z - z_0) \text{ et } c(x - x_0) = a(z - z_0) \text{ et } b(x - x_0) = a(y - y_0)\\
&\quad \Leftrightarrow \frac{y - y_0}{b} = \frac{z - z_0}{c} \text{ et } \frac{x - x_0}{a} = \frac{z - z_0}{c} \text{ et } \frac{x - x_0}{a} = \frac{y - y_0}{b} \text{ (si } a \neq 0, b \neq 0 \text{ et } c \neq 0)\\
&\quad \Leftrightarrow \frac{x - x_0}{a} = \frac{y - y_0}{b} = \frac{z - z_0}{c}.
\end{aligned}
$$

D'où la définition suivante.

> **Définition** ***Équations symétriques d'une droite dans*** $\mathbb{R}^3$
>
> Soit $\mathcal{D}$ une droite dans $\mathbb{R}^3$ passant par le point $A(x_0, y_0, z_0)$ et de vecteur directeur $\vec{v} = (a, b, c)$; alors, le système d'équations
>
> $$\frac{x - x_0}{a} = \frac{y - y_0}{b} = \frac{z - z_0}{c}$$
>
> est appelé système d'équations symétriques de $\mathcal{D}$. Ces équations ne sont définies que si $a \neq 0$, $b \neq 0$ et $c \neq 0$ (figure 4.9).

Exemple

On cherche un système d'équations symétriques de la droite $\mathcal{D}$ d'équation vectorielle

$$(x, y, z) = (-3, 0, 2) + t(5, -3, 1), \ t \in \mathbb{R}.$$

Ici, on aura $(x_0, y_0, z_0) = (-3, 0, 2)$ et $(a, b, c) = (5, -3, 1)$. On obtient un système d'équations symétriques de $\mathcal{D}$ en écrivant

$$\frac{x + 3}{5} = -\frac{y}{3} = z - 2.$$

■

4.1.4 DISTANCE D'UN POINT À UNE DROITE

Soit $\mathcal{D}$ la droite passant par le point A et parallèle au vecteur $\vec{v}$; la distance d'un point arbitraire P à la droite $\mathcal{D}$, notée $d(P, \mathcal{D})$, correspond alors à la hauteur h du parallélogramme engendré par $\vec{v}$ et $\overrightarrow{AP}$ dans la figure 4.10.

Le calcul de la hauteur h peut se faire indirectement à partir du calcul de l'aire du parallélogramme de la figure 4.10 : aire du parallélogramme $= \|\vec{v}\|h$, ce qui se traduit[2] dans $\mathbb{R}^2$ par

$$|\Delta\langle \overrightarrow{AP}, \vec{v}\rangle| = \|\vec{v}\|h$$

et dans $\mathbb{R}^3$ par

$$\|\overrightarrow{AP} \wedge \vec{v}\| = \|\vec{v}\|h.$$

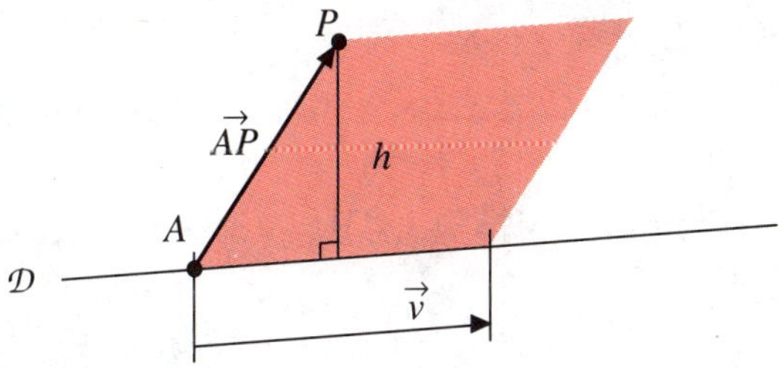

Figure 4.10 Calcul de la distance d'un point à une droite.

---

2. Ici l'aire est non orientée, donc positive.

En isolant la hauteur h dans ces deux équations, on obtient les formules de calcul suivantes.

Formules de calcul

Dans $\mathbb{R}^2$, soit $\mathcal{D}$ la droite passant par $A(x_0, y_0)$ et de direction $\vec{v} = (a, b)$. La distance d'un point $P(x, y)$ à $\mathcal{D}$ est

$$d(P, \mathcal{D}) = \frac{|\Delta\langle \overrightarrow{AP}, \vec{v}\rangle|}{\|\vec{v}\|}.$$

Dans $\mathbb{R}^3$, soit $\mathcal{D}$ la droite passant par $A(x_0, y_0, z_0)$ et de direction $\vec{v} = (a, b, c)$. La distance d'un point $P(x, y, z)$ à $\mathcal{D}$ est

$$d(P, \mathcal{D}) = \frac{\|\overrightarrow{AP} \wedge \vec{v}\|}{\|\vec{v}\|}.$$

Exemple 1

Dans $\mathbb{R}^2$, on donne $\mathcal{D}$: $\frac{x+1}{3} = \frac{y-2}{4}$. La distance de $P(3, -2)$ à $\mathcal{D}$ est

$$d(P, \mathcal{D}) = \frac{|\Delta\langle \overrightarrow{AP}, \vec{v}\rangle|}{\|\vec{v}\|}.$$

On a $\overrightarrow{AP} = (3, -2) - (-1, 2) = (4, -4)$. Ainsi,

$$\Delta\langle \overrightarrow{AP}, \vec{v}\rangle = \begin{vmatrix} 4 & -4 \\ 3 & 4 \end{vmatrix} = 28$$

et donc

$$|\Delta\langle \overrightarrow{AP}, \vec{v}\rangle| = 28.$$

De plus, $\|\vec{v}\| = \|(3, 4)\| = \sqrt{3^2 + 4^2} = 5$ et par suite,

$$d(P, \mathcal{D}) = \frac{28}{5}.$$

■

Exemple 2

Dans $\mathbb{R}^3$, on donne $\mathcal{D}$: $(x, y, z) = (-1, 0, 3) + k(2, 1, -2)$, $k \in \mathbb{R}$. La distance de $P(1, 2, 3)$ à $\mathcal{D}$ est

$$d(P, \mathcal{D}) = \frac{\|\overrightarrow{AP} \wedge \vec{v}\|}{\|\vec{v}\|}.$$

Ici, $\overrightarrow{AP} = (1, 2, 3) - (-1, 0, 3) = (2, 2, 0)$ et $\vec{v} = (2, 1, -2)$;

$$\overrightarrow{AP} \wedge \vec{v} = \begin{vmatrix} \vec{i} & \vec{j} & \vec{k} \\ 2 & 2 & 0 \\ 2 & 1 & -2 \end{vmatrix} = (-4, 4, -2)$$

et

$$\| \overrightarrow{AP} \wedge \vec{v} \| = \sqrt{(-4)^2 + 4^2 + (-2)^2} = 6;$$

et puisque $\|\vec{v}\| = \sqrt{2^2 + 1^2 + (-2)^2} = 3$, on aura

$$d(P, \mathcal{D}) = \frac{6}{3} = 2.$$ ■

Remarque
Vous pouvez vérifier pour toute droite $\mathcal{D}$ que $P \in \mathcal{D} \Leftrightarrow d(P, \mathcal{D}) = 0$.

4.1.5 POSITION RELATIVE DE DEUX DROITES

Dans $\mathbb{R}^2$, deux droites distinctes peuvent être parallèles ou sécantes; dans $\mathbb{R}^3$ deux droites distinctes peuvent être parallèles, sécantes, ou gauches[3] (figure 4.11).

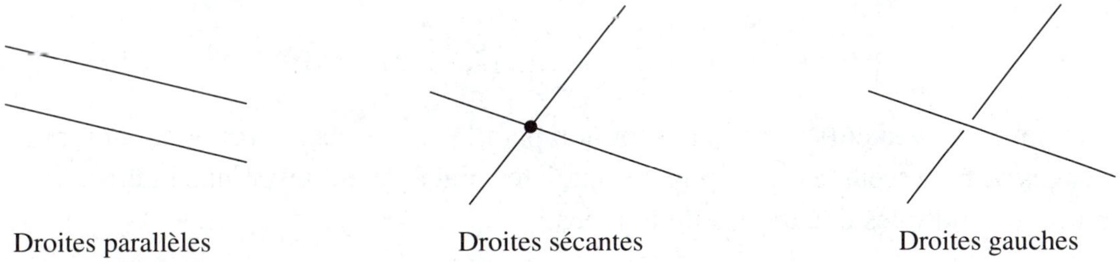

Figure 4.11

Exemple 1
Dans $\mathbb{R}^2$, on veut déterminer la position relative des droites $\mathcal{D}_1$ et $\mathcal{D}_2$:

$$\mathcal{D}_1 : (x, y) = (2, -3) + t(-1, 2), t \in \mathbb{R} \qquad \mathcal{D}_2 : \frac{x+2}{5} = \frac{y-2}{2}.$$

Les vecteurs directeurs (-1, 2) et (5, 2) n'étant pas parallèles, ces droites sont forcément sécantes en un point P (dans $\mathbb{R}^2$ des droites ne peuvent pas être gauches).

---

3. *Rappel* : Dans $\mathbb{R}^3$ deux droites qui ne sont ni sécantes ni parallèles sont dites gauches.

Il y a plusieurs façons de trouver les coordonnées de P. Par exemple, on peut d'abord écrire $\mathcal{D}_2$ sous forme vectorielle (en prenant soin de distinguer les paramètres de $\mathcal{D}_1$ et de $\mathcal{D}_2$) :

$$\mathcal{D}_2 : (x, y) = (-2, 2) + s(5, 2),\ s \in \mathbb{R},$$

puis considérer que le point d'intersection des deux droites s'écrira de deux manières équivalentes :

$$(2, -3) + t(-1, 2) = (-2, 2) + s(5, 2),$$

ce qui conduit à résoudre[4] le système de deux équations linéaires à deux inconnues

$$\begin{aligned} 2 \;-\; t &= -2 + 5s \\ -3 + 2t &= \;\;2 + 2s. \end{aligned}$$

On trouve $s = \frac{1}{4}$ et $t = \frac{11}{4}$. On peut ensuite calculer la position du point P soit en remplaçant s par $\frac{1}{4}$ dans l'équation vectorielle de $\mathcal{D}_2$: $\overrightarrow{OP} = (-2, 2) + \frac{1}{4}(5, 2) = \left(-\frac{3}{4}, \frac{5}{2}\right)$, soit en remplaçant t par $\frac{11}{4}$ dans l'équation vectorielle de $\mathcal{D}_1$. ■

Exemple 2

Dans $\mathbb{R}^3$, on cherche la position relative des deux droites définies par :

$$\mathcal{D}_1 : (x, y, z) = (-2, 10, -2) + t(-3, 8, -5),\ t \in \mathbb{R}$$

et

$$\mathcal{D}_2 : (x, y, z) = (5, 1, 13) + s(3, -2, 2),\ s \in \mathbb{R}.$$

Comme les vecteurs directeurs sont non parallèles, ces deux droites sont ou bien gauches ou bien sécantes en un point. Pour déterminer l'éventuel point d'intersection, on doit résoudre les équations simultanées :

$$\begin{aligned} -2 - 3t &= 5 + 3s \\ 10 + 8t &= 1 - 2s \\ -2 - 5t &= 13 + 2s. \end{aligned}$$

En résolvant les deux dernières équations (on les additionne membre à membre pour éliminer s), on trouve $t = 2$ et $s = -\frac{25}{2}$. Cependant, ces valeurs ne sont pas applicables à la première équation. Il n'y a donc pas de solution commune aux trois équations; par conséquent les deux droites sont gauches. ■

---

4. On peut résoudre le système par la méthode de Cramer dans ce cas-ci; au chapitre suivant, on expliquera une méthode de résolution plus générale.

Angle entre deux droites

L'angle entre deux droites est toujours défini, même pour des droites qui ne sont pas sécantes dans $\mathbb{R}^3$: c'est l'angle entre les vecteurs directeurs de ces deux droites. Comme le montre la figure 4.12, il y a en fait deux angles (supplémentaires) formés par les deux droites; on obtiendra l'un ou l'autre de ces deux angles selon le sens des vecteurs directeurs choisis pour représenter ces deux droites.

Dans l'exemple 2 de cette sous-section l'angle θ entre $\mathcal{D}_1$ et $\mathcal{D}_2$ est déterminé par

$$\cos\theta = \frac{(-3, 8, -5) \bullet (3, -2, 2)}{\|(-3, 8, -5)\|\,\|(3, -2, 2)\|} = \frac{-35}{\sqrt{98}\sqrt{17}},$$

ce qui fait $\theta = 149°$ ou $\theta = 31°$.

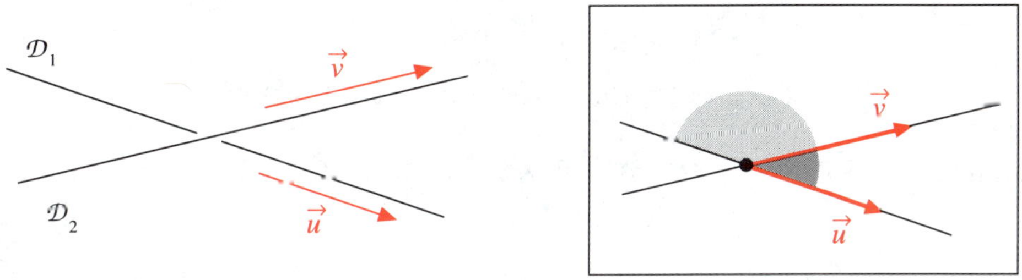

Figure 4.12 Angle entre deux droites.

4.1.6 DISTANCE ENTRE DEUX DROITES

Par définition, la distance entre deux droites sécantes est nulle; la distance entre deux droites parallèles est la distance d'un point quelconque de l'une des droites à l'autre droite. On définit la distance entre deux droites gauches dans $\mathbb{R}^3$ comme suit : c'est la plus petite distance possible entre deux points pris sur l'une et l'autre de ces deux droites; les points P_1 et P_2 correspondant à cette distance minimale sont uniquement déterminés sur chacune des deux droites gauches, et le vecteur $\overrightarrow{P_1P_2}$ est alors orthogonal à chacun des vecteurs directeurs des deux droites (figure 4.13):

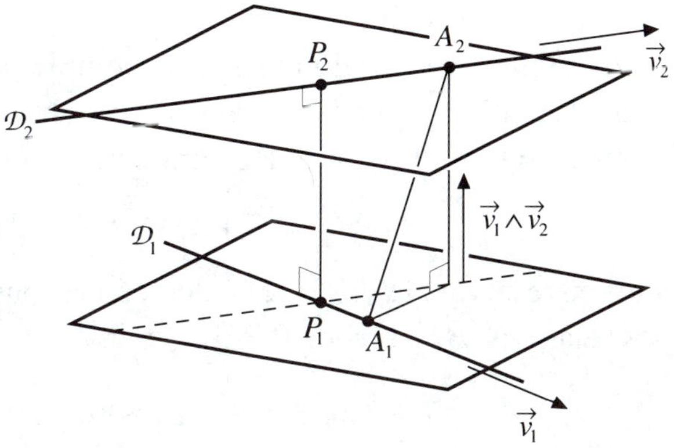

Figure 4.13 Distance entre deux droites gauches (en perspective).

Le vecteur $\overrightarrow{P_1P_2}$ est alors la projection orthogonale du vecteur $\overrightarrow{A_1A_2}$ (joignant deux points arbitraires de l'une et l'autre droite) sur le vecteur $\vec{v}_1 \wedge \vec{v}_2$:

$$\overrightarrow{P_1P_2} = \frac{\overrightarrow{A_1A_2} \bullet (\vec{v}_1 \wedge \vec{v}_2)}{\|\vec{v}_1 \wedge \vec{v}_2\|^2}(\vec{v}_1 \wedge \vec{v}_2)$$

et la distance entre les deux droites gauches est donnée par la norme de ce vecteur :

$$d(\mathcal{D}_1, \mathcal{D}_2) = \|\overrightarrow{P_1P_2}\| = \frac{|\overrightarrow{A_1A_2} \bullet (\vec{v}_1 \wedge \vec{v}_2)|}{\|\vec{v}_1 \wedge \vec{v}_2\|}.$$

Exemple 1

Voici comment on calcule la distance entre les droites $\mathcal{D}_1$ et $\mathcal{D}_2$ définies par

$$\mathcal{D}_1 : (x, y, z) = (-2, 10, -2) + t(-3, 8, -5), t \in \mathbb{R}$$

et

$$\mathcal{D}_2 : (x, y, z) = (5, 1, 13) + s(3, -2, 2), s \in \mathbb{R}.$$

On a d'abord $\overrightarrow{A_1A_2} = (7, -9, 15)$ et $\vec{v}_1 \wedge \vec{v}_2 = (-3, 8, -5) \wedge (3, -2, 2) = (6, -9, -18)$. Donc,

$$\begin{aligned} d(\mathcal{D}_1, \mathcal{D}_2) &= \frac{|(7, -9, 15) \bullet (6, -9, -18)|}{\|(6, -9, -18)\|} \\ &= 7 \text{ unités.} \end{aligned}$$

■

Exemple 2

On cherche les deux points les plus rapprochés sur les droites gauches $\mathcal{D}_1$ et $\mathcal{D}_2$ de l'exemple précédent.

Toujours avec les données de l'exemple précédent, on peut calculer les coordonnées des points P_1 et P_2 les plus rapprochés sur $\mathcal{D}_1$ et sur $\mathcal{D}_2$ en écrivant d'abord le vecteur $\overrightarrow{P_1P_2}$ en fonction des paramètres s et t :

$$\overrightarrow{P_1P_2} = (7 + 3s + 3t, -9 - 2s - 8t, 15 + 2s + 5t),$$

puis en résolvant le système de deux équations à deux inconnues obtenu en traduisant les relations $\overrightarrow{P_1P_2} \perp \vec{v}_1$ et $\overrightarrow{P_1P_2} \perp \vec{v}_2$ par

$$(7 + 3s + 3t, -9 - 2s - 8t, 15 + 2s + 5t) \bullet (-3, 8, -5) = 0$$

et

$$(7 + 3s + 3t, -9 - 2s - 8t, 15 + 2s + 5t) \bullet (3, -2, 2) = 0.$$

Vérifiez que vous obtenez ainsi $s = -2$ et $t = -1$, et par suite les points $P_1(1, 2, 3)$ et $P_2(-1, 5, 9)$; vérifiez aussi que $\|\overrightarrow{P_1P_2}\| = 7 = d(\mathcal{D}_1, \mathcal{D}_2)$. ■

EXERCICES 4.1

1. Dans $\mathbb{R}^2$, la droite $\mathcal{D}$ passe par les points $A(-1, 4)$ et $B(3, 1)$.

a) Donnez une équation vectorielle de $\mathcal{D}$. (L'équation n'est évidemment pas unique.)
b) Donnez une équation symétrique de $\mathcal{D}$.
c) Donnez une équation normale de $\mathcal{D}$.

2. Dans $\mathbb{R}^2$, on donne la droite $\mathcal{D}$ par l'équation $3x - 2y = 1$.

a) Trouvez un vecteur $\vec{n}$ normal à $\mathcal{D}$.
b) Trouvez un vecteur directeur $\vec{v}$ pour $\mathcal{D}$.

3. Dans $\mathbb{R}^2$, on donne la droite $\mathcal{D}$ par l'équation $ax + by = c$.

a) Décrivez en fonction de a, b et c un vecteur $\vec{n}$ normal à $\mathcal{D}$.
b) Trouvez en fonction de a, b et c un vecteur directeur $\vec{v}$ pour $\mathcal{D}$.
c) Si les valeurs de a et b sont fixes, quel est l'effet graphique sur $\mathcal{D}$ d'un changement de valeur de c ?

4. Quelle(s) valeur(s) peut-on donner à p afin que les droites suivantes dans $\mathbb{R}^2$ soient *i*) parallèles distinctes; *ii*) confondues; *iii*) sécantes; *iv*) perpendiculaires ?

a) $\mathcal{D}_1 : 2x + py = 1$ et $\mathcal{D}_2 : x + y = 0$
b) $\mathcal{D}_1 : (x, y) = (2, -1) + t(7, -1),\ t \in \mathbb{R}$, et $\mathcal{D}_2 : (x, y) = (9, -2) + s(-1, p),\ s \in \mathbb{R}$.

5. Dans $\mathbb{R}^2$, on donne les droites $\mathcal{D}_1$ et $\mathcal{D}_2$ par

$$\mathcal{D}_1 : 5x + y - 4 = 0 \text{ et } \mathcal{D}_2 : x + 3y + 4 = 0.$$

Déterminez les vecteurs *normaux* $\vec{n}_1$ et $\vec{n}_2$ de ces deux droites, et calculez la valeur de l'angle aigu formé par ces deux droites.

6. Pour chacune des droites suivantes de $\mathbb{R}^2$, calculez la distance du point $P(3, -1)$ à la droite $\mathcal{D}$.

a) $\mathcal{D} : 2x - y - 5 = 0$ *b*) $\mathcal{D} : \dfrac{x+8}{4} = y + 1$ *c*) $\mathcal{D} : x + 5y + 8 = 0$

7. Montrez que dans $\mathbb{R}^2$ l'équation $\dfrac{x}{a} + \dfrac{y}{b} = 1$ représente une droite qui coupe l'axe des abscisses en $(a, 0)$ et l'axe des ordonnées en $(0, b)$.

8. La figure 4.14 représente le développement plan dans $\mathbb{R}^2$ de la maquette d'une pyramide à base triangulaire (tétraèdre). La maquette est obtenue en repliant (dans $\mathbb{R}^3$) les trois triangles périphériques le long des côtés du triangle central ABC, jusqu'à ce que les trois points D, E et F viennent coïncider dans l'espace $\mathbb{R}^3$ en un sommet S. Lors de ce pliage, les sommets D, E et F suivent des trajectoires dont les projections dans $\mathbb{R}^2$ sont des lignes droites concourantes en un point G de $\mathbb{R}^2$ (qui est la projection du sommet S de la pyramide). Les sommets des triangles sont donnés par $A(4, 9)$, $B(13, 8)$, $C(8, 13)$, $D(3, 15)$ et $E(13, 15)$.

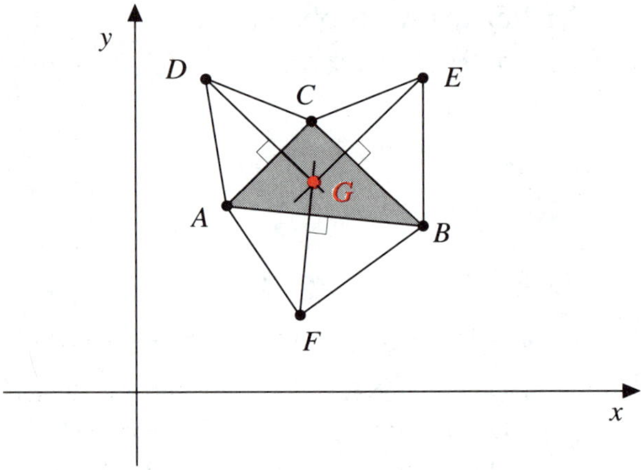

Figure 4.14 Développement plan d'une pyramide triangulaire.

a) Donnez une équation normale de la droite $\mathcal{D}_1$ passant par E et G, et une équation normale de la droite $\mathcal{D}_2$ passant par D et G dans $\mathbb{R}^2$.

b) Quelles sont les coordonnées du point G dans $\mathbb{R}^2$?

c) Quelles sont les coordonnées du point F dans $\mathbb{R}^2$?

d) Quelle est la hauteur h de la pyramide, mesurée du sommet S dans $\mathbb{R}^3$ à la base ABC dans $\mathbb{R}^2$?

9. Donnez les équations vectorielles, paramétriques puis symétriques de la droite $\mathcal{D}$ de $\mathbb{R}^3$ passant par les points $A(2, 1, -1)$ et $B(1, 0, 5)$. Ces équations ne sont pas uniques.

10. Soit $\mathcal{D}$ une droite de $\mathbb{R}^3$ représentée par le système d'équations paramétriques

$$x = 1 + 2k,\ y = 1 + k \text{ et } z = 2 + 3k \quad (k \in \mathbb{R})$$

a) Donnez deux points sur $\mathcal{D}$.

b) Donnez deux points hors de $\mathcal{D}$.

c) Quelle partie de $\mathcal{D}$ obtient-on si $k \in [-1, 2]$. Illustrez votre réponse. (Il est inutile de tracer les axes du repère; tracez d'abord une droite arbitraire, un point de référence sur cette droite et un vecteur directeur à l'échelle de votre choix.)

d) La droite $\mathcal{D}$ rencontre-t-elle les plans de coordonnées ? Si oui, en quel(s) point(s) ?

e) La droite $\mathcal{D}$ rencontre-t-elle les axes de coordonnées ? Si oui, en quel(s) point(s) ?

11. Représentez par un système d'équations symétriques la droite $\mathcal{D}$ de l'exercice précédent.

12. Une droite $\mathcal{D}$ a pour équations symétriques

$$\frac{x+1}{3} = \frac{1-2y}{2} = \frac{z-2}{5}$$

a) La projection orthogonale de $\mathcal{D}$ dans le plan des abscisses et des ordonnées (plan *xy*) est une droite $\mathcal{D}_1$. En identifiant $\mathbb{R}^2$ au plan *xy*, donnez une équation symétrique de $\mathcal{D}_1$ dans $\mathbb{R}^2$.

b) La projection orthogonale de $\mathcal{D}$ dans le plan des ordonnées et des cotes (le plan *yz*) est une droite $\mathcal{D}_2$. En identifiant $\mathbb{R}^2$ au plan *yz*, donnez une équation symétrique (en *y* et *z*) de $\mathcal{D}_2$ dans $\mathbb{R}^2$.

c) La projection orthogonale de $\mathcal{D}$ dans le plan des abscisses et des cotes (le plan *xz*) est une droite $\mathcal{D}_3$. En identifiant $\mathbb{R}^2$ au plan *xz*, donnez une équation symétrique (en *x* et *z*) de $\mathcal{D}_3$ dans $\mathbb{R}^2$.

13. Déterminez la position relative des droites $\mathcal{D}_1$ et $\mathcal{D}_2$ de $\mathbb{R}^3$ données par

$$\mathcal{D}_1 : x = 1 + 6t,\ y = 3 - t,\ z = -2 + 6t \quad (t \in \mathbb{R})$$

et

$$\mathcal{D}_2 : \frac{x-3}{2} = 2 - 3y = \frac{z-3}{2}.$$

14. Les droites $\mathcal{D}_1$ et $\mathcal{D}_2$ données par

$$\mathcal{D}_1 : (x, y, z) = (4, 0, 4) + t(3, 2, -1) \quad (t \in \mathbb{R})$$

et

$$\mathcal{D}_2 : (x, y, z) = (5, -4, -3) + s(-2, 1, 4) \quad (s \in \mathbb{R})$$

sont sécantes en un point P de $\mathbb{R}^3$. Trouvez les coordonnées de P.

15. Déterminez les valeurs de m et n pour lesquelles les droites $\mathcal{D}_1$ et $\mathcal{D}_2$ données par

$$\mathcal{D}_1 : \frac{x+1}{m} = \frac{y-2}{n} = \frac{z}{3}$$

et

$$\mathcal{D}_2 : x = 1 + 2t,\ y = 4 - t,\ z = -5 - t \quad (t \in \mathbb{R})$$

sont

a) parallèles;

b) orthogonales (il n'est pas nécessaire qu'elles soient sécantes).

16. Calculez la distance du point $P(2, 1, 3)$ à la droite $\mathcal{D}$ définie par

$$x = 2k \qquad y = 1 - k \qquad z = 2 - 3k \quad (k \in \mathbb{R}).$$

17. Calculez la distance de l'origine $O(0, 0, 0)$ à la droite $\mathcal{D}$ définie par

$$\frac{x-1}{3} = \frac{y+2}{4} = \frac{z-1}{2}.$$

Quel est le point de $\mathcal{D}$ le plus près de l'origine ?

18. Quelle est la distance entre les droites parallèles suivantes ?

$$\mathcal{D}_1 : \frac{x-1}{2} = \frac{y-3}{4} = \frac{z-1}{3}$$

$$\mathcal{D}_2 : x-3 = \frac{y-4}{2} = \frac{2}{3}(z-2)$$

19. Quel est le point le plus près de l'axe des abscisses sur la droite d'équations vectorielles $(x, y, z) = (-2, 6, 2) + t(3, -2, 1)$, $t \in \mathbb{R}$?

20. Deux particules P et Q se dirigent l'une vers l'autre sur la droite d'équations symétriques

$$\frac{1-x}{6} = \frac{y+1}{-3} = \frac{z-2}{2}.$$

À l'instant $t = 0$, P se trouve au point de coordonnées (19, 8, -4) et Q se trouve au point de coordonnées (-29, -16, 12). Les vitesses scalaires de P et Q sont respectivement de 4 m/s et 6 m/s.

a) Quelles seront les coordonnées du point de collision de P et Q ? (On suppose que toutes les coordonnées et les composantes sont mesurées en mètres.)

b) À quel instant aura lieu la collision ?

21. Les positions de deux particules P et Q à l'instant t sont données par

$$P : (x, y, z) = (-1, 2, 5) + t(1, 2, 3) \quad \text{et} \quad Q : (x, y, z) = (3, 4, 2) + t(-1, 3, 2).$$

Le point M se déplace dans l'espace de manière qu'il est toujours exactement à mi-chemin entre P et Q.

a) Montrez que M se déplace selon une droite et donnez une équation vectorielle de cette droite.

b) Est-il exact d'affirmer que la vitesse vectorielle de M est la moyenne entre la vitesse vectorielle de P et la vitesse vectorielle de Q ?

c) Est-il exact d'affirmer que la vitesse scalaire de M est la moyenne entre la vitesse scalaire de P et la vitesse scalaire de Q ?

22. Le cylindre circulaire de la figure 4.15 est le lieu des points $P(x, y, z)$ qui sont à 4 unités de distance de la droite $\mathcal{D}$ définie par les équations paramétriques

$$x = 1 + t \quad y = 2 - 2t \quad z = 3 + 2t \quad (t \in \mathbb{R}).$$

Trouvez une équation en x, y et z qui caractérise ce lieu dans $\mathbb{R}^3$.

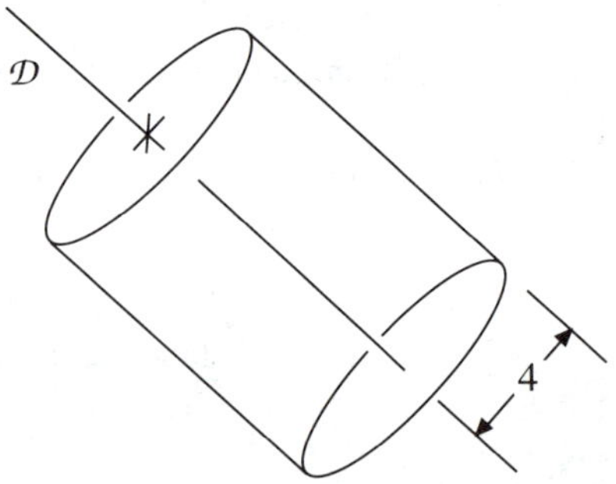

Figure 4.15 Cylindre circulaire de rayon 4.

23. Trois particules P_1, P_2 et P_3 se déplacent dans l'espace $\mathbb{R}^3$ de telle sorte que leurs positions respectives à l'instant t sont données par :

P_1: $x = -1 - 2t$	P_2: $x = -8 + t$	P_3: $x = 10 - 2t$
$y = 4 + t$	$y = 2t$	$y = 5 + t$
$z = 4 + 3t$	$z = -2 + 4t$	$z = 3t$

a) Où se trouvent les particules à l'instant $t = 0$?

b) Quelles sont les vitesses scalaires respectives des particules P_1, P_2 et P_3 ?

c) Quelle distance sépare les particules P_2 et P_3 à l'instant $t = 5$?

d) Les trajectoires de P_1 et P_3 sont-elles parallèles ?

e) À quelle distance la particule P_2 se trouve-t-elle de la trajectoire de la particule P_3 à l'instant $t = 2$?

f) Les trajectoires des particules P_2 et P_3 se croisent-elles ? Si oui, en quel point ? Sinon, quelle distance sépare ces trajectoires ?

g) Montrez que les trajectoires des particules P_1 et P_2 sont sécantes.

h) Les particules P_1 et P_2 entreront-elles en collision ?

i) Quelle est la valeur de l'angle entre les trajectoires des particules P_2 et P_3 ?

j) À quel instant la particule P_2 est-elle le plus près de la trajectoire de P_3 ?

k) À quelle vitesse scalaire relative les particules P_2 et P_3 s'éloignent-elles ou se rapprochent-elles à l'instant $t = 5$?

24. En quels points la droite d'équation vectorielle

$$(x, y, z) = (-10, 4, 9) + t(8, -1, -3) \quad (t \in \mathbb{R})$$

perce-t-elle la surface de la sphère de rayon 7 centrée à l'origine ?

25. En quels points la droite d'équation vectorielle

$$(x, y, z) = (9, 22, -11) + t(3, 9, -5) \quad (t \in \mathbb{R})$$

perce-t-elle la surface du cylindre circulaire de rayon 5 dont l'axe de symétrie coïncide avec l'axe z (l'axe des cotes) ?

4.2 LES PLANS

Nous verrons ici comment caractériser les plans à l'aide d'équations vectorielles, paramétriques et non paramétriques dans $\mathbb{R}^3$. Nous verrons ensuite le concept de vecteur normal à un plan, comment calculer la distance d'un point à un plan, comment évaluer la position relative de deux plans dans $\mathbb{R}^3$ et comment mesurer l'angle dièdre entre deux plans.

4.2.1 ÉQUATIONS VECTORIELLES ET PARAMÉTRIQUES DES PLANS DANS $\mathbb{R}^3$

La donnée d'un point P_0 et de deux vecteurs non nuls et non parallèles $\vec{u}$ et $\vec{v}$ détermine un unique plan $\mathcal{P}$ dans $\mathbb{R}^3$: c'est l'ensemble (le lieu) de tous les points P pour lesquels $P = P_0 + r\vec{u} + s\vec{v}$ (figure 4.16) avec $r \in \mathbb{R}$ et $s \in \mathbb{R}$.

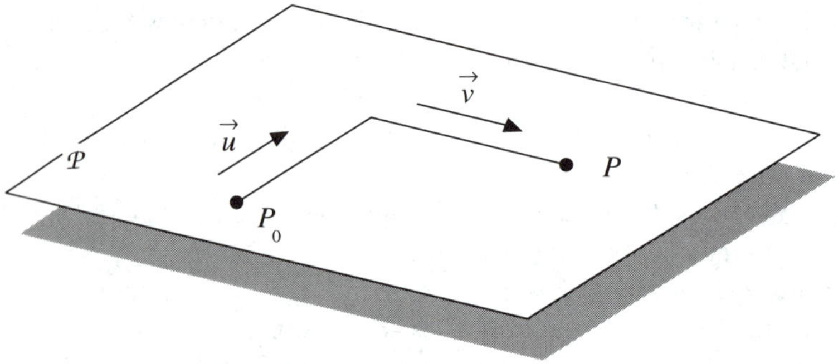

Figure 4.16

Définition ***Plan dans*** $\mathbb{R}^3$

Soit A un point, $\vec{u}$ et $\vec{v}$ des vecteurs non nuls et non parallèles de $\mathbb{R}^3$. Le plan $\mathcal{P}$ passant par A et de vecteurs directeurs $\vec{u}$ et $\vec{v}$ est le lieu des points $P(x, y, z)$ de $\mathbb{R}^3$ pour lesquels

$$P = A \oplus (r\vec{u} + s\vec{v}) \text{ ou encore } \overrightarrow{OP} = \overrightarrow{OA} + r\vec{u} + s\vec{v}, \text{ avec } r, s \in \mathbb{R}.$$

L'équation $P = A \oplus (r\vec{u} + s\vec{v})$ est appelée équation affine de $\mathcal{P}$ et l'équation $\overrightarrow{OP} = \overrightarrow{OA} + r\vec{u} + s\vec{v}$ est appelée équation vectorielle de $\mathcal{P}$. Les scalaires r et s sont les paramètres de ces équations et les vecteurs $\vec{u}$ et $\vec{v}$ sont les vecteurs directeurs du plan $\mathcal{P}$; A est un point de référence de $\mathcal{P}$.

Exemple

On peut obtenir une équation vectorielle du plan $\mathcal{P}$ passant par les points

$$A(1, 0, 0), B(0, 2, 0) \text{ et } C(0, 0, 3)$$

en prenant :

$\overrightarrow{AB}$ et $\overrightarrow{AC}$ comme vecteurs directeurs,

A comme point de référence (figure 4.17) :

$$\mathcal{P} : (x, y, z) = (1, 0, 0) + r(-1, 2, 0) + s(-1, 0, 3), \; r, s \in \mathbb{R}.$$

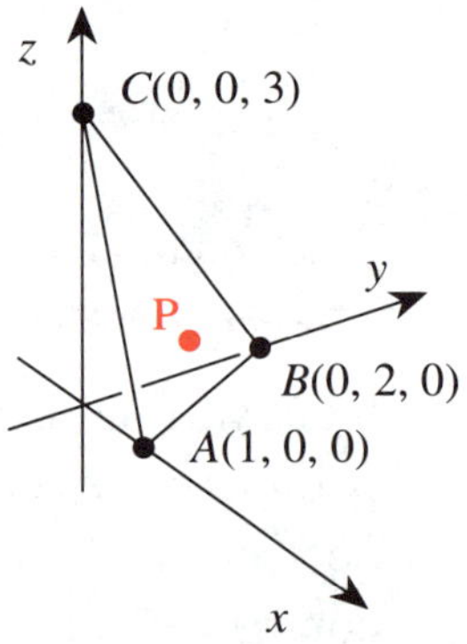

Figure 4.17

■

Définition ***Équations paramétriques d'un plan***

Soit $\mathcal{P}$ un plan dans $\mathbb{R}^3$ d'équation vectorielle

$$(x, y, z) = (x_0, y_0, z_0) + r(u_1, u_2, u_3) + s(v_1, v_2, v_3), \quad r, s \in \mathbb{R}.$$

Alors, le système d'équations

$$\begin{aligned} x &= x_0 + ru_1 + sv_1 \\ y &= y_0 + ru_2 + sv_2 \\ z &= z_0 + ru_3 + sv_3 \end{aligned}$$

est appelé système d'équations paramétriques de $\mathcal{P}$, et r et s sont les paramètres de ces équations.

Exemple

Voici un système d'équations paramétriques du plan $\mathcal{P}$ d'équation vectorielle $\mathcal{P}: (x, y, z) = (1, 0, 0) + r(-1, 2, 0) + s(-1, 0, 3), r, s \subset \mathbb{R}$:

$$\begin{aligned} x &= 1 - r - s \\ y &= 2r \\ z &= 3s. \end{aligned}$$

■

4.2.2 ÉQUATIONS NON PARAMÉTRIQUES DES PLANS DANS $\mathbb{R}^3$

On peut caractériser les points $P(x, y, z)$ du plan $\mathcal{P}$ qui passe par le point A et de vecteurs directeurs $\vec{u}$ et $\vec{v}$ par le fait que lorsque $P \in \mathcal{P}$, le vecteur $\overrightarrow{AP}$ est combinaison linéaire de $\vec{u}$ et $\vec{v}$ et alors le parallélipipède engendré par $\overrightarrow{AP}$, $\vec{u}$ et $\vec{v}$ est plat (de volume nul)[5] :

$$P \in \mathcal{P} \Leftrightarrow \Delta\langle \overrightarrow{AP}, \vec{u}, \vec{v} \rangle = 0 \text{ (figure 4.18).}$$

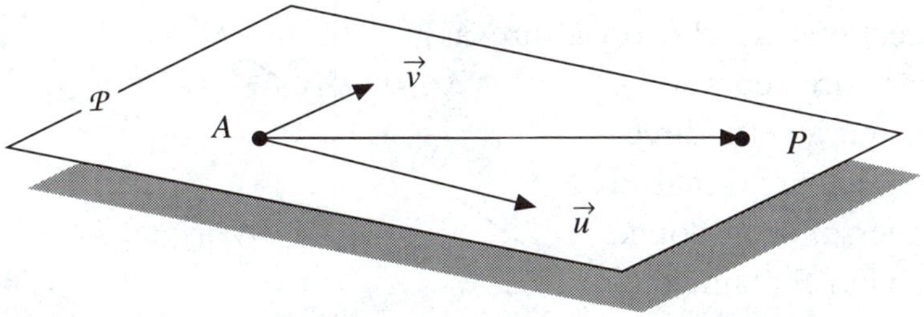

Figure 4.18

5. Voir le test de coplanarité à la sous-section 3.1.5.

Cela nous donne pour les coordonnées x, y et z de tout point P du plan $\mathcal{P}$ une équation sans paramètre.

Définition ***Équation algébrique de $\mathcal{P}$***

Soit $\mathcal{P}$ un plan passant par le point $A(x_0, y_0, z_0)$ et de vecteurs directeurs $\vec{u} = (u_1, u_2, u_3)$ et $\vec{v} = (v_1, v_2, v_3)$. Alors, l'équation

$$\begin{vmatrix} x - x_0 & y - y_0 & z - z_0 \\ u_1 & u_2 & u_3 \\ v_1 & v_2 & v_3 \end{vmatrix} = 0$$

qui caractérise tous les points $P(x, y, z)$ du plan $\mathcal{P}$ est appelée équation algébrique de $\mathcal{P}$.

Exemple

On obtient une équation algébrique du plan $\mathcal{P}$ de la figure 4.17 passant par les points $A(1, 0, 0)$, $B(0, 2, 0)$ et $C(0, 0, 3)$ à partir de l'équation $\Delta\langle \overrightarrow{AP}, \overrightarrow{AB}, \overrightarrow{AC} \rangle = 0$:

$$P(x, y, z) \in \mathcal{P} \Leftrightarrow \begin{vmatrix} x-1 & y & z \\ -1 & 2 & 0 \\ -1 & 0 & 3 \end{vmatrix} = 0$$

ce qui donne, en développant ce déterminant :

$$\mathcal{P} : 6x + 3y + 2z - 6 = 0.$$

4.2.3 VECTEUR NORMAL À UN PLAN

Étant donné un plan $\mathcal{P}$ de l'espace $\mathbb{R}^3$, il existe une seule direction orthogonale à toutes les directions de $\mathcal{P}$ (c'est-à-dire à tous les vecteurs directeurs de $\mathcal{P}$). Un vecteur $\vec{n}$ qui a cette direction est appelé vecteur normal au plan $\mathcal{P}$. À l'inverse, étant donné un vecteur non nul $\vec{n}$ et un point A de $\mathbb{R}^3$, il existe un seul plan $\mathcal{P}$ passant par A ayant $\vec{n}$ pour vecteur normal (figure 4.19).

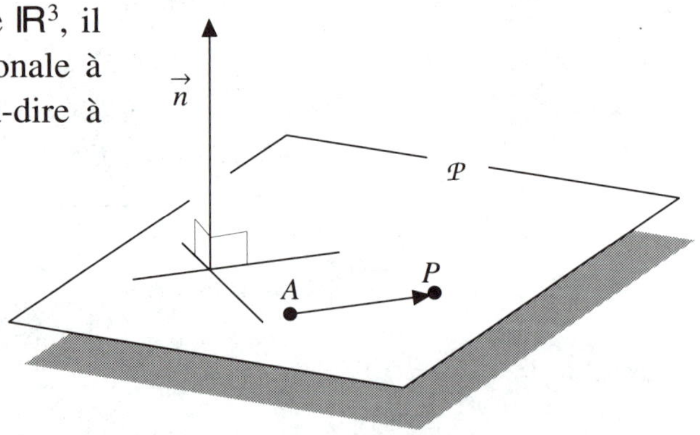

Figure 4.19 Vecteur normal à un plan.

Si $\vec{OA} = (x_0, y_0, z_0)$ et $\vec{n} = (a, b, c)$, on peut obtenir une équation algébrique du plan $\mathcal{P}$ comme suit :

$$\begin{aligned} P(x, y, z) \in \mathcal{P} &\Leftrightarrow \vec{AP} \perp \vec{n} \\ &\Leftrightarrow \vec{AP} \bullet \vec{n} = 0 \\ &\Leftrightarrow (x - x_0, y - y_0, z - z_0) \bullet (a, b, c) = 0 \\ &\Leftrightarrow a(x - x_0) + b(y - y_0) + c(z - z_0) = 0 \\ &\Leftrightarrow ax + by + cz + d = 0 \qquad (\text{où } d = -ax_0 - by_0 - cz_0). \end{aligned}$$

On en déduit :

> L'équation algébrique
>
> $$ax + by + cz + d = 0$$
>
> représente un plan $\mathcal{P}$ de vecteur normal $\vec{n} = (a, b, c)$; si ce plan passe par le point $A(x_0, y_0, z_0)$, alors $d = -(ax_0 + by_0 + cz_0)$. L'équation $ax + by + cz + d = 0$ est aussi appelée équation normale ou équation linéaire du plan $\mathcal{P}$.

Exemple 1

Dans la figure 4.20, le plan $\mathcal{P}$ est perpendiculaire au segment AB et passe par le *milieu* de ce segment. On donne $A(5, 2, -1)$ et $B(1, 8, 1)$.

Pour obtenir une équation algébrique de $\mathcal{P}$, on prend le vecteur $\vec{AB}$ comme vecteur normal :

$$\vec{n} = (-4, 6, 2).$$

Dans ce cas, l'équation algébrique de $\mathcal{P}$ sera

$$-4x + 6y + 2z + d = 0.$$

Pour déterminer le coefficient d de cette équation, il faut connaître un point du plan $\mathcal{P}$. Le milieu M du segment AB est sur $\mathcal{P}$. C'est le barycentre des points A et B :

$$\vec{OM} = \frac{1}{2}[(5, 2, -1) + (1, 8, 1)] = (3, 5, 0).$$

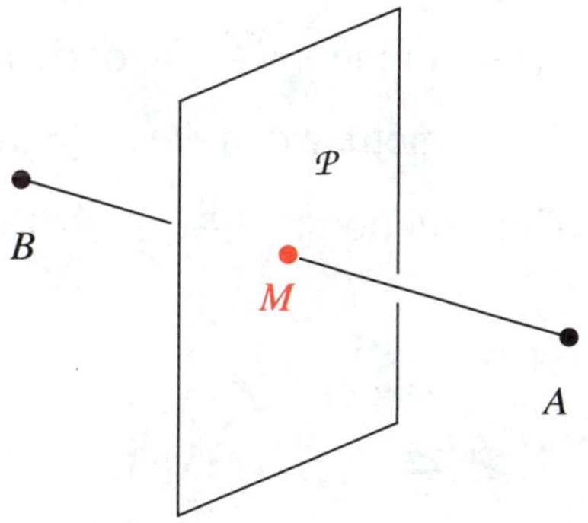

Figure 4.20

On obtient la valeur de d en substituant les coordonnées de M aux variables x, y et z dans l'équation du plan :

$$\begin{aligned} -4(3) + 6(5) + 2(0) + d &= 0 \\ d &= -18. \end{aligned}$$

L'équation de $\mathcal{P}$ est donc

$$-4x + 6y + 2z - 18 = 0$$

ou encore

$$-2x + 3y + z - 9 = 0.$$

■

Exemple 2

Un plan $\mathcal{P}$ est défini par l'équation

$$x - y + 3z - 5 = 0$$

et une droite $\mathcal{D}$ a pour équations paramétriques

$$x = -2 + 2t \quad y = 4 + t \quad z = 3 + 2t \quad (t \in \mathbb{R}).$$

On veut savoir si la droite $\mathcal{D}$ est parallèle ou sécante au plan $\mathcal{P}$.

Le vecteur normal de $\mathcal{P}$ est $\vec{n} = (1, -1, 3)$ et le vecteur directeur de $\mathcal{D}$ est $\vec{v} = (2, 1, 2)$. On évalue le produit scalaire $\vec{v} \bullet \vec{n} : (2, 1, 2) \bullet (1, -1, 3) = 7$. Le produit scalaire étant non nul, on peut affirmer que $\vec{v}$ et $\vec{n}$ ne sont pas orthogonaux. La droite $\mathcal{D}$ est donc sécante au plan $\mathcal{P}$. On peut trouver le point d'intersection de $\mathcal{D}$ avec $\mathcal{P}$ en substituant dans l'équation de $\mathcal{P}$ les expressions paramétriques des variables x, y et z données par les équations de $\mathcal{D}$: l'équation $x - y + 3z - 5 = 0$ du plan $\mathcal{P}$ devient

$$(-2 + 2t) - (4 + t) + 3(3 + 2t) - 5 = 0$$

ce qui donne $t = \frac{2}{7}$; on obtient alors le point cherché en substituant par cette valeur le paramètre t dans les équations de $\mathcal{D}$. On trouve ainsi les coordonnées du point d'intersection : $\left(\frac{-10}{7}, \frac{30}{7}, \frac{25}{7}\right)$.

■

4.2.4 DISTANCE D'UN POINT À UN PLAN

La distance d'un point P à un plan $\mathcal{P}$, notée $d(P, \mathcal{P})$, est la longueur de la perpendiculaire abaissée de P au plan $\mathcal{P}$; si A est un point arbitraire de $\mathcal{P}$ et $\vec{n}$ un vecteur normal

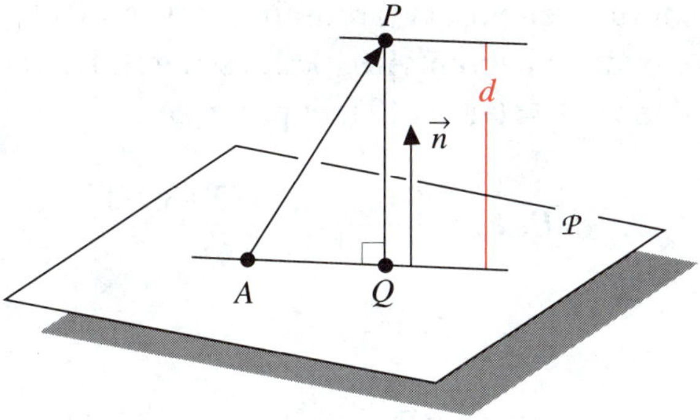

Figure 4.21 Distance d'un point à un plan.

de $\mathcal{P}$, alors $d(P, \mathcal{P})$ est la longueur de la projection orthogonale de $\overrightarrow{AP}$ sur $\vec{n}$ [figure 4.21, où $d = d(P, \mathcal{P})$].

En utilisant la formule de calcul des projections orthogonales (sous-section 2.2.5), on obtient la formule suivante.

Formule de calcul de la distance d'un point à un plan

$$d(P, \mathcal{P}) = \|\overrightarrow{AP}_{\vec{n}}\| = \frac{|\overrightarrow{AP} \bullet \vec{n}|}{\|\vec{n}\|}$$

où A est un point de $\mathcal{P}$ et $\vec{n}$ est un vecteur normal de $\mathcal{P}$.

Par suite, on a aussi :

Le point Q, pied de la perpendiculaire abaissée du point P au plan $\mathcal{P}$ (figure 4.21), est donné par :

$$\overrightarrow{OQ} = \overrightarrow{OP} - \overrightarrow{AP}_{\vec{n}} = \overrightarrow{OP} - \left(\frac{\overrightarrow{AP} \bullet \vec{n}}{\|\vec{n}\|^2} \right) \vec{n}$$

et le point P', *symétrique de P relativement au plan* $\mathcal{P}$, est donné par :

$$\overrightarrow{OP'} = \overrightarrow{OP} - 2\overrightarrow{AP}_{\vec{n}} = \overrightarrow{OP} - 2\left(\frac{\overrightarrow{AP} \bullet \vec{n}}{\|\vec{n}\|^2} \right) \vec{n}.$$

Exemple

On veut calculer la distance du point $P(-1, 8, -10)$ au plan $\mathcal{P}$ défini par

$$\mathcal{P} : 2x - 3y + 6z - 12 = 0.$$

On choisit un point sur $\mathcal{P}$ en posant (arbitrairement) $x = 0$ et $y = 0$ dans l'équation de $\mathcal{P}$; on trouve $z = 2$ et donc le point $A(0, 0, 2)$ est sur $\mathcal{P}$. Le vecteur normal à $\mathcal{P}$ est $\vec{n} = (2, -3, 6)$. On a donc $\overrightarrow{AP} = (-1, 8, -12)$, et par suite,

$$\begin{aligned} d(P, \mathcal{P}) &= \frac{|(-1, 8, -12) \bullet (2, -3, 6)|}{\|(2, -3, 6)\|} \\ &= \frac{|-98|}{7} \\ &= 14 \text{ unités.} \end{aligned}$$

Le pied de la perpendiculaire abaissée de P à $\mathcal{P}$ est le point Q donné par :

$$\begin{aligned} \overrightarrow{OQ} &= \overrightarrow{OP} - \overrightarrow{AP}_{\vec{n}} \\ &= (-1, 8, -10) - \frac{(-1, 8, -12) \bullet (2, -3, 6)}{\|(2, -3, 6)\|^2}(2, -3, 6) \\ &= (-1, 8, -10) - (-4, 6, -12) \\ &= (3, 2, 2). \end{aligned}$$

Le symétrique P' de P relativement à $\mathcal{P}$ est donné par :

$$\begin{aligned} \overrightarrow{OP'} &= (-1, 8, -10) - 2(-4, 6, -12) \\ &= (7, -4, 14). \end{aligned}$$

■

Remarques

1. Si la droite $\mathcal{D}$ est parallèle à un plan $\mathcal{P}$, alors la distance de $\mathcal{D}$ à $\mathcal{P}$ est la distance d'un point quelconque de $\mathcal{D}$ à $\mathcal{P}$.
2. La distance entre deux plans parallèles $\mathcal{P}_1$ et $\mathcal{P}_2$ est la distance d'un point quelconque du plan $\mathcal{P}_1$ au plan $\mathcal{P}_2$.

4.2.5 POSITION RELATIVE DE DEUX PLANS DANS $\mathbb{R}^3$

Soit $\mathcal{P}_1$ et $\mathcal{P}_2$, deux plans de l'espace $\mathbb{R}^3$ donnés par les équations algébriques sont

$$\mathcal{P}_1 : a_1x + b_1y + c_1z + d_1 = 0$$

et

$$\mathcal{P}_2 : a_2x + b_2y + c_2z + d_2 = 0$$

Si les vecteurs normaux $\vec{n}_1 = (a_1, b_1, c_1)$ et $\vec{n}_2 = (a_2, b_2, c_2)$ sont parallèles ($\vec{n}_1 \wedge \vec{n}_2 = \vec{0}$), alors les plans $\mathcal{P}_1$ et $\mathcal{P}_2$ seront parallèles. Autrement, si $\vec{n}_1 \wedge \vec{n}_2 \neq \vec{0}$, les plans $\mathcal{P}_1$ et $\mathcal{P}_2$ sont sécants selon une droite $\mathcal{D} = \mathcal{P}_1 \cap \mathcal{P}_2$ dont la direction est donnée par $\vec{n}_1 \wedge \vec{n}_2$, car $\mathcal{D}$ est orthogonale à la fois à $\vec{n}_1$ et à $\vec{n}_2$ (figure 4.22).

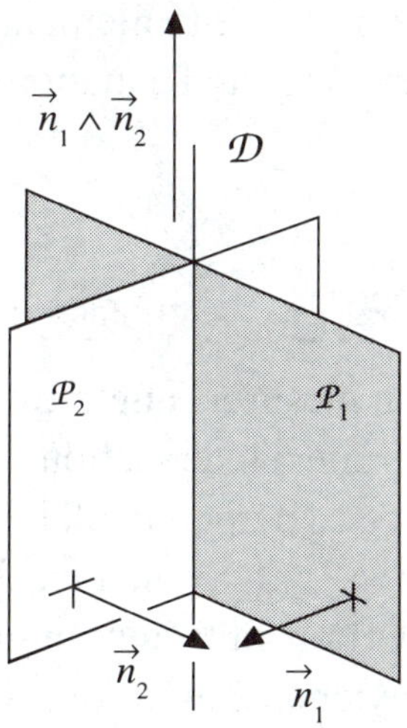

Figure 4.22 Intersection de deux plans.

Pour obtenir une équation vectorielle de la droite $\mathcal{D}$ d'intersection des plans $\mathcal{P}_1$ et $\mathcal{P}_2$, il n'y a qu'à trouver un point sur $\mathcal{D}$, car la direction de $\mathcal{D}$ est donnée par $\vec{n}_1 \wedge \vec{n}_2$; cela revient à trouver une solution[6] particulière (x, y, z) aux équations simultanées des deux plans :

$$\begin{aligned} a_1x + b_1y + c_1z + d_1 &= 0 \\ a_2x + b_2y + c_2z + d_2 &= 0. \end{aligned}$$

Lorsque les plans $\mathcal{P}_1$ et $\mathcal{P}_2$ sont sécants, il y a une infinité de solutions à ce système, et ces solutions sont précisément les points $P(x, y, z)$ situés sur $\mathcal{D}$. Des trois composantes de $\vec{n}_1 \wedge \vec{n}_2$, vecteur directeur de $\mathcal{D}$, au moins l'une est non nulle. Supposons que ce soit la composante en z (la cote); dans ce cas, on est certain que $\mathcal{D}$ n'est pas parallèle au plan des abscisses et des ordonnées et donc que $\mathcal{D}$ rencontre ce plan en un point $(x, y, 0)$. On pose alors $z = 0$ dans le système des deux équations et on n'a plus qu'à résoudre un simple système de deux équations à deux inconnues.

Exemple

On veut déterminer la position relative des plans $\mathcal{P}_1$ et $\mathcal{P}_2$ définis par

$$\mathcal{P}_1 : 4x - 2y + z = 10$$

et

$$\mathcal{P}_2 : -3x + 5y + z = -4.$$

Ici, $\vec{n}_1 = (4, -2, 1)$ et $\vec{n}_2 = (-3, 5, 1)$, ce qui donne $\vec{n}_1 \wedge \vec{n}_2 = (-7, -7, 14)$: les plans sont donc sécants selon une droite $\mathcal{D}$ de direction $\vec{v} = (1, 1, -2)$ (c'est un multiple de $(-7, -7, 14)$). En posant $z = 0$ dans les équations des deux plans, on obtient un système de deux équations à deux inconnues à résoudre :

$$4x - 2y = 10 \quad \text{et} \quad -3x + 5y = -4.$$

6. On exposera une méthode simple et systématique pour trouver toutes les solutions au chapitre suivant.

On trouve facilement $x = 3$ et $y = 1$, de sorte que le point $A(3, 1, 0)$ est sur la droite $\mathcal{D}$ et par suite l'équation vectorielle de $\mathcal{D}$ est

$$\mathcal{D} : (x, y, z) = (3, 1, 0) + t(1, 1, -2).$$ ■

4.2.6 ANGLE DIÈDRE ENTRE DEUX PLANS

Pour mesurer l'angle entre deux plans $\mathcal{P}_1$ et $\mathcal{P}_2$ non parallèles, on choisit un point P sur la droite d'intersection de $\mathcal{P}_1$ et $\mathcal{P}_2$ (figure 4.23) et par le point P on mène deux droites $\mathcal{D}_1$ et $\mathcal{D}_2$ perpendiculaires à la droite d'intersection et situées respectivement sur $\mathcal{P}_1$ et sur $\mathcal{P}_2$. L'angle dièdre entre les plans $\mathcal{P}_1$ et $\mathcal{P}_2$ est, par définition, l'angle entre $\mathcal{D}_1$ et $\mathcal{D}_2$. Il y a en fait deux angles (supplémentaires) entre $\mathcal{D}_1$ et $\mathcal{D}_2$: on choisit celui qui convient selon le contexte (ordinairement l'angle aigu). Lorsque les deux plans sont parallèles, on convient que l'angle entre les deux est nul.

Si on regarde les plans de la figure 4.23 par la tranche, on voit alors la droite d'intersection des deux plans comme un point, les plans confondus avec les droites $\mathcal{D}_1$ et $\mathcal{D}_2$ (figure 4.24), et l'angle dièdre θ en vraie grandeur.

On remarque que l'angle θ entre les deux plans est le même que l'angle entre les vecteurs normaux $\vec{n}_1$ et $\vec{n}_2$ des plans $\mathcal{P}_1$ et $\mathcal{P}_2$; c'est une conséquence d'un théorème de géométrie plane : deux angles dont les côtés sont mutuellement perpendiculaires doivent être égaux. Cela justifie l'énoncé suivant.

> L'angle dièdre entre les plans $\mathcal{P}_1$ et $\mathcal{P}_2$ de vecteurs normaux $\vec{n}_1$ et $\vec{n}_2$ est égal à l'angle θ entre $\vec{n}_1$ et $\vec{n}_2$.

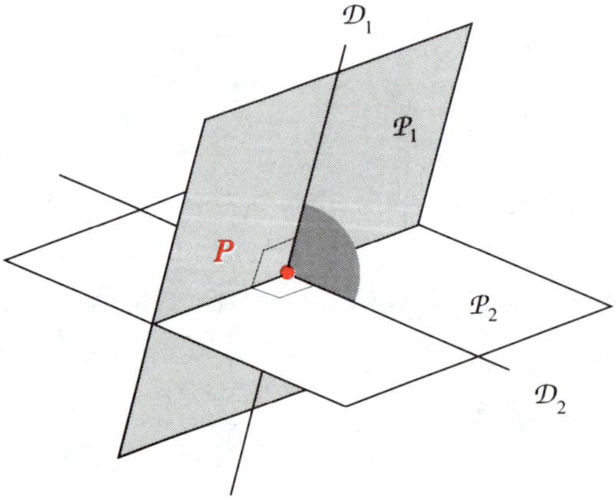

Figure 4.23 L'angle dièdre entre deux plans.

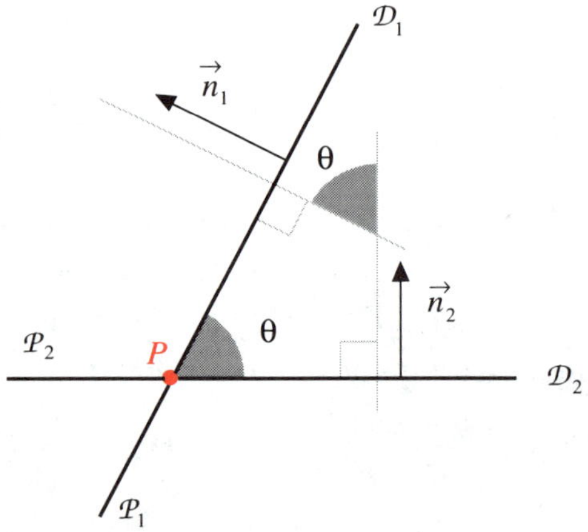

Figure 4.24

Exemple

On cherche la valeur de l'angle dièdre entre le plan $\mathcal{P}$ de la figure 4.25 et le plan d'équation $z = 0$.

Le vecteur normal au plan $\mathcal{P}$ est $\vec{n} = (-1, 2, 0) \wedge (-1, 0, 3) = (6, 3, 2)$ et le vecteur normal au plan d'équation $z = 0$ est $(0, 0, 1)$; l'angle θ entre les deux plans est donc défini par

$$\cos\theta = \frac{(6, 3, 2) \bullet (0, 0, 1)}{\|(6, 3, 2)\| \|(0, 0, 1)\|} = \frac{2}{7}$$

ce qui donne $\theta = 73{,}4°$.

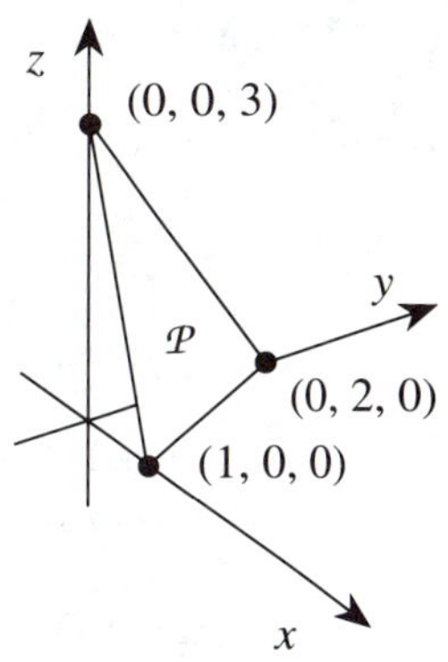

Figure 4.25 ■

On peut aussi définir l'angle entre une droite et un plan : l'angle α entre la droite $\mathcal{D}$ et le plan $\mathcal{P}$ est l'angle complémentaire de l'angle aigu entre le vecteur directeur de $\mathcal{D}$ et le vecteur normal au plan $\mathcal{P}$ (figure 4.26).

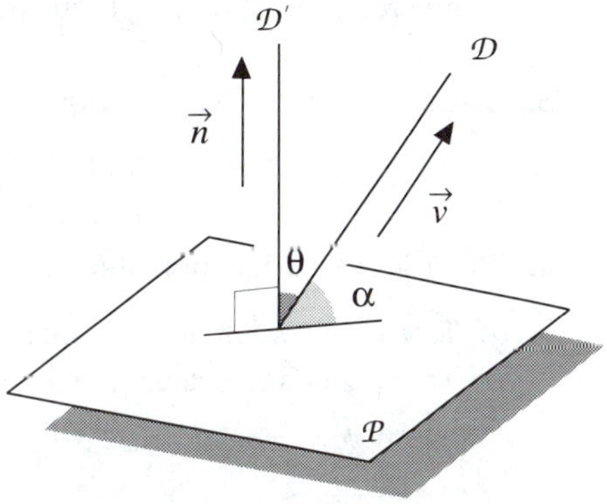

Figure 4.26 L'angle α entre une droite $\mathcal{D}$ et un plan $\mathcal{P}$.

Exemple

On cherche l'angle entre l'axe des abscisses et le plan d'équation $x + y + z = 1$.

Le vecteur directeur de l'axe des abscisses est $\vec{v} = (1, 0, 0)$ et le vecteur normal au plan est $\vec{n} = (1, 1, 1)$; l'angle θ entre $\vec{v}$ et $\vec{n}$ est déterminé par

$$\cos\theta = \frac{(1, 0, 0) \bullet (1, 1, 1)}{\|(1, 0, 0)\| \|(1, 1, 1)\|} = \frac{1}{\sqrt{3}},$$

ce qui donne $\theta = 54{,}74°$. L'angle α entre l'axe des abscisses et le plan est donc

$$\alpha = 90° - 54{,}74° = 35{,}26°.$$ ■

EXERCICES 4.2

1. Soit $\mathcal{P}$ le plan d'équation vectorielle

$$(x, y, z) = (4, -2, 3) + k(-7, 7, -4) + m(-3, 4, -4), \text{ où } k, m \in \mathbb{R}.$$

Décrivez et illustrez (sans les axes de coordonnées) le sous-ensemble du plan correspondant à chacune des données suivantes.

a) $k = 0$ et $m = 1$

b) $k = 1$ et $m \in \mathbb{R}$

c) $m = 0$ et $-1 \leq k \leq 1$

d) $0 \leq m \leq 1$ et $0 \leq k \leq 2$

2. Soit $\mathcal{P}$ le plan d'équations paramétriques

$$\begin{aligned} x &= -3 + 6k + 3m \\ y &= -5 + 5k + 10m \\ z &= 2 - 2k + 2m \end{aligned}$$

où $k, m \in \mathbb{R}$.

a) Donnez deux points distincts sur $\mathcal{P}$.

b) Donnez trois vecteurs non parallèles entre eux mais tous parallèles au plan $\mathcal{P}$.

c) Trouvez un vecteur normal au plan $\mathcal{P}$ et donnez l'équation algébrique de $\mathcal{P}$.

d) Le point $A(-1, 1, 3)$ appartient-il au plan $\mathcal{P}$?

e) Le vecteur $\vec{v} = (1, 1, -1)$ est-il parallèle au plan $\mathcal{P}$?

f) Trouvez les points d'intersection du plan $\mathcal{P}$ avec les axes de coordonnées, et donnez ensuite une représentation graphique de $\mathcal{P}$ dans un repère orthonormé.

3. Donnez une équation algébrique du plan $\mathcal{P}$ passant par les points

$$A(1, 2, 3),\ B(-1, 1, 1) \text{ et } C(3, -2, -1).$$

4. Soit $\mathcal{P}$ le plan d'équation algébrique $2x - 3y + z = 5$.

a) Trouvez un vecteur $\vec{n}$ normal à $\mathcal{P}$.

b) Trouvez deux vecteurs non nuls $\vec{u}$ et $\vec{v}$ linéairement indépendants mais tous deux parallèles à $\mathcal{P}$.

5. Donnez une équation algébrique du plan $\mathcal{P}$ contenant les droites sécantes $\mathcal{D}_1$ et $\mathcal{D}_2$ de $\mathbb{R}^3$ définies par

$$\mathcal{D}_1 : x = 1, y = 2; \qquad \mathcal{D}_2 : y = 2, z = 3$$

et illustrez ce plan dans un repère orthonormé.

6. *a*) Si un plan $\mathcal{P}$ coupe les trois axes de coordonnées en trois points distincts, montrez que l'équation algébrique de $\mathcal{P}$ peut alors prendre la forme

$$\frac{x}{a} + \frac{y}{b} + \frac{z}{c} = 1$$

appelée équation réduite de $\mathcal{P}$ et donnez l'interprétation graphique des nombres a, b et c.

b) Comment définiriez-vous l'équation réduite d'une droite dans $\mathbb{R}^2$?

c) Quelle est l'équation réduite du plan passant par les points $(1, 0, 0)$, $(0, 2, 0)$ et $(0, 0, 3)$?

7. Donnez une équation algébrique du plan $\mathcal{P}$ qui contient la droite $\mathcal{D}_1$ d'équations symétriques

$$\frac{x-1}{2} = \frac{3-y}{5} = 2z$$

et qui est parallèle à la droite $\mathcal{D}_2$ d'équations paramétriques

$$x = 3 - t \quad y = 1 + 2t \quad z = -1 \quad (t \in \mathbb{R}).$$

8. Dans chacun des cas suivants, déterminez la position relative de la droite $\mathcal{D}$ et du plan $\mathcal{P}$.

a) $\mathcal{D}: \dfrac{x-1}{2} = \dfrac{y+3}{-1} = z+1$ $\qquad$ $\mathcal{P}: 3x + 6y + 31 = 0$

b) $\mathcal{D}: x = 1 - t,\ y = 2 + 5t,\ z = 8t \quad (t \in \mathbb{R})$ $\qquad$ $\mathcal{P}: 2x + 2y - z - 6 = 0$

c) $\mathcal{D}: x = 4 - 3t,\ y = 3 - 2t,\ z = t \quad (t \in \mathbb{R})$ $\qquad$ $\mathcal{P}: 3x - y + 2z + 7 = 0$

9. Déterminez la valeur de k dans l'équation du plan $\mathcal{P}: 2x + ky - 5z + 3 = 0$, pour que la droite $\mathcal{D}$ d'équations symétriques

$$\frac{2x-3}{4} = \frac{4-y}{3} = \frac{-z}{5}$$

soit

a) parallèle à $\mathcal{P}$; $\qquad$ *b*) perpendiculaire à $\mathcal{P}$.

10. Soit $\mathcal{P}$ le plan d'équation $x - y + 2z - 6 = 0$, et soit $\mathcal{D}$ la droite d'équations paramétriques $x = 2t$, $y = -2 - 3t$, $z = 4 + t$, où $t \in \mathbb{R}$.

a) Déterminez l'intersection de la droite $\mathcal{D}$ et du plan $\mathcal{P}$.

b) Calculez l'angle que fait la droite $\mathcal{D}$ avec le plan $\mathcal{P}$.

11. Dans chacun des cas suivants, déterminez la position relative des plans $\mathcal{P}_1$ et $\mathcal{P}_2$. (Donnez une équation vectorielle de la droite d'intersection s'il y a lieu.)

a) $\mathcal{P}_1 : 2x - 4y - 2z + 1 = 0$ $\qquad$ $\mathcal{P}_2 : x - 2y - z + 4 = 0$

b) $\mathcal{P}_1 : 4x - 6y + 13z + 8 = 0$ $\qquad$ $\mathcal{P}_2 : -4x - 6y + 5z + 16 = 0$

12. Un plan $\mathcal{P}$ contient le point $A(4, -2, 0)$ et est perpendiculaire aux plans $\mathcal{P}_1$ et $\mathcal{P}_2$ définis par

$$\mathcal{P}_1 : x + y - z = 0 \quad \text{et} \quad \mathcal{P}_2 : 2x - 4y + z = 5.$$

Donnez une équation algébrique de ce plan $\mathcal{P}$.

13. Un plan $\mathcal{P}$ contient l'intersection des plans $\mathcal{P}_1$ et $\mathcal{P}_2$ définis par

$$\mathcal{P}_1 : 2x + y - 4 = 0 \quad \text{et} \quad \mathcal{P}_2 : y + 2z = 0.$$

Donnez une équation algébrique de ce plan $\mathcal{P}$

a) s'il contient le point $A(2, -1, 1)$;

b) s'il est perpendiculaire au plan $\mathcal{P}_3 : 3x + 2y - 3z = 6$.

14. Les plans $\mathcal{P}_1$ et $\mathcal{P}_2$ définis par

$$\mathcal{P}_1 : ax + by + cz + d = 0 \quad \text{et} \quad \mathcal{P}_2 : Ax + By + Cz + D = 0$$

se rencontrent suivant une droite $\mathcal{D}$. Montrez que tout plan $\mathcal{P}$ contenant $\mathcal{D}$ est d'équation

$$\lambda(ax + by + cz + d) + \mu(Ax + By + Cz + D) = 0$$

où λ et μ sont des scalaires non tous deux nuls.

15. Calculez la valeur de l'angle dièdre entre les plans $\mathcal{P}_1$ et $\mathcal{P}_2$ définis par

$$\mathcal{P}_1 : x + 3y + z = 18 \quad \text{et} \quad \mathcal{P}_2 : 2x + y - 3z = 6.$$

16. Quelle est la distance du point origine $O(0, 0, 0)$ au plan défini par $x + y + z = 1$?

17. Quelle est la distance entre les plans parallèles $\mathcal{P}_1$ et $\mathcal{P}_2$ définis par

$$\mathcal{P}_1 : x + 2y + 3z = 5 \quad \text{et} \quad \mathcal{P}_2 : x + 2y + 3z = -1.$$

18. Un miroir triangulaire plan est appuyé sur les trois axes de coordonnées aux points de coordonnées (4, 0, 0), (0, 4, 0) et (0, 0, 4). Un rayon lumineux issu du point de coordonnées (0, 0, 6) vient frapper ce miroir au point de coordonnées (1, 2, 1), subit une réflexion et va finalement frapper le plan d'équation $z = 0$ en un point A (figure 4.27). Quelles sont les coordonnées de A ?

19. Une sphère dont la surface intérieure est parfaitement polie et argentée est centrée à l'origine et a un rayon de 7 unités; du point $A(-2, 2, 3)$, à l'intérieur de la sphère, un rayon lumineux est dirigé vers le point $B(6, 3, 2)$ et de là est réfléchi vers le point C sur la surface de la sphère. Quelles sont les coordonnées du point C ? (*Coup de pouce* : *i*) Localement, au point d'impact du rayon lumineux, on peut identifier la sphère au plan qui lui est tangent en ce point. *ii*) Le vecteur normal du plan tangent à une sphère de centre $O(0, 0, 0)$ au point $P(a, b, c)$ est $\vec{n} = (a, b, c)$.)

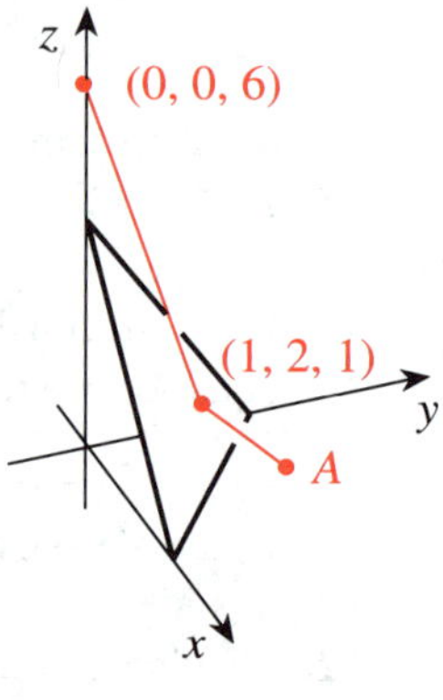

Figure 4.27

20. Donnez l'équation de la sphère de centre $C(0, 1, 3)$ tangente au plan $\mathcal{P}$ défini par

$$\mathcal{P} : x - 2y + 3z + 3 = 0.$$

21. Calculez la valeur de l'angle dièdre θ entre deux faces d'un tétraèdre régulier; les vecteurs normaux à ces deux faces sont faciles à identifier si vous inscrivez le tétraèdre dans un cube comme l'illustre la figure 3.25 (chap. 3, p. 101).

22. Dans la figure 4.28, quelle est la valeur de la cote c du point A pour laquelle l'angle dièdre entre le plan ABC et le plan $z = 0$ mesure 60° ?

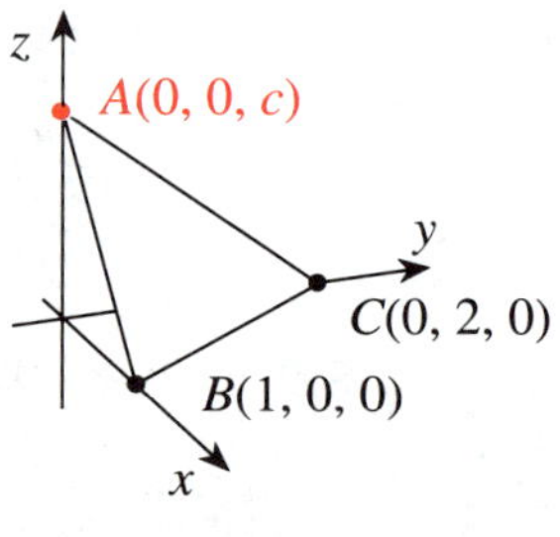

Figure 4.28

4.3

POUR ALLER PLUS LOIN

Dans le but d'aider ses étudiants à améliorer leur perception spatiale, le professeur Janos Baracs de la faculté d'aménagement de l'Université de Montréal a conçu une série de questionnaires sur la géométrie dans l'espace. Avec son aimable permission[7], nous reproduisons ici son questionnaire sur les droites et les plans de même que les illustrations qui l'accompagnent. En répondant à ce questionnaire, vous pourrez vérifier votre compréhension du vocabulaire, des images et de la logique de la géométrie des droites et des plans dans l'espace. (Le corrigé de ce questionnaire se trouve dans le corrigé à la fin de l'ouvrage, après les réponses de la sous-section *Exercices 4.2*.)

Questionnaire sur la perception spatiale

1. Des plans parallèles à une même droite sont parallèles entre eux.

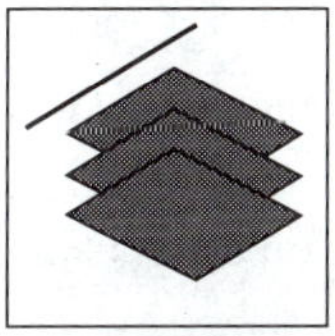

Toujours vrai ❑ Généralement vrai ❑
Toujours faux ❑ Généralement faux ❑

2. Trois plans divisent l'espace en huit régions.

Toujours vrai ❑ Généralement vrai ❑
Toujours faux ❑ Généralement faux ❑

3. La longueur de la projection orthogonale d'un segment est inférieure à celle du segment lui-même.

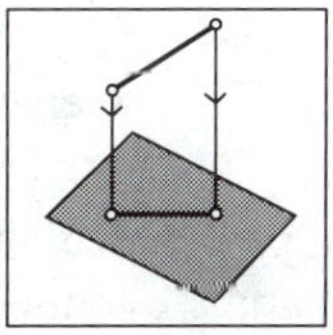

Toujours vrai ❑ Généralement vrai ❑
Toujours faux ❑ Généralement faux ❑

4. Le plan *OPQ* étant parallèle au plan *RST*, un plan *UVZ* sécant à ces deux plans coupe ceux-ci selon deux droites parallèles.

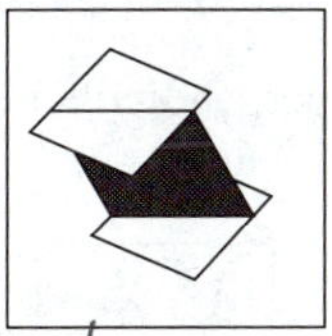

Toujours vrai ❑ Généralement vrai ❑
Toujours faux ❑ Généralement faux ❑

7. Ce questionnaire a également été publié dans le *Bulletin* de l'Association mathématique du Québec, octobre 1987.

5. Deux plans sécants (non parallèles) étant donnés, il existe une droite perpendiculaire à ces deux plans.

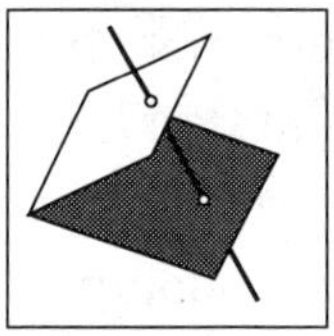

Toujours vrai ☐ Généralement vrai ☐
Toujours faux ☐ Généralement faux ☐

6. Deux plans sécants étant donnés, il existe une droite parallèle à ces deux plans.

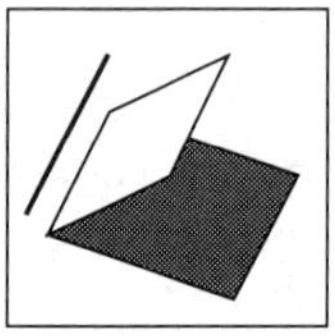

Toujours vrai ☐ Généralement vrai ☐
Toujours faux ☐ Généralement faux ☐

7. Deux plans perpendiculaires à une même droite sont parallèles entre eux.

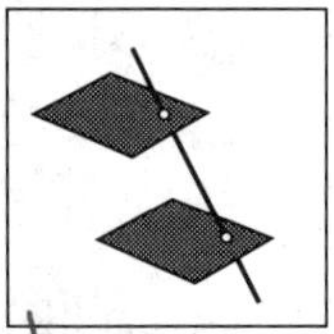

Toujours vrai ☐ Généralement vrai ☐
Toujours faux ☐ Généralement faux ☐

8. Deux plans perpendiculaires à un même plan sont parallèles entre eux.

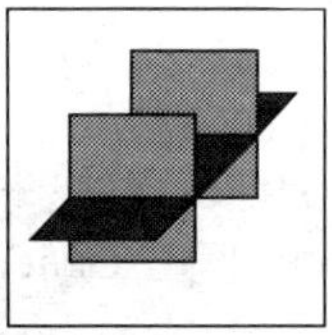

Toujours vrai ☐ Généralement vrai ☐
Toujours faux ☐ Généralement faux ☐

9. Deux droites perpendiculaires à un même plan sont parallèles entre elles.

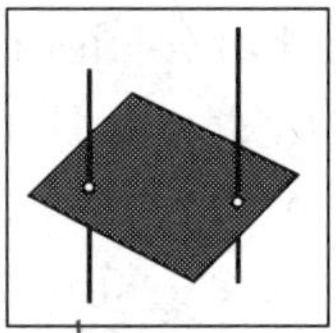

Toujours vrai ☐ Généralement vrai ☐
Toujours faux ☐ Généralement faux ☐

10. L'intersection de trois plans est une droite.

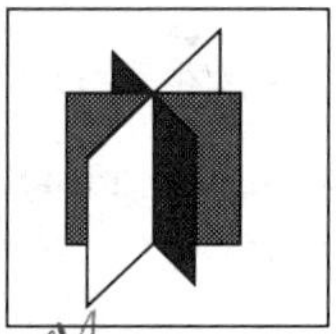

Toujours vrai ☐ Généralement vrai ☐
Toujours faux ☐ Généralement faux ☐

11. L'intersection de trois plans est un point.

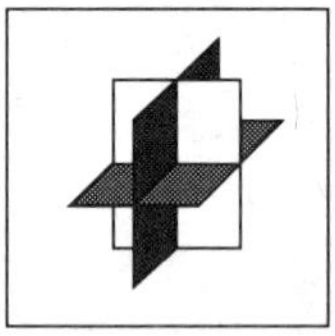

Toujours vrai ☐ Généralement vrai ☐
Toujours faux ☐ Généralement faux ☐

12. L'intersection de deux plans est un point.

Toujours vrai ☐ Généralement vrai ☐
Toujours faux ☐ Généralement faux ☐

13. Le plan *OPQ* étant parallèle au plan *RST*, toutes les droites de *OPQ* sont parallèles au plan *RST*.

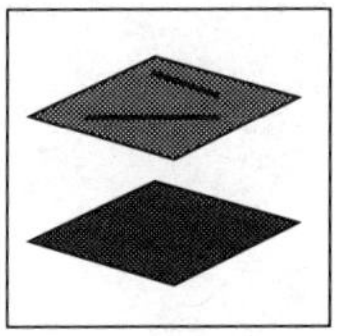

Toujours vrai ❑ Généralement vrai ❑
Toujours faux ❑ Généralement faux ❑

14. Le plan *OPQ* étant perpendiculaire au plan *RST*, toutes les droites de *OPQ* sont perpendiculaires au plan *RST*.

Toujours vrai ❑ Généralement vrai ❑
Toujours faux ❑ Généralement faux ❑

15. Les projections de deux droites gauches sur un même plan sont deux droites parallèles.

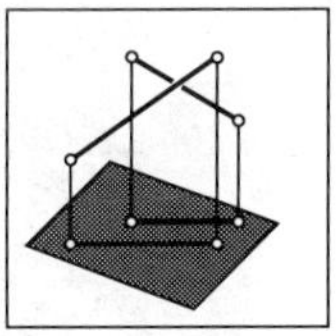

Toujours vrai ❑ Généralement vrai ❑
Toujours faux ❑ Généralement faux ❑

16. Les droites *AB* et *CD* étant gauches, il existe un plan qui passe par la droite *AB* et qui est parallèle à la droite *CD*.

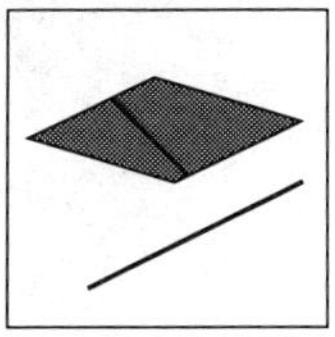

Toujours vrai ❑ Généralement vrai ❑
Toujours faux ❑ Généralement faux ❑

17. Les droites *AB* et *CD* étant gauches, il existe un plan qui passe par la droite *AB* et qui est perpendiculaire à la droite *CD*.

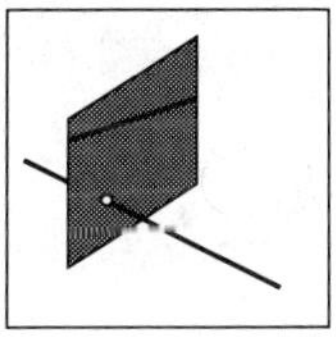

Toujours vrai ❑ Généralement vrai ❑
Toujours faux ❑ Généralement faux ❑

5 CHAPITRE

SYSTÈMES D'ÉQUATIONS LINÉAIRES

Les équations algébriques représentant des droites dans $\mathbb{R}^2$ (par exemple, $2x - 3y = 2$) ou des plans dans $\mathbb{R}^3$ (par exemple, $2x - 3y + 5z = 1$) se ressemblent beaucoup. On les appelle équations linéaires en x, y et z. C'est en résolvant des systèmes d'équations linéaires simultanées que l'on arrive, entre autres, à trouver l'intersection de plusieurs droites ou l'intersection de plusieurs plans. Dans d'autres domaines que la géométrie, on a aussi à résoudre des systèmes contenant un nombre assez important d'équations et d'inconnues, notamment quand il s'agit de planification, de prévision et d'optimisation. Pour résoudre de tels systèmes, il y a plusieurs méthodes parfaitement applicables dans les cas où le nombre d'équations et d'inconnues n'est pas exagéré. Si le système est trop complexe, il est cependant préférable d'avoir recours à de bons logiciels, compte tenu de leur rapidité et de leur disponibilité.

Dans ce chapitre, l'algèbre reprend le dessus sur la géométrie. Nous y exposons la méthode de Gauss et Jordan[1], facilement programmable et universellement employée. D'abord introduite pour condenser l'écriture, la notation matricielle est vite devenue essentielle à une bonne compréhension de la théorie des systèmes d'équations linéaires. Comme les matrices ont plusieurs autres applications, il en sera aussi question dans les deux chapitres suivants : on les étudiera pour elles-mêmes au chapitre 6 et en lien avec la géométrie au chapitre 7.

1. La méthode de Carl Friedrich Gauss (1777-1855) fut généralisée par Wilhelm Jordan (1842-1899).

5.1 SYSTÈMES D'ÉQUATIONS LINÉAIRES ET MATRICES

Dans cette section, nous verrons tout d'abord ce que sont une équation linéaire et un système d'équations linéaires. Nous étudierons ensuite la méthode d'élimination (sur laquelle se fonde la méthode de Gauss-Jordan) pour la résolution de tels systèmes. Cela nous conduira à deux notions essentielles à la description de l'algorithme de résolution de Gauss-Jordan : le concept de matrice échelonnée-réduite-ligne (*ERL*) et le concept d'équivalence-ligne entre deux matrices.

5.1.1 DÉFINITIONS

Équation linéaire

On appelle équation linéaire en $x_1, x_2, ..., x_n$ une équation de la forme

$$a_1x_1 + a_2x_2 + \cdots + a_nx_n = c$$

où $x_1, x_2, ..., x_n$ sont des variables, où $a_1, a_2, \ldots, a_n$ sont des constantes (que l'on désigne souvent comme les coefficients des variables) et où c est une constante. Lorsque $c = 0$, c'est-à-dire lorsque l'équation s'écrit

$$a_1x_1 + a_2x_2 + \cdots + a_nx_n = 0,$$

l'équation est dite homogène.

Exemple 1

$2x - \sqrt{2}y = 3$ est une équation linéaire en x et y; le coefficient de x est 2, et le coefficient de y est $-\sqrt{2}$. ■

Exemple 2

$2x - \sqrt{2y} = 3$ est une équation non linéaire en x et y, car y est sous le radical. ■

Exemple 3

$3x_1 + x_2 - 6 = \dfrac{x_3 - 4x_4 + 2}{5}$ est une équation linéaire en x_1, x_2, x_3, x_4, car elle peut s'écrire $15x_1 + 5x_2 - x_3 + 4x_4 = 32$. ■

Exemple 4

$3x - 2y = z$ est une équation linéaire homogène, car elle peut s'écrire $3x - 2y - z = 0$. ■

Système d'équations linéaires

Un système d'équations linéaires est la donnée de plusieurs équations linéaires simultanées en $x_1, x_2, ..., x_n$:

$$\begin{array}{ccccccccc} a_{11}x_1 & + & a_{12}x_2 & + & \cdots & + & a_{1n}x_n & = & c_1 \\ a_{21}x_1 & + & a_{22}x_2 & + & \cdots & + & a_{2n}x_n & = & c_2 \\ \vdots & \vdots & \vdots & \vdots & \ddots & \vdots & \vdots & \vdots & \vdots \\ a_{m1}x_1 & + & a_{m2}x_2 & + & \cdots & + & a_{mn}x_n & = & c_m . \end{array}$$

L'ensemble solution d'un système d'équations linéaires en x_1, x_2, ..., x_n est l'ensemble de tous les n-uplets de valeurs réelles que l'on peut attribuer au n-uplet de variables $x_1, x_2, ..., x_n$ de manière que toutes les équations du système deviennent des égalités numériques vraies.

Un système d'équations linéaires dont l'ensemble solution est vide est dit incompatible, ou contradictoire, ou incohérent.

Exemple 1

Le système

$$\begin{array}{ccccc} x & - & 2y & = & 5 \\ x & + & 2y & = & 1 \end{array}$$

n'a qu'une seule solution[2] : $(x, y) = (3, -1)$. ■

Exemple 2

L'ensemble solution du système

$$\begin{array}{ccccc} x & - & 2y & = & 5 \\ -2x & + & 4y & = & -10 \end{array}$$

est l'ensemble[3] de tous les couples (x, y) définis par

$$(x, y) = (5, 0) + t(2, 1) \text{ où } t \in \mathbb{R}.$$ ■

Exemple 3

L'ensemble solution du système

$$\begin{array}{ccccc} x & - & 2y & = & 5 \\ -2x & + & 4y & = & 0 \end{array}$$

est vide : c'est un système incohérent[4]. ■

---

2. Dans ce cas, on peut résoudre le système par la règle de Cramer.
3. Ici, les deux équations définissent une *même* droite dans $\mathbb{R}^2$.
4. Ici, le système est incohérent, car un point (x, y) ne peut appartenir simultanément à deux droites parallèles et distinctes dans $\mathbb{R}^2$.

5.1.2 LA MÉTHODE D'ÉLIMINATION

La méthode de résolution des systèmes d'équations linéaires de Gauss-Jordan se fonde sur la méthode d'élimination : en transformant les équations d'un système à l'aide d'opérations sur les équations qui ne changent pas les solutions de ce système (on peut par exemple ajouter aux deux membres d'une équation les deux membres correspondants d'une autre équation), on essaie d'éliminer le plus grand nombre possible de variables dans chaque équation. Pour éliminer une variable particulière dans une équation, il faut faire en sorte que le coefficient de cette variable dans cette équation devienne nul; par exemple, pour résoudre le système

$$\begin{aligned} x + 2y &= -1 \\ x + y &= 2 \end{aligned}$$

à l'aide de la méthode d'élimination, on doit éliminer x dans la deuxième équation et ensuite y dans la première.

On soustrait membre à membre la première équation de la deuxième :

$$\boxed{\begin{aligned} x + 2y &= -1 \\ x + y &= 2 \end{aligned}} \longrightarrow \boxed{\begin{aligned} x + 2y &= -1 \\ 0x - y &= 3 \end{aligned}}$$

On multiplie les deux membres de la deuxième équation par -1 :

$$\boxed{\begin{aligned} x + 2y &= -1 \\ 0x - y &= 3 \end{aligned}} \longrightarrow \boxed{\begin{aligned} x + 2y &= -1 \\ 0x + y &= -3 \end{aligned}}$$

On soustrait deux fois la deuxième équation de la première :

$$\boxed{\begin{aligned} x + 2y &= -1 \\ 0x + y &= -3 \end{aligned}} \longrightarrow \boxed{\begin{aligned} x + 0y &= 5 \\ 0x + y &= -3 \end{aligned}}$$

Le dernier système obtenu donne la solution (unique dans ce cas-ci) :

$$x = 5 \quad \text{et} \quad y = -3.$$

Dans cette méthode, on remplace à chaque étape un système par un autre système équivalent (qui a le même ensemble solution) plus simple, jusqu'à ce qu'on obtienne un système qui permette de lire directement les solutions. Il est toutefois essentiel de n'effectuer sur les équations que des opérations qui donnent un système équivalent. De telles opérations sont appelées opérations élémentaires.

Définition ***Opérations élémentaires sur les équations***

Dans un système d'équations linéaires, on appelle opérations élémentaires sur les équations l'une ou l'autre des opérations suivantes :

1) permuter deux équations;
2) multiplier les deux membres d'une équation par un même scalaire non nul;
3) ajouter aux deux membres d'une équation un multiple des deux membres correspondants d'une autre équation.

Il est facile de s'assurer que ces trois opérations préservent l'ensemble solution d'un système d'équations (même non linéaire), car ces opérations sont réversibles.

Les opérations élémentaires n'agissent que sur les coefficients et les constantes dans les équations d'un système : par exemple, si on permute deux équations, les variables et les signes d'égalité ne sont pas affectés. Et c'est là qu'entre en jeu le concept de matrice[5]. On peut en effet économiser du temps, de l'encre et du papier (!) si, à chaque étape de la résolution d'un système par la méthode d'élimination, on écrit les coefficients et les constantes sous la forme d'un tableau ordonné et condensé.

5.1.3 LA MATRICE DES COEFFICIENTS ET LA MATRICE AUGMENTÉE D'UN SYSTÈME

Étant donné un système d'équations linéaires

$$\begin{array}{ccccccccc} a_{11}x_1 & + & a_{12}x_2 & + & \cdots & + & a_{1n}x_n & = & c_1 \\ a_{21}x_1 & + & a_{22}x_2 & + & \cdots & + & a_{2n}x_n & = & c_2 \\ \vdots & \vdots & \vdots & \vdots & \ddots & \vdots & \vdots & \vdots & \vdots \\ a_{m1}x_1 & + & a_{m2}x_2 & + & \cdots & + & a_{mn}x_n & = & c_m \end{array}$$

le tableau ordonné

$$\begin{pmatrix} a_{11} & a_{12} & \cdots & a_{1n} \\ a_{21} & a_{22} & \cdots & a_{2n} \\ \vdots & \vdots & \ddots & \vdots \\ a_{m1} & a_{m2} & \cdots & a_{mn} \end{pmatrix}$$

5. Les matrices sont apparues au milieu du XIXe siècle sous la plume des mathématiciens Arthur Cayley (1821-1895) et James J. Sylvester (1814-1897).

est appelé matrice des coefficients du système; c'est une matrice de format $m \times n$, m désignant le nombre de lignes et n le nombre de colonnes. Le tableau

$$\left(\begin{array}{cccc:c} a_{11} & a_{12} & \cdots & a_{1n} & c_1 \\ a_{21} & a_{22} & \cdots & a_{2n} & c_2 \\ \vdots & \vdots & \ddots & \vdots & \vdots \\ a_{m1} & a_{m2} & \cdots & a_{mn} & c_n \end{array}\right)$$

est appelé matrice augmentée du système; c'est une matrice de format $m \times (n+1)$. Il comprend la matrice des coefficients, une séparation au pointillé qui représente les signes d'égalité et les constantes en dernière colonne.

Exemple

Pour le système

$$\begin{aligned} x + 2y &= -1 \\ x + y &= 2 \end{aligned}$$

la matrice des coefficients, de format 2×2, est

$$\begin{pmatrix} 1 & 2 \\ 1 & 1 \end{pmatrix}$$

et la matrice augmentée, de format 2×3, est

$$\left(\begin{array}{cc:c} 1 & 2 & -1 \\ 1 & 1 & 2 \end{array}\right).$$

■

Les opérations élémentaires sur les équations d'un système correspondent à des opérations élémentaires sur les lignes de la matrice augmentée de ce système.

Définition ***Opérations élémentaires sur les lignes d'une matrice***

On appelle opérations élémentaires sur les lignes d'une matrice l'une ou l'autre des opérations suivantes :

1) permuter deux lignes;
2) multiplier une ligne par un scalaire non nul;
3) ajouter à une ligne un multiple d'une autre ligne.

Voici comment coder les opérations élémentaires sur les lignes d'une matrice ($\boldsymbol{A}$ et $\boldsymbol{B}$ désignent des matrices de même format).

$\boldsymbol{A} \xrightarrow{L_i \leftrightarrow L_j} \boldsymbol{B}$ la matrice $\boldsymbol{B}$ s'obtient de $\boldsymbol{A}$ en permutant les lignes i et j de la matrice $\boldsymbol{A}$;

$\boldsymbol{A} \xrightarrow{L_i \leftarrow kL_i} \boldsymbol{B}$ la matrice $\boldsymbol{B}$ s'obtient de $\boldsymbol{A}$ en multipliant la i-ième ligne de $\boldsymbol{A}$ par le scalaire k;

$\boldsymbol{A} \xrightarrow{L_i \leftarrow (L_i + kL_j)} \boldsymbol{B}$ la matrice $\boldsymbol{B}$ s'obtient de $\boldsymbol{A}$ en ajoutant à la i-ième ligne de $\boldsymbol{A}$ k fois la j-ième ligne de $\boldsymbol{A}$.

Exemple

Reprenons l'exemple du système

$$\begin{aligned} x + 2y &= -1 \\ x + y &= 2 \end{aligned}$$

que nous avons résolu à la sous-section précédente à l'aide de la méthode d'élimination en utilisant cette fois-ci la notation matricielle et le nouveau code des opérations élémentaires sur les lignes d'une matrice.

$$\left(\begin{array}{cc:c} 1 & 2 & -1 \\ 1 & 1 & 2 \end{array}\right) \xrightarrow{L_2 \leftarrow (L_2 - L_1)} \left(\begin{array}{cc:c} 1 & 2 & -1 \\ 0 & -1 & 3 \end{array}\right)$$

$$\xrightarrow{L_2 \leftarrow (-1)L_2} \left(\begin{array}{cc:c} 1 & 2 & -1 \\ 0 & 1 & -3 \end{array}\right)$$

$$\xrightarrow{L_1 \leftarrow (L_1 - 2L_2)} \left(\begin{array}{cc:c} 1 & 0 & 5 \\ 0 & 1 & -3 \end{array}\right)$$

En décodant la dernière matrice augmentée, c'est-à-dire en écrivant les variables et les signes d'égalité aux endroits appropriés, on obtient la solution

$$x = 5 \text{ et } y = -3.$$

■

La matrice des coefficients qui se trouve dans la dernière matrice augmentée

$$\left(\begin{array}{cc:c} 1 & 0 & 5 \\ 0 & 1 & -3 \end{array}\right)$$

de l'exemple précédent est réduite à une forme particulière qui facilite au maximum la lecture des solutions du système : c'est une matrice *ERL*.

5.1.4 MATRICES *ERL*

Définition ***Matrice ERL***

Une matrice est appelée *ERL*, c'est-à-dire échelonnée-réduite-ligne, si elle satisfait aux quatre conditions suivantes.

1) Sur chaque ligne non nulle le premier élément non nul est 1.
2) Dans la colonne du premier élément non nul d'une ligne, il n'y a, hormis cet élément, que des 0.
3) Le premier élément non nul d'une ligne est toujours à droite du premier élément non nul de la ligne précédente.
4) Toutes les lignes nulles (s'il y en a) sont en dessous des lignes non nulles.

Exemples

1. $\begin{pmatrix} 1 & 0 \\ 0 & 1 \end{pmatrix}$, $\begin{pmatrix} 1 & -5 \\ 0 & 0 \end{pmatrix}$, $\begin{pmatrix} 0 & 1 \\ 0 & 0 \end{pmatrix}$, $\begin{pmatrix} 1 & 8 & 0 \\ 0 & 0 & 1 \end{pmatrix}$ et $\begin{pmatrix} 1 & 0 & -4 \\ 0 & 1 & 2 \\ 0 & 0 & 0 \end{pmatrix}$ sont *ERL*.

2. $\begin{pmatrix} 1 & 0 \\ 0 & -1 \end{pmatrix}$, $\begin{pmatrix} 1 & -5 \\ 0 & 1 \end{pmatrix}$, $\begin{pmatrix} 0 & 0 \\ 0 & 1 \end{pmatrix}$, $\begin{pmatrix} 0 & 1 & 0 \\ 1 & 0 & 0 \end{pmatrix}$ et $\begin{pmatrix} 1 & 0 & 8 \\ 0 & 0 & 1 \end{pmatrix}$ ne sont *pas ERL*.

3. Voici la liste complète de toutes les matrices *ERL* de format 2×2 :

$$\begin{pmatrix} 1 & 0 \\ 0 & 1 \end{pmatrix}, \begin{pmatrix} 1 & k \\ 0 & 0 \end{pmatrix} \text{ où } k \in \mathbb{R}, \begin{pmatrix} 0 & 1 \\ 0 & 0 \end{pmatrix} \text{ et } \begin{pmatrix} 0 & 0 \\ 0 & 0 \end{pmatrix}.$$

■

Définition ***Colonne pivot***

Dans une matrice *ERL*, la colonne du premier élément non nul d'une ligne est appelée colonne pivot de cette matrice.

Exemples

1. Dans la matrice $\begin{pmatrix} 1 & 0 \\ 0 & 1 \end{pmatrix}$, les deux colonnes sont des colonnes pivots.

2. Dans la matrice $\begin{pmatrix} 1 & 5 \\ 0 & 0 \end{pmatrix}$, seule la première colonne est une colonne pivot.

3. Dans la matrice $\begin{pmatrix} 0 & 1 \\ 0 & 0 \end{pmatrix}$, seule la deuxième colonne est une colonne pivot.

4. Dans la matrice nulle $\begin{pmatrix} 0 & 0 \\ 0 & 0 \end{pmatrix}$, il n'y a pas de colonne pivot. ■

5.1.5 MATRICES *L*-ÉQUIVALENTES

Définition ***Matrices l-équivalentes***

Soit $\boldsymbol{A}$ et $\boldsymbol{B}$ deux matrices de même format. $\boldsymbol{A}$ est dite ligne-équivalente ou *l*-équivalente à $\boldsymbol{B}$ si $\boldsymbol{B}$ peut s'obtenir de $\boldsymbol{A}$ par une suite finie d'opérations élémentaires sur les lignes de $\boldsymbol{A}$. Pour dire que $\boldsymbol{A}$ est *l*-équivalente à $\boldsymbol{B}$, on écrit $\boldsymbol{A} \sim \boldsymbol{B}$.

Remarques

1. $\boldsymbol{A} \sim \boldsymbol{B} \Leftrightarrow \boldsymbol{B} \sim \boldsymbol{A}$ (les opérations élémentaires sont réversibles).
2. Si $\boldsymbol{A} \sim \boldsymbol{B}$ et $\boldsymbol{B} \sim \boldsymbol{C}$ alors $\boldsymbol{A} \sim \boldsymbol{C}$.
3. Si $\boldsymbol{A}$ et $\boldsymbol{B}$ sont deux matrices *l*-équivalentes, on peut alors les considérer comme les matrices de coefficients de deux systèmes homogènes équivalents (ayant le même ensemble solution). On peut aussi les considérer comme les matrices augmentées de deux systèmes équivalents non homogènes (si la dernière colonne de chacune est non nulle).

Exemple 1

$$\begin{pmatrix} 2 & 0 & 2 \\ 1 & 1 & 2 \end{pmatrix} \sim \begin{pmatrix} 1 & 0 & 1 \\ 0 & 1 & 1 \end{pmatrix} : \begin{pmatrix} 2 & 0 & 2 \\ 1 & 1 & 2 \end{pmatrix} \xrightarrow{L_1 \leftarrow \frac{1}{2}L_1} \begin{pmatrix} 1 & 0 & 1 \\ 1 & 1 & 2 \end{pmatrix} \xrightarrow{L_2 \leftarrow (L_2 - L_1)} \begin{pmatrix} 1 & 0 & 1 \\ 0 & 1 & 1 \end{pmatrix}$$ ■

Exemple 2

$\begin{pmatrix} 1 & 0 \\ 0 & 1 \end{pmatrix}$ n'est pas *l*-équivalente à $\begin{pmatrix} 0 & 1 \\ 0 & 0 \end{pmatrix}$: aucune séquence d'opérations élémentaires sur les lignes ne peut transformer une colonne non nulle en une colonne nulle (et vice versa). De plus, la matrice augmentée $\left(\begin{array}{cc:c} 1 & 0 & 0 \\ 0 & 1 & 0 \end{array}\right)$ correspond au système homogène $\begin{matrix} 1x + 0y = 0 \\ 0x + 1y = 0 \end{matrix}$ dont l'unique solution est évidemment $x = 0$ et $y = 0$, tandis que la matrice augmentée $\left(\begin{array}{cc:c} 0 & 1 & 0 \\ 0 & 0 & 0 \end{array}\right)$ correspond au système homogène $\begin{matrix} 0x + 1y = 0 \\ 0x + 0y = 0 \end{matrix}$ qui a une infinité de solutions: x est arbitraire et $y = 0$; ces deux systèmes ne sont pas équivalents. ■

5.1.6 L'ALGORITHME DE RÉDUCTION DE GAUSS-JORDAN

Comme nous le verrons à la sous-section suivante la méthode de résolution des systèmes d'équations linéaires de Gauss-Jordan consiste à effectuer des opérations élémentaires sur les lignes de la matrice augmentée du système jusqu'à ce que cette matrice devienne *ERL*; la lecture des solutions devient alors instantanée. Mais voyons tout d'abord comment la procédure appelée l'algorithme de réduction de Gauss-Jordan nous permet de réduire une matrice donnée $\boldsymbol{A}$ à une matrice *ERL* l-équivalente. Il existe plusieurs variantes à cette procédure, selon que l'on veuille augmenter la vitesse de calcul manuel ou réduire le risque d'erreurs attribuables à l'arrondissement des nombres dans un calcul automatisé[6]. Voici l'algorithme dans sa version la plus simple :

Soit $\boldsymbol{A}$ une matrice de format $m \times n$. Si $\boldsymbol{A}$ est la matrice nulle (il n'y a que des 0), alors $\boldsymbol{A}$ est déjà *ERL*. Si $\boldsymbol{A}$ n'est pas la matrice nulle, on procède alors en quatre étapes.

1re étape
On va à la première ligne non nulle.

2e étape
Soit a_{lk} le premier élément non nul de cette ligne; on transforme la colonne de a_{lk} en colonne pivot grâce à la séquence d'opérations élémentaires suivante :

i) $L_l \leftarrow \left(\dfrac{1}{a_{lk}} L_l\right)$: a_{lk} est remplacé par 1;

ii) à toutes les lignes i où $a_{ik} \neq 0$, sauf à la ligne l, on fait $L_i \leftarrow (L_i - a_{ik} L_k)$: tous les éléments de la k-ième colonne seront remplacés par 0, sauf le nombre 1 qui est à la l-ième ligne.

3e étape
On va à la prochaine ligne non nulle et on reprend la deuxième étape avec celle-ci; si on est déjà à la dernière ligne non nulle, on passe à la quatrième étape.

4e étape
On ordonne les lignes de manière que

i) toutes les lignes nulles (s'il y en a) soient à la fin;

ii) le premier élément non nul de chaque ligne soit à droite du premier élément non nul de la ligne précédente.

---

6. Dans *Algèbre linéaire* de P. Leroux, Modulo Éditeur, 1983, on trouve une variante de l'algorithme de Gauss-Jordan écrite en pseudo-code structuré (pour la programmation d'un ordinateur).

Cette mise en ordre se fait par un nombre fini de permutations des lignes, c'est-à-dire par des opérations élémentaires du type $L_i \leftrightarrow L_j$.

Si deux personnes appliquent l'algorithme décrit ci-dessus à une même matrice arbitraire $\boldsymbol{A}$, il est évident qu'elles obtiendront la *même* matrice *ERL*. Qu'arrive-t-il cependant si ces personnes n'appliquent pas la même variante de l'algorithme ? Se peut-il que deux matrices *ERL* de même format soient *l*-équivalentes et distinctes ? La réponse à cette question est donnée par la proposition suivante.

Proposition

Deux matrices *ERL* distinctes de même format ne peuvent pas être *l*-équivalentes; pour une matrice donnée $\boldsymbol{A}$, il n'y a donc qu'une seule matrice *ERL* qui lui soit *l*-équivalente.

Cette proposition est relativement facile à vérifier sur des petits formats; par exemple, on peut faire la liste de toutes les matrices *ERL* de format 2×3 et constater qu'aucune de ces matrices n'est *l*-équivalente à une autre matrice *ERL* de même format (voyez l'exercice 6 de la sous-section *Exercices 5.1*). La preuve plus générale est reportée à la sous-section 5.3.2 pour alléger notre présentation.

Définitions ***Forme ERL, et rang d'une matrice A***

La matrice *ERL* *l*-équivalente à une matrice donnée $\boldsymbol{A}$ est appelée la forme *ERL* de $\boldsymbol{A}$; le rang de $\boldsymbol{A}$, noté $r(\boldsymbol{A})$ est le nombre de lignes non nulles dans la forme *ERL* de $\boldsymbol{A}$.

Remarque

On peut montrer que le rang d'une matrice $\boldsymbol{A}$ est égal au nombre maximal de vecteurs lignes linéairement indépendants qu'elle contient.

Exemple 1

On cherche la forme *ERL* et le rang de la matrice $\boldsymbol{A}$ définie par

$$\boldsymbol{A} = \begin{pmatrix} 2 & 4 & 8 \\ 4 & 5 & 7 \end{pmatrix}.$$

Pour ce faire, on applique l'algorithme de réduction de Gauss-Jordan à $\boldsymbol{A}$.

$$\begin{pmatrix} 2 & 4 & 8 \\ 4 & 5 & 7 \end{pmatrix} \xrightarrow{L_1 \leftarrow \left(\frac{1}{2}L_1\right)} \begin{pmatrix} 1 & 2 & 4 \\ 4 & 5 & 7 \end{pmatrix}$$

$$\xrightarrow{L_2 \leftarrow (L_2 - 4L_1)} \begin{pmatrix} 1 & 2 & 4 \\ 0 & -3 & -9 \end{pmatrix}$$

$$\xrightarrow{L_2 \leftarrow \left(-\frac{1}{3}L_2\right)} \begin{pmatrix} 1 & 2 & 4 \\ 0 & 1 & 3 \end{pmatrix}$$

$$\xrightarrow{L_1 \leftarrow (L_1 - 2L_2)} \begin{pmatrix} 1 & 0 & -2 \\ 0 & 1 & 3 \end{pmatrix}$$

La dernière matrice est la forme *ERL* de $\boldsymbol{A}$; le rang de $\boldsymbol{A}$ est 2 : $r(\boldsymbol{A}) = 2$. ■

Exemple 2

On veut savoir si les matrices $\boldsymbol{A}$ et $\boldsymbol{B}$ définies par $\boldsymbol{A} = \begin{pmatrix} 2 & 1 \\ 0 & 3 \\ -1 & 1 \end{pmatrix}$ et $\boldsymbol{B} = \begin{pmatrix} 1 & 2 \\ -2 & -4 \\ 3 & 6 \end{pmatrix}$ sont *l*-équivalentes.

Pour le savoir, il suffit de vérifier si ces deux matrices ont la même forme *ERL*; on doit donc réduire $\boldsymbol{A}$ et $\boldsymbol{B}$.

$$\begin{pmatrix} 2 & 1 \\ 0 & 3 \\ -1 & 1 \end{pmatrix} \xrightarrow{L_1 \leftarrow \left(\frac{1}{2}L_1\right)} \begin{pmatrix} 1 & 1/2 \\ 0 & 3 \\ -1 & 1 \end{pmatrix}$$

$$\xrightarrow{L_3 \leftarrow (L_3 + L_1)} \begin{pmatrix} 1 & 1/2 \\ 0 & 3 \\ 0 & 3/2 \end{pmatrix}$$

$$\xrightarrow{L_2 \leftarrow \left(\frac{1}{3}L_2\right)} \begin{pmatrix} 1 & 1/2 \\ 0 & 1 \\ 0 & 3/2 \end{pmatrix}$$

$$\xrightarrow[L_3 \leftarrow \left(L_3 - \frac{3}{2}L_2\right)]{L_1 \leftarrow \left(L_1 - \frac{1}{2}L_2\right)} \begin{pmatrix} 1 & 0 \\ 0 & 1 \\ 0 & 0 \end{pmatrix}$$

$$\begin{pmatrix} 1 & 2 \\ -2 & -4 \\ 3 & 6 \end{pmatrix} \xrightarrow{L_2 \leftarrow (L_2 + 2L_1)} \begin{pmatrix} 1 & 2 \\ 0 & 0 \\ 3 & 6 \end{pmatrix}$$

$$\xrightarrow{L_3 \leftarrow (L_3 - 3L_1)} \begin{pmatrix} 1 & 2 \\ 0 & 0 \\ 0 & 0 \end{pmatrix}$$

Les formes *ERL* de $\boldsymbol{A}$ et $\boldsymbol{B}$ étant différentes, nous concluons que $\boldsymbol{A}$ et $\boldsymbol{B}$ ne sont pas *l*-équivalentes; de plus, $r(\boldsymbol{A}) = 2$, tandis que $r(\boldsymbol{B}) = 1$. ■

5.1.7 LA MÉTHODE DE RÉSOLUTION DE GAUSS-JORDAN

La méthode de résolution des systèmes d'équations linéaires de Gauss-Jordan consiste à appliquer l'algorithme de réduction à la matrice augmentée du système, tout en respectant les règles d'interprétation suivantes.

1) Si en cours de réduction on obtient sur la matrice augmentée une ligne dans laquelle tous les éléments sont nuls sauf le dernier, alors le système n'a pas de solution et il est déclaré contradictoire (ou incohérent, ou incompatible). En effet, une telle ligne correspond à l'équation

$$0x_1 + 0x_2 + \cdots + 0x_n = c, \text{ avec } c \neq 0$$

qui n'a évidemment pas de solution; il n'est alors plus nécessaire de poursuivre la réduction. Dans ce cas, le rang de la matrice des coefficients est plus petit que le rang de la matrice augmentée.

2) Si le rang de la matrice des coefficients coïncide avec celui de la matrice augmentée et avec le nombre de colonnes de la matrice des coefficients, alors le système a une seule solution, car alors la forme *ERL* de la matrice augmentée (sans les lignes nulles inutiles) correspondra au système

$$\begin{array}{ccccccccc} 1x_1 & + & 0x_2 & + & \cdots & + & 0x_n & = & d_1 \\ 0x_1 & + & 1x_2 & + & \cdots & + & 0x_n & = & d_2 \\ \vdots & \vdots & \vdots & \vdots & \ddots & \vdots & \vdots & \vdots & \vdots \\ 0x_1 & + & 0x_2 & + & \cdots & + & 1x_n & = & d_n \end{array}$$

dont la solution (unique) est

$$x_1 = d_1\,;\ x_2 = d_2\,;\ \ldots;\ x_n = d_n\,.$$

3) Si le rang de la matrice des coefficients coïncide avec celui de la matrice augmentée mais est plus petit que le nombre de colonnes de la matrice des coefficients, alors le système a une infinité de solutions. Les solutions sont alors exprimées paramétriquement.

Exemple 1

Les équations $3x+y-3z=5$ et $2x+y-z=4$ définissent deux plans dans l'espace $\mathbb{R}^3$. Pour trouver l'intersection de ces deux plans, on doit résoudre le système d'équations linéaires

$$\begin{array}{ccccccc} 3x & + & y & - & 3z & = & 5 \\ 2x & + & y & - & z & = & 4\,. \end{array}$$

On applique alors la méthode de résolution de Gauss-Jordan.

$$\left(\begin{array}{ccc|c} 3 & 1 & -3 & 5 \\ 2 & 1 & -1 & 4 \end{array}\right) \xrightarrow{L_1 \leftarrow \left(\frac{1}{3}L_1\right)} \left(\begin{array}{ccc|c} 1 & 1/3 & -1 & 5/3 \\ 2 & 1 & -1 & 4 \end{array}\right)$$

$$\xrightarrow{L_2 \leftarrow (L_2 - 2L_1)} \left(\begin{array}{ccc|c} 1 & 1/3 & -1 & 5/3 \\ 0 & 1/3 & 1 & 2/3 \end{array}\right)$$

$$\xrightarrow{L_2 \leftarrow (3L_2)} \left(\begin{array}{ccc|c} 1 & 1/3 & -1 & 5/3 \\ 0 & 1 & 3 & 2 \end{array}\right)$$

$$\xrightarrow{L_1 \leftarrow \left(L_1 - \frac{1}{3}L_2\right)} \left(\begin{array}{ccc|c} 1 & 0 & -2 & 1 \\ 0 & 1 & 3 & 2 \end{array}\right)$$

En décodant la matrice *ERL*, on obtient le système

$$\begin{array}{rcrcrcr} 1x & + & 0y & - & 2z & = & 1 \\ 0x & + & 1y & + & 3z & = & 2 \end{array}$$

qui a une infinité de solutions. Puis, en isolant les variables correspondant à des colonnes pivots (ici, ce sont x et y), on a

$$\begin{array}{rcrcl} x & = & 1 & + & 2z \\ y & = & 2 & - & 3z \qquad \text{où } z \text{ est arbitraire} : z = t, \quad t \in \mathbb{R}. \end{array}$$

On peut réécrire les solutions sous forme paramétrique :

$$\begin{array}{rcrcl} x & = & 1 & + & 2t \\ y & = & 2 & - & 3t \\ z & = & t, & & \qquad t \in \mathbb{R}. \end{array}$$

Ce sont là les équations paramétriques de la droite d'intersection des deux plans. Sous forme vectorielle, les solutions s'écrivent

$$(x, y, z) = (1, 2, 0) + t(2, -3, 1) \quad \text{où } t \in \mathbb{R}.$$

■

Exemple 2

Dans $\mathbb{R}^2$, l'équation $y = ax^2 + bx + c$ représente une *parabole* dont l'axe de symétrie est parallèle à l'axe des ordonnées. On veut trouver les valeurs des coefficients a, b et c pour lesquels cette parabole passe par les points $P_1(-1, 6)$, $P_2(1, 2)$ et $P_3(3, 22)$.

En substituant ces valeurs des coordonnées dans l'équation de la parabole pour chacun des trois points, on obtient un système de trois équations linéaires à trois inconnues (a, b et c).

$$\begin{aligned} a - b + c &= 6 \\ a + b + c &= 2 \\ 9a + 3b + c &= 22 \end{aligned}$$

On trouve alors les valeurs de a, b et c en résolvant ce système.

$$\left(\begin{array}{ccc:c} 1 & -1 & 1 & 6 \\ 1 & 1 & 1 & 2 \\ 9 & 3 & 1 & 22 \end{array}\right) \xrightarrow[L_3 \leftarrow (L_3 - 9L_1)]{L_2 \leftarrow (L_2 - L_1)} \left(\begin{array}{ccc:c} 1 & -1 & 1 & 6 \\ 0 & 2 & 0 & -4 \\ 0 & 12 & -8 & -32 \end{array}\right)$$

$$\xrightarrow{L_2 \leftarrow \left(\frac{1}{2} L_2\right)} \left(\begin{array}{ccc:c} 1 & -1 & 1 & 6 \\ 0 & 1 & 0 & -2 \\ 0 & 12 & -8 & -32 \end{array}\right)$$

$$\xrightarrow[L_3 \leftarrow (L_3 - 12L_2)]{L_1 \leftarrow (L_1 + L_2)} \left(\begin{array}{ccc:c} 1 & 0 & 1 & 4 \\ 0 & 1 & 0 & -2 \\ 0 & 0 & -8 & -8 \end{array}\right)$$

$$\xrightarrow{L_3 \leftarrow \left(-\frac{1}{8} L_3\right)} \left(\begin{array}{ccc:c} 1 & 0 & 1 & 4 \\ 0 & 1 & 0 & -2 \\ 0 & 0 & 1 & 1 \end{array}\right)$$

$$\xrightarrow{L_1 \leftarrow (L_1 - L_3)} \left(\begin{array}{ccc:c} 1 & 0 & 0 & 3 \\ 0 & 1 & 0 & -2 \\ 0 & 0 & 1 & 1 \end{array}\right)$$

La solution, unique dans ce cas-ci, est $a = 3$, $b = -2$ et $c = 1$. La parabole s'écrit donc

$$y = 3x^2 - 2x + 1$$

■

Exemple 3

Carl-Friedrich a un devoir supplémentaire. Il doit trouver trois nombres qui satisfont aux conditions suivantes :

– la somme des trois nombres donne 1000,
– la somme des deux premiers moins le troisième donne 200,
– la somme des deux derniers moins le premier donne 300,
– la somme du premier et du dernier moins le deuxième donne 400.

Carl-Friedrich griffonne ceci sur un bout de papier :

$$\begin{aligned} x + y + z &= 1000 \\ x + y - z &= 200 \\ -x + y + z &= 300 \\ x - y + z &= 400 \end{aligned}$$

$$\left(\begin{array}{ccc:c} 1 & 1 & 1 & 10 \\ 1 & 1 & -1 & 2 \\ -1 & 1 & 1 & 3 \\ 1 & -1 & 1 & 4 \end{array}\right) \xrightarrow[L_4 \leftarrow (L_4 - L_1)]{\substack{L_2 \leftarrow (L_2 - L_1) \\ L_3 \leftarrow (L_3 + L_1)}} \left(\begin{array}{ccc:c} 1 & 1 & 1 & 10 \\ 0 & 0 & -2 & -8 \\ 0 & 2 & 2 & 13 \\ 0 & -2 & 0 & -6 \end{array}\right)$$

$$\xrightarrow{L_3 \leftarrow (L_3 + L_2 + L_4)} \left(\begin{array}{ccc:c} 1 & 1 & 1 & 10 \\ 0 & 0 & -2 & -8 \\ 0 & 0 & 0 & -1 \\ 0 & -2 & 0 & -6 \end{array}\right)$$

En observant la troisième ligne de cette dernière matrice, Carl-Friedrich comprend que son professeur s'est moqué de lui... ■

EXERCICES 5.1

1. Soit $\boldsymbol{A}$ une matrice qui a au moins quatre lignes. Parmi les opérations suivantes sur $\boldsymbol{A}$, lesquelles sont élémentaires ou équivalentes à une séquence d'opérations élémentaires ?

a) $L_2 \leftarrow (3L_2 + 2L_4)$

b) $L_3 \leftarrow (L_1 - L_2)$

c) $L_3 \leftarrow \left(\dfrac{L_1 + L_2 + L_3}{3}\right)$

d) $L_4 \leftarrow (3L_1)$

2. Dans la classe de Carl-Friedrich, le professeur donne en exemple un système de trois équations linéaires simultanées à résoudre.

$$\begin{array}{rrcrcr} (i) & x & + & y & = & 4 \\ (ii) & x & - & y & = & -2 \\ (iii) & x & + & 2y & = & 7 \end{array}$$

Il écrit au tableau

$$\begin{array}{rrcrcr} (i)-(ii): & 0x & + & 2y & = & 6 \\ (ii)-(iii): & 0x & - & 3y & = & -9 \\ (iii)-(i): & 0x & + & y & = & 3 \end{array}$$

et il dit : « Vous voyez, y vaut 3 et, selon les trois dernières équations, x est arbitraire; il y a donc une infinité de solutions. »

Pendant que les élèves notent tout cela dans leur cahier, Carl-Friedrich proteste : « Mais Monsieur, si vous remplacez y par 3 dans l'équation (i), x égale forcément 1. La valeur de la variable x n'est donc pas arbitraire. » Heureusement, la cloche de la récréation sonne, et le professeur en profitera pour trouver son erreur. Venez-lui en aide.

3. Faites la liste complète de toutes les matrices *ERL* de chacun des formats. (Utilisez un ou plusieurs paramètres distincts, lorsque c'est nécessaire.)

a) 2×3 *b*) 3×2 *c*) 3×3

4. Réduisez les matrices suivantes à leur forme *ERL* et donnez leur *rang*.

a) $\begin{pmatrix} 1 & 1 & 1 & 1 & 1 \\ 1 & 1 & 1 & 1 & 0 \\ 1 & 1 & 1 & 0 & 0 \\ 1 & 1 & 0 & 0 & 0 \end{pmatrix}$

b) $\begin{pmatrix} 1 & 2 & 3 & 4 \\ 5 & 6 & 7 & 8 \\ 9 & 10 & 11 & 12 \end{pmatrix}$

c) $\begin{pmatrix} 2 & 2 & 2 & 2 \\ 3 & 3 & 3 & 3 \\ 4 & 4 & 4 & 4 \end{pmatrix}$

d) $\begin{pmatrix} 0 & 0 & 0 & a & 0 \\ 0 & 0 & b & 0 & 0 \\ 0 & 0 & 0 & 0 & c \end{pmatrix}$ où $abc \neq 0$.

5. Dans chacun des cas suivants, voyez si les deux matrices données sont *l*-équivalentes.

a) $\begin{pmatrix} 1 & 3 \\ -2 & 6 \end{pmatrix}$ et $\begin{pmatrix} 2 & -2 \\ -4 & 4 \end{pmatrix}$

b) $\begin{pmatrix} 1 & 2 & 3 \\ 3 & 2 & 1 \\ 1 & 0 & -1 \end{pmatrix}$ et $\begin{pmatrix} -1 & 3 & 5 \\ 5 & 1 & 7 \\ -2 & 3 & 4 \end{pmatrix}$

c) $\begin{pmatrix} 0 & 2 & 0 \\ 0 & 0 & 3 \\ 4 & 0 & 0 \end{pmatrix}$ et $\begin{pmatrix} 0 & 0 & 1 \\ 0 & 2 & 0 \\ 3 & 0 & 0 \end{pmatrix}$

6. Déterminez toutes les valeurs de k pour lesquelles

a) le rang de $\begin{pmatrix} 1 & 2 & k \\ 3 & k & 18 \end{pmatrix}$ est 1;

b) le rang de $\begin{pmatrix} 1 & 1 & k \\ 1 & k & 1 \\ k & 1 & 1 \end{pmatrix}$ *i*) est 1, *ii*) est 2, *iii*) est 3.

7. Dans chacun des six systèmes d'équations linéaires suivants, les équations représentent des droites dans $\mathbb{R}^2$. Résolvez ces systèmes à l'aide de la méthode de Gauss-Jordan et attribuez à chacun de ces systèmes l'une des six icônes illustrées à la figure 5.1.

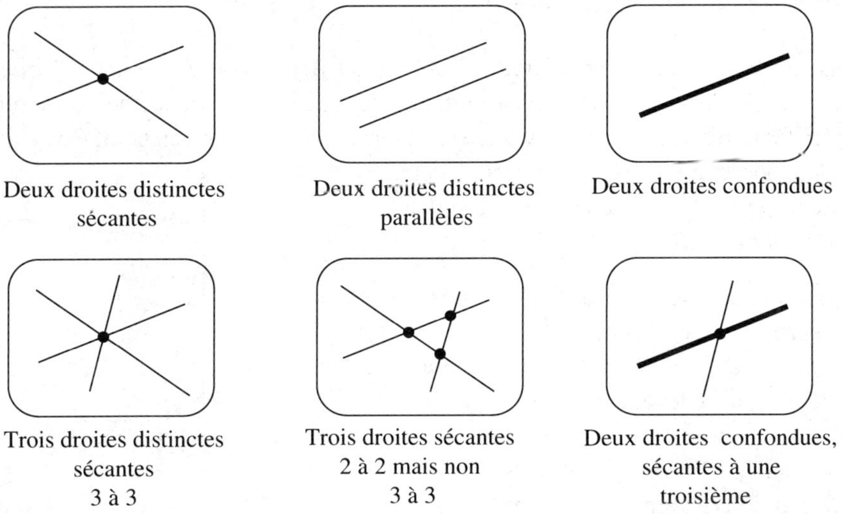

Figure 5.1

a) $\begin{aligned} 3x - 2y &= -2 \\ x + 3y &= -8 \end{aligned}$

b) $\begin{aligned} 3x - 2y &= -2 \\ -6x + 4y &= 3 \end{aligned}$

c) $\begin{aligned} 3x - 2y &= -2 \\ -6x + 4y &= 4 \end{aligned}$

d) $\begin{aligned} 3x - 2y &= -2 \\ x + 3y &= -8 \\ x - y &= 0 \end{aligned}$

e) $\begin{aligned} 3x - 2y &= -2 \\ x + 3y &= -8 \\ 2x + y &= 1 \end{aligned}$

f) $\begin{aligned} 3x - 2y &= -2 \\ x + 3y &= -8 \\ -6x + 4y &= 4 \end{aligned}$

8. Trouvez toutes les solutions du système d'équations linéaires suivant.

$$\begin{aligned} x_1 + x_2 + x_3 + x_4 &= 4 \\ x_1 + 2x_2 + x_3 + x_4 &= 5 \\ x_1 + x_2 + x_4 &= 3 \\ x_1 + x_2 - x_3 - x_4 &= 0 \end{aligned}$$

9. Appliquez la méthode de Gauss-Jordan pour trouver les solutions du système suivant. Donnez votre réponse sous forme paramétrique.

$$\begin{aligned} 2x - y + 3z &= 0 \\ x + 4y + 2z &= -1 \\ -x + 14y &= -3 \end{aligned}$$

10. En chimie, il arrive parfois que l'on doive *équilibrer* des réactions entre plusieurs produits chimiques. Par exemple, pour équilibrer la réaction

$$aH_3PO_4 + bCa(OH)_2 \longrightarrow cH_2O + dCa_3(PO_4)_2$$

il faut trouver les plus petits nombres entiers positifs a, b, c et d pour lesquels les nombres d'atomes de chaque élément sont les mêmes avant et après la réaction. Pour chaque élément H, P, O et Ca, écrivez les équations d'équilibre et appliquez ensuite la méthode de Gauss-Jordan au système d'équations obtenu pour trouver toutes les valeurs possibles de a, b, c et d. Choisissez ensuite la solution appropriée.

11. Trois tiges sont ancrées aux points $A(1, 0, 0)$, $B(0, 2, 0)$ et $C(0, 0, 3)$ comme l'illustre la figure 5.2. Deux de ces tiges mesurent 4 unités de longueur, et la troisième en mesure 5. Les extrémités libres de ces tiges doivent se rejoindre dans l'espace en un point $P(x, y, z)$. Quelles sont les coordonnées de ce point ? (Il y a deux solutions, symétriques l'une de l'autre relativement au plan ABC.)

(*Suggestion* : Il faut trouver l'intersection de trois sphères de centres A, B et C, de rayon 4 pour deux d'entre elles et de rayon 5 pour la dernière. À partir des équations (non linéaires) de ces trois sphères, obtenez (par élimination) deux équations linéaires dont vous substituerez la solution (paramétrique) dans l'équation de l'une des sphères.)

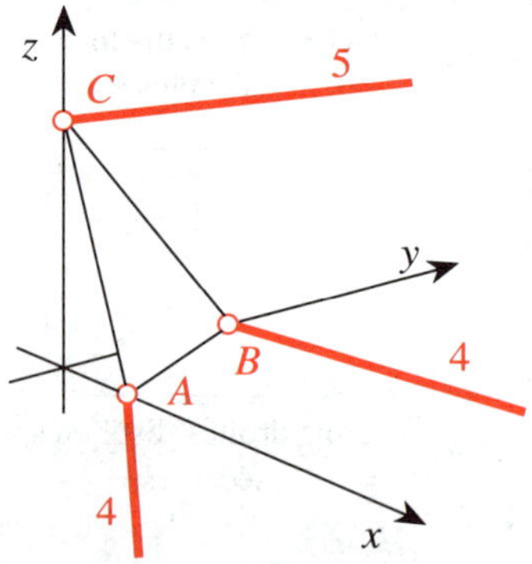

Figure 5.2

Les trois exercices suivants s'adressent aux lecteurs qui veulent aller plus loin; ils portent sur la démonstration de l'unicité de la forme ERL *d'une matrice donnée (sous-section 5.4.2).*

12. Montrez que si $\boldsymbol{A}$ et $\boldsymbol{B}$ sont deux matrices l-équivalentes, alors chaque vecteur ligne de $\boldsymbol{A}$ est une combinaison linéaire des vecteurs lignes de $\boldsymbol{B}$ (et vice versa).

13. À partir de l'énoncé que vous avez démontré à l'exercice précédent, montrez que si $\begin{pmatrix} 1 & 0 & a \\ 0 & 1 & b \end{pmatrix} \sim \begin{pmatrix} 1 & 0 & c \\ 0 & 1 & d \end{pmatrix}$, alors $a = c$ et $b = d$.

14. Pour chacun des formats 2×3, 3×2 et 3×3, montrez que deux matrices *ERL* l-équivalentes sont forcément identiques. (*Suggestion* : Considérez les deux exercices qui précèdent.)

5.2 LES POSITIONS RELATIVES DE TROIS PLANS DANS IR³

Cette section est un complément à l'étude des plans dans l'espace $\mathbb{R}^3$ que nous avons faite au chapitre 4. Ici, nous résumons et illustrons à l'aide d'un tableau synthèse tous les cas qui peuvent se présenter lors de la résolution d'un système de trois équations linéaires à trois inconnues. Chacun de ces cas correspond à une position relative particulière de trois plans dans $\mathbb{R}^3$.

5.2.1 INTERPRÉTATION GÉOMÉTRIQUE DES SYSTÈMES DE TROIS ÉQUATIONS LINÉAIRES À TROIS INCONNUES DANS IR³

Comme on l'a vu au chapitre 4, l'équation linéaire

$$ax + by + cz = d$$

représente un plan dans $\mathbb{R}^3$ ayant précisément le vecteur (a, b, c) comme vecteur normal. Résoudre le système d'équations simultanées

$$\begin{array}{rcrcrcl} a_1x & + & b_1y & + & c_1z & = & d_1 \\ a_2x & + & b_2y & + & c_2z & = & d_2 \\ a_3x & + & b_3y & + & c_3z & = & d_2 \end{array}$$

revient donc à déterminer la position relative des trois plans de $\mathbb{R}^3$ représentés par ces équations. Les vecteurs normaux $\vec{n}_1$, $\vec{n}_2$ et $\vec{n}_3$ de ces trois plans sont donnés par

$$\vec{n}_1 = (a_1, b_1, c_1), \vec{n}_2 = (a_2, b_2, c_2) \text{ et } \vec{n}_3 = (a_3, b_3, c_3).$$

Supposons que Δ désigne le déterminant[7] de la suite $\langle \vec{n}_1, \vec{n}_2, \vec{n}_3 \rangle$:

$$\Delta = \begin{vmatrix} a_1 & b_1 & c_1 \\ a_2 & b_2 & c_2 \\ a_3 & b_3 & c_3 \end{vmatrix}.$$

Alors le tableau 5.1 montre la correspondance entre la position relative de ces trois plans, la relation de dépendance (ou d'indépendance) linéaire entre les vecteurs normaux $\vec{n}_1, \vec{n}_2$ et $\vec{n}_3$ à ces trois plans, la valeur du déterminant 3×3 $\Delta\langle \vec{n}_1, \vec{n}_2, \vec{n}_3 \rangle$, et les caractéristiques algébriques du système d'équations linéaires simultanées représentant ces trois plans.

Tableau 5.1

Trois plans	**Vecteurs normaux à ces trois plans** $\vec{n}_1, \vec{n}_2, \vec{n}_3$	**Déterminant*** $(\Delta\langle \vec{n}_1, \vec{n}_2, \vec{n}_3 \rangle)$	**Caractéristiques du système d'équations représentant les trois plans**		
			$r(\boldsymbol{A})$**	$r(\boldsymbol{A}^+)$***	**Nombre de solutions**
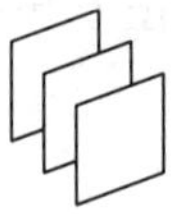	Tous parallèles	0	1	2	0
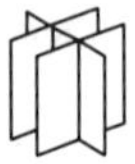	Exactement deux parallèles	0	2	3	0
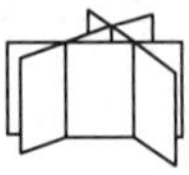	Non parallèles mais linéairement dépendants	0	2	3	0
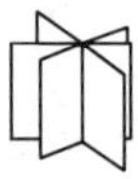			2	2	∞
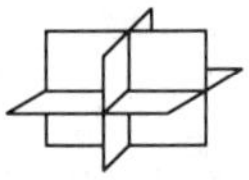	Linéairement indépendants	$\neq 0$	3	3	1

* $\Delta\langle \vec{n}_1, \vec{n}_2, \vec{n}_3 \rangle$: déterminant de la matrice des coefficients du système.
** $r(\boldsymbol{A})$: rang de la matrice des coefficients du système d'équations représentant les trois plans.
*** $r(\boldsymbol{A}^+)$: rang de la matrice augmentée du système d'équations représentant les trois plans.

7. Δ est appelé déterminant de la matrice des coefficients du système.

EXERCICES 5.2

Dans chacun des exercices 1 à 4, déterminez la position relative des trois plans donnés. Lorsqu'il y a intersection des trois plans, donnez l'équation de la droite d'intersection ou les coordonnées du point d'intersection, selon le cas. Suivez les étapes suivantes.

1re étape
Observez les vecteurs normaux des trois plans pour déceler le parallélisme éventuel de certains plans.

2e étape
Calculez la valeur du déterminant de la suite ordonnée des trois vecteurs normaux pour voir si ceux-ci sont linéairement dépendants ou indépendants.

3e étape
Réduisez la matrice augmentée du système d'équations linéaires correspondant aux trois plans, et interprétez la matrice ERL ainsi obtenue.

1. $$\begin{aligned} \mathcal{P}_1 &: 5x + 6y - z = 0 \\ \mathcal{P}_2 &: 7x + 6y - 2z = -8 \\ \mathcal{P}_3 &: 3x + 2y - z = -5 \end{aligned}$$

2. $$\begin{aligned} \mathcal{P}_1 &: 4y - z = -4 \\ \mathcal{P}_2 &: 3x - 2y - z = 5 \\ \mathcal{P}_3 &: 2x - z = 2 \end{aligned}$$

3. $$\begin{aligned} \mathcal{P}_1 &: 2x - 3y + z = 2 \\ \mathcal{P}_2 &: 5x + y - 3z = 5 \\ \mathcal{P}_3 &: -6x + 9y - 3z = 0 \end{aligned}$$

4. $$\begin{aligned} \mathcal{P}_1 &: 4x - 2y + z = 3 \\ \mathcal{P}_2 &: -x + 3y + 2z = 11 \\ \mathcal{P}_3 &: x - y - 3z = -10 \end{aligned}$$

5. Trouvez toutes les valeurs de k (s'il y en a) pour lesquelles les trois plans définis par

$$\begin{aligned} \mathcal{P}_1 &: kx - 2y + kz = 2 \\ \mathcal{P}_2 &: x - y + z = k \\ \mathcal{P}_3 &: -2x + ky + 2z = -k \end{aligned}$$

a) se rencontrent en un point unique;
b) se rencontrent selon une droite;
c) ne se rencontrent pas.

6. Déterminez la position relative des trois plans définis par

$$\begin{aligned} \mathcal{P}_1 &: x + 3z = 1 \\ \mathcal{P}_2 &: y - z = -1 \\ \mathcal{P}_3 &: x + y + 2z = 2. \end{aligned}$$

7. Trouvez les valeurs de a et b pour lesquelles l'intersection des trois plans suivants est une droite

$$\begin{aligned} \mathcal{P}_1 &: -2x + y + az = -5 \\ \mathcal{P}_2 &: x - 2y = 1 \\ \mathcal{P}_3 &: -y + z = b \end{aligned}$$

et donnez une équation vectorielle de cette droite.

5.3 POUR ALLER PLUS LOIN

La programmation linéaire est une extension de la théorie des équations linéaires aux inéquations linéaires qui permet de résoudre certains problèmes d'optimisation. Dans cette section, nous donnons un exemple simple d'un tel problème. Nous donnons également l'essentiel de la preuve de l'unicité de la forme *ERL* d'une matrice donnée. Enfin, nous donnons quelques renseignements sur les logiciels de résolution des systèmes d'équations linéaires.

5.3.1 QU'EST-CE QUE LA PROGRAMMATION LINÉAIRE ?

Dans beaucoup de problèmes pratiques de gestion (allocation de ressources, transport, planification d'une production, etc.), il arrive que les relations entre les nombreuses variables se traduisent par des systèmes d'inégalités linéaires plutôt que par des systèmes d'équations linéaires. De plus, on s'intéresse en pratique non pas à toutes les solutions du système mais seulement à celle (ordinairement unique) qui optimise une certaine fonction linéaire des variables, appelée fonction objective. Celle-ci représente un profit, une économie, un rendement, etc. La programmation linéaire a pour objets l'étude de tels systèmes et la recherche d'une solution optimale. Dans le cadre de cet ouvrage, un exemple réaliste demanderait trop de développement. Voyons un exemple plutôt fantaisiste comportant peu de variables (et donc facile à traiter manuellement) mais tout de même analogue dans sa structure à des problèmes plus complexes et plus réalistes.

C'est le temps des fraises et de la rhubarbe. Pour se procurer un revenu d'appoint, Gustave et Marie décident de produire de la confiture aux fraises et à la rhubarbe qu'ils vendront ensuite au marché.

Ils disposent déjà de 150 kg de fraises, de 60 kg de rhubarbe et de 90 kg de sucre. Selon les règles du marché, ils ne peuvent produire que des confitures de qualité A ou de qualité B :

– les confitures de qualité A doivent être composées de 60 % de fraises, de 10 % de rhubarbe et de 30 % de sucre (en poids); elles rapportent un profit de 3 $ par kg;

– les confitures de qualité B doivent être composées de 30 % de fraises, de 30 % de rhubarbe et de 40 % de sucre (en poids); elles rapportent un profit de 2 $ par kg.

Quelle quantité de confiture de chacune des deux qualités devront-ils produire pour maximiser leur profit ? (On suppose que tout sera vendu.)

Si on désigne respectivement par x et y les quantités de confiture de qualité A et de qualité B que Gustave et Marie produiront, alors le profit z que l'on obtiendra sera une fonction linéaire de x et y (fonction objective).

$$z = 3x + 2y$$

On cherche les valeurs des quantités (variables) x et y qui *optimisent* (ici, qui *maximisent*) leur profit tout en respectant les *contraintes* dictées par le contexte et exprimées sous forme d'inégalités linéaires.

$$\begin{array}{lrcrcl}
1) & & & x & \geq & 0 \\
2) & & & y & \geq & 0 \\
3) & 0{,}6x & + & 0{,}3y & \leq & 150 \quad \text{[disponibilité des fraises]} \\
4) & 0{,}1x & + & 0{,}3y & \leq & 60 \quad \text{[disponibilité de la rhubarbe]} \\
5) & 0{,}3x & + & 0{,}4y & \leq & 90 \quad \text{[disponibilité du sucre]}
\end{array}$$

La conjonction de toutes ces contraintes situe le point (x, y) dans une région $\mathcal{R}$ de $\mathbb{R}^2$ bornée par une ligne polygonale (figure 5.3).

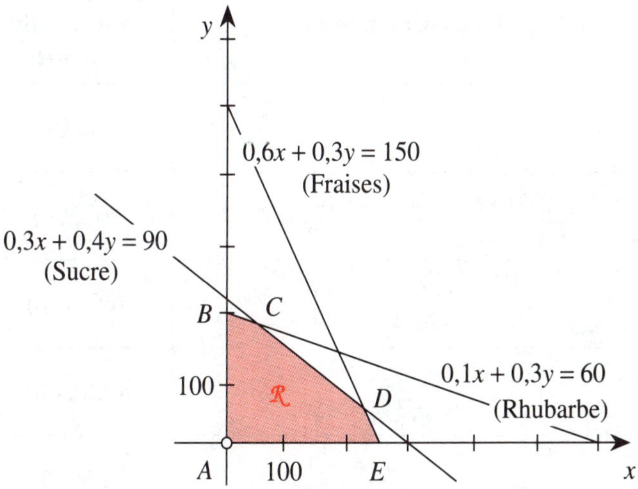

Figure 5.3

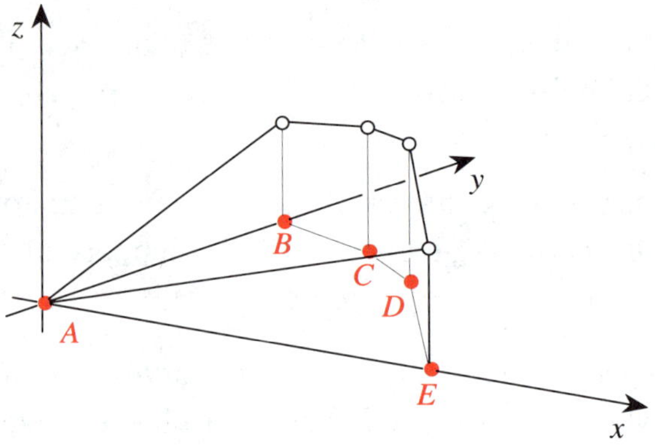

Figure 5.4

Par ailleurs, l'équation $z = 3x + 2y$ donnant le profit en fonction de x et y représente, dans $\mathbb{R}^3$ (figure 5.4), au-dessus de la région $\mathcal{R}$, une portion de plan, et on voit que sur cette portion de plan le point le plus élevé (z maximal) se trouve forcément sur une pointe, c'est-à-dire au-dessus d'un sommet de la ligne de contour de $\mathcal{R}$.

Pour trouver le sommet (x, y) de la région $\mathcal{R}$ correspondant à la valeur optimale de z, on calcule les coordonnées des sommets de $\mathcal{R}$ et on compare les valeurs de z en chacun de ces sommets (tableau 5.2).

Le tableau montre dans ce cas-ci que Gustave et Marie obtiendront le plus grand profit au sommet D, lorsque $x = 220$ et $y = 60$; ils produiront donc 220 kg de confiture de qualité A et 60 kg de confiture de qualité B, ce qui leur donnera un profit de 780 $. ■

Tableau 5.2

Sommet	Système correspondant	Coordonnées (solution du système)	Valeur de z
A	$x = 0$ $y = 0$	(0, 0)	0
B	$0,1x + 0,3y = 60$ $x = 0$	(0, 200)	400
C	$0,1x + 0,3y = 60$ $0,3x + 0,4y = 90$	(60, 180)	540
D	$0,3x + 0,4y = 90$ $0,6x + 0,3y = 150$	(220, 60)	**780**
E	$y = 0$ $0,6x + 0,3y = 150$	(250, 0)	750

Dans la pratique, les problèmes de programmation linéaire font intervenir un nombre considérable de variables, ce qui rend les raisonnements géométriques et les calculs manuels impraticables. Il faut alors transformer les inégalités en égalités en introduisant autant de variables d'écart que nécessaire. Par exemple, en introduisant une variable d'écart e à l'inégalité

$$0{,}6x + 0{,}3y \leq 150,$$

on obtient l'égalité

$$0{,}6x + 0{,}3y + e = 150.$$

Ainsi, on peut faire des opérations élémentaires sur les lignes de la matrice augmentée du système d'équations linéaires correspondant et programmer sur ordinateur les données qui permettent de rechercher une solution optimale relativement à une fonction linéaire donnée des variables. La méthode du simplexe, que nous ne pouvons exposer ici mais qui est apparentée à la méthode de Gauss-Jordan, est précisément un algorithme pour la réalisation de ce programme[8].

5.3.2 L'UNICITÉ DE LA FORME *ERL* D'UNE MATRICE

Toute matrice $\boldsymbol{A}$ est l-équivalente à une seule matrice *ERL* de même format. L'algorithme de Gauss-Jordan montre comment obtenir au moins une matrice *ERL* l-équivalente à $\boldsymbol{A}$ mais ne garantit pas l'unicité de cette matrice *ERL*. C'est maintenant à vous de faire la preuve de cette unicité. Pour cela, il vous faut montrer que deux matrices *ERL* l-équivalentes de même format sont nécessairement identiques. La preuve peut se faire en deux étapes.

1re étape

On montre que si $\boldsymbol{A}$ et $\boldsymbol{B}$ sont deux matrices *ERL* l-équivalentes de même format, alors $\boldsymbol{A}$ et $\boldsymbol{B}$ ont les mêmes colonnes pivots. Pour cela, il suffit de montrer que les colonnes pivots de $\boldsymbol{A}$ sont des colonnes pivots de $\boldsymbol{B}$, car un argument semblable montre alors (par symétrie) que les colonnes pivots de $\boldsymbol{B}$ sont des colonnes pivots de $\boldsymbol{A}$. Pour faire cette démonstration, il faut tenir compte du fait (démontré à l'exercice 12 de la sous-section *Exercices 5.1*) que les vecteurs lignes de $\boldsymbol{A}$ sont combinaisons linéaires des vecteurs lignes de $\boldsymbol{B}$. Pour faciliter l'argumentation, on tient aussi compte de la définition suivante : On appelle marge d'un vecteur $\vec{v}$ le nombre de composantes

8. Si vous êtes intéressé par cette méthode et ses applications, consultez *Applied linear algebra* de Ben Noble, Prentice Hall, 1969; le chapitre 6 de cet ouvrage est une présentation détaillée de la programmation linéaire. Consultez aussi *Programmation Linéaire* de Gérald Baillargeon, SMG, 1976; cet ouvrage contient beaucoup d'exemples et est facile à lire.

nulles qui précèdent la première composante non nulle de ce vecteur. Par exemple, la marge de $\vec{v} = (3, -1, 0, 5, 0)$ est 0 et celle de $\vec{u} = (0, 0, 0, 1, 0, -5)$ est 3. On considère le vecteur ligne $\vec{l}$ contenant le « 1 » d'une colonne pivot de $\boldsymbol{A}$ et on raisonne sur la marge de ce vecteur lorsqu'on le conçoit comme combinaison linéaire des vecteurs lignes de $\boldsymbol{B}$ pour montrer que $\boldsymbol{B}$ a forcément un vecteur ligne qui a la même marge que $\vec{l}$, ce qui détermine alors dans $\boldsymbol{B}$ une colonne pivot identique à celle qui a été considérée dans $\boldsymbol{A}$.

2e étape

Deux matrices *ERL* qui ont les mêmes colonnes pivots ne sont pas forcément identiques, comme le montre l'exemple suivant :

$$\begin{pmatrix} 1 & 0 & 5 \\ 0 & 1 & 2 \end{pmatrix} \text{ et } \begin{pmatrix} 1 & 0 & 2 \\ 0 & 1 & 3 \end{pmatrix}.$$

Mais deux matrices *ERL* *l*-équivalentes qui ont les mêmes colonnes pivots sont forcément identiques, comme il vous reste à le montrer (utilisez l'exercice 4 de la sous-section *Exercices 5.1*).

5.3.3 LOGICIEL DE RÉSOLUTION DES SYSTÈMES D'ÉQUATIONS LINÉAIRES

Si vous connaissez un langage de programmation efficace (par exemple, le PASCAL), vous pouvez écrire un programme de résolution des systèmes d'équations linéaires en vous inspirant de l'algorithme de résolution donné en pseudo-code structuré dans *Algèbre linéaire, une approche matricielle* de P. Leroux[9]. Par ailleurs, il existe déjà sur le marché plusieurs logiciels qui permettent de résoudre les systèmes d'équations linéaires par la méthode de Gauss-Jordan. La plupart des maisons d'enseignement collégial disposent[10] d'un tel logiciel. Consultez votre professeur si vous désirez en faire l'exploration.

9. *Algèbre linéaire, une approche matricielle* de Pierre Leroux, Modulo Éditeur, 1983.
10. Au Québec, le logiciel *Algèbre matricielle,* traduction de *Matrix algebra*, est accessible dans tous les collèges.

6

CHAPITRE

LES MATRICES

Nous avons vu au chapitre 5 que les matrices sont partie intégrante de l'étude des systèmes d'équations linéaires. Les matrices ont cependant de nombreuses autres applications, en dedans comme en dehors du champ des mathématiques. Ici, nous nous proposons donc d'étudier les matrices indépendamment des systèmes d'équations et de la géométrie vectorielle. Nous verrons que sous certaines conditions, on peut additionner, soustraire et même multiplier deux matrices pour en obtenir une nouvelle. Nous verrons également qu'il est possible d'inverser certaines matrices. Toutes ces opérations contribuent à élargir les champs d'applications des matrices.

On attribue à Arthur Cayley (1821-1895) et James Joseph Sylvester (1814-1897) le développement de l'algèbre matricielle au XIXe siècle. Pendant 14 ans, Cayley a pratiqué le double métier d'avocat et de mathématicien; au cours de cette période, il a réussi à publier des centaines d'articles sur des sujets mathématiques variés.

6.1 LE LANGAGE MATRICIEL

Dans cette section, nous définissons les termes propres au langage matriciel et nous décrivons les opérations algébriques sur les matrices. Nous donnons ensuite un aperçu de différentes interprétations du produit matriciel dans des contextes choisis.

6.1.1 MATRICES : DÉFINITIONS ET NOTATIONS

Définition ***Matrice de format m × n***

Une matrice $\boldsymbol{A}$ de format $m \times n$ est un tableau rectangulaire ordonné de mn éléments disposés sur m lignes et n colonnes.

$$\begin{pmatrix} a_{11} & a_{12} & a_{13} & \cdots & a_{1n} \\ a_{21} & a_{22} & a_{23} & \cdots & a_{2n} \\ a_{31} & a_{32} & a_{33} & \cdots & a_{3n} \\ \vdots & \vdots & \vdots & \ddots & \vdots \\ a_{m1} & a_{m2} & a_{m3} & \cdots & a_{mn} \end{pmatrix}$$

L'élément de la i-ième ligne et j-ième colonne est désigné par a_{ij}; sauf avis contraire, les éléments sont des nombres réels.

Exemple 1

Supposons que les compagnies C_1, C_2 et C_3 spécialisées respectivement en comptabilité, en services juridiques et en services informatiques s'échangent des services et que le tableau suivant donne la valeur de ces échanges en milliers de dollars ($) sur une période d'une année.

Vente (milliers de $)

de ➡ à	C_1	C_2	C_3
C_1	5	25	30
C_2	6	1	20
C_3	50	35	20

Alors, la matrice

$$\boldsymbol{A} = \begin{pmatrix} 5 & 25 & 30 \\ 6 & 1 & 20 \\ 50 & 35 & 20 \end{pmatrix}$$

dans laquelle a_{ij} représente la quantité de services vendus (en milliers de $) de la compagnie i à la compagnie j est la matrice des échanges de services entre ces trois compagnies; $\boldsymbol{A}$ est une matrice de format 3×3. ■

Exemple 2

La figure 6.1 représente quatre îles dont certaines sont reliées par des ponts; alors la matrice $\boldsymbol{A}$ définie par

$$\boldsymbol{A} = \begin{pmatrix} 0 & 1 & 1 & 0 \\ 1 & 0 & 1 & 1 \\ 1 & 1 & 0 & 0 \\ 0 & 1 & 0 & 0 \end{pmatrix}$$

dans laquelle

$$a_{ij} = \begin{cases} 1 \text{ s' il y a un pont de l' île } i \text{ à l' île } j \\ 0 \text{ s' il n' y a pas de pont de l' île } i \text{ à l' île } j \end{cases}$$

est la matrice d'adjacence entre les trois îles; $\boldsymbol{A}$ est une matrice de format 4×4. ■

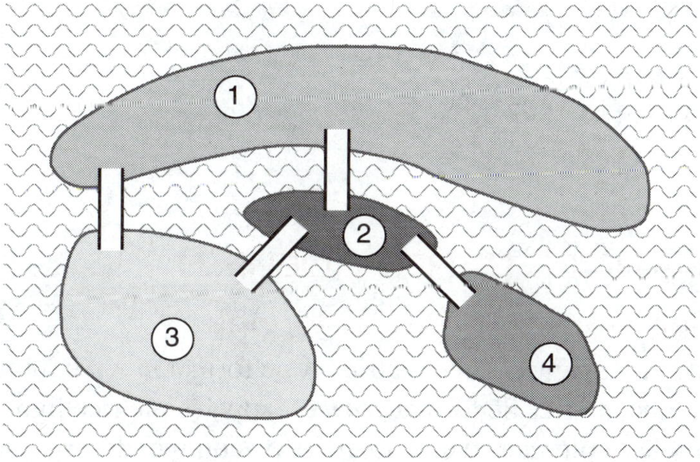

Figure 6.1

Exemple 3

Le tableau suivant donne les moyennes obtenues aux examens par trois groupes d'étudiants dans quatre matières.

	Français	Histoire	Économie	Mathématiques
Groupe 1	70	66	76	72
Groupe 2	64	61	70	62
Groupe 3	80	77	68	75

Alors la matrice $\boldsymbol{A}$ de format 3×4 définie par

$$\boldsymbol{A} = \begin{pmatrix} 70 & 66 & 76 & 72 \\ 64 & 61 & 70 & 62 \\ 80 & 77 & 68 & 75 \end{pmatrix}$$

où a_{ij} représente la moyenne du groupe i dans la matière j, est la matrice des moyennes de groupe à ces examens. ■

Définition ***Égalité de deux matrices***

Deux matrices $\boldsymbol{A}$ et $\boldsymbol{B}$ sont égales si elles ont le même format et si leurs éléments correspondants sont égaux : $a_{ij} = b_{ij}$ pour toute paire d'indices i et j.

Exemple

$$\begin{pmatrix} -1 & 0 & 3 \\ 2 & -3 & 8 \end{pmatrix} = \begin{pmatrix} x & 0 & 3 \\ 2 & y & 8 \end{pmatrix} \Leftrightarrow x = -1 \text{ et } y = -3.$$ ■

6.1.2 MATRICES PARTICULIÈRES

Matrices lignes et matrices colonnes

On peut considérer les lignes d'une matrice $\boldsymbol{A}$ de format $m \times n$ comme des matrices de format $1 \times n$; une matrice de format $1 \times n$ est appelée matrice ligne. De même, on peut considérer les colonnes d'une matrice $\boldsymbol{A}$ comme des matrices de format $m \times 1$; ce sont des matrices colonnes. Par exemple, pour $\boldsymbol{A} = \begin{pmatrix} 1 & 2 & 3 \\ 4 & 5 & 6 \end{pmatrix}$, qui est de format 2×3, les matrices lignes sont $(1 \;\; 2 \;\; 3)$ et $(4 \;\; 5 \;\; 6)$; ce sont des matrices de format 1×3. Les matrices colonnes de $\boldsymbol{A}$ sont $\begin{pmatrix} 1 \\ 4 \end{pmatrix}$, $\begin{pmatrix} 2 \\ 5 \end{pmatrix}$ et $\begin{pmatrix} 3 \\ 6 \end{pmatrix}$; ce sont des matrices de format 2×1.

Matrice nulle

La matrice de format $m \times n$ dont tous les éléments sont nuls est appelée matrice nulle et est notée $\boldsymbol{O}$, ou $\boldsymbol{O}_{m \times n}$ si on insiste sur le format. Par exemple, la matrice nulle de format 2×4 est $\boldsymbol{O} = \begin{pmatrix} 0 & 0 & 0 & 0 \\ 0 & 0 & 0 & 0 \end{pmatrix}$.

Matrice carrée

Une matrice qui a autant de lignes que de colonnes est dite carrée. Une matrice carrée de format $n \times n$ est dite d'ordre n. Par exemple,

$$(-3), \begin{pmatrix} 0 & -2 \\ 1 & 3 \end{pmatrix} \text{ et } \begin{pmatrix} 3 & 1 & 0 \\ 0 & 4 & 2 \\ 1 & 0 & 2 \end{pmatrix}$$

sont des matrices carrées d'ordre 1, 2 et 3 respectivement.

Diagonale principale d'une matrice carrée

On appelle diagonale principale d'une matrice carrée l'ensemble des éléments a_{ij} de cette matrice pour lesquels $i = j$. Par exemple, dans la matrice $\begin{pmatrix} 0 & -2 \\ 1 & 3 \end{pmatrix}$, la diagonale principale est constituée des éléments 0 et 3.

Matrice diagonale

Une matrice carrée dont tous les éléments hors de la diagonale principale sont nuls ($a_{ij} = 0$ pour tout $i \neq j$) est une matrice diagonale. Par exemple, $\begin{pmatrix} -3 & 0 \\ 0 & 1 \end{pmatrix}$ et $\begin{pmatrix} 2 & 0 & 0 \\ 0 & 0 & 0 \\ 0 & 0 & 5 \end{pmatrix}$ sont diagonales, mais $\begin{pmatrix} -3 & 0 \\ 2 & 1 \end{pmatrix}$ et $\begin{pmatrix} 0 & -3 \\ 1 & 0 \end{pmatrix}$ ne le sont pas.

Matrice triangulaire supérieure

Une matrice carrée dont tous les éléments situés sous la diagonale principale sont nuls est appelée matrice triangulaire supérieure. Par exemple, $\begin{pmatrix} 1 & 2 & 3 \\ 0 & 4 & 5 \\ 0 & 0 & 6 \end{pmatrix}$ est une matrice triangulaire supérieure.

Matrice triangulaire inférieure

Une matrice carrée dont tous les éléments situés au-dessus de la diagonale principale sont nuls est appelée matrice triangulaire inférieure. Par exemple, $\begin{pmatrix} 1 & 0 & 0 \\ 2 & 3 & 0 \\ 4 & 5 & 6 \end{pmatrix}$ est une matrice triangulaire inférieure.

Matrice identité

La matrice carrée d'ordre n dont tous les éléments situés sur la diagonale principale sont 1 et tous les autres sont 0 est appelée matrice identité $n \times n$ ou d'ordre n et est notée $\boldsymbol{I}$ ou $\boldsymbol{I}_{n \times n}$ si on veut insister sur le format. Par exemple, la matrice identité de format 3×3 est $\boldsymbol{I} = \begin{pmatrix} 1 & 0 & 0 \\ 0 & 1 & 0 \\ 0 & 0 & 1 \end{pmatrix}$.

Matrice symétrique

Une matrice carrée $\boldsymbol{A}$ d'ordre n est dite symétrique si $a_{ij} = a_{ji}$ pour $i, j = 1, 2, ..., n$. Par exemple, $\begin{pmatrix} 1 & 5 \\ 5 & -1 \end{pmatrix}$ et $\begin{pmatrix} -1 & 2 & 3 \\ 2 & 0 & -1 \\ 3 & -1 & 4 \end{pmatrix}$ sont symétriques. Dans une matrice symétrique, la diagonale principale est un axe de symétrie pour les éléments situés de part et d'autre de cet axe.

6.1.3 OPÉRATIONS SUR LES MATRICES

Définissons la transposition d'une matrice, l'addition matricielle et la multiplication d'une matrice par un scalaire et voyons ensuite les propriétés de ces opérations.

Définition ***A^{T}, la transposée de A***

La transposée d'une matrice $\boldsymbol{A}$ de format $m \times n$, notée $\boldsymbol{A}^{\mathsf{T}}$, est la matrice $\boldsymbol{B}$ de format $n \times m$ telle que $b_{ji} = a_{ij}$ pour $j = 1, 2, ..., n$ et $i = 1, 2, ..., m$.

Remarques

1. Les matrices colonnes de $\boldsymbol{A}^{\mathsf{T}}$ sont les transposées des matrices lignes de $\boldsymbol{A}$. Par exemple,

$$\begin{pmatrix} 1 & 0 & -4 \\ 2 & 7 & 9 \end{pmatrix}^{\mathsf{T}} = \begin{pmatrix} 1 & 2 \\ 0 & 7 \\ -4 & 9 \end{pmatrix} \text{ et } \begin{pmatrix} 1 & 2 \\ 0 & 7 \\ -4 & 9 \end{pmatrix}^{\mathsf{T}} = \begin{pmatrix} 1 & 0 & -4 \\ 2 & 7 & 9 \end{pmatrix};$$

$$\begin{pmatrix} 1 \\ 2 \\ 3 \end{pmatrix}^{\mathsf{T}} = \begin{pmatrix} 1 & 2 & 3 \end{pmatrix} \text{ et } \begin{pmatrix} 1 & 2 & 3 \end{pmatrix}^{\mathsf{T}} = \begin{pmatrix} 1 \\ 2 \\ 3 \end{pmatrix}.$$

2. $\boldsymbol{A}$ est symétrique $\Leftrightarrow \boldsymbol{A}^{\mathsf{T}} = \boldsymbol{A}$.

Définition ***Le produit kA d'une matrice A par un scalaire k***

Le produit d'une matrice $\boldsymbol{A}$ par un scalaire k, noté $k\boldsymbol{A}$ ou $\boldsymbol{A}k$, est la matrice de même format que $\boldsymbol{A}$ obtenue en multipliant tous les éléments de $\boldsymbol{A}$ par k.

Exemple 1

$$3\begin{pmatrix} 1 & 0 & -1 \\ 2 & 1 & 3 \end{pmatrix} = \begin{pmatrix} 3 & 0 & -3 \\ 6 & 3 & 9 \end{pmatrix}$$

■

Exemple 2

$$\begin{pmatrix} -4 & 0 \\ 8 & 12 \end{pmatrix} = 4\begin{pmatrix} -1 & 0 \\ 2 & 3 \end{pmatrix}$$

■

Définition ***Somme de deux matrices***

Soit $\boldsymbol{A}$ et $\boldsymbol{B}$ deux matrices de même format $m \times n$. Alors, la somme $\boldsymbol{A} + \boldsymbol{B}$ est la matrice $\boldsymbol{C}$ dont l'élément c_{ij} est la somme $a_{ij} + b_{ij}$ des éléments correspondants de $\boldsymbol{A}$ et $\boldsymbol{B}$ pour $i = 1, 2, ..., m$ et $j = 1, 2, ..., n$.

Exemple 1

$$\begin{pmatrix} -2 & 0 & 3 \\ 1 & 2 & 1 \end{pmatrix} + \begin{pmatrix} 1 & 2 & 0 \\ 1 & 1 & -1 \end{pmatrix} = \begin{pmatrix} -1 & 2 & 3 \\ 2 & 3 & 0 \end{pmatrix}$$

■

Exemple 2

$\begin{pmatrix} -2 & 0 & 3 \\ 1 & 2 & 1 \end{pmatrix} + \begin{pmatrix} 2 & 3 \\ 1 & 1 \end{pmatrix}$ n'est pas définie, car les formats de ces deux matrices sont différents. ■

Remarque

La différence $\boldsymbol{A} - \boldsymbol{B}$ est définie par $\boldsymbol{A} - \boldsymbol{B} = \mathbf{A} + (-1)\boldsymbol{B}$. Ainsi,

$$\begin{pmatrix} -2 & 0 & 3 \\ 1 & 2 & 1 \end{pmatrix} - \begin{pmatrix} 1 & 2 & 0 \\ 1 & 1 & -1 \end{pmatrix} = \begin{pmatrix} -2 & 0 & 3 \\ 1 & 2 & 1 \end{pmatrix} + (-1)\begin{pmatrix} 1 & 2 & 0 \\ 1 & 1 & -1 \end{pmatrix} = \begin{pmatrix} -3 & -2 & 3 \\ 0 & 1 & 2 \end{pmatrix}.$$

Les propriétés des opérations sur les matrices sont des conséquences immédiates des définitions.

Soit $\boldsymbol{A}$, $\boldsymbol{B}$ et $\boldsymbol{C}$ des matrices de format $m \times n$, soit r et s des scalaires et soit $\boldsymbol{O}$ la matrice nulle de format $m \times n$. Alors, les opérations sur les matrices satisfont aux propriétés suivantes.

Propriétés de l'addition matricielle

M1 $\boldsymbol{A} + \boldsymbol{B} = \boldsymbol{B} + \boldsymbol{A}$ [L'addition matricielle est commutative.]

M2 $\boldsymbol{A} + (\boldsymbol{B} + \boldsymbol{C}) = (\boldsymbol{A} + \boldsymbol{B}) + \boldsymbol{C}$ [L'addition matricielle est associative.]

M3 $\boldsymbol{A} + \boldsymbol{O} = \boldsymbol{A} = \boldsymbol{O} + \boldsymbol{A}$ [La matrice nulle $\boldsymbol{O}$ est neutre dans l'addition matricielle.]

M4 $\boldsymbol{A} - \boldsymbol{A} = \boldsymbol{O}$ [La matrice $-\boldsymbol{A}$ est l'opposé de la matrice $\boldsymbol{A}$.]

Propriétés de la multiplication par un scalaire

M5 $1\boldsymbol{A} = \boldsymbol{A}$ [Le nombre 1 est neutre dans la multiplication par un scalaire.]

M6 $r(\boldsymbol{A} + \boldsymbol{B}) = r\boldsymbol{A} + r\boldsymbol{B}$ [La multiplication par un scalaire est distributive sur la somme matricielle.]

M7 $(r + s)\,\boldsymbol{A} = r\boldsymbol{A} + s\boldsymbol{A}$ [La multiplication par un scalaire est distributive sur la somme des scalaires.]

M8 $(rs)\boldsymbol{A} = r(s\boldsymbol{A})$ [La multiplication par un scalaire est associative.]

Propriétés de la transposition

M9 $(\boldsymbol{A} + \boldsymbol{B})^{\mathsf{T}} = \boldsymbol{A}^{\mathsf{T}} + \boldsymbol{B}^{\mathsf{T}}$ [La transposition préserve la somme matricielle.]

M10 $(r\boldsymbol{A})^{\mathsf{T}} = r\boldsymbol{A}^{\mathsf{T}}$ [La transposition préserve le produit par un scalaire.]

M11 $(\boldsymbol{A}^{\mathsf{T}})^{\mathsf{T}} = \boldsymbol{A}$ [La transposée de la transposée d'une matrice est cette même matrice.]

6.1.4 LE PRODUIT MATRICIEL

C'est le produit matriciel qui donne aux matrices toute leur importance dans la plupart des applications; le produit matriciel de deux matrices $\boldsymbol{A}$ et $\boldsymbol{B}$ se définit à partir des produits scalaires des matrices lignes de $\boldsymbol{A}$ (considérées comme vecteurs lignes) avec les matrices colonnes de $\boldsymbol{B}$ (considérées comme vecteurs colonnes). Pour que ces produits soient définis, il faut que le nombre de colonnes de $\boldsymbol{A}$ coïncide avec le nombre de lignes de $\boldsymbol{B}$.

Définition ***Le produit matriciel AB***

Soit $\boldsymbol{A}$ une matrice de format $m \times p$ et $\boldsymbol{B}$ une matrice de format $p \times n$. Alors, le produit matriciel $\boldsymbol{AB}$ est la matrice $\boldsymbol{C}$ de format $m \times n$ dont l'élément c_{ij} est le produit scalaire $\vec{u} \bullet \vec{v}$ des vecteurs $\vec{u}$ et $\vec{v}$ dont les composantes sont respectivement les éléments de la i-ième matrice ligne de $\boldsymbol{A}$ et les éléments de la j-ième matrice colonne de $\boldsymbol{B}$.

$$\begin{pmatrix} a_{11} & a_{12} & \cdots & a_{1p} \\ a_{21} & a_{22} & \cdots & a_{2p} \\ \vdots & \vdots & \ddots & \vdots \\ a_{i1} & a_{i2} & \cdots & a_{ip} \\ \vdots & \vdots & \ddots & \vdots \\ a_{m1} & a_{m2} & \cdots & a_{mp} \end{pmatrix} \begin{pmatrix} b_{11} & b_{12} & \cdots & b_{1j} & \cdots & b_{1n} \\ b_{21} & b_{22} & \cdots & b_{2j} & \cdots & b_{2n} \\ \vdots & \vdots & \ddots & \vdots & \ddots & \vdots \\ b_{p1} & b_{p2} & \cdots & b_{pj} & \cdots & b_{pn} \end{pmatrix} = \begin{pmatrix} c_{11} & c_{12} & \cdots & c_{1j} & \cdots & c_{1n} \\ c_{21} & c_{22} & \cdots & c_{2j} & \cdots & c_{2n} \\ \vdots & \vdots & \ddots & \vdots & \ddots & \vdots \\ c_{i1} & c_{i2} & \cdots & c_{ij} & \cdots & c_{in} \\ \vdots & \vdots & \ddots & \vdots & \ddots & \vdots \\ c_{m1} & c_{m2} & \cdots & c_{mj} & \cdots & c_{mn} \end{pmatrix}$$

Remarques

1. Pour insister sur les formats, on peut écrire

$$\boldsymbol{A}_{m\times p}\boldsymbol{B}_{p\times n} = \boldsymbol{C}_{m\times n}$$

au lieu de $\boldsymbol{AB} = \boldsymbol{C}$.

2. Si les éléments des matrices $\boldsymbol{A}$, $\boldsymbol{B}$ et $\boldsymbol{C}$ sont désignés respectivement par a_{ij}, b_{ij} et c_{ij}, alors

$$c_{ij} = a_{i1}b_{1j} + a_{i2}b_{2j} + \cdots + a_{ik}b_{kj} + \cdots + a_{ip}b_{pj}$$

$$c_{ij} = \sum_{k=1}^{p} a_{ik}b_{kj}$$

Exemple 1

Si $\boldsymbol{A} = \begin{pmatrix} 1 & 2 & 3 \end{pmatrix}$ et $\boldsymbol{B} = \begin{pmatrix} -1 \\ 0 \\ 2 \end{pmatrix}$, alors $\boldsymbol{AB} = \begin{pmatrix} 1 & 2 & 3 \end{pmatrix}\begin{pmatrix} -1 \\ 0 \\ 2 \end{pmatrix} = (5)$.

Remarquez les formats : $\boldsymbol{A}_{1\times 3}\boldsymbol{B}_{3\times 1} = \boldsymbol{C}_{1\times 1}$. ■

Exemple 2

Si $A = \begin{pmatrix} 1 & 2 & 3 \end{pmatrix}$ et $B = \begin{pmatrix} -1 & 1 \\ 0 & 4 \\ 2 & -2 \end{pmatrix}$, alors $AB = \begin{pmatrix} 1 & 2 & 3 \end{pmatrix}\begin{pmatrix} -1 & 1 \\ 0 & 4 \\ 2 & -2 \end{pmatrix} = \begin{pmatrix} 5 & 3 \end{pmatrix}$.

Remarquez les formats : $A_{1\times3}B_{3\times2} = C_{1\times2}$. ■

Exemple 3

Si $A = \begin{pmatrix} 1 & 2 & 3 \\ 7 & 8 & 9 \end{pmatrix}$ et $B = \begin{pmatrix} -1 & 1 \\ 0 & 4 \\ 2 & -2 \end{pmatrix}$, alors

$$AB = \begin{pmatrix} 1 & 2 & 3 \\ 7 & 8 & 9 \end{pmatrix}\begin{pmatrix} -1 & 1 \\ 0 & 4 \\ 2 & -2 \end{pmatrix} = \begin{pmatrix} 5 & 3 \\ 11 & 21 \end{pmatrix}$$

$$A_{2\times3}B_{3\times2} = C_{2\times2}$$

et

$$BA = \begin{pmatrix} -1 & 1 \\ 0 & 4 \\ 2 & -2 \end{pmatrix}\begin{pmatrix} 1 & 2 & 3 \\ 7 & 8 & 9 \end{pmatrix} = \begin{pmatrix} 6 & 6 & 6 \\ 28 & 32 & 36 \\ -12 & -12 & -12 \end{pmatrix}$$

$$B_{3\times2}A_{2\times3} = C_{3\times3}$$ ■

L'exemple 3 montre que le produit matriciel n'est pas commutatif. En effet, pour que les produits AB et BA soient définis simultanément et soient de même format, il faut que A et B soient des matrices carrées de même format. Mais même dans ce cas, on a généralement $AB \neq BA$, comme le montre l'exemple suivant où A et B sont de format 2×2.

Si $A = \begin{pmatrix} 1 & 2 \\ 0 & 0 \end{pmatrix}$ et $B = \begin{pmatrix} 0 & 1 \\ 0 & 2 \end{pmatrix}$, alors $AB = \begin{pmatrix} 0 & 5 \\ 0 & 0 \end{pmatrix}$ et $BA = \begin{pmatrix} 0 & 0 \\ 0 & 0 \end{pmatrix}$.

Propriétés du produit matriciel

PM1 $A_{m\times n}O_{n\times n} = O_{m\times n}$ et $O_{m\times m}A_{m\times n} = O_{m\times n}$ [La matrice nulle O est absorbante dans le produit matriciel.]

PM2 $A_{m\times n}I_{n\times n} = A_{m\times n}$ et $I_{m\times m}A_{m\times n} = A_{m\times n}$ [La matrice identité I est neutre dans le produit matriciel.]

PM3 $\boldsymbol{A}(\boldsymbol{BC}) = (\boldsymbol{AB})\boldsymbol{C}$ [Le produit matriciel est associatif.]

PM4 $k(\boldsymbol{AB}) = (k\boldsymbol{A})\boldsymbol{B} = \boldsymbol{A}(k\boldsymbol{B}),\ k \in \mathbb{R}$ [La multiplication par un scalaire est associative mixte.]

PM5 $\boldsymbol{A}(\boldsymbol{B} + \boldsymbol{C}) = \boldsymbol{AB} + \boldsymbol{AC}$ et $(\boldsymbol{B} + \boldsymbol{C})\boldsymbol{D} = \boldsymbol{BD} + \boldsymbol{CD}$ [Le produit matriciel est distributif sur la somme.]

PM6 $(\boldsymbol{AB})^{\mathsf{T}} = \boldsymbol{B}^{\mathsf{T}}\boldsymbol{A}^{\mathsf{T}}$ [La transposée d'un produit est le produit des transposées dans l'ordre inverse.]

Comme la démonstration de toutes ces propriétés ne présente pas un grand intérêt, on s'en dispensera ici[1].

Notation

Si $\boldsymbol{A}$ est une matrice carrée et n un nombre naturel non nul, alors le produit $\boldsymbol{AAA}\ldots\boldsymbol{A}$ où la matrice $\boldsymbol{A}$ apparaît n fois comme facteur est noté $\boldsymbol{A}^n$

ATTENTION : Le produit $\boldsymbol{AABA}$ peut s'écrire $\boldsymbol{A}^2\boldsymbol{BA}$ mais généralement pas $\boldsymbol{A}^3\boldsymbol{B}$, car le produit matriciel n'est *pas* commutatif.

Il y a deux façons de voir le produit matriciel $\boldsymbol{AB} = \boldsymbol{C}$:

1) La matrice $\boldsymbol{B}$ est un opérateur qui transforme les lignes de $\boldsymbol{A}$ en lignes de $\boldsymbol{C}$; par exemple, si

$$\boldsymbol{A} = \begin{pmatrix} 1 & 2 & 3 \\ 7 & 8 & 9 \end{pmatrix} \text{ et } \boldsymbol{B} = \begin{pmatrix} -1 & 1 \\ 0 & 4 \\ 2 & -2 \end{pmatrix},$$

alors on peut écrire

$$\begin{pmatrix} 1 & 2 & 3 \\ 7 & 8 & 9 \end{pmatrix}\begin{pmatrix} -1 & 1 \\ 0 & 4 \\ 2 & -2 \end{pmatrix} = \begin{pmatrix} 5 & 3 \\ 11 & 21 \end{pmatrix}.$$

2) La matrice $\boldsymbol{A}$ est un opérateur qui transforme les colonnes de $\boldsymbol{B}$ en colonnes de $\boldsymbol{C}$. Cette seconde façon de voir la multiplication matricielle sera mise à profit dans

---

1. La démonstration de la propriété PM6 fait l'objet de l'exercice 11 (p. 201). On trouvera une démonstration de la propriété PM3 dans *Algèbre linéaire, une approche matricielle* de P. Leroux, Modulo Éditeur, 1983, p. 12 et 13.

l'exemple 3 de la prochaine section et au chapitre 7 sur les **transformations linéaires**. Par exemple, avec les mêmes matrices $\boldsymbol{A}$, $\boldsymbol{B}$ et $\boldsymbol{C}$ que précédemment, on peut écrire

$$\begin{pmatrix} 1 & 2 & 3 \\ 7 & 8 & 9 \end{pmatrix}\begin{pmatrix} -1 & 1 \\ 0 & 4 \\ 2 & -2 \end{pmatrix} = \begin{pmatrix} 5 & 3 \\ 11 & 21 \end{pmatrix}.$$

6.1.5 QUELQUES INTERPRÉTATIONS DU PRODUIT MATRICIEL

Voici maintenant trois exemples pratiques d'interprétations du produit matriciel. Dans le premier exemple, on montre comment le produit matriciel facilite le calcul des coûts de production d'une petite entreprise familiale. Dans le deuxième exemple, l'étude des effets d'une campagne publicitaire nous conduit aux matrices de transition et aux chaînes de Markov. Enfin, le dernier exemple nous fait voir une interprétation du produit matriciel dans le contexte de l'infographie.

Exemple 1

La cantine mobile *Le Coq roulant*

Le propriétaire d'une cantine mobile spécialisée dans la préparation du poulet veut savoir quelle somme il doit investir chaque jour pour servir ses clients. Tous les matins, il cuisine 200 repas répartis comme suit : 100 menus économiques, 60 menus ordinaires et 40 menus du gourmet. La matrice ligne $\boldsymbol{Q} = \begin{pmatrix} 100 & 60 & 40 \end{pmatrix}$ représente cette répartition. Le propriétaire a établi un système d'unités qui lui permet d'évaluer les quantités de poulet, de frites, de boisson, de dessert et de travail requises pour préparer un repas de chaque menu. (Il a également déterminé le coût de chacune des unités, comme nous le verrons plus loin.) Le tableau suivant nous montre ses données.

Types de repas	**Quantités requises** (unités)				
	Poulet	**Frites**	**Boisson**	**Dessert**	**Travail**
Économique	1	1	1	0	2
Ordinaire	2	1	2	1	3
Du gourmet	3	2	2	1	4

La matrice $\boldsymbol{M} = \begin{pmatrix} 1 & 1 & 1 & 0 & 2 \\ 2 & 1 & 2 & 1 & 3 \\ 3 & 2 & 2 & 1 & 4 \end{pmatrix}$ représente ce tableau. Le produit matriciel $\boldsymbol{QM}$ s'interprète alors comme la matrice des quantités totales de poulet, frites, etc. requises pour préparer tous les repas.

$$\boldsymbol{QM} = \begin{pmatrix} 100 & 60 & 40 \end{pmatrix} \begin{pmatrix} 1 & 1 & 1 & 0 & 2 \\ 2 & 1 & 2 & 1 & 3 \\ 3 & 2 & 2 & 1 & 4 \end{pmatrix} = \begin{pmatrix} 340 & 240 & 300 & 100 & 540 \end{pmatrix}$$

Il faut donc 340 unités de poulet, 240 unités de frites, etc. pour préparer les repas d'une journée.

Voyons maintenant la valeur en dollars ($) que le propriétaire a attribuée à chaque élément de son système d'unités.

	Poulet	**Frites**	**Boisson**	**Dessert**	**Travail**
Coût ($) par unité	0,60	0,25	0,30	0,40	0,80

Si on représente ce tableau par la matrice colonne

$$\boldsymbol{C} = \begin{pmatrix} 0,60 \\ 0,25 \\ 0,30 \\ 0,40 \\ 0,80 \end{pmatrix}$$

le produit matriciel $\boldsymbol{QMC}$ s'interprète alors comme le coût total de la préparation des 200 repas. On peut effectuer cette opération de deux manières équivalentes : $(\boldsymbol{QM})\boldsymbol{C}$ ou $\boldsymbol{Q}(\boldsymbol{MC})$; le résultat en est une matrice de format 1×1.

$$(\boldsymbol{QM})\boldsymbol{C} = \begin{pmatrix} 340 & 240 & 300 & 100 & 540 \end{pmatrix} \begin{pmatrix} 0,60 \\ 0,25 \\ 0,30 \\ 0,40 \\ 0,80 \end{pmatrix} = (826)$$

Le propriétaire de la cantine investit donc 826 $ par jour pour préparer les repas.

■

Exemple 2

La guerre de marché

Deux brasseries se partagent la clientèle d'une petite ville. Pour augmenter sa part de marché, qui est en ce moment de 30 %, la brasserie Boulga met sur pied une grande campagne publicitaire. Sa compétitrice, qui tient à conserver sa part de 70 %, décide d'en faire autant. Après un mois de campagne, la brasserie Gloubi est allée chercher 10 % de la clientèle de la brasserie Boulga mais a elle-même perdu 20 % de la sienne au profit de Boulga. Le tableau suivant donne les mouvements de transition de la clientèle.

de → / ↓ à	**Gloubi**	**Boulga**
Gloubi	0,8	0,1
Boulga	0,2	0,9

La matrice $\boldsymbol{A} = \begin{pmatrix} 0{,}8 & 0{,}1 \\ 0{,}2 & 0{,}9 \end{pmatrix}$, dans laquelle a_{ij} représente la proportion de la clientèle de la brasserie j passant à la brasserie i après un mois de publicité, est appelée la matrice de transition pour cette période[2]. Si la matrice colonne $\boldsymbol{X}_0 = \begin{pmatrix} 0{,}7 \\ 0{,}3 \end{pmatrix}$ représente les parts de marché des deux brasseries avant la campagne publicitaire, alors le produit matriciel $\boldsymbol{AX}_0$, qui donne une matrice colonne $\boldsymbol{X}_1$, représente les parts de marché des deux brasseries après un mois de publicité.

$$\boldsymbol{X}_1 = \boldsymbol{AX}_0 = \begin{pmatrix} 0{,}8 & 0{,}1 \\ 0{,}2 & 0{,}9 \end{pmatrix}\begin{pmatrix} 0{,}7 \\ 0{,}3 \end{pmatrix} = \begin{pmatrix} 0{,}59 \\ 0{,}41 \end{pmatrix}$$

Si la campagne publicitaire est répétée tous les mois avec le même résultat (la même matrice de transition), alors les parts de marché des deux brasseries seront

– après 2 mois : $\boldsymbol{X}_2 = \boldsymbol{AX}_1 = \begin{pmatrix} 0{,}8 & 0{,}1 \\ 0{,}2 & 0{,}9 \end{pmatrix}\begin{pmatrix} 0{,}59 \\ 0{,}41 \end{pmatrix} = \begin{pmatrix} 0{,}513 \\ 0{,}487 \end{pmatrix}$;

– après 3 mois : $\boldsymbol{X}_3 = \boldsymbol{AX}_2 = \begin{pmatrix} 0{,}8 & 0{,}1 \\ 0{,}2 & 0{,}9 \end{pmatrix}\begin{pmatrix} 0{,}513 \\ 0{,}487 \end{pmatrix} = \begin{pmatrix} 0{,}4591 \\ 0{,}5409 \end{pmatrix}$;

– après 4 mois : $\boldsymbol{X}_4 = \boldsymbol{AX}_3 = \begin{pmatrix} 0{,}8 & 0{,}1 \\ 0{,}2 & 0{,}9 \end{pmatrix}\begin{pmatrix} 0{,}4591 \\ 0{,}5409 \end{pmatrix} = \begin{pmatrix} 0{,}4214 \\ 0{,}5786 \end{pmatrix}$;

2. Les matrices de transition sont ce que les probabilistes appellent des *matrices stochastiques*.

– après 8 mois : $\boldsymbol{X}_8 = \boldsymbol{A}\boldsymbol{X}_7 = \begin{pmatrix} 0,355 \\ 0,645 \end{pmatrix}$ (vous pouvez vérifier);

– après 16 mois : $\boldsymbol{X}_{16} = \boldsymbol{A}\boldsymbol{X}_{15} = \begin{pmatrix} 0,335 \\ 0,665 \end{pmatrix}$;

– après 32 mois : $\boldsymbol{X}_{32} = \boldsymbol{A}\boldsymbol{X}_{31} = \begin{pmatrix} 0,333 \\ 0,667 \end{pmatrix}$.

On constate qu'après un certain temps, les parts de marché de Gloubi et Boulga se stabilisent respectivement à 33,3 % et 66,7 % du marché.

La suite $\boldsymbol{X}_0, \boldsymbol{X}_1, \boldsymbol{X}_2, ..., \boldsymbol{X}_n, ...$ est un exemple de chaîne de Markov[3]. Remarquez les propriétés de la matrice de transition $\boldsymbol{A} = \begin{pmatrix} 0,8 & 0,1 \\ 0,2 & 0,9 \end{pmatrix}$:

1) $0 \le a_{ij} \le 1$ pour tous les éléments a_{ij} de $\boldsymbol{A}$.
2) La somme des éléments d'une même colonne est toujours égale à 1.
3) Dans la chaîne de Markov $\boldsymbol{X}_0, \boldsymbol{X}_1, \boldsymbol{X}_2, ..., \boldsymbol{X}_n, ...$, on a

$$\boldsymbol{X}_n = \boldsymbol{A}\boldsymbol{X}_{n-1} = \boldsymbol{A}\boldsymbol{A}\boldsymbol{X}_{n-2} = ... = \boldsymbol{A}\boldsymbol{A}\boldsymbol{A} ... \boldsymbol{A}\boldsymbol{X}_0 = \boldsymbol{A}^n\boldsymbol{X}_0$$

et, pour n suffisamment grand, $\boldsymbol{X}_n \approx \boldsymbol{X}_{n-1}$, de telle sorte que l'on peut écrire, pour n assez grand, $\boldsymbol{X}_n \approx \boldsymbol{A}\boldsymbol{X}_n$. Ainsi, la matrice colonne $\boldsymbol{X}$, quand elle représente la répartition des parts du marché à très long terme, a la propriété $\boldsymbol{X} = \boldsymbol{A}\boldsymbol{X}$, ce qui s'écrit aussi $\boldsymbol{A}\boldsymbol{X} - \boldsymbol{I}\boldsymbol{X} = \boldsymbol{O}$ où $\boldsymbol{I}$ et $\boldsymbol{O}$ sont respectivement la matrice identité de format 2×2 et la matrice nulle de format 2×1. Cette dernière équation s'écrit encore $(\boldsymbol{A} - \boldsymbol{I})\boldsymbol{X} = \boldsymbol{O}$, ce qui, en posant $\boldsymbol{X} = \begin{pmatrix} x \\ y \end{pmatrix}$ dans le cas que nous avons traité, se traduit par

$$\left(\begin{pmatrix} 0,8 & 0,1 \\ 0,2 & 0,9 \end{pmatrix} - \begin{pmatrix} 1 & 0 \\ 0 & 1 \end{pmatrix}\right)\begin{pmatrix} x \\ y \end{pmatrix} = \begin{pmatrix} 0 \\ 0 \end{pmatrix}$$

$$\begin{pmatrix} -0,2 & 0,1 \\ 0,2 & -0,1 \end{pmatrix}\begin{pmatrix} x \\ y \end{pmatrix} = \begin{pmatrix} 0 \\ 0 \end{pmatrix}$$

$$\begin{pmatrix} -2 & 1 \\ 2 & -1 \end{pmatrix}\begin{pmatrix} x \\ y \end{pmatrix} = \begin{pmatrix} 0 \\ 0 \end{pmatrix}.$$

3. Andreï Andréievitch Markov (1856-1922) a été le premier à étudier de telles matrices de transition.

Cette dernière équation matricielle se traduit par le système d'équations linéaires

$$\begin{aligned} -2x + y &= 0 \\ 2x - y &= 0 \end{aligned}$$

auquel on ajoute l'équation $x+y=1$, car la somme des parts de marché est toujours 1; le système ainsi obtenu

$$\begin{aligned} -2x + y &= 0 \\ 2x - y &= 0 \\ x + y &= 1 \end{aligned}$$

a pour solution (vérifiez) :

$$\begin{pmatrix} x \\ y \end{pmatrix} = \begin{pmatrix} 1/3 \\ 2/3 \end{pmatrix} = \begin{pmatrix} 0,\overline{3} \\ 0,\overline{6} \end{pmatrix}.$$

Cela confirme le résultat empirique obtenu précédemment : à long terme, si la tendance se maintient, la brasserie Gloubi conservera le tiers du marché et la brasserie Boulga occupera les deux autres tiers[4]. ■

Exemple 3

Le traitement d'images graphiques

Le produit d'une matrice carrée 2×2 avec une matrice colonne 2×1 donne une matrice colonne 2×1.

$$\begin{pmatrix} a & c \\ b & d \end{pmatrix}\begin{pmatrix} x \\ y \end{pmatrix} = \begin{pmatrix} x' \\ y' \end{pmatrix}$$

Si on interprète la matrice colonne $\begin{pmatrix} x \\ y \end{pmatrix}$ comme le vecteur position d'un point P affiché sur l'écran d'un ordinateur, alors le produit $\begin{pmatrix} a & c \\ b & d \end{pmatrix}\begin{pmatrix} x \\ y \end{pmatrix}$ transforme la position $\begin{pmatrix} x \\ y \end{pmatrix}$ du point P en une nouvelle position $\begin{pmatrix} x' \\ y' \end{pmatrix}$, et on peut alors voir la matrice $\boldsymbol{A} = \begin{pmatrix} a & c \\ b & d \end{pmatrix}$ comme une matrice de transformation d'écran. Par exemple, si les

4. Pour en savoir plus sur les matrices de transition, voyez la sous-section 6.5.1 et les exercices 14 et 15 de la sous-section *Exercices 6.1*.

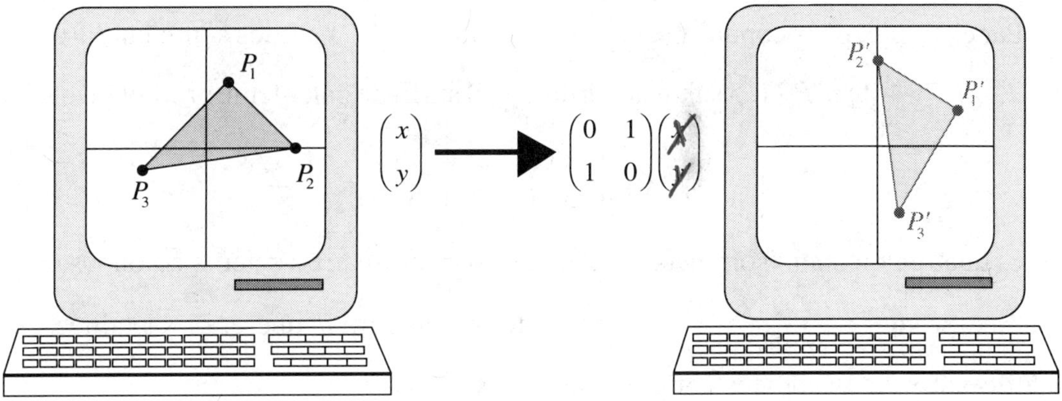

Figure 6.2

vecteurs positions des sommets P_1, P_2 et P_3 d'un triangle affiché sur l'écran sont respectivement $\begin{pmatrix} 1 \\ 3 \end{pmatrix}$, $\begin{pmatrix} 4 \\ 0 \end{pmatrix}$ et $\begin{pmatrix} -3 \\ -1 \end{pmatrix}$ (figure 6.2) et si la matrice de transformation est donnée par

$$\begin{pmatrix} a & c \\ b & d \end{pmatrix} = \begin{pmatrix} 0 & 1 \\ 1 & 0 \end{pmatrix},$$

alors les points P_1, P_2 et P_3 seront transformés respectivement en P_1', P_2' et P_3', dont les vecteurs positions seront

$$\begin{pmatrix} 0 & 1 \\ 1 & 0 \end{pmatrix}\begin{pmatrix} 1 \\ 3 \end{pmatrix} = \begin{pmatrix} 3 \\ 1 \end{pmatrix} \text{ pour } P_1',$$

$$\begin{pmatrix} 0 & 1 \\ 1 & 0 \end{pmatrix}\begin{pmatrix} 4 \\ 0 \end{pmatrix} = \begin{pmatrix} 0 \\ 4 \end{pmatrix} \text{ pour } P_2',$$

$$\begin{pmatrix} 0 & 1 \\ 1 & 0 \end{pmatrix}\begin{pmatrix} -3 \\ -1 \end{pmatrix} = \begin{pmatrix} -1 \\ -3 \end{pmatrix} \text{ pour } P_3'.$$

Le triangle $P_1P_2P_3$ est transformé en un autre triangle $P_1'P_2'P_3'$ par la matrice $\boldsymbol{A}$.

Remarquez ici l'efficacité du langage matriciel pour condenser l'écriture : une seule équation matricielle suffit pour obtenir simultanément les sommets P_1', P_2' et P_3' à partir de la matrice $\boldsymbol{A}$ et des sommets P_1, P_2 et P_3.

$$\underset{\boldsymbol{A}}{\begin{pmatrix} 0 & 1 \\ 1 & 0 \end{pmatrix}}\underset{P_1\,P_2\,P_3}{\begin{pmatrix} 1 & 4 & -3 \\ 3 & 0 & -1 \end{pmatrix}} = \underset{P_1'\,P_2'\,P_3'}{\begin{pmatrix} 3 & 0 & -1 \\ 1 & 4 & -3 \end{pmatrix}}$$

Par exemple, pour connaître l'effet de la matrice $\begin{pmatrix} 1 & 2 \\ -1 & 3 \end{pmatrix}$ sur les sommets $P_1(0, 0)$, $P_2(2, -2)$, $P_3(4, 1)$ et $P_4(1, 5)$ d'un quadrilatère, il suffit de calculer le produit matriciel

$$\begin{pmatrix} 1 & 2 \\ -1 & 3 \end{pmatrix}\begin{pmatrix} 0 & 2 & 4 & 1 \\ 0 & -2 & 1 & 5 \end{pmatrix}$$

et les quatre nouveaux sommets sont donnés par les quatre vecteurs colonnes de la matrice produit : $\begin{pmatrix} 0 & -2 & 6 & 11 \\ 0 & -8 & -1 & 14 \end{pmatrix}$. On présente au chapitre 7 une étude détaillée des matrices 2×2 considérées comme transformations. ■

EXERCICES 6.1

1. Écrivez la matrice d'adjacence[5] entre les sommets de l'avion de papier illustré à la figure 6.3.

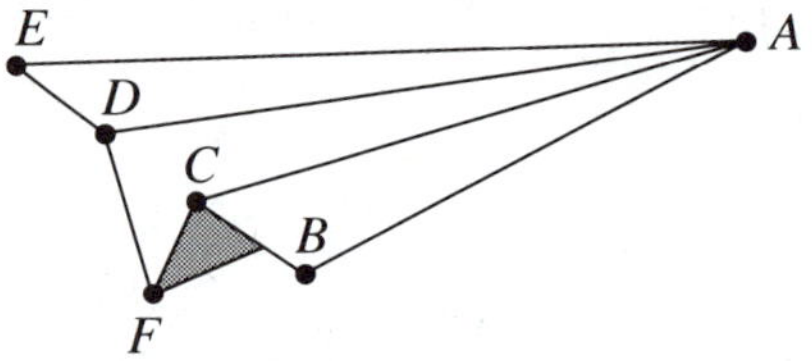

Figure 6.3

2. Écrivez la matrice $\boldsymbol{A}$ de format 2×3 dont les éléments a_{ij} sont donnés en fonction de i et j par

a) i *b*) j *c*) $i + j$ *d*) $\max\{i, j\}$

3. Pour la matrice $\boldsymbol{A} = \begin{pmatrix} 1 & 0 & -2 & 1 \\ 3 & -2 & 1 & 4 \\ 5 & -3 & 0 & 2 \end{pmatrix}$, calculez la valeur numérique de chacune des expressions suivantes.

a) $\sum_{j=1}^{4} a_{2j}$ *b*) $\sum_{i=1}^{2} a_{i4}$ *c*) $\sum_{i=1}^{3} a_{ii}$ *d*) $\sum_{j=1}^{4} (a_{1j} - a_{3j})$

4. Dans chacune des équations matricielles suivantes, trouvez le format de la matrice $\boldsymbol{A}$.

a) $\boldsymbol{A}\begin{pmatrix} 1 & 2 \\ 3 & 4 \\ 5 & 6 \end{pmatrix} = \begin{pmatrix} 8 & 7 \\ 6 & 5 \\ 4 & 3 \\ 2 & 1 \end{pmatrix}$ *c*) $\begin{pmatrix} 1 & 2 & 3 & 4 \\ 5 & 6 & 7 & 8 \\ 9 & 1 & 2 & 3 \end{pmatrix}\boldsymbol{A}\begin{pmatrix} 0 & 1 \\ 1 & 0 \end{pmatrix} = \begin{pmatrix} 6 & 5 \\ 4 & 3 \\ 2 & 1 \end{pmatrix}$

b) $\begin{pmatrix} 1 & 2 & 3 & 4 \\ 5 & 6 & 7 & 8 \end{pmatrix}\boldsymbol{A} = \begin{pmatrix} 0 & 1 \\ 1 & 0 \end{pmatrix}$

5. Revoyez l'exemple 2 de la sous-section 6.1.1, p. 185.

5. Effectuez les produits matriciels suivants.

a) $\begin{pmatrix} 1 & 0 & -1 \\ 2 & -1 & 0 \end{pmatrix}\begin{pmatrix} 1 & 2 \\ 3 & 4 \\ 5 & 6 \end{pmatrix}$ *c)* $(1\ 1\ 1)\begin{pmatrix} 1 & 2 & 3 \\ 4 & 5 & 6 \\ 7 & 8 & 9 \end{pmatrix}(1\ 1\ 1)^{\mathsf{T}}$

b) $\begin{pmatrix} 1 & 1 \\ -1 & -1 \end{pmatrix}^3$ *d)* $\begin{pmatrix} 1 & -1 \\ 1 & 1 \end{pmatrix}\begin{pmatrix} 1 & 0 & -1 & 1 \\ 0 & 1 & 1 & 1 \end{pmatrix}$

6. Vrai ou faux ? (Justifiez votre réponse.)

$$\begin{pmatrix} a_{11} & \cdots & a_{1n} \\ \vdots & \ddots & \vdots \\ a_{m1} & \cdots & a_{mn} \end{pmatrix}\begin{pmatrix} x_1 \\ \vdots \\ x_n \end{pmatrix} = \begin{pmatrix} c_1 \\ \vdots \\ c_m \end{pmatrix} \Leftrightarrow x_1\begin{pmatrix} a_{11} \\ \vdots \\ a_{m1} \end{pmatrix} + \cdots + x_n\begin{pmatrix} a_{1n} \\ \vdots \\ a_{mn} \end{pmatrix} = \begin{pmatrix} c_1 \\ \vdots \\ c_m \end{pmatrix}$$

7. Dans chacun des cas suivants, trouvez des matrices $\boldsymbol{A}$, $\boldsymbol{X}$ et $\boldsymbol{C}$ telles que le système donné d'équations linéaires soit équivalent à l'équation matricielle $\boldsymbol{AX} = \boldsymbol{C}$.

a) $\begin{aligned} 3x - 5y &= 4 \\ x - y &= 1 \\ x + y &= 0 \end{aligned}$ *c)* $\begin{aligned} y - z &= 2 \\ 2x + 3y &= 1 \\ -y + 5z &= 0 \end{aligned}$

b) $\begin{aligned} 3x - 5y + 2z &= 5 \\ x + y + 4z &= 2 \end{aligned}$ *d)* $\begin{aligned} x + z &= 0 \\ 2x + 3y &= 0 \\ -y + 5z &= 0 \end{aligned}$

8. Traduisez chacune des équations matricielles suivantes en un système d'équations linéaires. Résolvez ensuite le système obtenu par la méthode de Gauss-Jordan.

a) $(x_1\ \ x_2)\begin{pmatrix} 0 & -1 \\ 5 & 2 \end{pmatrix} = (5\ \ 0)$ *b)* $\begin{pmatrix} 1 & -1 \\ -1 & -1 \end{pmatrix}\begin{pmatrix} x_1 \\ x_2 \end{pmatrix} = \begin{pmatrix} 2 \\ 4 \end{pmatrix}$ *c)* $\begin{pmatrix} 1 & 2 \\ 2 & 4 \end{pmatrix}\begin{pmatrix} x_1 \\ x_2 \end{pmatrix} = 5\begin{pmatrix} x_1 \\ x_2 \end{pmatrix}$

9. Vrai ou faux ? (Si l'énoncé est vrai, faites-en la preuve; si l'énoncé est faux, donnez un contre-exemple.)

Si $\boldsymbol{A}$ *et* $\boldsymbol{B}$ *sont deux matrices carrées de même format telles que* $\boldsymbol{AB} = \boldsymbol{O}$, *alors* $\boldsymbol{A} = \boldsymbol{O}$ *ou* $\boldsymbol{B} = \boldsymbol{O}$.

10. Donnez un exemple de deux matrices carrées 2×2 $\boldsymbol{A}$ et $\boldsymbol{B}$ non nulles et distinctes pour lesquelles

a) $(\boldsymbol{A} + \boldsymbol{B})^2 = \boldsymbol{A}^2 + 2\boldsymbol{AB} + \boldsymbol{B}^2$; *c)* $(\boldsymbol{A} - \boldsymbol{B})(\boldsymbol{A} + \boldsymbol{B}) = \boldsymbol{A}^2 - \boldsymbol{B}^2$;

b) $(\boldsymbol{A} + \boldsymbol{B})^2 \neq \boldsymbol{A}^2 + 2\boldsymbol{AB} + \boldsymbol{B}^2$; *d)* $(\boldsymbol{A} - \boldsymbol{B})(\boldsymbol{A} + \boldsymbol{B}) \neq \boldsymbol{A}^2 - \boldsymbol{B}^2$.

11. Soit $\boldsymbol{A}$ et $\boldsymbol{B}$ des matrices de formats respectifs $m \times p$ et $p \times n$. Démontrez que $(\boldsymbol{AB})^{\mathsf{T}} = \boldsymbol{B}^{\mathsf{T}}\boldsymbol{A}^{\mathsf{T}}$.

12. À la fin d'une session, trois étudiants (E_1, E_2 et E_3) veulent calculer leur note finale au cours de mathématiques à partir de leurs résultats aux trois contrôles (C_1, C_2 et C_3) et aux travaux pratiques (TP). Le plan de cours prévoit trois modes de calcul avec des pondérations différentes (P_1, P_2 et P_3). Chaque étudiant aura donc trois moyennes, et le professeur retiendra pour chacun la plus forte des trois notes. À partir des tableaux suivants et d'un calcul matriciel approprié, déterminez quel étudiant aura le meilleur résultat.

	Notes sur 100			
	TP	C_1	C_2	C_3
E_1	70	60	50	70
E_2	80	80	70	60
E_3	60	90	80	60

	Pondérations (%)		
	P_1	P_2	P_3
TP	25	10	20
C_1	25	20	10
C_2	25	30	10
C_3	25	40	60

13. Trouvez une matrice symétrique $\boldsymbol{S}$ de format approprié pour laquelle le produit $(x \quad y)\boldsymbol{S}(x \quad y)^{\mathsf{T}}$ est une matrice 1×1 dont l'unique élément est

$$4x^2 - 16xy - 3y^2.$$

14. Certains affirment que prédire qu'il fera le même temps demain qu'aujourd'hui est la meilleure prédiction météorologique que l'on puisse faire. Un adepte de cette théorie, qui tient des statistiques depuis plusieurs années, a dressé un tableau donnant les probabilités de passage d'un état à un autre (ensoleillé ou non ensoleillé) sur une période de 24 heures.

On représente ce tableau par la matrice de transition $\boldsymbol{A} = \begin{pmatrix} 0,9 & 0,4 \\ 0,1 & 0,6 \end{pmatrix}$.

de / **à**		
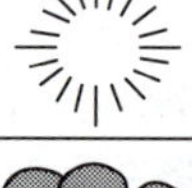	0,9	0,4
	0,1	0,6

a) Interprétez et calculez la valeur de chacun des quatre éléments de la matrice $\boldsymbol{A}^2$.

b) Calculez $\boldsymbol{A}^4$ à partir de $\boldsymbol{A}^2$, puis $\boldsymbol{A}^8$ à partir de $\boldsymbol{A}^4$, etc. jusqu'à $\boldsymbol{A}^{32}$. Vers quelles valeurs tendent les coefficients de $\boldsymbol{A}^n$ pour de grandes valeurs de n ?

c) Selon les résultats obtenus en *b*), quelle est la proportion de journées ensoleillées dans la région où on a obtenu la matrice $\boldsymbol{A}$? (Si vous désirez connaître une manière instantanée de calculer $\lim\limits_{n \to \infty} \boldsymbol{A}^n$, consultez la section 6.5, *Pour aller plus loin*.)

15. Une compagnie de location d'automobiles a deux succursales de location à court terme. Les clients peuvent louer une voiture et la ramener à l'une ou l'autre succursale à la fin d'une période de location (24 heures), ou ils peuvent prolonger la location d'une autre période. À la fin d'une période de 24 heures, chaque voiture se trouve donc dans l'un des trois états suivants :

E_1 : la voiture est à la succursale 1;
E_2 : la voiture est à la succursale 2;
E_3 : la voiture est en location.

Chaque élément a_{ij} de la matrice de transition $\boldsymbol{A}$ représente la proportion d'automobiles qui passent de l'état E_j à l'état E_i dans une période de 24 heures selon les statistiques établies par cette compagnie. On suppose que cette matrice est la même à chaque jour et qu'elle est donnée par

$$\boldsymbol{A} = \begin{pmatrix} 0,7 & 0,1 & 0,5 \\ 0,1 & 0,5 & 0,2 \\ 0,2 & 0,4 & 0,3 \end{pmatrix}.$$

Si l'on désigne par x et y les proportions du nombre total d'automobiles de cette compagnie qui sont respectivement dans l'état E_1 et E_2 à la fin d'une période de 24 heures, l'équation matricielle

$$\begin{pmatrix} 0,7 & 0,1 & 0,5 \\ 0,1 & 0,5 & 0,2 \\ 0,2 & 0,4 & 0,3 \end{pmatrix}\begin{pmatrix} x \\ y \\ 1-(x+y) \end{pmatrix} = \begin{pmatrix} x \\ y \\ 1-(x+y) \end{pmatrix}$$

représente la stabilité des proportions x et y d'une période à une autre.

a) En écrivant l'équation matricielle précédente sous la forme d'un système de trois équations linéaires à *deux* inconnues (x et y) et en résolvant ce système, déterminez les proportions stables x, y et $1 - (x + y)$.

b) Si la compagnie dispose de 104 automobiles, combien d'entre elles se trouveront dans chacun des trois états à la fin d'une période de 24 heures lorsque les proportions x et y seront stables ?

6.2 MATRICES ÉLÉMENTAIRES ET MATRICES INVERSIBLES

Dans cette section, nous montrons comment coder les opérations élémentaires sur les lignes d'une matrice sous la forme de matrices dites élémentaires. Nous utilisons ensuite ces matrices pour expliquer la méthode d'inversion de Gauss-

Jordan : étant donné une matrice carrée $\boldsymbol{A}$, comment trouver (lorsque c'est possible) la matrice $\boldsymbol{A}^{-1}$ inverse de $\boldsymbol{A}$ au sens où $\boldsymbol{A}\boldsymbol{A}^{-1} = \boldsymbol{I}$ et $\boldsymbol{A}^{-1}\boldsymbol{A} = \boldsymbol{I}$.

6.2.1 MATRICES ÉLÉMENTAIRES

Définition ***Matrice élémentaire***

Une matrice élémentaire d'ordre n est une matrice carrée d'ordre n obtenue en effectuant sur la matrice identité d'ordre n une et une seule opération élémentaire.

Exemple 1

$\begin{pmatrix} -2 & 0 \\ 0 & 1 \end{pmatrix}$, $\begin{pmatrix} 1 & 0 \\ 3 & 1 \end{pmatrix}$ et $\begin{pmatrix} 1 & 1 \\ 0 & 1 \end{pmatrix}$ sont des matrices élémentaires d'ordre 2 :

– on obtient $\begin{pmatrix} -2 & 0 \\ 0 & 1 \end{pmatrix}$ de $\begin{pmatrix} 1 & 0 \\ 0 & 1 \end{pmatrix}$ par l'opération élémentaire $L_1 \leftarrow -2L_1$;

– on obtient $\begin{pmatrix} 1 & 0 \\ 3 & 1 \end{pmatrix}$ de $\begin{pmatrix} 1 & 0 \\ 0 & 1 \end{pmatrix}$ par l'opération élémentaire $L_2 \leftarrow (L_2 + 3L_1)$;

– on obtient $\begin{pmatrix} 1 & 1 \\ 0 & 1 \end{pmatrix}$ de $\begin{pmatrix} 1 & 0 \\ 0 & 1 \end{pmatrix}$ par l'opération élémentaire $L_1 \leftarrow (L_1 + L_2)$. ■

Exemple 2

$\begin{pmatrix} 1 & 0 & 0 \\ 0 & 5 & 0 \\ 0 & 0 & 1 \end{pmatrix}$, $\begin{pmatrix} 1 & 0 & 0 \\ 0 & 1 & 0 \\ 0 & -4 & 1 \end{pmatrix}$ et $\begin{pmatrix} 1 & 0 & 2 \\ 0 & 1 & 0 \\ 0 & 0 & 1 \end{pmatrix}$ sont des matrices élémentaires d'ordre 3 :

– on obtient $\begin{pmatrix} 1 & 0 & 0 \\ 0 & 5 & 0 \\ 0 & 0 & 1 \end{pmatrix}$ de $\begin{pmatrix} 1 & 0 & 0 \\ 0 & 1 & 0 \\ 0 & 0 & 1 \end{pmatrix}$ par l'opération élémentaire $L_2 \leftarrow 5L_2$;

– on obtient $\begin{pmatrix} 1 & 0 & 0 \\ 0 & 1 & 0 \\ 0 & -4 & 1 \end{pmatrix}$ de $\begin{pmatrix} 1 & 0 & 0 \\ 0 & 1 & 0 \\ 0 & 0 & 1 \end{pmatrix}$ par l'opération élémentaire $L_3 \leftarrow (L_3 - 4L_2)$;

– on obtient $\begin{pmatrix} 1 & 0 & 2 \\ 0 & 1 & 0 \\ 0 & 0 & 1 \end{pmatrix}$ de $\begin{pmatrix} 1 & 0 & 0 \\ 0 & 1 & 0 \\ 0 & 0 & 1 \end{pmatrix}$ par l'opération élémentaire $L_1 \leftarrow (L_1 + 2L_3)$. ■

Les observations suivantes font ressortir l'importance des matrices élémentaires.

Observation 1

Effectuer une opération élémentaire sur une matrice donnée $\boldsymbol{A}$ de format $m \times n$ équivaut à multiplier (à gauche) cette matrice $\boldsymbol{A}$ par la matrice élémentaire d'ordre m correspondant à cette opération élémentaire.

Exemple 1

Pour permuter les lignes 2 et 3 de la matrice $\boldsymbol{A} = \begin{pmatrix} 1 & 2 & 3 & 4 \\ 5 & 6 & 7 & 8 \\ 9 & 10 & 11 & 12 \end{pmatrix}$, on multiplie $\boldsymbol{A}$ à gauche par la matrice élémentaire $\boldsymbol{E} = \begin{pmatrix} 1 & 0 & 0 \\ 0 & 0 & 1 \\ 0 & 1 & 0 \end{pmatrix}$ obtenue en permutant les lignes 2 et 3 de la matrice identité d'ordre 3 :

$$\boldsymbol{EA} = \begin{pmatrix} 1 & 0 & 0 \\ 0 & 0 & 1 \\ 0 & 1 & 0 \end{pmatrix}\begin{pmatrix} 1 & 2 & 3 & 4 \\ 5 & 6 & 7 & 8 \\ 9 & 10 & 11 & 12 \end{pmatrix} = \begin{pmatrix} 1 & 2 & 3 & 4 \\ 9 & 10 & 11 & 12 \\ 5 & 6 & 7 & 8 \end{pmatrix}.$$ ■

Exemple 2

Pour ajouter à la 2e ligne (-5) fois la 1re ligne dans la matrice $\boldsymbol{A} = \begin{pmatrix} 1 & 2 & 3 & 4 \\ 5 & 6 & 7 & 8 \\ 9 & 10 & 11 & 12 \end{pmatrix}$, on multiplie à gauche par la matrice élémentaire $\boldsymbol{E} = \begin{pmatrix} 1 & 0 & 0 \\ -5 & 1 & 0 \\ 0 & 0 & 1 \end{pmatrix}$:

$$\boldsymbol{EA} = \begin{pmatrix} 1 & 0 & 0 \\ -5 & 1 & 0 \\ 0 & 0 & 1 \end{pmatrix}\begin{pmatrix} 1 & 2 & 3 & 4 \\ 5 & 6 & 7 & 8 \\ 9 & 10 & 11 & 12 \end{pmatrix} = \begin{pmatrix} 1 & 2 & 3 & 4 \\ 0 & -4 & -8 & -12 \\ 9 & 10 & 11 & 12 \end{pmatrix}.$$ ■

Comme conséquence de l'observation précédente, on peut reformuler la définition de matrices l-équivalentes donnée au chapitre 5 comme suit :

Observation 2

Deux matrices $\boldsymbol{A}$ et $\boldsymbol{B}$ de même format sont l-équivalentes si et seulement si il existe des matrices élémentaires $\boldsymbol{E}_k, \ldots, \boldsymbol{E}_2, \boldsymbol{E}_1$ telles que

$$\boldsymbol{E}_k \ldots \boldsymbol{E}_2 \boldsymbol{E}_1 \boldsymbol{A} = \boldsymbol{B}.$$

6.2.2 MATRICES CARRÉES INVERSIBLES

Les opérations élémentaires sur les lignes d'une matrice sont réversibles, c'est-à-dire que pour chaque opération élémentaire, il existe une autre opération élémentaire (parfois la même) qui annule son effet. Par exemple, si l'opération élémentaire consiste à multiplier une ligne par 3, l'opération élémentaire inverse consiste à multiplier cette même ligne par $\frac{1}{3}$; si l'opération élémentaire consiste à ajouter 3 fois la ligne j à la ligne i, alors l'opération élémentaire inverse consiste à ajouter (-3) fois la ligne j à la ligne i; si l'opération élémentaire consiste à permuter les lignes i et j, alors l'opération élémentaire inverse consiste à refaire la même chose. Cela justifie entièrement la proposition suivante.

Proposition

Pour toute matrice élémentaire $\boldsymbol{E}$ d'ordre n, il existe une matrice élémentaire d'ordre n, notée $\boldsymbol{E}^{-1}$ et appelée l'inverse de $\boldsymbol{E}$, telle que $\boldsymbol{E}\boldsymbol{E}^{-1} = \boldsymbol{E}^{-1}\boldsymbol{E} = \boldsymbol{I}$.

Exemple 1

Si $\boldsymbol{E} = \begin{pmatrix} 1 & 0 & 0 \\ 0 & 5 & 0 \\ 0 & 0 & 1 \end{pmatrix}$, alors $\boldsymbol{E}^{-1} = \begin{pmatrix} 1 & 0 & 0 \\ 0 & 1/5 & 0 \\ 0 & 0 & 1 \end{pmatrix}$:

$$\boldsymbol{E}\boldsymbol{E}^{-1} = \begin{pmatrix} 1 & 0 & 0 \\ 0 & 5 & 0 \\ 0 & 0 & 1 \end{pmatrix}\begin{pmatrix} 1 & 0 & 0 \\ 0 & 1/5 & 0 \\ 0 & 0 & 1 \end{pmatrix} = \begin{pmatrix} 1 & 0 & 0 \\ 0 & 1 & 0 \\ 0 & 0 & 1 \end{pmatrix} = \boldsymbol{I}$$

et

$$\boldsymbol{E}^{-1}\boldsymbol{E} = \begin{pmatrix} 1 & 0 & 0 \\ 0 & 1/5 & 0 \\ 0 & 0 & 1 \end{pmatrix}\begin{pmatrix} 1 & 0 & 0 \\ 0 & 5 & 0 \\ 0 & 0 & 1 \end{pmatrix} = \begin{pmatrix} 1 & 0 & 0 \\ 0 & 1 & 0 \\ 0 & 0 & 1 \end{pmatrix} = \boldsymbol{I}.$$

■

Exemple 2

Si $\boldsymbol{E} = \begin{pmatrix} 1 & 0 & 0 \\ -5 & 1 & 0 \\ 0 & 0 & 1 \end{pmatrix}$, alors $\boldsymbol{E}^{-1} = \begin{pmatrix} 1 & 0 & 0 \\ 5 & 1 & 0 \\ 0 & 0 & 1 \end{pmatrix}$ (faites la vérification). ■

Exemple 3

Si $\boldsymbol{E} = \begin{pmatrix} 1 & 0 & 0 \\ 0 & 0 & 1 \\ 0 & 1 & 0 \end{pmatrix}$, alors $\boldsymbol{E}^{-1} = \boldsymbol{E}$ (faites la vérification). ■

Voici un théorème fondamental pour l'étude des matrices inversibles.

> **Théorème de Gauss-Jordan**[6]
>
> Soit $\boldsymbol{A}$ une matrice non *ERL*; alors $\boldsymbol{A}$ peut s'écrire comme le produit d'un nombre fini de matrices élémentaires $\boldsymbol{E}_1, \boldsymbol{E}_2, ..., \boldsymbol{E}_k$ et d'une matrice *ERL* unique $\boldsymbol{R}$ ($\boldsymbol{R}$ est la forme *ERL* de $\boldsymbol{A}$) :
>
> $$\boldsymbol{A} = \boldsymbol{E}_k ... \boldsymbol{E}_2\boldsymbol{E}_1\boldsymbol{R}.$$

Preuve

Soit $\boldsymbol{A}$ une matrice non *ERL*; l'algorithme de réduction de Gauss-Jordan nous assure qu'il existe des matrices élémentaires $\boldsymbol{E}_1, ..., \boldsymbol{E}_k$ telles que $\boldsymbol{E}_k ... \boldsymbol{E}_2\boldsymbol{E}_1\boldsymbol{A} = \boldsymbol{R}$ où $\boldsymbol{R}$ est la forme *ERL* de $\boldsymbol{A}$ (observation 2 de la sous-section précédente). Puisque $\boldsymbol{E}_1, ..., \boldsymbol{E}_k$ sont des matrices élémentaires, elles sont inversibles et leurs inverses $\boldsymbol{E}_1^{-1}, \ldots, \boldsymbol{E}_k^{-1}$ sont aussi des matrices élémentaires (proposition précédente); en multipliant chaque membre de l'équation

$$\boldsymbol{E}_k ... \boldsymbol{E}_2\boldsymbol{E}_1\boldsymbol{A} = \boldsymbol{R}$$

par le produit $\boldsymbol{E}_1^{-1} \ldots \boldsymbol{E}_k^{-1}$, on obtient

$$(\boldsymbol{E}_1^{-1} \ldots \boldsymbol{E}_k^{-1})\boldsymbol{E}_k \ldots \boldsymbol{E}_2\boldsymbol{E}_1\boldsymbol{A} = (\boldsymbol{E}_1^{-1} \ldots \boldsymbol{E}_k^{-1})\boldsymbol{R}$$

ce qui donne $\boldsymbol{A} = \boldsymbol{E}_1^{-1} \ldots \boldsymbol{E}_k^{-1}\boldsymbol{R}$ après simplification. La matrice $\boldsymbol{A}$ est donc le produit d'un nombre fini de matrices élémentaires et d'une matrice *ERL* unique. ■

Exemple

L'application de l'algorithme de réduction de Gauss-Jordan à la matrice $\boldsymbol{A} = \begin{pmatrix} 2 & 0 \\ 1 & 3 \end{pmatrix}$ donne

$$\begin{pmatrix} 1 & 0 \\ 0 & 1/3 \end{pmatrix}\begin{pmatrix} 1 & 0 \\ -1 & 1 \end{pmatrix}\begin{pmatrix} 1/2 & 0 \\ 0 & 1 \end{pmatrix}\begin{pmatrix} 2 & 0 \\ 1 & 3 \end{pmatrix} = \begin{pmatrix} 1 & 0 \\ 0 & 1 \end{pmatrix}$$

---

6. Cette appellation est de l'auteur.

et par suite

$$\begin{pmatrix} 2 & 0 \\ 1 & 3 \end{pmatrix} = \begin{pmatrix} 1/2 & 0 \\ 0 & 1 \end{pmatrix}^{-1} \begin{pmatrix} 1 & 0 \\ -1 & 1 \end{pmatrix}^{-1} \begin{pmatrix} 1 & 0 \\ 0 & 1/3 \end{pmatrix}^{-1} \begin{pmatrix} 1 & 0 \\ 0 & 1 \end{pmatrix}$$

ce qui fait

$$\underset{\boldsymbol{A}}{\begin{pmatrix} 2 & 0 \\ 1 & 3 \end{pmatrix}} = \underset{\boldsymbol{F}_3}{\begin{pmatrix} 2 & 0 \\ 0 & 1 \end{pmatrix}} \underset{\boldsymbol{F}_2}{\begin{pmatrix} 1 & 0 \\ 1 & 1 \end{pmatrix}} \underset{\boldsymbol{F}_1}{\begin{pmatrix} 1 & 0 \\ 0 & 3 \end{pmatrix}} \underset{\boldsymbol{R}}{\begin{pmatrix} 1 & 0 \\ 0 & 1 \end{pmatrix}}$$

où $\boldsymbol{F}_1$, $\boldsymbol{F}_2$ et $\boldsymbol{F}_3$ sont élémentaires. ■

Voici maintenant une définition générale du concept de matrice inversible.

Définition ***Matrice inversible***

Une matrice carrée $\boldsymbol{A}$ d'ordre n est dite inversible s'il existe une matrice carrée $\boldsymbol{B}$ d'ordre n telle que $\boldsymbol{AB} = \boldsymbol{BA} = \boldsymbol{I}$; la matrice $\boldsymbol{B}$ est notée $\boldsymbol{A}^{-1}$ et est appelée l'inverse de $\boldsymbol{A}$.

Voici quelques propriétés remarquables[7] des matrices inversibles.

PMI1 *L'inverse d'une matrice* $\boldsymbol{A}$ *est unique.*
En effet, si $\boldsymbol{B}$ et $\boldsymbol{C}$ sont deux matrices inverses de $\boldsymbol{A}$, alors

$$\boldsymbol{B} = \boldsymbol{BI} = \boldsymbol{B}(\boldsymbol{AC}) = (\boldsymbol{BA})\boldsymbol{C} = \boldsymbol{IC} = \boldsymbol{C}.$$

PMI2 *L'inverse de l'inverse de* $\boldsymbol{A}$ *est* $\boldsymbol{A}$.
Si $\boldsymbol{A}$ est inversible, alors $\boldsymbol{A}^{-1}$ l'est aussi et $(\boldsymbol{A}^{-1})^{-1} = \boldsymbol{A}$.

PMI3 *L'inverse d'un produit de matrices inversibles est le produit des inverses de ces matrices dans l'ordre inverse.*
Si $\boldsymbol{A}_1, \boldsymbol{A}_2, \ldots, \boldsymbol{A}_n$ sont des matrices carrées d'ordre n inversibles, alors le produit de ces matrices est inversible et

$$(\boldsymbol{A}_1\boldsymbol{A}_2 \ldots \boldsymbol{A}_n)^{-1} = \boldsymbol{A}_n^{-1} \ldots \boldsymbol{A}_2^{-1}\boldsymbol{A}_1^{-1} \text{ (attention à l'ordre).}$$

7. Nous verrons d'autres propriétés des matrices inversibles relatives aux déterminants à la sous-section 6.3.2.

PMI4 *L'inverse de la transposée d'une matrice est la transposée de son inverse.* Si $\boldsymbol{A}$ est inversible, alors $\boldsymbol{A}^{\mathsf{T}}$ est inversible et $(\boldsymbol{A}^{\mathsf{T}})^{-1} = (\boldsymbol{A}^{-1})^{\mathsf{T}}$. En effet, en transposant les deux membres de l'équation $\boldsymbol{AA}^{-1} = \boldsymbol{I}$, on obtient

$$(\boldsymbol{A}^{-1})^{\mathsf{T}}\boldsymbol{A}^{\mathsf{T}} = \boldsymbol{I} \qquad \text{[Propriété PM6]}$$

et en transposant les deux membres de l'équation $\boldsymbol{A}^{-1}\boldsymbol{A} = \boldsymbol{I}$, on obtient

$$\boldsymbol{A}^{\mathsf{T}}(\boldsymbol{A}^{-1})^{\mathsf{T}} = \boldsymbol{I} \qquad \text{[Propriété PM6]}$$

Remarque

Les matrices carrées ne sont pas toutes inversibles. Par exemple, la matrice nulle n'est pas inversible. Voici un exemple d'une matrice non nulle et non inversible :

$\begin{pmatrix} 1 & 1 \\ 1 & 1 \end{pmatrix}$ n'est pas inversible car

$$\begin{pmatrix} 1 & 1 \\ 1 & 1 \end{pmatrix}\begin{pmatrix} a & b \\ c & d \end{pmatrix} = \begin{pmatrix} a+c & b+d \\ a+c & b+d \end{pmatrix} \text{ et } \begin{pmatrix} a+c & b+d \\ a+c & b+d \end{pmatrix} \neq \begin{pmatrix} 1 & 0 \\ 0 & 1 \end{pmatrix}$$

quels que soient a, b, c et d.

Étant donné une matrice $\boldsymbol{A}$, comment sait-on si $\boldsymbol{A}$ est inversible et, le cas échéant, y a-t-il une méthode pour trouver $\boldsymbol{A}^{-1}$? La prochaine définition et le théorème qui suit permettent de répondre à ces deux questions.

Définition ***Matrice régulière***

Une matrice carrée $\boldsymbol{A}$ d'ordre n est dite régulière si sa forme *ERL* est la matrice identité d'ordre n; de façon équivalente, on peut dire qu'une matrice carrée d'ordre n est régulière si elle est de rang n.

Les matrices élémentaires sont des exemples de matrices régulières.

Remarque

En vertu du théorème de Gauss-Jordan, les matrices régulières sont précisément les matrices qui s'écrivent comme un produit de matrices élémentaires.

Théorème

Soit $\boldsymbol{A}$ une matrice carrée. Alors, $\boldsymbol{A}$ est inversible $\Leftrightarrow$ $\boldsymbol{A}$ est régulière.

Preuve

1) Supposons que $\boldsymbol{A}$ est une matrice carrée inversible. Montrons que $\boldsymbol{A}$ est alors régulière, c'est-à-dire de rang n. Pour cela, il faut montrer que si $\boldsymbol{A}$ est interprétée comme la matrice des coefficients d'un système d'équations linéaires, alors ce système admet une et une seule solution (la forme *ERL* de $\boldsymbol{A}$ est alors forcément $\boldsymbol{I}$).

Posons $\boldsymbol{A} = \begin{pmatrix} a_{11} & \cdots & a_{1n} \\ \vdots & \ddots & \vdots \\ a_{n1} & \cdots & a_{nn} \end{pmatrix}$, $\boldsymbol{X} = \begin{pmatrix} x_1 \\ \vdots \\ x_n \end{pmatrix}$ et $\boldsymbol{C} = \begin{pmatrix} c_1 \\ \vdots \\ c_n \end{pmatrix}$. Alors, le système d'équations

$$\begin{matrix} a_{11}x_1 & + & \cdots & + & a_{1n}x_n & = & c_1 \\ \vdots & \vdots & \ddots & \vdots & \vdots & \vdots & \vdots \\ a_{n1}x_1 & + & \cdots & + & a_{nn}x_n & = & c_n \end{matrix}$$

est équivalent à l'équation matricielle $\boldsymbol{AX} = \boldsymbol{C}$; puisque $\boldsymbol{A}$ est inversible, cette équation est équivalente (après multiplication à gauche par $\boldsymbol{A}^{-1}$ de chaque membre) à $\boldsymbol{A}^{-1}\boldsymbol{AX} = \boldsymbol{A}^{-1}\boldsymbol{C}$ et donc à $\boldsymbol{X} = \boldsymbol{A}^{-1}\boldsymbol{C}$; on constate que la solution $\boldsymbol{X}$ existe et est unique. La matrice des coefficients $\boldsymbol{A}$ est donc de rang n, et $\boldsymbol{A}$ est régulière.

2) Supposons maintenant que $\boldsymbol{A}$ est une matrice carrée régulière; montrons que $\boldsymbol{A}$ est inversible. Puisque $\boldsymbol{A}$ est régulière, $\boldsymbol{A}$ est l-équivalente à la matrice identité $\boldsymbol{I}$; il existe alors des matrices élémentaires $\boldsymbol{E}_1, \boldsymbol{E}_2, ..., \boldsymbol{E}_p$ telles que

$$\boldsymbol{E}_p ... \boldsymbol{E}_2\boldsymbol{E}_1\boldsymbol{A} = \boldsymbol{I}.$$

En posant $\boldsymbol{B} = (\boldsymbol{E}_p ... \boldsymbol{E}_2\boldsymbol{E}_1)$, on a donc $\boldsymbol{BA} = \boldsymbol{I}$; il reste à voir si $\boldsymbol{AB} = \boldsymbol{I}$ pour pouvoir affirmer que $\boldsymbol{B} = \boldsymbol{A}^{-1}$. Puisque les matrices élémentaires sont inversibles, $\boldsymbol{B}$ est inversible aussi car $\boldsymbol{B}$ est un produit de matrices inversibles (voir la propriété PMI3 des matrices inversibles). L'équation $\boldsymbol{BA} = \boldsymbol{I}$ s'écrit alors successivement

$\boldsymbol{B}^{-1}\boldsymbol{BA} = \boldsymbol{B}^{-1}\boldsymbol{I}$	[On multiplie à gauche par $\boldsymbol{B}^{-1}$.]
$\boldsymbol{IA} = \boldsymbol{B}^{-1}\boldsymbol{I}$	[Car $\boldsymbol{B}^{-1}\boldsymbol{B} = \boldsymbol{I}$.]
$\boldsymbol{A} = \boldsymbol{B}^{-1}$	[$\boldsymbol{I}$ est neutre pour la multiplication matricielle.]
$\boldsymbol{AB} = \boldsymbol{B}^{-1}\boldsymbol{B}$	[On multiplie à droite par $\boldsymbol{B}$.]
$\boldsymbol{AB} = \boldsymbol{I}$	[Car $\boldsymbol{B}^{-1}\boldsymbol{B} = \boldsymbol{I}$.]

Puisque $\boldsymbol{AB} = \boldsymbol{BA} = \boldsymbol{I}$, $\boldsymbol{A}$ est inversible. ■

La deuxième partie de la démonstration du théorème précédent nous donne une méthode explicite de calcul de $\boldsymbol{A}^{-1}$ lorsque $\boldsymbol{A}$ est régulière : $\boldsymbol{B} = \boldsymbol{A}^{-1} = \boldsymbol{E}_p ... \boldsymbol{E}_2\boldsymbol{E}_1\boldsymbol{I}$. Pour calculer $\boldsymbol{A}^{-1}$, il suffit donc d'effectuer sur la matrice identité les opérations élémentaires (dans le même ordre) qui transforment $\boldsymbol{A}$ en sa forme *ERL* (dans ce cas-ci $\boldsymbol{I}$). Cela donne la méthode d'inversion de Gauss-Jordan.

Méthode d'inversion de Gauss-Jordan

Soit $\boldsymbol{A}$ une matrice carrée d'ordre n régulière. Pour calculer $\boldsymbol{A}^{-1}$, on augmente la matrice $\boldsymbol{A}$ de la matrice identité d'ordre n et on applique la méthode de réduction de Gauss-Jordan à la matrice augmentée $(\boldsymbol{A} \mid \boldsymbol{I})$. Une fois réduite, cette matrice s'écrira $(\boldsymbol{I} \mid \boldsymbol{A}^{-1})$.

Pour s'assurer qu'il n'y a pas eu d'erreur de calcul lors de l'inversion, on peut toujours vérifier que $\boldsymbol{AA}^{-1} = \boldsymbol{I}$ en effectuant le produit matriciel $\boldsymbol{AA}^{-1}$.

Exemple 1

Pour inverser $\boldsymbol{A} = \begin{pmatrix} 1 & 2 \\ 3 & 4 \end{pmatrix}$, on augmente $\boldsymbol{A}$ de $\boldsymbol{I} = \begin{pmatrix} 1 & 0 \\ 0 & 1 \end{pmatrix}$ et on réduit.

$$\left(\begin{array}{cc|cc} 1 & 2 & 1 & 0 \\ 3 & 4 & 0 & 1 \end{array}\right) \xrightarrow{L_2 \leftarrow (L_2 - 3L_1)} \left(\begin{array}{cc|cc} 1 & 2 & 1 & 0 \\ 0 & -2 & -3 & 1 \end{array}\right)$$

$$\xrightarrow{L_1 \leftarrow (L_1 + L_2)} \left(\begin{array}{cc|cc} 1 & 0 & -2 & 1 \\ 0 & -2 & -3 & 1 \end{array}\right)$$

$$\xrightarrow{L_2 \leftarrow \left(-\frac{1}{2} L_2\right)} \left(\begin{array}{cc|cc} 1 & 0 & -2 & 1 \\ 0 & 1 & 3/2 & -1/2 \end{array}\right)$$

Ainsi $\boldsymbol{A}^{-1} = \begin{pmatrix} -2 & 1 \\ 3/2 & -1/2 \end{pmatrix}$, et on peut vérifier que

$$\begin{pmatrix} 1 & 2 \\ 3 & 4 \end{pmatrix}\begin{pmatrix} -2 & 1 \\ 3/2 & -1/2 \end{pmatrix} = \begin{pmatrix} -2 & 1 \\ 3/2 & -1/2 \end{pmatrix}\begin{pmatrix} 1 & 2 \\ 3 & 4 \end{pmatrix} = \begin{pmatrix} 1 & 0 \\ 0 & 1 \end{pmatrix}.$$

■

Exemple 2

Pour inverser $\boldsymbol{A} = \begin{pmatrix} 2 & 0 & 1 \\ -1 & 1 & 2 \\ 1 & 1 & 0 \end{pmatrix}$, on augmente $\boldsymbol{A}$ de $\boldsymbol{I} = \begin{pmatrix} 1 & 0 & 0 \\ 0 & 1 & 0 \\ 0 & 0 & 1 \end{pmatrix}$ et on réduit.

$$\left(\begin{array}{ccc|ccc} 2 & 0 & 1 & 1 & 0 & 0 \\ -1 & 1 & 2 & 0 & 1 & 0 \\ 1 & 1 & 0 & 0 & 0 & 1 \end{array}\right) \xrightarrow{L_1 \leftrightarrow L_3} \left(\begin{array}{ccc|ccc} 1 & 1 & 0 & 0 & 0 & 1 \\ -1 & 1 & 2 & 0 & 1 & 0 \\ 2 & 0 & 1 & 1 & 0 & 0 \end{array}\right)$$

$$\xrightarrow{L_2 \leftarrow (L_2 + L_1)} \left(\begin{array}{ccc|ccc} 1 & 1 & 0 & 0 & 0 & 1 \\ 0 & 2 & 2 & 0 & 1 & 1 \\ 2 & 0 & 1 & 1 & 0 & 0 \end{array}\right)$$

$$\xrightarrow{L_3 \leftarrow (L_3 - 2L_1)} \left(\begin{array}{ccc|ccc} 1 & 1 & 0 & 0 & 0 & 1 \\ 0 & 2 & 2 & 0 & 1 & 1 \\ 0 & -2 & 1 & 1 & 0 & -2 \end{array}\right)$$

$$\xrightarrow{L_3 \leftarrow (L_3 + L_2)} \left(\begin{array}{ccc|ccc} 1 & 1 & 0 & 0 & 0 & 1 \\ 0 & 2 & 2 & 0 & 1 & 1 \\ 0 & 0 & 3 & 1 & 1 & -1 \end{array}\right)$$

$$\xrightarrow{L_2 \leftarrow \left(\frac{1}{2} L_2\right)} \left(\begin{array}{ccc|ccc} 1 & 1 & 0 & 0 & 0 & 1 \\ 0 & 1 & 1 & 0 & 1/2 & 1/2 \\ 0 & 0 & 3 & 1 & 1 & -1 \end{array}\right)$$

$$\xrightarrow{L_1 \leftarrow (L_1 - L_2)} \left(\begin{array}{ccc|ccc} 1 & 0 & -1 & 0 & -1/2 & 1/2 \\ 0 & 1 & 1 & 0 & 1/2 & 1/2 \\ 0 & 0 & 3 & 1 & 1 & -1 \end{array}\right)$$

$$\xrightarrow{L_3 \leftarrow \left(\frac{1}{3} L_3\right)} \left(\begin{array}{ccc|ccc} 1 & 0 & -1 & 0 & -1/2 & 1/2 \\ 0 & 1 & 1 & 0 & 1/2 & 1/2 \\ 0 & 0 & 1 & 1/3 & 1/3 & -1/3 \end{array}\right)$$

$$\xrightarrow{L_1 \leftarrow (L_1 + L_3)} \left(\begin{array}{ccc|ccc} 1 & 0 & 0 & 1/3 & -1/6 & 1/6 \\ 0 & 1 & 1 & 0 & 1/2 & 1/2 \\ 0 & 0 & 1 & 1/3 & 1/3 & -1/3 \end{array}\right)$$

$$\xrightarrow{L_2 \leftarrow (L_2 - L_3)} \left(\begin{array}{ccc|ccc} 1 & 0 & 0 & 1/3 & -1/6 & 1/6 \\ 0 & 1 & 0 & -1/3 & 1/6 & 5/6 \\ 0 & 0 & 1 & 1/3 & 1/3 & -1/3 \end{array}\right)$$

Ainsi, $A^{-1} = \begin{pmatrix} 1/3 & -1/6 & 1/6 \\ -1/3 & 1/6 & 5/6 \\ 1/3 & 1/3 & -1/3 \end{pmatrix} = 1/6\begin{pmatrix} 2 & -1 & 1 \\ -2 & 1 & 5 \\ 2 & 2 & -2 \end{pmatrix}$ et on vérifie que

$$\begin{pmatrix} 2 & 0 & 1 \\ -1 & 1 & 2 \\ 1 & 1 & 0 \end{pmatrix} 1/6 \begin{pmatrix} 2 & -1 & 1 \\ -2 & 1 & 5 \\ 2 & 2 & -2 \end{pmatrix} = \begin{pmatrix} 1 & 0 & 0 \\ 0 & 1 & 0 \\ 0 & 0 & 1 \end{pmatrix}.$$ ■

Exemple 3

Pour inverser $A = \begin{pmatrix} 1 & -2 \\ -2 & 4 \end{pmatrix}$, on augmente A de $\begin{pmatrix} 1 & 0 \\ 0 & 1 \end{pmatrix}$ et on réduit.

$$\left(\begin{array}{cc|cc} 1 & -2 & 1 & 0 \\ -2 & 4 & 0 & 1 \end{array}\right) \xrightarrow{L_2 \leftarrow (L_2 + 2L_1)} \left(\begin{array}{cc|cc} 1 & -2 & 1 & 0 \\ 0 & 0 & 2 & 1 \end{array}\right)$$

Cette fois, on constate que A n'est pas régulière (elle est de rang 1 plutôt que de rang 2); donc, A n'est pas inversible. ■

Remarques

1. L'exemple 2 montre que l'inversion d'une matrice d'ordre supérieur à 3 conduit à des calculs numériques fastidieux. En pratique, on fait ces calculs à l'aide d'un ordinateur.
2. Nous décrirons plus loin (sous-section 6.3.3) une autre méthode d'inversion basée sur les déterminants. Grâce aux déterminants, nous disposerons aussi d'un test rapide pour savoir si une matrice donnée est inversible sans avoir à la réduire : il suffira de vérifier si le déterminant de cette matrice est non nul (sous-section 6.3.2).

EXERCICES 6.2

1. Faites la liste de toutes les matrices élémentaires de format

a) 2×2 *b*) 3×3

2. Parmi les matrices suivantes, lesquelles sont élémentaires ?

a) $\begin{pmatrix} 1 & 0 & 1 \\ 0 & 1 & 0 \\ 1 & 0 & 0 \end{pmatrix}$ *b*) $\begin{pmatrix} 1 & 0 & 0 \\ 0 & 1 & 1 \\ 0 & 0 & -1 \end{pmatrix}$ *c*) $\begin{pmatrix} 1 & 0 & \sqrt{2} \\ 0 & 1 & 0 \\ 0 & 0 & 1 \end{pmatrix}$ *d*) $2\begin{pmatrix} 1 & 0 & 0 \\ 0 & 1 & 0 \\ 0 & 0 & 1 \end{pmatrix}$

3. Trouvez trois matrices élémentaires $\boldsymbol{E}_1$, $\boldsymbol{E}_2$ et $\boldsymbol{E}_3$ telles que

$$\boldsymbol{E}_1\boldsymbol{E}_2\boldsymbol{E}_3\begin{pmatrix}1 & 3\\ 2 & 4\end{pmatrix}=\begin{pmatrix}1 & 0\\ 0 & 1\end{pmatrix}.$$

Ces matrices sont-elles uniques ?

4. Trouvez l'inverse de chacune des matrices élémentaires.

a) $\begin{pmatrix}1 & 0 & 0\\ 0 & 1 & -6\\ 0 & 0 & 1\end{pmatrix}$ *b)* $\begin{pmatrix}-1/2 & 0 & 0\\ 0 & 1 & 0\\ 0 & 0 & 1\end{pmatrix}$ *c)* $\begin{pmatrix}0 & 0 & 1\\ 0 & 1 & 0\\ 1 & 0 & 0\end{pmatrix}$

5. Inversez les matrices suivantes à l'aide de la méthode d'inversion de Gauss-Jordan.

a) $\begin{pmatrix}2 & 1\\ 0 & 3\end{pmatrix}$ *c)* $\begin{pmatrix}2 & 1\\ 1 & -2\end{pmatrix}$ *e)* $\begin{pmatrix}0 & 2 & 0\\ 0 & 0 & 3\\ 1/6 & 0 & 0\end{pmatrix}$ *g)* $\begin{pmatrix}1 & 1 & 1\\ 1 & 1 & 2\\ 1 & 2 & 3\end{pmatrix}$

b) $\begin{pmatrix}2 & -1\\ 1 & 2\end{pmatrix}$ *d)* $\begin{pmatrix}-1 & 2\\ -3 & 4\end{pmatrix}$ *f)* $\begin{pmatrix}a & 0 & 0\\ 0 & b & 0\\ 0 & 0 & c\end{pmatrix}$ avec $abc \neq 0$ *h)* $\begin{pmatrix}0 & 1 & 1\\ 1 & 0 & 1\\ 1 & 1 & 0\end{pmatrix}$

6. Écrivez la matrice $\begin{pmatrix}1 & 3\\ 2 & 4\end{pmatrix}$ comme un produit de trois matrices élémentaires. (Voir l'exercice 3.)

7. Écrivez la matrice $\begin{pmatrix}2 & -3\\ 0 & 1\end{pmatrix}$ comme un produit de deux matrices élémentaires.

8. Dans chacune des équations matricielles suivantes, trouvez la matrice inconnue $\boldsymbol{X}$; pour ce faire, isolez d'abord la matrice inconnue $\boldsymbol{X}$, puis effectuez les calculs numériques requis.

a) $\boldsymbol{AXB}+\boldsymbol{C}=\boldsymbol{D}$, avec $\boldsymbol{A}=\begin{pmatrix}2 & 1\\ -1 & 1\end{pmatrix}$, $\boldsymbol{B}=\begin{pmatrix}1 & 0 & 1\\ 1 & 1 & 0\\ 1 & 1 & 1\end{pmatrix}$, $\boldsymbol{C}=\begin{pmatrix}1 & -1 & 1\\ -1 & 1 & -1\end{pmatrix}$, $\boldsymbol{D}=\begin{pmatrix}8 & 4 & 8\\ 0 & 3 & -3\end{pmatrix}$.

b) $\boldsymbol{AX}+\boldsymbol{B}=\boldsymbol{X}$, avec $\boldsymbol{A}=\begin{pmatrix}-1 & 1\\ 1 & 1\end{pmatrix}$ et $\boldsymbol{B}=\begin{pmatrix}-2 & 1\\ 3 & 1\end{pmatrix}$.

c) $\boldsymbol{XA}+\boldsymbol{B}=\boldsymbol{X}$, avec $\boldsymbol{A}=\begin{pmatrix}-1 & 1\\ 1 & 1\end{pmatrix}$ et $\boldsymbol{B}=\begin{pmatrix}-2 & 1\\ 3 & 1\end{pmatrix}$.

9. Tout système d'équations linéaires peut s'écrire $\boldsymbol{AX}=\boldsymbol{C}$ où $\boldsymbol{A}$ est la matrice des coefficients, $\boldsymbol{X}$ est la matrice des inconnues et $\boldsymbol{C}$ est la matrice des constantes. Si le système est tel que la matrice $\boldsymbol{A}$ est inversible, alors la solution est donnée par $\boldsymbol{X} = \boldsymbol{A}^{-1}\boldsymbol{C}$. Appliquez cette méthode pour résoudre les systèmes suivants.

a) $\begin{aligned} 5x + 7y &= 8 \\ 2x + 3y &= 3 \end{aligned}$ *b*) $\begin{aligned} x + y + z &= 100 \\ 2x - y + z &= 200 \\ x - y + z &= 100 \end{aligned}$

6.3 LE DÉTERMINANT D'UNE MATRICE CARRÉE

En généralisant les concepts de déterminants 2×2 et 3×3 présentés au chapitre 3, on peut associer à toute matrice carrée $\boldsymbol{A}$ d'ordre n un déterminant $n \times n$ noté $\det \boldsymbol{A}$. Dans l'algèbre matricielle, les déterminants occupent une place d'importance tant en théorie qu'en pratique. C'est que la valeur numérique du déterminant d'une matrice carrée donne toutes sortes d'informations de nature tant algébrique que géométrique sur cette matrice. Dans cette section, nous ne traitons que des aspects algébriques des déterminants des matrices carrées; nous verrons au chapitre 7 la signification géométrique des déterminants de matrices lorsque celles-ci sont interprétées comme des transformations linéaires.

6.3.1 DÉTERMINANTS $n \times n$: DÉFINITION ET PROPRIÉTÉS INTRINSÈQUES

À toute matrice carrée $\boldsymbol{A} = \begin{pmatrix} a & b \\ c & d \end{pmatrix}$ d'ordre 2 se trouve naturellement associé le déterminant de format 2×2 défini par (voir le chapitre 3)

$$\det \boldsymbol{A} = \begin{vmatrix} a & b \\ c & d \end{vmatrix} = ad - bc$$

et représentant l'aire du parallélogramme engendré par les vecteurs lignes de la matrice $\boldsymbol{A}$. Par exemple, $\det \begin{pmatrix} 1 & 2 \\ 3 & 4 \end{pmatrix} = \begin{vmatrix} 1 & 2 \\ 3 & 4 \end{vmatrix} = 4 - 6 = -2$. De même, à toute matrice carrée $\boldsymbol{A} = \begin{pmatrix} a & b & c \\ r & s & t \\ x & y & z \end{pmatrix}$ d'ordre 3 se trouve naturellement associé le déterminant de format 3×3 défini par

$$\det \boldsymbol{A} = \begin{vmatrix} a & b & c \\ r & s & t \\ x & y & z \end{vmatrix} = a\begin{vmatrix} s & t \\ y & z \end{vmatrix} - b\begin{vmatrix} r & t \\ x & z \end{vmatrix} + c\begin{vmatrix} r & s \\ x & y \end{vmatrix}.$$

La valeur numérique de ce déterminant représente le volume orienté du parallélipipède engendré par les vecteurs lignes de la matrice $\boldsymbol{A}$. Par exemple,

$$\det\begin{pmatrix} 2 & -1 & -3 \\ 1 & 0 & 1 \\ 2 & 3 & 1 \end{pmatrix} = \begin{vmatrix} 2 & -1 & -3 \\ 1 & 0 & 1 \\ 2 & 3 & 1 \end{vmatrix} = 2\begin{vmatrix} 0 & 1 \\ 3 & 1 \end{vmatrix} - (-1)\begin{vmatrix} 1 & 1 \\ 2 & 1 \end{vmatrix} + (-3)\begin{vmatrix} 1 & 0 \\ 2 & 3 \end{vmatrix} = -16.$$

On peut définir les déterminants des matrices carrées d'ordre supérieur à 3 soit à partir des propriétés axiomatiques des déterminants 2×2 et 3×3, soit par récurrence à partir des formules explicites de calcul des déterminants 2×2 et 3×3. Compte tenu de l'usage restreint que nous ferons ici des déterminants de matrices d'ordre supérieur à 3, nous limiterons les développements théoriques et nous considérerons que la définition par récurrence donnée ici confère aux déterminants $n \times n$ toutes les propriétés axiomatiques des déterminants 2×2 et 3×3 de même que les autres propriétés qui en découlent[8].

Au chapitre 3, nous n'avons pas défini les déterminants 1×1, car ils n'avaient pas d'intérêt particulier[9]; convenons cependant que le déterminant d'une matrice carrée d'ordre $1(a)$ a pour valeur a; ainsi, $\det(-8) = -8$ et $\det(5) = 5$.

Étant donné que les déterminants des matrices carrées d'ordre 1, 2 et 3 sont déjà définis, définir par récurrence les déterminants de format $n \times n$ pour $n \geq 3$ revient à dire comment les déterminants de format $n \times n$ se calculent à partir des déterminants $(n-1) \times (n-1)$.

Définition ***Le déterminant d'une matrice carrée A d'ordre n : det A***

Soit $\boldsymbol{A} = \begin{pmatrix} a_{11} & \cdots & a_{1j} & \cdots & a_{1n} \\ \vdots & & \vdots & & \vdots \\ a_{n1} & \cdots & a_{nj} & \cdots & a_{nn} \end{pmatrix}$ une matrice carrée d'ordre n, avec $n \geq 3$. Alors

le déterminant de $\boldsymbol{A}$, noté $\det \boldsymbol{A}$, est le nombre défini par

$$\det \boldsymbol{A} = a_{11}\det \boldsymbol{A}_{11} - a_{12}\det \boldsymbol{A}_{12} + \cdots + (-1)^{1+j} a_{1j} \det \boldsymbol{A}_{1j} + \cdots + (-1)^{1+n} a_{1n} \det \boldsymbol{A}_{1n}$$

où, pour $j = 1, 2, ..., n$, $\det \boldsymbol{A}_{1j}$ est le déterminant de format $(n-1) \times (n-1)$ de la matrice carrée $\boldsymbol{A}_{1j}$ obtenue en effaçant la première rangée de $\boldsymbol{A}$ et la j-ième colonne de $\boldsymbol{A}$; $\det \boldsymbol{A}_{1j}$ est appelé le mineur de l'élément a_{1j} et $(-1)^{1+j} \det \boldsymbol{A}_{1j}$ est appelé le cofacteur de a_{1j}.

---

8. Pour un traitement complet et accessible des déterminants, on consultera l'ouvrage de P. Leroux, *Algèbre linéaire, une approche matricielle*, Modulo Éditeur, 1983, p. 255 à 298.
9. On pourrait définir les déterminants 1×1 comme des *longueurs orientées*.

Exemple

Soit $\mathbf{A} = \begin{pmatrix} 2 & 1 & -3 & -1 \\ 0 & 1 & 0 & 2 \\ -1 & 3 & 0 & 0 \\ 0 & 1 & -1 & 1 \end{pmatrix}$. Alors, det $\mathbf{A}$ est donné par

$$\det \mathbf{A} = 2\begin{vmatrix} 1 & 0 & 2 \\ 3 & 0 & 0 \\ 1 & -1 & 1 \end{vmatrix} - (1)\begin{vmatrix} 0 & 0 & 2 \\ -1 & 0 & 0 \\ 0 & -1 & 1 \end{vmatrix} + (-3)\begin{vmatrix} 0 & 1 & 2 \\ -1 & 3 & 0 \\ 0 & 1 & 1 \end{vmatrix} - (-1)\begin{vmatrix} 0 & 1 & 0 \\ -1 & 3 & 0 \\ 0 & 1 & -1 \end{vmatrix}$$

$$= 2(-6) - (2) - 3(-1) + (-1) = -12.$$ ■

Les propriétés intrinsèques des déterminants de formats 2×2 et 3×3 justifiées au chapitre 3 s'appliquent aussi aux déterminants $n \times n$. Voici comment on peut les reformuler.

D1 *det* $\mathbf{I} = 1$ *quel que soit le format de la matrice identité* $\mathbf{I}$.

Exemple

$$\begin{vmatrix} 1 & 0 & 0 & 0 \\ 0 & 1 & 0 & 0 \\ 0 & 0 & 1 & 0 \\ 0 & 0 & 0 & 1 \end{vmatrix} = 1$$

D2 *Un déterminant dans lequel deux lignes sont identiques est nul.*

Exemple

$$\begin{vmatrix} 1 & 2 & 3 & 4 \\ 5 & 6 & 7 & 8 \\ 1 & 2 & 3 & 4 \\ 3 & 5 & 1 & 2 \end{vmatrix} = 0$$

D3 *Si le nombre non nul k est un facteur commun de tous les éléments de la ligne i de la matrice carrée* $\mathbf{A}$*, alors det* $\mathbf{A} = k$ *det* $\mathbf{A}'$ *où* $\mathbf{A}'$ *est la matrice obtenue en divisant tous les éléments de la ligne i de* $\mathbf{A}$ *par k.*

Exemple

$$\begin{vmatrix} 1 & 2 & 3 \\ x & x^2 & x^3 \\ 3 & 2 & 1 \end{vmatrix} = x\begin{vmatrix} 1 & 2 & 3 \\ 1 & x & x^2 \\ 3 & 2 & 1 \end{vmatrix}$$

$$ATTENTION : \begin{pmatrix} ka & kb \\ kc & kd \end{pmatrix} = k\begin{pmatrix} a & b \\ c & d \end{pmatrix}, \text{ mais } \begin{vmatrix} ka & kb \\ kc & kd \end{vmatrix} = k\begin{vmatrix} a & b \\ kc & kd \end{vmatrix} = k^2\begin{vmatrix} a & b \\ c & d \end{vmatrix}.$$

Si $\boldsymbol{A}$ est d'ordre n, alors det $(k\boldsymbol{A}) = k^n$ det $\boldsymbol{A}$.

D4 *Dans une matrice carrée* **A**, *si la ligne* $\mathbf{L}_i$, *considérée comme matrice ligne, est la somme de deux matrices lignes* $\mathbf{L}_i'$ *et* $\mathbf{L}_i''$, *alors det* **A** *est la somme des deux déterminants det* **A′** *et det* **A″** *où* **A′** *et* **A″** *sont obtenues en remplaçant dans* **A** *la ligne* $\mathbf{L}_i$ *respectivement par* $\mathbf{L}_i'$ *et* $\mathbf{L}_i''$.

Exemple

$$\begin{vmatrix} 1 & 2 & 3 \\ 1+x & 1+y & 1+z \\ 4 & 5 & 6 \end{vmatrix} = \begin{vmatrix} 1 & 2 & 3 \\ 1 & 1 & 1 \\ 4 & 5 & 6 \end{vmatrix} + \begin{vmatrix} 1 & 2 & 3 \\ x & y & z \\ 4 & 5 & 6 \end{vmatrix}$$

D5 *Permuter deux lignes d'un déterminant équivaut à changer le signe de ce déterminant.*

Exemple

$$\begin{vmatrix} 1 & 2 & 3 & 4 \\ 1 & 1 & 1 & 1 \\ a & b & c & d \\ 1 & 0 & 0 & 1 \end{vmatrix} = -\begin{vmatrix} 1 & 0 & 0 & 1 \\ 1 & 1 & 1 & 1 \\ a & b & c & d \\ 1 & 2 & 3 & 4 \end{vmatrix}$$

D6 *À une ligne donnée d'un déterminant, on peut ajouter un multiple d'une autre ligne sans changer la valeur de ce déterminant.*

Exemple

$$\begin{vmatrix} 1-5x & 2-5y & 3-5z \\ x & y & z \\ 4 & 5 & 6 \end{vmatrix} = \begin{vmatrix} 1 & 2 & 3 \\ x & y & z \\ 4 & 5 & 6 \end{vmatrix}$$

D7 *Si un déterminant possède une ligne nulle, alors ce déterminant est nul.*

Exemple

$$\begin{vmatrix} 1 & 2 & 3 & 4 \\ -1 & 5 & -1 & 2 \\ 0 & 0 & 0 & 0 \\ 3 & -1 & 8 & 6 \end{vmatrix} = 0$$

Remarque

Les propriétés D5, D6 et D7 se démontrent facilement à partir des propriétés D1 à D4 lorsque l'on considère ces dernières comme des axiomes qui définissent le concept de déterminant; la formule de calcul des déterminants donnée dans la définition par récurrence est également une conséquence (moins évidente) des propriétés D1 à D4 lorsque l'on adopte le point de vue axiomatique[10].

On peut évaluer les déterminants de quelques matrices particulières très rapidement avec la formule de calcul donnée dans la définition de déterminant. C'est le cas pour les déterminants des matrices triangulaires (inférieures ou supérieures) et pour les matrices diagonales : dans ces cas, le déterminant est simplement le produit des éléments situés sur la diagonale.

Exemples

$$\begin{vmatrix} -2 & 0 & 0 & 0 \\ 0 & 1 & 0 & 0 \\ 0 & 0 & 3 & 0 \\ 0 & 0 & 0 & 1 \end{vmatrix} = (-2)(1)(3)(-1) = 6\,; \quad \begin{vmatrix} -2 & 0 & 0 & 0 \\ 5 & 1 & 0 & 0 \\ 6 & 7 & 3 & 0 \\ -1 & 8 & 0 & -1 \end{vmatrix} = (-2)(1)(3)(-1) = 6\,;$$

$$\begin{vmatrix} -2 & 1 & 2 & 3 \\ 0 & 1 & 3 & 5 \\ 0 & 0 & 3 & -5 \\ 0 & 0 & 0 & -1 \end{vmatrix} = (-2)(1)(3)(-1) = 6.$$

■

6.3.2 PROPRIÉTÉS DES DÉTERMINANTS RELATIVES AUX OPÉRATIONS SUR LES MATRICES

Relativement à la transposition, à la multiplication et à l'inversion, les déterminants ont les propriétés suivantes que nous ajoutons aux sept propriétés de la sous-section précédente; ce sont les propriétés extrinsèques des déterminants.

D8 *Si* **A** *est une matrice carrée d'ordre n, alors* **A** *est inversible* $\Leftrightarrow$ *det* **A** $\neq 0$.

Exemple

$$\det\begin{pmatrix} 1 & 2 \\ -2 & -4 \end{pmatrix} = 0, \text{ donc } \begin{pmatrix} 1 & 2 \\ -2 & -4 \end{pmatrix} \text{ n'est pas inversible.}$$

10. La démonstration de cette formule de calcul est faite au chapitre 3 pour les formats 2×2 et 3×3.

D9 *Si **A** et **B** sont des matrices carrées d'ordre n, alors*

$$\det(\boldsymbol{AB}) = (\det \boldsymbol{A})(\det \boldsymbol{B}) \text{ et } \det(\boldsymbol{A}^n) = (\det \boldsymbol{A})^n.$$

Exemple

Si $\boldsymbol{A} = \begin{pmatrix} 1 & 2 \\ -1 & 1 \end{pmatrix}$ et $\boldsymbol{B} = \begin{pmatrix} 3 & 1 \\ 1 & 1 \end{pmatrix}$, alors det $\boldsymbol{A}$ = 3, det $\boldsymbol{B}$ = 2, $\boldsymbol{AB} = \begin{pmatrix} 5 & 3 \\ -2 & 0 \end{pmatrix}$ et det $\boldsymbol{AB}$ = 6; on constate que det $\boldsymbol{AB}$ = (det $\boldsymbol{A}$)(det $\boldsymbol{B}$).

D10 *det* $\boldsymbol{A}^{-1} = (\det \boldsymbol{A})^{-1}$.

Exemple

Si $\boldsymbol{A} = \begin{pmatrix} 1 & 2 \\ -1 & 1 \end{pmatrix}$, alors $\boldsymbol{A}^{-1} = \begin{pmatrix} 1/3 & -2/3 \\ 1/3 & 1/3 \end{pmatrix}$, det $\boldsymbol{A}$ = 3, det $\boldsymbol{A}^{-1} = \frac{1}{3}$; on constate que det $\boldsymbol{A}^{-1}$ = (det $\boldsymbol{A}$)$^{-1}$.

D11 *det* $\boldsymbol{A}^{\mathsf{T}}$ = *det* $\boldsymbol{A}$*; cette propriété fait en sorte que si on remplace systématiquement le mot « ligne » par le mot « colonne » dans les propriétés D2 à D7, alors ces propriétés demeurent valides.*

Exemple

Si $\boldsymbol{A} = \begin{pmatrix} 1 & 2 \\ -1 & 1 \end{pmatrix}$, alors $\boldsymbol{A}^{\mathsf{T}} = \begin{pmatrix} 1 & -1 \\ 2 & 1 \end{pmatrix}$; on constate que det $\boldsymbol{A}$ = 3 = det $\boldsymbol{A}^{\mathsf{T}}$.

La démonstration de ces propriétés dépend essentiellement du théorème de Gauss-Jordan; nous l'avons reportée à la section *Pour aller plus loin* (sous-section 6.5.2), car elle n'est pas essentielle à une première lecture et demande un niveau d'abstraction relativement élevé.

Voici deux exemples d'utilisation des propriétés D1 à D11 dans des calculs de déterminants.

Exemple 1

Pour calculer le déterminant $\begin{vmatrix} 1 & 2 & 3 & 4 \\ 2 & 3 & 4 & 3 \\ 3 & 4 & 3 & 2 \\ 4 & 3 & 2 & 1 \end{vmatrix}$, on commence par le simplifier.

$$\begin{vmatrix} 1 & 2 & 3 & 4 \\ 2 & 3 & 4 & 3 \\ 3 & 4 & 3 & 2 \\ 4 & 3 & 2 & 1 \end{vmatrix} = \begin{vmatrix} -1 & -1 & -1 & 1 \\ -1 & -1 & 1 & 1 \\ -1 & 1 & 1 & 1 \\ 4 & 3 & 2 & 1 \end{vmatrix} \qquad [\text{Propriété D6 avec } L_i \leftarrow (L_i - L_{i+1}) \text{ pour } i = 1,2,3]$$

$$= -\begin{vmatrix} 0 & 0 & -2 & 0 \\ 0 & -2 & 0 & 0 \\ -5 & -2 & -1 & 0 \\ 4 & 3 & 2 & 1 \end{vmatrix} \quad \text{[Propriété D6 avec } L_i \leftarrow (L_i - L_{i+1}) \text{ pour } i = 1,2,3]$$

$$= \begin{vmatrix} -2 & 0 & 0 & 0 \\ 0 & -2 & 0 & 0 \\ -1 & -2 & -5 & 0 \\ 2 & 3 & 4 & 1 \end{vmatrix} \quad \text{[Permutation des colonnes 1 et 3 selon les propriétés D11 et D5]}$$

$$= -(-2)(-2)(-5)(1) = 20 \quad \text{[Matrice triangulaire]}$$ ■

Exemple 2

Supposons que $\boldsymbol{A}$ et $\boldsymbol{B}$ sont des matrices carrées d'ordre 4 et que det $\boldsymbol{A} = -2$ et det $\boldsymbol{B} = \frac{1}{3}$. Alors, pour calculer det $(2\boldsymbol{AB}^{-1})^{\mathsf{T}}$, on procéderait comme suit :

$$\begin{aligned} \det (2\boldsymbol{AB}^{-1})^{\mathsf{T}} &= \det (2\boldsymbol{AB}^{-1}) && \text{[Propriété D11]} \\ &= \det (2\boldsymbol{A}) \det (\boldsymbol{B}^{-1}) && \text{[Propriété D9]} \\ &= 2^4 (\det \boldsymbol{A}) (\det \boldsymbol{B})^{-1} && \text{[Propriétés D3 et D10]} \\ &= 2^4(-2)\left(\frac{1}{3}\right)^{-1} = 96 \end{aligned}$$ ■

Résumons la théorie sur les matrices inversibles par neuf énoncés équivalents.

Résumé sur les matrices inversibles

Soit $\boldsymbol{A} = \begin{pmatrix} a_{11} & \cdots & a_{1n} \\ \vdots & \ddots & \vdots \\ a_{ni} & \cdots & a_{nn} \end{pmatrix}$ une matrice carrée d'ordre n. Alors, les énoncés suivants sont équivalents.

1) $\boldsymbol{A}$ est régulière.
2) $\boldsymbol{A}$ est de rang n.
3) La forme *ERL* de $\boldsymbol{A}$ est la matrice identité $\boldsymbol{I}$.
4) $\boldsymbol{A}$ peut s'écrire comme un produit de matrices élémentaires.
5) $\boldsymbol{A}$ est inversible.
6) det $\boldsymbol{A} \neq 0$.
7) Le système d'équations linéaires

$$\begin{matrix} a_{11}x_1 & + & \cdots & + & a_{1n}x_n & = & c_1 \\ \vdots & & \ddots & & \vdots & \vdots & \vdots \\ a_{n1}x_1 & + & \cdots & + & a_{nn}x_n & = & c_n \end{matrix}$$

a une seule solution.
8) Les vecteurs lignes de $\boldsymbol{A}$ sont linéairement indépendants.
9) Les vecteurs colonnes de $\boldsymbol{A}$ sont linéairement indépendants.

Remarque

L'équivalence entre les énoncés 5 et 8 est une généralisation du test sur la dépendance linéaire (à l'aide des déterminants) vu au chapitre 3; l'équivalence étonnante entre les énoncés 8 et 9 est une conséquence de la propriété D11 des déterminants.

6.3.3 MÉTHODE D'INVERSION PAR LA MATRICE ADJOINTE

La méthode d'inversion de Gauss-Jordan pour les matrices carrées régulières (sous-section 6.2.2) est donnée sous la forme d'un algorithme (l'algorithme de réduction à la forme *ERL* de la matrice augmentée $\boldsymbol{A} \mid \boldsymbol{I}$). Dans certaines occasions, il est utile d'avoir une formule explicite de calcul des éléments de $\boldsymbol{A}^{-1}$ à partir des éléments de $\boldsymbol{A}$. Nous donnons ici cette formule d'inversion sans démonstration[11]; vous pouvez toutefois la vérifier pour les matrices carrées régulières d'ordre 2 et 3.

Définition ***Le mineur et le cofacteur d'un élément a_{ij} d'une matrice carrée***

Soit $\boldsymbol{A} = \begin{pmatrix} a_{11} & \cdots & a_{1n} \\ \vdots & \ddots & \vdots \\ a_{ni} & \cdots & a_{nn} \end{pmatrix}$ une matrice carrée d'ordre n.

1) Le mineur de l'élément a_{ij} de $\boldsymbol{A}$ est le déterminant $\det \boldsymbol{A}_{ij}$ de la matrice $\boldsymbol{A}_{ij}$ obtenue en effaçant la ligne i et la colonne j de $\boldsymbol{A}$.
2) Le cofacteur de l'élément a_{ij} de $\boldsymbol{A}$ est $(-1)^{i+j}(\det \boldsymbol{A}_{ij})$.

Exemple

Dans la matrice $\begin{pmatrix} -3 & 2 & 1 \\ 0 & 1 & -4 \\ 5 & 3 & 2 \end{pmatrix}$, le mineur de a_{23} est $\begin{vmatrix} -3 & 2 \\ 5 & 3 \end{vmatrix} = -19$;

le cofacteur de a_{23} est $(-1)^{2+3}\begin{vmatrix} -3 & 2 \\ 5 & 3 \end{vmatrix} = -\begin{vmatrix} -3 & 2 \\ 5 & 3 \end{vmatrix} = -(-19) = 19$;

11. Vous trouverez une démonstration générale de la formule d'inversion dans l'ouvrage de P. Leroux et dans celui de Ben Noble, *Applied Linear Algebra*.

le mineur de a_{31} est $\begin{vmatrix} 2 & 1 \\ 1 & -4 \end{vmatrix} = -9$;

le cofacteur de a_{31} est $(-1)^{3+1}\begin{vmatrix} 2 & 1 \\ 1 & -4 \end{vmatrix} = (1)(-9) = -9$. ■

Définitions ***La matrice des cofacteurs de A et la matrice adjointe de A***

Si $\boldsymbol{A}$ est une matrice carrée d'ordre n, alors la matrice des cofacteurs de $\boldsymbol{A}$, notée cof $(\boldsymbol{A})$, est la matrice obtenue en remplaçant chaque élément a_{ij} de $\boldsymbol{A}$ par son cofacteur.

La matrice adjointe de $\boldsymbol{A}$, notée adj $(\boldsymbol{A})$, est la matrice transposée de la matrice des cofacteurs de $\boldsymbol{A}$: adj $(\boldsymbol{A}) = (\text{cof}\,(\boldsymbol{A}))^{\mathsf{T}}$.

Exemple

Pour la matrice $\begin{pmatrix} -3 & 2 & 1 \\ 0 & 1 & -4 \\ 5 & 3 & 2 \end{pmatrix}$, on aura

$$\text{cof}\,(\boldsymbol{A}) = \begin{pmatrix} \begin{vmatrix} 1 & -4 \\ 3 & 2 \end{vmatrix} & -\begin{vmatrix} 0 & -4 \\ 5 & 2 \end{vmatrix} & \begin{vmatrix} 0 & 1 \\ 5 & 3 \end{vmatrix} \\ -\begin{vmatrix} 2 & 1 \\ 3 & 2 \end{vmatrix} & \begin{vmatrix} -3 & 1 \\ 5 & 2 \end{vmatrix} & -\begin{vmatrix} -3 & 2 \\ 5 & 3 \end{vmatrix} \\ \begin{vmatrix} 2 & 1 \\ 1 & -4 \end{vmatrix} & -\begin{vmatrix} -3 & 1 \\ 0 & -4 \end{vmatrix} & \begin{vmatrix} -3 & 2 \\ 0 & 1 \end{vmatrix} \end{pmatrix} = \begin{pmatrix} 14 & -20 & -5 \\ -1 & -11 & 19 \\ -9 & -12 & -3 \end{pmatrix} \text{ et}$$

$$\text{adj}\,(\boldsymbol{A}) = \begin{pmatrix} 14 & -20 & -5 \\ -1 & -11 & 19 \\ -9 & -12 & -3 \end{pmatrix}^{\mathsf{T}} = \begin{pmatrix} 14 & -1 & -9 \\ -20 & -11 & -12 \\ -5 & 19 & -3 \end{pmatrix}.$$ ■

Formule d'inversion des matrices régulières d'ordre *n*

Si $\boldsymbol{A}$ est une matrice carrée régulière, alors l'inverse de $\boldsymbol{A}$ est donné par

$$\boldsymbol{A}^{-1} = \frac{1}{\det \boldsymbol{A}}\ \text{adj}\,(\boldsymbol{A}).$$

Exemple

Pour la matrice $\boldsymbol{A} = \begin{pmatrix} -3 & 2 & 1 \\ 0 & 1 & -4 \\ 5 & 3 & 2 \end{pmatrix}$, on a

$$\text{adj}\,(\boldsymbol{A}) = \begin{pmatrix} 14 & -1 & -9 \\ -20 & -11 & -12 \\ -5 & 19 & -3 \end{pmatrix}$$

et

$$\det A = \begin{vmatrix} -3 & 2 & 1 \\ 0 & 1 & -4 \\ 5 & 3 & 2 \end{vmatrix} = -87$$

et la formule d'inversion par l'adjointe donne

$$\boldsymbol{A}^{-1} = \frac{1}{\det \boldsymbol{A}}\ \text{adj}\,(\boldsymbol{A}) = \frac{-1}{87}\begin{pmatrix} 14 & -1 & -9 \\ -20 & -11 & -12 \\ -5 & 19 & -3 \end{pmatrix}.$$

■

Pour terminer, mentionnons que le calcul d'un déterminant peut se faire avec la formule du développement de Laplace selon la i-ième rangée.

$$\begin{vmatrix} a_{11} & \cdots & a_{1j} & \cdots & a_{1n} \\ \vdots & \ddots & \vdots & \ddots & \vdots \\ a_{i1} & \cdots & a_{ij} & \cdots & a_{in} \\ \vdots & \ddots & \vdots & \ddots & \vdots \\ a_{n1} & \cdots & a_{nj} & \cdots & a_{nn} \end{vmatrix} = \sum_{j=1}^{n} (-1)^{i+j}\, a_{ij} \det \boldsymbol{A}_{ij} \quad \text{où } i \text{ est arbitraire mais fixe.}$$

Ce calcul peut aussi se faire avec la formule du développement de Laplace selon la j-ième colonne.

$$\begin{vmatrix} a_{11} & \cdots & a_{1j} & \cdots & a_{1n} \\ \vdots & \ddots & \vdots & \ddots & \vdots \\ a_{i1} & \cdots & a_{ij} & \cdots & a_{in} \\ \vdots & \ddots & \vdots & \ddots & \vdots \\ a_{n1} & \cdots & a_{nj} & \cdots & a_{nn} \end{vmatrix} = \sum_{j=1}^{n} (-1)^{i+j}\, a_{ij} \det \boldsymbol{A}_{ij} \quad \text{où } j \text{ est arbitraire mais fixe.}$$

Ces formules de Laplace permettent de réduire les calculs numériques lorsqu'une ligne ou une colonne contient beaucoup de 0 dans un déterminant de grand format.

Exemple

$$\begin{vmatrix} 1 & 2 & 0 & 1 & 2 \\ 3 & 1 & 1 & 0 & 2 \\ 0 & 0 & 0 & 2 & 0 \\ 5 & 0 & 0 & 4 & 4 \\ 6 & 3 & 0 & 3 & 6 \end{vmatrix} = (-1)^{2+3}(1)\begin{vmatrix} 1 & 2 & 1 & 2 \\ 0 & 0 & 2 & 0 \\ 5 & 0 & 4 & 4 \\ 5 & 3 & 3 & 6 \end{vmatrix}$$

$$= (-1)(-1)^{2+3}2\begin{vmatrix} 1 & 2 & 2 \\ 5 & 0 & 4 \\ 5 & 3 & 6 \end{vmatrix}$$

$$= 2\left\{(-1)^{1+2}2\begin{vmatrix} 5 & 4 \\ 5 & 6 \end{vmatrix} + (-1)^{3+2}3\begin{vmatrix} 1 & 2 \\ 5 & 4 \end{vmatrix}\right\}$$

$$= 2(-20+18)$$

$$= -4$$

■

EXERCICES 6.3

1. Évaluez les déterminants suivants à partir de la définition par récurrence et des propriétés D1 à D7. (Observez bien les déterminants avant de calculer !)

a) $\begin{vmatrix} 1 & 2 & 3 & 2 \\ 4 & 5 & 6 & 5 \\ -1 & 1 & 2 & 1 \\ 3 & -2 & 7 & -2 \end{vmatrix}$

b) $\begin{vmatrix} 1 & 2 & 3 & 2 \\ 4 & 5 & 6 & 5 \\ 5 & 7 & 9 & 7 \\ 3 & -2 & 7 & 6 \end{vmatrix}$

c) $\begin{vmatrix} 1 & 1 & 1 & 1 \\ 1 & 1 & -1 & -1 \\ -1 & 1 & 1 & -1 \\ 1 & -1 & 1 & -1 \end{vmatrix}$

d) $\begin{vmatrix} 0 & 0 & 1 \\ 0 & 1 & 0 \\ 1 & 0 & 0 \end{vmatrix}$

2. Soit $\boldsymbol{A}$ et $\boldsymbol{B}$ deux matrices carrées d'ordre 3 telles que det $\boldsymbol{A} = 3$ et det $\boldsymbol{B} = -2$. Évaluez les déterminants suivants à partir des propriétés D8 à D11.

a) $\det\left(\left(\frac{1}{3}\boldsymbol{A}\right)^{-1}\boldsymbol{B}^{\mathsf{T}}\right)$

b) $\det\left(\boldsymbol{A}\begin{pmatrix} 1 & 2 & 3 \\ 6 & 5 & 4 \\ 3 & 2 & 2 \end{pmatrix}^{-1}\boldsymbol{B}\right)$

3. $\boldsymbol{A}$ et $\boldsymbol{B}$ sont des matrices carrées d'ordre n, $n \geq 2$. Dites, à propos de chacun des énoncés, s'il est vrai ou faux.

a) $\det(\boldsymbol{AB}) = \det(\boldsymbol{BA})$.

b) $\det(-\boldsymbol{A}) = -\det \boldsymbol{A}$.

c) $\det(\boldsymbol{AB}) = 5 \Rightarrow \boldsymbol{A}$ et $\boldsymbol{B}$ sont inversibles.

d) $\det \boldsymbol{A}^2 = 1 \Rightarrow \boldsymbol{A} = \boldsymbol{I}$ ou $\boldsymbol{A} = -\boldsymbol{I}$.

e) $\det(2\boldsymbol{A}) = \det \boldsymbol{A} \Rightarrow \boldsymbol{A}$ est non inversible.

f) $\det(\boldsymbol{A} - \boldsymbol{B}) = 0 \Rightarrow \boldsymbol{A} = \boldsymbol{B}$.

g) $\det(\boldsymbol{AB}) \neq 0 \Rightarrow \boldsymbol{A}$ et $\boldsymbol{B}$ ont même rang.

h) $\det \boldsymbol{A}^2 = 0 \Rightarrow \det \boldsymbol{A} = 0$.

4. Déterminez toutes les valeurs de k pour lesquelles le système d'équations linéaires suivant a une et une seule solution.

$$\begin{aligned} x + y + z - kw &= 0 \\ x + ky + 2z + w &= 1 \\ 2x + ky + z + w &= 2 \\ x + ky + z + w &= 3 \end{aligned}$$

5. Trouvez l'adjointe et l'inverse de chacune des matrices suivantes.

a) $\begin{pmatrix} 5 & 3 \\ 1 & 1 \end{pmatrix}$ *b*) $\begin{pmatrix} 1 & 1 & 1 \\ 1 & 0 & 1 \\ 1 & 1 & -1 \end{pmatrix}$

6. En supposant que $ad - bc \neq 0$, calculez l'adjointe puis l'inverse de la matrice carrée $\begin{pmatrix} a & c \\ b & d \end{pmatrix}$ et obtenez la formule d'inversion suivante :

$$\begin{pmatrix} a & c \\ b & d \end{pmatrix}^{-1} = \frac{1}{ad - bc}\begin{pmatrix} d & -c \\ -b & a \end{pmatrix}.$$

7. Appliquez la formule d'inversion des matrices carrées d'ordre 2 obtenue à l'exercice précédent pour calculer $\boldsymbol{A}^{-1}$ dans chacun des cas suivants.

a) $\boldsymbol{A} = \begin{pmatrix} 2 & 4 \\ 2 & 3 \end{pmatrix}$

b) $\boldsymbol{A} = \begin{pmatrix} \cos\theta & -\sin\theta \\ \sin\theta & \cos\theta \end{pmatrix}$

c) $\boldsymbol{A} = \begin{pmatrix} \cos\theta & \sin\theta \\ \sin\theta & -\cos\theta \end{pmatrix}$

d) $\boldsymbol{A} = \begin{pmatrix} 1 & k \\ 0 & 1 \end{pmatrix}$

6.4 ÉCONOMIE ET MATRICES : LE MODÈLE DE LEONTIEF

Nous présentons ici un exemple classique d'application du calcul matriciel dans le contexte de l'analyse intersectorielle en économie. La méthode matricielle développée par Wassily Leontief vers 1930 a valu à son auteur le prix Nobel de sciences économiques en 1973. L'exemple que nous avons choisi pour présenter la méthode d'analyse de Leontief est une simplification de la réalité[12].

6.4.1 UN CAS D'ANALYSE INTERSECTORIELLE

Supposons que l'activité économique d'un petit pays fictif, le *Leonland*, soit partagée en deux secteurs : le secteur 1 des biens et produits de base, et le secteur 2 des services. Le tableau suivant (Tableau des ventes intermédiaires pour fins de production[13]) donne la valeur des ventes d'un secteur à l'autre pour fins de production, en milliards de dollars, pour une année.

Ventes (milliards de $)

de ➡ à	Secteur 1	Secteur 2
Secteur 1	4	1
Secteur 2	3	2

Voyons les caractéristiques d'un tel tableau.

- La somme des éléments sur chaque ligne donne le total des ventes du secteur correspondant sur le marché des producteurs. Il s'agit des ventes intermédiaires. Dans notre exemple, on constate que les deux secteurs ont vendu chacun pour 5 milliards de dollars pour satisfaire à la demande intermédiaire.
- La somme des éléments sur chaque colonne donne le total des achats du secteur correspondant sur le marché des producteurs. Il s'agit des coûts de production. Dans notre exemple, les coûts de production du secteur 1 sont de 7 milliards de dollars et ceux du secteur 2 sont de 3 milliards de dollars.

On constate que les coûts de production du secteur 1 excèdent largement le total de ses ventes sur le marché intermédiaire. C'est qu'on doit ajouter à ce tableau les ventes de chaque secteur sur le marché externe de la consommation (demande externe) pour connaître la valeur des ventes totales de chaque secteur.

12. Pour une présentation plus détaillée de la méthode d'analyse intersectorielle, consultez l'ouvrage déjà cité de P. Leroux, *Algèbre linéaire, une approche matricielle.*
13. Pour produire, chaque secteur achète des biens et services de tous les secteurs, y compris de lui-même.

Supposons que pour le *Leonland* le tableau complet des transactions intersectorielles soit :

Vente (milliards de $) — de ➡ à	Secteur 1	Secteur 2	Ventes intermédiaires	Ventes externes	Ventes totales
Secteur 1	4	1	5	20	25
Secteur 2	3	2	5	10	15

L'analyse intersectorielle permet de déterminer l'effet d'une variation des ventes externes (la demande des consommateurs) sur les ventes intermédiaires (la demande des producteurs) et sur les ventes totales. Dans cette analyse, Leontief suppose que les ventes du secteur i au secteur j pour fins de production sont directement proportionnelles aux ventes totales du secteur j; symboliquement, cela s'écrit

$$v_{ij} = c_{ij} t_j$$

où v_{ij} = ventes du secteur i au secteur j;
t_j = ventes totales du secteur j;
c_{ij} = coefficient de proportionnalité entre v_{ij} et t_j; $c_{ij} = v_{ij}/t_j$.

La matrice $\boldsymbol{C}$ formée des coefficients c_{ij} est appelée la matrice des coefficients techniques; ici on a

$$\boldsymbol{C} = \begin{pmatrix} c_{11} & c_{12} \\ c_{21} & c_{22} \end{pmatrix} = \begin{pmatrix} v_{11}/t_1 & v_{12}/t_2 \\ v_{21}/t_1 & v_{22}/t_2 \end{pmatrix} = \begin{pmatrix} 4/25 & 1/15 \\ 3/25 & 2/15 \end{pmatrix}.$$

Soit $\boldsymbol{T} = \begin{pmatrix} t_1 \\ t_2 \end{pmatrix}$ la matrice des ventes totales par secteur. Ici, $\boldsymbol{T} = \begin{pmatrix} 25 \\ 15 \end{pmatrix}$.

Soit $\boldsymbol{X} = \begin{pmatrix} x_1 \\ x_2 \end{pmatrix}$ la matrice des ventes externes par secteur. Ici, $\boldsymbol{X} = \begin{pmatrix} 20 \\ 10 \end{pmatrix}$.

Soit $\boldsymbol{Y} = \begin{pmatrix} y_1 \\ y_2 \end{pmatrix}$ la matrice des ventes intermédiaires par secteur. Ici, $\boldsymbol{Y} = \begin{pmatrix} 5 \\ 5 \end{pmatrix}$.

Alors, les matrices $\boldsymbol{C}$, $\boldsymbol{T}$, $\boldsymbol{X}$ et $\boldsymbol{Y}$ sont liées par les relations

$$\boldsymbol{T} = \boldsymbol{Y} + \boldsymbol{X} \text{ et } \boldsymbol{Y} = \boldsymbol{CT}$$

ce qui permet d'exprimer la matrice des ventes totales $\boldsymbol{T}$ en fonction de la matrice $\boldsymbol{X}$ des ventes externes (aux consommateurs).

$$\boldsymbol{T} = \boldsymbol{CT} + \boldsymbol{X}$$
$$\boldsymbol{T} - \boldsymbol{CT} = \boldsymbol{X}$$
$$(\boldsymbol{I} - \boldsymbol{C})\boldsymbol{T} = \boldsymbol{X}$$
$$\boldsymbol{T} = (\boldsymbol{I} - \boldsymbol{C})^{-1}\boldsymbol{X} \qquad \text{(en supposant la matrice } \boldsymbol{I} - \boldsymbol{C} \text{ inversible)}$$

La matrice $(\boldsymbol{I} - \boldsymbol{C})^{-1}$ est appelée matrice d'impact et est notée $\boldsymbol{E}$; alors $\boldsymbol{T} = \boldsymbol{EX}$, et la matrice $\boldsymbol{E}$ permet de calculer l'impact de tout changement dans la demande externe $\boldsymbol{X}$ sur les ventes totales. Il est facile ensuite de calculer l'impact de tout changement dans la demande externe $\boldsymbol{X}$ sur les ventes intermédiaires $\boldsymbol{Y}$, car $\boldsymbol{Y} = \boldsymbol{T} - \boldsymbol{X}$.

Dans le cas du *Leonland*, on a

$$\boldsymbol{I} - \boldsymbol{C} = \begin{pmatrix} 1 & 0 \\ 0 & 1 \end{pmatrix} - \begin{pmatrix} 4/25 & 1/15 \\ 3/25 & 2/15 \end{pmatrix} = \begin{pmatrix} 21/25 & -1/15 \\ -3/25 & 13/15 \end{pmatrix}$$

et $\boldsymbol{I} - \boldsymbol{C}$ est inversible, car

$$\det(\boldsymbol{I} - \boldsymbol{C}) = \begin{vmatrix} 21/25 & -1/15 \\ -3/25 & 13/15 \end{vmatrix} = \frac{1}{25}\frac{1}{15}\begin{vmatrix} 21 & -1 \\ -3 & 13 \end{vmatrix} = \frac{270}{375} = 0{,}72 \neq 0.$$

En appliquant la formule d'inversion[14] $\begin{pmatrix} a & c \\ b & d \end{pmatrix}^{-1} = \frac{1}{ad-bc}\begin{pmatrix} d & -c \\ -b & a \end{pmatrix}$ ou la méthode d'inversion de Gauss-Jordan à la matrice $(\boldsymbol{I} - \boldsymbol{C})$, on obtient la matrice d'impact $\boldsymbol{E}$ pour l'économie du *Leonland*.

$$\boldsymbol{E} = (\boldsymbol{I} - \boldsymbol{C})^{-1} = \begin{pmatrix} 21/25 & -1/15 \\ -3/25 & 13/15 \end{pmatrix}^{-1} = \begin{pmatrix} 1{,}204 & 0{,}093 \\ 0{,}167 & 1{,}167 \end{pmatrix}$$

Vérifions qu'on a bien $\boldsymbol{T} = \boldsymbol{EX}$ dans le cas du *Leonland*.

$$\boldsymbol{T} = \begin{pmatrix} 25 \\ 15 \end{pmatrix} \text{ et } \boldsymbol{EX} = \begin{pmatrix} 1{,}204 & 0{,}093 \\ 0{,}167 & 1{,}167 \end{pmatrix}\begin{pmatrix} 20 \\ 10 \end{pmatrix} = \begin{pmatrix} 25{,}01 \\ 15{,}01 \end{pmatrix}$$

La différence dans les décimales est attribuable aux erreurs d'arrondissement et montre qu'il faut garder un plus grand nombre de décimales dans nos calculs quand l'unité de mesure est le milliard de dollars...

---

14. Voir l'exercice 6 de la sous-section *Exercices 6.3*, p. 226.

Après cette vérification, on peut interpréter la matrice d'impact $\boldsymbol{E}$. D'abord, on remarque que le produit $\boldsymbol{E}\begin{pmatrix}1\\0\end{pmatrix}$ donne la première colonne de $\boldsymbol{E}$ et que le produit $\boldsymbol{E}\begin{pmatrix}0\\1\end{pmatrix}$ donne la deuxième colonne de $\boldsymbol{E}$; la première colonne de $\boldsymbol{E}$ représente donc l'augmentation dans les ventes totales qu'occasionnerait une augmentation des ventes externes $\boldsymbol{X}' = \begin{pmatrix}1\\0\end{pmatrix}$ de 1 unité (dans ce cas-ci, un milliard de $) dans le secteur 1 et de 0 unité dans le secteur 2; la deuxième colonne de $\boldsymbol{E}$ représente l'augmentation dans les ventes totales qu'occasionnerait une augmentation des ventes externes $\boldsymbol{X}'' = \begin{pmatrix}0\\1\end{pmatrix}$ de 0 unité dans le secteur 1 et de 1 unité dans le secteur 2.

Ainsi, en comparant la somme des éléments dans chaque colonne de la matrice d'impact $\boldsymbol{E}$, on peut déterminer le secteur dont la variation des ventes externes a le plus d'impact sur les ventes totales. Dans le cas du *Leonland*, avec $\boldsymbol{E} = \begin{pmatrix}1{,}204 & 0{,}093\\0{,}167 & 1{,}167\end{pmatrix}$, la somme de la première colonne est 1,371 et celle de la deuxième est 1,260. On en déduit qu'une augmentation des ventes du secteur 1 a plus d'impact sur les ventes totales qu'une augmentation des ventes dans le secteur 2.

EXERCICES 6.4

Dans tous les exercices de cette section, conservez au moins quatre chiffres significatifs pour effectuer vos calculs numériques.

1. Complétez le tableau des transactions intersectorielles du *Leonland* en supposant que la matrice $\boldsymbol{C}$ des coefficients techniques est la même que celle de l'exemple de la sous-section 6.4.1, soit

$$\boldsymbol{C} = \begin{pmatrix}4/25 & 1/15\\3/25 & 2/15\end{pmatrix}$$

et que les ventes externes pour les secteurs 1 et 2 (en milliards de dollars) sont données par

$$\boldsymbol{X} = \begin{pmatrix}40\\30\end{pmatrix}.$$

Ventes (milliards de $) — de ➡ à	Secteur 1	Secteur 2	Ventes intermédiaires Y	Ventes externes X	Ventes totales T
Secteur 1				40	
Secteur 2				30	

2. Complétez le tableau des transactions intersectorielles du *Leonland* en supposant que la matrice $\boldsymbol{C}$ des coefficients techniques est la même que celle de l'exemple de la sous-section 6.4.1, soit

$$C = \begin{pmatrix} 4/25 & 1/15 \\ 3/25 & 2/15 \end{pmatrix}$$

et que les ventes totales pour les secteurs 1 et 2 (en milliards de dollars) sont données par

$$T = \begin{pmatrix} 50 \\ 45 \end{pmatrix}.$$

Ventes (milliards de $) — de ➡ à	Secteur 1	Secteur 2	Ventes intermédiaires Y	Ventes externes X	Ventes totales T
Secteur 1					50
Secteur 2					45

3. Supposons que les ventes intersectorielles et les ventes totales sont données par le tableau suivant :

Ventes (milliards de $) — de ➡ à	Secteur 1	Secteur 2	Ventes intermédiaires Y	Ventes externes X	Ventes totales T
Secteur 1	3	5			15
Secteur 2	5	1			10

a) Complétez le tableau.

b) Quels sont les coûts de production des secteurs 1 et 2 ?

c) Calculez la matrice $\boldsymbol{C}$ des coefficients techniques.

d) Quelle est l'interprétation économique du coefficient c_{21} de la matrice $\boldsymbol{C}$?

e) Calculez la matrice d'impact $\boldsymbol{E}$.

f) Dans quel secteur de l'économie du *Leonland* les ventes aux consommateurs (ventes externes) ont-elles le plus d'impact sur les ventes totales ?

g) De combien les ventes intermédiaires y_1 et y_2 des deux secteurs augmenteraient-elles si les ventes externes augmentaient simultanément de un milliard de dollars dans chacun des secteurs ?

6.5 POUR ALLER PLUS LOIN

Comme complément au chapitre 6, nous proposons ici une étude des matrices de transition d'ordre 2; c'est l'occasion de faire une bonne synthèse des notions apprises dans ce chapitre. Cette étude est suivie d'une section consacrée aux démonstrations des propriétés extrinsèques des déterminants (D8 à D11).

6.5.1 ÉTUDE DES MATRICES DE TRANSITION

Avant d'entreprendre une étude « guidée » des matrices de transition d'ordre 2, voyons quelques définitions qui s'appliquent à toutes les matrices de transition (appelées aussi matrices stochastiques).

Une distribution est une matrice colonne $\boldsymbol{D}$ dans laquelle les éléments sont tous non négatifs et dans laquelle la somme de tous les éléments est 1.

Exemple

$$\boldsymbol{D} = \begin{pmatrix} 0,4 \\ 0,6 \end{pmatrix}$$

Une matrice de transition est une matrice carrée dont toutes les colonnes sont des distributions.

Exemple

$$\boldsymbol{A} = \begin{pmatrix} 0,9 & 0,2 \\ 0,1 & 0,8 \end{pmatrix}$$

Toutes les matrices de transition 2×2 s'écrivent $\begin{pmatrix} a & b \\ 1-a & 1-b \end{pmatrix}$ avec $0 \leq a \leq 1$ et $0 \leq b \leq 1$.

Dans ce qui suit, convenons que $\boldsymbol{U}_n$ désigne la matrice ligne de format $1 \times n$ dont tous les éléments sont 1; par exemple, $\boldsymbol{U}_2 = (1 \;\; 1)$ et $\boldsymbol{U}_3 = (1 \;\; 1 \;\; 1)$.

Voici quelques propriétés des distributions et des matrices de transition que l'on peut démontrer facilement avec les définitions précédentes.

P1 Soit $\boldsymbol{D}$ une matrice colonne de format $n \times 1$ dont tous les éléments sont non négatifs. Alors $\boldsymbol{D}$ est une distribution $\Leftrightarrow \boldsymbol{U}_n\boldsymbol{D} = (1)$.

P2 Soit $\boldsymbol{A}$ une matrice carrée d'ordre n dont tous les éléments sont non négatifs. Alors $\boldsymbol{A}$ est une matrice de transition $\Leftrightarrow \boldsymbol{U}_n\boldsymbol{A} = \boldsymbol{U}_n$.

P3 Soit $\boldsymbol{A}$ une matrice de transition d'ordre n et soit $\boldsymbol{D}$ une distribution de format $n \times 1$. Alors $\boldsymbol{AD}$ est une distribution de format $n \times 1$.

P4 Le produit de deux matrices de transition d'ordre n est une matrice de transition d'ordre n.

P5 Les puissances (itérées) d'une matrice de transition sont des matrices de transition : si $\boldsymbol{A}$ est une matrice de transition, alors $\boldsymbol{A}^k$ est une matrice de transition pour tout entier positif k.

Comme nous l'avons vu à l'exemple 2 de la sous-section 6.1.5 (*La guerre de marché*) et à l'exercice 10 de la sous-section *Exercices 6.1*, les itérées successives ou les puissances successives $\boldsymbol{A}, \boldsymbol{A}^2, \boldsymbol{A}^3, \ldots, \boldsymbol{A}^n, \ldots$ d'une matrice de transition convergent vers une matrice de transition stable $\boldsymbol{B}$:

$$\lim_{n\to\infty} \boldsymbol{A}^n = \boldsymbol{B}.$$

En est-il toujours ainsi pour toutes les matrices de transition ? Voici une réponse claire pour les matrices de transition d'ordre 2.

Théorème

Si $\boldsymbol{A} = \begin{pmatrix} a & b \\ 1-a & 1-b \end{pmatrix}$ est une matrice de transition autre que la matrice identité, alors $\lim_{n\to\infty} \boldsymbol{A}^n = \begin{pmatrix} \alpha & \alpha \\ 1-\alpha & 1-\alpha \end{pmatrix}$ où $\alpha = \dfrac{b}{1-(a-b)}$.

Ce théorème[15] se généralise aux matrices de transition d'ordre n. Nous vous proposons ici de faire vous-même la preuve de ce théorème dans le cas des matrices d'ordre 2 en suivant les six étapes que voici et en utilisant les propriétés P1 à P5.

15. On trouvera l'énoncé et la preuve de ce théorème pour les matrices d'ordre n dans *Applied Linear Algebra* de Ben Noble, Prentice Hall, 1969.

1re étape Montrez d'abord que le théorème est vrai lorsque $a = b$ dans la matrice de transition $\boldsymbol{A} = \begin{pmatrix} a & b \\ 1-a & 1-b \end{pmatrix}$.

2e étape Montrez que

$$\det \boldsymbol{A} = a - b$$

et que si $a \neq b$, alors

$$-1 < a - b < 1.$$

3e étape En utilisant $\det(\boldsymbol{A}^n) = (\det \boldsymbol{A})^n$, montrez que

$$\lim_{n\to\infty} (\det \boldsymbol{A}^n) = 0.$$

4e étape En posant $\boldsymbol{A}^n = \begin{pmatrix} a_n & b_n \\ 1-a_n & 1-b_n \end{pmatrix}$, et en tenant compte de l'étape précédente, montrez que

$$\lim_{n\to\infty} (a_n - b_n) = 0.$$

5e étape De $\boldsymbol{A}\boldsymbol{A}^n = \boldsymbol{A}^n\boldsymbol{A}$ que vous pouvez écrire

$$\begin{pmatrix} a & b \\ 1-a & 1-b \end{pmatrix}\begin{pmatrix} a_n & b_n \\ 1-a_n & 1-b_n \end{pmatrix} = \begin{pmatrix} a_n & b_n \\ 1-a_n & 1-b_n \end{pmatrix}\begin{pmatrix} a & b \\ 1-a & 1-b \end{pmatrix},$$

obtenez $b_n = \dfrac{b(1-a_n)}{1-a}$, puis substituez cette valeur de b_n dans $a_n - b_n$ pour transformer $\lim_{n\to\infty} (a_n - b_n) = 0$ en $\lim_{n\to\infty} a_n = \dfrac{b}{1-(a-b)}$.

6e étape Puisque $\lim_{n\to\infty} a_n = \dfrac{b}{1-(a-b)}$ et $\lim_{n\to\infty} (a_n - b_n) = 0$, obtenez aussi

$$\lim_{n\to\infty} b_n = \frac{b}{1-(a-b)}.$$

Le théorème est démontré ! ■

Remarquez que la matrice de transition $B = \begin{pmatrix} \alpha & \alpha \\ 1-\alpha & 1-\alpha \end{pmatrix}$ a la propriété

$$\boldsymbol{B} = \boldsymbol{B}^2 = \boldsymbol{B}^3 = \boldsymbol{B}^4 = \ldots = \boldsymbol{B}^n = \ldots$$

Remarquez aussi que quelle que soit la distribution $\boldsymbol{D}$, le produit $\boldsymbol{BD}$ est le même : $\boldsymbol{BD} = \begin{pmatrix} \alpha \\ 1-\alpha \end{pmatrix}$; cela signifie que dans une chaîne de Markov

$$\boldsymbol{D}_0, \boldsymbol{D}_1, \boldsymbol{D}_2, \ldots, \boldsymbol{D}_n, \ldots$$

où les distributions $\boldsymbol{D}_n$ sont définies à partir de la distribution initiale $\boldsymbol{D}_0$ et de la matrice de transition $\boldsymbol{A}$ par $\boldsymbol{D}_n = \boldsymbol{A}^n\boldsymbol{D}_0$, on aura

$$\lim_{n\to\infty} \boldsymbol{D}_n = \lim_{n\to\infty}(\boldsymbol{A}^n\boldsymbol{D}_0) = (\lim_{n\to\infty} \boldsymbol{A}^n)\boldsymbol{D}_0 = \boldsymbol{BD}_0 = \begin{pmatrix} \alpha \\ 1-\alpha \end{pmatrix},$$

c'est-à-dire que la valeur limite de la distribution ne dépend pas de la distribution initiale $\boldsymbol{D}_0$, mais uniquement de la matrice de transition $\boldsymbol{A}$.

Vous pouvez reprendre l'exercice 10 de la sous-section *Exercices 6.1* à la lumière de ce théorème et des remarques précédentes.

6.5.2 QUELQUES DÉMONSTRATIONS

Nous donnons ici les démonstrations des propriétés des déterminants relatives aux opérations sur les matrices (propriétés D8 à D11, sous-section 6.3.2). Ces démonstrations sont classiques. On les retrouve avec quelques variantes dans la plupart des ouvrages d'algèbre linéaire. Nous les avons incorporées dans cette section pour encourager et satisfaire la curiosité des lecteurs et pour montrer l'importance du théorème de Gauss-Jordan (sous-section 6.2.2) dans la théorie des déterminants.

La démonstration des propriétés D8 à D11 dépend d'une proposition que nous désignons par proposition*.

Proposition*

Soit $\boldsymbol{A}$ une matrice carrée d'ordre n et $\boldsymbol{E}$ une matrice élémentaire d'ordre n. Alors det $(\boldsymbol{EA})$ = (det $\boldsymbol{E}$) (det $\boldsymbol{A}$).

Preuve

1) Si $\boldsymbol{E}$ est la matrice élémentaire correspondant à l'opération élémentaire $L_i \leftarrow kL_i$ $(k \neq 0)$, alors det $\boldsymbol{E} = k$ det $\boldsymbol{I} = k$ (propriétés D3 et D1). De même, det $(\boldsymbol{EA}) = k$ det $\boldsymbol{A}$ (propriété D3); ce qui donne det $(\boldsymbol{EA})$ = (det $\boldsymbol{E}$) (det $\boldsymbol{A}$).

2) Si $\boldsymbol{E}$ est la matrice élémentaire correspondant à l'opération élémentaire $L_i \leftarrow (L_i + kL_j)$, alors det $\boldsymbol{E} = 1$ (propriété D6 appliquée à $\boldsymbol{I}$) et det $\boldsymbol{EA}$ = det $\boldsymbol{A}$ (propriété D6 appliquée à $\boldsymbol{A}$), ce qui donne det $(\boldsymbol{EA})$ = (det $\boldsymbol{E}$) (det $\boldsymbol{A}$).

3) Si $\boldsymbol{E}$ est la matrice élémentaire correspondant à l'opération élémentaire $L_i \leftrightarrow L_j$, alors det $\boldsymbol{E}$ = -1 (propriété D5 appliquée à $\boldsymbol{I}$) et det $\boldsymbol{EA}$ = -det $\boldsymbol{A}$ (propriété D5 appliquée à $\boldsymbol{A}$); ce qui donne encore det $(\boldsymbol{EA}) = (\det \boldsymbol{E})\ (\det \boldsymbol{A})$.

Démonstration des propriétés D8 à D11

Démonstration de D8 $\boldsymbol{A}$ est inversible $\Leftrightarrow \det \boldsymbol{A} \neq 0$.

Supposons $\boldsymbol{A}$ inversible; alors $\boldsymbol{A}$ est un produit de matrices élémentaires; en appliquant la proposition* autant de fois que nécessaire, on constate que det $\boldsymbol{A}$ est le produit des déterminants de ces matrices élémentaires; comme aucun de ces déterminants n'est nul, on obtient $\det \boldsymbol{A} \neq 0$.

Supposons $\det \boldsymbol{A} \neq 0$; selon le théorème de Gauss-Jordan, $\boldsymbol{A}$ est le produit d'un nombre fini de matrices élémentaires et d'une matrice *ERL* unique $\boldsymbol{R}$. En appliquant la proposition* autant de fois que nécessaire, on voit que det $\boldsymbol{A}$ est le produit des déterminants de toutes ces matrices et que det $\boldsymbol{R}$ est un facteur de det $\boldsymbol{A}$. Puisque $\det \boldsymbol{A} \neq 0$, on aura $\det \boldsymbol{R} \neq 0$ et, $\boldsymbol{I}$ étant la seule matrice *ERL* dont le déterminant est non nul, on aura $\boldsymbol{R} = \boldsymbol{I}$, ce qui signifie que $\boldsymbol{A}$ est inversible. ■

Démonstration de D9 $\det(\boldsymbol{AB}) = (\det \boldsymbol{A})\ (\det \boldsymbol{B})$.

Si $\boldsymbol{A}$ est inversible, alors $\boldsymbol{A}$ est un produit de matrices élémentaires et la propriété D9 s'obtient par l'application de la proposition*.

Si $\boldsymbol{A}$ n'est pas inversible, alors $\det \boldsymbol{A} = 0$; montrons que $\det \boldsymbol{AB} = 0$ et alors on aura bien $(\det \boldsymbol{A})\ (\det \boldsymbol{B}) = \det \boldsymbol{AB}$. Pour montrer que $\det \boldsymbol{AB} = 0$, on applique le théorème de Gauss-Jordan à $\boldsymbol{A}$: $\boldsymbol{AB} = \boldsymbol{E}_1\boldsymbol{E}_2 ... \boldsymbol{E}_k\boldsymbol{RB}$; puisque $\boldsymbol{A}$ est non inversible, sa forme *ERL* $\boldsymbol{R}$ contient au moins une ligne nulle; alors la ligne correspondante du produit $\boldsymbol{RB}$ sera nulle et donc $\det \boldsymbol{RB} = 0$. En appliquant la proposition* autant de fois que nécessaire au membre droit de l'équation $\boldsymbol{AB} = \boldsymbol{E}_1\boldsymbol{E}_2 ...\ \boldsymbol{E}_k(\boldsymbol{RB})$, on constate que $\det \boldsymbol{AB} = 0$. ■

Démonstration de D10 $\det(\boldsymbol{A}^{-1}) = (\det \boldsymbol{A})^{-1}$.

En appliquant la propriété D9 à $\boldsymbol{AA}^{-1} = \boldsymbol{I}$, on obtient immédiatement

$$(\det \boldsymbol{A})\ (\det \boldsymbol{A}^{-1}) = \det \boldsymbol{I} = 1, \text{ d'où } (\det \boldsymbol{A}^{-1}) = (\det \boldsymbol{A})^{-1}.$$ ■

Démonstration de D11 $\det(\boldsymbol{A}^{\mathsf{T}}) = \det \boldsymbol{A}$.

Il est facile de vérifier que $\det \boldsymbol{E} = \det \boldsymbol{E}^{\mathsf{T}}$ lorsque $\boldsymbol{E}$ est une matrice élémentaire (il y a trois cas évidents). Par ailleurs, si $\boldsymbol{A}$ n'est pas élémentaire, nous distinguons deux cas.

Si A est inversible,
alors $\boldsymbol{A}$ est un produit de matrices élémentaires et $\boldsymbol{A}^{\mathsf{T}}$ est le produit (dans l'ordre inverse) de ces mêmes matrices élémentaires transposées; on a donc dans ce cas $\det \boldsymbol{A} = \det \boldsymbol{A}^{\mathsf{T}}$.

Si A n'est pas inversible,
alors $\boldsymbol{A}^{\mathsf{T}}$ ne l'est pas non plus et donc dans ce cas $\det \boldsymbol{A} = 0 = \det \boldsymbol{A}^{\mathsf{T}}$. ■

7

CHAPITRE

TRANSFORMATIONS LINÉAIRES DANS $\mathbb{R}^2$

Au chapitre 6, nous avons considéré les matrices et les déterminants d'un point de vue purement algébrique, c'est-à-dire comme des tableaux de nombres sur lesquels on peut effectuer différentes opérations arithmétiques. Nous voulons maintenant les considérer d'un point de vue dynamique comme des outils permettant de transformer les figures géométriques. Les matrices représentent en effet une classe particulière de transformations : ce sont les transformations linéaires qui servent entre autres d'outils de traitement d'images dans les logiciels de graphisme (rotations, réflexions, homothéties, etc.). Dans ce chapitre, nous ne considérerons que les transformations de $\mathbb{R}^2$ dans $\mathbb{R}^2$, pour des raisons de simplicité. De plus, nous verrons que les transformations linéaires sont toujours centrées à l'origine; les rotations, par exemple, se font autour du point origine. Cette limitation est cependant facile à contourner avec le concept de transformation affine, comme nous l'expliquons dans la section *Pour aller plus loin*. Dans cette dernière section, nous donnons aussi des indications sur une manière de généraliser les rotations et les réflexions à l'espace $\mathbb{R}^3$.

Dans ce qui suit, nous supposons que les coordonnées des points et les composantes des vecteurs sont toutes relatives à un même repère orthonormé de $\mathbb{R}^2$. Pour des raisons de commodité et d'adaptation à l'écriture matricielle, les coordonnées (x, y) d'un point P et les composantes (v_1, v_2) d'un vecteur $\vec{v}$ seront désormais écrites sous forme de matrices colonnes[1] : $\begin{pmatrix} x \\ y \end{pmatrix}$ et $\begin{pmatrix} v_1 \\ v_2 \end{pmatrix}$. Ainsi, le point $P(x, y)$ et le vecteur $\vec{v} = (v_1, v_2)$ s'écriront respectivement $P\begin{pmatrix} x \\ y \end{pmatrix}$ et $\vec{v} = \begin{pmatrix} v_1 \\ v_2 \end{pmatrix}$.

7.1 TRANSFORMATIONS DANS IR²

Dans cette section, nous donnons la définition et quelques exemples de transformation dans $\mathbb{R}^2$. Nous distinguons ensuite les transformations dites linéaires. Puis, nous voyons le théorème de représentation qui nous permettra de montrer qu'il y a coïncidence entre les transformations linéaires et les transformations représentées par des matrices. Nous décrivons enfin les propriétés générales des transformations linéaires.

7.1.1 DÉFINITIONS ET EXEMPLES

Définition ***Transformation dans*** $\mathbb{R}^2$

Une transformation dans $\mathbb{R}^2$ est une fonction $\boldsymbol{T}$ de $\mathbb{R}^2$ dans $\mathbb{R}^2$ qui associe à chaque matrice colonne $\begin{pmatrix} x \\ y \end{pmatrix}$ une matrice colonne $\begin{pmatrix} x' \\ y' \end{pmatrix}$ notée $\boldsymbol{T}\begin{pmatrix} x \\ y \end{pmatrix}$.

Soit $\boldsymbol{T}$ une transformation dans $\mathbb{R}^2$. Si P est un point de coordonnées $\begin{pmatrix} x \\ y \end{pmatrix}$, alors $\boldsymbol{T}(P)$ désigne le point dont les coordonnées $\begin{pmatrix} x' \\ y' \end{pmatrix}$ sont définies par $\begin{pmatrix} x' \\ y' \end{pmatrix} = \boldsymbol{T}\begin{pmatrix} x \\ y \end{pmatrix}$; $\boldsymbol{T}(P)$ est appelée l'*image du point P* par $\boldsymbol{T}$. De même, si $\vec{v}$ est un vecteur de composantes $\begin{pmatrix} v_1 \\ v_2 \end{pmatrix}$, alors $\boldsymbol{T}(\vec{v})$ désigne le vecteur dont les composantes $\begin{pmatrix} v_1' \\ v_2' \end{pmatrix}$ sont définies par $\begin{pmatrix} v_1' \\ v_2' \end{pmatrix} = \boldsymbol{T}\begin{pmatrix} v_1 \\ v_2 \end{pmatrix}$; $\boldsymbol{T}(\vec{v})$ est appelée l'*image du vecteur* $\vec{v}$ par $\boldsymbol{T}$.

1. On dit aussi *vecteurs colonnes*.

Exemple 1

La fonction T_1 définie par $T_1\begin{pmatrix} x \\ y \end{pmatrix} = \begin{pmatrix} x - y \\ x + y \end{pmatrix}$ est une transformation dans $\mathbb{R}^2$; lorsque l'on considère $\mathbb{R}^2$ comme un espace affine, cette transformation s'applique à chaque point et à chaque vecteur. Par exemple, dans la figure 7.1, on a appliqué cette transformation aux sommets du parallélogramme $OABC$, ce qui nous donne les sommets d'un nouveau parallélogramme $O'A'B'C'$.

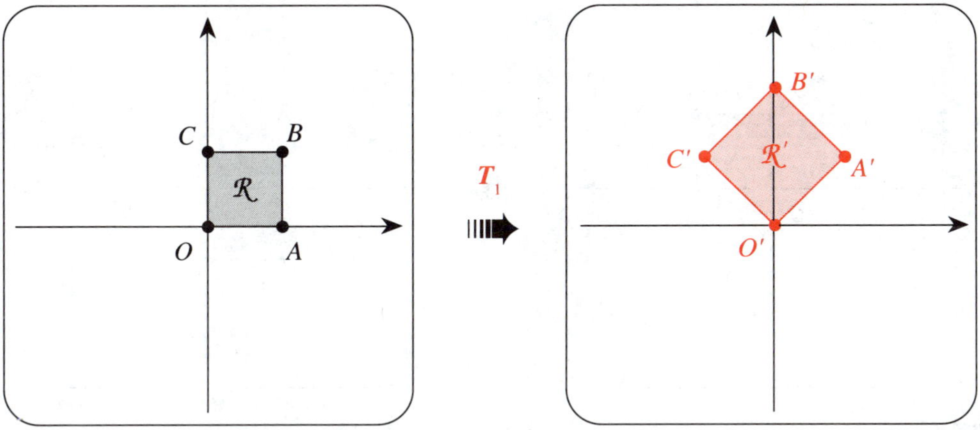

Figure 7.1

En effet,

– l'image du point $O\begin{pmatrix} 0 \\ 0 \end{pmatrix}$ par T_1 est $O'\begin{pmatrix} 0 \\ 0 \end{pmatrix}$ parce que $T_1\begin{pmatrix} 0 \\ 0 \end{pmatrix} = \begin{pmatrix} 0 - 0 \\ 0 + 0 \end{pmatrix} = \begin{pmatrix} 0 \\ 0 \end{pmatrix}$;

– l'image du point $A\begin{pmatrix} 1 \\ 0 \end{pmatrix}$ par T_1 est $A'\begin{pmatrix} 1 \\ 1 \end{pmatrix}$ parce que $T_1\begin{pmatrix} 1 \\ 0 \end{pmatrix} = \begin{pmatrix} 1 - 0 \\ 1 + 0 \end{pmatrix} = \begin{pmatrix} 1 \\ 1 \end{pmatrix}$;

– l'image du point $B\begin{pmatrix} 1 \\ 1 \end{pmatrix}$ par T_1 est $B'\begin{pmatrix} 0 \\ 2 \end{pmatrix}$ parce que $T_1\begin{pmatrix} 1 \\ 1 \end{pmatrix} = \begin{pmatrix} 1 - 1 \\ 1 + 1 \end{pmatrix} = \begin{pmatrix} 0 \\ 2 \end{pmatrix}$;

– l'image du point $C\begin{pmatrix} 0 \\ 1 \end{pmatrix}$ par T_1 est $C'\begin{pmatrix} -1 \\ 1 \end{pmatrix}$ parce que $T_1\begin{pmatrix} 0 \\ 1 \end{pmatrix} = \begin{pmatrix} 0 - 1 \\ 0 + 1 \end{pmatrix} = \begin{pmatrix} -1 \\ 1 \end{pmatrix}$.

Dans la figure 7.1, si on restreint T_1 à la région $\mathcal{R}$ bornée par le parallélogramme $OABC$ (écran de gauche), on constate que T_1 transforme cette région en une région image $\mathcal{R}'$ (écran de droite) bornée par le parallélogramme $O'A'B'C'$. ■

Exemple 2

La fonction $\boldsymbol{T}_2$ définie par $\boldsymbol{T}_2\begin{pmatrix} x \\ y \end{pmatrix} = \begin{pmatrix} x \\ x^2 y \end{pmatrix}$ est aussi une transformation des points et vecteurs de $\mathbb{R}^2$. Par exemple, dans la figure 7.2, la région $\mathcal{R}$ bornée par le parallélogramme *OABC* est transformée en une région $\mathcal{R}'$ bornée par un segment de parabole et deux segments de droite.

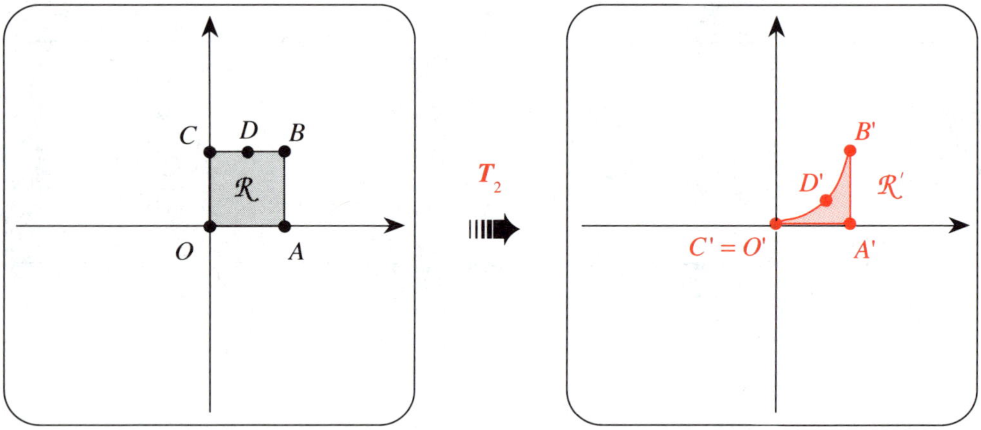

Figure 7.2

Ainsi,

– l'image du point $O\begin{pmatrix} 0 \\ 0 \end{pmatrix}$ par $\boldsymbol{T}_2$ est $O'\begin{pmatrix} 0 \\ 0 \end{pmatrix}$ parce que $\boldsymbol{T}_2\begin{pmatrix} 0 \\ 0 \end{pmatrix} = \begin{pmatrix} 0 \\ (0^2)0 \end{pmatrix} = \begin{pmatrix} 0 \\ 0 \end{pmatrix}$;

– l'image du point $A\begin{pmatrix} 1 \\ 0 \end{pmatrix}$ par $\boldsymbol{T}_2$ est $A'\begin{pmatrix} 1 \\ 0 \end{pmatrix}$ parce que $\boldsymbol{T}_2\begin{pmatrix} 1 \\ 0 \end{pmatrix} = \begin{pmatrix} 1 \\ (1^2)0 \end{pmatrix} = \begin{pmatrix} 1 \\ 0 \end{pmatrix}$;

– l'image du point $B\begin{pmatrix} 1 \\ 1 \end{pmatrix}$ par $\boldsymbol{T}_2$ est $B'\begin{pmatrix} 1 \\ 1 \end{pmatrix}$ parce que $\boldsymbol{T}_2\begin{pmatrix} 1 \\ 1 \end{pmatrix} = \begin{pmatrix} 1 \\ (1^2)1 \end{pmatrix} = \begin{pmatrix} 1 \\ 1 \end{pmatrix}$;

– l'image du point $C\begin{pmatrix} 0 \\ 1 \end{pmatrix}$ par $\boldsymbol{T}_2$ est $C'\begin{pmatrix} 0 \\ 0 \end{pmatrix}$ parce que $\boldsymbol{T}_2\begin{pmatrix} 0 \\ 1 \end{pmatrix} = \begin{pmatrix} 0 \\ (0^2)1 \end{pmatrix} = \begin{pmatrix} 0 \\ 0 \end{pmatrix}$;

– l'image du point $D\begin{pmatrix} x \\ 1 \end{pmatrix}$ par $\boldsymbol{T}_2$ est $D'\begin{pmatrix} x \\ x^2 \end{pmatrix}$ parce que $\boldsymbol{T}_2\begin{pmatrix} x \\ 1 \end{pmatrix} = \begin{pmatrix} x \\ (x^2)1 \end{pmatrix} = \begin{pmatrix} x \\ x^2 \end{pmatrix}$. ■

Dans l'exemple 1, on peut vérifier que $\boldsymbol{T}_1$ transforme tout segment de droite en un segment de droite. Ce n'est cependant pas le cas dans l'exemple 2 : $\boldsymbol{T}_2$ transforme le segment de droite *CB* en un segment de parabole *C′B′*(figure 7.2). La définition suivante a justement pour but de distinguer les transformations qui préservent les enlignements, c'est-à-dire les transformations qu'on appelle linéaires[2].

Définition ***Transformation linéaire dans*** $\mathbb{R}^2$

Une transformation $\boldsymbol{T}$ dans $\mathbb{R}^2$ est dite linéaire si elle satisfait aux deux conditions suivantes :

1) $\boldsymbol{T}\left(a\begin{pmatrix} x \\ y \end{pmatrix}\right) = a\boldsymbol{T}\begin{pmatrix} x \\ y \end{pmatrix}$, quel que soit $\begin{pmatrix} x \\ y \end{pmatrix}$ et quel que soit le scalaire a; c'est-à-dire qu'il faut que $\boldsymbol{T}$ préserve la multiplication par un scalaire.

2) $\boldsymbol{T}\left(\begin{pmatrix} x \\ y \end{pmatrix} + \begin{pmatrix} x' \\ y' \end{pmatrix}\right) = \boldsymbol{T}\begin{pmatrix} x \\ y \end{pmatrix} + \boldsymbol{T}\begin{pmatrix} x' \\ y' \end{pmatrix}$, quels que soient $\begin{pmatrix} x \\ y \end{pmatrix}$ et $\begin{pmatrix} x' \\ y' \end{pmatrix}$; c'est-à-dire qu'il faut que $\boldsymbol{T}$ préserve la somme vectorielle.

Exemple 1

La transformation $\boldsymbol{T}_1$ définie par $\boldsymbol{T}_1\begin{pmatrix} x \\ y \end{pmatrix} = \begin{pmatrix} x - y \\ x + y \end{pmatrix}$ est linéaire car elle satisfait aux deux conditions de la définition. En effet,

1) $$\boldsymbol{T}_1\left(a\begin{pmatrix} x \\ y \end{pmatrix}\right) = \boldsymbol{T}_1\begin{pmatrix} ax \\ ay \end{pmatrix} = \begin{pmatrix} ax - ay \\ ax + ay \end{pmatrix} = a\begin{pmatrix} x - y \\ x + y \end{pmatrix} = a\boldsymbol{T}_1\begin{pmatrix} x \\ y \end{pmatrix}$$

2) $$\begin{aligned} \boldsymbol{T}_1\left(\begin{pmatrix} x \\ y \end{pmatrix} + \begin{pmatrix} x' \\ y' \end{pmatrix}\right) &= \boldsymbol{T}_1\begin{pmatrix} x + x' \\ y + y' \end{pmatrix} = \begin{pmatrix} (x + x') - (y + y') \\ (x + x') + (y + y') \end{pmatrix} \\ &= \begin{pmatrix} (x - y) + (x' - y') \\ (x + y) + (x' + y') \end{pmatrix} \\ &= \begin{pmatrix} x - y \\ x + y \end{pmatrix} + \begin{pmatrix} x' - y' \\ x' + y' \end{pmatrix} \\ &= \boldsymbol{T}_1\begin{pmatrix} x \\ y \end{pmatrix} + \boldsymbol{T}_2\begin{pmatrix} x' \\ y' \end{pmatrix} \end{aligned}$$ ■

2. À la sous-section 7.1.3, il sera question des propriétés des transformations linéaires.

Exemple 2

La transformation T_2 définie par $T_2\begin{pmatrix} x \\ y \end{pmatrix} = \begin{pmatrix} x \\ x^2 y \end{pmatrix}$ n'est pas linéaire, car elle ne satisfait pas la première condition lorsque $a \neq 0$ et $a \neq 1$. En effet, nous avons

$$T_2\left(a\begin{pmatrix} x \\ y \end{pmatrix}\right) = T_2\begin{pmatrix} ax \\ ay \end{pmatrix} = \begin{pmatrix} ax \\ (ax)^2 ay \end{pmatrix} = a\begin{pmatrix} x \\ a^2x^2y \end{pmatrix}$$

mais $aT_2\begin{pmatrix} x \\ y \end{pmatrix} = a\begin{pmatrix} x \\ x^2 y \end{pmatrix}$ et, alors, si $a \neq 0$ et $a \neq 1$, $T_2\left(a\begin{pmatrix} x \\ y \end{pmatrix}\right) \neq aT_2\begin{pmatrix} x \\ y \end{pmatrix}$. ■

Exemple 3

Soit T_3 la transformation définie par la matrice $M = \begin{pmatrix} 0 & 1 \\ 1 & 0 \end{pmatrix}$ de la façon suivante : $T_3\begin{pmatrix} x \\ y \end{pmatrix} = M\begin{pmatrix} x \\ y \end{pmatrix}$ (produit matriciel), c'est-à-dire

$$T_3\begin{pmatrix} x \\ y \end{pmatrix} = \begin{pmatrix} 0 & 1 \\ 1 & 0 \end{pmatrix}\begin{pmatrix} x \\ y \end{pmatrix} = \begin{pmatrix} y \\ x \end{pmatrix}.$$

Il est facile de vérifier que T_3 est linéaire; en fait, T_3 représente une réflexion autour de la droite $y = x$ dans $\mathbb{R}^2$ (voir l'exemple 3 de la sous-section 6.1.5). ■

Ce dernier exemple laisse soupçonner qu'il existe un lien entre les matrices et les transformations linéaires; ce lien est explicité à la prochaine sous-section.

7.1.2 MATRICES ET TRANSFORMATIONS LINÉAIRES

Définition ***Transformation représentable par une matrice***

Soit T une transformation de $\mathbb{R}^2$ dans $\mathbb{R}^2$. On dit que T est représentable par la matrice $M = \begin{pmatrix} a & c \\ b & d \end{pmatrix}$ si

$$T\begin{pmatrix} x \\ y \end{pmatrix} = M\begin{pmatrix} x \\ y \end{pmatrix} = \begin{pmatrix} a & c \\ b & d \end{pmatrix}\begin{pmatrix} x \\ y \end{pmatrix} \text{ quel que soit } \begin{pmatrix} x \\ y \end{pmatrix}.$$

Exemple 1

La transformation T_1 définie par $T_1\begin{pmatrix} x \\ y \end{pmatrix} = \begin{pmatrix} x - y \\ x + y \end{pmatrix}$ est représentable par la matrice $\begin{pmatrix} 1 & -1 \\ 1 & 1 \end{pmatrix}$, car $\begin{pmatrix} 1 & -1 \\ 1 & 1 \end{pmatrix}\begin{pmatrix} x \\ y \end{pmatrix} = \begin{pmatrix} x - y \\ x + y \end{pmatrix} = T_1\begin{pmatrix} x \\ y \end{pmatrix}$. ■

Exemple 2

La transformation $\boldsymbol{T}_2$ définie par $\boldsymbol{T}_2\begin{pmatrix} x \\ y \end{pmatrix} = \begin{pmatrix} x \\ x^2y \end{pmatrix}$ n'est pas représentable par une matrice. En effet, s'il existait une matrice $\begin{pmatrix} a & c \\ b & d \end{pmatrix}$ telle que $\begin{pmatrix} a & c \\ b & d \end{pmatrix}\begin{pmatrix} x \\ y \end{pmatrix} = \begin{pmatrix} x \\ x^2y \end{pmatrix}$ pour tout $\begin{pmatrix} x \\ y \end{pmatrix}$, alors on aurait en particulier pour $\begin{pmatrix} 1 \\ 0 \end{pmatrix}$,

$$\begin{pmatrix} a & c \\ b & d \end{pmatrix}\begin{pmatrix} 1 \\ 0 \end{pmatrix} = \boldsymbol{T}_2\begin{pmatrix} 1 \\ 0 \end{pmatrix} = \begin{pmatrix} 1 \\ (1^2)0 \end{pmatrix} = \begin{pmatrix} 1 \\ 0 \end{pmatrix}$$

et, pour $\begin{pmatrix} 0 \\ 1 \end{pmatrix}$,

$$\begin{pmatrix} a & c \\ b & d \end{pmatrix}\begin{pmatrix} 0 \\ 1 \end{pmatrix} = \boldsymbol{T}_2\begin{pmatrix} 0 \\ 1 \end{pmatrix} = \begin{pmatrix} 0 \\ (0^2)0 \end{pmatrix} = \begin{pmatrix} 0 \\ 0 \end{pmatrix}$$

ce qui s'écrit dans une seule équation matricielle :

$$\begin{pmatrix} a & c \\ b & d \end{pmatrix}\begin{pmatrix} 1 & 0 \\ 0 & 1 \end{pmatrix} = \begin{pmatrix} 1 & 0 \\ 0 & 0 \end{pmatrix}, \text{ ou encore } \begin{pmatrix} a & c \\ b & d \end{pmatrix} = \begin{pmatrix} 1 & 0 \\ 0 & 0 \end{pmatrix}.$$

Cependant, la matrice $\begin{pmatrix} 1 & 0 \\ 0 & 0 \end{pmatrix}$ ne peut pas représenter la transformation $\boldsymbol{T}_2$ car

$$\begin{pmatrix} 1 & 0 \\ 0 & 0 \end{pmatrix}\begin{pmatrix} x \\ y \end{pmatrix} = \begin{pmatrix} x \\ 0 \end{pmatrix} \text{ et } \begin{pmatrix} x \\ 0 \end{pmatrix} \neq \begin{pmatrix} x \\ x^2y \end{pmatrix} \text{ si } x \neq 0 \text{ et } y \neq 0.$$

■

La coïncidence entre les transformations linéaires et les transformations représentables par des matrices est confirmée par le théorème suivant.

Théorème de représentation

Soit $\boldsymbol{T}$ une transformation dans IR². Alors $\boldsymbol{T}$ est linéaire si et seulement si $\boldsymbol{T}$ est représentable par une matrice.

De plus, si $\begin{pmatrix} a & c \\ b & d \end{pmatrix}$ représente $\boldsymbol{T}$, alors

$$\begin{pmatrix} a \\ b \end{pmatrix} = \boldsymbol{T}\begin{pmatrix} 1 \\ 0 \end{pmatrix} \text{ et } \begin{pmatrix} c \\ d \end{pmatrix} = \boldsymbol{T}\begin{pmatrix} 0 \\ 1 \end{pmatrix}.$$

Preuve

1) Supposons que $\boldsymbol{T}$ est linéaire. Alors, montrons que $\boldsymbol{T}$ est représentable par une matrice :

$$\begin{aligned}
\boldsymbol{T}\begin{pmatrix} x \\ y \end{pmatrix} &= \boldsymbol{T}\left(x\begin{pmatrix} 1 \\ 0 \end{pmatrix} + y\begin{pmatrix} 0 \\ 1 \end{pmatrix}\right) \\
&= \boldsymbol{T}\left(x\begin{pmatrix} 1 \\ 0 \end{pmatrix}\right) + \boldsymbol{T}\left(y\begin{pmatrix} 0 \\ 1 \end{pmatrix}\right) && \text{[car } \boldsymbol{T} \text{ est linéaire]} \\
&= x\boldsymbol{T}\begin{pmatrix} 1 \\ 0 \end{pmatrix} + y\boldsymbol{T}\begin{pmatrix} 0 \\ 1 \end{pmatrix} && \text{[car } \boldsymbol{T} \text{ est linéaire]} \\
&= x\begin{pmatrix} a \\ b \end{pmatrix} + y\begin{pmatrix} c \\ d \end{pmatrix} && \text{[en posant } \begin{pmatrix} a \\ b \end{pmatrix} = \boldsymbol{T}\begin{pmatrix} 1 \\ 0 \end{pmatrix} \text{ et } \begin{pmatrix} \mathrm{c} \\ \mathrm{d} \end{pmatrix} = \boldsymbol{T}\begin{pmatrix} 0 \\ 1 \end{pmatrix}\text{]} \\
&= \begin{pmatrix} ax \\ bx \end{pmatrix} + \begin{pmatrix} cy \\ dy \end{pmatrix} \\
&= \begin{pmatrix} ax + cy \\ bx + dy \end{pmatrix} \\
&= \begin{pmatrix} a & c \\ b & d \end{pmatrix}\begin{pmatrix} x \\ y \end{pmatrix}, \text{ et donc } \boldsymbol{T} \text{ est représentable par } \begin{pmatrix} a & c \\ b & d \end{pmatrix}.
\end{aligned}$$

2) Supposons que $\boldsymbol{T}$ est représentée par $\boldsymbol{M} = \begin{pmatrix} a & c \\ b & d \end{pmatrix}$. Alors, en appliquant les propriétés du produit matriciel, montrons que $\boldsymbol{T}$ satisfait les deux conditions de la définition de transformation linéaire.

i) $\boldsymbol{T}\left(a\begin{pmatrix} x \\ y \end{pmatrix}\right) = \boldsymbol{M}a\begin{pmatrix} x \\ y \end{pmatrix} = a\boldsymbol{M}\begin{pmatrix} x \\ y \end{pmatrix} = a\boldsymbol{T}\begin{pmatrix} x \\ y \end{pmatrix}$

ii) $\boldsymbol{T}\left(\begin{pmatrix} x \\ y \end{pmatrix} + \begin{pmatrix} x' \\ y' \end{pmatrix}\right) = \boldsymbol{M}\left(\begin{pmatrix} x \\ y \end{pmatrix} + \begin{pmatrix} x' \\ y' \end{pmatrix}\right) = \boldsymbol{M}\begin{pmatrix} x \\ y \end{pmatrix} + \boldsymbol{M}\begin{pmatrix} x' \\ y' \end{pmatrix} = \boldsymbol{T}\begin{pmatrix} x \\ y \end{pmatrix} + \boldsymbol{T}\begin{pmatrix} x' \\ y' \end{pmatrix}$

3) Maintenant, si on suppose que $\boldsymbol{T}$ est représentée par la matrice $\begin{pmatrix} a & c \\ b & d \end{pmatrix}$, on aura forcément :

$$\boldsymbol{T}\begin{pmatrix} 1 \\ 0 \end{pmatrix} = \begin{pmatrix} a & c \\ b & d \end{pmatrix}\begin{pmatrix} 1 \\ 0 \end{pmatrix} = \begin{pmatrix} a \\ b \end{pmatrix} \text{ et } \boldsymbol{T}\begin{pmatrix} 0 \\ 1 \end{pmatrix} = \begin{pmatrix} a & c \\ b & d \end{pmatrix}\begin{pmatrix} 0 \\ 1 \end{pmatrix} = \begin{pmatrix} c \\ d \end{pmatrix},$$

ce qui montre que : $\begin{pmatrix} a \\ b \end{pmatrix} = \boldsymbol{T}\begin{pmatrix} 1 \\ 0 \end{pmatrix}$ et $\begin{pmatrix} c \\ d \end{pmatrix} = \boldsymbol{T}\begin{pmatrix} 0 \\ 1 \end{pmatrix}$. ■

Exemple

Toute figure apparaissant sur l'écran d'un ordinateur est composée d'un grand nombre de points images appelés pixels; si on applique une même transformation linéaire $\boldsymbol{T}$ à chacun des pixels composant une telle figure, alors la figure elle-même subira cette transformation. Ainsi, pour faire tourner l'expression « Bonjour ! » de 90° (dans le sens contraire au mouvement des aiguilles d'une montre) autour de l'origine sur l'écran de la figure 7.3, l'ordinateur multiplie la matrice des coordonnées $\begin{pmatrix} x \\ y \end{pmatrix}$ de chaque point composant cette expression par la matrice $\boldsymbol{R} = \begin{pmatrix} a & c \\ b & d \end{pmatrix}$ qui représente cette rotation[3]; puisque cette rotation est une transformation linéaire, on trouve sa matrice $\boldsymbol{R}$ en appliquant le théorème de représentation :

$$\begin{pmatrix} a \\ b \end{pmatrix} = \boldsymbol{R}\begin{pmatrix} 1 \\ 0 \end{pmatrix} = \begin{pmatrix} 0 \\ 1 \end{pmatrix} \text{ et } \begin{pmatrix} c \\ d \end{pmatrix} = \boldsymbol{R}\begin{pmatrix} 0 \\ 1 \end{pmatrix} = \begin{pmatrix} -1 \\ 0 \end{pmatrix}$$

et donc $\boldsymbol{R} = \begin{pmatrix} a & c \\ b & d \end{pmatrix} = \begin{pmatrix} 0 & -1 \\ 1 & 0 \end{pmatrix}$.

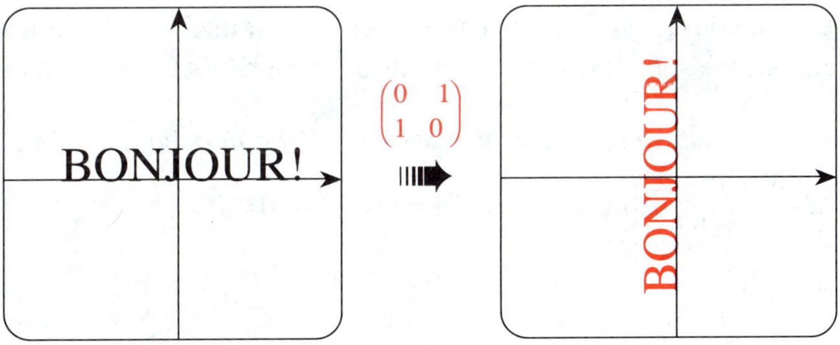

Figure 7.3 Rotation de 90°. ■

Remarques

1. La matrice identité $\begin{pmatrix} 1 & 0 \\ 0 & 1 \end{pmatrix}$ représente la transformation identité, notée $\boldsymbol{I}$, qui laisse l'écran inchangé; la matrice nulle $\begin{pmatrix} 0 & 0 \\ 0 & 0 \end{pmatrix}$ représente la transformation nulle, notée $\boldsymbol{O}$, qui réduit tout l'écran au point origine.

3. Il existe aussi d'autres méthodes vectorielles plus sophistiquées pour le traitement informatique des images.

2. Si $\boldsymbol{T}_1$ et $\boldsymbol{T}_2$ sont deux transformations linéaires représentées respectivement par les matrices $\boldsymbol{M}_1$ et $\boldsymbol{M}_2$, alors la transformation composée $\boldsymbol{T}_2\boldsymbol{T}_1$ définie par $\boldsymbol{T}_2\boldsymbol{T}_1\begin{pmatrix} x \\ y \end{pmatrix} = \boldsymbol{T}_2\left(\boldsymbol{T}_1\begin{pmatrix} x \\ y \end{pmatrix}\right)$ est aussi une transformation linéaire et elle est représentée par la matrice produit $\boldsymbol{M}_2\boldsymbol{M}_1$. En effet,

$$\boldsymbol{T}_2\boldsymbol{T}_1\begin{pmatrix} x \\ y \end{pmatrix} = \boldsymbol{T}_2\left(\boldsymbol{T}_1\begin{pmatrix} x \\ y \end{pmatrix}\right) = \boldsymbol{T}_2\left(\boldsymbol{M}_1\begin{pmatrix} x \\ y \end{pmatrix}\right) = \boldsymbol{M}_2\boldsymbol{M}_1\begin{pmatrix} x \\ y \end{pmatrix}.$$

3. Si la matrice $\boldsymbol{M}$ représentant une transformation linéaire $\boldsymbol{T}$ est inversible, alors $\boldsymbol{T}$ est inversible et la transformation inverse de $\boldsymbol{T}$, notée $\boldsymbol{T}^{-1}$, est représentée par $\boldsymbol{M}^{-1}$, la matrice inverse de $\boldsymbol{M}$:

$$\boldsymbol{T}\boldsymbol{T}^{-1}\begin{pmatrix} x \\ y \end{pmatrix} = \boldsymbol{T}^{-1}\boldsymbol{T}\begin{pmatrix} x \\ y \end{pmatrix} = \boldsymbol{I}\begin{pmatrix} x \\ y \end{pmatrix} = \begin{pmatrix} x \\ y \end{pmatrix}.$$

7.1.3 PROPRIÉTÉS DES TRANSFORMATIONS LINÉAIRES

Dans ce qui suit, nous identifions la matrice $\boldsymbol{M}$ avec la transformation linéaire qu'elle représente; nous laissons les démonstrations des propriétés L1 à L5 en exercice.

L1 *Toute transformation linéaire préserve le point origine et le vecteur nul.*

$\boldsymbol{M}\begin{pmatrix} 0 \\ 0 \end{pmatrix} = \begin{pmatrix} 0 \\ 0 \end{pmatrix}$; ou encore, $\boldsymbol{M}(O) = O$ et $\boldsymbol{M}(\vec{0}) = \vec{0}$.

Exemple

Si $\boldsymbol{M} = \begin{pmatrix} 1 & 2 \\ 3 & 4 \end{pmatrix}$, alors $\begin{pmatrix} 1 & 2 \\ 3 & 4 \end{pmatrix}\begin{pmatrix} 0 \\ 0 \end{pmatrix} = \begin{pmatrix} 0 \\ 0 \end{pmatrix}$.

L2 *Toute transformation linéaire préserve le parallélisme* (figure 7.4).
Si $\vec{u} \,//\, \vec{v}$, alors $\boldsymbol{M}(\vec{u}) \,//\, \boldsymbol{M}(\vec{v})$.

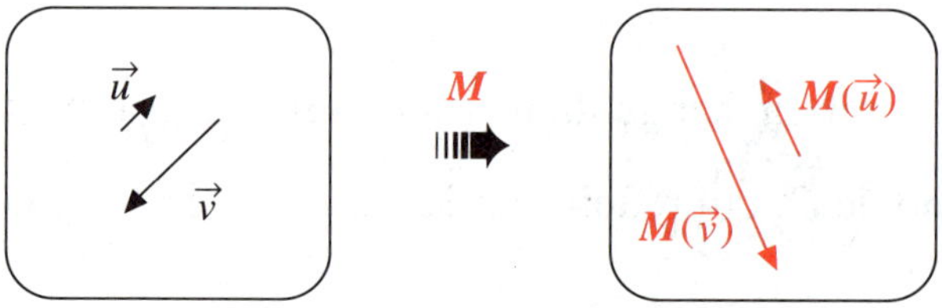

Figure 7.4 Propriété L2.

L3 *Toute transformation linéaire préserve les relations affines entre points et vecteurs* (figure 7.5).

Si $\vec{v} = \overrightarrow{AB}$, alors $\boldsymbol{M}(\vec{v}) = \overrightarrow{\boldsymbol{M}(A)\boldsymbol{M}(B)}$.

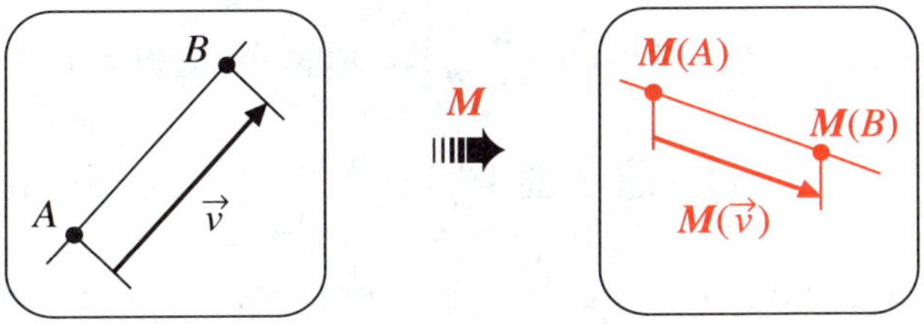

Figure 7.5 Propriété L3.

L4 *Toute transformation linéaire préserve la colinéarité* (figure 7.6).
Si A, B et C sont trois points colinéaires, alors leurs images $\boldsymbol{M}(A)$, $\boldsymbol{M}(B)$ et $\boldsymbol{M}(C)$ sont aussi colinéaires.

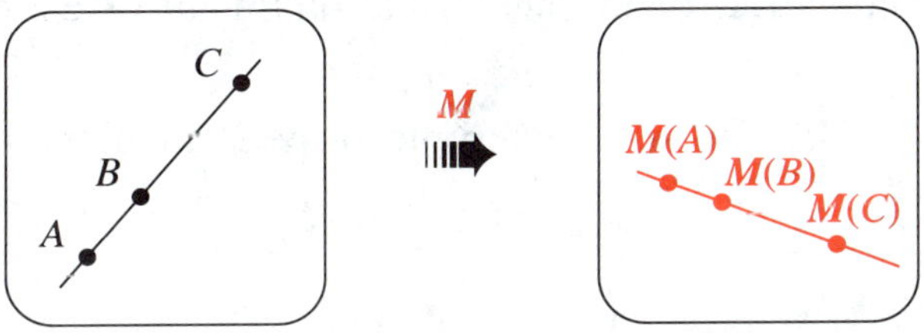

Figure 7.6 Propriété L4.

L5 *Toute transformation linéaire transforme les droites en droites*[4] *et préserve la position relative des points le long d'une droite donnée.*
Si $P = A \boldsymbol{+} t\vec{v}$, alors $\boldsymbol{M}(P) = \boldsymbol{M}(A) \boldsymbol{+} t\boldsymbol{M}(\vec{v})$.

Exemple
Si P est aux deux tiers du segment AB en partant de A, alors $\boldsymbol{M}(P)$ sera aux deux tiers du segment de $\boldsymbol{M}(A)$ à $\boldsymbol{M}(B)$ en partant de $\boldsymbol{M}(A)$ (figure 7.7).

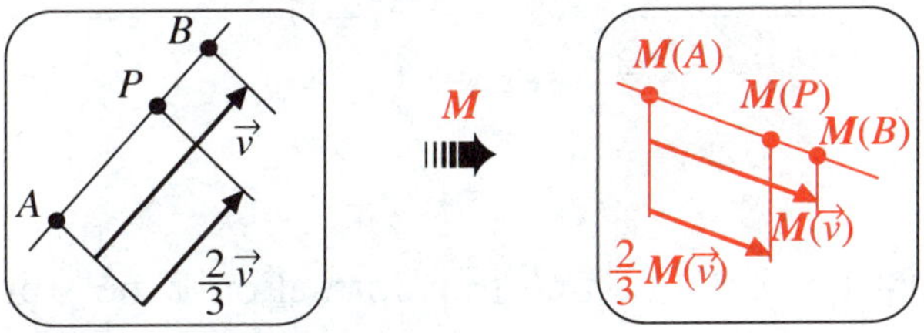

Figure 7.7 Propriété L5.

4. Nous supposons ici qu'une droite peut être *dégénérée*, c'est-à-dire réduite à un seul point lorsque le vecteur directeur est nul.

7.1.4 COMMENT TROUVER LA MATRICE D'UNE TRANSFORMATION LINÉAIRE

Selon le théorème de représentation (sous-section 7.1.2), la première colonne $\begin{pmatrix} a \\ b \end{pmatrix}$ et la deuxième colonne $\begin{pmatrix} c \\ d \end{pmatrix}$ de la matrice $\begin{pmatrix} a & c \\ b & d \end{pmatrix}$ représentant une transformation linéaire $\boldsymbol{T}$ sont respectivement l'image par $\boldsymbol{T}$ de $\begin{pmatrix} 1 \\ 0 \end{pmatrix}$ et de $\begin{pmatrix} 0 \\ 1 \end{pmatrix}$. Cela signifie que dès que l'on connaît l'effet de la transformation $\boldsymbol{T}$ sur les vecteurs de base $\vec{i}$ et $\vec{j}$ de $\mathbb{R}^2$, on peut calculer les images de tous les vecteurs et de tous les points de $\mathbb{R}^2$, car la matrice de $\boldsymbol{T}$ se trouve alors complètement déterminée.

Exemple

Dans la figure 7.8, la matrice de la transformation linéaire $\boldsymbol{T}$ est forcément $\begin{pmatrix} 1 & 1 \\ 0 & 1 \end{pmatrix}$ car $\boldsymbol{T}\begin{pmatrix} 1 \\ 0 \end{pmatrix} = \begin{pmatrix} 1 \\ 0 \end{pmatrix}$ et $\boldsymbol{T}\begin{pmatrix} 0 \\ 1 \end{pmatrix} = \begin{pmatrix} 1 \\ 1 \end{pmatrix}$; ainsi, par exemple, on peut calculer l'image du point $P\begin{pmatrix} 1 \\ 1 \end{pmatrix}$ par $\boldsymbol{T}$.

$$\boldsymbol{T}\begin{pmatrix} 1 \\ 1 \end{pmatrix} = \begin{pmatrix} 1 & 1 \\ 0 & 1 \end{pmatrix}\begin{pmatrix} 1 \\ 1 \end{pmatrix} = \begin{pmatrix} 2 \\ 1 \end{pmatrix}$$

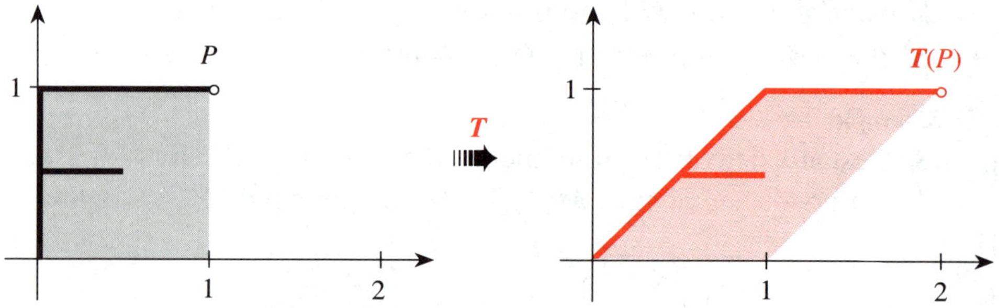

Figure 7.8

Il arrive souvent que l'effet d'une transformation $\boldsymbol{T}$ ne soit pas connu sur les vecteurs de base $\vec{i}$ et $\vec{j}$ tout en l'étant sur deux autres vecteurs linéairement indépendants $\vec{u} = \begin{pmatrix} u_1 \\ u_2 \end{pmatrix}$ et $\vec{v} = \begin{pmatrix} v_1 \\ v_2 \end{pmatrix}$.

$$\boldsymbol{T}\begin{pmatrix} u_1 \\ u_2 \end{pmatrix} = \begin{pmatrix} u_1' \\ u_2' \end{pmatrix} \text{ et } \boldsymbol{T}\begin{pmatrix} v_1 \\ v_2 \end{pmatrix} = \begin{pmatrix} v_1' \\ v_2' \end{pmatrix}$$

Alors, dans ce cas, la matrice $\begin{pmatrix} a & c \\ b & d \end{pmatrix}$ qui représente $\boldsymbol{T}$ satisfera forcément aux deux équations suivantes : $\begin{pmatrix} a & c \\ b & d \end{pmatrix}\begin{pmatrix} u_1 \\ u_2 \end{pmatrix} = \begin{pmatrix} u_1' \\ u_2' \end{pmatrix}$ et $\begin{pmatrix} a & c \\ b & d \end{pmatrix}\begin{pmatrix} v_1 \\ v_2 \end{pmatrix} = \begin{pmatrix} v_1' \\ v_2' \end{pmatrix}$, de telle sorte que

$$\begin{pmatrix} a & c \\ b & d \end{pmatrix}\begin{pmatrix} u_1 & v_1 \\ u_2 & v_2 \end{pmatrix} = \begin{pmatrix} u_1' & v_1' \\ u_2' & v_2' \end{pmatrix}$$

et donc,

$$\begin{pmatrix} a & c \\ b & d \end{pmatrix} = \begin{pmatrix} u_1' & v_1' \\ u_2' & v_2' \end{pmatrix}\begin{pmatrix} u_1 & v_1 \\ u_2 & v_2 \end{pmatrix}^{-1},$$

car les vecteurs colonnes de la matrice $\begin{pmatrix} u_1 & v_1 \\ u_2 & v_2 \end{pmatrix}$ étant linéairement indépendants, cette matrice est nécessairement inversible (voir le chapitre 6).

Exemple

Dans la figure 7.9, la matrice de la transformation linéaire $\boldsymbol{T}$ s'obtient en observant que $\begin{pmatrix} a & c \\ b & d \end{pmatrix}\begin{pmatrix} 1 \\ 1 \end{pmatrix} = \begin{pmatrix} 1 \\ 1 \end{pmatrix}$ et $\begin{pmatrix} a & c \\ b & d \end{pmatrix}\begin{pmatrix} -1 \\ 1 \end{pmatrix} = \begin{pmatrix} 0 \\ 2 \end{pmatrix}$, ce qui donne

$$\begin{pmatrix} a & c \\ b & d \end{pmatrix}\begin{pmatrix} 1 & -1 \\ 1 & 1 \end{pmatrix} = \begin{pmatrix} 1 & 0 \\ 1 & 2 \end{pmatrix}$$

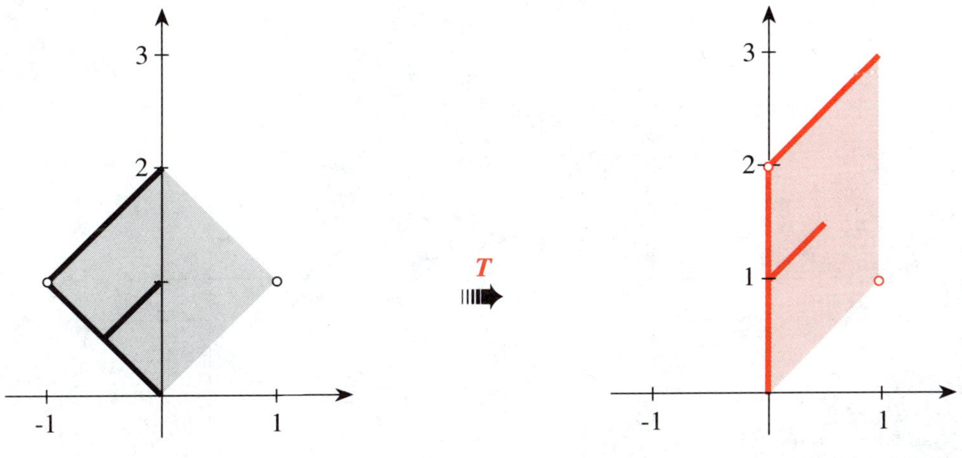

Figure 7.9

c'est-à-dire

$$\begin{pmatrix} a & c \\ b & d \end{pmatrix} = \begin{pmatrix} 1 & 0 \\ 1 & 2 \end{pmatrix}\begin{pmatrix} 1 & -1 \\ 1 & 1 \end{pmatrix}^{-1} = \begin{pmatrix} 1 & 0 \\ 1 & 2 \end{pmatrix} 1/2 \begin{pmatrix} 1 & 1 \\ -1 & 1 \end{pmatrix} = \begin{pmatrix} 1/2 & 1/2 \\ -1/2 & 3/2 \end{pmatrix}.$$

On constate *a posteriori* que les vecteurs de base $\vec{i}$ et $\vec{j}$ auraient respectivement pour images $\begin{pmatrix} 1/2 \\ -1/2 \end{pmatrix}$ et $\begin{pmatrix} 1/2 \\ 3/2 \end{pmatrix}$ dans ce cas. ■

EXERCICES 7.1

1. Parmi les transformations suivantes dans IR², identifiez celles qui sont linéaires, c'est-à-dire celles qui respectent les deux conditions de la définition de transformation linéaire.

a) $\boldsymbol{T}_1\begin{pmatrix} x \\ y \end{pmatrix} = \begin{pmatrix} x-1 \\ y+1 \end{pmatrix}$

b) $\boldsymbol{T}_2\begin{pmatrix} x \\ y \end{pmatrix} = \begin{pmatrix} 2x+y \\ x \end{pmatrix}$

c) $\boldsymbol{T}_3\begin{pmatrix} x \\ y \end{pmatrix} = \begin{pmatrix} x^2 \\ y \end{pmatrix}$

d) $\boldsymbol{T}_4\begin{pmatrix} x \\ y \end{pmatrix} = \begin{pmatrix} 1/(1+x^2) \\ y \end{pmatrix}$

2. Tracez les images de la lettre *F* illustrée à la figure 7.10 par ***T*** lorsque ***T*** est la transformation linéaire correspondant à la matrice ***M*** donnée.

a) $\boldsymbol{M} = \begin{pmatrix} 1 & -2 \\ 0 & 1 \end{pmatrix}$

b) $\boldsymbol{M} = \begin{pmatrix} 1 & 2 \\ 0 & 1 \end{pmatrix}$

c) $\boldsymbol{M} = \begin{pmatrix} 1 & 0 \\ -2 & 1 \end{pmatrix}$

d) $\boldsymbol{M} = \begin{pmatrix} 1 & 0 \\ 2 & 1 \end{pmatrix}$

e) $\boldsymbol{M} = \begin{pmatrix} -2 & 0 \\ 0 & 1 \end{pmatrix}$

f) $\boldsymbol{M} = \begin{pmatrix} 2 & 0 \\ 0 & 1 \end{pmatrix}$

g) $\boldsymbol{M} = \begin{pmatrix} 1 & 0 \\ 0 & -2 \end{pmatrix}$

h) $\boldsymbol{M} = \begin{pmatrix} 1 & 0 \\ 0 & 2 \end{pmatrix}$

i) $\boldsymbol{M} = \begin{pmatrix} 2 & 0 \\ 0 & 3 \end{pmatrix}$

j) $\boldsymbol{M} = \begin{pmatrix} -1 & 0 \\ 0 & -1 \end{pmatrix}$

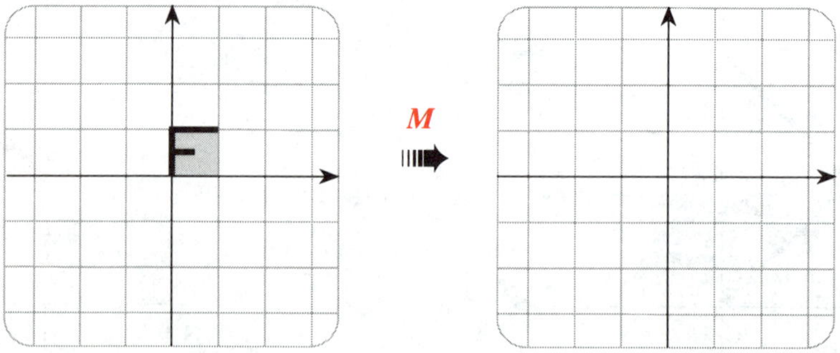

Figure 7.10

3. Parmi les transformations correspondant aux illustrations suivantes, identifiez celles qui ne satisfont pas l'une ou l'autre des propriétés L1 à L5 des transformations linéaires (sous-section 7.1.3) et qui, par le fait même, ne sont pas linéaires.

a)

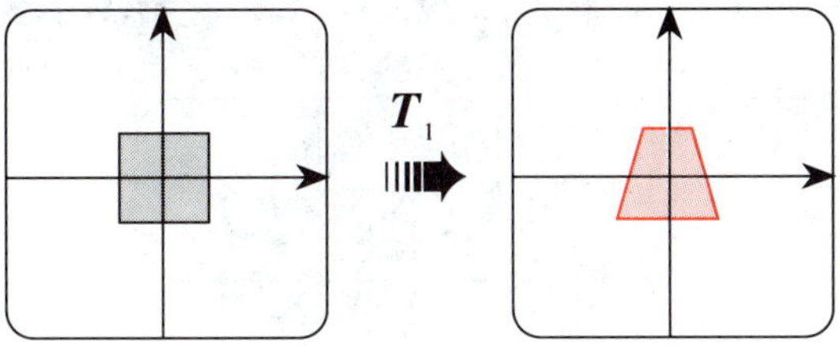

b)

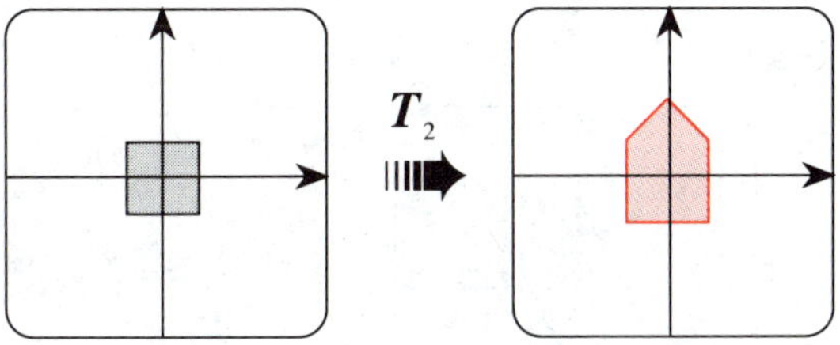

c)

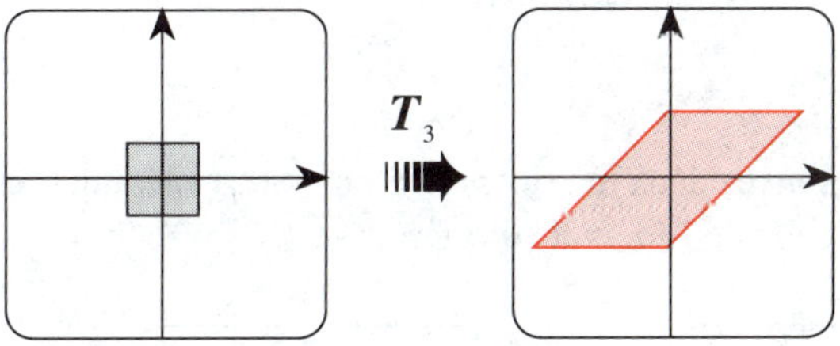

d)

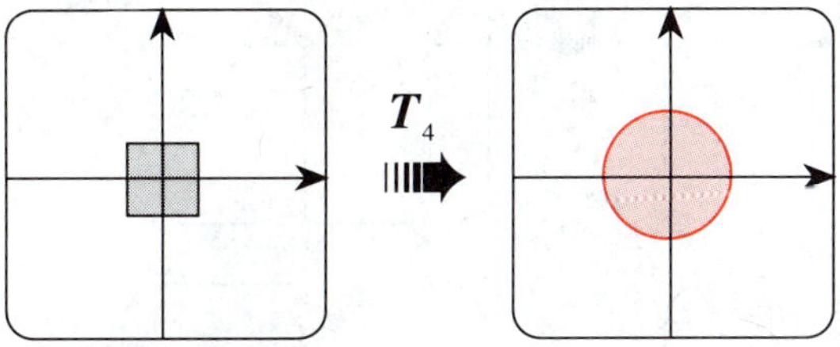

e)

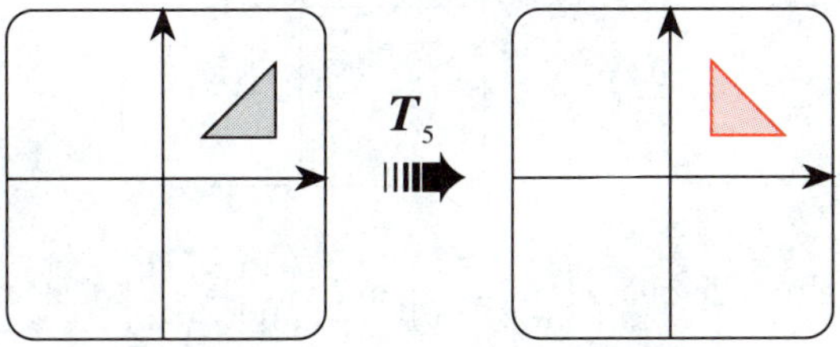

4. Appliquez le théorème de représentation ou la méthode présentée à la sous-section 7.1.4 pour trouver les matrices $\boldsymbol{M}_1$ à $\boldsymbol{M}_6$ de chacune des transformations linéaires illustrées à la figure 7.11. Vérifiez que :

a) $\boldsymbol{M}_1\boldsymbol{M}_2 = \boldsymbol{M}_3\boldsymbol{M}_4 = \boldsymbol{M}_5\boldsymbol{M}_6 = \boldsymbol{I}$; *b)* $\boldsymbol{M}_4\boldsymbol{M}_1 = \boldsymbol{M}_5$; *c)* $\boldsymbol{M}_2\boldsymbol{M}_3 = \boldsymbol{M}_6$.

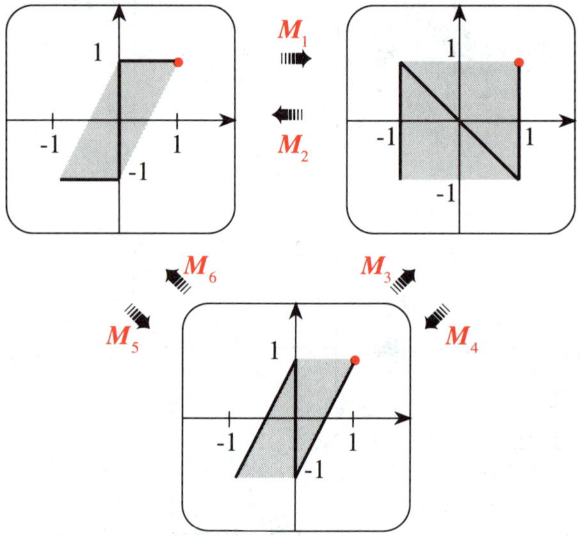

Figure 7.11

5. Dans chacun des cas suivants, trouvez deux matrices différentes $\boldsymbol{M}_1$ et $\boldsymbol{M}_2$ qui transforment la figure de l'écran de gauche en celle de l'écran de droite.

a)

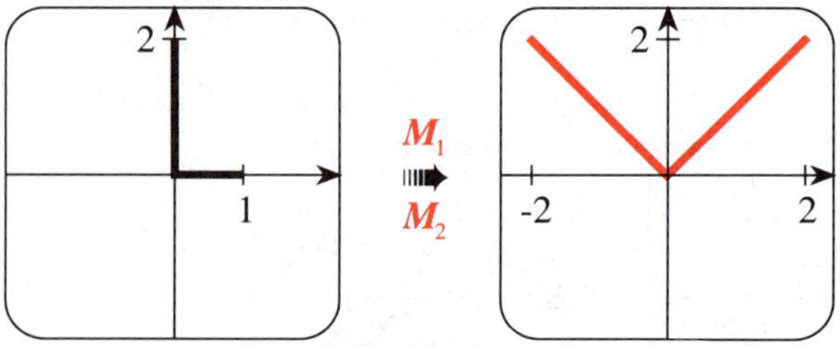

b)

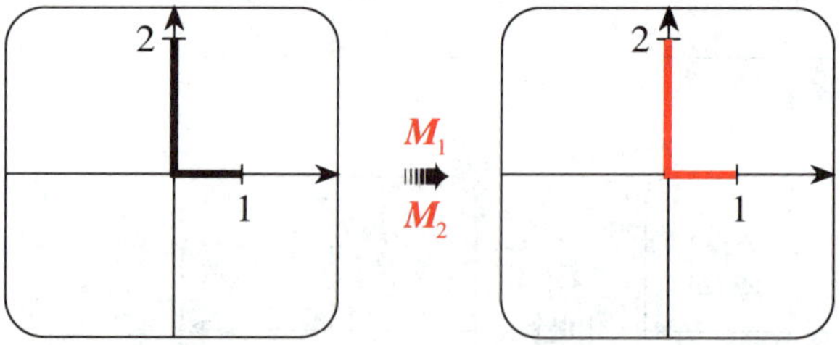

6. Soit $\boldsymbol{T}$ une transformation linéaire telle que $\boldsymbol{T}\begin{pmatrix}1\\0\end{pmatrix} = \begin{pmatrix}1\\1\end{pmatrix}$ et $\boldsymbol{T}^2\begin{pmatrix}1\\0\end{pmatrix} = \begin{pmatrix}-1\\1\end{pmatrix}$. Calculez $\boldsymbol{T}\begin{pmatrix}0\\1\end{pmatrix}$.

7. Dans l'écran représenté à la figure 7.12, les points O (l'origine), Q et P sont colinéaires; le point $\boldsymbol{T}(P)$ est l'image de P par une transformation linéaire $\boldsymbol{T}$ inconnue. Sans effectuer de calculs, déterminez la position du point $\boldsymbol{T}(Q)$ sur l'écran à l'aide d'une règle et d'une équerre (ou d'une règle et d'un compas) et à l'aide des propriétés L1 à L5 des transformations linéaires.

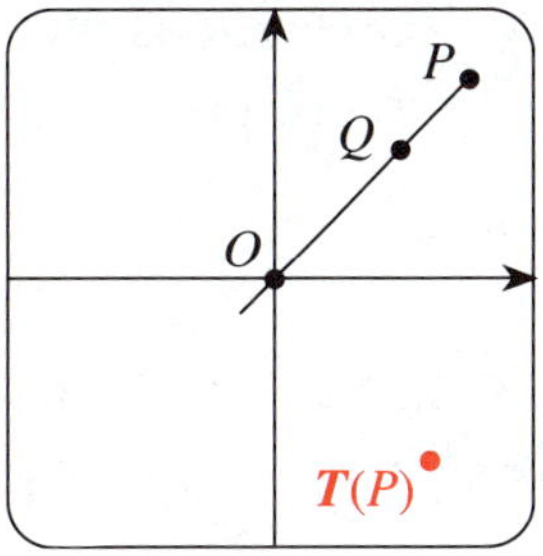

Figure 7.12

8. Dans l'écran représenté à la figure 7.13, les points A et B sont non colinéaires à l'origine. Une transformation linéaire inconnue transforme respectivement ces points en $\boldsymbol{T}(A)$ et $\boldsymbol{T}(B)$. Sans effectuer de calculs, déterminez la position de l'image $\boldsymbol{T}(C)$ du point C sur l'écran à l'aide d'une règle et d'une équerre (ou d'une règle et d'un compas) et à l'aide des propriétés L1 à L5 des transformations linéaires.

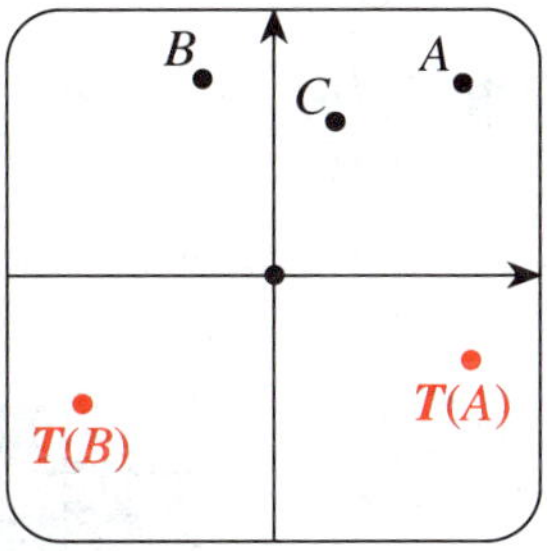

Figure 7.13

9. La transformation linéaire $\boldsymbol{T}$ représentée par la matrice $\boldsymbol{M} = \begin{pmatrix} 0 & 1 \\ 1 & -1 \end{pmatrix}$ transforme la droite $\mathcal{D}$ d'équation $y = 2x + 1$ en une droite $\mathcal{D}'$. Trouvez l'équation de $\mathcal{D}'$ sous la forme $y = mx + b$.

10. Démontrez les propriétés L1 à L5 des transformations linéaires (sous-section 7.1.3).

7.2 HOMOTHÉTIES, ROTATIONS ET RÉFLEXIONS

Tous les logiciels de traitement d'image comprennent des outils de transformation : les plus simples sont les agrandissements (homothéties), les rotations et les réflexions. Dans cette section, nous montrons comment trouver les matrices représentant ces transformations linéaires et nous analysons leurs propriétés particulières. Nous montrons aussi que les rotations et les réflexions sont représentées par une classe particulière de matrices : les matrices orthogonales. Enfin, nous montrons que le déterminant de la matrice d'une transformation linéaire s'interprète comme un facteur de changement d'aire. Pour alléger le texte, nous identifierons la transformation linéaire $\boldsymbol{T}$ avec la matrice $\boldsymbol{M}$ qui la représente.

7.2.1 ÉTIREMENTS ET HOMOTHÉTIES

Soit k un nombre. L'étirement de facteur k dans la direction de l'axe des x est la transformation $\boldsymbol{M}$ pour laquelle $\boldsymbol{M}(\vec{i}) = k\vec{i}$ et $\boldsymbol{M}(\vec{j}) = \vec{j}$. D'après le théorème de représentation, on a alors $\boldsymbol{M} = \begin{pmatrix} k & 0 \\ 0 & 1 \end{pmatrix}$. La figure 7.14 montre un étirement de facteur 2 dans la direction de l'axe des x.

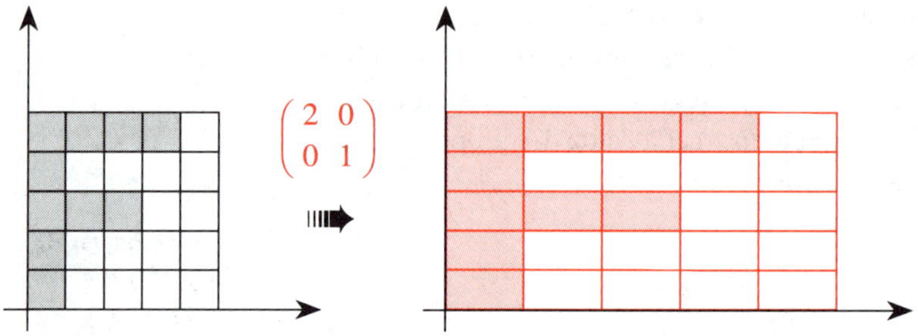

Figure 7.14

De la même façon, l'étirement de facteur k dans la direction de l'axe des y est la transformation linéaire $\boldsymbol{M}$ pour laquelle $\boldsymbol{M}(\vec{i}) = \vec{i}$ et $\boldsymbol{M}(\vec{j}) = k\vec{j}$. La figure 7.15 montre un étirement de facteur 2 dans la direction de l'axe des y.

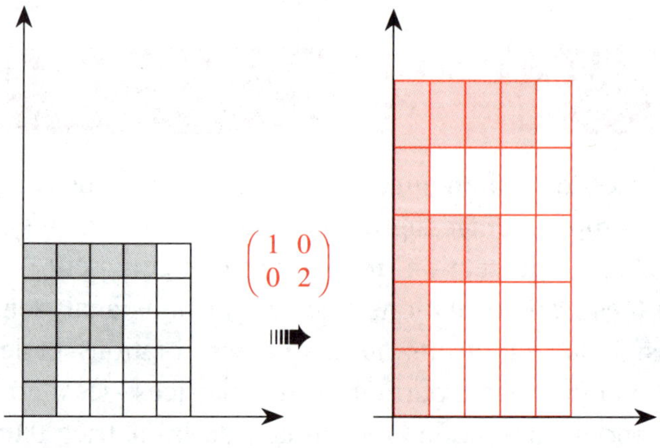

Figure 7.15

Voici la définition générale d'un étirement de facteur k dans une direction arbitraire.

Définition ***Étirement de facteur k dans la direction $\vec{u}$***

Soit k un scalaire et $\vec{u}$ un vecteur non nul. L'étirement[5] de facteur k dans la direction $\vec{u}$ est la transformation linéaire $\boldsymbol{M}$ pour laquelle $\boldsymbol{M}(\vec{u}) = k\vec{u}$ et $\boldsymbol{M}(\vec{u}_\perp) = \vec{u}_\perp$.

Remarques

1. Lorsque $0 < |k| < 1$, on peut appeler la transformation linéaire $\boldsymbol{M}$ *compression* au lieu de « étirement ».
2. Lorsque $k = 1$, $\boldsymbol{M} = \boldsymbol{I}$.
3. Lorsque $k = 0$, $\boldsymbol{M}$ est une *projection orthogonale* sur la droite de direction $\vec{u}_\perp$ passant par l'origine.
4. Lorsque $k < 0$, on dit que $\boldsymbol{M}$ est un étirement avec retournement.

Exemple

L'étirement de facteur 2 dans la direction $\vec{u} = \begin{pmatrix} 1 \\ 1 \end{pmatrix}$ est déterminé par

$$\boldsymbol{M}(\vec{u}) = \boldsymbol{M}\begin{pmatrix} 1 \\ 1 \end{pmatrix} = \begin{pmatrix} 2 \\ 2 \end{pmatrix} \text{ et } \boldsymbol{M}(\vec{u}_\perp) = \boldsymbol{M}\begin{pmatrix} -1 \\ 1 \end{pmatrix} = \begin{pmatrix} -1 \\ 1 \end{pmatrix}.$$

On a alors $\boldsymbol{M}\begin{pmatrix} 1 & -1 \\ 1 & 1 \end{pmatrix} = \begin{pmatrix} 2 & -1 \\ 2 & 1 \end{pmatrix}$

et donc

$$\begin{aligned} \boldsymbol{M} &= \begin{pmatrix} 2 & -1 \\ 2 & 1 \end{pmatrix}\begin{pmatrix} 1 & -1 \\ 1 & 1 \end{pmatrix}^{-1} \\ &= \begin{pmatrix} 2 & -1 \\ 2 & 1 \end{pmatrix} 1/2 \begin{pmatrix} 1 & 1 \\ -1 & 1 \end{pmatrix} \\ &= \begin{pmatrix} 3/2 & 1/2 \\ 1/2 & 3/2 \end{pmatrix} \end{aligned}$$

5. En anglais, on dit *stretch* pour « étirement ».

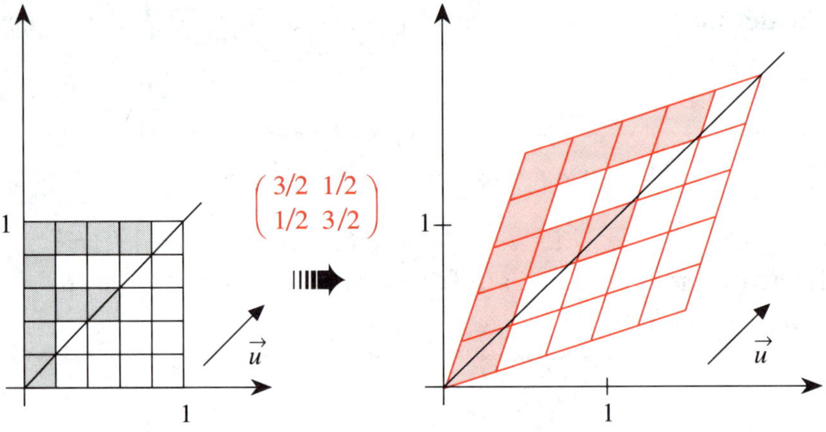

Figure 7.16 L'étirement de facteur 2 dans la direction $\begin{pmatrix}1\\1\end{pmatrix}$.

Les figures 7.16 et 7.17 montrent deux façons de voir l'étirement de facteur 2 dans la direction $\begin{pmatrix}1\\1\end{pmatrix}$.

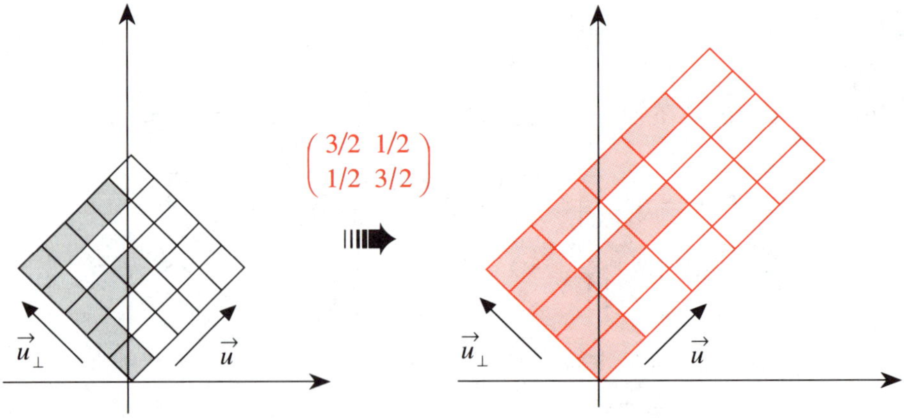

Figure 7.17 Une autre façon de voir l'étirement de facteur 2 dans la direction $\begin{pmatrix}1\\1\end{pmatrix}$. ■

Définition ***Homothétie de rapport k***

Soit $k \geq 0$; l'homothétie de rapport k est la transformation linéaire $\boldsymbol{M}$ telle que $\boldsymbol{M}\begin{pmatrix}x\\y\end{pmatrix} = k\begin{pmatrix}x\\y\end{pmatrix} = \begin{pmatrix}kx\\ky\end{pmatrix}$ pour tout $\begin{pmatrix}x\\y\end{pmatrix}$.

Remarque

Contrairement aux étirements, l'usage veut que les homothéties soient sans retournement. C'est pourquoi on pose $k \geq 0$ dans la définition d'homothétie. Les retournements sont en fait des réflexions et seront traités plus loin.

Exemple 1

Si $k = 2$, alors $\boldsymbol{M}\begin{pmatrix}1\\0\end{pmatrix} = \begin{pmatrix}2\\0\end{pmatrix}$ et $\boldsymbol{M}\begin{pmatrix}0\\1\end{pmatrix} = \begin{pmatrix}0\\2\end{pmatrix}$, et donc $\boldsymbol{M} = \begin{pmatrix}2 & 0\\0 & 2\end{pmatrix}$. Il s'agit alors d'une homothétie de rapport 2 (figure 7.18). ■

Exemple 2

Si $k = \frac{1}{2}$, alors $\boldsymbol{M}\begin{pmatrix}1\\0\end{pmatrix} = \begin{pmatrix}1/2\\0\end{pmatrix}$ et $\boldsymbol{M}\begin{pmatrix}0\\1\end{pmatrix} = \begin{pmatrix}0\\1/2\end{pmatrix}$, et donc $\boldsymbol{M} = \begin{pmatrix}1/2 & 0\\0 & 1/2\end{pmatrix}$. Il s'agit alors d'une homothétie de rapport 1/2 (figure 7.18). ■

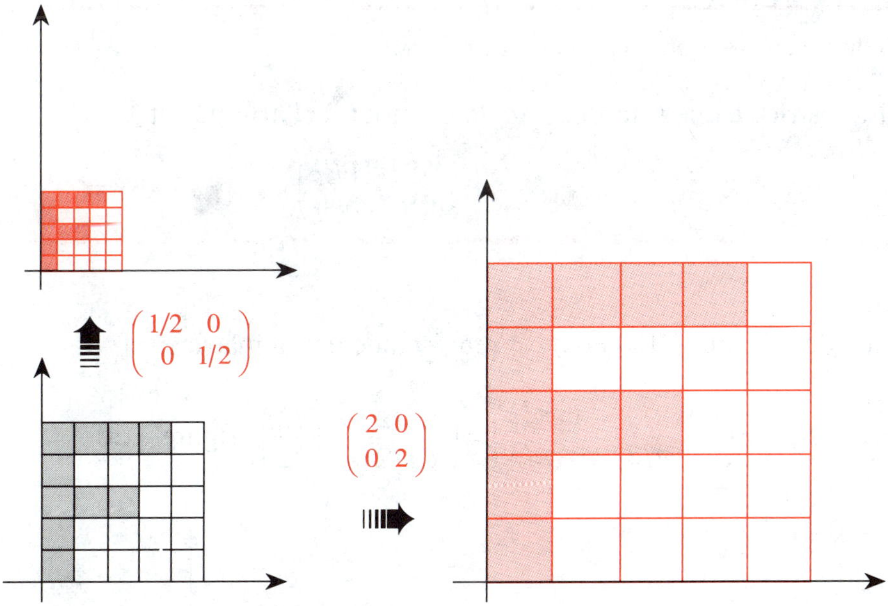

Figure 7.18 Homothéties de rapports 1/2 et 2.

7.2.2 ROTATIONS AUTOUR DE L'ORIGINE

Les rotations autour du point origine et les réflexions autour de droites centrées à l'origine sont des transformations linéaires. Nous suivons ici la convention habituelle de mesure des angles autour de l'origine : les angles sont mesurés positivement dans le sens contraire au mouvement des aiguilles d'une montre.

La matrice $\boldsymbol{R}_\theta$ d'une rotation d'angle θ autour de l'origine s'obtient en calculant $\boldsymbol{R}_\theta\begin{pmatrix}1\\0\end{pmatrix}$ et $\boldsymbol{R}_\theta\begin{pmatrix}0\\1\end{pmatrix}$ à partir de la figure 7.19.

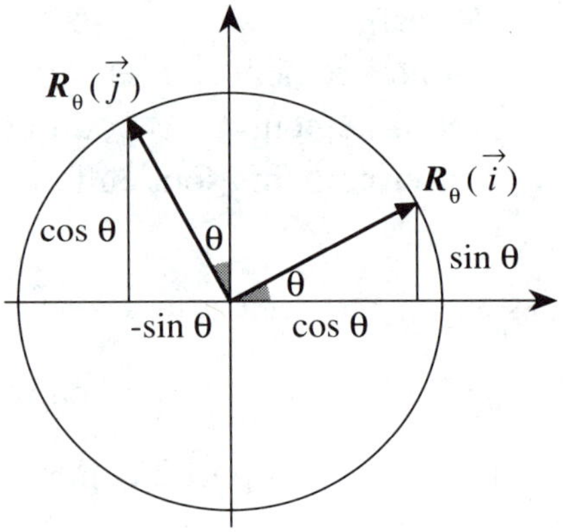

Figure 7.19 Images de $\vec{i}$ et $\vec{j}$ par une rotation d'angle θ.

$$\boldsymbol{R}_\theta\begin{pmatrix}1\\0\end{pmatrix}=\begin{pmatrix}\cos\theta\\ \sin\theta\end{pmatrix} \text{ et } \boldsymbol{R}_\theta\begin{pmatrix}0\\1\end{pmatrix}=\begin{pmatrix}-\sin\theta\\ \cos\theta\end{pmatrix}$$

et donc, $\boldsymbol{R}_\theta=\begin{pmatrix}\cos\theta & -\sin\theta\\ \sin\theta & \cos\theta\end{pmatrix}$.

On obtient ainsi une matrice de rotation d'angle θ.

Matrice de rotation d'angle θ

La matrice d'une rotation d'angle θ autour de l'origine est

$$\boldsymbol{R}_\theta=\begin{pmatrix}\cos\theta & -\sin\theta\\ \sin\theta & \cos\theta\end{pmatrix}.$$

Exemple

La rotation de 60° (ou $\frac{\pi}{3}$ radians) est représentée par la matrice

$$\boldsymbol{R}_{\pi/3}=\begin{pmatrix}\cos\pi/3 & -\sin\pi/3\\ \sin\pi/3 & \cos\pi/3\end{pmatrix}=\begin{pmatrix}1/2 & -\sqrt{3}/2\\ \sqrt{3}/2 & 1/2\end{pmatrix} \text{ (figure 7.20).}$$ ■

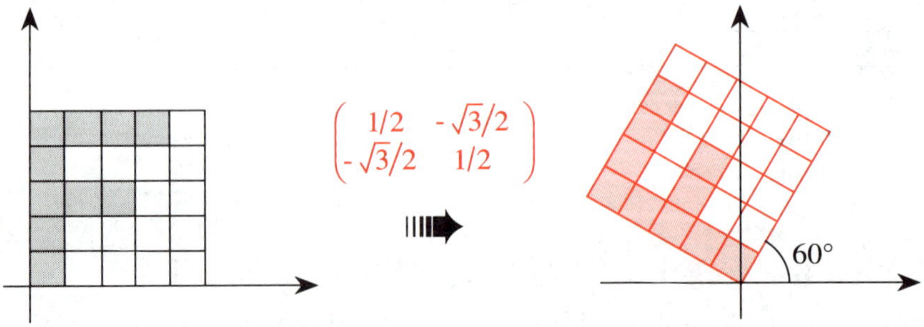

Figure 7.20 Rotation de 60° ou $\frac{\pi}{3}$ radians.

7.2.3 RÉFLEXIONS AUTOUR DE DROITES PASSANT PAR L'ORIGINE

On vérifie facilement que la matrice S_x d'une réflexion autour de l'axe des x est $S_x = \begin{pmatrix} 1 & 0 \\ 0 & -1 \end{pmatrix}$ et que la matrice S_y d'une réflexion autour de l'axe des y est $S_y = \begin{pmatrix} -1 & 0 \\ 0 & 1 \end{pmatrix}$ (figure 7.21).

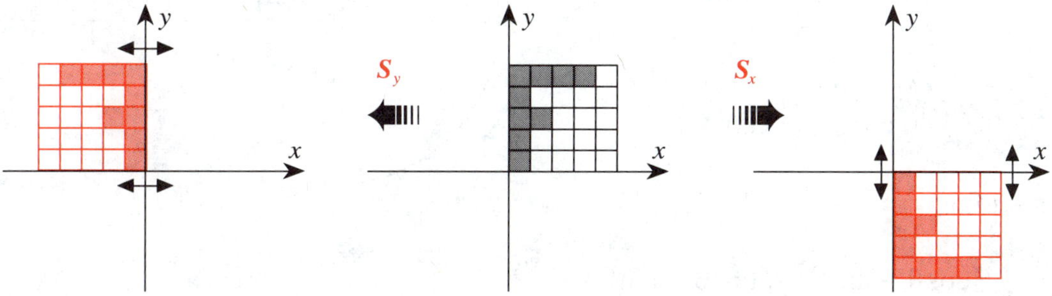

Figure 7.21 Réflexions S_x et S_y autour des axes de coordonnées.

On veut maintenant trouver la matrice de réflexion autour d'une droite $\mathcal{D}$ arbitraire passant par l'origine.

Soit $\mathcal{D}$ une droite qui passe par l'origine et qui fait un angle θ avec l'axe des x. Il y a plusieurs façons équivalentes d'obtenir la matrice de la *réflexion* S_θ autour de la droite $\mathcal{D}$. En voici deux :

Méthode 1

$S_\theta\begin{pmatrix} 1 \\ 0 \end{pmatrix}$ est un vecteur unitaire qui fait un angle 2θ avec l'axe des x, c'est-à-dire $S_\theta\begin{pmatrix} 1 \\ 0 \end{pmatrix} = \begin{pmatrix} \cos 2\theta \\ \sin 2\theta \end{pmatrix}$ et $S_\theta\begin{pmatrix} 0 \\ 1 \end{pmatrix}$ est un vecteur unitaire qui fait un angle 2θ avec la partie négative de l'axe des y, c'est-à-dire $S_\theta\begin{pmatrix} 0 \\ 1 \end{pmatrix} = \begin{pmatrix} \sin 2\theta \\ -\cos 2\theta \end{pmatrix}$ (figure 7.22).

Cela donne

$$S_\theta = \begin{pmatrix} \cos 2\theta & \sin 2\theta \\ \sin 2\theta & -\cos 2\theta \end{pmatrix}.$$

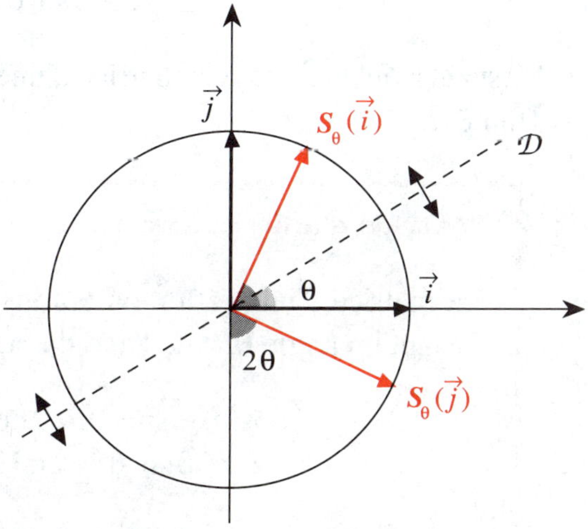

Figure 7.22

Méthode 2

En choisissant le vecteur $\vec{u} = \begin{pmatrix} \cos\theta \\ \sin\theta \end{pmatrix}$ comme vecteur directeur de la droite $\mathcal{D}$, on aura $S_\theta(\vec{u}) = \vec{u}$ et $S_\theta(\vec{u}_\perp) = -\vec{u}_\perp$ (figure 7.23) :

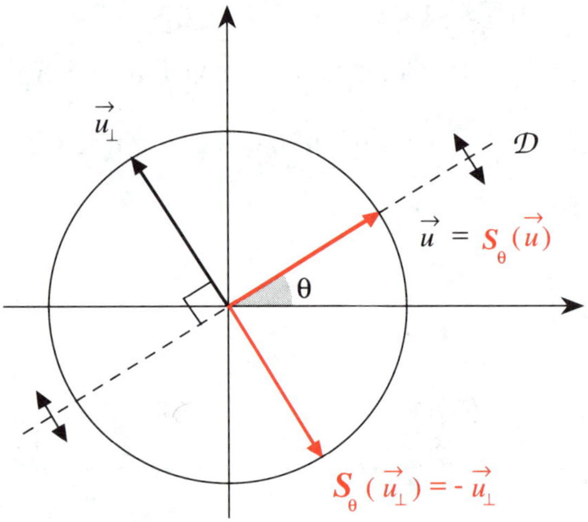

Figure 7.23

$$S_\theta\begin{pmatrix} \cos\theta \\ \sin\theta \end{pmatrix} = \begin{pmatrix} \cos\theta \\ \sin\theta \end{pmatrix}$$

et

$$S_\theta\begin{pmatrix} -\sin\theta \\ \cos\theta \end{pmatrix} = \begin{pmatrix} \sin\theta \\ -\cos\theta \end{pmatrix},$$

ce qui fait

$$S_\theta\begin{pmatrix} \cos\theta & -\sin\theta \\ \sin\theta & \cos\theta \end{pmatrix} = \begin{pmatrix} \cos\theta & \sin\theta \\ \sin\theta & -\cos\theta \end{pmatrix}$$

et donc,

$$\begin{aligned} S_\theta &= \begin{pmatrix} \cos\theta & \sin\theta \\ \sin\theta & -\cos\theta \end{pmatrix}\begin{pmatrix} \cos\theta & -\sin\theta \\ \sin\theta & \cos\theta \end{pmatrix}^{-1} \\ &= \begin{pmatrix} \cos\theta & \sin\theta \\ \sin\theta & -\cos\theta \end{pmatrix}\begin{pmatrix} \cos\theta & \sin\theta \\ -\sin\theta & \cos\theta \end{pmatrix} \\ &= \begin{pmatrix} \cos^2\theta - \sin^2\theta & 2\cos\theta\sin\theta \\ 2\cos\theta\sin\theta & \sin^2\theta - \cos^2\theta \end{pmatrix}. \end{aligned}$$

C'est ainsi qu'on obtient la matrice d'une réflexion autour de la droite $\mathcal{D}$ d'équation $y = (\tan\theta)x$.

Matrice d'une réflexion autour de la droite $\mathcal{D}$ d'équation $y = (\tan\theta)x$

La matrice d'une réflexion autour de la droite $\mathcal{D}$ passant par l'origine et faisant un angle θ avec l'axe des x est

$$S_\theta = \begin{pmatrix} \cos^2\theta - \sin^2\theta & 2\cos\theta\sin\theta \\ 2\cos\theta\sin\theta & \sin^2\theta - \cos^2\theta \end{pmatrix} = \begin{pmatrix} \cos 2\theta & \sin 2\theta \\ \sin 2\theta & -\cos 2\theta \end{pmatrix}.$$

La droite $\mathcal{D}$ est l'axe de réflexion.

Remarques

1. En remplaçant θ par $\frac{\theta}{2}$ dans la matrice $\begin{pmatrix} \cos 2\theta & \sin 2\theta \\ \sin 2\theta & -\cos 2\theta \end{pmatrix}$, on voit que la matrice $\begin{pmatrix} \cos\theta & \sin\theta \\ \sin\theta & -\cos\theta \end{pmatrix}$ représente une réflexion autour de la droite $\mathcal{D}$ passant par l'origine et faisant un angle $\frac{\theta}{2}$ avec l'axe des x.

2. En remplaçant θ par 0° dans $\begin{pmatrix} \cos 2\theta & \sin 2\theta \\ \sin 2\theta & -\cos 2\theta \end{pmatrix}$, on obtient la réflexion autour de l'axe des x : $\boldsymbol{S}_x = \begin{pmatrix} 1 & 0 \\ 0 & -1 \end{pmatrix}$; en remplaçant θ par 90° dans $\begin{pmatrix} \cos 2\theta & \sin 2\theta \\ \sin 2\theta & -\cos 2\theta \end{pmatrix}$, on obtient la réflexion autour de l'axe des y : $\boldsymbol{S}_y = \begin{pmatrix} -1 & 0 \\ 0 & 1 \end{pmatrix}$.

3. Tous les points P situés sur l'axe de réflexion sont fixes : $\boldsymbol{S}(P) = P$.

Exemple 1

La réflexion autour de la droite $\mathcal{D}$ passant par l'origine et faisant un angle de 60° avec l'axe des x est représentée par la matrice

$$\boldsymbol{S}_{60°} = \begin{pmatrix} \cos 120° & \sin 120° \\ \sin 120° & -\cos 120° \end{pmatrix} = \begin{pmatrix} -1/2 & \sqrt{3}/2 \\ \sqrt{3}/2 & 1/2 \end{pmatrix} \text{ (figure 7.24).}$$

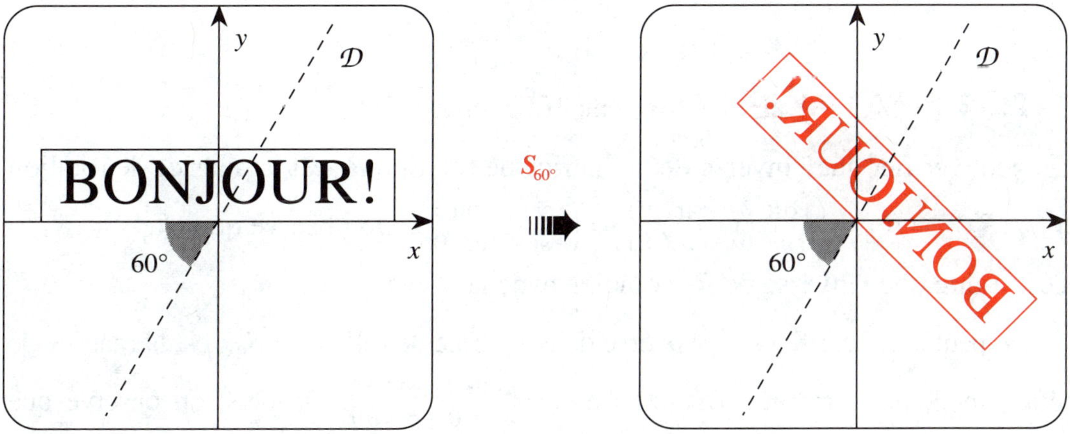

Figure 7.24 Réflexion $\boldsymbol{S}_{60°}$. ■

Exemple 2

On peut calculer la matrice $\boldsymbol{S}$ de la réflexion autour de la droite d'équation $y = 2x$ (figure 7.25) en choisissant le vecteur $\vec{u} = \begin{pmatrix} 1 \\ 2 \end{pmatrix}$ comme vecteur directeur de cette droite :

$$\boldsymbol{S}(\vec{u}) = \boldsymbol{S}\begin{pmatrix} 1 \\ 2 \end{pmatrix} = \begin{pmatrix} 1 \\ 2 \end{pmatrix} \text{ et } \boldsymbol{S}(\vec{u}_\perp) = \boldsymbol{S}\begin{pmatrix} -2 \\ 1 \end{pmatrix} = \begin{pmatrix} 2 \\ -1 \end{pmatrix},$$

ce qui donne

$$\boldsymbol{S}\begin{pmatrix} 1 & -2 \\ 2 & 1 \end{pmatrix} = \begin{pmatrix} 1 & 2 \\ 2 & -1 \end{pmatrix},$$

ou encore

$$\boldsymbol{S} = \begin{pmatrix} 1 & 2 \\ 2 & -1 \end{pmatrix}\begin{pmatrix} 1 & -2 \\ 2 & 1 \end{pmatrix}^{-1} = \begin{pmatrix} -3/5 & 4/5 \\ 4/5 & 3/5 \end{pmatrix}.$$

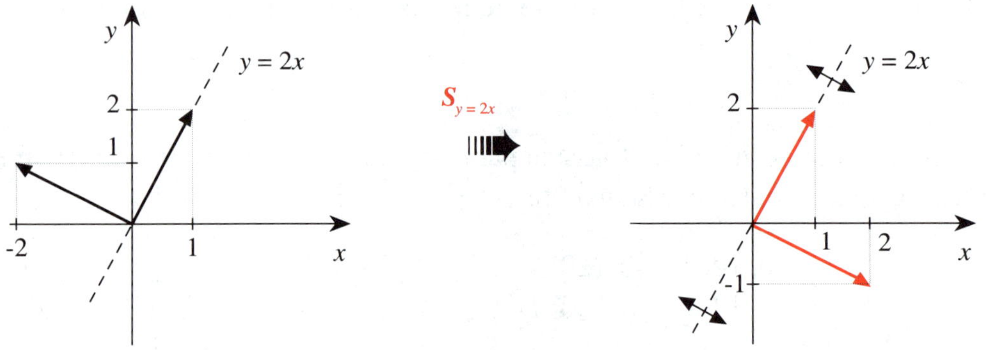

Figure 7.25 Réflexion autour de la droite d'équation $y = 2x$. ■

7.2.4 MATRICES ORTHOGONALES

On peut vérifier que l'inverse de la matrice de rotation $\boldsymbol{R}_\theta$ est la matrice de rotation $\boldsymbol{R}_{-\theta}$: $(\boldsymbol{R}_\theta)^{-1} = \boldsymbol{R}_{-\theta} = \begin{pmatrix} \cos(-\theta) & -\sin(-\theta) \\ \sin(-\theta) & \cos(-\theta) \end{pmatrix} = \begin{pmatrix} \cos\theta & \sin\theta \\ -\sin\theta & \cos\theta \end{pmatrix}$. On observe que $(\boldsymbol{R}_\theta)^{-1} = (\boldsymbol{R}_\theta)^\mathsf{T}$, c'est-à-dire que l'inverse de $\boldsymbol{R}_\theta$ coïncide avec la transposée de $\boldsymbol{R}_\theta$.

On peut aussi vérifier que l'inverse de la matrice de réflexion $\boldsymbol{S}_{\theta/2}$ est la matrice de réflexion $\boldsymbol{S}_{\theta/2}$ elle-même : $(\boldsymbol{S}_{\theta/2})^{-1} = \boldsymbol{S}_{\theta/2} = \begin{pmatrix} \cos\theta & \sin\theta \\ \sin\theta & -\cos\theta \end{pmatrix}$. De plus, on observe que $(\boldsymbol{S}_{\theta/2})^{-1} = (\boldsymbol{S}_{\theta/2})^\mathsf{T}$, c'est-à-dire que l'inverse de $\boldsymbol{S}_{\theta/2}$ coïncide avec la transposée de $\boldsymbol{S}_{\theta/2}$.

Ces observations conduisent à la définition suivante.

Définition ***Matrice orthogonale***

Une matrice carrée $\boldsymbol{M}$ est dite *orthogonale* si $\boldsymbol{M}^{\mathrm{T}} = \boldsymbol{M}^{-1}$, c'est-à-dire si

$$\boldsymbol{M}\boldsymbol{M}^{\mathrm{T}} = \boldsymbol{M}^{\mathrm{T}}\boldsymbol{M} = \boldsymbol{I}.$$

La condition $\boldsymbol{M}^{\mathrm{T}}\boldsymbol{M} = \boldsymbol{I}$ pour une matrice $\begin{pmatrix} a & c \\ b & d \end{pmatrix}$ se traduit par

$$\begin{pmatrix} a & b \\ c & d \end{pmatrix}\begin{pmatrix} a & c \\ b & d \end{pmatrix} = \begin{pmatrix} 1 & 0 \\ 0 & 1 \end{pmatrix},$$

d'où l'on voit que $a^2 + b^2 = 1$, $c^2 + d^2 = 1$ et $ac + bd = 0$, c'est-à-dire que les vecteurs colonnes $\begin{pmatrix} a \\ b \end{pmatrix}$ et $\begin{pmatrix} c \\ d \end{pmatrix}$ de $\begin{pmatrix} a & c \\ b & d \end{pmatrix}$ sont unitaires et perpendiculaires l'un à l'autre : ils forment donc une base orthonormée de $\mathbb{R}^2$. Or, toutes les bases orthonormées de $\mathbb{R}^2$ s'écrivent forcément $\left\langle \begin{pmatrix} \cos\theta \\ \sin\theta \end{pmatrix}, \begin{pmatrix} -\sin\theta \\ \cos\theta \end{pmatrix} \right\rangle$ si elles sont orientées positivement, ou $\left\langle \begin{pmatrix} \cos\theta \\ \sin\theta \end{pmatrix}, \begin{pmatrix} \sin\theta \\ -\cos\theta \end{pmatrix} \right\rangle$ si elles sont orientées négativement. On en déduit que les seules matrices orthogonales d'ordre 2 sont celles qui représentent les rotations et les réflexions. Puisque le déterminant d'une matrice de rotation $\boldsymbol{R}_\theta$ est toujours $\begin{vmatrix} \cos\theta & -\sin\theta \\ \sin\theta & \cos\theta \end{vmatrix} = \cos^2\theta + \sin^2\theta = 1$ et que le déterminant d'une matrice de réflexion est toujours $\begin{vmatrix} \cos\theta & \sin\theta \\ \sin\theta & -\cos\theta \end{vmatrix} = -\cos^2\theta - \sin^2\theta = -1$, on obtient la caractérisation suivante des matrices de rotation et de réflexion.

Proposition

1) Une matrice carrée $\boldsymbol{M}$ d'ordre 2 est une matrice de rotation si et seulement si $\boldsymbol{M}$ est orthogonale et $\det \boldsymbol{M} = 1$.
2) Une matrice carrée $\boldsymbol{M}$ d'ordre 2 est une matrice de réflexion si et seulement si $\boldsymbol{M}$ est orthogonale et $\det \boldsymbol{M} = -1$.

Exemple 1

La matrice $\frac{1}{\sqrt{10}}\begin{pmatrix} 3 & 1 \\ -1 & 3 \end{pmatrix}$ est une matrice orthogonale, car les vecteurs colonnes $\begin{pmatrix} 3/\sqrt{10} \\ -1/\sqrt{10} \end{pmatrix}$ et $\begin{pmatrix} 1/\sqrt{10} \\ 3/\sqrt{10} \end{pmatrix}$ sont unitaires et le produit scalaire de ces deux vecteurs est nul. De plus,

$$\det\left(\frac{1}{\sqrt{10}}\begin{pmatrix} 3 & 1 \\ -1 & 3 \end{pmatrix}\right) = \left(\frac{1}{\sqrt{10}}\right)^2 \det\begin{pmatrix} 3 & 1 \\ -1 & 3 \end{pmatrix} = (0,1)(10) = 1.$$

Cette matrice représente donc une rotation d'angle θ avec $\cos\theta = 3/\sqrt{10}$ et $\sin\theta = -1/\sqrt{10}$, ce qui donne $\theta = -18,43°$. ■

Exemple 2

La matrice $\frac{1}{\sqrt{13}}\begin{pmatrix} -2 & 3 \\ 3 & 2 \end{pmatrix}$ est une matrice orthogonale dont le déterminant est -1 (faites vous-même la vérification). Cette matrice représente donc une réflexion autour d'une droite $\mathcal{D}$ passant par l'origine et faisant un angle α avec l'axe des x pour lequel $\cos 2\alpha = -2/\sqrt{13}$ et $\sin 2\alpha = 3/\sqrt{13}$; cela donne $2\alpha = 123,69°$ et donc $\alpha = 61,84°$. L'équation de l'axe de réflexion $\mathcal{D}$ est $y = (\tan\alpha)x$, c'est-à-dire ici $y = 1,87x$.

On peut aussi trouver un vecteur directeur de $\mathcal{D}$ directement à partir de la matrice de réflexion : le vecteur $\begin{pmatrix} \cos 2\alpha \\ \sin 2\alpha \end{pmatrix} + \begin{pmatrix} 1 \\ 0 \end{pmatrix}$ est forcément parallèle à $\mathcal{D}$, car $\mathcal{D}$ est la bissectrice de l'angle formé par les vecteurs $\begin{pmatrix} \cos 2\alpha \\ \sin 2\alpha \end{pmatrix}$ et $\begin{pmatrix} 1 \\ 0 \end{pmatrix}$; on trouve ainsi

$$\begin{pmatrix} \cos 2\alpha \\ \sin 2\alpha \end{pmatrix} + \begin{pmatrix} 1 \\ 0 \end{pmatrix} = \begin{pmatrix} -2/\sqrt{13} \\ 3/\sqrt{13} \end{pmatrix} + \begin{pmatrix} 1 \\ 0 \end{pmatrix} = \begin{pmatrix} (-2+\sqrt{13})/\sqrt{13} \\ 3/\sqrt{13} \end{pmatrix},$$

et alors le vecteur $\vec{v} = \begin{pmatrix} -2+\sqrt{13} \\ 3 \end{pmatrix}$ est un vecteur directeur de $\mathcal{D}$. ■

Exemple 3

La matrice $\begin{pmatrix} 1 & 2 \\ 3 & 4 \end{pmatrix}$ n'est manifestement pas orthogonale; la transformation linéaire qu'elle représente n'est donc ni une rotation ni une réflexion. ■

7.2.5 FACTEUR DE CHANGEMENT D'AIRE

Au chapitre 3, nous avons défini le déterminant $\begin{vmatrix} x & y \\ z & w \end{vmatrix}$ comme la valeur numérique de l'aire orientée du parallélogramme engendré par les vecteurs lignes (x, y) et (z, w). Mais comme la transposition ne change pas la valeur d'un déterminant (chapitre 6), nous pouvons tout aussi bien considérer que la valeur du déterminant $\begin{vmatrix} x & y \\ z & w \end{vmatrix}$ donne l'aire orientée du parallélogramme engendré par les vecteurs colonnes $\begin{pmatrix} x \\ z \end{pmatrix}$ et $\begin{pmatrix} y \\ w \end{pmatrix}$.

Ainsi, le déterminant de la matrice $\boldsymbol{M} = \begin{pmatrix} a & c \\ b & d \end{pmatrix}$ d'une transformation linéaire donne la valeur de l'aire orientée du parallélogramme engendré par les vecteurs colonnes $\begin{pmatrix} a \\ b \end{pmatrix}$ et $\begin{pmatrix} c \\ d \end{pmatrix}$, c'est-à-dire l'aire orientée de l'image par $\boldsymbol{M}$ du carré unité engendré par les vecteurs $\vec{i}$ et $\vec{j}$ (figure 7.26).

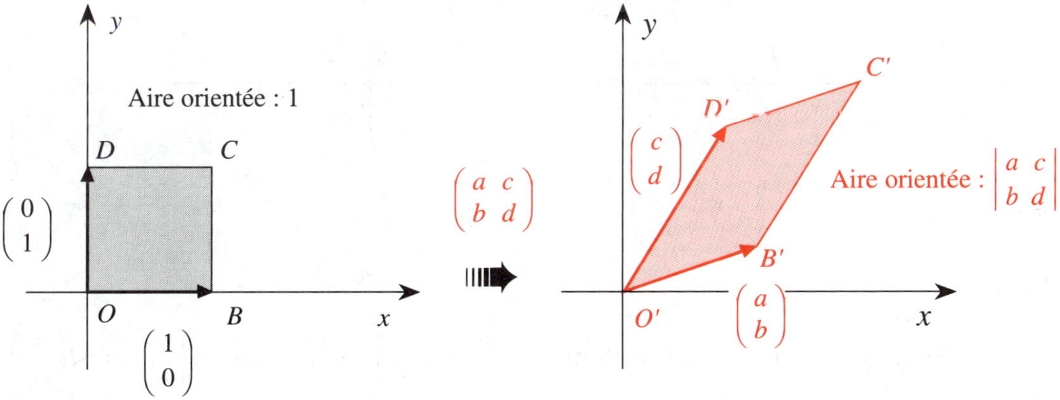

Figure 7.26

> **Proposition**
>
> Soit $OBCD$ le parallélogramme engendré par la suite ordonnée de vecteurs $\left\langle \begin{pmatrix} u_1 \\ u_2 \end{pmatrix}, \begin{pmatrix} v_1 \\ v_2 \end{pmatrix} \right\rangle$ et soit $\boldsymbol{M} = \begin{pmatrix} a & c \\ b & d \end{pmatrix}$ la matrice d'une transformation linéaire. Alors, l'aire orientée A' du parallélogramme $O'B'C'D'$, image de $OBCD$ par

$\boldsymbol{M}$, est le produit du déterminant de $\boldsymbol{M}$ par l'aire orientée A de $OBCD$ (figure 7.27) :

$$A' = (\det \boldsymbol{M})A = \begin{vmatrix} a & c \\ b & d \end{vmatrix} \begin{vmatrix} u_1 & v_1 \\ u_2 & v_2 \end{vmatrix}.$$

Pour cette raison, le déterminant $\begin{vmatrix} a & c \\ b & d \end{vmatrix}$ est appelé le facteur de changement d'aire de la transformation $\boldsymbol{M}$.

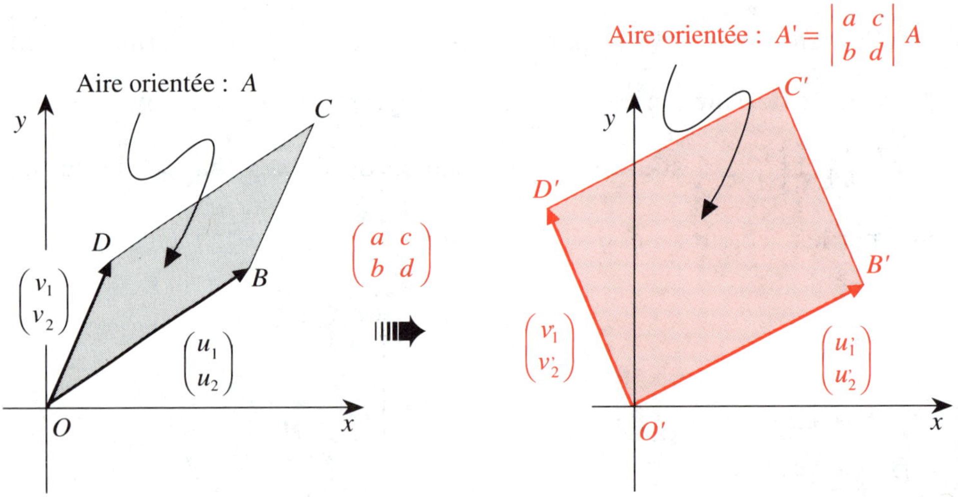

Figure 7.27

Preuve

$O'B'C'D'$ est engendré par la suite ordonnée $\left\langle \begin{pmatrix} u_1' \\ u_2' \end{pmatrix}, \begin{pmatrix} v_1' \\ v_2' \end{pmatrix} \right\rangle$ dans laquelle $\begin{pmatrix} u_1' \\ u_2' \end{pmatrix} = \boldsymbol{M}\begin{pmatrix} u_1 \\ u_2 \end{pmatrix}$ et $\begin{pmatrix} v_1' \\ v_2' \end{pmatrix} = \boldsymbol{M}\begin{pmatrix} v_1 \\ v_2 \end{pmatrix}$. On a donc

$$\begin{aligned} A' &= \det\begin{pmatrix} u_1' & v_1' \\ u_2' & v_2' \end{pmatrix} \\ &= \det\left(\boldsymbol{M}\begin{pmatrix} u_1 & v_1 \\ u_2 & v_2 \end{pmatrix}\right) \qquad \left[\text{car } \begin{pmatrix} u_1' & v_1' \\ u_2' & v_2' \end{pmatrix} = \boldsymbol{M}\begin{pmatrix} u_1 & v_1 \\ u_2 & v_2 \end{pmatrix}\right] \\ &= \det \boldsymbol{M} \det\begin{pmatrix} u_1 & v_1 \\ u_2 & v_2 \end{pmatrix} \qquad [\text{car } \det(\boldsymbol{M}_1\boldsymbol{M}_2) = \det \boldsymbol{M}_1 \det \boldsymbol{M}_2] \end{aligned}$$

$$= (\det \boldsymbol{M})A \qquad \left[\text{car } A = \det\begin{pmatrix} u_1 & v_1 \\ u_2 & v_2 \end{pmatrix}\right]$$

$$= \begin{vmatrix} a & c \\ b & d \end{vmatrix} \begin{vmatrix} u_1 & v_1 \\ u_2 & v_2 \end{vmatrix}.$$

■

Exemple

La matrice $\boldsymbol{M} = \begin{pmatrix} 2 & 1 \\ 1 & 2 \end{pmatrix}$ transforme tout parallélogramme d'aire A en un parallélogramme d'aire $3A$, car $\det\begin{pmatrix} 2 & 1 \\ 1 & 2 \end{pmatrix} = \begin{vmatrix} 2 & 1 \\ 1 & 2 \end{vmatrix} = 3$. En réalité, $\boldsymbol{M}$ transforme toute région $\mathcal{R}$ d'aire A en une région $\mathcal{R}'$ d'aire $3A$. En effet, on pourrait montrer que $\boldsymbol{M}$ transforme un pavage de $\mathcal{R}$ avec des parallélogrammes en un pavage de $\mathcal{R}'$ avec les parallélogrammes images correspondants d'aire trois fois plus grande. ■

Remarque

Le concept de facteur de changement d'aire d'une transformation linéaire se généralise sous certaines conditions à d'autres transformations (qu'on appelle localement linéaires) et porte le nom plus officiel de jacobien d'une transformation, en l'honneur de C. G. J. Jacobi (1804-1851) qui montra comment on peut s'en servir pour le calcul de certaines intégrales multiples.

EXERCICES 7.2

1. Déterminez la matrice 2×2 représentant l'étirement de facteur k dans la direction $\vec{u}$ pour chacun des cas suivants.

a) $k = 3,\ \vec{u} = \begin{pmatrix} 1 \\ 0 \end{pmatrix}$ *c*) $k = 2,\ \vec{u} = \begin{pmatrix} 1 \\ 1 \end{pmatrix}$ *e*) $k = 2,\ \vec{u} = \begin{pmatrix} -1 \\ 2 \end{pmatrix}$

b) $k = 5,\ \vec{u} = \begin{pmatrix} 0 \\ 1 \end{pmatrix}$ *d*) $k = 4,\ \vec{u} = \begin{pmatrix} \cos 60° \\ \sin 60° \end{pmatrix}$

2. Montrez que le déterminant d'une matrice $\boldsymbol{M}$ représentant un étirement de facteur k dans une direction arbitraire est égal à k.

3. Vérifiez que la matrice inverse d'un étirement de facteur k dans la direction $\vec{u}$ est la matrice d'un étirement de facteur $1/k$ dans la direction $\vec{u}$.

4. Montrez que l'inverse d'une homothétie de rapport k est une homothétie de rapport $1/k$.

5. Montrez que le déterminant d'une homothétie de rapport k est k^2.

6. Écrivez la matrice d'une homothétie de rapport k comme un produit de deux matrices d'étirement.

7. Écrivez les matrices représentant une rotation autour de l'origine d'un angle θ pour les différentes valeurs de θ.

a) $\theta = 180°$ *b*) $\theta = -120°$ *c*) $\theta = 30°$ *d*) $\theta = -45°$ *e*) $\theta = 2\pi/3$ rad

8. Écrivez les matrices représentant une réflexion autour d'une droite passant par l'origine et faisant un angle α avec l'axe des x pour les différentes valeurs de α.

a) $\alpha = 90°$
b) $\alpha = 135°$
c) $\alpha = \pi/3$ rad

9. Parmi les matrices suivantes, identifiez celles qui représentent des rotations ou des réflexions, et déterminez l'angle de rotation ou l'angle que fait l'axe de réflexion avec l'axe des x, le cas échéant.

a) $1/\sqrt{10}\begin{pmatrix} -1 & 3 \\ 3 & 1 \end{pmatrix}$ *b*) $1/5\begin{pmatrix} 4 & -3 \\ 3 & 4 \end{pmatrix}$ *c*) $1/\sqrt{2}\begin{pmatrix} 1 & -1 \\ -1 & 1 \end{pmatrix}$

10. Le triangle OAB illustré à la figure 7.28 est équilatéral, et les coordonnées du sommet A sont $\begin{pmatrix} 5 \\ -2 \end{pmatrix}$. Déterminez les coordonnées du sommet B à l'aide d'une matrice de rotation appropriée.

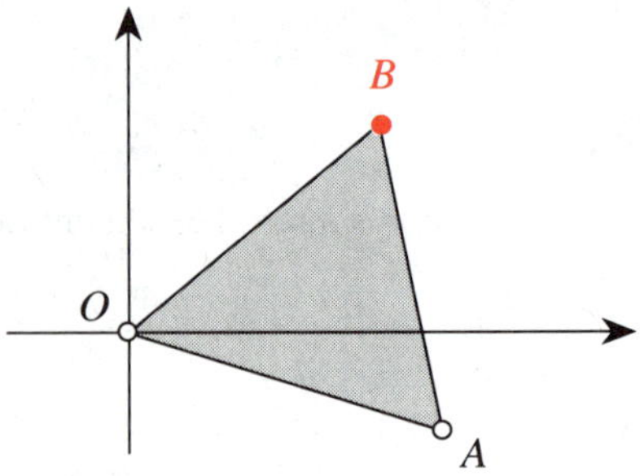

Figure 7.28

11. Soit $\mathcal{D}$ la droite d'équation $y = -3x$.

a) Déterminez la matrice $\boldsymbol{S}$ de la réflexion autour de la droite $\mathcal{D}$.

b) À l'aide de la matrice $\boldsymbol{S}$, calculez les coordonnées du point Q symétrique du point $P\begin{pmatrix} 2 \\ 0 \end{pmatrix}$ relativement à la droite $\mathcal{D}$.

12. Soit $\mathcal{D}$ la droite d'équation $y = mx$. Écrivez la matrice $\boldsymbol{S}$ représentant la réflexion autour de $\mathcal{D}$ directement en fonction de m, et ce sans utiliser la trigonométrie. Vérifiez ensuite que $\boldsymbol{S}$ est une matrice orthogonale et que det $\boldsymbol{S} = -1$ quel que soit m.

13. Si on désigne par $\boldsymbol{R}_\alpha$ la matrice de rotation d'angle α et par $\boldsymbol{R}_\beta$ la matrice de rotation d'angle β, on peut prévoir que le produit $\boldsymbol{R}_\beta\boldsymbol{R}_\alpha$ coïncidera avec la matrice de rotation d'angle $\alpha + \beta$, c'est-à-dire que $\boldsymbol{R}_\beta\boldsymbol{R}_\alpha = \boldsymbol{R}_{\alpha+\beta}$. Utilisez cette dernière égalité pour retrouver les formules habituelles d'addition des fonctions trigonométriques cosinus et sinus.

a) $\cos(\alpha + \beta) = ?$
b) $\sin(\alpha + \beta) = ?$

14. $\boldsymbol{R}_\theta$ et $\boldsymbol{S}_\theta$ désignent respectivement une rotation d'angle θ et une réflexion autour d'une droite passant par l'origine et faisant un angle θ avec l'axe des x. Justifiez géométriquement et (ou) algébriquement les relations suivantes.

a) $(\boldsymbol{S}_\theta)^{2n} = \boldsymbol{I}$ et $(\boldsymbol{S}_\theta)^{2n+1} = \boldsymbol{S}_\theta$ pour $n = 1, 2, 3, ...$;
b) $(\boldsymbol{R}_\theta)^n = \boldsymbol{R}_{n\theta}$ pour $n = 1, 2, 3, ...$;
c) $\boldsymbol{S}_\theta = \boldsymbol{R}_\theta\boldsymbol{S}_x\boldsymbol{R}_\theta^{-1}$ où $\boldsymbol{S}_x$ est la réflexion autour de l'axe des x;
d) $\boldsymbol{S}_\beta\boldsymbol{S}_\alpha = \boldsymbol{R}_{2(\beta-\alpha)}$. (*Note* : Cette relation correspond au principe des kaléidoscopes : deux réflexions autour de deux droites concourantes dans un plan donnent (par composition) une rotation autour du point de rencontre des deux droites; l'angle de la rotation est précisément le double de l'angle entre les droites.)

15. Soit $\boldsymbol{M}$ une matrice carrée. S'il existe un nombre entier positif k tel que $\boldsymbol{M}^k = \boldsymbol{I}$, alors $\boldsymbol{M}$ est dite k-involutive. (On suppose que k est le plus petit nombre entier positif pour lequel $\boldsymbol{M}^k = \boldsymbol{I}$.

a) Expliquez pourquoi toute matrice de rotation d'angle $\theta = 2\pi/k$, où k est un entier positif, est k-involutive.
b) Donnez un exemple d'une matrice 3-involutive.
c) Donnez un exemple d'une matrice 4-involutive.

16. Trouvez deux matrices de rotation $\boldsymbol{X}$ telles que $\boldsymbol{X}^2 + \boldsymbol{I} = \boldsymbol{O}$ (matrice nulle).

17. Une rotation d'angle θ autour de l'origine suivie (ou précédée) d'une homothétie de rapport k centrée à l'origine donne une similitude directe centrée à l'origine que l'on note $\boldsymbol{Z}_{r,\theta}$. Une réflexion autour de la droite passant par l'origine et faisant un angle θ avec l'axe des x suivie (ou précédée) d'une homothétie de rapport k centrée à l'origine donne une similitude indirecte que l'on note $\boldsymbol{Z}^*_{r,\theta}$.

a) Montrez que toute matrice de similitude (centrée à l'origine) s'écrit $r\boldsymbol{M}$, où r est un nombre réel positif et $\boldsymbol{M}$ est une matrice orthogonale.

b) Montrez que toute matrice de similitude directe peut s'écrire $\begin{pmatrix} a & -b \\ b & a \end{pmatrix}$.

c) Montrez que toute matrice de similitude indirecte peut s'écrire $\begin{pmatrix} a & b \\ b & -a \end{pmatrix}$.

18. Pour chacune des matrices, dites s'il s'agit d'une similitude et, le cas échéant, si elle est directe ou indirecte, et trouvez les valeurs de r et θ.

a) $\begin{pmatrix} 1 & 1 \\ 1 & 1 \end{pmatrix}$ *b*) $\begin{pmatrix} -2 & 1 \\ 1 & 2 \end{pmatrix}$ *c*) $\begin{pmatrix} 0 & -3 \\ -3 & 0 \end{pmatrix}$ *d*) $\begin{pmatrix} \sqrt{3} & 1 \\ -1 & \sqrt{3} \end{pmatrix}$

19. Soit $\mathcal{D}$ la droite d'équation $y = 3x$. Pour chacune des transformations de l'exercice précédent, trouvez l'équation de l'image de $\mathcal{D}$.

20. Le triangle ABC de sommets $A\begin{pmatrix} 1 \\ 3 \end{pmatrix}$, $B\begin{pmatrix} -5 \\ 6 \end{pmatrix}$ et $C\begin{pmatrix} -2 \\ 0 \end{pmatrix}$ est transformé par la similitude $\begin{pmatrix} 2 & -2 \\ 2 & 2 \end{pmatrix}$ en un triangle semblable $A'B'C'$. Déterminez les coordonnées des sommets A', B' et C'.

21. Calculez le facteur de changement d'aire de chacune des matrices représentant les transformations linéaires suivantes.

a) Rotation d'angle θ.
b) Réflexion autour d'une droite.
c) Étirement de facteur k.
d) Homothétie de facteur k.
e) Similitude indirecte de rapport k et d'angle θ.

22. La matrice $\begin{pmatrix} 4 & 1 \\ 3 & 2 \end{pmatrix}$ transforme une région $\mathcal{R}$ en une région $\mathcal{R}'$ dont l'aire mesure 20 cm^2. Quelle est l'aire de la région $\mathcal{R}$?

7.3 AUTRES TRANSFORMATIONS LINÉAIRES

En plus des étirements, des homothéties, des rotations et des réflexions, on trouve aussi parmi les transformations linéaires dans $\mathbb{R}^2$ les cisaillements et les projections. Dans cette section, nous complétons notre étude des transformations linéaires par la description de ces transformations.

7.3.1 CISAILLEMENTS

Dans les études de résistance des matériaux, les ingénieurs appellent cisaillement de facteur k et de direction $\vec{u}$ la déformation illustrée à la figure 7.29. Des déformations de ce type se produisent parfois (pour de petites valeurs de k) dans des poutres soumises à de fortes contraintes. Par ailleurs, les logiciels de traitement d'image

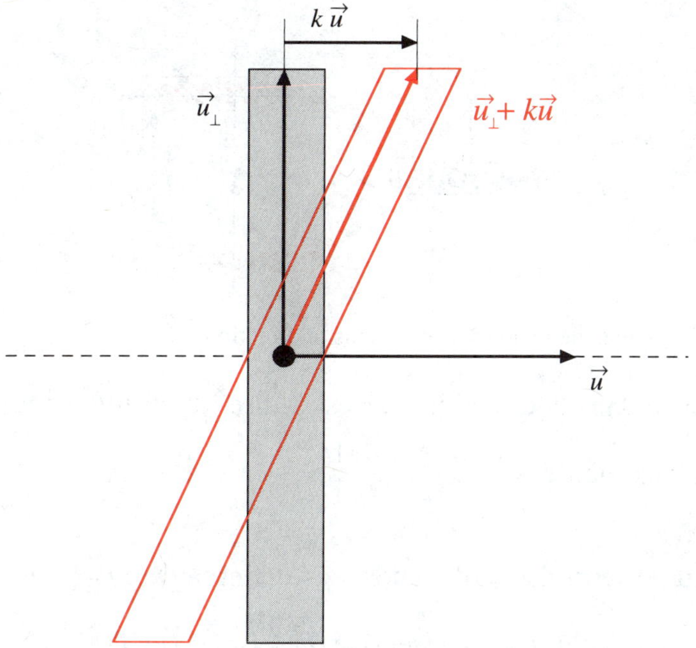

Figure 7.29 Cisaillement de facteur k dans la direction $\vec{u}$.

comprennent aussi dans leurs menus des options cisaillements[6] pour créer des effets spéciaux (ombres, perspectives parallèles, etc.).

Les cisaillements sont des transformations linéaires. En voici une définition générale.

Définition ***Cisaillement de facteur k dans la direction $\vec{u}$***

Soit $\vec{u}$ un vecteur non nul et k un scalaire. Le cisaillement de facteur k dans la direction $\vec{u}$ est la transformation linéaire $\boldsymbol{T}$ pour laquelle

$$\boldsymbol{T}(\vec{u}) = \vec{u} \text{ et } \boldsymbol{T}(\vec{u}_\perp) = \vec{u}_\perp + k\vec{u} \text{ (figure 7.29).}$$

Exemple 1

Le cisaillement de facteur k dans la direction $\vec{i}$ est défini par $\boldsymbol{T}(\vec{i}\,) = \vec{i}$ et $\boldsymbol{T}(\vec{j}\,) = \vec{j} + k\vec{i}$.

La matrice de ce cisaillement est donc $\begin{pmatrix} 1 & k \\ 0 & 1 \end{pmatrix}$. La figure 7.30 illustre les cisaillements

6. En anglais, on dit *shear* pour « cisaillement ».

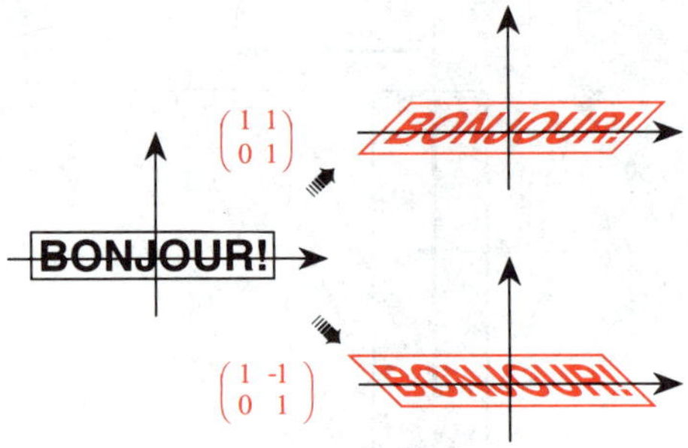

Figure 7.30 Cisaillements de facteurs 1 et -1 dans la direction $\vec{i}$.

de facteurs 1 et -1 dans la direction $\vec{i}$, c'est-à-dire les cisaillements correspondant respectivement aux matrices $\begin{pmatrix}1 & 1\\0 & 1\end{pmatrix}$ et $\begin{pmatrix}1 & -1\\0 & 1\end{pmatrix}$. ■

Exemple 2

Le cisaillement de facteur k dans la direction $\vec{j}$ est défini par $\boldsymbol{T}(\vec{j}) = \vec{j}$ et $\boldsymbol{T}(\vec{j}_\perp) = \vec{j}_\perp + k\vec{j}$. Puisque $\vec{j}_\perp = -\vec{i}$, ces égalités se traduisent par $\boldsymbol{T}\begin{pmatrix}0\\1\end{pmatrix} = \begin{pmatrix}0\\1\end{pmatrix}$ et $\boldsymbol{T}\begin{pmatrix}-1\\0\end{pmatrix} = \begin{pmatrix}-1\\k\end{pmatrix}$, de telle sorte que la matrice $\boldsymbol{M}$ de ce cisaillement est donnée par $\boldsymbol{M}\begin{pmatrix}0 & -1\\1 & 0\end{pmatrix} = \begin{pmatrix}0 & -1\\1 & k\end{pmatrix}$, c'est-à-dire par

$$\boldsymbol{M} = \begin{pmatrix}0 & -1\\1 & k\end{pmatrix}\begin{pmatrix}0 & -1\\1 & 0\end{pmatrix}^{-1} = \begin{pmatrix}0 & -1\\1 & k\end{pmatrix}\begin{pmatrix}0 & 1\\-1 & 0\end{pmatrix} = \begin{pmatrix}1 & 0\\-k & 1\end{pmatrix}.$$

La figure 7.31 illustre les cisaillements de facteurs 1 et -1 dans la direction $\vec{j}$, c'est-à-dire les cisaillements correspondant respectivement aux matrices $\begin{pmatrix}1 & 0\\-1 & 1\end{pmatrix}$ et $\begin{pmatrix}1 & 0\\1 & 1\end{pmatrix}$.

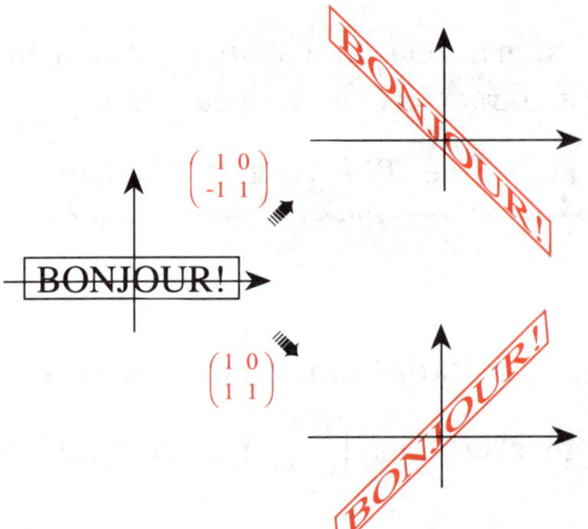

Figure 7.31 Cisaillements de facteurs 1 et -1 dans la direction $\vec{j}$. ■

Exemple 3

La matrice $\boldsymbol{M}$ du cisaillement de facteur 2 dans la direction $\vec{u} = \begin{pmatrix}1\\1\end{pmatrix}$ se trouve ainsi :

$\boldsymbol{M}\begin{pmatrix}1\\1\end{pmatrix} = \begin{pmatrix}1\\1\end{pmatrix}$ et $\boldsymbol{M}\begin{pmatrix}-1\\1\end{pmatrix} = \begin{pmatrix}-1\\1\end{pmatrix} + 2\begin{pmatrix}1\\1\end{pmatrix} = \begin{pmatrix}1\\3\end{pmatrix}$, d'où $\boldsymbol{M}\begin{pmatrix}1 & -1\\1 & 1\end{pmatrix} = \begin{pmatrix}1 & 1\\1 & 3\end{pmatrix}$ et, après avoir effectué les calculs, $\boldsymbol{M} = \begin{pmatrix}0 & 1\\-1 & 2\end{pmatrix}$. ■

Remarque

Le principe de Cavalieri permet de voir qu'un cisaillement ne change pas l'aire d'un parallélogramme. On peut aussi s'en convaincre en démontrant que le déterminant de la matrice d'un cisaillement de facteur k et de direction $\vec{u}$ est 1 pour toute valeur de k et toute direction $\vec{u}$. (Voir l'exercice 7 à la fin de cette section.)

7.3.2 PROJECTIONS

Dans $\mathbb{R}^2$, les projections sur les droites passant par l'origine sont des transformations linéaires. Les plus simples sont la projection orthogonale sur l'axe des x représentée par $\begin{pmatrix}1 & 0\\0 & 0\end{pmatrix}$ et la projection orthogonale sur l'axe des y représentée par $\begin{pmatrix}0 & 0\\0 & 1\end{pmatrix}$ pour lesquelles on a

$$\begin{pmatrix}1 & 0\\0 & 0\end{pmatrix}\begin{pmatrix}x\\y\end{pmatrix} = \begin{pmatrix}x\\0\end{pmatrix} \text{ et } \begin{pmatrix}0 & 0\\0 & 1\end{pmatrix}\begin{pmatrix}x\\y\end{pmatrix} = \begin{pmatrix}0\\y\end{pmatrix}$$

quel que soit $\begin{pmatrix}x\\y\end{pmatrix}$ (figure 7.32).

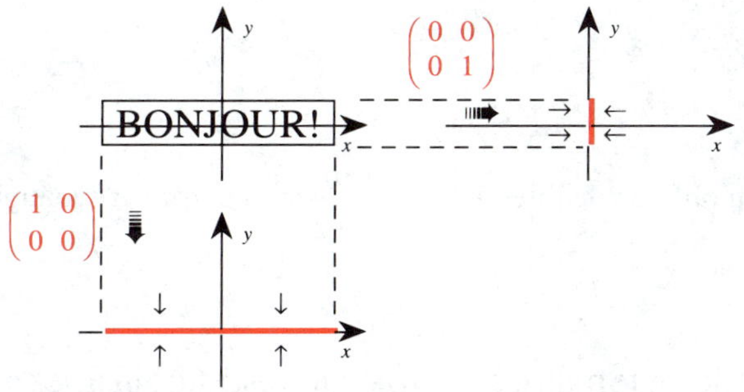

Figure 7.32 Projections orthogonales sur les axes de coordonnées.

Définition ***Projections obliques et projections orthogonales***

Soit $\mathcal{D}$ une droite passant par l'origine et de direction $\vec{u}$ et soit $\vec{v}$ un vecteur non nul et non parallèle à $\vec{u}$. La projection oblique de direction $\vec{v}$ sur la droite $\mathcal{D}$ est la transformation linéaire $\boldsymbol{T}$ pour laquelle

$$\boldsymbol{T}(\vec{u}) = \vec{u} \text{ et } \boldsymbol{T}(\vec{v}) = \vec{0}.$$

Lorsque $\vec{v} \perp \vec{u}$, on dit que $\boldsymbol{T}$ est une projection orthogonale sur $\mathcal{D}$.

Exemple

Soit $\mathcal{D}$ la droite d'équation $y = 2x$ et soit $\vec{v} = \begin{pmatrix} -1 \\ 3 \end{pmatrix}$. La projection oblique de direction $\vec{v}$ sur $\mathcal{D}$ (figure 7.33) est représentée par la matrice $\boldsymbol{M}$ définie par

$$\boldsymbol{M}\begin{pmatrix} 1 \\ 2 \end{pmatrix} = \begin{pmatrix} 1 \\ 2 \end{pmatrix} \text{ et } \boldsymbol{M}\begin{pmatrix} -1 \\ 3 \end{pmatrix} = \begin{pmatrix} 0 \\ 0 \end{pmatrix},$$

car la direction de la droite $\mathcal{D}$ est donnée par le vecteur $\vec{u} = \begin{pmatrix} 1 \\ 2 \end{pmatrix}$; on obtient ainsi

$\boldsymbol{M}\begin{pmatrix} 1 & -1 \\ 2 & 3 \end{pmatrix} = \begin{pmatrix} 1 & 0 \\ 2 & 0 \end{pmatrix}$ et, par suite, $\boldsymbol{M} = \frac{1}{5}\begin{pmatrix} 3 & 1 \\ 6 & 2 \end{pmatrix}$.

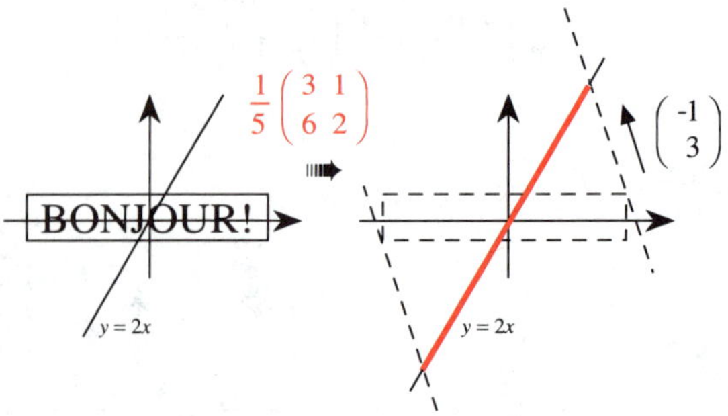

Figure 7.33 Projection oblique de direction $\vec{v} = \begin{pmatrix} -1 \\ 3 \end{pmatrix}$ sur la droite d'équation $y = 2x$. ■

Remarque

Le déterminant de toute matrice de projection est nul; ainsi, les matrices de projection sont non inversibles (voir l'exercice 9 de la sous-section *Exercices 7.3*).

EXERCICES 7.3

1. Trouvez la matrice $\boldsymbol{M}$ du cisaillement de facteur +1 dans la direction $\vec{i} + \vec{j}$ et, après avoir reproduit la figure 7.34 sur une feuille de papier quadrillé, complétez les deux illustrations qui s'y trouvent.

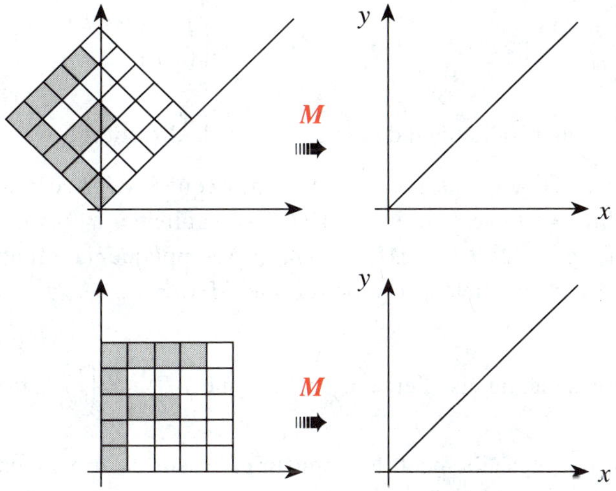

Figure 7.34

2. Soit $\vec{u}$ et $\vec{v}$ deux vecteurs parallèles et non nuls ($\vec{v} = t\vec{u}, t \neq 0$); vérifiez que la matrice du cisaillement de facteur k dans la direction $\vec{u}$ est la même que la matrice du cisaillement de facteur k dans la direction $\vec{v}$.

3. Pour créer un effet d'ombrage, un infographiste veut transformer la lettre F inscrite dans le parallélogramme $OABC$ de la figure 7.35 en celle qui est inscrite dans le parallélogramme $OAB'C'$. Le logiciel de graphisme qu'il utilise l'oblige à faire cette transformation en deux étapes :

- il doit d'abord comprimer la lettre F par un étirement de facteur 1/2 dans la direction $\vec{j}$;
- il doit ensuite appliquer un cisaillement de facteur 3 dans la direction $\vec{i}$.

a) Écrivez les matrices $\boldsymbol{M}_1$ et $\boldsymbol{M}_2$ correspondant à ces deux transformations.

b) À partir des deux matrices trouvées en *a*), trouvez la matrice $\boldsymbol{M}$ qui transforme directement la lettre F du parallélogramme $OABC$ en celle du parallélogramme $OAB'C'$.

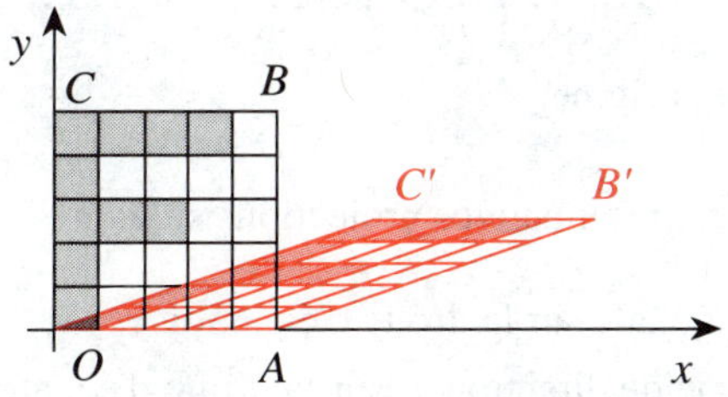

Figure 7.35

4. Donnez une justification géométrique aux égalités matricielles suivantes, valides quel que soit k.

a) $\begin{pmatrix} 1 & k \\ 0 & 1 \end{pmatrix}^n = \begin{pmatrix} 1 & nk \\ 0 & 1 \end{pmatrix}$ pour $n = 1, 2, 3, \ldots$

b) $\begin{pmatrix} 1 & 0 \\ -k & 1 \end{pmatrix}^n = \begin{pmatrix} 1 & 0 \\ -nk & 1 \end{pmatrix}$ pour $n = 1, 2, 3, \ldots$

c) $\begin{pmatrix} 1 & 0 \\ -k & 1 \end{pmatrix}^{-1} = \begin{pmatrix} 1 & 0 \\ k & 1 \end{pmatrix}$

d) $\begin{pmatrix} 1 & k \\ 0 & 1 \end{pmatrix}^{-1} = \begin{pmatrix} 1 & -k \\ 0 & 1 \end{pmatrix}$

5. Soit $\boldsymbol{M}$ la matrice d'un cisaillement de facteur k dans la direction $\vec{u}$.

a) Soit P un point de $\mathbb{R}^2$ autre que l'origine O. Montrez que $\boldsymbol{M}$ déplace le point P parallèlement à $\vec{u}$, c'est-à-dire que le vecteur de P à $\boldsymbol{M}(P)$ est parallèle à $\vec{u}$. (*Coup de pouce* : Écrivez $\overrightarrow{OP} = a\vec{u} + b\vec{u}_\perp$, puis $\boldsymbol{M}(\overrightarrow{OP}) = a\boldsymbol{M}(\vec{u}) + b\boldsymbol{M}(\vec{u}_\perp)$ et appliquez la définition de cisaillement.)

b) Si $\vec{v}$ est un vecteur parallèle à $\vec{u}$, montrez que $\boldsymbol{M}(\vec{v}) = \vec{v}$.

6. La matrice $\boldsymbol{M}$ représente un cisaillement. Sachant que $\boldsymbol{M}\begin{pmatrix} 1 \\ 3 \end{pmatrix} = \begin{pmatrix} -5 \\ 0 \end{pmatrix}$, trouvez :

a) la direction $\vec{u}$ de ce cisaillement (la longueur et le sens de $\vec{u}$ n'ont pas d'importance);

b) la matrice $\boldsymbol{M}$;

c) le facteur k de ce cisaillement.

7. Soit $\vec{u} = \begin{pmatrix} \cos\theta \\ \sin\theta \end{pmatrix}$ et $\boldsymbol{M}$ la matrice du cisaillement de facteur k dans la direction $\vec{u}$.

a) Justifiez géométriquement l'égalité $\boldsymbol{M} = \boldsymbol{R}_\theta \begin{pmatrix} 1 & k \\ 0 & 1 \end{pmatrix} \boldsymbol{R}_\theta^{-1}$, où $\boldsymbol{R}_\theta$ représente la rotation d'angle θ autour de l'origine.

b) À partir de l'écriture de $\boldsymbol{M}$ donnée en *a*), montrez que $\det \boldsymbol{M} = 1$ quel que soit k et quel que soit θ.

c) Montrez que $\boldsymbol{M}^{-1} = \boldsymbol{R}_\theta \begin{pmatrix} 1 & -k \\ 0 & 1 \end{pmatrix} \boldsymbol{R}_\theta^{-1}$, où $\boldsymbol{R}_\theta$ représente la rotation d'angle θ autour de l'origine.

d) Montrez que $\boldsymbol{M}^n = \boldsymbol{R}_\theta \begin{pmatrix} 1 & nk \\ 0 & 1 \end{pmatrix} \boldsymbol{R}_\theta^{-1}$ pour $n = 1, 2, 3, \ldots$, où $\boldsymbol{R}_\theta$ représente la rotation d'angle θ autour de l'origine.

8. Trouvez les matrices représentant les projections suivantes :

a) la projection orthogonale sur la droite d'équation $y = x$;

b) la projection oblique de direction $\vec{i}$ sur la droite d'équation $y = x$;

c) la projection oblique de direction $\vec{j}$ sur la droite d'équation $y = x$.

9. Démontrez que le déterminant d'une matrice de projection oblique est toujours nul.

10. On appelle matrice idempotente toute matrice $\boldsymbol{M}$ pour laquelle $\boldsymbol{M}^2 = \boldsymbol{M}$. La matrice identité et la matrice nulle sont idempotentes. Montrez que les matrices de projection sont toutes idempotentes.

7.4 POINTS FIXES ET DIRECTIONS INVARIANTES

Dans cette section, nous montrons comment trouver les points fixes, les vecteurs propres (directions invariantes) et les valeurs propres (facteurs d'invariance) de certaines transformations linéaires.

7.4.1 POINTS FIXES D'UNE TRANSFORMATION LINÉAIRE

Toute transformation linéaire laisse le point origine O fixe : $\boldsymbol{M}(O) = O$. Certaines transformations linéaires ont d'autres points fixes en plus du point origine.

Définition ***Point fixe***

Un point P pour lequel $\boldsymbol{M}(P) = P$ est appelé un point fixe de la matrice $\boldsymbol{M}$ ou de la transformation linéaire représentée par $\boldsymbol{M}$.

Exemple

Tous les points de la droite d'équation $y = x$ sont des points fixes pour la matrice $\begin{pmatrix} 0 & 1 \\ 1 & 0 \end{pmatrix}$.

Par exemple, $\begin{pmatrix} 0 & 1 \\ 1 & 0 \end{pmatrix}\begin{pmatrix} 2 \\ 2 \end{pmatrix} = \begin{pmatrix} 2 \\ 2 \end{pmatrix}$. ■

Proposition

L'ensemble des points fixes d'une matrice $\boldsymbol{M}$ est soit $\{O\}$, soit une droite passant par l'origine O, soit tout $\mathbb{R}^2$. Dans ce dernier cas, $\boldsymbol{M} = \boldsymbol{I}$.

Preuve

Supposons que $\boldsymbol{M}$ a un point fixe $P\begin{pmatrix} x_0 \\ y_0 \end{pmatrix}$ en plus du point origine. Alors, quel que soit t, on aura $\boldsymbol{M}\begin{pmatrix} tx_0 \\ ty_0 \end{pmatrix} = t\boldsymbol{M}\begin{pmatrix} x_0 \\ y_0 \end{pmatrix} = t\begin{pmatrix} x_0 \\ y_0 \end{pmatrix} = \begin{pmatrix} tx_0 \\ ty_0 \end{pmatrix}$, ce qui montre que les points de coordonnées $\begin{pmatrix} tx_0 \\ ty_0 \end{pmatrix}$ sont tous fixes et donc que la droite passant par O et P est fixe. Par ailleurs, si $\boldsymbol{M}$ possède un autre point fixe $Q\begin{pmatrix} x_1 \\ y_1 \end{pmatrix}$ en dehors de cette droite, on aura $\boldsymbol{M}\begin{pmatrix} x_0 & x_1 \\ y_0 & y_1 \end{pmatrix} = \begin{pmatrix} x_0 & x_1 \\ y_0 & y_1 \end{pmatrix}$. La matrice $\begin{pmatrix} x_0 & x_1 \\ y_0 & y_1 \end{pmatrix}$ est inversible car ses vecteurs colonnes sont linéairement indépendants (les points P et Q sont non colinéaires avec l'origine).

Par conséquent, on obtient

$$\boldsymbol{M} = \begin{pmatrix} x_0 & x_1 \\ y_0 & y_1 \end{pmatrix}\begin{pmatrix} x_0 & x_1 \\ y_0 & y_1 \end{pmatrix}^{-1} = \boldsymbol{I}.$$

■

7.4.2 DIRECTIONS INVARIANTES D'UNE TRANSFORMATION LINÉAIRE

Une matrice peut n'avoir aucun point fixe autre que le point origine, mais avoir cependant des directions invariantes au sens de la définition suivante.

Définition ***Direction invariante***

Un vecteur non nul $\vec{v}$ est appelé direction invariante d'une matrice $\boldsymbol{M}$ si $\boldsymbol{M}(\vec{v}) = k\vec{v}$ pour un certain scalaire k. Le nombre k est appelé facteur d'invariance[7] associé à la direction invariante $\vec{v}$.

Remarque

Si $\vec{v}$ est une direction invariante de $\boldsymbol{M}$, alors la droite $\mathcal{D}$ de direction $\vec{v}$ et passant par l'origine est elle-même invariante au sens où tous les points de $\mathcal{D}$ sont transformés en points de $\mathcal{D}$.

7. On dit aussi *vecteur propre* au lieu de « direction invariante » et *valeur propre* au lieu de « facteur d'invariance ».

Exemple

La matrice $\boldsymbol{M} = \begin{pmatrix} 2 & 0 \\ 0 & 3 \end{pmatrix}$ a deux directions invariantes : ce sont $\vec{i}$ et $\vec{j}$. Les facteurs d'invariance associés à ces directions sont respectivement 2 et 3. L'axe des x et l'axe des y sont des droites invariantes de $\boldsymbol{M}$. ■

Voici comment on peut trouver les facteurs d'invariance et les directions invariantes d'une matrice $\boldsymbol{M} = \begin{pmatrix} a & c \\ b & d \end{pmatrix}$.

$$\begin{aligned} \boldsymbol{M}(\vec{v}) = k\vec{v} &\Leftrightarrow \boldsymbol{M}(\vec{v}) = k\boldsymbol{I}(\vec{v}) \\ &\Leftrightarrow \boldsymbol{M}(\vec{v}) - k\boldsymbol{I}(\vec{v}) = \vec{0} \\ &\Leftrightarrow (\boldsymbol{M} - k\boldsymbol{I})(\vec{v}) = \vec{0}. \end{aligned}$$

Cette dernière équation possède toujours la solution évidente $\vec{v} = \vec{0}$ qui sera unique lorsque det $(\boldsymbol{M} - k\boldsymbol{I}) \neq 0$. Comme $\vec{0}$ n'est pas une direction invariante, on trouvera des facteurs d'invariance, et par suite des directions invariantes, uniquement lorsque det $(\boldsymbol{M} - k\boldsymbol{I}) = 0$, c'est-à-dire lorsque

$$\begin{vmatrix} a-k & c \\ b & d-k \end{vmatrix} = 0.$$

Exemple

Pour trouver les facteurs d'invariance de la matrice $\begin{pmatrix} 4 & 10 \\ 5 & -1 \end{pmatrix}$, on pose $\begin{vmatrix} 4-k & 10 \\ 5 & -1-k \end{vmatrix} = 0$, ce qui donne $k^2 - 3k - 54 = 0$. Ce polynôme a deux solutions : $k_1 = 9$ et $k_2 = -6$. On trouve les directions invariantes $\vec{u}$ et $\vec{v}$ correspondant à ces facteurs d'invariance en résolvant les équations

$$\begin{pmatrix} 4-9 & 10 \\ 5 & -1-9 \end{pmatrix}\begin{pmatrix} u_1 \\ u_2 \end{pmatrix} = \begin{pmatrix} 0 \\ 0 \end{pmatrix} \text{ et } \begin{pmatrix} 4+6 & 10 \\ 5 & -1+6 \end{pmatrix}\begin{pmatrix} v_1 \\ v_2 \end{pmatrix} = \begin{pmatrix} 0 \\ 0 \end{pmatrix},$$

c'est-à-dire

$$\begin{pmatrix} -5 & 10 \\ 5 & -10 \end{pmatrix}\begin{pmatrix} u_1 \\ u_2 \end{pmatrix} = \begin{pmatrix} 0 \\ 0 \end{pmatrix} \text{ et } \begin{pmatrix} 10 & 10 \\ 5 & 5 \end{pmatrix}\begin{pmatrix} v_1 \\ v_2 \end{pmatrix} = \begin{pmatrix} 0 \\ 0 \end{pmatrix}.$$

Avec la méthode de Gauss-Jordan ou autrement, on trouve $u_1 = 2u_2$ et $v_1 = -v_2$, ce qui fait $\vec{u} = \begin{pmatrix} 2t \\ t \end{pmatrix}$ et $\vec{v} = \begin{pmatrix} -s \\ s \end{pmatrix}$. En choisissant $t = 1$ et $s = 1$, on peut dire que les direc-

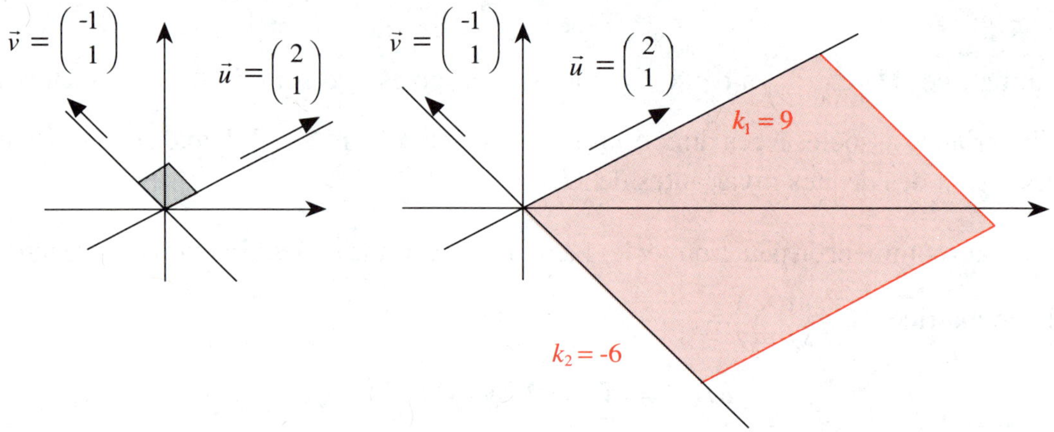

Figure 7.36

tions invariantes sont $\vec{u} = \begin{pmatrix} 2 \\ 1 \end{pmatrix}$ et $\vec{v} = \begin{pmatrix} -1 \\ 1 \end{pmatrix}$. La droite $\mathcal{D}_1$ de direction $\begin{pmatrix} 2 \\ 1 \end{pmatrix}$ passant par l'origine et la droite $\mathcal{D}_2$ de direction $\begin{pmatrix} -1 \\ 1 \end{pmatrix}$ passant par l'origine sont invariantes. On peut alors visualiser la transformation représentée par la matrice $\begin{pmatrix} 4 & 10 \\ 5 & -1 \end{pmatrix}$, comme le montre la figure 7.36. ■

EXERCICES 7.4

1. Décrivez l'ensemble des points fixes de chacune des transformations suivantes.

a) Rotation d'angle θ autour de l'origine ($\theta \neq 2k\pi$)
b) Réflexion autour de la droite $y = mx$
c) Étirement de facteur k ($k \neq 1$) dans la direction $\vec{u}$
d) Homothétie de rapport k ($k \neq 1$)
e) Cisaillement de facteur k ($k \neq 0$) dans la direction $\vec{u}$
f) Projection oblique de direction $\vec{v}$ sur une droite $\mathcal{D}$ passant par l'origine

2. La matrice $\begin{pmatrix} 1-\sqrt{3} & 3 \\ -1 & 1+\sqrt{3} \end{pmatrix}$ représente un cisaillement de facteur k dans la direction $\vec{u}$. Trouvez le facteur k et la direction $\vec{u}$.

3. La matrice $1/5\begin{pmatrix} 7 & -4 \\ -4 & 13 \end{pmatrix}$ représente un étirement de facteur k dans une direction $\vec{u}$. Trouvez le facteur k et la direction $\vec{u}$.

4. Pour chacune des transformations suivantes, donnez la valeur du déterminant (en fonction des paramètres s'il y a lieu), les directions invariantes (ou vecteurs propres) et les facteurs d'invariance (ou valeurs propres) correspondants.

a) Rotation d'angle θ autour de l'origine ($\theta \neq k\pi$)
b) Rotation d'angle π (ou 180°) autour de l'origine
c) Réflexion autour de la droite $\mathcal{D}$ passant par l'origine et de direction $\begin{pmatrix} \cos\theta \\ \sin\theta \end{pmatrix}$
d) Étirement de facteur k ($k \neq 1$) dans la direction $\vec{u}$
e) Homothétie de rapport k ($k \neq 1$)
f) Cisaillement de facteur k ($k \neq 0$) dans la direction $\vec{u}$
g) Projection oblique de direction $\vec{v}$ sur une droite $\mathcal{D}$ passant par l'origine et de vecteur directeur $\vec{u}$

5. Évaluez le déterminant, les directions invariantes, les facteurs d'invariance et l'ensemble des points fixes de chacune des matrices, et décrivez ensuite la transformation que chacune représente.

a) $\begin{pmatrix} -1 & 0 \\ 0 & 1 \end{pmatrix}$ *c*) $\begin{pmatrix} 1 & 0 \\ -3 & 1 \end{pmatrix}$ *e*) $-\dfrac{\sqrt{2}}{2}\begin{pmatrix} 1 & 1 \\ -1 & 1 \end{pmatrix}$ *g*) $1/2\begin{pmatrix} 1 & -1 \\ 1 & 3 \end{pmatrix}$

b) $\begin{pmatrix} 3 & 0 \\ 0 & -3 \end{pmatrix}$ *d*) $\begin{pmatrix} 2 & -2 \\ 1 & -1 \end{pmatrix}$ *f*) $1/2\begin{pmatrix} 1 & -5 \\ -5 & 1 \end{pmatrix}$ *h*) $\begin{pmatrix} -12 & 5 \\ 5 & 12 \end{pmatrix}$

La méthode de réduction de Gauss-Jordan permet d'affirmer que toute matrice **A** *de format* 2×2 *est*

- *soit la matrice* **I** *(identité);*
- *soit le produit* $\mathbf{E}_4\mathbf{E}_3\mathbf{E}_2\mathbf{E}_1$ *d'au plus quatre matrices élémentaires (précisément lorsque* **A** *est inversible);*
- *soit le produit* $\mathbf{E}_2\mathbf{E}_1\mathbf{R}$ *d'au plus deux matrices élémentaires et d'une matrice échelonnée-réduite-ligne* **R**.

Il est donc toujours possible d'obtenir une description de toute matrice **A** *comme transformation linéaire en la décomposant en un produit de matrices élémentaires et ERL qui ont l'avantage d'être faciles à interpréter. Les exercices qui suivent portent sur cette méthode d'interprétation.*

6. Décrivez la transformation représentée par chacune des matrices *ERL* de format 2×2.

a) $\begin{pmatrix} 1 & 0 \\ 0 & 1 \end{pmatrix}$ *b*) $\begin{pmatrix} 1 & k \\ 0 & 0 \end{pmatrix}$ *c*) $\begin{pmatrix} 0 & 1 \\ 0 & 0 \end{pmatrix}$ *d*) $\begin{pmatrix} 0 & 0 \\ 0 & 0 \end{pmatrix}$

(*Coup de pouce* : En *c*), on peut écrire $\begin{pmatrix} 0 & 1 \\ 0 & 0 \end{pmatrix} = \begin{pmatrix} 0 & 1 \\ 1 & 0 \end{pmatrix}\begin{pmatrix} 0 & 0 \\ 0 & 1 \end{pmatrix}$ et décrire la transformation représentée par $\begin{pmatrix} 0 & 1 \\ 0 & 0 \end{pmatrix}$ comme la composée de deux transformations simples.)

7. Décrivez la transformation représentée par chacune des matrices élémentaires de format 2×2 (ces transformations sont appelées élémentaires).

a) $\begin{pmatrix} k & 0 \\ 0 & 1 \end{pmatrix}$ pour $k \neq 0, k \neq 1$

b) $\begin{pmatrix} 1 & 0 \\ 0 & k \end{pmatrix}$ pour $k \neq 0, k \neq 1$

c) $\begin{pmatrix} 1 & k \\ 0 & 1 \end{pmatrix}$ pour $k \neq 0$

d) $\begin{pmatrix} 1 & 0 \\ k & 1 \end{pmatrix}$ pour $k \neq 0$

e) $\begin{pmatrix} 0 & 1 \\ 1 & 0 \end{pmatrix}$

8. Écrivez la matrice de rotation de 90° autour de l'origine comme un produit d'au plus quatre matrices élémentaires et interprétez chacune de ces matrices comme transformation linéaire élémentaire.

9. Décomposez chacune des matrices en un produit de matrices élémentaires et *ERL*, et interprétez ces matrices comme une composition des transformations correspondantes.

a) $\begin{pmatrix} 3 & -9 \\ 1 & 3 \end{pmatrix}$ *b*) $\begin{pmatrix} 1 & 1 \\ 2 & 2 \end{pmatrix}$ *c*) $\begin{pmatrix} 1 & 2 \\ 3 & 4 \end{pmatrix}$ *d*) $\begin{pmatrix} 0 & -2 \\ 3 & 0 \end{pmatrix}$

7.5 POUR ALLER PLUS LOIN

Cette section vise deux objectifs. Premièrement, elle vise à montrer qu'en composant les translations avec la famille des transformations linéaires, on obtient de nouvelles transformations, appelées transformations affines. Ces transformations permettent par exemple d'effectuer des rotations centrées ailleurs qu'à l'origine et des réflexions autour de droites arbitraires ne passant pas forcément par l'origine. Deuxièmement, elle donne des pistes pour généraliser à l'espace tridimensionnel $\mathbb{R}^3$ les transformations linéaires, en particulier les rotations autour d'une droite et les réflexions autour d'un plan.

7.5.1 TRANSFORMATIONS AFFINES DANS IR²

Les translations ne sont pas des transformations linéaires, car elles déplacent le point origine. Cela signifie que dans $\mathbb{R}^2$, on ne peut pas représenter les translations par les matrices 2×2 et la multiplication matricielle. Cependant, comme nous l'avons vu au chapitre 1, les translations sont représentées par les vecteurs et l'addition vectorielle.

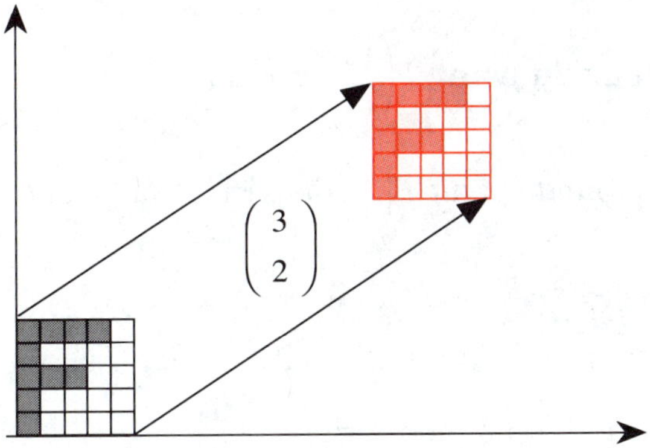

Figure 7.37 Translation définie par le vecteur $\begin{pmatrix}3\\2\end{pmatrix}$.

Par exemple, le vecteur[8] $\begin{pmatrix}3\\2\end{pmatrix}$ représente une translation au sens où l'addition vectorielle[9] $\begin{pmatrix}x\\y\end{pmatrix}+\begin{pmatrix}3\\2\end{pmatrix}$ définit une transformation (non linéaire) de $\mathbb{R}^2$ dans $\mathbb{R}^2$ qui est une translation (figure 7.37).

$$\boldsymbol{T}\begin{pmatrix}x\\y\end{pmatrix}=\begin{pmatrix}x\\y\end{pmatrix}+\begin{pmatrix}3\\2\end{pmatrix}=\begin{pmatrix}x+3\\y+2\end{pmatrix}$$

En composant les transformations linéaires et les translations, on obtient les transformations affines.

Définition ***Transformation affine dans*** $\mathbb{R}^2$

Soit $\boldsymbol{M}=\begin{pmatrix}a & c\\b & d\end{pmatrix}$ la matrice d'une transformation linéaire et soit $\begin{pmatrix}c_1\\c_2\end{pmatrix}$ un vecteur. Alors, la transformation $\boldsymbol{T}$ définie par

$$\boldsymbol{T}\begin{pmatrix}x\\y\end{pmatrix}=\begin{pmatrix}a & c\\b & d\end{pmatrix}\begin{pmatrix}x\\y\end{pmatrix}+\begin{pmatrix}c_1\\c_2\end{pmatrix}$$

est appelée transformation affine dans $\mathbb{R}^2$.

8. Nous conservons ici l'écriture colonne pour pouvoir composer les translations avec les transformations linéaires.
9. L'addition vectorielle coïncide ici avec l'addition des matrices 2×1.

Exemple 1

Rotation de 90° autour du point $P\begin{pmatrix}1\\1\end{pmatrix}$ dans $\mathbb{R}^2$

Une rotation de 90° autour du point $P\begin{pmatrix}1\\1\end{pmatrix}$ dans $\mathbb{R}^2$ se fait en trois étapes (figure 7.38).

Étape 1

On effectue d'abord une translation de tout l'espace $\mathbb{R}^2$ qui ramène le centre de rotation de coordonnées $\begin{pmatrix}1\\1\end{pmatrix}$ au point origine $\begin{pmatrix}0\\0\end{pmatrix}$.

$$\begin{pmatrix}x\\y\end{pmatrix} \mapsto \begin{pmatrix}x\\y\end{pmatrix} - \begin{pmatrix}1\\1\end{pmatrix}$$

Étape 2

On effectue la rotation de 90° autour de l'origine.

$$\begin{pmatrix}x\\y\end{pmatrix} - \begin{pmatrix}1\\1\end{pmatrix} \mapsto \begin{pmatrix}0 & -1\\1 & 0\end{pmatrix}\left(\begin{pmatrix}x\\y\end{pmatrix} - \begin{pmatrix}1\\1\end{pmatrix}\right)$$

Étape 3

Enfin, on effectue la translation inverse de la première étape pour replacer le centre de rotation à sa position de départ.

$$\begin{pmatrix}0 & -1\\1 & 0\end{pmatrix}\left(\begin{pmatrix}x\\y\end{pmatrix} - \begin{pmatrix}1\\1\end{pmatrix}\right) \mapsto \begin{pmatrix}0 & -1\\1 & 0\end{pmatrix}\left(\begin{pmatrix}x\\y\end{pmatrix} - \begin{pmatrix}1\\1\end{pmatrix}\right) + \begin{pmatrix}1\\1\end{pmatrix}$$

La rotation de 90° autour du point $P\begin{pmatrix}1\\1\end{pmatrix}$ est donc représentée par la transformation $\boldsymbol{T}$ suivante.

$$\begin{aligned}
\boldsymbol{T}\begin{pmatrix}x\\y\end{pmatrix} &= \begin{pmatrix}0 & -1\\1 & 0\end{pmatrix}\left(\begin{pmatrix}x\\y\end{pmatrix} - \begin{pmatrix}1\\1\end{pmatrix}\right) + \begin{pmatrix}1\\1\end{pmatrix}\\
&= \begin{pmatrix}0 & -1\\1 & 0\end{pmatrix}\begin{pmatrix}x\\y\end{pmatrix} - \begin{pmatrix}0 & -1\\1 & 0\end{pmatrix}\begin{pmatrix}1\\1\end{pmatrix} + \begin{pmatrix}1\\1\end{pmatrix}\\
&= \begin{pmatrix}0 & -1\\1 & 0\end{pmatrix}\begin{pmatrix}x\\y\end{pmatrix} - \begin{pmatrix}-1\\1\end{pmatrix} + \begin{pmatrix}1\\1\end{pmatrix}\\
&= \begin{pmatrix}0 & -1\\1 & 0\end{pmatrix}\begin{pmatrix}x\\y\end{pmatrix} + \begin{pmatrix}2\\0\end{pmatrix}
\end{aligned}$$

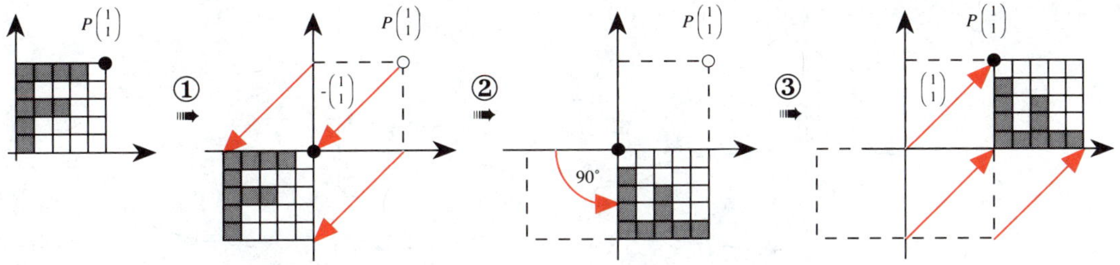

Figure 7.38 Rotation de 90° autour du point $P\begin{pmatrix}1\\1\end{pmatrix}$ en trois étapes.

Exemple 2

Réflexion autour de la droite d'équation $y = x + 2$

Nous voulons obtenir une réflexion autour de la droite d'équation $y = x + 2$. Cette droite ne passe pas par l'origine. La réflexion $\boldsymbol{S}$ autour de cette droite nécessite donc dans un premier temps une translation qui ramène cette droite à l'origine, sans changer sa direction. Cela peut se faire de plusieurs façons. Puisque la droite passe par le point $\begin{pmatrix}0\\2\end{pmatrix}$, choisissons la translation $\boldsymbol{T}$ définie par

$$\boldsymbol{T}\begin{pmatrix}x\\y\end{pmatrix} = \begin{pmatrix}x\\y\end{pmatrix} - \begin{pmatrix}0\\2\end{pmatrix}.$$

On applique ensuite la matrice de réflexion autour de la nouvelle droite ($y = x$), et enfin on effectue la translation inverse qui replace l'axe de réflexion dans sa position originale :

$$\boldsymbol{S}\begin{pmatrix}x\\y\end{pmatrix} = \begin{pmatrix}0 & 1\\1 & 0\end{pmatrix}\left(\begin{pmatrix}x\\y\end{pmatrix} - \begin{pmatrix}0\\2\end{pmatrix}\right) + \begin{pmatrix}0\\2\end{pmatrix},$$

ce qui donne

$$\boldsymbol{S}\begin{pmatrix}x\\y\end{pmatrix} = \begin{pmatrix}0 & 1\\1 & 0\end{pmatrix}\begin{pmatrix}x\\y\end{pmatrix} + \begin{pmatrix}-2\\2\end{pmatrix}.$$

■

7.5.2 ROTATIONS ET RÉFLEXIONS DANS $\mathbb{R}^3$

Dans l'espace $\mathbb{R}^3$, on représente les transformations linéaires par des matrices de format 3×3. Les rotations se font autour de droites et les réflexions autour de plans. Pour les rotations, il faut d'abord choisir une orientation de l'axe de rotation qui déterminera ensuite le sens de mesure positif des angles (figure 7.39).

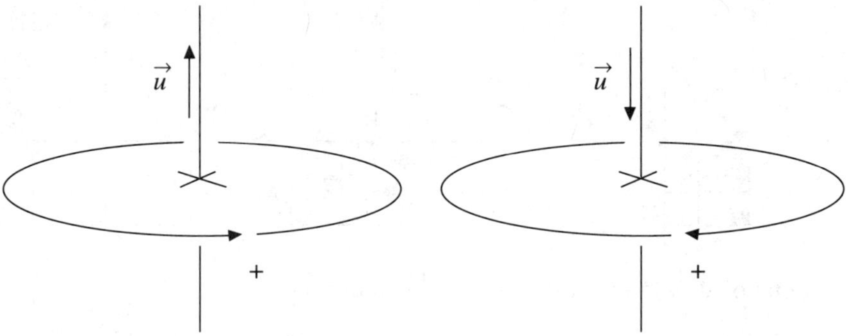

Figure 7.39 Orientation de l'axe de rotation et sens de mesure positif des angles relativement à cette orientation.

Voici les matrices de rotation autour de chacun des axes de coordonnées lorsque ces axes sont orientés par les vecteurs de base $\vec{i}$, $\vec{j}$ et $\vec{k}$:

$$\begin{pmatrix} 1 & 0 & 0 \\ 0 & \cos\theta & -\sin\theta \\ 0 & \sin\theta & \cos\theta \end{pmatrix}$$: rotation d'angle θ autour de l'axe des x;

$$\begin{pmatrix} \cos\theta & 0 & \sin\theta \\ 0 & 1 & 0 \\ -\sin\theta & 0 & \cos\theta \end{pmatrix}$$: rotation d'angle θ autour de l'axe des y;

$$\begin{pmatrix} \cos\theta & -\sin\theta & 0 \\ \sin\theta & \cos\theta & 0 \\ 0 & 0 & 1 \end{pmatrix}$$: rotation d'angle θ autour de l'axe des z.

On peut toujours écrire la matrice d'une rotation d'angle α autour d'une droite $\mathcal{D}$ passant par l'origine comme un produit de matrices de rotation autour des axes de coordonnées : si $\mathcal{D}$ ne coïncide pas avec l'axe des z, alors on fait une première rotation $\boldsymbol{R}_1$ autour de l'axe z jusqu'à ce que $\mathcal{D}$ soit dans le plan engendré par l'axe x et l'axe z, puis, on fait une seconde rotation $\boldsymbol{R}_2$ autour de l'axe y jusqu'à ce que $\mathcal{D}$ coïncide avec l'axe z. On tourne ensuite d'un angle α autour de l'axe z et on refait les rotations $\boldsymbol{R}_2$ et $\boldsymbol{R}_1$ en sens inverse pour ramener l'axe de rotation à sa position de départ.

Toute réflexion autour d'un plan passant par l'origine peut se ramener à des rotations autour des axes de coordonnées et à une réflexion autour d'un des plans de coordonnées. En effet, avec des rotations appropriées autour des axes de coordonnées, on peut faire coïncider le vecteur normal du plan de réflexion avec une des directions $\vec{i}$, $\vec{j}$ ou $\vec{k}$ et, alors, le plan de réflexion coïncidera avec un des plans de coordonnées. Après la réflexion autour de ce plan de coordonnées, on revient à la position de départ du plan en effectuant les rotations inverses.

Tableau-résumé Transformations linéaires dans $\mathbb{R}^2$.

Transformation	Illustration	Matrice M	det M	Particularités de M	Directions invariantes ($\vec{v}$) et facteurs d'invariance (p)
Identité		$\begin{pmatrix} 1 & 0 \\ 0 & 1 \end{pmatrix}$	1	Matrice identité	$p = 1$ pour tout $\vec{v}$
Rotation (θ)		$\begin{pmatrix} \cos\theta & -\sin\theta \\ \sin\theta & \cos\theta \end{pmatrix}$	1	• Matrice orthogonale • $M^{-1} = M^T$	Aucune pour $\theta \neq k\pi$
Réflexion (θ)	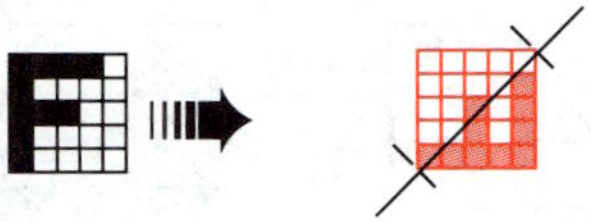	$\begin{pmatrix} \cos 2\theta & \sin 2\theta \\ \sin 2\theta & -\cos 2\theta \end{pmatrix}$	-1	• Matrice orthogonale symétrique • $M^{-1} = M = M^T$	• $p = 1$ pour $\vec{v} = (\cos\theta, \sin\theta)$ • $p = -1$ pour $\vec{v} = (-\sin\theta, \cos\theta)$
Étirement horizontal de facteur k	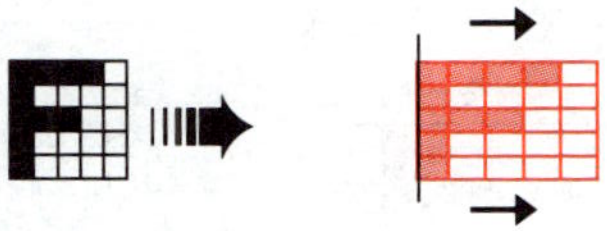	$\begin{pmatrix} k & 0 \\ 0 & 1 \end{pmatrix}$	k	Inversible pour $k \neq 0$	• $p = k$ pour $\vec{v} = (1, 0)$ • $p = 1$ pour $\vec{v} = (0, 1)$
Étirement vertical de facteur k		$\begin{pmatrix} 1 & 0 \\ 0 & k \end{pmatrix}$	k	Inversible pour $k \neq 0$	• $p = 1$ pour $\vec{v} = (1, 0)$ • $p = k$ pour $\vec{v} = (0, 1)$

Tableau-résumé Transformations linéaires dans $\mathbb{R}^2$ (suite).

Transformation	Illustration	Matrice M	det M	Particularités de M	Directions invariantes ($\vec{v}$) et facteurs d'invariance (p)
Homothétie de rapport k	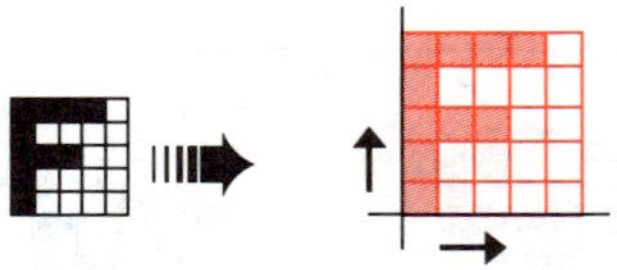	$\begin{pmatrix} k & 0 \\ 0 & k \end{pmatrix}$	k^2	• $\boldsymbol{M} = k\boldsymbol{I}$ • $\boldsymbol{M}^{-1} = \frac{1}{k}\boldsymbol{I}$ $(k \neq 0)$	$p = k$ pour tout $\vec{v}$
Cisaillement horizontal de facteur k	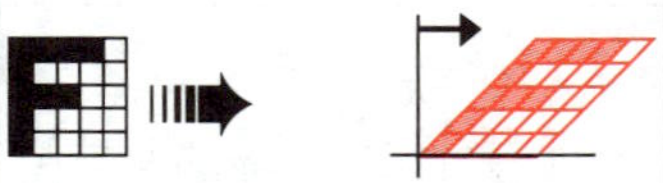	$\begin{pmatrix} 1 & k \\ 0 & 1 \end{pmatrix}$	1	Inversible	$p = 1$ pour $\vec{v} = (1, 0)$
Cisaillement vertical de facteur k		$\begin{pmatrix} 1 & 0 \\ -k & 1 \end{pmatrix}$	1	Inversible	$p = 1$ pour $\vec{v} = (0, 1)$
Projection ⊥ sur l'axe des x	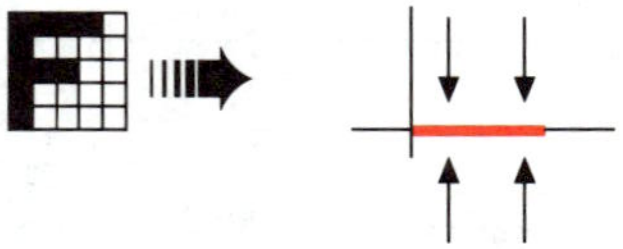	$\begin{pmatrix} 1 & 0 \\ 0 & 0 \end{pmatrix}$	0	• Non inversible • $\boldsymbol{M}^n = \boldsymbol{M}$ pour $n = 1, 2, 3, 4, \ldots$	• $p = 1$ pour $\vec{v} = (1, 0)$ • $p = 0$ pour $\vec{v} = (0, 1)$
Projection ⊥ sur l'axe des y	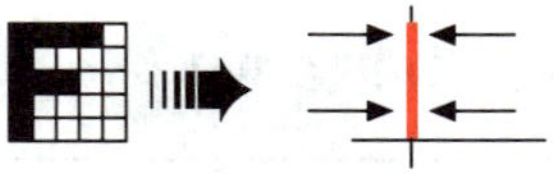	$\begin{pmatrix} 0 & 0 \\ 0 & 1 \end{pmatrix}$	0	• Non inversible • $\boldsymbol{M}^n = \boldsymbol{M}$ pour $n = 1, 2, 3, 4, \ldots$	• $p = 0$ pour $\vec{v} = (1, 0)$ • $p = 1$ pour $\vec{v} = (0, 1)$

8

CHAPITRE

LES NOMBRES COMPLEXES

Ce chapitre vise un double objectif : développer des habiletés de base en arithmétique complexe et susciter une réflexion sur les fondements du concept de nombre en mathématiques. Les nombres complexes sont une extension des nombres réels tout comme les nombres réels sont eux-mêmes une extension des nombres rationnels, tout comme les nombres rationnels sont eux-mêmes une extension des nombres entiers. Le système $\mathbb{R}$ des nombres réels permet de résoudre certaines équations qui autrement n'auraient pas de solutions dans $\mathbb{Q}$. Par exemple, la simple équation $x^2 - 2 = 0$ n'a pas de solution rationnelle, car $\sqrt{2}$ ne peut pas s'écrire comme quotient de deux nombres entiers ainsi que l'a démontré pour la première fois le célèbre Pythagore. Les nombres $\sqrt{2}$, π, e, etc. sont des exemples de nombres réels non rationnels mais indispensables au développement des mathématiques.

Les nombres réels ne suffisent cependant pas à résoudre toutes les équations algébriques : la simple équation $x^2 + 1 = 0$, par exemple, n'a pas de solution réelle, car le carré de tout nombre réel est positif. L'idée de considérer les racines de nombres négatifs comme des *nombres imaginaires* pour résoudre des équations comme $x^2 + 1 = 0$ apparut pour la première fois dans un ouvrage de Raffaele Bombelli datant de 1572. Ce sont ensuite principalement Jean Bernoulli (1667-1748) et Leonhard Euler (1707-1783) qui explorèrent les propriétés des nombres complexes. En 1799, dans sa thèse doctorale, Gauss donna une première démonstration rigoureuse du théorème fondamental de l'algèbre selon lequel le système $\mathbb{C}$ des nombres complexes contient toutes les solutions de toutes les équations algébriques à coefficients réels ou complexes. John Wallis (1616-1703), Caspar Wessel (1745-1818) et Jean Robert Argand (1768-1822) proposèrent, à peu près à la même époque, de considérer les nombres complexes comme des points (ou des vecteurs position) dans $\mathbb{R}^2$. De cette façon, les nombres complexes et les opérations sur les nombres complexes, tout en complétant l'algèbre des nombres réels, allaient permettre une arithmétisation complète de la géométrie dans $\mathbb{R}^2$. C'est ce que nous allons voir dans ce chapitre.

8.1 L'ENSEMBLE $\mathbb{C}$ DES NOMBRES COMPLEXES

Dans cette section, nous définissons la multiplication (ou produit) complexe dans $\mathbb{R}^2$ comme une opération qui prolonge aux vecteurs la multiplication habituelle de l'arithmétique définie pour les nombres réels sur l'axe des x. Les propriétés de ce produit complexe conduisent à considérer les vecteurs de $\mathbb{R}^2$ comme des nombres complexes qui, au lieu d'avoir un signe (+ ou -), ont plutôt un angle polaire pouvant varier de 0° à 360° ou de 0 à 2π radians. Cette interprétation des signes permet de concevoir le nombre complexe i qui a la propriété étonnante $i^2 = -1$. Nous expliquons ensuite les rudiments de l'arithmétique complexe.

8.1.1 LE PRODUIT COMPLEXE DANS $\mathbb{R}^2$

Les nombres réels sont habituellement représentés par des points sur une droite orientée appelée droite réelle (figure 8.1).

La droite réelle $\mathbb{R}$ est identique à l'axe des x dans l'espace $\mathbb{R}^2$. Tout nombre réel t correspond alors à un unique vecteur de $\mathbb{R}^2$, c'est-à-dire au vecteur position du point d'abscisse t sur l'axe des x; ainsi le nombre 0 correspond au vecteur nul $\vec{0}$, les nombres positifs correspondent à des vecteurs qui font un angle nul avec le vecteur position

Figure 8.1 La droite réelle $\mathbb{R}$.

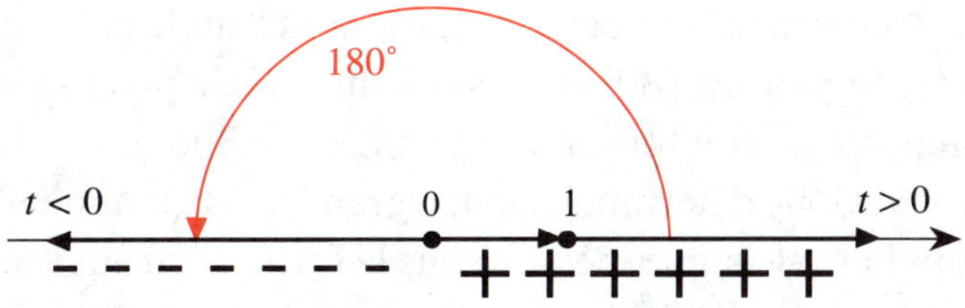

Figure 8.2

Signe	Angle correspondant
–	Multiple impair de 180°
+	Multiple de 360°

du nombre 1, et les nombres négatifs correspondent à des vecteurs qui font un angle de 180° avec le vecteur position du nombre 1 (figure 8.2). L'idée de remplacer les signes par des angles est fondamentale dans la genèse des nombres complexes, comme nous le verrons plus loin.

Définition ***L'angle polaire d'un vecteur dans*** $\mathbb{R}^2$

L'angle que fait un vecteur non nul $\vec{u}$ de $\mathbb{R}^2$ avec le vecteur position du nombre 1 sur l'axe des x est appelé l'angle polaire de $\vec{u}$; cet angle est positif quand il est mesuré dans le sens contraire au mouvement des aiguilles d'une montre et négatif dans l'autre cas (figure 8.3). L'angle polaire du vecteur nul n'est pas défini.

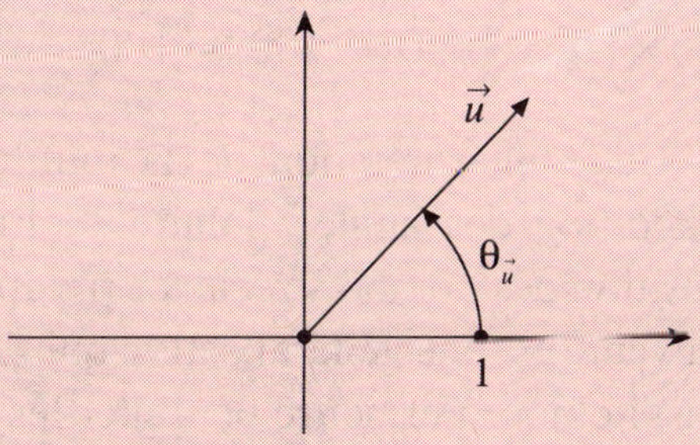

Figure 8.3

Exemple 1

L'angle polaire du vecteur $\vec{v} = (-2, 0)$ représentant le nombre réel -2 est 180° ou π rad. ■

Exemple 2

L'angle polaire du vecteur $\vec{v} = (3, 0)$ représentant le nombre réel 3 est 0° ou 0 rad. ■

Exemple 3

L'angle polaire du vecteur $\vec{v} = (-1, 1)$ est 135° ou $3\pi/4$ rad. ■

Remarque

Dans $\mathbb{R}^2$, un vecteur est entièrement déterminé dès qu'on connaît sa longueur et son angle polaire.

Les nombres réels négatifs correspondent à des vecteurs de $\mathbb{R}^2$ dont l'angle polaire mesure 180° (ou tout multiple entier impair de 180°) et les nombres réels positifs à des vecteurs dont l'angle polaire mesure 0° (ou tout multiple entier de 360°).

Tout nombre réel non nul t se trouve donc déterminé par une grandeur (la longueur ou valeur absolue de t) et un angle polaire (le signe mesuré sous la forme d'un angle). L'addition numérique des nombres réels coïncide parfaitement avec l'addition vectorielle des vecteurs position de ces nombres dans l'espace $\mathbb{R}^2$. Par ailleurs, le produit (multiplication) de deux nombres réels correspond au produit de la grandeur de ces nombres et à la somme de leurs angles polaires. Par exemple, le produit de (-2) par (3) donne un nombre de grandeur (2)(3) = 6 et d'angle polaire 180° + 0° = 180°, c'est-à-dire le nombre négatif -6. On voit ici que la fameuse règle des signes dans la multiplication n'est rien d'autre qu'une règle d'addition des angles polaires :

$(+) \times (+) = (+) : 0° + 0° = 0°$;
$(-) \times (-) = (+) : 180° + 180° = 360°$ (équivalant à 0°);
$(-) \times (+) = (-) : 180° + 0° = 180°$;
$(+) \times (-) = (-) : 0° + 180° = 180°$.

Cette interprétation de la multiplication numérique en relation avec la règle d'addition des angles polaires définit un produit correspondant sur les vecteurs position des nombres réels; ce produit est appelé le produit complexe. La définition suivante est une généralisation qui s'applique à toute paire de vecteurs de $\mathbb{R}^2$; elle va ensuite nous permettre de traiter les vecteurs de $\mathbb{R}^2$ comme des nombres.

Définition ***Le produit complexe dans $\mathbb{R}^2$***

Le produit complexe de deux vecteurs non nuls $\vec{u}$ et $\vec{v}$ de $\mathbb{R}^2$, noté $\vec{u}\vec{v}$, est le vecteur $\vec{w}$ de $\mathbb{R}^2$ dont la longueur est le produit de la longueur de $\vec{u}$ par celle de $\vec{v}$ et dont l'angle polaire est la somme des angles polaires de $\vec{u}$ et de $\vec{v}$ (figure 8.4) :

$$\|\vec{w}\| = \|\vec{u}\|\,\|\vec{v}\| \text{ et } \theta_{\vec{w}} = \theta_{\vec{u}} + \theta_{\vec{v}}\ .$$

De plus, le produit complexe du vecteur nul avec tout autre vecteur est le vecteur nul :

$$\vec{0}\vec{u} = \vec{0} = \vec{u}\vec{0}\,.$$

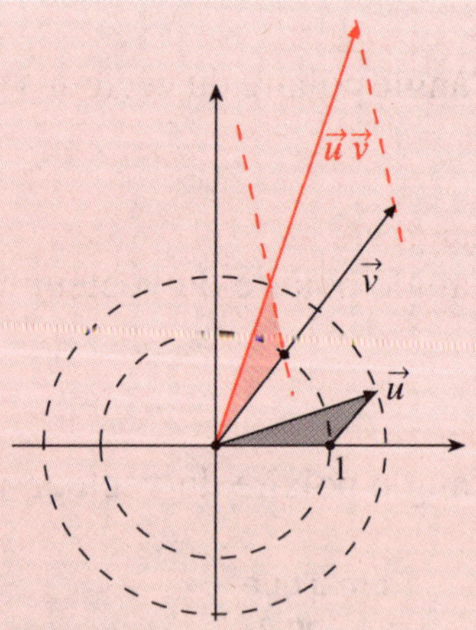

Figure 8.4

Exemple 1
(-1, 1) (0, -1) = (1, 1); en effet, en posant $\vec{u} = (-1, 1)$ et $\vec{v} = (0, -1)$, on a $\|\vec{u}\| = \sqrt{2}$ et $\theta_{\vec{u}} = 135°$, puis $\|\vec{v}\| = 1$ et $\theta_{\vec{v}} = -90°$, de telle sorte que le produit complexe aura pour longueur $\sqrt{2}$ et pour angle polaire 135° + (-90°) = 45°, ce qui correspond à l'unique vecteur (1, 1). ■

Exemple 2
(1, 1) (1, 1) = (0, 2); en effet, en posant $\vec{u} = \vec{v} = (1, 1)$, on a $\|\vec{u}\| = \|\vec{v}\| = \sqrt{2}$ et $\theta_{\vec{u}} = \theta_{\vec{v}} = 45°$, et alors le produit complexe (1, 1) (1, 1) aura pour longueur $\sqrt{2}\sqrt{2} = 2$ et pour angle polaire 45° + 45° = 90°, ce qui correspond à l'unique vecteur (0, 2). ■

Propriétés du produit complexe

PC1 *Le produit complexe est commutatif.*

$$\vec{u}\vec{v} = \vec{v}\vec{u}$$

Cette propriété est une conséquence directe de la définition.

PC2 *Le produit complexe est associatif.*

$$\vec{u}(\vec{v}\vec{w}) = (\vec{u}\vec{v})\vec{w}$$

Cette propriété est aussi une conséquence directe de la définition.

PC3 *Le produit complexe est distributif sur la somme vectorielle.*

$$\vec{u}(\vec{v} + \vec{w}) = \vec{u}\vec{v} + \vec{u}\vec{w}$$

On peut démontrer cette propriété de deux façons : soit en utilisant les formules d'addition des fonctions trigonométriques, soit, plus simplement, en considérant que la transformation $\boldsymbol{T}_{\vec{u}}$ de $\mathbb{R}^2$ dans $\mathbb{R}^2$ définie par

$$\boldsymbol{T}_{\vec{u}}(\vec{v}) = \vec{u}\vec{v}$$

est une rotation composée avec une homothétie (autour de l'origine) et donc une transformation *linéaire* (voir le chapitre 7). L'égalité $\vec{u}(\vec{v} + \vec{w}) = \vec{u}\vec{v} + \vec{u}\vec{w}$ est alors équivalente à $\boldsymbol{T}_{\vec{u}}(\vec{v} + \vec{w}) = \boldsymbol{T}_{\vec{u}}(\vec{v}) + \boldsymbol{T}_{\vec{u}}(\vec{w})$ qui est une conséquence de la linéarité de $\boldsymbol{T}_{\vec{u}}$.

PC4 *Le vecteur position du nombre réel 1 est neutre pour le produit complexe.*

$$(1, 0)\vec{u} = \vec{u} = \vec{u}(1, 0)$$

Cette propriété est une conséquence immédiate de la définition et des faits suivants : $\|(1, 0)\| = 1$ et l'angle polaire de (1, 0) est 0°.

PC5 *Tout vecteur non nul $\vec{u}$ a un inverse multiplicatif, noté $(\vec{u})^{-1}$, pour lequel*

$$\vec{u}(\vec{u})^{-1} = (1, 0) = (\vec{u})^{-1}\vec{u}.$$

En effet, il suffit de prendre pour $(\vec{u})^{-1}$ l'unique vecteur de longueur $\|\vec{u}\|^{-1}$ et d'angle polaire -θ, où θ est l'angle polaire de $\vec{u}$; le produit complexe de $\vec{u}$ par $(\vec{u})^{-1}$ donnera alors un vecteur de longueur 1 et d'angle polaire nul, c'est-à-dire le vecteur neutre (1, 0). Seul le vecteur nul n'a pas d'inverse multiplicatif, car $\|\vec{0}\| = 0$.

Un fait remarquable : les propriétés du produit complexe sur les vecteurs de $\mathbb{R}^2$, et en particulier la propriété PC5, sont identiques aux propriétés de ces mêmes opérations sur les nombres réels. Pour cette raison, on peut considérer les vecteurs de $\mathbb{R}^2$ comme des nombres; ce sont précisément les nombres complexes, tels que nous les définirons à la prochaine sous-section (8.1.2). La proposition suivante montre comment calculer[1] le produit complexe de deux vecteurs directement à partir de leurs composantes, sans être obligé de calculer leur norme et leur angle polaire; elle donne aussi une méthode de calcul de l'inverse multiplicatif d'un vecteur relativement au produit complexe et au vecteur neutre (1, 0).

Proposition

Soit (x, y) un vecteur de $\mathbb{R}^2$ et soit a et b des nombres réels arbitraires. Alors,

1) $(x, y)(a, 0) = a(x, y) = (ax, ay)$;
2) $(x, y)(0, b) = b(-y, x) = (-by, bx)$;
3) $(x, y)(a, b) = a(x, y) + b(-y, x) = (ax - by, bx + ay)$;
4) si $(x, y) \neq (0, 0)$, alors $(x, y)^{-1} = \dfrac{1}{x^2 + y^2}(x, -y)$.

Démonstration

1) Pour démontrer cette partie de la proposition, il suffit d'appliquer la définition du produit complexe en distinguant les cas $a > 0$, $a < 0$ et $a = 0$.

2) Si $b = 0$, il n'y a rien à démontrer; si $b > 0$, alors l'angle polaire de $(0, b)$ est 90° et, dans ce cas, $(x, y)(0, b)$ est un vecteur dont l'angle polaire mesure 90° de plus que l'angle polaire de (x, y) et dont la longueur est b fois celle de (x, y) : c'est exactement le vecteur $b(-y, x)$. Si $b < 0$, alors l'angle polaire de $(0, b)$ est -90° et, dans ce cas,

1. Nous verrons à la section 8.3.1 une autre méthode de calcul plus facile à mémoriser.

$(x, y)(0, b)$ est un vecteur dont l'angle polaire mesure 90° de moins que l'angle polaire de (x, y) et dont la longueur est $-b$ fois celle de (x, y) : c'est exactement le vecteur $b(-y, x)$.

3) $$\begin{aligned}(x, y)(a, b) &= (x, y)[(a, 0) + (0, b)] \\ &= (x, y)(a, 0) + (x, y)(0, b) && \text{[PC3]} \\ &= a(x, y) + b(-y, x) && \text{[parties 1 et 2 de la proposition]} \\ &= (ax, ay) + (-by, bx) \\ &= (ax - by, bx + ay).\end{aligned}$$

4) Pour démontrer cette partie de la proposition, il suffit de vérifier, en appliquant la partie 3 de la proposition, que $(x, y)\frac{1}{x^2 + y^2}(x, -y) = (1, 0)$. ■

Exemple 1

$(1, 2)(3, 4) = (3 - 8, 4 + 6) = (-5, 10)$.

On peut vérifier que $\|(-5, 10)\| = \|(1, 2)\|\ \|(3, 4)\|$; en effet, $\sqrt{(-5)^2 + 10^2} = \sqrt{125}$ et $\sqrt{1^2 + 2^2}\sqrt{3^2 + 4^2} = \sqrt{5}\sqrt{25} = \sqrt{125}$. ■

Exemple 2

$(-1, 1)(1, 1) = (-1 - 1, -1 + 1) = (-2, 0)$. ■

Exemple 3

$(1, 2)^{-1} = \frac{1}{1^2 + 2^2}(1, -2) = \left(\frac{1}{5}, -\frac{2}{5}\right)$. On peut vérifier que $(1, 2)\left(\frac{1}{5}, -\frac{2}{5}\right) = (1, 0)$ en appliquant la partie 3 de la proposition. ■

8.1.2 DÉFINITION DES NOMBRES COMPLEXES

Le vecteur (0, 1) a une propriété tout à fait remarquable relativement au produit complexe :

$$(0, 1)\vec{u} = \vec{u}_\perp \text{ quel que soit le vecteur non nul } \vec{u}.$$

En effet, selon la définition du produit complexe, lorsque l'on multiplie $\vec{u}$ par (0, 1), la longueur de $\vec{u}$ se trouve multipliée par 1, et l'angle polaire de $\vec{u}$ se trouve augmenté de l'angle polaire de (0, 1), soit de 90°, ce qui donne bien $\vec{u}_\perp$. Autre propriété tout aussi remarquable : en remplaçant $\vec{u}$ par (0, 1) dans l'équation $(0, 1)\vec{u} = \vec{u}_\perp$, on obtient

$$(0, 1)(0, 1) = (-1, 0),$$

c'est-à-dire que le vecteur (0, 1) se comporte comme un nombre (que l'on qualifie d'imaginaire) dont le carré est -1 si on identifie le vecteur position (-1, 0) au nombre -1 lui-même. Pour cette raison, on adopte la notation d'Euler : on désigne le vecteur (0, 1) par la lettre i et on écrit la relation (0, 1)(0, 1) = (-1, 0) sous la forme plus audacieuse

$$i^2 = -1.$$

Définitions ***L'ensemble $\mathbb{C}$ des nombres complexes, le plan d'Argand***

L'ensemble $\mathbb{C}$ des *nombres complexes* est l'ensemble de tous les couples ordonnés (x, y) de nombres réels, muni de l'addition vectorielle et de la multiplication complexe.

Le *plan d'Argand* est l'espace $\mathbb{R}^2$, muni d'une base orthonormée, dans lequel les couples représentant les coordonnées des points ou les composantes des vecteurs sont considérés comme des nombres complexes.

Terminologie et notations

Voici les termes et notations utilisés dans le langage des nombres complexes.

- On utilise habituellement la lettre z pour désigner un nombre complexe arbitraire; si $z = (x, y)$, alors (x, y) est appelé l'écriture vectorielle du nombre complexe z.
- On convient que le nombre complexe (0, 0) peut être identifié au nombre réel 0 et qu'on peut le désigner par $z = 0$.
- On convient que le nombre complexe (1, 0) peut être identifié au nombre réel 1 et qu'on peut le désigner par $z = 1$.
- On convient que le nombre complexe (0, 1) peut s'écrire i, comme la première lettre du mot *imaginaire*.
- Puisque $(x, y) = x(1, 0) + y(0, 1)$, tout nombre complexe $z = (x, y)$ s'écrit

  $$z = x + yi$$

  où x et y sont des nombres réels; l'écriture $z = x + yi$ est appelée l'écriture cartésienne de z.

Définitions ***Re(z), Im(z), Arg(z),*** $\|z\|$ ***et*** $\bar{z}$

Soit $z = x + yi$ un nombre complexe.

1) x est appelé partie réelle de z et est noté $\text{Re}(z)$.

2) y est appelé partie imaginaire de z et est noté $\text{Im}(z)$.

3) L'angle polaire du vecteur (x, y) correspondant à z est appelé l'argument de z et est noté $\text{Arg}(z)$.

4) La longueur (norme) du vecteur (x, y) correspondant à z est appelée le module de z et est notée $\|z\|$; on a $\|x + yi\| = \sqrt{x^2 + y^2}$. Le module de z est un nombre réel positif si $z \neq 0$ et nul si $z = 0$.

5) Le conjugué du nombre complexe $z = x + yi$ est le nombre complexe $\bar{z}$ défini par $\bar{z} = \overline{x + yi} = x - yi$ (on change le signe de la partie imaginaire de z).

Exemple

Le nombre complexe $z = (-1, 2)$ s'écrit $z = -1 + 2i$ sous forme cartésienne (figure 8.5). On a alors $\text{Re}(z) = -1$, $\text{Im}(z) = 2$, $\|z\| = \sqrt{(-1)^2 + 2^2} = \sqrt{5}$; $\text{Arg}(z)$ est l'angle θ pour lequel

$$\cos\theta = \frac{\text{Re}(z)}{\|z\|} = \frac{-1}{\sqrt{5}}$$

et

$$\sin\theta = \frac{\text{Im}(z)}{\|z\|} = \frac{2}{\sqrt{5}},$$

ce qui donne $\theta = \text{Arg}(z) = 116{,}57°$ ou $2{,}034$ rad.

Le conjugué de $-1 + 2i$ est

$$\overline{-1 + 2i} = -1 - 2i.$$

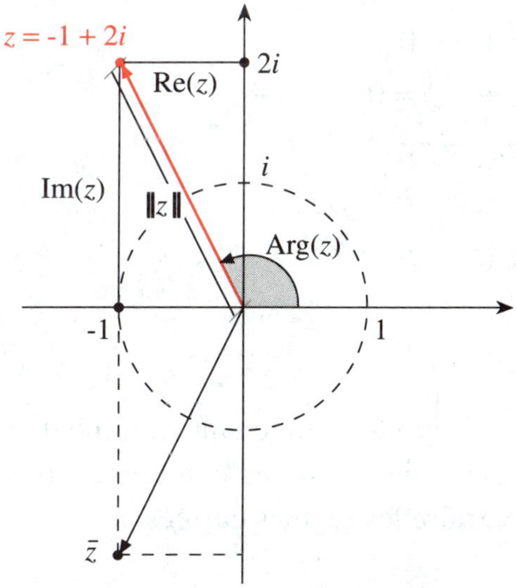

Figure 8.5 Représentations de $\text{Re}(z)$, $\text{Im}(z)$, $\text{Arg}(z)$, $\|z\|$ et $\bar{z}$ pour $z = -1 + 2i$.

Remarques

1. Si z_1 et z_2 sont deux nombres complexes, alors $z_1 = z_2 \Leftrightarrow \text{Re}(z_1) = \text{Re}(z_2)$ et $\text{Im}(z_1) = \text{Im}(z_2)$.

2. $\text{Im}(z) = 0 \Leftrightarrow z$ représente un nombre réel. Si $\text{Re}(z) = 0$ et $\text{Im}(z) \neq 0$, alors z est appelé un imaginaire pur.

3. Les points représentés par z et $\bar{z}$ sont toujours symétriques l'un de l'autre relativement à l'axe des x; en d'autres termes, la conjugaison correspond à une réflexion autour de l'axe des x.

   Nous avons de plus $\bar{\bar{z}} = z$.

4. Si z_1 et z_2 sont deux nombres complexes, alors $\|z_1 z_2\| = \|z_1\| \, \|z_2\|$ et $\text{Arg}(z_1 z_2) = \text{Arg}(z_1) + \text{Arg}(z_2)$; c'est en effet la définition même du produit complexe.

8.1.3 L'ARITHMÉTIQUE COMPLEXE

Voici une reformulation des propriétés[2] de l'addition vectorielle et du produit complexe (PC1 à PC5) dans le langage des nombres complexes (on suppose que z, z_1, z_2 et z_3 sont des nombres complexes arbitraires).

$z_1 + z_2 = z_2 + z_1$	[commutativité de l'addition]
$z_1 + (z_2 + z_3) = (z_1 + z_2) + z_3$	[associativité de l'addition]
$z + 0 = 0 + z = z$	[0 est neutre pour l'addition]
$z + (-z) = 0 = (-z) + z$	[existence de l'inverse additif]
$z_1 z_2 = z_2 z_1$	[commutativité de la multiplication]
$z_1(z_2 z_3) = (z_1 z_2) z_3$	[associativité de la multiplication]
$z_1(z_2 + z_3) = z_1 z_2 + z_1 z_3$	[distributivité]
$1z = z1 = z$	[1 est neutre pour la multiplication]
$zz^{-1} = z^{-1}z = 1$	[existence de l'inverse multiplicatif (division)]

Voyons maintenant comment additionner, soustraire, multiplier, inverser et diviser les nombres complexes. Nous verrons plus loin (section 8.2) comment en extraire les racines carrées.

Addition et soustraction

Pour additionner deux nombres complexes, on additionne tout simplement les parties réelles entre elles et les parties imaginaires entre elles.

$$(x_1 + iy_1) + (x_2 + iy_2) = (x_1 + x_2) + i(y_1 + y_2)$$

---

2. Ces propriétés définissent sur l'ensemble des nombres complexes ce que les mathématiciens appellent une structure de *corps*; le *corps des complexes* prolonge le *corps des réels*.

On procède de la même façon pour la soustraction.

$$(x_1 + iy_1) - (x_2 + iy_2) = (x_1 - x_2) + i(y_1 - y_2)$$

Exemple

$(2 - 5i) + (3 + 4i) = 5 - i$ et $(2 - 5i) - (3 + 4i) = -1 - 9i$ ■

Multiplication

Il n'est pas nécessaire de mémoriser une formule pour la multiplication : il suffit de noter que la multiplication est distributive sur l'addition, qu'elle est associative et commutative (propriétés du produit complexe), et que $i^2 = -1$.

Exemple

On calcule un produit de la façon suivante.

$$\begin{aligned}(2 - 5i)(3 + 4i) &= (2)(3) + (2)(4i) - (5i)(3) - (5i)(4i) \\ &= 6 + 8i - 15i - (-20) \\ &= 26 - 7i\end{aligned}$$ ■

En général, on obtiendra

$$(x_1 + y_1 i)(x_2 + y_2 i) = (x_1 x_2 - y_1 y_2) + (x_1 y_2 + x_2 y_1)i.$$

Inversion

Rappelons que dans la notation vectorielle l'inverse multiplicatif du vecteur non nul (x, y) est

$$(x, y)^{-1} = \frac{1}{x^2 + y^2}(x, -y).$$

Ainsi, dans la notation cartésienne, si $z = x + yi$ et $z \neq 0$, l'inverse multiplicatif du nombre complexe z devient

$$z^{-1} = \frac{1}{\|z\|^2}\overline{z} = \frac{1}{x^2 + y^2}(x - yi).$$

Exemple

$$(2 - 5i)^{-1} = \frac{1}{2^2 + (-5)^2}\overline{(2 - 5i)} = \frac{1}{29}(2 + 5i)$$ ■

Division

Si z_1 et z_2 sont deux nombres complexes et si $z_2 \neq 0$, alors

$$\frac{z_1}{z_2} = z_1(z_2)^{-1} = z_1\left(\frac{1}{\|z_2\|^2}\overline{z_2}\right).$$

Exemple

$$\begin{aligned}\frac{3+4i}{2-5i} &= (3+4i)\frac{1}{29}(2+5i)\\ &= \frac{1}{29}(3+4i)(2+5i)\\ &= \frac{1}{29}(-14+23i)\\ &= -\frac{14}{29}+\frac{23}{29}i\end{aligned}$$

■

Voici une autre façon d'effectuer la division complexe $\frac{3+4i}{2-5i}$ de l'exemple précédent. On multiplie le haut et le bas de cette fraction par le conjugué du dénominateur.

$$\frac{3+4i}{2-5i} = \frac{(3+4i)}{(2-5i)}\frac{(2+5i)}{(2+5i)} = \frac{-14+23i}{29} = -\frac{14}{29}+\frac{23}{29}i$$

EXERCICES 8.1

1. Pour chacun des nombres complexes suivants donnez la valeur de Re(z), de Im(z), de $\|z\|$ et de Arg(z); donnez un angle entre 0 et 2π radians pour Arg(z).

a) i *c*) $1-i$ *e*) $-\sqrt{2}-\sqrt{2}i$ *g*) $5i$

b) $-i$ *d*) $\frac{1}{2}(1+\sqrt{3}i)$ *f*) -4 *h*) $4-3i$

2. Décrivez la région du plan d'Argand correspondant à chacune des relations suivantes.

a) $\text{Re}(z) \geq 1$ *c*) $1 \leq \|z\| \leq 2$ *e*) $z = \bar{z}$

b) $|\text{Im}(z)| \leq 1$ *d*) $|\text{Arg}(z)| \leq \pi/4$ *f*) $z = -\bar{z}$

3. Si z_1 et z_2 représentent les coordonnées de deux points du plan d'Argand, alors $z_2 - z_1$ représente les composantes du vecteur allant de z_1 à z_2 dans le plan d'Argand, de sorte que $\|z_2 - z_1\|$ représente la longueur de ce vecteur et donc la *distance* de z_2 à z_1 (figure 8.6).

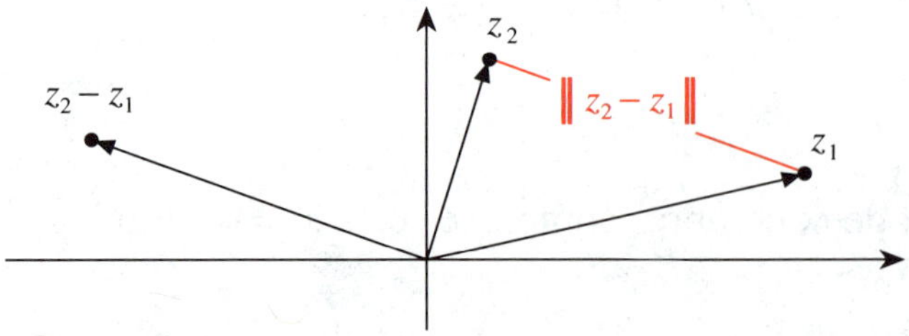

Figure 8.6

À l'aide de cette interprétation géométrique de $\|z_2 - z_1\|$, décrivez la région du plan d'Argand correspondant à chacune des relations suivantes.

a) $\|z-1\| = 2$ *b*) $\|z+i\| \leq 1$ *c*) $1 \leq \|z-1+2i\| \leq 2$ *d*) $\|z-1\| = \|z+i\|$

4. Calculez i^n pour les valeurs suivantes de n.

a) $n = 1, 2, 3, 4, 5$ *b*) $n = -1, -2, -3, -4, -5$

5. Effectuez les opérations arithmétiques et donnez le résultat sous la forme $x + iy$.

a) $(2+i)(1-2i)$ *c*) $\dfrac{1+i}{(1-i)^3}$ *e*) $2-i+3i\left(\dfrac{1+i}{1-i}\right)$

b) $\dfrac{2-3i}{3+4i}$ *d*) $1+\dfrac{1}{1+\dfrac{1}{i}}$

6. Déterminez le nombre complexe z correspondant au point situé aux deux tiers du segment joignant $2-i$ à $3+4i$ à partir du point $2-i$ dans le plan d'Argand.

7. À partir du parallélogramme de la figure 8.7, exprimez le nombre complexe z_4 en fonction des nombres z_1, z_2 et z_3.

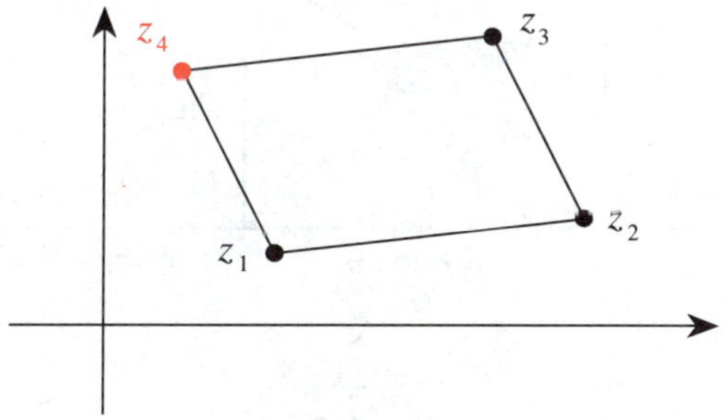

Figure 8.7

8. Résolvez l'équation $(1-i)z + 4 + i = 6 - 3i$.

9. La méthode de résolution de Gauss-Jordan s'applique aussi aux systèmes d'équations linéaires à coefficients complexes. Appliquez cette méthode pour résoudre le système suivant.

$$\begin{aligned} iz + (1-i)w &= 8+5i \\ 3z + iw &= 2-8i \end{aligned}$$

10. Démontrez chacune des égalités, où z et w sont des nombres complexes arbitraires.

a) $\operatorname{Re}(z) = \dfrac{z+\bar{z}}{2}$ *b*) $\operatorname{Im}(z) = \dfrac{z-\bar{z}}{2i}$ *c*) $z\bar{z} = \|z\|^2$

11. L'ensemble des solutions de l'équation $i\bar{z} - 1 + i = z$ constitue une droite dans le plan d'Argand. Quelle est l'équation de cette droite sous la forme $y = mx + b$ si $z = x + iy$?

8.2 LES PUISSANCES ET LES RACINES DES NOMBRES COMPLEXES

Dans cette section, nous décrivons la multiplication et la division complexes sous forme polaire; nous obtenons ainsi la formule de Moivre pour le calcul des puissances et des racines des nombres complexes. Nous décrivons les racines n-ièmes de l'unité et nous montrons comment résoudre les équations quadratiques à coefficients complexes.

8.2.1 LA NOTATION POLAIRE DES NOMBRES COMPLEXES

Si $z = x + iy$ est un nombre complexe de module r et d'argument θ, alors

$$x = r\cos\theta \quad \text{et} \quad y = r\sin\theta \text{ (figure 8.8).}$$

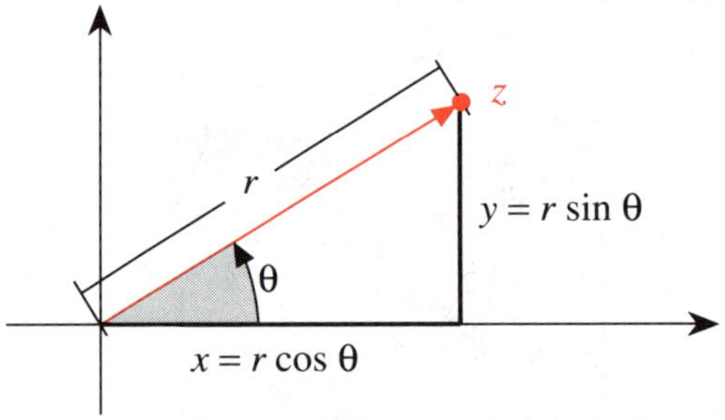

Figure 8.8

On peut donc écrire

$$z = x + iy = r\cos\theta + ir\sin\theta = r(\cos\theta + i\sin\theta).$$

Définition $z = rcis\theta$

L'expression $z = r\text{cis}\theta$ désigne le nombre complexe de module r et d'argument θ; c'est une abréviation symbolique de $z = r(\cos\theta + i\sin\theta)$; on dit que $z = r\text{cis}\theta$ est l'écriture polaire du nombre complexe z et on convient que θ est mesuré en radians dans l'écriture polaire. On convient aussi que l'écriture polaire de 0 est 0.

Exemple 1

L'écriture polaire du nombre i est : $i = \text{cis}\frac{\pi}{2}$. ■

Exemple 2
L'écriture polaire du nombre -5 est : $-5 = 5\text{cis}\pi$. ■

Exemple 3
L'écriture polaire du nombre 3 est : $3 = 3\text{cis}0$. ■

Exemple 4
L'écriture polaire du nombre $1 + i$ est : $1+i=\sqrt{2}\text{cis}\frac{\pi}{4}$. ■

La multiplication et la division sous forme polaire
L'addition et la soustraction complexes se font très facilement sous forme cartésienne, ou mieux encore sous forme vectorielle, car l'addition complexe coïncide par définition avec l'addition vectorielle. Cependant, la multiplication complexe et la division complexe se font plus facilement avec l'écriture polaire, car on a défini le produit complexe de deux nombres z_1 et z_2 comme le nombre dont le module est le produit des modules de z_1 et de z_2 et dont l'argument est la somme des arguments de z_1 et de z_2 : si $z_1 = r_1\text{cis}\theta_1$ et $z_2 = r_2\text{cis}\theta_2$, alors

$$z_1z_2 = (r_1\text{cis}\theta_1)(r_2\text{cis}\theta_2) = r_1r_2\text{cis}(\theta_1 + \theta_2).$$

Exemple
Voici une multiplication sous forme polaire :

$$\left(2\,\text{cis}\frac{\pi}{6}\right)\left(5\,\text{cis}\frac{2\pi}{3}\right) = 10\,\text{cis}\left(\frac{\pi}{6}+\frac{2\pi}{3}\right)$$
$$= 10\,\text{cis}\left(\frac{5\pi}{6}\right);$$

on peut ensuite convertir la réponse sous forme cartésienne, si c'est utile.

$$10\,\text{cis}\frac{5\pi}{6} = 10\left(\cos\frac{5\pi}{6} + i\sin\frac{5\pi}{6}\right)$$
$$= 10\left(-\frac{\sqrt{3}}{2} + i\frac{1}{2}\right)$$
$$= -5\sqrt{3} + 5i$$ ■

Pour la division on a simplement

$$z^{-1} = (r\text{cis}\theta)^{-1} = r^{-1}\text{cis}(-\theta),$$

car

$$(r\text{cis}\theta)(r^{-1}\text{cis}(-\theta)) = rr^{-1}\text{cis}(\theta - \theta) = 1;$$

et

$$\frac{r_1 \text{cis}\,\theta_1}{r_2 \text{cis}\,\theta_2} = \frac{r_1}{r_2}\text{cis}(\theta_1 - \theta_2).$$

Exemple 1

$$i^{-1} = \left(1\text{cis}\frac{\pi}{2}\right)^{-1} = 1\text{cis}\left(-\frac{\pi}{2}\right) = -i$$ ■

Exemple 2

$$\frac{2\text{cis}\frac{\pi}{6}}{5\text{cis}\frac{2\pi}{3}} = \frac{2}{5}\text{cis}\left(\frac{\pi}{6} - \frac{2\pi}{3}\right) = \frac{2}{5}\text{cis}\left(-\frac{\pi}{2}\right) = -\frac{2}{5}i$$ ■

8.2.2 LA FORMULE DE MOIVRE

Les puissances entières z^n d'un nombre complexe z se définissent par récurrence :

si $n = 0$,	$z^0 = 1;$
si $n > 0$,	$z^n = z^{n-1}z;$
si $n < 0$,	$z^{-n} = (z^{-1})^n.$

Sous forme polaire, avec le produit des modules et la somme des arguments, cela s'écrit

$$(r\text{cis}\theta)^n = r^n\text{cis}(n\theta).$$

Exemple

Pour calculer $(1 + i)^{10}$, on utilise la forme polaire de $1 + i$.

$$\begin{aligned}(1+i)^{10} &= \left(\sqrt{2}\,\text{cis}\frac{\pi}{4}\right)^{10}\\ &= 32\,\text{cis}\frac{5\pi}{2}\\ &= 32\,\text{cis}\frac{\pi}{2} && \left[\text{car } \frac{5\pi}{2} = 2\pi + \frac{\pi}{2}\right]\\ &= 32i\end{aligned}$$ ■

Pour $r = 1$, la formule $(r\text{cis}\theta)^n = r^n\text{cis}(n\theta)$ s'appelle la *formule de Moivre*[3].

Formule de Moivre

$$(\cos\theta + i\sin\theta)^n = \cos(n\theta) + i\sin(n\theta)$$

On utilise souvent cette formule pour exprimer $\cos(n\theta)$ ou $\sin(n\theta)$ en fonction des puissances de $\cos\theta$ et de $\sin\theta$, notamment, à un niveau plus avancé, dans les calculs d'intégrales trigonométriques.

Exemple

Avec $n = 3$, la formule de Moivre donne

$$\begin{aligned}\cos 3\theta + i\sin 3\theta &= (\cos\theta + i\sin\theta)^3\\ &= \cos^3\theta + 3i\cos^2\theta\sin\theta - 3\cos\theta\sin^2\theta - i\sin^3\theta\\ &= (\cos^3\theta - 3\cos\theta\sin^2\theta) + i(3\cos^2\theta\sin\theta - \sin^3\theta),\end{aligned}$$

et, en séparant les parties réelles et imaginaires dans cette égalité, on aura

$$\cos 3\theta = \cos^3\theta - 3\cos\theta\sin^2\theta \quad \text{et} \quad \sin 3\theta = 3\cos^2\theta\sin\theta - \sin^3\theta.$$ ■

8.2.3 RACINES DE NOMBRES COMPLEXES

L'égalité $(r\text{cis}\theta)^n = r^n\text{cis}(n\theta)$ nous donne un moyen de calculer les n racines n-ièmes de tout nombre complexe non nul, c'est-à-dire les n solutions de l'équation $z^n = z_0$.

Exemple 1

Dans l'ensemble des nombres complexes, le nombre 1 a trois racines cubiques, dont l'une est réelle et les deux autres, complexes.

Si $z = r\text{cis}\theta$, alors

$$\begin{aligned}z^3 = 1 &\Leftrightarrow (r\,\text{cis}\,\theta)^3 = 1\\ &\Leftrightarrow r^3\text{cis}\,3\theta = 1\,\text{cis}\,0\\ &\Leftrightarrow r = 1 \text{ et } 3\theta = 0 + 2k\pi, \text{ avec } k = 0, \pm 1, \pm 2, \pm 3, \text{ etc.}\\ &\Leftrightarrow r = 1 \text{ et } \theta = \frac{2k\pi}{3}, \text{ avec } k = 0, \pm 1, \pm 2, \pm 3, \text{ etc.}\\ &\Leftrightarrow r = 1 \text{ et } \theta = 0 \text{ ou } \frac{2\pi}{3} \text{ ou } \frac{4\pi}{3} \quad \text{(les autres valeurs de } \theta \text{ sont des répétitions)}\end{aligned}$$

3. On doit cette formule à Abraham de Moivre (1667-1754).

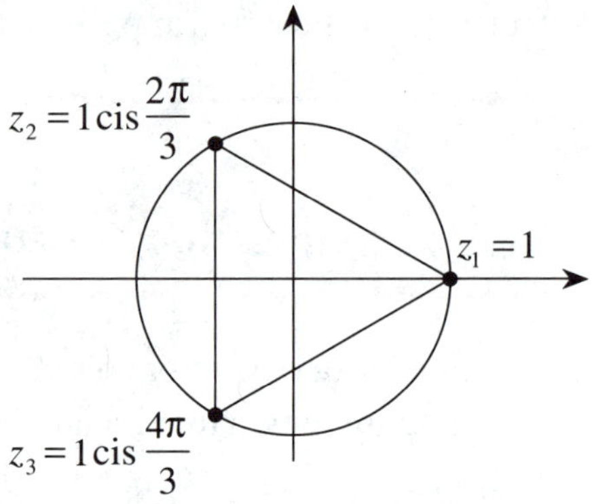

Figure 8.9 Les trois racines cubiques de 1.

ce qui fait que les trois racines cubiques de 1 sont (figure 8.9) :

$$z_1 = 1,\ z_2 = 1\,\text{cis}\frac{2\pi}{3} = -\frac{1}{2} + i\frac{\sqrt{3}}{2} \text{ et } z_3 = 1\,\text{cis}\frac{4\pi}{3} = -\frac{1}{2} - i\frac{\sqrt{3}}{2}.$$

Exemple 2

Le nombre -1 a exactement deux racines carrées.

Si $z = r\text{cis}\theta$, alors

$$\begin{aligned} z^2 = -1 &\Leftrightarrow (r\,\text{cis}\,\theta)^2 = 1\,\text{cis}\,\pi \\ &\Leftrightarrow r^2\,\text{cis}\,2\theta = 1\,\text{cis}\,\pi \\ &\Leftrightarrow r^2 = 1 \text{ et } 2\theta = \pi + 2k\pi,\ \text{avec } k = 0,\ \pm 1,\ \pm 2, \text{etc.} \\ &\Leftrightarrow r = 1 \text{ et } \theta = \frac{\pi}{2} + k\pi,\ \text{avec } k = 0,\ \pm 1,\ \pm 2, \text{etc.} \\ &\Leftrightarrow r = 1 \text{ et } \theta = \frac{\pi}{2} \text{ ou } \frac{3\pi}{2}, \end{aligned}$$

ce qui fait que les deux racines carrées de -1 sont

$$z_1 = 1\,\text{cis}\frac{\pi}{2} = i \text{ et } z_2 = 1\,\text{cis}\frac{3\pi}{2} = -i.$$

En suivant le raisonnement des deux exemples précédents, on montre facilement que les n solutions de l'équation $z^n = 1$, appelées les racines n-ièmes de l'unité, sont données par $z = \cos\frac{2k\pi}{n} + i\sin\frac{2k\pi}{n}$, avec $k = 0, 1, 2, \ldots, n-1$. Les racines n-ièmes de l'unité sont représentées par des points qui partagent le cercle de rayon 1 centré à l'origine en n secteurs égaux dans $\mathbb{R}^2$. La figure 8.10 montre les six racines sixièmes de l'unité.

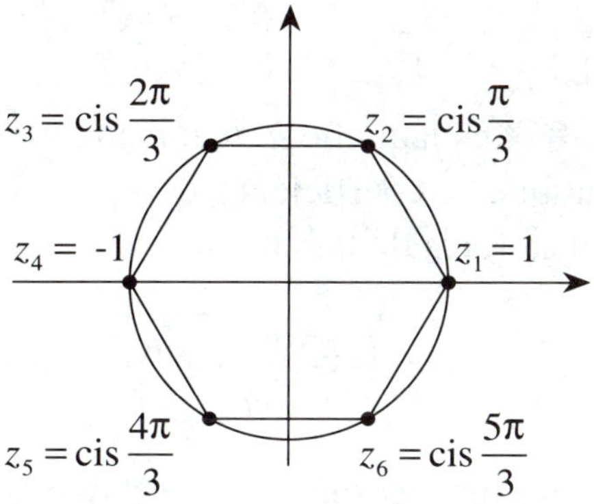

Figure 8.10 Les racines sixièmes de l'unité.

Tout nombre complexe non nul possède deux racines carrées distinctes; on peut calculer ces racines sous forme polaire à partir de la formule $(r\text{cis}\,\theta)^n = r^n\text{cis}(n\theta)$ ou bien directement à partir de la forme cartésienne comme dans l'exemple suivant.

Exemple

On veut calculer les racines carrées de $4 + 3i$.

$a + bi$ est une racine carrée de $4 + 3i \Leftrightarrow (a + bi)^2 = 4 + 3i$. Ensuite on a

$$\begin{aligned}
(a+bi)^2 = 4+3i &\Leftrightarrow (a^2-b^2)+2abi = 4+3i \\
&\Leftrightarrow a^2-b^2 = 4 \text{ et } 2ab = 3 \\
&\Leftrightarrow a^2-\left(\frac{3}{2a}\right)^2 = 4 \text{ et } b = \frac{3}{2a} \\
&\Leftrightarrow a^2-\frac{9}{4a^2} = 4 \text{ et } b = \frac{3}{2a} \\
&\Leftrightarrow 4a^4-16a^2-9 = 0 \text{ et } b = \frac{3}{2a} \\
&\Leftrightarrow 4c^2-16c-9 = 0 \text{ et } c = a^2 \text{ et } b = \frac{3}{2a} \\
&\Leftrightarrow a^2 = \frac{9}{2} \text{ et } b = \frac{3}{2a} \\
&\Leftrightarrow a+bi = \frac{3\sqrt{2}}{2}+i\frac{\sqrt{2}}{2} \text{ ou } -\left(\frac{3\sqrt{2}}{2}+i\frac{\sqrt{2}}{2}\right).
\end{aligned}$$

On peut vérifier qu'on a bien $\left(\frac{3\sqrt{2}}{2}+i\frac{\sqrt{2}}{2}\right)^2 = 4+3i$. ■

8.2.4 LES ÉQUATIONS QUADRATIQUES À COEFFICIENTS COMPLEXES

L'équation $az^2 + bz + c = 0$ dans laquelle a, b et c sont des nombres complexes est appelée équation quadratique à coefficients complexes. Les solutions de cette équation sont données par la formule habituelle.

$$z = \frac{-b \pm \sqrt{b^2 - 4ac}}{2a}$$

La nouveauté avec les nombres complexes, c'est que la racine carrée de $b^2 - 4ac$ existe toujours, peu importe que cette expression soit un nombre réel négatif ou positif ou même un nombre complexe arbitraire. Le signe ± devant la racine indique que les deux racines carrées d'un nombre complexe sont toujours symétriques l'une de l'autre relativement au point origine du plan d'Argand.

Exemple 1

Les solutions de l'équation $x^2 - 2x + 2 = 0$ sont données par

$$\begin{aligned} x &= \frac{2 \pm \sqrt{-4}}{2} \\ &= \frac{2 \pm 2\sqrt{-1}}{2} \\ &= 1 \pm i \end{aligned}$$

c'est-à-dire $x_1 = 1 + i$ et $x_2 = 1 - i$. ■

Exemple 2

Les solutions de l'équation $iz^2 - z + 1 - i = 0$ sont données par

$$\begin{aligned} z &= \frac{1 \pm \sqrt{1 - 4i(1 - i)}}{2i} \\ &= \frac{1 \pm \sqrt{-3 - 4i}}{2i} \\ &= \frac{1 \pm (1 - 2i)}{2i} \end{aligned}$$

[voir l'exercice 7 *d*) à la fin de cette section, pour le calcul de $\sqrt{-3 - 4i}$]

ce qui fait $z_1 = -1 - i$ et $z_2 = 1$. ■

EXERCICES 8.2

1. Écrivez chaque nombre sous la forme polaire $r\text{cis}\theta$ avec $0 \leq \theta < 2\pi$.

a) $1+\sqrt{3}i$ *b)* $-1-i$ *c)* -10 *d)* $-3i$

2. Écrivez chaque nombre sous la forme cartésienne $a + bi$.

a) $\text{cis}\frac{\pi}{6}$ *b)* $10\,\text{cis}\frac{3\pi}{2}$ *c)* $3\text{cis}\pi$ *d)* $4\,\text{cis}\frac{5\pi}{4}$

3. Effectuez chaque opération sous forme polaire et donnez les résultats sous forme cartésienne.

a) $\left(2\,\text{cis}\frac{\pi}{4}\right)(3\,\text{cis}\,\pi)$ *c)* $\dfrac{4\,\text{cis}\,\pi}{2\,\text{cis}\frac{\pi}{3}}$

b) $\left(5\,\text{cis}\frac{3\pi}{2}\right)\left(2\,\text{cis}\frac{\pi}{2}\right)$ *d)* $\dfrac{\text{cis}\frac{2\pi}{3}}{\text{cis}\frac{\pi}{5}}$

4. Effectuez chaque opération et donnez la réponse sous forme cartésienne.

a) $(1-i)^{12}$ *b)* $(-i)^{103}$ *c)* i^{2001} *d)* $\left(\frac{\sqrt{3}}{2}-\frac{1}{2}i\right)^{1993}$

5. Soit $\alpha = \text{Arg}(1+2i)$ et $\beta = \text{Arg}(3+4i)$. À l'aide de la multiplication et de la division complexes, montrez comment on peut déterminer les valeurs exactes de $\tan(\alpha+\beta)$ et $\tan(\alpha-\beta)$ sans calculer ni α ni β et sans utiliser la calculatrice.

6. Donnez les deux racines carrées de chaque nombre sous forme polaire.

a) $16\,\text{cis}\frac{5\pi}{3}$ *b)* $\frac{1}{4}\text{cis}\,\pi$

7. Donnez les deux racines carrées de chaque nombre sous forme cartésienne.

a) i *b)* $-i$ *c)* -9 *d)* $-3-4i$

8. Trouvez toutes les racines quatrièmes de l'unité et représentez-les sur le cercle unité.

9. Trouvez toutes les racines cinquièmes de l'unité et représentez-les sur le cercle unité.

10. Décomposez chaque polynôme en deux facteurs du premier degré. (Il peut y avoir des coefficients complexes.)

a) x^2+4 *b)* $x^2-4x+13$ *c)* $x^2+6x+10$ *d)* $iz^2+(1+i)z+1$

11. Trouvez toutes les solutions (réelles ou complexes) de chacune des équations.

a) $x^2-x+1=0$ *b)* $z^2+iz+1=0$ *c)* $(iz-1)(z^2+9)=0$ *d)* $z^4+z^2=0$

12. Démontrez les propriétés suivantes de la conjugaison en utilisant la forme d'écriture la plus appropriée (cartésienne ou polaire) dans chaque cas.

a) $\overline{z_1 + z_2} = \overline{z_1} + \overline{z_2}$

b) $\overline{-z} = -\overline{z}$

c) $\overline{r\text{cis}\theta} = r\text{cis}(-\theta)$

d) $\overline{z_1 z_2} = \overline{z}_1\overline{z}_2$

e) $\overline{z^{-1}} = (\overline{z})^{-1}$ si $z \neq 0$

f) $(\overline{z_1/z_2}) = \overline{z}_1/\overline{z}_2$ si $z_2 \neq 0$

8.3 LE THÉORÈME FONDAMENTAL DE L'ALGÈBRE

Dans cette section, nous présentons le théorème fondamental de l'algèbre sur les solutions des équations polynômiales à coefficients complexes et sur la factorisation des polynômes. Nous ne ferons pas la démonstration formelle de ce théorème, celle-ci dépassant le niveau de cet ouvrage; on trouvera cependant dans la section *Pour aller plus loin* des indications sur ce sujet. Ce théorème montre que le système des nombres complexes est en quelque sorte complet et qu'il n'y a pas lieu d'en chercher une extension pour résoudre des équations polynômiales qui ne seraient pas résolubles dans $\mathbb{C}$. Nous terminons cette section par quelques considérations sur les polynômes à coefficients réels.

8.3.1 LE THÉORÈME FONDAMENTAL

Il semble que l'idée de résoudre des problèmes de partage avec des équations et des inconnues remonte à la période babylonienne, c'est-à-dire au troisième millénaire av. J.C. Cependant, l'écriture symbolique des équations, telle que nous la pratiquons aujourd'hui avec l'emploi du signe d'égalité, daterait de la Renaissance. Déjà à cette époque, on savait résoudre les équations algébriques (à solutions réelles) de degrés 2, 3 et 4 par des formules ne faisant intervenir que des radicaux (racines de degrés entiers). Ainsi, pour résoudre les équations de degré 2 comme $ax^2 + bx + c = 0$, on connaissait la formule $x = \dfrac{-b \pm \sqrt{b^2 - 4ac}}{2a}$, laquelle donne les solutions réelles lorsque $b^2 - 4ac \geq 0$ et fait intervenir un radical de degré 2.

Aux XVIIe et XVIIIe siècles, les mathématiciens ont cherché en vain des formules semblables pour résoudre les équations de degrés supérieurs à 4. Ce fut Niels Henrik Abel (1802-1829) qui donna le premier, en 1826, une démonstration de l'impossibilité d'une telle formule pour résoudre l'équation générale de degré 5. Évariste Galois (1811-1832) élabora pour sa part une théorie générale pour reconnaître toutes les équations algébriques de tous les degrés qui sont résolubles par des formules ne faisant intervenir que des radicaux.

Le fait qu'il n'y ait pas de formule pour obtenir les solutions d'une équation ne signifie pas que cette équation soit sans solution. À défaut de donner une formule de calcul explicite des solutions, le théorème fondamental garantit l'existence d'au moins une solution à toutes les équations algébriques dans l'ensemble des nombres complexes.

Définition ***Polynôme et équation algébrique de degré n***

L'expression $P(z)$ définie par

$$P(z) = a_n z^n + a_{n-1} z^{n-1} + \cdots + a_1 z + a_0$$

est un *polynôme* en z de degré n (si $a_n \neq 0$). L'équation $P(z) = 0$ est une *équation polynômiale* de degré n ou encore une *équation algébrique* de degré n.

Les nombres a_i sont les coefficients du polynôme ou de l'équation. Si z_0 est un nombre tel que $P(z_0) = 0$, alors z_0 est appelé une *racine* du polynôme $P(z)$ ou une *solution* de l'équation $P(z) = 0$.

Exemple 1

$z^2 + 1$ est un polynôme de degré 2; i et $-i$ sont des racines de ce polynôme. ■

Exemple 2

$z^3 - (2 + 2i)z^2 + (-1 + 4i)z + 2 = 0$ est une équation algébrique de degré 3; le nombre 2 est une solution de cette équation. ■

Théorème fondamental de l'algèbre

Toute équation algébrique

$$a_n z^n + a_{n-1} z^{n-1} + \cdots + a_1 z + a_0 = 0$$

à coefficients complexes et de degré $n \geq 1$ a au moins une solution dans l'ensemble des nombres complexes.

En d'autres termes, tout polynôme $P(z) = a_n z^n + a_{n-1} z^{n-1} + \cdots + a_1 z + a_0$ à coefficients complexes de degré $n \geq 1$ a au moins une racine dans l'ensemble des nombres complexes.

Remarque

Si z_1 est une racine de $P(z) = a_n z^n + a_{n-1} z^{n-1} + \cdots + a_1 z + a_0$, alors la division du polynôme $P(z)$ par $(z - z_1)$ n'a pas de reste (le reste est nul), et on a donc

$$P(z) = (z - z_1)Q(z)$$

où $Q(z)$ est un polynôme de degré $n - 1$. Le théorème fondamental s'applique alors à $Q(z)$, et ainsi de suite, jusqu'à ce que $P(z)$ soit entièrement décomposé en un produit de n facteurs de degré 1 et un facteur de degré 0.

$$P(z) = (z - z_1)(z - z_2)\cdots(z - z_n)a_n$$

Dans cette décomposition, certains facteurs peuvent être identiques (des racines peuvent se répéter) et le facteur de degré 0 est forcément le coefficient de z^n dans le polynôme $P(z)$.

Exemple

Selon le théorème fondamental, le polynôme $z^3 - iz^2 - z + i$ devrait avoir trois racines : on peut vérifier que ces trois racines sont i, -1 et 1. La décomposition en facteurs de ce polynôme est donc

$$z^3 - iz^2 - z + i = (z - i)(z + 1)(z - 1).$$ ■

8.3.2 POLYNÔMES À COEFFICIENTS RÉELS

Soit $P(z) = az^2 + bz + c$ un polynôme en z où a, b et c sont des coefficients *réels*. À l'aide des propriétés de la conjugaison (voir l'exercice 12 de la section *Exercices 8.2*), on montre facilement que $\overline{P(z)} = P(\overline{z})$; de cette dernière égalité, on déduit que si z_0 est une solution complexe de l'équation $az^2 + bz + c = 0$ à coefficients réels, alors le conjugué $\overline{z}_0$ de z_0 est aussi une solution de cette équation. En effet, dans ce cas, si $P(z_0) = 0$, alors $P(\overline{z}_0) = \overline{P(z_0)} = \overline{0} = 0$. Le même raisonnement s'applique à tout polynôme de degré arbitraire à coefficients réels.

Proposition

Les racines complexes d'un polynôme à coefficients réels viennent toujours par paires de conjuguées.

Exemple 1

Les racines du polynôme $1 + z + z^2 + z^3$ sont 1, i et $-i$; on constate que les deux racines complexes i et $-i$ sont conjuguées l'une de l'autre. ■

Exemple 2

Tout polynôme à coefficients réels de degré *impair* a au moins une racine réelle, car le nombre de racines complexes d'un polynôme à coefficients réels est pair d'après la proposition. ■

EXERCICES 8.3

1. Sachant que $z = -1$ est une solution de l'équation $z^3 - z^2 + 3z + 5 = 0$, trouvez les deux autres solutions prévues par le théorème fondamental en divisant d'abord $z^3 - z^2 + 3z + 5$ par $z - (-1)$.

2. Trouvez deux polynômes distincts de degré 3 ayant $1 + 2i$ comme racine.

3. Trouvez l'unique solution réelle de l'équation $z^5 + 3z^4 + 5z^3 + 15z^2 + 4z + 12 = 0$, sachant que i et $2i$ sont deux solutions complexes de cette équation. (Trouvez d'abord un facteur de degré 4 à coefficients réels à partir des deux racines complexes du polynôme $z^5 + 3z^4 + 5z^3 + 15z^2 + 4z + 12$.)

4. Le théorème fondamental prévoit n solutions à l'équation $1 + z + z^2 + z^3 + \cdots + z^n = 0$.

   Montrez que ces n solutions sont les n racines $(n+1)$-ièmes de l'unité autres que 1. Par exemple, les deux solutions de $1 + z + z^2 = 0$ sont les deux racines cubiques de l'unité autres que 1. (*Coup de pouce* : $a + ar + ar^2 + ar^3 + \cdots + ar^n$ est une progression géométrique dont la somme est $a\dfrac{r^{n+1} - 1}{r - 1}$ pour $r \neq 1$.)

5. À partir de l'exercice précédent, trouvez toutes les solutions de :

   a) $1 + z + z^2 + z^3 = 0$; *b*) $1 + z + z^2 + z^3 + z^4 = 0$.

6. En suivant un raisonnement semblable à celui qui est proposé à l'exercice 4, trouvez toutes les solutions de l'équation $1 - z + z^2 - z^3 + z^4 = 0$.

7. Donnez, sous la forme cartésienne, toutes les solutions de l'équation $z^3 + z = 10$.

8. Soit $P(z) = z^3 + az^2 + bz + c$ un polynôme en z à coefficients réels. Sachant que $P(3 + i) = 0$ et $P(1) = -1$, trouvez toutes les racines de $P(z)$.

8.4 TRANSFORMATIONS AFFINES AVEC LES NOMBRES COMPLEXES

Le but de cette section est de montrer comment les nombres complexes permettent de représenter les transformations linéaires et affines dans $\mathbb{R}^2$ par de simples opérations arithmétiques. On obtient ainsi une équivalence entre le point de vue matriciel (chapitre 7) et le point de vue complexe sur les transformations linéaires et affines du plan.

8.4.1 INTERPRÉTATION GÉOMÉTRIQUE DE LA MULTIPLICATION ET DE L'ADDITION

Si on multiplie tous les points z du plan d'Argand par cisα où α est un angle donné, alors, selon la définition de la multiplication complexe, tous ces points verront leur argument augmenter de α et subiront donc une rotation d'angle α autour de l'origine. En ce sens, la *rotation* d'angle α autour de l'origine est la transformation $\boldsymbol{R}$ du plan d'Argand définie par

$$\boldsymbol{R}(z) = (\text{cis}\alpha)z \text{ (figure 8.11).}$$

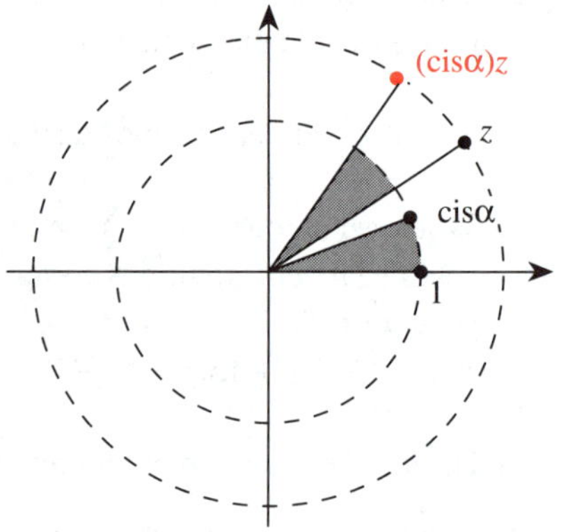

Figure 8.11 La rotation $\boldsymbol{R}(z) = (\text{cis}\alpha)z$.

Exemple 1

$\boldsymbol{R}(z) = iz$ représente une rotation de $\frac{\pi}{2}$ radians (90°) autour de l'origine, car $i = \text{cis}\frac{\pi}{2}$. ■

Exemple 2

$\boldsymbol{R}(z) = \left(\text{cis}\frac{2\pi}{3}\right)z$ représente une rotation de $\frac{2\pi}{3}$ radians (120°) autour de l'origine. ■

Si on multiplie tous les points z du plan d'Argand par a, où a est un nombre complexe donné de module $\|a\|$ et d'argument α, alors, en plus de tourner autour de l'origine d'un angle α, tous les points verront leur module multiplié par le facteur $\|a\|$. On obtient donc la proposition suivante.

Proposition

Soit a un nombre complexe non nul. Alors, la transformation $\boldsymbol{T}$ du plan d'Argand définie par

$$\boldsymbol{T}(z) = az$$

est une *similitude directe* de rapport $\|a\|$ et d'angle Arg(a) centrée à l'origine.

Exemple 1

La similitude directe de rapport 3 et d'angle $\frac{\pi}{4}$ centrée à l'origine est représentée par $\boldsymbol{T}(z) = az$ où a est le nombre complexe de module 3 et d'argument $\frac{\pi}{4}$.

$$\boldsymbol{T}(z) = \left(3\text{cis}\frac{\pi}{4}\right)z = \left(\frac{3\sqrt{2}}{2} + \frac{3\sqrt{2}}{2}i\right)z$$ ■

Exemple 2

La transformation $\boldsymbol{T}$ définie par $\boldsymbol{T}(z) = rz$ où r est un nombre réel positif est une similitude directe de rapport r et d'angle 0 centrée à l'origine, c'est-à-dire une homothétie de rapport r centrée à l'origine. ■

L'addition complexe coïncidant avec l'addition vectorielle dans $\mathbb{R}^2$, la transformation $\boldsymbol{T}$ définie par $\boldsymbol{T}(z) = z + a$ où a est un nombre complexe donné représente une *translation* dans le plan d'Argand (figure 8.12).

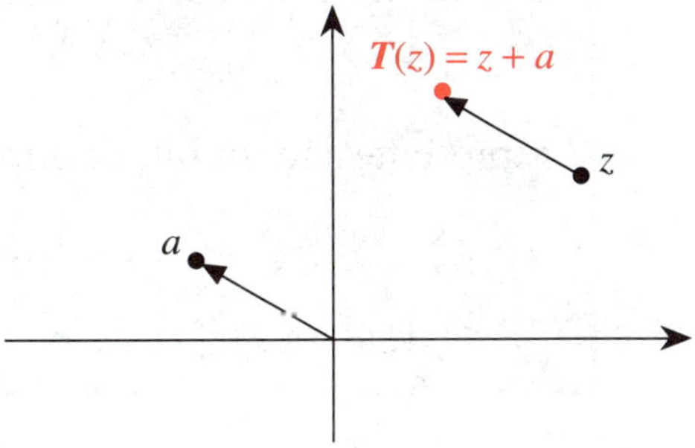

Figure 8.12 La translation $\boldsymbol{T}(z) = z + a$.

En composant les similitudes autour de l'origine avec les translations, on parvient à décrire très simplement les similitudes directes de rapport r, d'angle α et de centre c arbitraires.

$$z \xrightarrow{\text{Translation}} (z-c) \xrightarrow[\text{directe}]{\text{Similitude}} r\text{cis}\,\alpha(z-c) \xrightarrow[\text{inverse}]{\text{Translation}} r\text{cis}\,\alpha(z-c)+c$$

Exemple 1

La rotation de 60° autour du centre $1 + i$ est donnée par

$$\begin{aligned}\boldsymbol{T}(z) &= \left(\text{cis}\frac{\pi}{3}\right)(z-(1+i))+(1+i)\\ &= \left(\text{cis}\frac{\pi}{3}\right)(z) - \left(\text{cis}\frac{\pi}{3}\right)(1+i)+(1+i)\\ &= \left(\frac{1}{2}+\frac{\sqrt{3}}{2}i\right)z + \left(\frac{1+\sqrt{3}}{2}+\frac{1-\sqrt{3}}{2}i\right)\end{aligned}$$ [Après avoir effectué les calculs.] ■

Exemple 2

La similitude directe de rapport 2, d'angle $\frac{\pi}{2}$ et de centre -3 est donnée par

$$\begin{aligned}\boldsymbol{T}(z) &= 2i(z-(\text{-}3))+(\text{-}3)\\ &= 2iz - 3 + 6i.\end{aligned}$$ ■

Pour caractériser la transformation $\boldsymbol{T}$ du plan d'Argand définie par $\boldsymbol{T}(z) = az + b$, on observe d'abord que pour $a \neq 1$,

$$az + b = a\left(z - \frac{b}{1-a}\right) + \frac{b}{1-a} = a(z - c) + c, \text{ où } c = \frac{b}{1-a}$$

de telle sorte qu'on obtient la proposition suivante.

Proposition

Soit a et b des nombres complexes, avec $a \neq 0$. Alors la transformation $\boldsymbol{T}$ du plan d'Argand définie par

$$\boldsymbol{T}(z) = az + b$$

représente une similitude directe de rapport $\|a\|$ et d'angle $\text{Arg}(a)$ centrée en $\frac{b}{1-a}$ si $a \neq 1$.

Si $a = 1$, alors $\boldsymbol{T}(z) = z + b$ et $\boldsymbol{T}$ est une translation.

Exemple

La transformation $\boldsymbol{T}$ définie par $\boldsymbol{T}(z) = (1 - i\sqrt{3})z + i$ est une similitude directe de rapport $\|1 - i\sqrt{3}\| = 2$, d'angle $\text{Arg}(1 - i\sqrt{3}) = \text{-}60°$ et de centre $c = \dfrac{i}{1 - (1 - i\sqrt{3})} = \dfrac{\sqrt{3}}{3}$.

■

8.4.2 INTERPRÉTATION GÉOMÉTRIQUE DE LA CONJUGAISON

La transformation $\boldsymbol{T}$ définie par $\boldsymbol{T}(z) = \overline{z}$ est une réflexion autour de l'axe réel (axe des x) dans le plan d'Argand. On peut obtenir la réflexion autour d'une droite $\mathcal{D}$ passant par l'origine et faisant un angle θ avec l'axe réel en faisant d'abord une rotation d'angle -θ (pour amener l'axe de réflexion sur l'axe réel), puis une réflexion autour de l'axe réel et, enfin, une rotation d'angle θ (pour replacer l'axe de réflexion dans sa position initiale).

$$z \xrightarrow[\text{d'angle -}\theta]{\text{Rotation}} \text{cis}(\text{-}\theta)z \xrightarrow[\text{(conjugaison)}]{\text{Réflexion}} \overline{\text{cis}(\text{-}\theta)z} \xrightarrow[\text{d'angle +}\theta]{\text{Rotation}} \text{cis}(\theta)\overline{\text{cis}(\text{-}\theta)z} = \text{cis}(2\theta)\overline{z}$$

Ainsi, la transformation $\boldsymbol{T}$ définie par

$$T(z) = \text{cis}(2\theta)\overline{z}$$

est une réflexion autour de la droite $\mathcal{D}$ passant par l'origine et faisant un angle θ avec l'axe réel.

Exemple 1

La droite d'équation $y = x$ fait un angle $\frac{\pi}{4}$ avec l'axe réel; la réflexion autour de cette droite est donc décrite par $\boldsymbol{T}(z) = \text{cis}(2\frac{\pi}{4})\bar{z} = i\bar{z}$. ■

Exemple 2

On peut décrire la réflexion autour de la droite d'équation $y = 3x$ en calculant la valeur de l'angle θ que fait cette droite avec l'axe réel. Cependant, on peut éviter de calculer la valeur de l'angle θ lui-même en procédant comme suit : on choisit d'abord un nombre complexe représentant un point sur cette droite autre que le point origine, par exemple le nombre 1 + 3*i*. Ensuite, on élève ce nombre au carré (pour doubler son argument) et on divise le résultat par son module pour obtenir un nombre d'argument 2θ situé sur le cercle trigonométrique (figure 8.13) .

$$(1 + 3i)^2 = -8 + 6i$$

et donc,

$$\text{cis}\, 2\theta = \frac{-8+6i}{\|-8+6i\|} = \frac{1}{10}(-8+6i);$$

par suite,

$$\boldsymbol{T}(z) = \frac{1}{10}(-8+6i)\bar{z}.$$

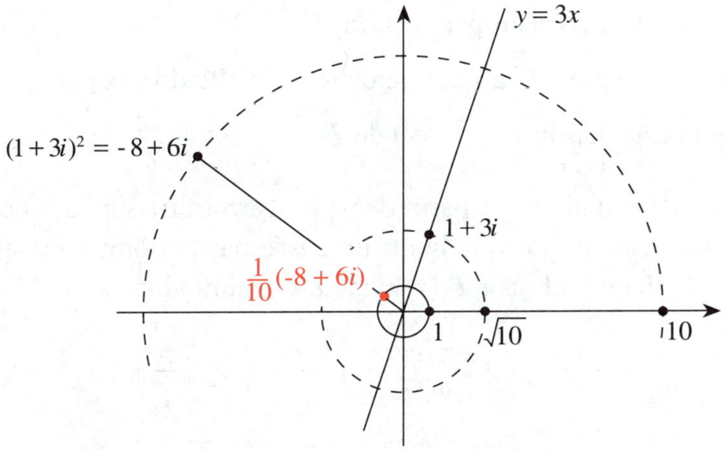

Figure 8.13 ■

Si on compose l'homothétie de rapport r centrée à l'origine avec la réflexion autour de la droite $\mathcal{D}$ passant par l'origine et faisant un angle θ avec l'axe réel, on obtient la similitude indirecte de rapport r et d'angle θ centrée à l'origine :

$$\boldsymbol{T}(z) = (r\operatorname{cis} 2\theta)\overline{z}.$$

Proposition

Soit a un nombre complexe non nul. Alors, la transformation $\boldsymbol{T}$ du plan d'Argand définie par

$$\boldsymbol{T}(z) = a\overline{z}$$

est une *similitude indirecte* de rapport $\|a\|$ et d'angle $1/2\,\mathrm{Arg}(a)$ centrée à l'origine.

Exemple

La transformation $\boldsymbol{T}$ définie par $\boldsymbol{T}(z) = (1+i)\overline{z}$ est une similitude indirecte de rapport $\sqrt{2}$ et d'angle $\frac{\pi}{8}$ centrée à l'origine. ■

On peut aussi décrire les réflexions autour de droites ne passant pas par l'origine en utilisant les translations; c'est ce que montre l'exemple suivant.

Exemple

La réflexion $\boldsymbol{T}$ autour de la droite d'équation $y = x + 1$ se fait en trois étapes.

1re étape On fait une translation $\boldsymbol{T}_1$ qui amène la droite d'équation $y = x + 1$ sur une droite parallèle passant par l'origine.

2e étape On fait la réflexion $\boldsymbol{T}_2$ autour de cette nouvelle droite.

3e étape On fait la translation $\boldsymbol{T}_3$ inverse de $\boldsymbol{T}_1$.

On peut choisir la translation $\boldsymbol{T}_1$ à partir d'un point arbitraire sur l'axe de réflexion; par exemple, dans ce cas-ci, puisque la droite passe par le point correspondant au nombre complexe i, on peut choisir $\boldsymbol{T}_1(z) = z - i$. On aura alors

$$z \xrightarrow{T_1} z - i \xrightarrow{T_2} \left(\operatorname{cis} 2\frac{\pi}{4}\right)\overline{(z-i)} \xrightarrow{T_3} \left(\operatorname{cis} 2\frac{\pi}{4}\right)\overline{(z-i)} + i$$

ce qui donne $\boldsymbol{T}(z) = \left(\operatorname{cis} 2\frac{\pi}{4}\right)\overline{(z-i)} + i = i\overline{z} - 1 + i$. ■

Les translations permettent aussi de décrire les similitudes indirectes centrées ailleurs qu'à l'origine. Par définition, une similitude indirecte de rapport r et d'angle θ centrée en c est une homothétie de rapport r et de centre c composée avec une réflexion autour de la droite qui passe par c et qui fait un angle θ avec l'axe réel.

Les transformations $\boldsymbol{T}$ du plan d'Argand définies par $\boldsymbol{T}(z) = az + b\bar{z}$ sont précisément les transformations linéaires vues au chapitre 7 et alors représentées par les matrices carrées d'ordre 2 (voir les exercices 10 et 11 à la fin de cette section). Le fait que l'on puisse représenter toute transformation linéaire de $\mathbb{R}^2$ par $\boldsymbol{T}(z) = az + b\bar{z}$ montre que *toute transformation linéaire de* $\mathbb{R}^2$ *est la somme d'une similitude directe et d'une similitude indirecte centrées à l'origine*. On peut conclure que *les transformations* $\boldsymbol{T}$ *du plan d'Argand définies par* $\boldsymbol{T}(z) = az + b\bar{z} + c$ *sont précisément les transformations affines du plan*, car une transformation affine est la somme d'une transformation linéaire et d'une translation (voir le chapitre 7).

EXERCICES 8.4

1. Quel est le rapport r et l'angle α de la similitude directe $\boldsymbol{T}$ définie par :

a) $\boldsymbol{T}(z) = (1 + 2i)z$; *b*) $\boldsymbol{T}(z) = -3z$; *c*) $\boldsymbol{T}(z) = -iz$.

2. Trouvez les nombres complexes a et b sous forme cartésienne pour lesquels la transformation $\boldsymbol{T}$ du plan d'Argand définie par $\boldsymbol{T}(z) = az + b$ représente :

a) une rotation de 30° autour du point $3 + 4i$;
b) une homothétie de rapport 5 centrée en $-2 + i$;
c) une similitude directe de rapport 2 et d'angle $\frac{2\pi}{3}$ centrée en i;
d) une translation qui déplace le point $1 - i$ sur le point $3 + 4i$.

3. Déterminez le rapport, l'angle et le centre de chacune des similitudes directes $\boldsymbol{T}$ définies par chacune des égalités. [*N.B.* Le centre c est un point fixe : $\boldsymbol{T}(c) = c$.]

a) $\boldsymbol{T}(z) = -2z + i$ *b*) $\boldsymbol{T}(z) = (2 - 2i)z + 1$

4. Montrez que dans le triangle illustré à la figure 8.14, le quotient $\dfrac{z_2 - z_0}{z_1 - z_0}$ est un nombre complexe dont le module est le rapport $\dfrac{l_2}{l_1}$ des longueurs des deux côtés issus du sommet z_0 et dont l'argument est l'angle θ entre ces deux côtés. Ce rapport et cet argument resteront les mêmes si le triangle subit une rotation et/ou

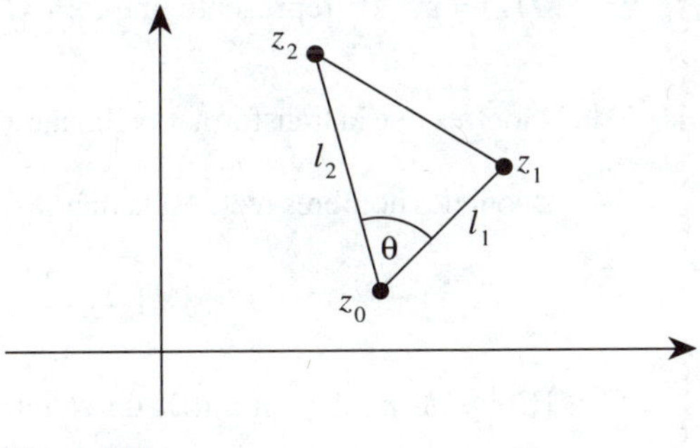

Figure 8.14

une homothétie et/ou une translation, de telle sorte que le quotient $\dfrac{z_2 - z_0}{z_1 - z_0}$ représente la *forme* du triangle, indépendamment de ses dimensions et de sa position.

5. Les deux triangles illustrés à la figure 8.15 sont directement semblables (ils s'obtiennent l'un de l'autre par une rotation et/ou une homothétie et/ou une translation).

Déterminez le nombre complexe z représentant le sommet A à partir du résultat décrit à l'exercice précédent.

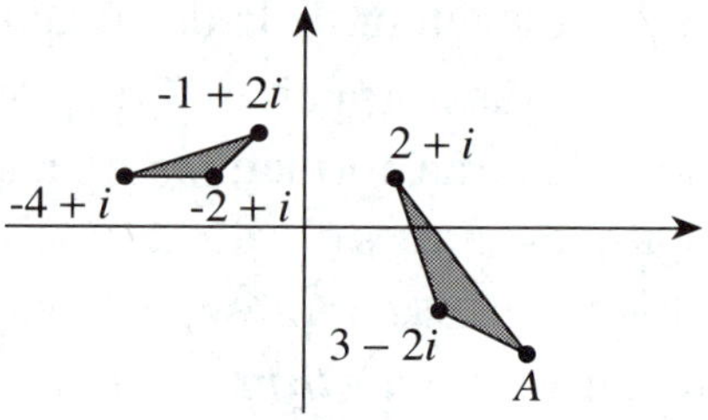

Figure 8.15

6. Pour déplacer sans trop d'effort un objet très lourd, par exemple un réfrigérateur, on le fait pivoter légèrement sur un coin, on le dépose, on le fait pivoter à nouveau en sens inverse sur un autre coin et ainsi de suite. Ce petit truc bien connu illustre la proposition suivante : une rotation d'angle θ et de centre c_1 suivie d'une autre rotation d'angle $-\theta$ et de centre c_2 donne une translation si $c_1 \neq c_2$.

a) Démontrez cette proposition.

b) Quelle est la translation résultant d'une rotation autour de l'origine de $\dfrac{\pi}{4}$ radians suivie d'une rotation de $-\dfrac{\pi}{4}$ radians autour du point $2i$?

7. Une homothétie de rapport r et de centre c_1 suivie d'une autre homothétie de rapport $\dfrac{1}{r}$ et de centre c_2 donne une translation si $c_1 \neq c_2$ et $r \neq 1$.

a) Démontrez cette proposition.

b) Quelle est la translation résultant d'une homothétie de rapport 10 centrée à l'origine suivie d'une homothétie de rapport 0,1 centrée en $4 + 4i$?

8. Quel est le rapport et l'angle de la similitude indirecte $\boldsymbol{T}$ du plan d'Argand définie par :

a) $\boldsymbol{T}(z) = -\dfrac{1}{2}\bar{z}$; *b*) $\boldsymbol{T}(z) = (3 - 4i)\bar{z}$; *c*) $\boldsymbol{T}(z) = -3i\bar{z}$?

9. Trouvez les nombres complexes a et b pour lesquels la transformation $\boldsymbol{T}$ définie par $\boldsymbol{T}(z) = a\bar{z} + b$ représente une réflexion autour de la droite d'équation $y = -2x + 4$.

10. Montrez que la transformation linéaire $\boldsymbol{T}$ dans $\mathbb{R}^2$ représentée par la matrice $\begin{pmatrix} a & c \\ b & d \end{pmatrix}$ où a, b, c et d sont des nombres réels est la même que la transformation $\boldsymbol{T'}$ du plan d'Argand représentée par

$$\boldsymbol{T'}(z) = \left(\frac{a+d}{2} + i\frac{b-c}{2}\right)z + \left(\frac{a-d}{2} + i\frac{b+c}{2}\right)\bar{z}.$$

[*Coup de pouce* : Il suffit de montrer que $\boldsymbol{T}\begin{pmatrix}1\\0\end{pmatrix}$ et $\boldsymbol{T'}(1)$, de même que $\boldsymbol{T}\begin{pmatrix}0\\1\end{pmatrix}$ et $\boldsymbol{T'}(i)$), représentent le même point.]

11. Montrez que la transformation $\boldsymbol{T}$ définie dans le plan d'Argand par $\boldsymbol{T}(z) = az + b\bar{z}$ où a et b sont des nombres complexes est la même que la transformation $\boldsymbol{T'}$ dans $\mathbb{R}^2$ représentée par la matrice 2×2

$$\boldsymbol{T'} = \begin{pmatrix} \mathrm{Re}(a+b) & -\mathrm{Im}(a-b) \\ \mathrm{Im}(a+b) & \mathrm{Re}(a-b) \end{pmatrix}.$$

[*Coup de pouce* : Il suffit de montrer que $\boldsymbol{T}(1)$ et $\boldsymbol{T'}\begin{pmatrix}1\\0\end{pmatrix}$, de même que $\boldsymbol{T}(i)$ et $\boldsymbol{T'}\begin{pmatrix}0\\1\end{pmatrix}$, représentent le même point.]

8.5 POUR ALLER PLUS LOIN

Dans cette section, nous donnons d'abord quelques indications sur les formules de résolution par radicaux des équations algébriques de degrés 3 et 4. Nous présentons ensuite une démonstration heuristique (informelle) du théorème fondamental de l'algèbre et nous montrons comment Euler a obtenu la célèbre formule $e^{i\pi} = -1$. Nous concluons par un bref commentaire sur les quaternions.

8.5.1 LES FORMULES DE RÉSOLUTION PAR RADICAUX DES ÉQUATIONS ALGÉBRIQUES DE DEGRÉS 3 ET 4

Les équations

$$ax^3 + bx^2 + cx + d = 0 \quad \text{et} \quad ax^4 + bx^3 + cx^2 + dx + e = 0$$

sont résolubles par des formules ne faisant intervenir que des radicaux de degré entier. La formule pour le degré 3 est attribuée à Scipione del Ferro (1465-1526) et Niccolo Fontana di Tartaglia (1499-1557); la formule pour le degré 4, connue sous le nom de formule de Cardan, serait attribuable à Ludovico Ferrari (1522-1565), un élève de Cardan. Ceux qui s'intéressent à ces formules ou à la petite histoire entourant ces découvertes pourront consulter la *Petite Encyclopédie des mathématiques* à la rubrique des équations algébriques[4].

---

4. *Petite Encyclopédie des mathématiques*, Éditions K. Pagoulatos, 1980.

8.5.2 HEURISTIQUE DE LA PREUVE DU THÉORÈME FONDAMENTAL DE L'ALGÈBRE

Soit $p(z)$ le polynôme de degré n ($n \geq 1$) à coefficients complexes défini par

$$p(z) = a_n z^n + a_{n-1} z^{n-1} + \cdots + a_2 z^2 + a_1 z + a_0$$

dans lequel on suppose que $a_n \neq 0$. Le théorème fondamental de l'algèbre affirme que l'équation $p(z) = 0$ a au moins une solution dans l'ensemble des nombres complexes. Sans donner une preuve formelle et détaillée de ce théorème, nous pouvons tout de même le justifier de façon *heuristique*, c'est-à-dire par un argument informel[5].

On suppose d'abord que $a_0 \neq 0$, car autrement le nombre 0 est solution de l'équation $p(z) = 0$ et il n'y a alors rien à démontrer.

Dans un premier temps, on voit que lorsque z parcourt une fois un cercle C de rayon r suffisamment petit (beaucoup plus petit que $\|a_0\|$), alors l'image de z par le polynôme $p(z)$, considéré comme transformation dans le plan d'Argand, est une courbe fermée C' (figure 8.16). Cette courbe entoure le point a_0 et est entièrement contenue dans un disque centré en a_0 et de rayon strictement inférieur à $\|a_0\|$. C'est là une conséquence de la *continuité* des fonctions polynômiales.

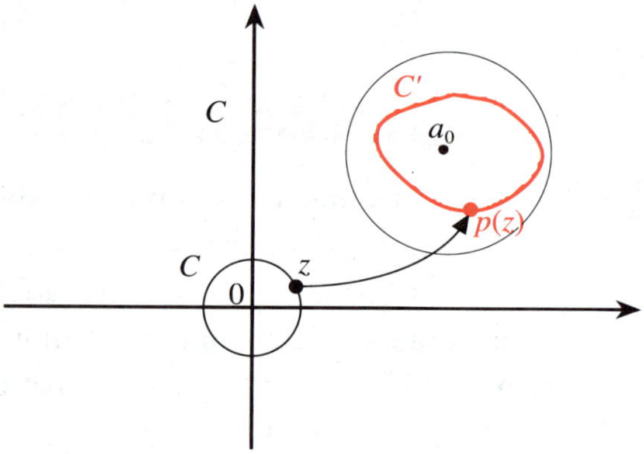

Figure 8.16

Dans un deuxième temps, on peut augmenter progressivement le rayon r du cercle C et provoquer ainsi une déformation continue de la courbe fermée C' décrite par $p(z)$ (figure 8.17). Cette déformation transformera progressivement C' en une courbe fermée qui finira par encercler n fois un disque centré à l'origine de rayon aussi grand que désiré (en choisissant r suffisamment grand); en effet, la factorisation

$$p(z) = a_n z^n \left(1 + \frac{a_{n-1}}{a_n z} + \cdots + \frac{a_2}{a_n z^{n-2}} + \frac{a_1}{a_n z^{n-1}} + \frac{a_0}{a_n z^n} \right)$$

montre que

$$\lim_{\|z\| \to \infty} \|p(z)\| = \lim_{\|z\| \to \infty} \|a_n z^n\| = \infty$$

---

5. Cet argument heuristique est proposé par Gilbert Labelle, professeur à l'UQAM, auteur de *Introduction aux nombres complexes et applications*, Association mathématique du Québec, 1974.

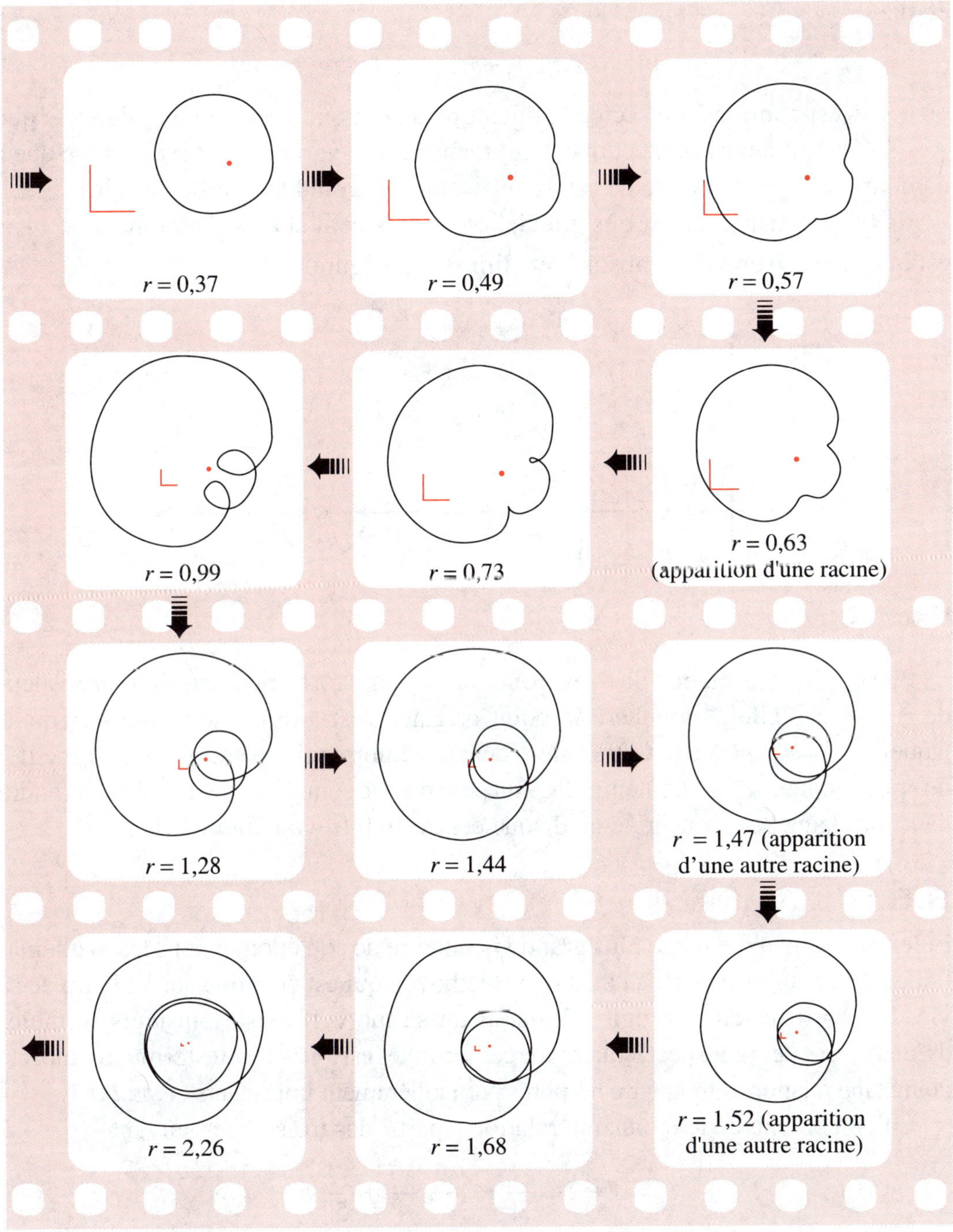

Figure 8.17 Images d'un cercle de rayon r centré à l'origine par le polynôme $p(z) = (2+i)z^3 + (1+2i)z^2 + (-1+3i)z + (3+i)$ pour différentes valeurs de r (les images ne sont pas toutes à la même échelle). Ces images ont été obtenues à partir d'un programme mis au point par François Trottier.

et que

$$\text{Arg } p(z) = \text{Arg } a_n + n \text{ Arg } z + \text{Arg}(1 + w)$$

où $1 + w$ est confiné à un secteur d'autant plus petit que $\|z\|$ est grand, de sorte que $\text{Arg}(1 + w)$ est négligeable et que l'argument de $p(z)$ varie de $2n\pi$ radians lorsque z parcourt une fois un cercle de rayon suffisamment grand autour de l'origine.

En effet, lorsque $\|z\|$ est très grand, $\|w\|$ est très petit et alors l'argument de $1+ w$ est inférieur à θ en valeur absolue et $\lim\limits_{\|z\| \to \infty} \theta = 0$ (figure 8.18).

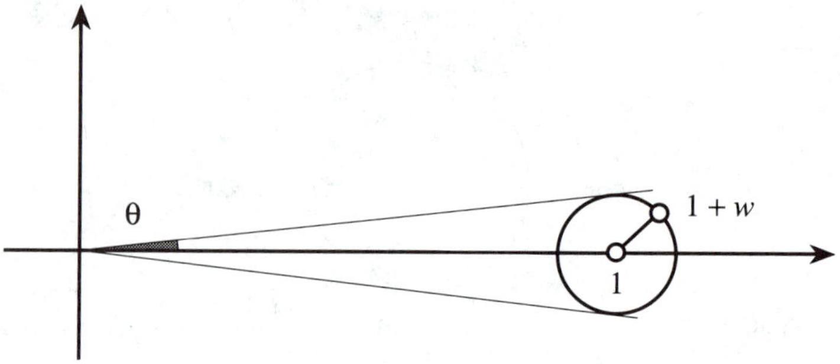

Figure 8.18

Puisque la déformation de C' est continue, il y aura forcément *au moins une* valeur de r pour laquelle C' touchera le point origine, c'est-à-dire une valeur de z pour laquelle $\|z\| = r$ et $p(z) = 0$. Cette valeur de r sera intermédiaire entre la valeur (petite) de r pour laquelle C' est contenue dans un petit disque centré en a_0 et la valeur (grande) de r pour laquelle C' encercle un disque centré en 0 (revoir figure 8.17).

8.5.3 LA FORMULE D'EULER

Euler a certainement été le plus grand visionnaire de son époque pour les mathématiques. Malheureusement, à l'instar de Beethoven qui est devenu sourd à la fin de sa vie, Euler est devenu aveugle 17 ans avant sa mort. Il existe plusieurs formules d'Euler. L'une des plus spectaculaires de ces formules est $e^{i\pi} = -1$; cette formule compacte donne une relation entre quatre nombres particulièrement importants : e, π, i et 1.

Euler a obtenu cette étonnante relation à partir des trois séries suivantes.

$$e^x = 1 + x + \frac{x^2}{2!} + \frac{x^3}{3!} + \frac{x^4}{4!} + \frac{x^5}{5!} + \cdots$$

$$\cos x = 1 - \frac{x^2}{2!} + \frac{x^4}{4!} - \frac{x^6}{6!} + \cdots$$

$$\sin x = x - \frac{x^3}{3!} + \frac{x^5}{5!} - \frac{x^7}{7!} + \cdots$$

En remplaçant x par $i\theta$ dans chacune de ces trois séries et, en tenant compte de l'égalité $i^2 = -1$, on constate comme Euler que

$$e^{i\theta} = \cos\theta + i \sin\theta.$$

La formule $e^{i\pi} = -1$ est un cas particulier de $e^{i\theta} = \cos\theta + i\sin\theta$ pour $\theta = \pi$. L'équation $e^{i\theta} = \cos\theta + i\sin\theta$ permet d'écrire $\text{cis}\,\theta = e^{i\theta}$. C'est pourquoi, à un niveau plus avancé, les auteurs préfèrent la notation $z = re^{i\theta}$ à la notation $z = r\text{cis}\theta$ pour désigner un nombre complexe de module r et d'argument θ.

8.5.4 LES QUATERNIONS

On peut se demander s'il est possible d'étendre à $\mathbb{R}^3$ ou même à $\mathbb{R}^n$ la multiplication complexe et d'obtenir éventuellement de nouveaux nombres hypercomplexes qui prolongeraient ainsi les nombres réels et les nombres complexes. Les intéressés trouveront une réponse complète à cette question dans un article de Jacques Labelle, « Les Quaternions », article qui aurait pu, au dire même de l'auteur, s'intituler « Tout ce que vous avez toujours voulu savoir sur les quaternions mais n'avez jamais osé demander »[6].

---

6. Jacques Labelle, « Les Quaternions » dans *La Gazette des sciences mathématiques du Québec*, vol. XII, n° 3, 1988, p. 34-44.

9
CHAPITRE

INTRODUCTION À LA THÉORIE DES GROUPES

Ce dernier chapitre est une modeste introduction à la *théorie des groupes*. On s'y familiarisera avec l'arithmétique *modulo n*, les groupes de symétries et les groupes de transformations. Il s'agit en fait d'une initiation à l'étude des structures abstraites en mathématiques et d'un complément utile à ceux et celles qui désirent poursuivre leurs études à un niveau supérieur en mathématiques. Les lecteurs intéressés trouveront des références bibliographiques dans la section *Pour aller plus loin*.

Pour permettre une première lecture plus rapide, nous ne donnons dans le texte que les démonstrations qui sont essentielles pour comprendre la théorie; nous espérons que le lecteur à qui s'adresse ce chapitre saura retrouver avec profit les démonstrations laissées en exercice.

9.1 LES ENTIERS MODULO n

Dans cette section, nous définissons les congruences modulo n et les opérations d'addition et de multiplication modulo n. L'arithmétique modulo n conduit naturellement aux axiomes de la théorie des groupes à la section suivante.

9.1.1 LA CONGRUENCE MODULO *n*

La congruence modulo n est une relation entre les nombres entiers; on la définit de la façon suivante.

> **Définition** $a \equiv b$ **mod**(n)
>
> Soit n un nombre entier positif et soit a et b deux autres nombres entiers quelconques. On dit que a et b sont *congrus modulo n* et on écrit
>
> $$a \equiv b \text{ mod}(n)$$
>
> si a et b ont le même reste après avoir été divisés par n.

Remarque

$a \equiv b$ mod(n) si et seulement si il existe un nombre entier r et deux entiers k_1 et k_2 tels que $0 \leq r < n$, $a = k_1 n + r$ et $b = k_2 n + r$; r est le reste de la division par n de a et b.

Exemples

1. $5 \equiv 3$ mod(2), car 5 et 3 ont le même reste (1) après division par 2.
2. Si a est un entier, alors a est pair $\Leftrightarrow a \equiv 0$ mod(2) et a est impair $\Leftrightarrow a \equiv 1$ mod(2).
3. $49 \equiv 4$ mod(5), car 4 est le reste de la division de 49 par 5.
4. $27 \equiv 15$ mod(4), car 27 et 15 ont le même reste (3) après division par 4. ■

Soit n un entier positif. Alors, la relation de congruence modulo n parmi l'ensemble des entiers a les propriétés suivantes (a, b, c et d désignent des entiers arbitraires).

CG1 *La relation de congruence mod(n) est réflexive :*
$a \equiv a$ mod(n).

CG2 *La relation de congruence mod(n) est symétrique :*
$a \equiv b$ mod$(n) \Leftrightarrow b \equiv a$ mod(n).

CG3 *La relation de congruence mod(n) est transitive :*
si $a \equiv b$ mod(n) et $b \equiv c$ mod(n), alors $a \equiv c$ mod(n).

CG4 *La relation de congruence mod(n) est compatible avec l'addition :*
si $a \equiv b$ mod(n) et $c \equiv d$ mod(n), alors $(a + c) \equiv (b + d)$ mod(n).

CG5 *La relation de congruence mod(n) est compatible avec la multiplication :* si $a \equiv b$ mod(n) et $c \equiv d$ mod(n), alors $ac \equiv bd$ mod(n).

CG6 $a \equiv b$ mod(n) $\Leftrightarrow$ $(a - b) \equiv 0$ mod(n).

La démonstration de ces propriétés est laissée en exercice.

Remarque

Une relation qui est réflexive, symétrique et transitive est une *relation d'équivalence*; la relation d'égalité est aussi une relation d'équivalence.

9.1.2 L'ARITHMÉTIQUE MODULO n

Lorsqu'on divise un nombre entier positif arbitraire par le nombre entier positif n, le reste de la division est l'un des nombres suivants : 0, 1, 2, ..., $n - 1$.

Définition $\mathbb{Z}_n$ *et* $\mathbb{Z}_n^*$

Soit n un nombre entier positif. L'ensemble $\{0, 1, 2, ..., n-1\}$, noté $\mathbb{Z}_n$, est appelé *l'ensemble des entiers modulo n.*
Si $n > 1$, l'ensemble $\{1, 2, ..., n-1\}$, noté $\mathbb{Z}_n^*$, est appelé l'*ensemble des entiers modulo n non nuls.*

Addition modulo n

Dans $\mathbb{Z}_n$, on appelle addition modulo n l'addition ordinaire dont on donne le résultat sous la forme du reste de la division par n; par exemple, la table d'addition modulo 5 dans $\mathbb{Z}_5$ est

+	0	1	2	3	4
0	0	1	2	3	4
1	1	2	3	4	0
2	2	3	4	0	1
3	3	4	0	1	2
4	4	0	1	2	3

Dans cet exemple, $4 + 3 = 7 \equiv 2$ mod(5), car 7 divisé par 5 donne un reste de 2.

Propriétés de l'addition modulo n dans $\mathbb{Z}_n$

(Le signe + désigne l'addition modulo n dans ce qui suit.)

1 *$\mathbb{Z}_n$ est fermé pour l'addition modulo n :*
si $a, b \in \mathbb{Z}_n$, alors $(a + b) \in \mathbb{Z}_n$.

2 *L'addition modulo n est associative :*
si $a, b, c \in \mathbb{Z}_n$, alors $a + (b + c) = (a + b) + c$.

3 *L'addition modulo n est commutative :*
si $a, b \in \mathbb{Z}_n$, alors $a + b = b + a$.

4 *Le nombre 0 est neutre dans l'addition modulo n :*
si $a \in \mathbb{Z}_n$, alors $a + 0 = 0 + a = a$.

5 *Tout élément possède un inverse relativement à l'addition modulo n :*
si $a \in \mathbb{Z}_n$, alors il existe $b \in \mathbb{Z}_n$ tel que $a + b = 0 = b + a$.

La vérification de ces propriétés est laissée en exercice.

Multiplication modulo n

Dans $\mathbb{Z}_n^*$, on appelle multiplication modulo n la multiplication ordinaire dont on donne le résultat sous la forme du reste de la division par n; par exemple, la table de multiplication modulo 5 dans $\mathbb{Z}_5^*$ est

•	1	2	3	4
1	1	2	3	4
2	2	4	1	3
3	3	1	4	2
4	4	3	2	1

Dans cet exemple, $(4)(2) = 8 \equiv 3 \bmod(5)$, car 8 divisé par 5 donne un reste de 3.

Propriétés de la multiplication modulo n dans $\mathbb{Z}_n$

(La multiplication est la multiplication modulo n dans ce qui suit.)

1 *$\mathbb{Z}_n$ est fermé pour la multiplication modulo n :*
si $a, b \in \mathbb{Z}_n$, alors $(ab) \in \mathbb{Z}_n$.

2 *La multiplication modulo n est associative :*
si $a, b, c \in \mathbb{Z}_n$, alors $a(bc) = (ab)c$.

3 *La multiplication modulo n est commutative :*
si $a, b \in \mathbb{Z}_n$, alors $ab = ba$.

4 *Le nombre 1 est neutre dans la multiplication modulo n :*
si $a \in \mathbb{Z}_n$, alors $a1 = 1a = a$.

Remarque
Dans les tables de multiplications modulo n, il arrive que tous les éléments non nuls soient inversibles pour certaines valeurs de n (par exemple, pour $n = 5$); cependant, pour d'autres valeurs de n, les éléments non nuls ne sont pas tous inversibles. Par exemple, dans la table de multiplication modulo 4 dans $\mathbb{Z}_4$, on constate que 2 n'est pas inversible relativement à l'élément neutre 1 de la multiplication modulo 4.

•	0	1	2	3
0	0	0	0	0
1	0	1	2	3
2	0	2	0	2
3	0	3	2	1

La proposition suivante donne un critère d'inversibilité dans $\mathbb{Z}_n$ relativement à la multiplication modulo n et à l'élément neutre 1 de cette multiplication.

Proposition

Soit $a \in \mathbb{Z}_n$, $a \neq 0$. Alors, a est inversible relativement à la multiplication modulo n et à l'élément neutre 1 de cette multiplication $\Leftrightarrow$ a et n n'ont pas de facteur commun autre que 1 (on dit alors que a et n sont *relativement premiers*).

La démonstration de cette proposition est un bon exercice sur les congruences modulo n.

Comme conséquence immédiate de cette proposition, on obtient le corollaire suivant.

Corollaire

Les éléments de $\mathbb{Z}_n^*$ sont *tous* inversibles relativement à la multiplication modulo n $\Leftrightarrow$ n est un nombre premier.

Exemple

Dans $\mathbb{Z}_5^*$, tous les éléments sont inversibles relativement à la multiplication modulo 5 : l'inverse de 1 est 1, l'inverse de 2 est 3, l'inverse de 3 est 2, et l'inverse de 4 est 4 lui-même. ■

EXERCICES 9.1

1. Parmi les congruences suivantes, identifiez celles qui sont vraies.

a) $27 \equiv 3 \bmod(9)$ *c*) $99 \equiv 0 \bmod(11)$

b) $327 \equiv 102 \bmod(25)$ *d*) $12\,345 \equiv 54\,321 \bmod(41\,976)$

2. Pour chacune des valeurs suivantes de n, trouvez un entier a tel que $0 \leq a < n$ et $294 \equiv a \bmod(n)$.

a) $n = 2$ *b*) $n = 3$ *c*) $n = 5$ *d*) $n = 12$

3. En supposant que votre montre indique présentement 16 h 00, quelle heure indiquera-t-elle dans exactement 1000 heures ?

4. Démontrez les propriétés CG1 à CG6 de la relation de congruence modulo n.

5. Donnez les tables d'addition et de multiplication modulo 3 dans $\mathbb{Z}_3$.

6. Donnez la table d'addition modulo 4 dans $\mathbb{Z}_4$; trouvez l'inverse additif de chacun des éléments de $\mathbb{Z}_4$.

7. Donnez la table de multiplication modulo 6 dans $\mathbb{Z}_6^*$; identifiez tous les éléments de $\mathbb{Z}_6^*$ qui sont inversibles relativement à la multiplication modulo 6.

8. Quel est l'inverse de 6 relativement à la multiplication modulo 23 ?

9.2 LA STRUCTURE DE GROUPE

L'opération d'addition modulo n dans $\mathbb{Z}_n$ et l'opération de multiplication modulo p dans $\mathbb{Z}_p$, lorsque p est un nombre premier, ont les mêmes propriétés qui définissent sur ces ensembles ce qu'on appelle une *structure de groupe*. Nous donnons dans cette section la définition axiomatique du concept de groupe de même que plusieurs exemples. Nous démontrons le théorème de Lagrange pour les groupes finis et nous définissons le concept d'isomorphisme entre deux groupes.

9.2.1 LES AXIOMES DE LA STRUCTURE DE GROUPE

Définition ***Groupe*** $\langle G,\bullet\rangle$

Un groupe $\langle G,\bullet\rangle$ est un ensemble G muni d'une opération • qui satisfait aux trois axiomes suivants.

G1 L'opération • est *associative* :
si $a, b, c \in G$, alors $a \bullet (b \bullet c) = (a \bullet b) \bullet c$.

G2 G contient un *élément neutre* e pour l'opération • :
si $a \in G$, alors $a \bullet e = e \bullet a = a$.

G3 Tout élément a de G a un *inverse* a^* dans G relativement à l'opération • et à l'élément neutre e :
si $a \in G$, alors il existe a^* dans G tel que $a \bullet a^* = e = a^* \bullet a$.

De plus, un groupe $\langle G,\bullet\rangle$ dont l'opération • est commutative est appelé *groupe commutatif* ou groupe *abélien*[1].

Voici plusieurs exemples de groupes qui montrent que cette structure se retrouve naturellement dans plusieurs contextes des mathématiques. La liste est loin d'être exhaustive.

Exemple 1
$\langle \mathbb{Z}, +\rangle$, $\langle \mathbb{Q}, +\rangle$, $\langle \mathbb{R}, +\rangle$ et $\langle \mathbb{C}, +\rangle$ sont des groupes commutatifs infinis. ■

Exemple 2
$\langle \mathbb{Q} \setminus \{0\}, \bullet\rangle$, $\langle \mathbb{R} \setminus \{0\}, \bullet\rangle$ et $\langle \mathbb{C} \setminus \{0\}, \bullet\rangle$ sont des groupes commutatifs infinis. ■

Exemple 3
$\langle \mathbb{Z}_n, +\rangle$ et $\langle \mathbb{Z}_p^*, \bullet\rangle$, où n est un entier arbitraire et p un nombre premier, sont des groupes commutatifs finis. ■

Exemple 4
$\langle \boldsymbol{M}_{\text{inv}}, \circ\rangle$, $\langle \boldsymbol{M}_{\perp}, \circ\rangle$ et $\langle \boldsymbol{M}_{\text{rot}}, \circ\rangle$, où $\boldsymbol{M}_{\text{inv}}$ désigne l'ensemble des matrices carrées d'ordre 2 inversibles, $\boldsymbol{M}_{\perp}$ l'ensemble des matrices carrées d'ordre 2 orthogonales et $\boldsymbol{M}_{\text{rot}}$

1. Cette appellation a été adoptée en l'honneur de Niels Henrik Abel (1802-1829).

l'ensemble des matrices de rotation d'ordre 2, et où l'opération $\circ$ est la multiplication matricielle, sont des groupes infinis non commutatifs dans les deux premiers cas et un groupe infini commutatif dans le dernier cas. ■

Exemple 5

$\langle S_n, \circ\rangle$, où S_n est l'ensemble des permutations des n premiers nombres naturels et où l'opération $\circ$ est la composition des fonctions, est un groupe fini contenant $n!$ éléments; il est non commutatif pour $n > 3$. ■

Exemple 6

$\langle Sym_F, \circ\rangle$, où Sym_F est l'ensemble des symétries d'une figure plane F donnée et où l'opération $\circ$ est la composition des transformations, est un groupe généralement fini et généralement non commutatif. Par exemple, si F est un carré, alors $\langle Sym_F, \circ\rangle$ est un groupe non commutatif contenant huit éléments; si F est un cercle, alors $\langle Sym_F, \circ\rangle$ coïncide avec le groupe infini $\langle \boldsymbol{M}_\perp, \circ\rangle$ des matrices orthogonales d'ordre 2 muni de la multiplication matricielle. ■

Il arrive que deux groupes aient exactement la même structure tout en étant distincts; la définition suivante donne un critère précis pour reconnaître cette situation.

Définition ***Groupes isomorphes***

Deux groupes $\langle G, \bullet\rangle$ et $\langle H, \circ\rangle$ sont dits isomorphes s'il existe une fonction bijective f de l'ensemble G dans l'ensemble H telle que

1) f applique l'élément neutre de $\langle G, \bullet\rangle$ sur l'élément neutre de $\langle H, \circ\rangle$;
2) $f(a \bullet b) = f(a) \circ f(b)$ pour toute paire d'éléments a, b de G.

f est appelé un isomorphisme[2].

Exemple 1

L'ensemble des nombres réels positifs $\mathbb{R}^+$ muni de la *multiplication* est un groupe que l'on note $\langle \mathbb{R}^+, \bullet\rangle$ et qui est isomorphe au groupe $\langle \mathbb{R}, +\rangle$ de l'ensemble $\mathbb{R}$ de tous les réels

2. Du grec : *iso* signifie *égal* et *morphe* signifie *forme*.

muni de l'addition. L'isomorphisme f entre ces deux groupes est la fonction f : $\mathbb{R}^+ \to \mathbb{R}$ définie par

$$f(x) = \ln(x).$$

En effet, la fonction logarithme est une bijection entre l'ensemble des nombres réels positifs et l'ensemble de tous les réels, et cette fonction a les deux propriétés caractéristiques d'un isomorphisme :

1) $\ln(1) = 0$: l'élément neutre 1 de $\langle \mathbb{R}^+, \bullet \rangle$ est appliqué sur l'élément neutre 0 de $\langle \mathbb{R}, + \rangle$;
2) $\ln(ab) = \ln(a) + \ln(b)$ quels que soient a, b dans $\mathbb{R}^+$; la fonction logarithme transforme les produits[3] en sommes. ■

Exemple 2

Le groupe $\langle Sym_\Delta, \circ \rangle$ des symétries du triangle isocèle illustré à la figure 9.1 est constitué de deux éléments qui sont la transformation identité $\boldsymbol{I}$ et la réflexion $\boldsymbol{S}$ autour de l'axe de symétrie du triangle; l'opération de ce groupe est la composition des transformations et l'élément neutre est $\boldsymbol{I}$; il est facile de vérifier que ce groupe est isomorphe au groupe additif des entiers modulo 2 $\langle \mathbb{Z}_2, + \rangle$.

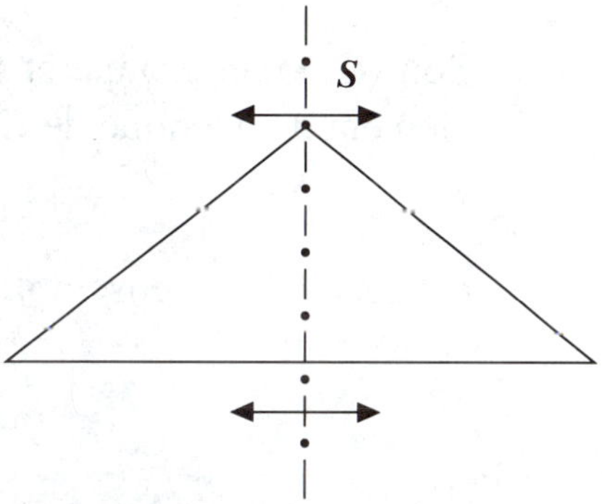

Figure 9.1 ■

9.2.2 LES SOUS-GROUPES D'UN GROUPE

Définition ***Sous-groupe d'un groupe***

Soit $\langle G, \bullet \rangle$ un groupe et soit H un sous-ensemble de G. Alors, $\langle H, \bullet \rangle$ est un sous-groupe de $\langle G, \bullet \rangle$ si

1) H est *fermé* sous l'opération $\bullet$; en d'autres termes, si $a, b \in H$, alors $a \bullet b \in H$;
2) $\langle H, \bullet \rangle$ est lui-même un groupe relativement à l'opération $\bullet$ de G.

Si de plus $H \neq G$, alors $\langle H, \bullet \rangle$ est appelé sous-groupe *propre* de $\langle G, \bullet \rangle$.

3. Pour être formel, il aurait fallu écrire $\ln(a \bullet b)$ plutôt que $\ln(ab)$.

Exemple 1

$\langle \mathbb{Z}, +\rangle$ est un sous-groupe propre de $\langle \mathbb{R}, +\rangle$. ■

Exemple 2

$\langle \{0, 2\}, +\rangle$ où + est l'addition modulo 4 est un sous-groupe propre de $\langle \mathbb{Z}_4, +\rangle$. ■

Dans les applications de la théorie des groupes finis, il faut souvent identifier tous les sous-groupes d'un groupe donné; les définitions et les propositions qui suivent aident à faire cette identification.

Définition $a \bullet H$

Soit $\langle G, \bullet\rangle$ un groupe et $\langle H, \bullet\rangle$ un sous-groupe de $\langle G, \bullet\rangle$; soit aussi a un élément quelconque de G. Alors, l'ensemble $a \bullet H$ défini par

$$a \bullet H = \{a \bullet h : h \in H\}$$

est appelé le co-ensemble de H relativement à a dans G.

Exemple

Si $\langle G, \bullet\rangle = \langle \mathbb{Z}_4, +\rangle$ et si $\langle H, \bullet\rangle = \langle \{0, 2\}, +\rangle$ où + désigne l'addition modulo 4, alors, en prenant $a = 3$ dans la définition précédente on aura

$$3 \bullet H = 3 + \{0, 2\} = \{3 + 0, 3 + 2\} = \{1, 3\}.$$ ■

Proposition

Soit $\langle G, \bullet\rangle$ un groupe fini et $\langle H, \bullet\rangle$ un sous-groupe de $\langle G, \bullet\rangle$; soit aussi a un élément quelconque de G. Alors,

1) l'ensemble $a \bullet H$ contient le même nombre d'éléments que H;

2) quels que soient $a, b \in G$, de deux choses l'une :
ou bien $a \bullet H = b \bullet H$,
ou bien $a \bullet H \cap b \bullet H = \varnothing$.

(La démonstration de cette proposition fait l'objet d'un exercice en fin de section.)

Comme conséquence directe de cette proposition, on obtient le théorème de Lagrange[4] sur les sous-groupes d'un groupe fini.

Théorème de Lagrange

Soit $\langle G, \bullet \rangle$ un groupe fini et $\langle H, \bullet \rangle$ un sous-groupe de $\langle G, \bullet \rangle$. Alors, le nombre d'éléments dans H est un diviseur du nombre d'éléments dans G.

Exemple 1

En vertu du théorème de Lagrange, le groupe $\langle \mathbb{Z}_{17}, + \rangle$ des entiers modulo 17 avec l'addition modulo 17 n'a pas de sous-groupe propre autre que le sous-groupe trivial qui ne contient que l'élément neutre 0, car $\mathbb{Z}_{17}$ contient 17 éléments et 17 n'a pas d'autre diviseur que 1 et lui-même. ■

Exemple 2

Les sous-groupes propres de $\langle \mathbb{Z}_6, + \rangle$ ne peuvent être que d'ordre 1, 2 ou 3. ■

EXERCICES 9.2

1. Parmi les ensembles suivants, lesquels sont des groupes ? Lorsque l'ensemble n'est pas un groupe, dites pourquoi.

a) L'ensemble des matrices carrées d'ordre 2 muni de la multiplication matricielle dont le déterminant est 1.

b) L'ensemble des matrices carrées d'ordre 2 muni de la multiplication matricielle dont le déterminant est -1.

c) L'ensemble $\mathbb{Z}^*$ de tous les entiers naturels non nuls muni de la multiplication ordinaire.

d) Pour un nombre naturel n non nul, l'ensemble des racines n-ièmes (réelles et complexes) de l'unité, avec la multiplication complexe.

e) L'ensemble de toutes les matrices de format 3×4 avec l'addition matricielle.

2. Trouvez la valeur du nombre x pour laquelle $\langle \{1, 5, 11, x\}, \circ \rangle$, où $\circ$ désigne la multiplication modulo 12, est un groupe.

3. Montrez que, dans la table d'opération d'un groupe fini $\langle G, \bullet \rangle$, chaque élément de G doit apparaître une seule fois sur chaque ligne et chaque colonne de la table.

4. Joseph Louis de Lagrange (1736-1813).

4. Trouvez toutes les façons de compléter la table d'opérations suivantes de manière qu'elle soit la table d'opérations d'un groupe avec e comme élément neutre.

•	e	a	b	c
e				
a				
b				
c				

5. Trouvez tous les sous-groupes du groupe $\langle \mathbb{Z}_7^*, \bullet \rangle$ des entiers non nuls modulo 7 muni de la multiplication modulo 7.

6. Trouvez tous les sous-groupes du groupe additif $\langle \mathbb{Z}_8, + \rangle$ des entiers modulo 8.

7. Le groupe $\langle \mathbb{Z}_4, + \rangle$ est-il isomorphe à $\langle \mathbb{Z}_5^*, \bullet \rangle$? Si oui, décrivez l'isomorphisme.

8. Décrivez le groupe des symétries du triangle équilatéral et identifiez ses sous-groupes.

9. Trouvez une figure plane dont le groupe des symétries est isomorphe au groupe G des matrices d'ordre 2 de l'ensemble

$$\left\{ \begin{pmatrix} 1 & 0 \\ 0 & 1 \end{pmatrix}, \begin{pmatrix} -\frac{1}{2} & -\frac{\sqrt{3}}{2} \\ \frac{\sqrt{3}}{2} & -\frac{1}{2} \end{pmatrix}, \begin{pmatrix} -\frac{1}{2} & \frac{\sqrt{3}}{2} \\ -\frac{\sqrt{3}}{2} & -\frac{1}{2} \end{pmatrix} \right\}$$

muni de la multiplication matricielle.

10. Trouvez une figure plane dont le groupe des symétries est isomorphe à $\langle \mathbb{Z}_5, + \rangle$.

11. Soit $\langle G, \bullet \rangle$ un groupe fini d'ordre impair. Montrez comment le théorème de Lagrange permet de déduire qu'aucun élément de G n'est son propre inverse, à l'exception de l'élément neutre.

12. Démontrez la proposition qui apparaît juste avant le théorème de Lagrange dans le texte.

9.3 POUR ALLER PLUS LOIN

Dans cette section nous proposons quelques lectures complémentaires sur la théorie des groupes.

9.3.1 SUGGESTIONS DE LECTURE

1. *Ah! Les beaux groupes* de Ian Stewart, Éditions Belin, 1982. L'auteur réussit le tour de force de présenter la théorie des groupes par le biais de la bande dessinée. À lire et à relire avec plaisir.

2. *Algèbre*, tome 1 de S. Mac Lane et G. Birkhoff, Gauthier-Villars Éditeur, 1970. Ce classique contient un chapitre admirable sur la théorie des groupes; il s'adresse cependant à un lecteur déjà conquis par le sujet.

3. *Géométrie* de Marcel Berger, CEDIC/Fernand Nathan, 1977. En plus d'examiner la géométrie sur toutes ses coutures (en cinq tomes), l'auteur présente de façon complète et détaillée plusieurs applications de la théorie des groupes à la géométrie. En particulier, on trouve dans le tome 1 une théorie explicite des groupes de pavage du plan qui sont à l'origine des dessins périodiques de l'artiste M. C. Escher. L'auteur s'adresse à un lecteur averti.

4. *Les mathématiques aujourd'hui*, Bibliothèque Pour la Science, Belin, 1986. Dans cet ouvrage, on trouve entre autres trois articles très intéressants sur les congruences modulo-*n* et la théorie des groupes : « La recherche des nombres premiers » de Carl Pomerance, « Les mathématiques de la cryptographie à clef révélée », de Martin Hellmann, et « Le théorème géant », de Daniel Gorenstein. À lire absolument.

CORRIGÉ

CHAPITRE 1

POINTS ET VECTEURS

EXERCICES 1.1

1. $\|\vec{v}\| = \sqrt{2}$; $\|\vec{w}\| = \sqrt{3}$

2. $\|\vec{u}\| = \dfrac{\sqrt{2}}{2}$; $\|\vec{v}\| = \dfrac{\sqrt{3}}{2}$

3.

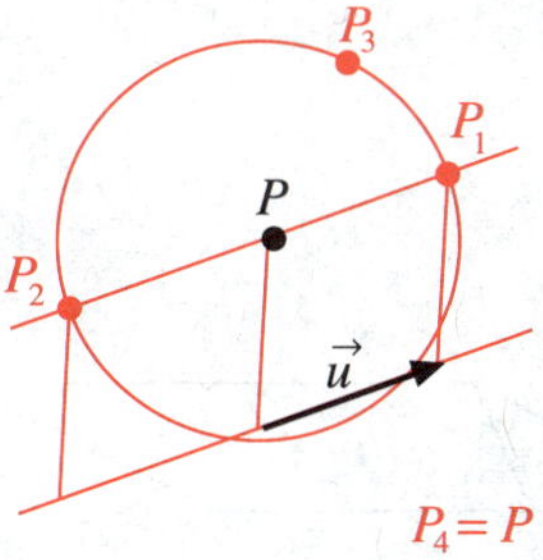

4. *a*) Cercle de centre *P* et de rayon 2.
   b) Anneau circulaire de rayon extérieur 4 et de rayon intérieur 2.
   c) Droite parallèle à $\vec{u}$ et passant par *P* à laquelle on enlève le point *P*.
   d) Demi-droite issue de *P* dans la direction et le sens de $\vec{u}$ à laquelle on enlève le point *P*.
   e) Les deux points d'intersection du cercle de centre *P* et de rayon 1 avec la droite parallèle à $\vec{u}$ passant par *P*.
   f) Disque circulaire de rayon 1 centré en *P*.

5. *a*) Extrémités du segment de droite de longueur 6 centré en *A*.
   b) Cercle de rayon 3 centré en *A*.
   c) Sphère de rayon 3 centrée en *A*.

6. *a*) Le point milieu du segment AB.
   b) Tous les points situés sur le plan médiateur du segment AB (perpendiculaire au segment AB et passant par le point milieu entre A et B).

7. *a*) La règle A4 appliquée au vecteur $\overrightarrow{AA}$ donne $\overrightarrow{AA} + \overrightarrow{AA} = \overrightarrow{AA}$; en soustrayant $\overrightarrow{AA}$ de chaque côté de cette égalité on obtient $\overrightarrow{AA} = \vec{0}$.
   b) Pour montrer que $\overrightarrow{BA} = -\overrightarrow{AB}$, il faut montrer que $\overrightarrow{BA} + \overrightarrow{AB} = \vec{0}$; mais $\overrightarrow{BA} + \overrightarrow{AB} = \overrightarrow{BB}$ d'après la règle A4 et $\overrightarrow{BB} = \vec{0}$, comme on l'a montré en *a*).
   c) On suppose que $\overrightarrow{AB} = \overrightarrow{CD}$; alors

$$\begin{aligned}\overrightarrow{AC} &= \overrightarrow{AB} + \overrightarrow{BC} \quad \text{(Règle A4)}\\ &= \overrightarrow{CD} + \overrightarrow{BC}\\ &= \overrightarrow{BC} + \overrightarrow{CD}\\ &= \overrightarrow{BD} \qquad \text{(Règle A4).}\end{aligned}$$

8. $k = \pm\|\vec{v}\|$

9. $t = -\dfrac{3}{4}$

10. *a*) Oui. *b*) Non. *c*) Non.

11. Tous les énoncés sont vrais.

12. *a*) $\vec{u} + \vec{v}$

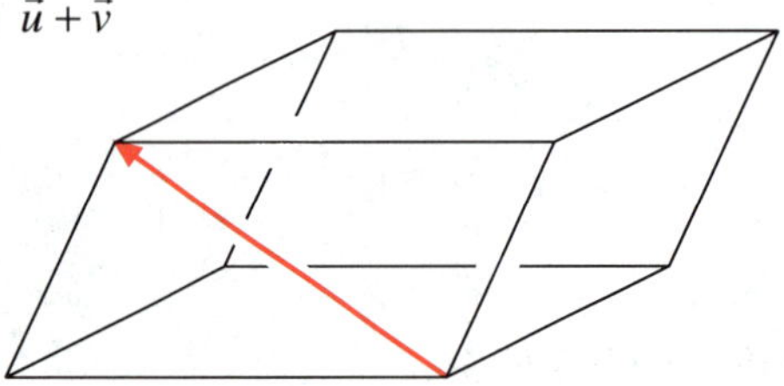

c) $\vec{u} - \vec{v} - \vec{w}$

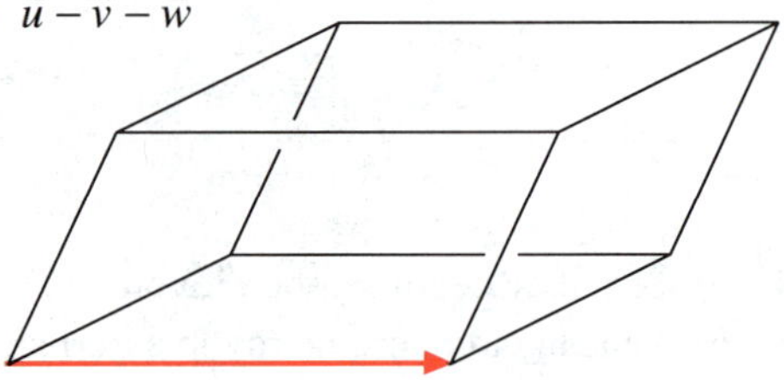

b) $\vec{v} - \vec{u}$

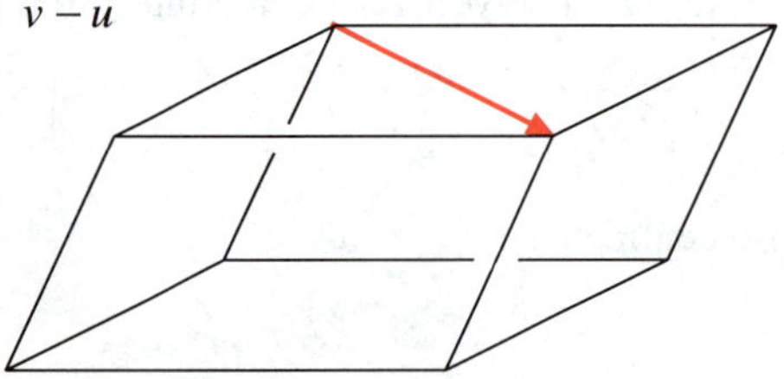

d) $-\vec{u} + \vec{v} + \vec{w}$

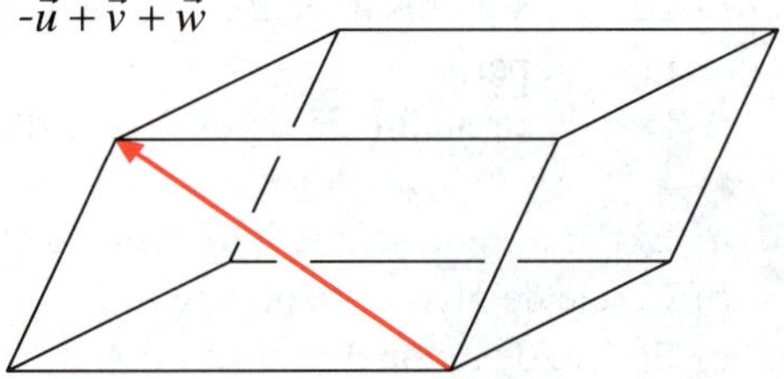

13. Les énoncés *b*) et *d*) sont faux. Tous les autres sont vrais.

14. $\vec{s} = \vec{0}$

15. Vrai : $\vec{u} - \vec{a} = \vec{b} - \vec{v}$.

16. $\vec{CE}$

17. *a*)

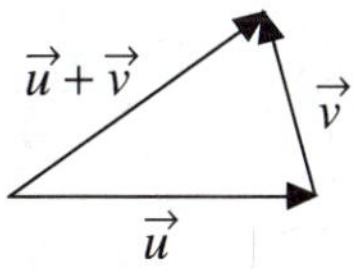

b)

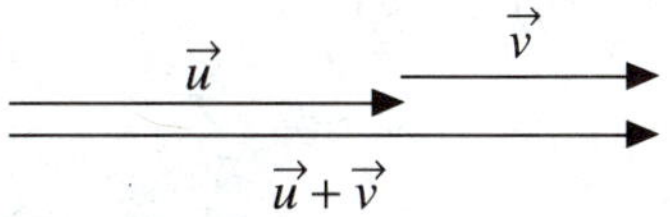

c)

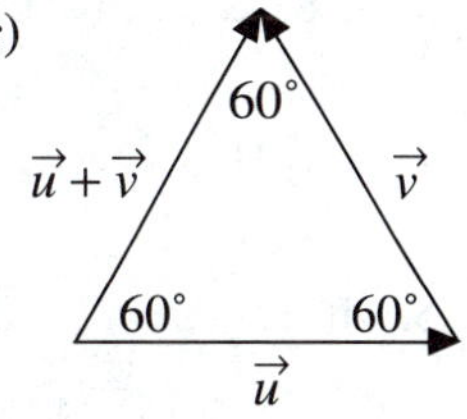

EXERCICES 1.2

1. *a*) $\vec{PC} = \frac{1}{2}(\vec{AB} + \vec{AD}) = \frac{1}{2}\vec{AB} + \frac{1}{2}\vec{AD}$

   b) $\vec{AB} = \frac{1}{2}\vec{AC} - \frac{1}{2}\vec{BD}$

   c) $\vec{AD} = \vec{PC} + \vec{PD}$

2. Les vecteurs sont linéairement dépendants en *b*), *d*) et *g*).

3. $\vec{PQ} = (1, 0, 0)$ $\quad\vec{AQ} = (1, 0, 1)$ $\quad\vec{SB} = (1, -1, -1)$

4. *a*) $\vec{w} = 2\vec{u} - 3\vec{v}$ *b*) (2, -3); (-3, 2) *c*) (0, 1)

5. (1, 2)

6. Les vecteurs $\vec{u}$ et $\vec{v}$ sont parallèles en *b*) et *c*).

7. $\vec{v} = (1, 1)_{\langle \vec{a}, \vec{b} \rangle}$ et $\vec{v} = (1, 1)_{\langle \vec{c}, \vec{d} \rangle}$

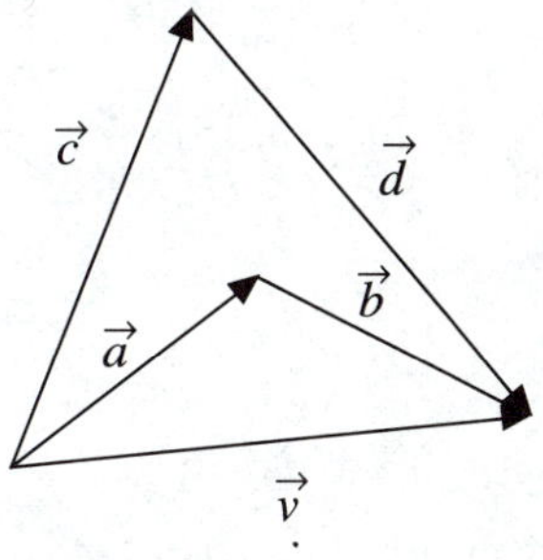

8. Ces vecteurs sont linéairement indépendants.

EXERCICES 1.3

1. *a*) $P\left(\frac{1}{2}, \frac{1}{2}\right)$ *b*) $P\left(0, \frac{1}{2}\right)$ *c*) $P\left(1, -\frac{1}{2}\right)$ *d*) $P\left(-\frac{1}{2}, -\frac{1}{2}\right)$

2. $P(-4, 0)$

3. $A(8, -2)$ et $B(6, 6)$; $A = C + \left(\frac{1}{2}\vec{CD} + \frac{1}{2}\vec{BA}\right)$

4. $\vec{w} = (1, 3)$

5. $A(-3, -1)$ $B(7, -7)$ $C(-1, 11)$

6. $A(2, 3, 3)$ $C(4, 4, 4)$ $P(2, 5, -3)$ $R(2, 8, 2)$ $A = D + \left(\frac{1}{2}\vec{DB} + \frac{1}{2}\vec{SQ}\right)$

7. Les points sont colinéaires en *a*) seulement.

8. $P(9, -2, 23)$

9. $P(1, 2, 3)$

10. $C\left(1, \frac{6}{7}, \frac{29}{7}\right)$

11. $\vec{v} = \left(-\frac{31}{4}, \frac{9}{4}, -\frac{29}{4}\right)$

12. *a*) $A(0, 0)$ $B(1, 0)$ $C\left(\frac{1}{2}, \frac{\sqrt{3}}{2}\right)$

    b) $G\left(\frac{1}{2}, \frac{1}{2\sqrt{3}}\right)$

    c) Selon le rapport 2:1.

13. $D(3, -4, 13)$ $E(-3, -5, 8)$ $F(3, -6, 15)$

14. $E\left(\frac{1}{2}, \frac{1}{2}, \frac{\sqrt{2}}{2}\right)$

15. $C\left(\frac{1}{2}, \frac{\sqrt{3}}{6}, \frac{\sqrt{6}}{3}\right)$

16. *a*)

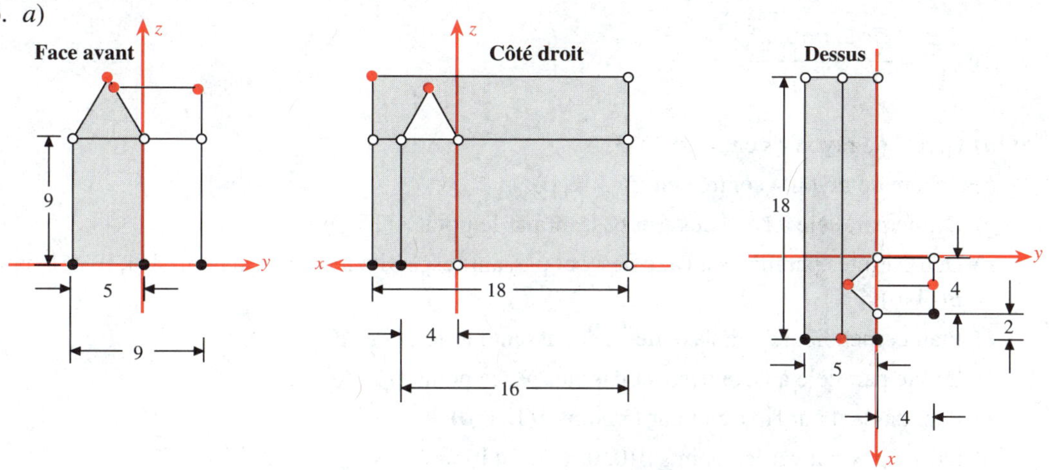

b) $D\left(6, -\frac{5}{2}, 9+\frac{5\sqrt{3}}{2}\right)$; $E(2, 4, 9+2\sqrt{3})$; $F(2, -2, 9+2\sqrt{3})$

CHAPITRE 2

LONGUEURS, DISTANCES ET ANGLES

EXERCICES 2.1

1. *a*) 3 *b*) 300 *c*) 7

2. *a*) 3 *b*) $5\sqrt{2}$

3. $\vec{v}=\left(\frac{2}{3}, -\frac{1}{3}, \frac{2}{3}\right)$; $\vec{w}=\left(\frac{10}{3}, -\frac{5}{3}, \frac{10}{3}\right)$

4. $B\left(1-\frac{10}{\sqrt{59}}, 2+\frac{6}{\sqrt{59}}, 3+\frac{10}{\sqrt{59}}\right)$

5. $\vec{s}=\frac{1}{\sqrt{26}}(1, -3, 4)$; $\vec{t}=\frac{1}{\sqrt{10}}(-3, -1, 0)$

6. $\cos\frac{\theta}{2}=\sqrt{\frac{1+\cos\theta}{2}}$ pour $-\pi \le \theta \le \pi$

7. $\cos\frac{\pi}{16} = \frac{\sqrt{2+\sqrt{2+\sqrt{2}}}}{2}$

8. *a*) Cercle de rayon 4 centré en $C(-3, 2)$.
   b) Sphère de rayon 4 centrée en $C(-3, 2, 0)$.
   c) Droite parallèle à l'axe des y et passant par le point $A(16, 0)$.
   d) Deux droites parallèles à l'axe des y et passant respectivement par le point $A(4, 0)$ et le point $B(-4, 0)$.
   e) Plan perpendiculaire à l'axe des x et passant par le point $A(16, 0, 0)$.
   f) Droite parallèle à l'axe des y et passant par le point $A(16, 0, 5)$.
   g) Plan passant par l'axe z et par le point $A(1, 1, 0)$.
   h) Droite passant par les points $A(0, 0, 1)$ et $B(1, -1, 1)$.
   i) Cercle de centre $C(-3, 1)$ et de rayon 2.

9. *a*) Cylindre circulaire de rayon 4 dont l'axe de symétrie est une droite parallèle à l'axe des x qui passe par le point $A(0, -3, 2)$.
   b) Cylindre sinusoïdal (plaque ondulée).
   c) Cylindre parabolique (feuille parabolique).
   d) Cylindre circulaire de rayon 1 dont l'axe de symétrie est une droite parallèle à l'axe des y qui passe par le point $A(1, 0, -1)$.

10. *a*) $\{(x, y, z) \in \mathbb{R}^3 : y = -2\}$
   b) $\{(x, y, z) \in \mathbb{R}^3 : (y-2)^2 + (z-3)^2 = 25\}$
   c) $\{(x, y, z) \in \mathbb{R}^3 : (x+1)^2 + y^2 + (z-1)^2 = 100\}$

11. $(x-3)^2 + (y-5)^2 = 9$

EXERCICES 2.2

1.

$\vec{u} \bullet \vec{v}$	$\vec{k}$	$\vec{i}+\vec{j}$	$\vec{i}-\vec{j}$	$\vec{i}+\vec{j}+\vec{k}$
$\vec{i}$	0	**1**	**1**	**1**
$\vec{i}+\vec{j}$	**0**	2	**0**	**2**
$\vec{k}$	1	**0**	**0**	1

2. Vous devez retrouver ces démonstrations par vous-mêmes.

3. 180 unités d'énergie

4. Non. Par exemple, $\vec{i} \bullet \vec{j} = \vec{i} \bullet \vec{k}$, mais $\vec{j} \neq \vec{k}$ dans $\mathbb{R}^3$.

5. Si on désigne la moyenne pondérée par m, alors

$$m = (62;\ 73;\ 80;\ 58;\ 90) \bullet (0{,}10;\ 0{,}15;\ 0{,}20;\ 0{,}10;\ 0{,}45) = 79{,}45.$$

6. *a*) $r = 6$ *b*) $r = -8$ et $s = 7$

7. Angle en A : 147,53°; angle en B : 13,23°; angle en C : 19,24°.

8. $c = \sqrt{\dfrac{5+\sqrt{73}}{6}}$

9. *a*) 60° *b*) 70,53° *c*) 120°

10. $\left\|\vec{AB}_{\vec{CD}}\right\| = \dfrac{24}{\sqrt{106}}$

11. $\vec{F}_1 = \left(-\dfrac{2}{3}, -\dfrac{2}{3}, \dfrac{2}{3}\right)$ $\vec{F}_2 = \left(\dfrac{8}{3}, -\dfrac{1}{3}, \dfrac{7}{3}\right)$

12. *a*) $C^*(-4, 1, 3)$ *b*) $\vec{v} = \dfrac{1}{\sqrt{26}}(1, 3, 4)$

13. *a*) $\vec{u}_1 = \left(\dfrac{1}{2}, \dfrac{1}{2}, \dfrac{\sqrt{2}}{2}\right)$ et $\vec{u}_2 = \left(\dfrac{1}{2}, \dfrac{1}{2}, -\dfrac{\sqrt{2}}{2}\right)$ *b*) $\vec{u}_1 = \left(\dfrac{1}{2}, -\dfrac{1}{2}, \dfrac{\sqrt{2}}{2}\right)$ et $\vec{u}_2 = \left(\dfrac{1}{2}, \dfrac{1}{2}, \dfrac{\sqrt{2}}{2}\right)$

14. *a*) $\cos\alpha = -\dfrac{2}{3}$; $\cos\beta = \dfrac{2}{3}$; $\cos\gamma = \dfrac{1}{3}$

b) Angle avec $\vec{i}$: $\alpha = 131{,}8°$

c) Angle avec $\vec{k}$: $\gamma = 70{,}53°$

15. $C = M \,✚\, 10\dfrac{\vec{AB}_\perp}{\|\vec{AB}_\perp\|}$ où M est le barycentre de A et B ; $C(3+4\sqrt{5}, 3+2\sqrt{5})$

16. $\vec{v} = \vec{v}_{\vec{u}} + \vec{v}_{\vec{u}_\perp}$

$= \dfrac{\vec{v}\bullet\vec{u}}{\|\vec{u}\|^2}\vec{u} + \dfrac{\vec{v}\bullet\vec{u}_\perp}{\|\vec{u}_\perp\|^2}\vec{u}_\perp$

$= \dfrac{\|\vec{v}\|\,\|\vec{u}\|\cos\theta}{\|\vec{u}\|^2}\vec{u} + \dfrac{\|\vec{v}\|\,\|\vec{u}_\perp\|\cos\alpha}{\|\vec{u}_\perp\|^2}\vec{u}_\perp$ (où α est l'angle entre $\vec{v}$ et $\vec{u}_\perp$)

$= \cos\theta\,\vec{u} + \cos\alpha\,\vec{u}_\perp$ (car $\|\vec{v}\| = \|\vec{u}\| = \|\vec{u}_\perp\|$ = rayon du cercle)

$= \cos\theta\,\vec{u} + \sin\alpha\,\vec{u}_\perp$ (car α et θ sont complémentaires)

17. *a*) $\vec{AC} = \cos 60° \, \vec{AB} + \sin 60° \, \vec{AB}_\perp$; $C\left(\dfrac{6+\sqrt{3}}{2}, \dfrac{5+4\sqrt{3}}{2}\right)$

b) $C = M + \dfrac{1}{2}\vec{AB}_\perp$ où M est le barycentre de A et B; $C\left(\dfrac{7}{2}, \dfrac{9}{2}\right)$

c) $\vec{AC} = 6\dfrac{\vec{u}}{\|\vec{u}\|}$ où $\vec{u} = \cos 45° \, \vec{AB} + \sin 45° \, \vec{AB}_\perp$; $C\left(1 + \dfrac{30}{\sqrt{34}}, 3 + \dfrac{18}{\sqrt{34}}\right)$

18. *a*) Droite passant par le point origine $O(0, 0)$ et perpendiculaire au vecteur $(\cos \theta, \sin \theta)$.
b) Droite passant par le point $P(\cos \theta, \sin \theta)$ et perpendiculaire au vecteur $(\cos \theta, \sin \theta)$.

19. L'équation s'obtient en développant l'égalité

$$\frac{\vec{OP} \bullet (\vec{i} + \vec{j} + \vec{k})}{\|\vec{OP}\| \, \|(\vec{i} + \vec{j} + \vec{k})\|} = \cos 30°.$$

20. On a $\vec{AC} = \vec{u} + \vec{v}$ et $\vec{CB} = \vec{u} - \vec{v}$; on montre ensuite que $\vec{AC} \bullet \vec{CB} = 0$.

21. $\theta = 1{,}34$ rad ou $\theta = 3{,}66$ rad

22. Sphère dont le centre est le barycentre des points A et B et dont le diamètre est $\|\vec{AB}\|$.

CHAPITRE 3

AIRES ET VOLUMES

EXERCICES 3.1

1. *a*) Négative. *b*) Positive. *c*) Négative.

2. *a*) 4,5 *b*) 12,5

3. L'aire de l'hexagone est 178 dans les trois cas.

4. *a*) Non parallèles. *b*) Parallèles.

5. *a*) Non colinéaires. *b*) Colinéaires.

6. La suite ordonnée $\langle (x, y), (2, 3) \rangle$ génère un parallélogramme dont l'aire orientée demeure constante lorsque le point $P(x, y)$ se déplace parallèlement au vecteur $(2, 3)$ (voir la propriété P6).

a) Droite parallèle au vecteur $(2, 3)$ et passant par l'origine.
b) Droite parallèle au vecteur $(2, 3)$ et passant par le point $P(4, 0)$.
c) Droite parallèle au vecteur $(2, 3)$ et passant par le point $P(-4, 0)$.

7. *a*) On pose d'abord $\vec{u} = (a, b)$ et $\vec{v} = (c, d)$; les égalités sont alors faciles à vérifier.
   b) On fait un dessin et on observe que $\|\vec{v}\|$ sur θ représente la hauteur du parallélogramme engendré par $\vec{u}$ et $\vec{v}$.

8. $\vec{s} \bullet \vec{t} = \Delta\langle \vec{s}_\perp, \vec{t} \rangle$ = aire orientée du parallélogramme engendré par la suite ordonnée $\langle \vec{s}_\perp, \vec{t} \rangle$.

9. *a*) $x = 0$ et $y = 1$
   b) $x = -\dfrac{52}{9}$ et $y = -\dfrac{50}{9}$
   c) $x = \dfrac{2}{11}$ et $y = -\dfrac{1}{11}$
   d) $x = y = 0$

10. *a*) Orientation positive. *b*) Orientation négative.

11. 22 unités de volume

12. 7 unités de volume

13. 26 unités de volume

14. *a*) Non, ils sont linéairement dépendants.
    b) Oui, ils sont linéairement indépendants.

15. *a*) Non, ils ne sont pas coplanaires car $\Delta\langle \overrightarrow{AB}, \overrightarrow{AC}, \overrightarrow{AD} \rangle = 5 \neq 0$.
    b) Non, ils ne sont pas coplanaires car $\Delta\langle \overrightarrow{AB}, \overrightarrow{AC}, \overrightarrow{AD} \rangle = 7 \neq 0$.

16. *a*) $k = 3$ ou $k = 0{,}5$ *b*) Aucune valeur de k.

17. 4

18. *a*) 17 m^3/s *b*) 1020 m^3

19. On pose d'abord $\overrightarrow{BC} = \overrightarrow{AC} - \overrightarrow{AB}$, $\overrightarrow{BA} = -\overrightarrow{AB}$, $\overrightarrow{BD} = \overrightarrow{AD} - \overrightarrow{AB}$ et $\overrightarrow{DB} = \overrightarrow{AB} - \overrightarrow{AD}$, $\overrightarrow{DA} = -\overrightarrow{AD}$, $\overrightarrow{DC} = \overrightarrow{AC} - \overrightarrow{AD}$.

20. *a*) $\dfrac{1}{3}c^3$ *b*) $c = \dfrac{a}{\sqrt{2}}$; le volume du tétraèdre est $\dfrac{\sqrt{2}a^3}{12}$.

21. *a*) $x = \dfrac{36}{11}$; $y = -\dfrac{16}{11}$; $z = -\dfrac{35}{11}$ *b*) $x = \dfrac{5}{15}$; $y = -\dfrac{6}{15}$; $z = -\dfrac{1}{15}$

EXERCICES 3.2

1. *a*) Non définie.
   b) Nombre.
   c) Vecteur.
   d) Nombre.
   e) Nombre.
   f) Vecteur.
   g) Non définie.
   h) Nombre.
   i) Non définie.

2. *a*) Non parallèles. *b*) Parallèles.

3. $\vec{u}_1 = \frac{1}{7}(6, 3, 2); \vec{u}_2 = -\frac{1}{7}(6, 3, 2)$

4. $E(5, 4, 7)$

5. $5\sqrt{3}$

6. $\frac{5\sqrt{2}}{2}$

7. $\frac{1}{2}$

8. L'aire de l'hexagone sera $\frac{3\sqrt{3}}{4}$.

9. La hauteur h du tétraèdre est la même que la hauteur du parallélipipède engendré par les vecteurs $\overrightarrow{AB}$, $\overrightarrow{AC}$ et $\overrightarrow{AD}$ à partir du sommet A :

$$h = \frac{\text{volume du parallélipipède}}{\text{aire de la base du parallélipipède}} = \frac{156}{5\sqrt{22}}.$$

10. $\vec{u}_1 = \frac{\sqrt{2}}{2}(0, 1, 1)$ et $\vec{u}_2 = -\frac{\sqrt{2}}{2}(0, 1, 1)$

11. C'est la droite passant par l'origine et parallèle à $\vec{v}_0$.

12. C'est la droite passant par (x_0, y_0, z_0) et parallèle à $\vec{v}_0$.

13. $\vec{X} = \frac{1}{\sqrt{10}}(-1, 3, 0)$; $\vec{Y} = -\frac{1}{7}(6, 2, 3)$; $\vec{Z} = \frac{1}{7\sqrt{10}}(-9, -3, 20)$

14. L'aire d'un parallélogramme est la racine carrée de la somme des carrés des aires de ses trois projections orthogonales dans les trois plans de coordonnées.

Ou encore :

L'aire de la face « hypothénuse » d'un tétraèdre rectangle en un sommet O est la racine carrée de la somme des carrés des aires des trois faces triangulaires concourantes en O.

CHAPITRE 4

DROITES ET PLANS

EXERCICES 4.1

1. *a*) $(x, y) = (-1, 4) + t(4, -3), t \in \mathbb{R}$ *b*) $\frac{x+1}{4} = \frac{y-4}{-3}$ *c*) $3x + 4y - 13 = 0$

2. *a*) $\vec{n} = (3, -2)$ *b*) $\vec{v} = (2, 3)$

3. *a*) $\vec{n} = (a, b)$
   b) $\vec{v} = (-b, a)$
   c) $\mathcal{D}$ est transformée en une droite $\mathcal{D}'$ *parallèle* à $\mathcal{D}$.

4. *a*) *i*) $p = 2$ *ii*) aucune valeur *iii*) $p \neq 2$ *iv*) $p = -2$
   b) *i*) aucune valeur *ii*) $p = \frac{1}{7}$ *iii*) $p \neq \frac{1}{7}$ *iv*) $p = -7$

5. $\vec{n}_1 = (5, 1)$ et $\vec{n}_2 = (1, 3)$, si θ désigne l'angle entre ces deux droites, alors

$$\cos\theta = \frac{(5, 1) \bullet (1, 3)}{\sqrt{26}\sqrt{10}} = 0,596$$

   et donc θ = 60,26°.

6. *a*) $\frac{2\sqrt{5}}{5}$ *b*) $\frac{11\sqrt{17}}{17}$ *c*) $\frac{3\sqrt{26}}{13}$

7. Il suffit de faire les substitutions appropriées.

8. *a*) $\mathcal{D}_1 : -x + y - 2 = 0$; $\mathcal{D}_2 : x + y - 18 = 0$
   b) $G(8, 10)$
   c) $F = G + t\,\overrightarrow{BA}_\perp$ où t est positif et est tel que $\|\overrightarrow{AF}\| = \|\overrightarrow{AD}\|$; cela donne $F(7{,}32;\ 3{,}90)$.
   d) $\sqrt{20}$

9. Équation vectorielle : $(x, y, z) = (2, 1, -1) + t(-1, -1, 6)$, $t \in \mathbb{R}$

   Équations paramétriques : $\begin{cases} x = 2 - t \\ y = 1 - t \\ z = -1 + 6t \end{cases}$ $(t \in \mathbb{R})$

   Équations symétriques : $2 - x = 1 - y = \frac{z+1}{6}$

10. *a*) En posant $k = 0$, puis $k = 1$, on obtient les points $A(1, 1, 2)$ et $B(3, 2, 5)$.
    b) Par exemple : $C(3, 1, 2)$ et $D(1, 0, 2)$.
    c) On obtient un segment de droite allant du point $P(-1, 0, -1)$ au point $Q(5, 3, 8)$.

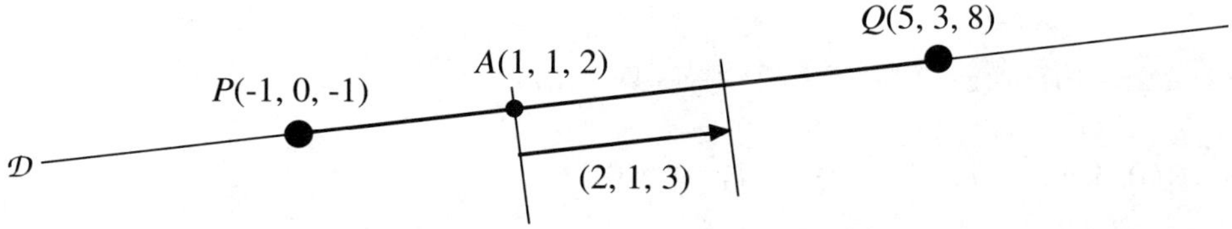

    d) $\mathcal{D}$ rencontre le plan xy en $E\left(-\frac{1}{3}, \frac{1}{3}, 0\right)$; $\mathcal{D}$ rencontre le plan xz en $F(-1, 0, -1)$; $\mathcal{D}$ rencontre le plan yz en $G\left(0, \frac{1}{2}, \frac{1}{2}\right)$.

    e) $\mathcal{D}$ ne rencontre aucun des trois axes de coordonnées.

11. $\dfrac{x-1}{2} = y-1 = \dfrac{z-2}{3}$

12. *a*) $\dfrac{x+1}{3} = \dfrac{1-2y}{2}$ *b*) $\dfrac{1-2y}{2} = \dfrac{z-2}{5}$ *c*) $\dfrac{x+1}{3} = \dfrac{z-2}{5}$

13. Deux droites parallèles distinctes.

14. $P(1, -2, 5)$

15. *a*) $m = -6$ et $n = 3$ *b*) $n = 2m - 3$ où $m \in \mathbb{R} \setminus \left\{0, \dfrac{3}{2}\right\}$

16. $\sqrt{\dfrac{69}{14}}$

17. $d(O, \mathcal{D}) = \sqrt{\dfrac{165}{29}}$; le point le plus près de l'origine est $P\left(\dfrac{38}{29}, -\dfrac{46}{29}, \dfrac{35}{29}\right)$.

18. $\sqrt{\dfrac{53}{29}}$

19. $A(4, 2, 4)$

20. Les vitesses vectorielles de P et de Q sont respectivement

$$\vec{v}_P = 4\frac{\overrightarrow{P_0Q_0}}{\|\overrightarrow{P_0Q_0}\|} = \frac{4}{7}(-6, -3, 2) \quad \text{et} \quad \vec{v}_Q = 6\frac{\overrightarrow{Q_0P_0}}{\|\overrightarrow{Q_0P_0}\|} = \frac{6}{7}(6, 3, -2)$$

où P_0 et Q_0 sont les positions des points P et Q à l'instant $t = 0$.

a) Le point de collision est $A\left(-\dfrac{1}{5}, -\dfrac{8}{5}, \dfrac{12}{5}\right)$.

b) La collision a lieu lorsque $P_0 + t\vec{v}_P = Q_0 + t\vec{v}_Q$, ce qui donne $t = \dfrac{28}{5}$ secondes.

21. *a*) M est sur la droite d'équation $(x, y, z) = \left(1, 3, \dfrac{7}{2}\right) + t\left(0, \dfrac{5}{2}, \dfrac{5}{2}\right)$, $t \in \mathbb{R}$.

b) Oui.

c) Non.

22. $(2y+2z-10)^2 + (z-2x-1)^2 + (2x+y-4)^2 = 144$

23. *a*) $P_1(-1, 4, 4)$ $P_2(-8, 0, -2)$ $P_3(10, 5, 0)$

b) $\|\vec{v}_1\| = \sqrt{14}$ $\|\vec{v}_2\| = \sqrt{21}$ $\|\vec{v}_3\| = \sqrt{14}$

c) $3\sqrt{2}$

d) P_1 et P_3 suivent des trajectoires parallèles.

e) $9\sqrt{\dfrac{3}{2}}$

f) Les trajectoires de P_2 et de P_3 sont gauches; la distance entre ces trajectoires est $\frac{3\sqrt{6}}{10}$.
g) Elles sont sécantes au point $A(-5, 6, 10)$.
h) Non : P_1 passe par le point d'intersection à l'instant $t = 2$, tandis que P_2 passe par ce point à l'instant $t = 3$.
i) Si on désigne l'angle cherché par θ, alors $\cos\theta = \frac{2\sqrt{6}}{7}$ et $\theta = 45{,}58°$.
j) À $t = 5{,}36$ secondes.
k) La vitesse vectorielle relative d'éloignement ou de rapprochement de P_2 et de P_3 est $\vec{v}_2 - \vec{v}_3$ ou $\vec{v}_3 - \vec{v}_2$ (c'est indépendant de t dans ce cas-ci); la vitesse scalaire relative d'éloignement ou de rapprochement de P_2 et de P_3 est donc $\|\vec{v}_2 - \vec{v}_3\|$, soit ici $\sqrt{11}$.

24. En $P(-2, 3, 6)$ et $Q(6, 2, 3)$.

25. En $P(3, 4, -1)$ et $Q(0, -5, 4)$.

EXERCICES 4.2

1. *a*) Le point $A(1, 2, -1)$.
   b) La droite qui est parallèle au vecteur $\vec{v} = (-3, 4, -4)$ et qui passe par le point $B(-3, 5, -1)$.
   c) Le segment de droite allant du point $C(11, -9, 7)$ au point $B(-3, 5, -1)$.
   d) La région comprenant l'intérieur et la frontière du parallélogramme de sommets $P(4, -2, 3)$, $Q(-10, 12, -5)$, $R(-13, 16, -9)$ et $S(1, 2, -1)$.

2. *a*) Par exemple : avec $k = 0$ et $m = 0$ on aura $A(-3, -5, 2)$ puis avec $k = 1$ et $m = 1$ on aura $B(6, 10, 2)$.
   b) Par exemple : $\vec{u} = (6, 5, -2)$, $\vec{v} = (3, 10, 2)$ et $\vec{w} = (3, 5, 0)$.
   c) $\vec{n} = (10, -6, 15)$
   d) Non.
   e) Non.
   f) $P(3, 0, 0)$, $Q(0, -5, 0)$ et $R(0, 0, 2)$

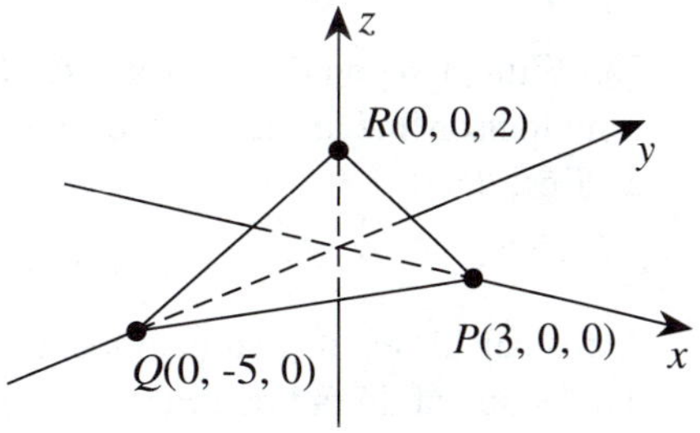

3. $2x + 6y - 5z + 1 = 0$

4. *a*) $\vec{n} = (2, -3, 1)$
   b) Par exemple : $\vec{u} = (3, 2, 0)$ et $\vec{v} = (0, 1, 3)$.

5. Une équation algébrique de $\mathcal{P}$: $y = 2$.

6. *a*) On vérifie simplement que les coordonnées des points $A(a, 0, 0)$, $B(0, b, 0)$ et $C(0, 0, c)$ satisfont l'équation $\frac{x}{a} + \frac{y}{b} + \frac{z}{c} = 1$. Dans $\mathbb{R}^2$, l'équation réduite de la droite passant par les points $A(a, 0)$ et $B(0, b)$ est $\frac{x}{a} + \frac{y}{b} = 1$.

b) Dans $\mathbb{R}^2$, l'équation réduite de la droite $\mathcal{D}$ passant par les points $P(a, 0)$ et $Q(0, b)$ est $\frac{x}{a}+\frac{y}{b}=1$ si $a \neq 0$ et $b \neq 0$.

c) $x+\frac{y}{2}+\frac{z}{3}=1$

7. $2x+y+2z-5=0$

8. *a*) $\mathcal{D}$ et $\mathcal{P}$ sont parallèles.

   b) $\mathcal{D}$ est contenue dans $\mathcal{P}$.

   c) $\mathcal{D}$ est sécante à $\mathcal{P}$ au point $A\left(-\frac{28}{5}, -\frac{17}{5}, \frac{16}{5}\right)$.

9. *a*) $k=\frac{29}{3}$ *b*) $k=-3$

10. *a*) $P\left(-\frac{8}{7}, -\frac{2}{7}, \frac{24}{7}\right)$ *b*) 49,79°

11. *a*) Plans parallèles.

    b) Plans sécants selon la droite d'équation vectorielle

$$(x, y, z)=(1, 2, 0)+t(2, -3, -2),\ t \in \mathbb{R}.$$

12. $x+y+2z-2=0$

13. *a*) $x+y+z-2=0$ *b*) $2x+3y+4z-4=0$

14. Soit $\mathcal{P}$ un plan contenant $\mathcal{D}$ et soit $P(x_0, y_0, z_0)$ un point de $\mathcal{D}$. Le vecteur normal de $\mathcal{P}$ est alors combinaison linéaire des vecteurs normaux de $\mathcal{P}_1$ et de $\mathcal{P}_2$: $\vec{n}=\lambda(a, b, c)+\mu(A, B, C)$. L'équation de $\mathcal{P}$ est donc

$$[\lambda(a, b, c)+\mu(A, B, C)] \bullet (x-x_0, y-y_0, z-z_0)=0.$$

Après calculs et en tenant compte des équations $d=-(ax_0+by_0+cz_0)$ et $D=-(Ax_0+By_0+Cz_0)$ qui découlent du fait que $P(x_0, y_0, z_0)$ est un point commun aux deux plans, on obtient

$$\lambda(ax+by+cz+d)+\mu(Ax+By+Cz)=0$$

comme équation de $\mathcal{P}$.

15. 80,72°

16. $\frac{\sqrt{3}}{3}$

17. $\frac{3\sqrt{14}}{7}$

18. $A\left(\frac{18}{11}, \frac{32}{11}, 0\right)$

19. $C\left(\frac{2}{33}, -\frac{146}{33}, -\frac{179}{33}\right)$

20. $x^2+(y-1)^2+(z-3)^2=\frac{50}{7}$

21. $\theta=\arccos\frac{1}{3}=70,53°$

22. $c=\sqrt{\frac{12}{5}}$

QUESTIONNAIRE SUR LA PERCEPTION SPATIALE

1. Généralement faux.
2. Généralement vrai.
3. Généralement vrai.
4. Toujours vrai.
5. Toujours faux.
6. Toujours vrai.
7. Toujours vrai.
8. Généralement faux.
9. Toujours vrai.
10. Généralement faux.
11. Généralement vrai.
12. Toujours faux.
13. Toujours vrai.
14. Toujours faux.
15. Généralement faux.
16. Toujours vrai.
17. Généralement faux.

CHAPITRE 5

SYSTÈMES D'ÉQUATIONS LINÉAIRES

EXERCICES 5.1

1. Les opérations *a*) et *c*) sont élémentaires ou équivalentes à une séquence d'opérations élémentaires.

2. Pour que la transformation $(iii) - (i)$ donne un système d'équations équivalent, il faut soustraire à l'équation (iii) la *nouvelle* équation (i) telle que modifiée et non l'équation (i) initiale. Ainsi on aura $(iii) - (i) : x + 0y = 1$.

3. *a*) $\begin{pmatrix}1 & 0 & a\\0 & 1 & b\end{pmatrix}, \begin{pmatrix}1 & a & 0\\0 & 0 & 1\end{pmatrix}, \begin{pmatrix}1 & a & b\\0 & 0 & 0\end{pmatrix}, \begin{pmatrix}0 & 1 & 0\\0 & 0 & 1\end{pmatrix}, \begin{pmatrix}0 & 1 & a\\0 & 0 & 0\end{pmatrix}, \begin{pmatrix}0 & 0 & 1\\0 & 0 & 0\end{pmatrix}$ et $\begin{pmatrix}0 & 0 & 0\\0 & 0 & 0\end{pmatrix}$ où $a, b \in \mathbb{R}$.

   b) $\begin{pmatrix}1 & 0\\0 & 1\\0 & 0\end{pmatrix}, \begin{pmatrix}1 & a\\0 & 0\\0 & 0\end{pmatrix}, \begin{pmatrix}0 & 1\\0 & 0\\0 & 0\end{pmatrix}$ et $\begin{pmatrix}0 & 0\\0 & 0\\0 & 0\end{pmatrix}$ où $a \in \mathbb{R}$.

   c) $\begin{pmatrix}1 & 0 & 0\\0 & 1 & 0\\0 & 0 & 1\end{pmatrix}, \begin{pmatrix}1 & 0 & a\\0 & 1 & b\\0 & 0 & 0\end{pmatrix}, \begin{pmatrix}1 & a & 0\\0 & 0 & 1\\0 & 0 & 0\end{pmatrix}, \begin{pmatrix}1 & a & b\\0 & 0 & 0\\0 & 0 & 0\end{pmatrix}, \begin{pmatrix}0 & 1 & 0\\0 & 0 & 1\\0 & 0 & 0\end{pmatrix}, \begin{pmatrix}0 & 1 & a\\0 & 0 & 0\\0 & 0 & 0\end{pmatrix}, \begin{pmatrix}0 & 0 & 1\\0 & 0 & 0\\0 & 0 & 0\end{pmatrix}$ et $\begin{pmatrix}0 & 0 & 0\\0 & 0 & 0\\0 & 0 & 0\end{pmatrix}$

   où $a, b \in \mathbb{R}$.

4. *a*) $\begin{pmatrix}1 & 1 & 0 & 0 & 0\\0 & 0 & 1 & 0 & 0\\0 & 0 & 0 & 1 & 0\\0 & 0 & 0 & 0 & 1\end{pmatrix}$; rang 4.

   b) $\begin{pmatrix}1 & 0 & -1 & -2\\0 & 1 & 2 & 3\\0 & 0 & 0 & 0\end{pmatrix}$; rang 2.

   c) $\begin{pmatrix}1 & 1 & 1 & 1\\0 & 0 & 0 & 0\\0 & 0 & 0 & 0\end{pmatrix}$; rang 1.

   d) $\begin{pmatrix}0 & 0 & 1 & 0 & 0\\0 & 0 & 0 & 1 & 0\\0 & 0 & 0 & 0 & 1\end{pmatrix}$; rang 3.

5. *a*) Non *l*-équivalentes. *b*) Non *l*-équivalentes. *c*) *l*-équivalentes.

6. *a*) $k = 6$
b) *i*) rang = 1 pour $k = 1$; *ii*) rang = 2 pour $k = -2$; *iii*) rang = 3 pour $k \neq 1$ et $k \neq -2$.

7. *a*) Deux droites distinctes sécantes.
b) Deux droites distinctes parallèles.
c) Deux droites confondues.
d) Trois droites distinctes sécantes 3 à 3.
e) Trois droites distinctes sécantes 2 à 2 mais non 3 à 3.
f) Deux droites confondues, sécantes à une troisième.

8. $x_1 = x_2 = x_3 = x_4 = 1$

9. $x = -\frac{1}{9} - \frac{14}{9}k,\ y = -\frac{2}{9} - \frac{1}{9}k$ et $z = k,\ k \in \mathbb{R}$.

10. $a = 2$, $b = 3$, $c = 6$ et $d = 1$.

11. $P\left(\frac{1}{2} + 3\sqrt{\frac{59}{49}},\ 1 + \sqrt{\frac{59}{49}},\ \sqrt{\frac{59}{49}}\right)$ ou $P\left(\frac{1}{2} - 3\sqrt{\frac{59}{49}},\ 1 - \sqrt{\frac{59}{49}},\ -\sqrt{\frac{59}{49}}\right)$

12. Supposons $\boldsymbol{A} \sim \boldsymbol{B}$; on obtient alors chaque ligne de $\boldsymbol{A}$ par une suite finie d'opérations élémentaires sur les lignes de $\boldsymbol{B}$. Cela signifie, selon la définition d'*opération élémentaire*, que chaque ligne de $\boldsymbol{A}$ est soit directement une ligne de $\boldsymbol{B}$, soit un multiple d'une ligne de $\boldsymbol{B}$, soit une somme de multiples de lignes de $\boldsymbol{B}$. Dans tous ces cas, il s'agit de combinaisons linéaires d'une ou de plusieurs lignes de $\boldsymbol{B}$. On montre de la même façon que chaque ligne de $\boldsymbol{B}$ est combinaison linéaire des lignes de $\boldsymbol{A}$.

13. Conséquence assez immédiate de l'exercice 12.

14. En partant de la liste complète des matrices *ERL* d'un format donné, on applique la propriété démontrée à l'exercice 12 à chaque paire de matrices *ERL* de même rang; on constate alors, comme à l'exercice 13, que chaque matrice *ERL* n'est équivalente à aucune autre matrice *ERL* (sauf à elle-même).

EXERCICES 5.2

1. Les trois plans se rencontrent 2 à 2 selon trois droites parallèles mais ne se rencontrent pas 3 à 3.

2. Les trois plans se rencontrent 3 à 3 selon la droite définie par les équations paramétriques

$$x = 1 + 2k \qquad y = -1 + k \qquad z = 4k \quad (k \in \mathbb{R}).$$

3. Un plan est sécant à deux autres plans parallèles et distincts.

4. Les trois plans sont sécants en un point : $A(1, 2, 3)$.

5. *a*) $k \neq 2$; *b*) aucune valeur; *c*) $k = 2$.

6. Les trois plans se rencontrent 2 à 2 selon trois droites parallèles mais ne se rencontrent pas 3 à 3.

7. $a = 3$ et $b = -1$; $x = 3 + 2k,\ y = 1 + k,\ z = k\ (k \in \mathbb{R})$.

CHAPITRE 6

LES MATRICES

EXERCICES 6.1

1. $\begin{pmatrix} 0 & 1 & 1 & 1 & 1 & 1 \\ 1 & 0 & 1 & 0 & 0 & 0 \\ 1 & 1 & 0 & 0 & 0 & 1 \\ 1 & 0 & 0 & 0 & 1 & 1 \\ 1 & 0 & 0 & 1 & 0 & 0 \\ 1 & 0 & 1 & 1 & 0 & 0 \end{pmatrix}$

2. *a*) $\begin{pmatrix} 1 & 1 & 1 \\ 2 & 2 & 2 \end{pmatrix}$ *b*) $\begin{pmatrix} 1 & 2 & 3 \\ 1 & 2 & 3 \end{pmatrix}$ *c*) $\begin{pmatrix} 2 & 3 & 4 \\ 3 & 4 & 5 \end{pmatrix}$ *d*) $\begin{pmatrix} 1 & 2 & 3 \\ 2 & 2 & 3 \end{pmatrix}$

3. *a*) 6 *b*) 5 *c*) -1 *d*) -4

4. *a*) 4×3 *b*) 4×2 *c*) 4×2

5. *a*) $\begin{pmatrix} -4 & -4 \\ -1 & 0 \end{pmatrix}$ *b*) $\begin{pmatrix} 0 & 0 \\ 0 & 0 \end{pmatrix}$ *c*) (45) *d*) $\begin{pmatrix} 1 & -1 & -2 & 0 \\ 1 & 1 & 0 & 2 \end{pmatrix}$

6. Vrai.

7. *a*) $\begin{pmatrix} 3 & -5 \\ 1 & -1 \\ 1 & 1 \end{pmatrix}\begin{pmatrix} x \\ y \end{pmatrix} = \begin{pmatrix} 4 \\ 1 \\ 0 \end{pmatrix}$ *c*) $\begin{pmatrix} 0 & 1 & -1 \\ 2 & 3 & 0 \\ 0 & -1 & 5 \end{pmatrix}\begin{pmatrix} x \\ y \\ z \end{pmatrix} = \begin{pmatrix} 2 \\ 1 \\ 0 \end{pmatrix}$

   b) $\begin{pmatrix} 3 & -5 & 2 \\ 1 & 1 & 4 \end{pmatrix}\begin{pmatrix} x \\ y \\ z \end{pmatrix} = \begin{pmatrix} 5 \\ 2 \end{pmatrix}$ *d*) $\begin{pmatrix} 1 & 0 & 1 \\ 2 & 3 & 0 \\ 0 & -1 & 5 \end{pmatrix}\begin{pmatrix} x \\ y \\ z \end{pmatrix} = \begin{pmatrix} 0 \\ 0 \\ 0 \end{pmatrix}$

8. *a)* $x_1 = 2$ et $x_2 = 1$ *b)* $x_1 = 1$ et $x_2 = -3$ *c)* $x_1 = \frac{k}{2}$ et $x_2 = k,\ k \in \mathbb{R}$

9. Faux.

10. *a)* $\boldsymbol{A} = \begin{pmatrix} 0 & -1 \\ 1 & 0 \end{pmatrix}$ et $\boldsymbol{B} = \begin{pmatrix} 1 & -2 \\ 2 & 1 \end{pmatrix}$ *c)* Même exemple qu'en *a*).

b) $\boldsymbol{A} = \begin{pmatrix} 0 & 1 \\ 1 & 0 \end{pmatrix}$ et $\boldsymbol{B} = \begin{pmatrix} 1 & 0 \\ 0 & -1 \end{pmatrix}$ *d)* Même exemple qu'en *b*).

11. On montre que l'élément de la *i*-ième ligne et *j*-ième colonne de $(\boldsymbol{AB})^{\mathsf{T}}$ est le même que celui de la matrice $\boldsymbol{B}^{\mathsf{T}}\boldsymbol{A}^{\mathsf{T}}$.

12. E_2 et E_3 ont la meilleure note : 72,5.

13. $\begin{pmatrix} 4 & -8 \\ -8 & -3 \end{pmatrix}$

14. *a)* $\boldsymbol{A}^2 = \begin{pmatrix} 0{,}8500 & 0{,}6000 \\ 0{,}1500 & 0{,}4000 \end{pmatrix}$, où 0,8500 est la probabilité qu'il fasse soleil le surlendemain d'une journée ensoleillée, 0,6000 est la probabilité qu'il fasse soleil le surlendemain d'une journée pluvieuse, 0,1500 est la probabilité qu'il pleuve le surlendemain d'une journée ensoleillée et 0,4000 est la probabilité qu'il pleuve le surlendemain d'une journée pluvieuse.

b) $\boldsymbol{A}^{32} = \begin{pmatrix} 0{,}8000 & 0{,}8000 \\ 0{,}2000 & 0{,}2000 \end{pmatrix}$; $\lim\limits_{n\to\infty} \boldsymbol{A}^n = \begin{pmatrix} 0{,}8 & 0{,}8 \\ 0{,}2 & 0{,}2 \end{pmatrix}$

c) 0,8

15. *a)* $x = \frac{27}{52}$, $y = \frac{11}{52}$ et $1 - (x + y) = \frac{7}{26}$

b) Il y aura 54 autos en E_1, 22 en E_2 et 28 en E_3.

EXERCICES 6.2

1. *a)* $\begin{pmatrix} 0 & 1 \\ 1 & 0 \end{pmatrix}, \begin{pmatrix} k & 0 \\ 0 & 1 \end{pmatrix}, \begin{pmatrix} 1 & 0 \\ 0 & k \end{pmatrix}, \begin{pmatrix} 1 & 0 \\ k & 1 \end{pmatrix}, \begin{pmatrix} 1 & k \\ 0 & 1 \end{pmatrix}$, $k \in \mathbb{R}$

b) $\begin{pmatrix} 0 & 1 & 0 \\ 1 & 0 & 0 \\ 0 & 0 & 1 \end{pmatrix}, \begin{pmatrix} 0 & 0 & 1 \\ 0 & 1 & 0 \\ 1 & 0 & 0 \end{pmatrix}, \begin{pmatrix} 1 & 0 & 0 \\ 0 & 0 & 1 \\ 0 & 1 & 0 \end{pmatrix}, \begin{pmatrix} k & 0 & 0 \\ 0 & 1 & 0 \\ 0 & 0 & 1 \end{pmatrix}, \begin{pmatrix} 1 & 0 & 0 \\ 0 & k & 0 \\ 0 & 0 & 1 \end{pmatrix}, \begin{pmatrix} 1 & 0 & 0 \\ 0 & 1 & 0 \\ 0 & 0 & k \end{pmatrix},$

$\begin{pmatrix} 1 & k & 0 \\ 0 & 1 & 0 \\ 0 & 0 & 1 \end{pmatrix}, \begin{pmatrix} 1 & 0 & k \\ 0 & 1 & 0 \\ 0 & 0 & 1 \end{pmatrix}, \begin{pmatrix} 1 & 0 & 0 \\ k & 1 & 0 \\ 0 & 0 & 1 \end{pmatrix}, \begin{pmatrix} 1 & 0 & 0 \\ 0 & 1 & k \\ 0 & 0 & 1 \end{pmatrix}, \begin{pmatrix} 1 & 0 & 0 \\ 0 & 1 & 0 \\ k & 0 & 1 \end{pmatrix}, \begin{pmatrix} 1 & 0 & 0 \\ 0 & 1 & 0 \\ 0 & k & 1 \end{pmatrix}$, $k \in \mathbb{R}$

2. Seule la matrice donnée en *c*) est élémentaire.

3. Par exemple: $\boldsymbol{E}_1 = \begin{pmatrix} 1 & -3 \\ 0 & 1 \end{pmatrix}$, $\boldsymbol{E}_2 = \begin{pmatrix} 1 & 0 \\ 0 & -0,5 \end{pmatrix}$, $\boldsymbol{E}_3 = \begin{pmatrix} 1 & 0 \\ -2 & 1 \end{pmatrix}$; ces matrices ne sont pas uniques.

4. *a*) $\begin{pmatrix} 1 & 0 & 0 \\ 0 & 1 & 6 \\ 0 & 0 & 1 \end{pmatrix}$ *b*) $\begin{pmatrix} -2 & 0 & 0 \\ 0 & 1 & 0 \\ 0 & 0 & 1 \end{pmatrix}$ *c*) $\begin{pmatrix} 0 & 0 & 1 \\ 0 & 1 & 0 \\ 1 & 0 & 0 \end{pmatrix}$

5. *a*) $\frac{1}{6}\begin{pmatrix} 3 & -1 \\ 0 & 2 \end{pmatrix}$ *d*) $\frac{1}{2}\begin{pmatrix} 4 & -2 \\ 3 & -1 \end{pmatrix}$ *g*) $\begin{pmatrix} 1 & 1 & -1 \\ 1 & -2 & 1 \\ -1 & 1 & 0 \end{pmatrix}$

b) $\frac{1}{5}\begin{pmatrix} 2 & 1 \\ -1 & 2 \end{pmatrix}$ *e*) $\begin{pmatrix} 0 & 0 & 6 \\ 1/2 & 0 & 0 \\ 0 & 1/3 & 0 \end{pmatrix}$ *h*) $\frac{1}{2}\begin{pmatrix} -1 & 1 & 1 \\ 1 & -1 & 1 \\ 1 & 1 & -1 \end{pmatrix}$

c) $\frac{1}{5}\begin{pmatrix} 2 & 1 \\ 1 & -2 \end{pmatrix}$ *f*) $\begin{pmatrix} 1/a & 0 & 6 \\ 0 & 1/b & 0 \\ 0 & 0 & 1/c \end{pmatrix}$

6. $\begin{pmatrix} 1 & 3 \\ 2 & 4 \end{pmatrix} = \begin{pmatrix} 1 & 0 \\ 2 & 1 \end{pmatrix}\begin{pmatrix} 1 & 0 \\ 0 & -2 \end{pmatrix}\begin{pmatrix} 1 & 3 \\ 0 & 1 \end{pmatrix}$

7. $\begin{pmatrix} 2 & -3 \\ 0 & 1 \end{pmatrix} = \begin{pmatrix} 1 & -3 \\ 0 & 1 \end{pmatrix}\begin{pmatrix} 2 & 0 \\ 0 & 1 \end{pmatrix}$

8. *a*) $\boldsymbol{X} = \boldsymbol{A}^{-1}(\boldsymbol{D} - \boldsymbol{C})\boldsymbol{B}^{-1} = \begin{pmatrix} 1 & -1 & 2 \\ 0 & 2 & 1 \end{pmatrix}$

b) $\boldsymbol{X} = (\boldsymbol{A} - \boldsymbol{I})^{-1}(-\boldsymbol{B}) = -\begin{pmatrix} 3 & 1 \\ 4 & 3 \end{pmatrix}$

c) $\boldsymbol{X} = -\boldsymbol{B}(\boldsymbol{A} - \boldsymbol{I})^{-1} = -\begin{pmatrix} 1 & 0 \\ 1 & 5 \end{pmatrix}$

9. *a*) $\begin{pmatrix} x \\ y \end{pmatrix} = \begin{pmatrix} 5 & 7 \\ 2 & 3 \end{pmatrix}^{-1}\begin{pmatrix} 8 \\ 3 \end{pmatrix} = \begin{pmatrix} 3 \\ -1 \end{pmatrix}$

b) $\begin{pmatrix} x \\ y \\ z \end{pmatrix} = \begin{pmatrix} 1 & 1 & 1 \\ 2 & -1 & 1 \\ 1 & -1 & 1 \end{pmatrix}^{-1}\begin{pmatrix} 100 \\ 200 \\ 100 \end{pmatrix} = \begin{pmatrix} 0 & 1 & -1 \\ 1/2 & 0 & -1/2 \\ 1/2 & -1 & 3/2 \end{pmatrix}\begin{pmatrix} 100 \\ 200 \\ 100 \end{pmatrix} = \begin{pmatrix} 100 \\ 0 \\ 0 \end{pmatrix}$

EXERCICES 6.3

1. *a*) 0 *b*) 0 *c*) -16 *d*) -1

2. *a*) -18 *b*) $\frac{6}{7}$

3. *a*) Vrai. *b*) Faux. *c*) Vrai. *d*) Faux. *e*) Vrai. *f*) Faux. *g*) Vrai. *h*) Vrai.

4. Ce système a toujours une et une seule solution, quel que soit *k*.

5. *a*) $\text{adj}\,\boldsymbol{A} = \begin{pmatrix} 1 & -3 \\ -1 & 5 \end{pmatrix}$ et $\boldsymbol{A}^{-1} = \frac{1}{2}\begin{pmatrix} 1 & -3 \\ -1 & 5 \end{pmatrix}$

   b) $\text{adj}\,\boldsymbol{A} = \begin{pmatrix} -1 & 2 & 1 \\ 2 & -2 & 0 \\ 1 & 0 & -1 \end{pmatrix}$ et $\boldsymbol{A}^{-1} = \frac{1}{2}\begin{pmatrix} -1 & 2 & 1 \\ 2 & -2 & 0 \\ 1 & 0 & -1 \end{pmatrix}$

6. $\text{adj}\begin{pmatrix} a & c \\ b & d \end{pmatrix} = \begin{pmatrix} d & -c \\ -b & a \end{pmatrix}$

7. *a*) $\frac{1}{2}\begin{pmatrix} -3 & 4 \\ 2 & -2 \end{pmatrix}$ *b*) $\begin{pmatrix} \cos\theta & \sin\theta \\ -\sin\theta & \cos\theta \end{pmatrix}$ *c*) $\begin{pmatrix} \cos\theta & \sin\theta \\ \sin\theta & -\cos\theta \end{pmatrix}$ *d*) $\begin{pmatrix} 1 & -k \\ 0 & 1 \end{pmatrix}$

EXERCICES 6.4

1. **Ventes (milliards de $)**

de ➡ à	Secteur 1	Secteur 2	Ventes intermédiaires *Y*	Ventes externes *X*	Ventes totales *T*
Secteur 1	**8,152**	**2,779**	**10,95**	40	**50,95**
Secteur 2	**6,114**	**5,559**	**11,69**	30	**41,69**

2. **Ventes (milliards de $)**

de ➡ à	Secteur 1	Secteur 2	Ventes intermédiaires *Y*	Ventes externes *X*	Ventes totales *T*
Secteur 1	**8**	**3**	**11**	**39**	50
Secteur 2	**6**	**6**	**12**	**33**	45

3. *a*)

Ventes (milliards de $)

de → à	Secteur 1	Secteur 2	Ventes intermédiaires Y	Ventes externes X	Ventes totales T
Secteur 1	3	5	**8**	**7**	15
Secteur 2	5	1	**6**	**4**	10

b) Les coûts du secteur 1 s'élèvent à 8 milliards de dollars; ceux du secteur 2 s'élèvent à 6 milliards de dollars.

c) $\boldsymbol{C} = \begin{pmatrix} 3/15 & 5/10 \\ 5/15 & 1/10 \end{pmatrix}$

d) c_{21} représente l'augmentation (en milliards de $) des ventes du secteur 2 au secteur 1 occasionnée par une augmentation totale de un milliard de dollars des ventes totales du secteur 1.

e) $\boldsymbol{E} = \frac{1}{83}\begin{pmatrix} 135 & 75 \\ 50 & 120 \end{pmatrix}$

f) Dans le secteur 2.

g) Les ventes intermédiaires du secteur 1 augmenteraient de $\frac{127}{83}$ milliard de dollars et celles du secteur 2 de $\frac{87}{83}$ milliard de dollars.

CHAPITRE 7

TRANSFORMATIONS LINÉAIRES DANS $\mathbb{R}^2$

EXERCICES 7.1

1. Seule la transformation en *b*) est linéaire.

2. *a*)

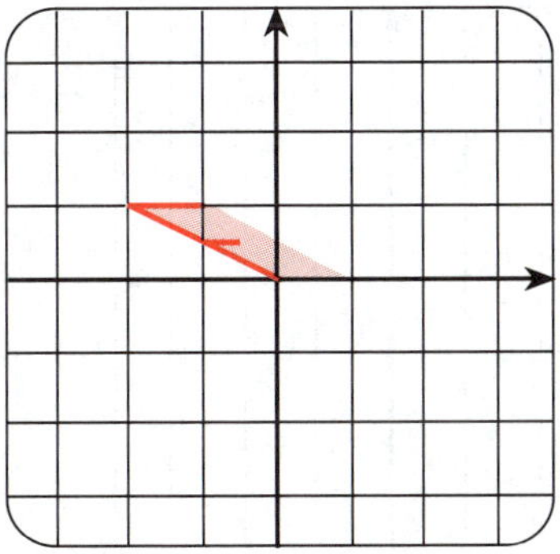

b)

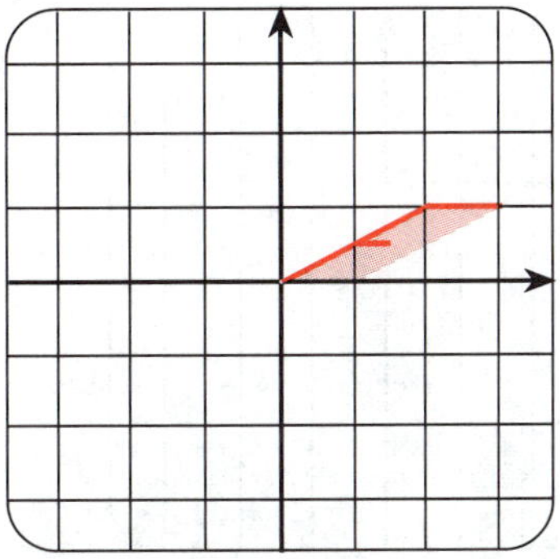

c)

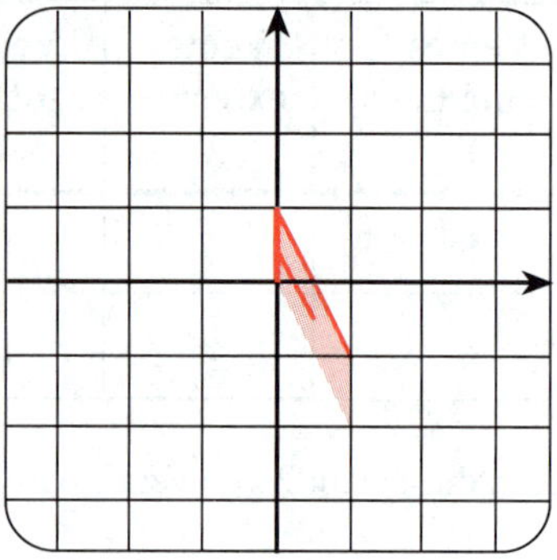

d)

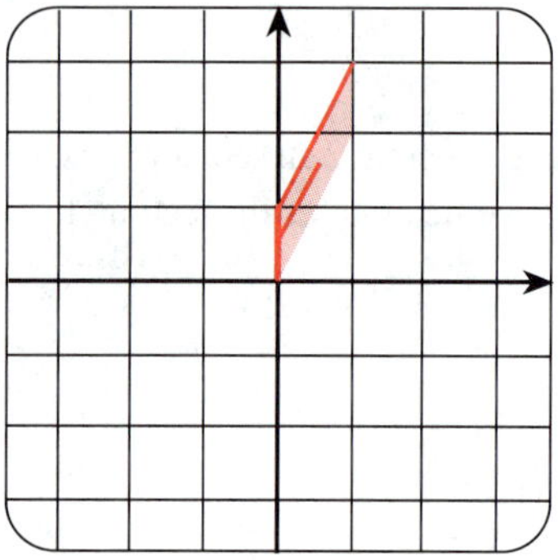

e)

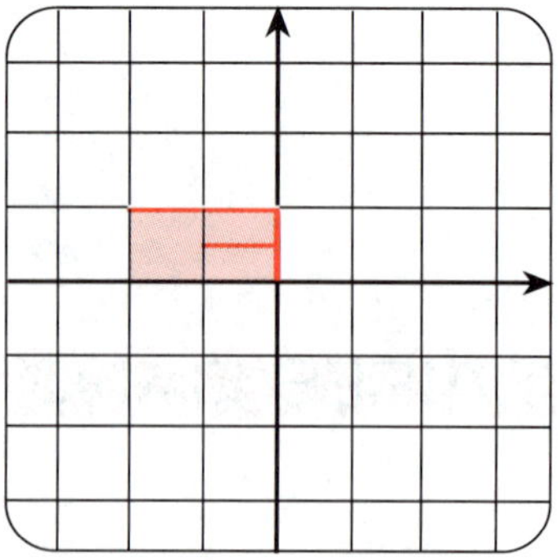

f)

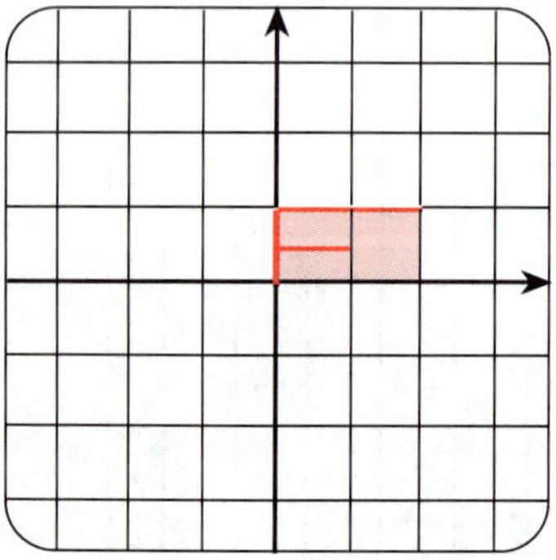

g)

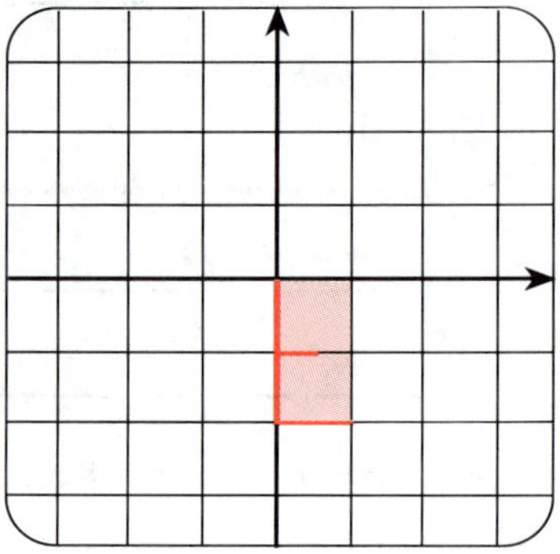

h)

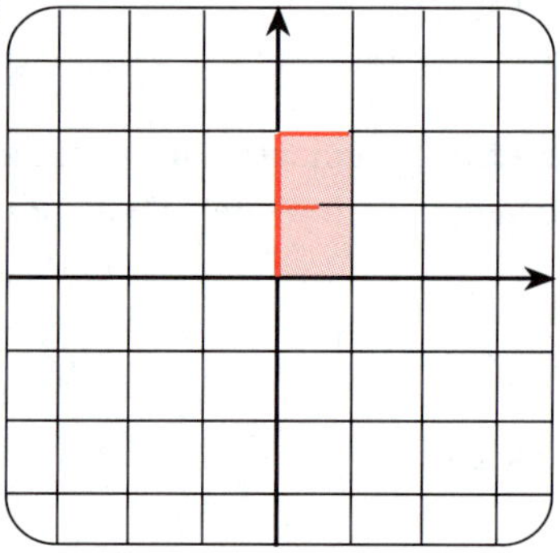

i)

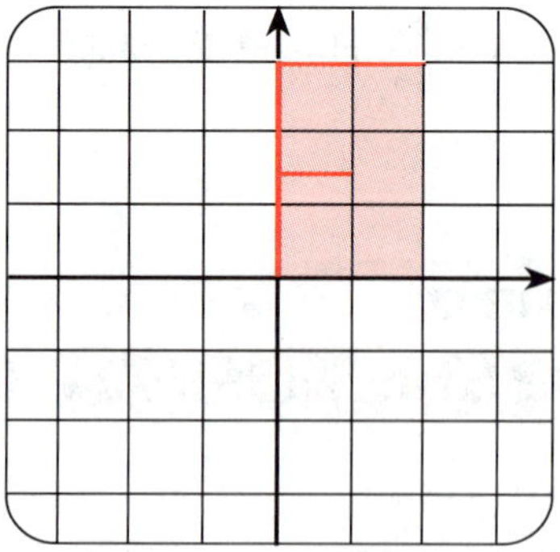

j)

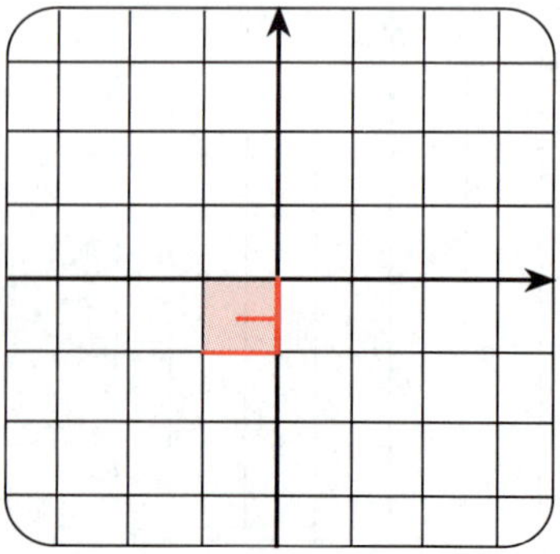

3. Seule T_3 est linéaire.

4. $M_1 = \begin{pmatrix} 0 & 1 \\ 2 & -1 \end{pmatrix}$ $M_3 = \begin{pmatrix} 2 & -1 \\ 0 & 1 \end{pmatrix}$ $M_5 = \begin{pmatrix} 1 & 0 \\ 2 & -1 \end{pmatrix}$

$M_2 = \begin{pmatrix} 1/2 & 1/2 \\ 1 & 0 \end{pmatrix}$ $M_4 = \begin{pmatrix} 1/2 & 1/2 \\ 0 & 1 \end{pmatrix}$ $M_6 = \begin{pmatrix} 1 & 0 \\ 2 & -1 \end{pmatrix}$

5. *a)* $M_1 = \begin{pmatrix} 2 & -1 \\ 2 & 1 \end{pmatrix}$ et $M_2 = \begin{pmatrix} -2 & 1 \\ 2 & 1 \end{pmatrix}$ *b)* $M_1 = \begin{pmatrix} 1 & 0 \\ 0 & 1 \end{pmatrix}$ et $M_2 = \begin{pmatrix} 0 & 1/2 \\ 2 & 0 \end{pmatrix}$

6. $T\begin{pmatrix} 1 \\ 0 \end{pmatrix} = \begin{pmatrix} -2 \\ 0 \end{pmatrix}$

7.
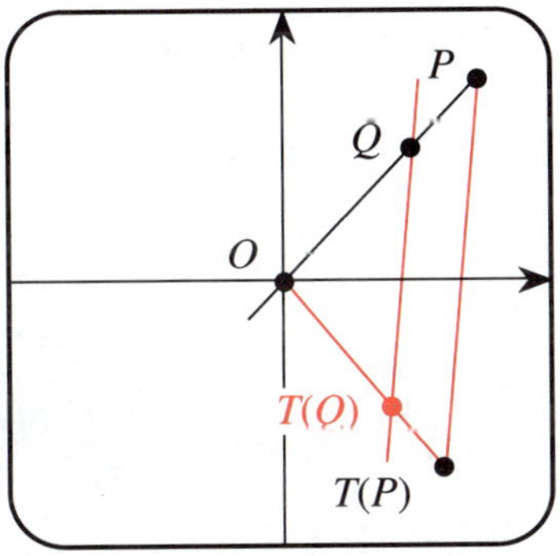

8.
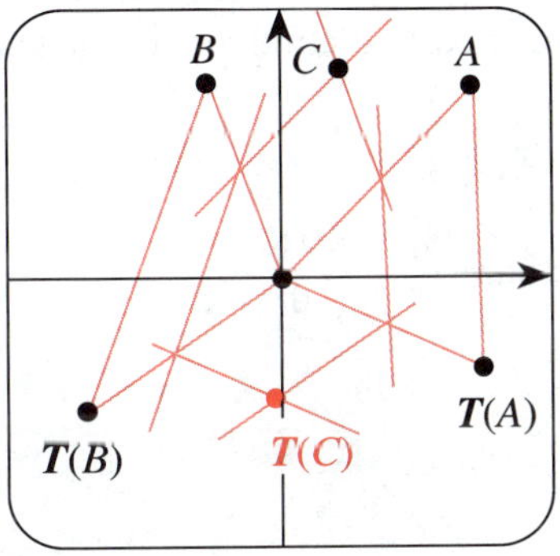

9. $y = -\frac{1}{2}x - \frac{1}{2}$

10. À titre d'exemple, voici la démonstration de L2 :

On suppose $\vec{u} \mathbin{//} \vec{v}$. Alors, $\vec{u} = k\vec{v}$ et $M(\vec{u}) = M(k\vec{v}) = kM(\vec{v})$ (puisque M représente une transformation linéaire); l'égalité $M(\vec{u}) = kM(\vec{v})$ signifie précisément $M(\vec{u}) \mathbin{//} M(\vec{v})$.

EXERCICES 7.2

1. *a)* $\begin{pmatrix} 3 & 0 \\ 0 & 1 \end{pmatrix}$ *c)* $\frac{1}{2}\begin{pmatrix} 3 & 1 \\ 1 & 3 \end{pmatrix}$ *e)* $\frac{1}{5}\begin{pmatrix} 6 & -2 \\ -2 & 9 \end{pmatrix}$

b) $\begin{pmatrix} 1 & 0 \\ 0 & 5 \end{pmatrix}$ *d)* $\frac{1}{4}\begin{pmatrix} 7 & 3\sqrt{3} \\ 3\sqrt{3} & 13 \end{pmatrix}$

2. On suppose que $\boldsymbol{M}$ représente un étirement de facteur k dans la direction $\vec{u}=\begin{pmatrix}a\\b\end{pmatrix}$. Alors,

$\boldsymbol{M}\begin{pmatrix}a & -b\\ b & a\end{pmatrix}=\begin{pmatrix}ka & -b\\ kb & a\end{pmatrix}$ et, en prenant les déterminants des deux membres de cette égalité, on obtient

$$\begin{aligned}(\det \boldsymbol{M})\det\begin{pmatrix}a & -b\\ b & a\end{pmatrix} &= \det\begin{pmatrix}ka & -b\\ kb & a\end{pmatrix}\\ &= k\det\begin{pmatrix}a & -b\\ b & a\end{pmatrix}.\end{aligned}$$

Après simplification, cela donne $\det \boldsymbol{M}=k$.

3. On écrit en fonction de k, a et b la matrice $\boldsymbol{M}$ d'étirement de facteur k dans la direction $\vec{u}=\begin{pmatrix}a\\b\end{pmatrix}$ de même que la matrice $\boldsymbol{N}$ d'étirement de facteur $\frac{1}{k}$ dans cette direction; on vérifie ensuite que $\boldsymbol{MN}=\boldsymbol{I}$.

4. Il suffit de voir que $\begin{pmatrix}k & 0\\ 0 & k\end{pmatrix}\begin{pmatrix}1/k & 0\\ 0 & 1/k\end{pmatrix}=\boldsymbol{I}$.

5. $\det\begin{pmatrix}k & 0\\ 0 & k\end{pmatrix}=k^2-0=k^2$

6. $\begin{pmatrix}k & 0\\ 0 & k\end{pmatrix}=\begin{pmatrix}k & 0\\ 0 & 1\end{pmatrix}\begin{pmatrix}1 & 0\\ 0 & k\end{pmatrix}$

7. *a)* $\begin{pmatrix}-1 & 0\\ 0 & -1\end{pmatrix}$

b) $\begin{pmatrix}-1/2 & \sqrt{3}/2\\ -\sqrt{3}/2 & -1/2\end{pmatrix}$

c) $\begin{pmatrix}\sqrt{3}/2 & -1/2\\ 1/2 & \sqrt{3}/2\end{pmatrix}$

d) $\begin{pmatrix}\sqrt{2}/2 & \sqrt{2}/2\\ -\sqrt{2}/2 & \sqrt{2}/2\end{pmatrix}$

e) $\begin{pmatrix}-1/2 & -\sqrt{3}/2\\ \sqrt{3}/2 & -1/2\end{pmatrix}$

8. *a)* $\begin{pmatrix}-1 & 0\\ 0 & 1\end{pmatrix}$

b) $\begin{pmatrix}0 & -1\\ -1 & 0\end{pmatrix}$

c) $\begin{pmatrix}-1/2 & \sqrt{3}/2\\ \sqrt{3}/2 & 1/2\end{pmatrix}$

9. *a*) Réflexion autour de la droite qui fait un angle de 54,22° avec l'axe des x et qui passe par l'origine.

   b) Rotation de 36,87° autour de l'origine.

   c) Ni une rotation ni une réflexion.

10. $B\begin{pmatrix} \dfrac{5+2\sqrt{3}}{2} \\ \dfrac{5\sqrt{3}-2}{2} \end{pmatrix}$

11. *a*) $\dfrac{1}{10}\begin{pmatrix} -8 & -6 \\ -6 & 8 \end{pmatrix}$ *b*) $Q\begin{pmatrix} -1{,}6 \\ -1{,}2 \end{pmatrix}$

12. $\boldsymbol{S} = \dfrac{1}{1+m^2}\begin{pmatrix} 1-m^2 & 2m \\ 2m & m^2-1 \end{pmatrix}$

13. *a*) $\cos(\alpha+\beta) = \cos\alpha\cos\beta - \sin\alpha\sin\beta$

    b) $\sin(\alpha+\beta) = \sin\alpha\cos\beta + \cos\alpha\sin\beta$

14. *a*) Une même réflexion répétée un nombre pair de fois équivaut à la transformation identité; une même réflexion répétée un nombre impair de fois équivaut à elle-même appliquée une seule fois.

    b) Tourner n fois de suite autour de l'origine d'un même angle θ équivaut à tourner une seule fois d'un angle $n\theta$.

    c) Pour faire une réflexion autour d'une droite $\mathcal{D}$ passant par l'origine, on peut procéder ainsi : on fait d'abord une rotation qui amène $\mathcal{D}$ sur l'axe des x, puis on fait la réflexion autour de l'axe des x et ensuite on fait la rotation qui replace $\mathcal{D}$ dans sa position initiale.

    d) On peut écrire d'abord les matrices $\boldsymbol{S}_\alpha$, $\boldsymbol{S}_\beta$ et $\boldsymbol{R}_{2(\beta-\alpha)}$ puis calculer le produit $\boldsymbol{S}_\beta\boldsymbol{S}_\alpha$ et constater qu'on obtient bien $\boldsymbol{R}_{2(\beta-\alpha)}$.

15. *a*) $(\boldsymbol{R}_{2\pi/k})^k = \boldsymbol{R}_{k(2\pi/k)} = \boldsymbol{R}_{2\pi} = \boldsymbol{I}$

    b) $\boldsymbol{R}_{2\pi/3} = \begin{pmatrix} -1/2 & -\sqrt{3}/2 \\ \sqrt{3}/2 & -1/2 \end{pmatrix}$

    c) $\boldsymbol{R}_{\pi/2} = \begin{pmatrix} 0 & -1 \\ 1 & 0 \end{pmatrix}$

16. $\begin{pmatrix} 0 & 1 \\ -1 & 0 \end{pmatrix}$ et $\begin{pmatrix} 0 & -1 \\ 1 & 0 \end{pmatrix}$

17. *a*) $\boldsymbol{Z}_{r,\theta} = \begin{pmatrix} r & 0 \\ 0 & r \end{pmatrix}\begin{pmatrix} \cos\theta & -\cos\theta \\ \sin\theta & \sin\theta \end{pmatrix} = r\begin{pmatrix} \cos\theta & -\cos\theta \\ \sin\theta & \sin\theta \end{pmatrix}$

b) $\boldsymbol{Z}_{r,\theta} = \begin{pmatrix} r\cos\theta & -r\cos\theta \\ r\sin\theta & r\sin\theta \end{pmatrix} = \begin{pmatrix} a & -b \\ b & a \end{pmatrix}$ où $a = r\cos\theta$ et $b = r\sin\theta$

c) On procède comme en *a*) et *b*).

18. *a*) Ce n'est pas une similitude.

b) Similitude *indirecte* de rapport $\sqrt{5}$; l'axe de réflexion fait un angle de 13,28° avec l'axe des x.

c) Similitude *indirecte* de rapport 3; l'axe de réflexion fait un angle de 135° avec l'axe des x.

d) Similitude *directe* de rapport 2 et d'angle -30°.

19. *a*) $y = x$ *b*) $y = 7x$ *c*) $y = \frac{1}{3}x$ *d*) $y = \frac{3\sqrt{3}-1}{\sqrt{3}+3}x$

20. $\begin{pmatrix} 2 & -2 \\ 2 & 2 \end{pmatrix}\begin{pmatrix} 1 & -5 & -2 \\ 3 & 6 & 0 \end{pmatrix} = \begin{pmatrix} -4 & -22 & -4 \\ 8 & 2 & -4 \end{pmatrix}$, ce qui donne $\boldsymbol{A'}\begin{pmatrix} -4 \\ 8 \end{pmatrix}$, $\boldsymbol{B'}\begin{pmatrix} -22 \\ 2 \end{pmatrix}$ et $\boldsymbol{C'}\begin{pmatrix} -4 \\ -4 \end{pmatrix}$.

21. *a*) 1 *b*) -1 *c*) k *d*) k^2 *e*) $-(k^2)$

22. 4 cm^2

EXERCICES 7.3

1. $\frac{1}{2}\begin{pmatrix} 1 & 1 \\ -1 & 3 \end{pmatrix}$

2. Soit $\boldsymbol{M}_1$ la matrice de cisaillement de facteur k dans la direction $\vec{u} = \begin{pmatrix} a \\ b \end{pmatrix}$ et soit $\boldsymbol{M}_2$ la matrice de cisaillement de facteur k dans la direction $\vec{v} = t\vec{u} = \begin{pmatrix} ta \\ tb \end{pmatrix}$. Alors, on aura $\boldsymbol{M}_1\begin{pmatrix} a & -b \\ b & a \end{pmatrix} = \begin{pmatrix} a & -b+ka \\ b & a+kb \end{pmatrix}$ et $\boldsymbol{M}_2\begin{pmatrix} ta & -tb \\ tb & ta \end{pmatrix} = \begin{pmatrix} ta & -tb+kta \\ tb & ta+ktb \end{pmatrix}$, ce qui donne $\boldsymbol{M}_1 = \boldsymbol{M}_2$ en factorisant puis en éliminant t dans la deuxième équation.

3. *a*) $\boldsymbol{M}_1 = \begin{pmatrix} 1 & 0 \\ 0 & 1/2 \end{pmatrix}$ et $\boldsymbol{M}_2 = \begin{pmatrix} 1 & 3 \\ 0 & 1 \end{pmatrix}$ *b*) $\boldsymbol{M}_2\boldsymbol{M}_1 = \begin{pmatrix} 1 & 3 \\ 0 & 1 \end{pmatrix}\begin{pmatrix} 1 & 0 \\ 0 & 1/2 \end{pmatrix} = \begin{pmatrix} 1 & 3/2 \\ 0 & 1/2 \end{pmatrix}$

4. *a*) Appliquer n fois de suite un cisaillement de facteur k dans la direction $\vec{i}$ équivaut à appliquer une seule fois un cisaillement de facteur nk dans la direction $\vec{i}$.

   b) Appliquer n fois de suite un cisaillement de facteur k dans la direction $\vec{j}$ équivaut à appliquer une seule fois un cisaillement de facteur nk dans la direction $\vec{j}$.

   c) L'application d'un cisaillement de facteur k dans la direction $\vec{j}$ suivie (ou précédée) d'un cisaillement de facteur $-k$ dans la direction $\vec{j}$ équivaut à l'application de la transformation identité.

   d) L'application d'un cisaillement de facteur k dans la direction $\vec{i}$ suivie (ou précédée) d'un cisaillement de facteur $-k$ dans la direction $\vec{i}$ équivaut à l'application de la transformation identité.

5. *a*)
$$\begin{aligned}\boldsymbol{M}(\vec{OP}) - \vec{OP} &= \left[a\boldsymbol{M}(\vec{u}) + b\boldsymbol{M}(\vec{u}_\perp)\right] - \left[a\vec{u} + b\vec{u}_\perp\right] \\ &= a\vec{u} + b(\vec{u}_\perp + k\vec{u}) - a\vec{u} - b\vec{u}_\perp \\ &= bk\vec{u} \\ &// \vec{u}\end{aligned}$$

   b) $\boldsymbol{M}(\vec{v}) = \boldsymbol{M}(k\vec{u}) = k\boldsymbol{M}(\vec{u}) = k\vec{u} = \vec{v}$

6. *a*) $\vec{u} = \begin{pmatrix} 5 \\ 0 \end{pmatrix} - \begin{pmatrix} 1 \\ 3 \end{pmatrix} = \begin{pmatrix} -6 \\ -3 \end{pmatrix}$; on peut donc prendre le vecteur $\begin{pmatrix} 2 \\ 1 \end{pmatrix}$ pour représenter la direction du cisaillement.

   b) $\boldsymbol{M}\begin{pmatrix} 2 & 1 \\ 1 & 3 \end{pmatrix} = \begin{pmatrix} 2 & -5 \\ 1 & 0 \end{pmatrix}$ et par suite $\boldsymbol{M} = \frac{1}{5}\begin{pmatrix} 11 & -12 \\ 3 & -1 \end{pmatrix}$.

   c) $\boldsymbol{M}\begin{pmatrix} -1 \\ 2 \end{pmatrix} = \frac{1}{5}\begin{pmatrix} 11 & -12 \\ 3 & -1 \end{pmatrix}\begin{pmatrix} -1 \\ 2 \end{pmatrix} = \begin{pmatrix} -7 \\ -1 \end{pmatrix}$; l'équation $\begin{pmatrix} -7 \\ -1 \end{pmatrix} = \begin{pmatrix} -1 \\ 2 \end{pmatrix} + k\begin{pmatrix} 2 \\ 1 \end{pmatrix}$ donne $k = -3$.

7. *a*) Pour faire un cisaillement de facteur k dans la direction $\vec{u} = \begin{pmatrix} \cos\theta \\ \sin\theta \end{pmatrix}$, on fait d'abord une rotation qui rend $\vec{u}$ parallèle à $\vec{i}$; on applique ensuite un cisaillement de facteur k dans la direction $\vec{i}$ et enfin la rotation contraire à celle du début.

   b) $\det \boldsymbol{M} = \det\left[\boldsymbol{R}_\theta\begin{pmatrix} 1 & k \\ 0 & 1 \end{pmatrix}\boldsymbol{R}_\theta^{-1}\right] = (\det \boldsymbol{R}_\theta)\det\begin{pmatrix} 1 & k \\ 0 & 1 \end{pmatrix}(\det \boldsymbol{R}_\theta^{-1}) = (1)(1)(1) = 1$

   c) $\boldsymbol{M}^{-1} = \left[\boldsymbol{R}_\theta\begin{pmatrix} 1 & k \\ 0 & 1 \end{pmatrix}\boldsymbol{R}_\theta^{-1}\right]^{-1} = (\boldsymbol{R}_\theta^{-1})^{-1}\begin{pmatrix} 1 & k \\ 0 & 1 \end{pmatrix}^{-1}(\boldsymbol{R}_\theta)^{-1} = \boldsymbol{R}_\theta\begin{pmatrix} 1 & -k \\ 0 & 1 \end{pmatrix}\boldsymbol{R}_\theta^{-1}$

d) $$M^n = R_\theta\begin{pmatrix}1 & k\\0 & 1\end{pmatrix}R_\theta^{-1}R_\theta\begin{pmatrix}1 & k\\0 & 1\end{pmatrix}R_\theta^{-1}R_\theta\begin{pmatrix}1 & k\\0 & 1\end{pmatrix}R_\theta^{-1}\cdots R_\theta\begin{pmatrix}1 & k\\0 & 1\end{pmatrix}R_\theta^{-1}$$

$$= R_\theta\begin{pmatrix}1 & k\\0 & 1\end{pmatrix}^n R_\theta^{-1}$$

$$= R_\theta\begin{pmatrix}1 & nk\\0 & 1\end{pmatrix}R_\theta^{-1}$$ (Voir la question 4 *a*).)

8. *a*) $\frac{1}{2}\begin{pmatrix}1 & 1\\1 & 1\end{pmatrix}$ *b*) $\begin{pmatrix}0 & 1\\0 & 1\end{pmatrix}$ *c*) $\begin{pmatrix}1 & 0\\1 & 0\end{pmatrix}$

9. Soit M la matrice de la projection oblique de direction $\begin{pmatrix}c\\d\end{pmatrix}$ sur la droite $\mathcal{D}$ de direction $\begin{pmatrix}a\\b\end{pmatrix}$.

Alors, $M\begin{pmatrix}a & c\\b & d\end{pmatrix} = \begin{pmatrix}a & 0\\b & 0\end{pmatrix}$ et donc $\det M \det\begin{pmatrix}a & c\\b & d\end{pmatrix} = \det\begin{pmatrix}a & 0\\b & 0\end{pmatrix} = 0$ et, par suite, $\det M = 0$, car $\det\begin{pmatrix}a & c\\b & d\end{pmatrix} \neq 0$.

10. Appliquer deux fois de suite une même projection équivaut à l'appliquer une seule fois.

EXERCICES 7.4

1. *a*) Le point origine O.
   b) La droite d'équation $y = mx$.
   c) La droite de direction $\vec{u}_\perp$ passant par l'origine.
   d) Le point origine O.
   e) La droite de direction $\vec{u}$ passant par l'origine.
   f) La droite $\mathcal{D}$.

2. $\vec{u} = \begin{pmatrix}1\\\sqrt{3}/3\end{pmatrix}$ et $k = 4$

3. $\vec{u} = \begin{pmatrix}1\\-2\end{pmatrix}$ et $k = 3$

4. *a*) Le déterminant est 1; il n'y a aucune direction invariante et aucun facteur d'invariance.
   b) Le déterminant est 1; toutes les directions sont invariantes et le facteur d'invariance est 1.

c) Le déterminant est -1; l'axe de réflexion est une direction invariante de valeur propre 1 et l'axe perpendiculaire à l'axe de réflexion est une direction invariante de valeur propre -1.

d) Le déterminant est k; $\vec{u}$ est une direction invariante de valeur propre k.

e) Le déterminant est k^2; toutes les directions sont invariantes et le facteur d'invariance est k.

f) Le déterminant est 1; $\vec{u}$ est une direction invariante de valeur propre 1.

g) Le déterminant est 0; $\vec{u}$ est une direction invariante de valeur propre 1 et $\vec{v}$ est une direction invariante de valeur propre 0.

5. *a*) Le déterminant est -1; l'axe des x est invariant de valeur propre -1 et l'axe des y est invariant de valeur propre 1; l'axe des y constitue l'ensemble des points fixes. Cette matrice représente une *réflexion* autour de l'axe des y.

b) Le déterminant est -9; l'axe des x est invariant de valeur propre 3 et l'axe des y est invariant de valeur propre -3; seul le point origine est fixe. Cette matrice représente une *similitude indirecte* de rapport 3 et d'angle nul.

c) Le déterminant est 1; l'axe des y est invariant de valeur propre 1; il constitue l'ensemble des points fixes. Cette matrice représente un cisaillement de facteur 3 dans la direction de l'axe des y.

d) Le déterminant est 0; la direction $\begin{pmatrix}1\\1\end{pmatrix}$ est invariante de valeur propre 0 et la direction $\begin{pmatrix}2\\1\end{pmatrix}$ est invariante de valeur propre 1. La droite d'équation $y=\frac{1}{2}x$ constitue l'ensemble des points fixes. Cette matrice représente une projection oblique de direction $\begin{pmatrix}1\\1\end{pmatrix}$ sur la droite d'équation $y=\frac{1}{2}x$.

e) Le déterminant est 1; il n'y a aucune direction invariante, aucune valeur propre. Cette matrice représente une rotation de $\frac{3\pi}{4}$ radians autour de l'origine.

f) Le déterminant est -6; la direction $\begin{pmatrix}1\\1\end{pmatrix}$ est invariante de valeur propre -2 et la direction $\begin{pmatrix}-1\\1\end{pmatrix}$ est invariante de valeur propre 3. Le point origine est le seul point fixe. Cette matrice représente une réflexion autour de la droite d'équation $y=-x$ composée avec un étirement de facteur 3 dans la direction de cette droite et un étirement de facteur 2 dans la direction orthogonale à cette même droite.

g) Le déterminant est 1; la direction $\begin{pmatrix}-1\\1\end{pmatrix}$ est invariante de valeur propre 1; la droite d'équation $y=-x$ constitue l'ensemble des points fixes. Cette matrice représente un cisaillement de facteur -1 dans la direction $\begin{pmatrix}-1\\1\end{pmatrix}$.

h) Le déterminant est -169; la direction $\begin{pmatrix}1\\5\end{pmatrix}$ est invariante de valeur propre 13 et la direction $\begin{pmatrix}-5\\1\end{pmatrix}$ est invariante de valeur propre -13. Le point origine est le seul point fixe. Cette matrice représente une similitude indirecte de facteur 13 et d'angle arc tan 5 = 78,69°.

6. *a*) Identité.

   b) Projection oblique de direction $\begin{pmatrix} k \\ -1 \end{pmatrix}$ sur l'axe des x.

   c) Projection orthogonale sur l'axe des y suivie de la réflexion autour de la droite d'équation $y = x$.

   d) Projection sur le point origine.

7. *a*) Étirement de facteur k dans la direction de l'axe des x.

   b) Étirement de facteur k dans la direction de l'axe des y.

   c) Cisaillement de facteur k dans la direction de l'axe des x.

   d) Cisaillement de facteur $-k$ dans la direction de l'axe des y.

   e) Réflexion autour de la droite d'équation $y = x$.

8. $\begin{pmatrix} 0 & -1 \\ 1 & 0 \end{pmatrix} = \begin{pmatrix} 0 & 1 \\ 1 & 0 \end{pmatrix}\begin{pmatrix} 1 & 0 \\ 0 & -1 \end{pmatrix}$; la rotation de 90° autour de l'origine est donc la composée des transformations élémentaires suivantes : une réflexion autour de l'axe des x suivie d'une réflexion autour de la droite d'équation $y = x$.

9. *a*) $\begin{pmatrix} 3 & -9 \\ 1 & -3 \end{pmatrix} = \begin{pmatrix} 3 & 0 \\ 0 & 1 \end{pmatrix}\begin{pmatrix} 1 & 0 \\ 1 & 1 \end{pmatrix}\begin{pmatrix} 1 & -3 \\ 0 & 0 \end{pmatrix}$: projection oblique de direction $\begin{pmatrix} 3 \\ 1 \end{pmatrix}$ sur l'axe des x suivie d'un cisaillement de facteur -1 dans la direction de l'axe des y et d'un étirement de facteur 3 dans la direction de l'axe des x.

   b) $\begin{pmatrix} 1 & 1 \\ 2 & 2 \end{pmatrix} = \begin{pmatrix} 1 & 0 \\ 2 & 1 \end{pmatrix}\begin{pmatrix} 1 & 1 \\ 0 & 0 \end{pmatrix}$: projection oblique de direction $\begin{pmatrix} -1 \\ 1 \end{pmatrix}$ sur l'axe des x suivie d'un cisaillement de facteur -2 dans la direction de l'axe des y.

   c) $\begin{pmatrix} 1 & 2 \\ 3 & 4 \end{pmatrix} = \begin{pmatrix} 1 & 0 \\ 3 & 1 \end{pmatrix}\begin{pmatrix} 1 & 0 \\ 0 & -2 \end{pmatrix}\begin{pmatrix} 1 & 2 \\ 0 & 1 \end{pmatrix}$: cisaillement de facteur 2 dans la direction de l'axe des x suivi d'un étirement[1] de facteur -2 dans la direction de l'axe des y et d'un cisaillement de facteur -3 dans la direction de l'axe des y.

   d) $\begin{pmatrix} 0 & -2 \\ 3 & 0 \end{pmatrix} = \begin{pmatrix} 0 & 1 \\ 1 & 0 \end{pmatrix}\begin{pmatrix} 3 & 0 \\ 0 & 1 \end{pmatrix}\begin{pmatrix} 1 & 0 \\ 0 & -2 \end{pmatrix}$: étirement de facteur -2 dans la direction de l'axe des y suivi d'un étirement de facteur 3 dans la direction de l'axe des x et d'une réflexion autour de la droite d'équation $y = x$.

---

1. Un étirement de facteur négatif est un étirement composé avec une réflexion autour de l'axe orthogonal à l'axe d'étirement.

CHAPITRE 8

LES NOMBRES COMPLEXES

EXERCICES 8.1

1. *a*) $\text{Re}(i) = 0$; $\text{Im}(i) = 1$; $\|i\| = 1$; $\text{Arg}(i) = \frac{\pi}{2}$

   b) $\text{Re}(-i) = 0$; $\text{Im}(-i) = -1$; $\|-i\| = 1$; $\text{Arg}(-i) = \frac{3\pi}{2}$

   c) $\text{Re}(1-i) = 1$; $\text{Im}(1-i) = -1$; $\|1-i\| = \sqrt{2}$; $\text{Arg}(1-i) = \frac{7\pi}{2}$

   d) $\text{Re}\,\frac{1}{2}(1+\sqrt{3}i) = \frac{1}{2}$; $\text{Im}\,\frac{1}{2}(1+\sqrt{3}i) = \frac{\sqrt{3}}{2}$; $\left\|\frac{1}{2}(1+\sqrt{3}i)\right\| = 1$; $\text{Arg}\,\frac{1}{2}(1+\sqrt{3}i) = \frac{\pi}{3}$

   e) $\text{Re}(-\sqrt{2}-\sqrt{2}i) = -\sqrt{2}$; $\text{Im}(-\sqrt{2}-\sqrt{2}i) = -\sqrt{2}$; $\left\|(-\sqrt{2}-\sqrt{2}i)\right\| = 2$; $\text{Arg}(-\sqrt{2}-\sqrt{2}i) = \frac{5\pi}{4}$

   f) $\text{Re}(-4) = -4$; $\text{Im}(-4) = 0$; $\|-4\| = 4$; $\text{Arg}(-4) = \pi$

   g) $\text{Re}(5i) = 0$; $\text{Im}(5i) = 5$; $\|5i\| = 5$; $\text{Arg}(5i) = \frac{\pi}{2}$

   h) $\text{Re}(4-3i) = 4$; $\text{Im}(4-3i) = -3$; $\|4-3i\| = 5$; $\text{Arg}(4-3i) = 5,64$ radians

2. *a*) Demi-plan situé à droite de la droite d'équation $x = 1$ et incluant cette dernière.

   b) Bande horizontale limitée en haut par la droite d'équation $y = 1$ et limitée en bas par la droite d'équation $y = -1$, et incluant ces deux droites.

   c) Anneau circulaire fermé de centre 0, de rayon intérieur 1 et de rayon extérieur 2.

   d) Région du plan d'Argand comprise entre la droite d'équation $y = x$ et la droite d'équation $y = -x$ dans le premier et le quatrième quadrants.

   e) L'axe réel.

   f) L'axe imaginaire.

3. *a*) Cercle de centre 1 et de rayon 2.

   b) Disque circulaire fermé de centre $-i$ et de rayon 1.

   c) Anneau circulaire fermé de centre $1 - 2i$, de rayon intérieur 1 et de rayon extérieur 2.

   d) Droite médiatrice du segment d'extrémités 1 et $-i$.

4.

n	1	2	3	4	5
i^n	i	-1	$-i$	1	i
i^{-n}	$-i$	-1	i	1	$-i$

5. *a*) $4 - 3i$

   b) $\frac{1}{25}(-6-17i)$

   c) $-\frac{1}{2}$

   d) $\frac{3}{2}+\frac{1}{2}i$

   e) $-1 - i$

6. $\frac{8}{3}+\frac{7}{3}i$

7. $z_4 = z_1 + (z_3 - z_2)$

8. $z = 3 - i$

9. $z = 2 - 3i$ et $w = 1 + 4i$

10. En *a*), *b*) et *c*), on remplace z par $x + iy$ et on vérifie les égalités.

11. $y = x + 1$

EXERCICES 8.2

1. *a*) $2 \text{ cis}\frac{\pi}{3}$ *b*) $\sqrt{2} \text{ cis}\frac{5\pi}{4}$ *c*) $10 \text{ cis } \pi$ *d*) $3 \text{ cis}\frac{3\pi}{2}$

2. *a*) $\frac{\sqrt{3}}{2}+\frac{1}{2}i$ *b*) $-10i$ *c*) -3 *d*) $-2\sqrt{2}-2\sqrt{2}i$

3. *a*) $-3\sqrt{2}-3\sqrt{2}i$ *b*) 10 *c*) $-1+\sqrt{3}i$ *d*) $0{,}105+0{,}994i$

4. *a*) -2^6 *b*) i *c*) i *d*) $\frac{\sqrt{3}}{2}-\frac{1}{2}i$

5. $$\begin{aligned}\tan(\alpha+\beta) &= \tan \text{Arg}[(1+2i)(3+4i)] \\ &= \tan \text{Arg}[-5+10i] \\ &= \frac{10}{-5} \\ &= -2\end{aligned}$$

$$\begin{aligned}\tan(\alpha-\beta) &= \tan \text{Arg}\left[\frac{1+2i}{3+4i}\right] \\ &= \tan \text{Arg}\left[\frac{1}{25}(11+2i)\right] \\ &= \frac{2}{11}\end{aligned}$$

6. *a*) $4 \text{ cis}\frac{5\pi}{6}$ et $4 \text{ cis}\frac{11\pi}{6}$ *b*) $\frac{1}{2}\text{ cis}\frac{\pi}{2}$ et $\frac{1}{2}\text{ cis}\frac{3\pi}{2}$

7. *a*) $\frac{\sqrt{2}}{2}(1+i)$ et $-\frac{\sqrt{2}}{2}(1+i)$ *c*) $3i$ et $-3i$

b) $\frac{\sqrt{2}}{2}(1-i)$ et $\frac{\sqrt{2}}{2}(-1+i)$ *d*) $1-2i$ et $-1+2i$

8.

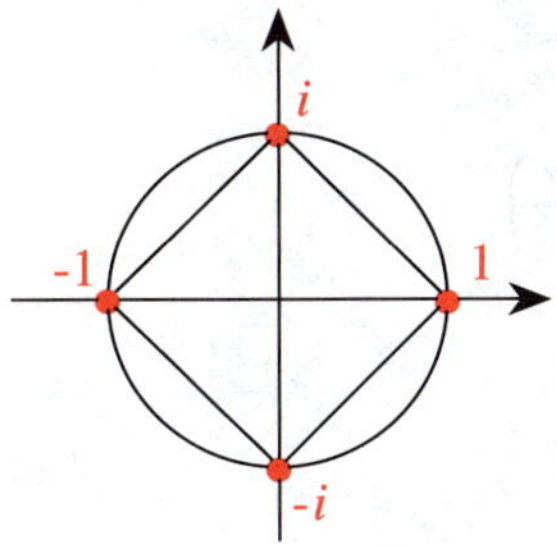

9.

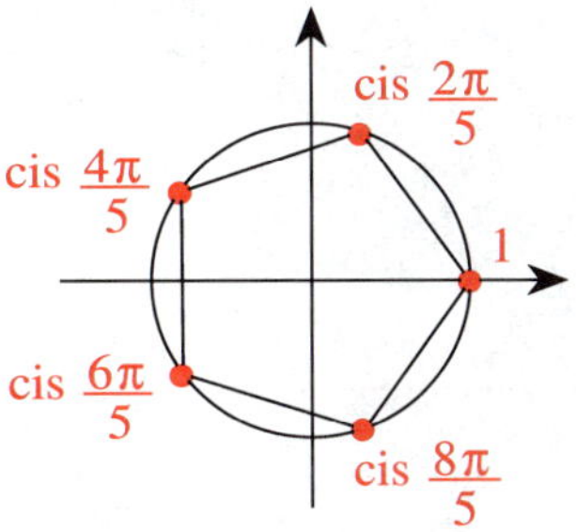

10. *a*) $(x - 2i)(x + 2i)$
  b) $(x - 2 + 3i)(x - 2 - 3i)$
  c) $(x + 3 + i)(x + 3 - i)$
  d) $(iz + 1)(z + 1)$

11. *a*) $x = \left(\frac{1}{2} + i\frac{\sqrt{3}}{2}\right)$ ou $\left(\frac{1}{2} - i\frac{\sqrt{3}}{2}\right)$
  b) $z = \left(\frac{-1+\sqrt{5}}{2}i\right)$ ou $\left(\frac{-1-\sqrt{5}}{2}i\right)$
  c) $z = -i$ ou $3i$ ou $-3i$
  d) $z = 0$ ou $-i$ ou i

12. *a*) et *b*) sont immédiats sous forme cartésienne;
  c) $\overline{r \text{ cis } \theta} = \overline{r\cos\theta + ri\sin\theta} = r\cos\theta - ri\sin\theta = r \text{ cis}(-\theta)$;
  d), *e*) et *f*) : on utilise la forme polaire et le résultat obtenu en *c*).

EXERCICES 8.3

1. $1 + 2i$ et $1 - 2i$

2. $p(z) = z^2(z - 1 - 2i)$, $q(z) = (z^2 + 1)(z - 1 - 2i)$

3. $z = -3$

4. Le *Coup de pouce* devrait suffire pour répondre à cette question.

5. *a)* i, -1, $-i$ *b)* $\text{cis}\left(\frac{2\pi}{5}\right)$, $\text{cis}\left(\frac{4\pi}{5}\right)$, $\text{cis}\left(\frac{6\pi}{5}\right)$, $\text{cis}\left(\frac{8\pi}{5}\right)$

6. $\text{cis}\left(\frac{\pi}{5}\right)$, $\text{cis}\left(\frac{3\pi}{5}\right)$, $\text{cis}\left(\frac{7\pi}{5}\right)$, $\text{cis}\left(\frac{9\pi}{5}\right)$

7. 2, $-1 + 2i$, $-1 - 2i$

8. $3 + i$, $3 - i$, $\frac{6}{5}$

EXERCICES 8.4

1. *a)* $r = \sqrt{5},\ \alpha = \text{arc tan}(2) = 63{,}4°$ *b)* $r = 3,\ \alpha = 180°$ *c)* $r = 1,\ \alpha = 270°$

2. *a)* $\boldsymbol{T}(z) = \left(\frac{\sqrt{3}}{2} + \frac{1}{2}i\right)z + \left(5 - 3\frac{\sqrt{3}}{2}\right) + \frac{1}{2}i$

   b) $\boldsymbol{T}(z) = 5z + 8 - 4i$

   c) $\boldsymbol{T}(z) = (-1 + \sqrt{3}i)z + \sqrt{3} + 2i$

   d) $\boldsymbol{T}(z) = z + 5 + 2i$

3. *a)* $r = 2,\ \alpha = 180°,\ c = \frac{1}{3}i$ *b)* $r = 2\sqrt{2},\ \alpha = -45°,\ c = -\frac{1}{5} - \frac{2}{5}i$

4. Sous forme polaire, on pose $z_2 - z_0 = l_2 \text{cis}\,\alpha$ et $z_1 - z_0 = l_1 \text{cis}\,\beta$; on aura ainsi

$$\frac{z_2 - z_0}{z_1 - z_0} = \frac{l_2 \text{cis}\,\alpha}{l_1 \text{cis}\,\beta} = \frac{l_2}{l_1}\text{cis}(\alpha - \beta) = \frac{l_2}{l_1}\text{cis}\,\theta.$$

5. Le nombre z représentant le sommet *A* est solution de l'équation

$$\frac{z - (3 - 2i)}{(2 + i) - (3 - 2i)} = \frac{(-1 + 2i) - (-2 + i)}{(-4 + i) - (-2 + i)}$$

   d'où on trouve $z = 5 - 3i$.

6. *a)* $\boldsymbol{T}(z) = \text{cis}(-\theta)\left[(\text{cis}\,\theta)(z - c_1) + c_1 - c_2\right] + c_2$

   $= z + (c_1 + c_2)(1 - \text{cis}(-\theta))$

   b) $\boldsymbol{T}(z) = z - \sqrt{2} + (2 - \sqrt{2})i$

7. *a*) $\boldsymbol{T}(z) = \dfrac{1}{r}\big[(r(z - c_1) + c_1) - c_2\big] + c_2$

$$= z + (c_2 - c_1)\left(1 - \frac{1}{r}\right)$$

b) $\boldsymbol{T}(z) = z + 3{,}06 + 3{,}06i$

8. *a*) $r = \dfrac{1}{2},\ \theta = \dfrac{\pi}{2}$ *b*) $r = \sqrt{5},\ \theta = 333{,}43°$ *c*) $r = 3,\ \theta = 135°$

9. En observant que $\boldsymbol{T}(2) = 2$ et $\boldsymbol{T}(4i) = 4i$ (ces points sont sur l'axe de réflexion), on obtient $2a + b = 2$ et $-4ai + b = 4i$, ce qui donne $a = -\dfrac{3}{5} - \dfrac{4}{5}i$ et $b = \dfrac{16}{5} + \dfrac{8}{5}i$.

10. Le *Coup de pouce* devrait suffire pour répondre à cette question.

11. Le *Coup de pouce* devrait suffire pour répondre à cette question.

CHAPITRE 9

INTRODUCTION À LA THÉORIE DES GROUPES

EXERCICES 9.1

1. *a*) Vrai. *b*) Faux. *c*) Faux. *d*) Faux.

2. *a*) $a = 0$ *b*) $a = 0$ *c*) $a = 4$ *d*) $a = 6$

3. $16 + 1000 \equiv 8 \bmod 24$; la montre indiquera donc 8 h.

4. Les propriétés CG1, CG2 et CG3 sont des conséquences directes de la définition de congruence modulo-n.

Démonstration de la propriété CG4

Si $a \equiv b \bmod n$ et $c \equiv d \bmod n$, alors

$$a = k_1 n + r \text{ et } b = k_2 n + r,\ \text{ avec } 0 \leq r < n$$

et

$$c = k_3 n + s \text{ et } d = k_4 n + s,\ \text{ avec } 0 \leq s < n,$$

d'où $a + c = (k_1 + k_3)n + (r + s)$ et donc $(a + c) \equiv (r + s) \bmod n$, et aussi $b + d = (k_2 + k_4)n + (r + s)$ et donc $(b + d) \equiv (r + s) \bmod n$. Puisque $a + c$ et $b + d$ sont tous deux congrus à $r + s \bmod n$, on obtient $a + c \equiv b + d \bmod n$.

La démonstration de la propriété CG5 est semblable à celle de CG4.

Démonstration de la propriété CG6

1) On montre d'abord que $a \equiv b \bmod n \Rightarrow (a - b) \equiv 0 \bmod n$:
   Si $a \equiv b \bmod n$, alors $a = k_1 n + r$ et $b = k_2 n + r$ avec $0 \leq r < n$. On aura donc $a - b = (k_1 - k_2)n + 0$ et donc $(a - b) \equiv 0 \bmod n$.
2) On montre ensuite que $(a - b) \equiv 0 \bmod n \Rightarrow a \equiv b \bmod n$:
   Si $(a - b) \equiv 0 \bmod n$, alors $a - b = kn$. Soit r le reste après division par n de b; alors, $b = pn + r$ et l'équation $a - b = kn$ devient $a - (pn + r) = kn$, c'est-à-dire $a = (k + p)n + r$; a et b ont donc le même reste après division par n, soit r, et alors $a \equiv b \bmod n$.

5.

+	0	1	2
0	0	1	2
1	1	2	0
2	2	0	1

et

•	0	1	2
0	0	0	0
1	0	1	2
2	0	2	1

6.

+	0	1	2	3
0	0	1	2	3
1	1	2	3	0
2	2	3	0	1
3	3	0	1	2

L'inverse de 0 est 0.
L'inverse de 1 est 3.
L'inverse de 2 est 2.
L'inverse de 3 est 1.

7.

•	1	2	3	4	5
1	1	2	3	4	5
2	2	4	0	2	4
3	3	0	3	0	3
4	4	2	0	4	2
5	5	4	3	2	1

Les éléments inversibles sont 1 et 5.

8. 4

EXERCICES 9.2

1. *a*) Groupe.
   b) Ce n'est pas un groupe car le produit matriciel de deux matrices de déterminants -1 et -1 est une matrice dont le déterminant n'est pas -1.
   c) Ce n'est pas un groupe car l'inverse multiplicatif d'un entier non nul (autre que 1) n'est pas un entier.
   d) Groupe.
   e) Groupe.

2. 7

3. Supposons que $G = \{a_1, a_2, \ldots, a_n\}$; à la i-ième ligne de la table d'opération de G on trouve :

$\bullet$	a_1	a_2	$\cdots$	a_n
			$\ddots$	
a_i	$a_i \bullet a_1$	$a_i \bullet a_2$	$\cdots$	$a_i \bullet a_n$
			$\ddots$	

Pour montrer que tous les éléments de G apparaissent une et une seule fois sur cette ligne, il suffit de montrer que $a_i \bullet a_k \neq a_i \bullet a_l$ dès que $k \neq l$. Si $a_i \bullet a_k = a_i \bullet a_l$, alors, puisque G est un groupe, on peut écrire $a_i' \bullet (a_i \bullet a_k) = a_i' \bullet (a_i \bullet a_l)$ où a_i' est l'inverse de a_i dans G, et alors, puisque l'opération $\bullet$ est associative, on obtient nécessairement $a_k = a_l$ et donc $k = l$. On procède de la même façon pour les colonnes.

4.

$\bullet$	e	a	b	c
e	e	a	b	c
a	a	e	c	b
b	b	c	e	a
c	c	b	a	e

(Ce groupe est isomorphe au groupe des symétries d'un losange non carré.)

et

$\bullet$	e	a	b	c
e	e	a	b	c
a	a	e	c	b
b	b	c	a	e
c	c	b	e	a

,

$\bullet$	e	a	b	c
e	e	a	b	c
a	a	b	c	e
b	b	c	e	a
c	c	e	a	b

,

$\bullet$	e	a	b	c
e	e	a	b	c
a	a	c	e	b
b	b	e	c	a
c	c	b	a	e

(Ces trois groupes sont isomorphes à $\langle \mathbb{Z}_4, + \rangle$.)

5. $\langle\{1\}, \bullet\rangle$, $\langle\{1, 6\}, \bullet\rangle$, $\langle\{1, 2, 4\}, \bullet\rangle$ et $\langle \mathbb{Z}_7^*, \bullet\rangle$.

6. $\langle\{0\}, +\rangle$, $\langle\{0, 4\}, +\rangle$, $\langle\{0, 2, 4, 6\}, +\rangle$ et $\langle \mathbb{Z}_8, +\rangle$.

7. Il y a deux isomorphismes, f et g, de $\langle \mathbb{Z}_4, +\rangle$ à $\langle \mathbb{Z}_5^*, \bullet\rangle$: f est défini par $f(0) = 1$, $f(1) = 2$, $f(2) = 4$, $f(3) = 3$, tandis que g est défini par $g(0) = 1$, $g(1) = 3$, $g(2) = 4$ et $g(3) = 2$.

8. Le groupe des symétries du triangle équilatéral contient six éléments (six transformations) :

   $\boldsymbol{I}$ la transformation identité (rotation de 0° autour du centre du triangle);

   $\boldsymbol{R}_1$ la rotation de 120° autour du centre du triangle;

   $\boldsymbol{R}_2$ la rotation de 240° autour du centre du triangle;

   $\boldsymbol{S}_1$ la réflexion autour de la hauteur h_1;

$\boldsymbol{S}_2$ la réflexion autour de la hauteur h_2;
$\boldsymbol{S}_3$ la réflexion autour de la hauteur h_3.

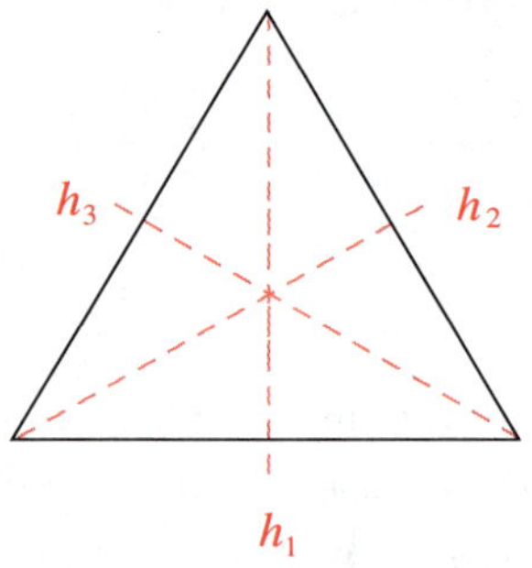

La table d'opération de ce groupe est

$\circ$	I	R_1	R_2	S_1	S_2	S_3
I	I	R_1	R_2	S_1	S_2	S_3
R_1	R_1	R_2	I	S_2	S_3	S_1
R_2	R_2	I	R_1	S_3	S_1	S_2
S_1	S_1	S_3	S_2	I	R_2	R_1
S_2	S_2	S_1	S_3	R_1	I	R_2
S_3	S_3	S_2	S_1	R_2	R_1	I

et ses sous-groupes sont

$$\langle\{I\}, \circ\rangle,\ \langle\{I, S_1\}, \circ\rangle,\ \langle\{I, S_2\}, \circ\rangle,\ \langle\{I, S_3\}, \circ\rangle,\ \langle\{I, R_1, R_2\}, \circ\rangle$$

et

$$\langle\{I, R_1, R_2, S_1, S_2, S_3\}\rangle.$$

9.

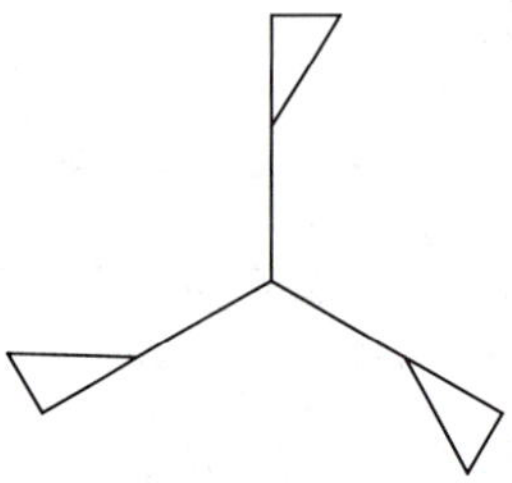

10.

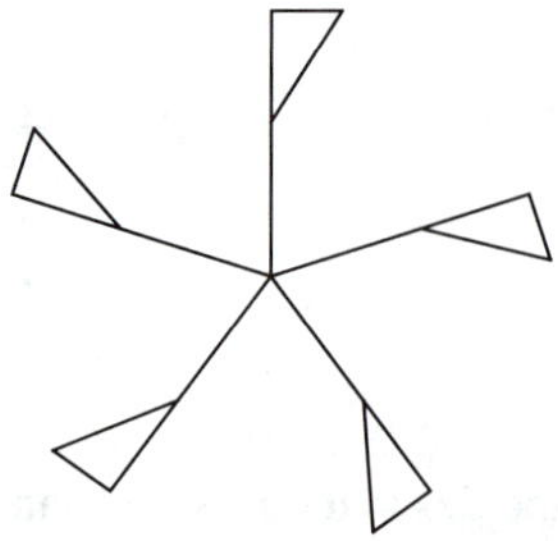

11. Soit a un élément d'un groupe $\langle G, \bullet\rangle$, qui coïncide avec son propre inverse et qui est différent de l'élément neutre e de G. Alors $\langle\{e, a\}, \bullet\rangle$ est nécessairement un sous-groupe d'ordre 2 de $\langle G, \bullet\rangle$ et l'ordre de G est obligatoirement divisible par 2 (et donc pair) selon le théorème de Lagrange.

12. 1) Voir la solution de la question 3, *Exercices 9.2*

2) On montre que si $a \bullet H \cap b \bullet H \neq \varnothing$, alors $a \bullet H \subseteq b \bullet H$ et $a \bullet H \supseteq b \bullet H$.
Soit $c \in a \bullet H \cap b \bullet H$. Alors, il y a des éléments h_1 et h_2 de H tels que $c = a \bullet h_1 = b \bullet h_2$. On obtient alors $a = b \bullet h_2 \bullet h_1^{-1}$, ce qui donne $a \bullet h = b \bullet h_2 \bullet h_1^{-1} \bullet h \in b \bullet H$ quel que soit $h \in H$ et donc $a \bullet H \subseteq b \bullet H$. On obtient aussi $b = a \bullet h_1 \bullet h_2^{-1}$, ce qui donne $b \bullet h = a \bullet h_1 \bullet h_2^{-1} \bullet h \in a \bullet H$ quel que soit $h \in H$ et donc $a \bullet H \supseteq b \bullet H$.

INDEX

E

F

G

H

I

J

K

L

M

N

O

P

V

W

Achevé d'imprimer au Canada
Imprimerie Gagné Ltée Louiseville